wagamama no.060
北海道
2023~2024
攻略
完全制覇
MOOK
EVERYDAY IS Sunday
EVERYDAY IS SUNDAY
日曜日のクッキー。

wagamama no.060

北海道攻略完全制霸 2023～2024

contents

本書所提供的各項可能變動性資訊，如交通、時間、價格(含票價)、地址、電話、網址，係以2022年10月前所收集的為準；特別提醒的是，COVID-19疫情期間這類資訊的變動幅度較大，正確內容請以當地即時標示的資訊為主。如果你在旅行中發現資訊已更動，或是有任何內文或地圖需要修正的地方，歡迎隨時指正和批評。你可以透過下列方式告訴我們：

寫信：台北市104中山區民生東路二段141號9樓MOOK編輯部收
傳真：02-25007796
E-mail：mook_service@hmg.com.tw
FB粉絲團：「MOOK墨刻出版」
www.facebook.com/travelmook

北海道這樣逍遙行

實用情報完全掌握，暢遊北國沒煩惱。

分區

wagamama no.060

北海道攻略完全制霸 2023~2024

contents

本書所提供的各項可能變動性資訊，如交通、時間、價格(含票價)、地址、電話、網址，係以2022年10月前所收集的為準；特別提醒的是，COVID-19疫情期間這類資訊的變動幅度較大，正確內容請以當地即時標示的資訊為主。如果你在旅行中發現資訊已更動，或是有任何內文或地圖需要修正的地方，歡迎隨時指正和批評。你可以透過下列方式告訴我們：

寫信：台北市104中山區民生東路二段141號9樓MOOK編輯部收
傳真：02-25007796
E-mail：mook_service@hmg.com.tw
FB粉絲團：「MOOK墨刻出版」
www.facebook.com/travelmook

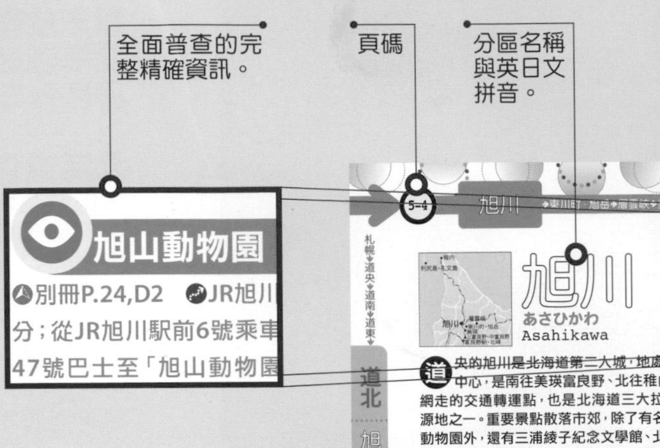

書中資訊ICONS使用說明

- **地圖**：與本書地圖別冊對位，快速找尋景點或店家。
- **電話**：不小心東西忘在店裡面，可立刻去電詢問。
- **地址**：若店家均位於同一棟大樓，僅列出大樓名稱與所在樓層。
- **時間**：L.O.(Last Order指的是最後點餐時間)
- **休日**：如果該店家無休假日就不出現。
- **價格**：日文料理菜名和中文翻譯，輕鬆手指點餐。
- **交通**：在大區域範圍內詳細標明如何前往景點或店家的交通方式。
- **網址**：出發前可上網認識有興趣的店家或景點。
- **注意事項**：各種與店家或景點相關不可不知的訊息。
- ①**出口**：地圖上出現車站實際出口名稱。

地圖ICONS使用說明

景點	和菓子
神社	甜點
博物館	酒吧
公園	劇院
購物	飯店
百貨公司	寺廟
書店	溫泉
麵食	公車站
美食	國道
咖啡茶館	現場演唱
美容	機場

標示出景點所在的地圖頁碼及座標值，可迅速找出想去的地方。

旅遊豆知識增廣見聞。

右頁邊欄上標出索引名稱，翻閱更輕鬆。

…海道
…東往
…的發
…旭山
…道傳
…了繁
…與過

旭山動物園

薦（おすすめ）

透過行動展示方式呈現出動物的自然生態，冬天限定的企鵝散步更是可愛度爆表。

別冊P.24,D2　JR旭川駅開車約27分；從JR旭川駅前6號乘車處搭乘41．47號巴士至「旭山動物園」站，約40分、車資¥450；從旭川機場搭乘直達旭山動物園的巴士約35分，車資¥560。另外，JR有販賣旭山動物園套票，其中包含JR札幌駅(另有滝川駅)來回旭川的車票、旭川駅前來回旭山動物園的巴士票以及動物園門票，可以在JR北海道的綠色窗口等處購買　旭川市東旭川町倉沼　0166-36-1104　冬季：約11月~4月上旬10:30~15:30；夏季：約4月底~10月中旬9:30~17:15、10月中~11月上旬9:30~16:30、8月10日~8月16日至21:00；入園至閉館前30分(4月底~10月中旬至16:00)　開園期間外、12月30日~1月1日　大人¥1,000、國中生以下免費，動物園護照¥1,400(從首次入園日起一年內有效)　約500個，免費　www.city.asahikawa.hokkaido.jp/asahiyamazoo/

旭山動物園絕對稱得上是旭川的「明星」。這間位於北國極寒之地的小小動物園，在園方和動物的共同努力下，不但擺脫閉園的命運，還一舉成為全國入園人次最高的「奇蹟動物園」，還有描述這個故事的電影上映呢。

這裡最令人驚喜的，就是**同時考慮動物原生生態與觀眾心情的「行動展示方式」**——北極熊館的半球形觀測站，讓觀眾感受北極熊從冰下探出頭時看到的世界；海豹館裡海豹們調皮地游過特殊設計的透明水柱；紅棕色的小貓熊沒有安分地待在家裡，倒是在人行道上方的繩索步道上，擺著圓滾滾的尾巴晃來晃去。

企鵝散步

可愛的企鵝散步是北海道冬天必看的景象之一。這項活動原來不是為了讓遊客近距離觀察企鵝，而是園方擔心企鵝們冬天會運動不足所產生的。利用國王企鵝集體移動的習性，讓牠們於積雪期間每次散步約500公尺，行走時間依牠們的心情而異，一次約30~60分。

12月中旬~3月中旬，依積雪狀況而定。期間中11:00及14:30各一場(3月只有11:00一場)

…士14．39．40．41．43
…往【北之嵐山】旭川…3．33號
…往【三浦綾子紀念文…氣軌道巴士12號
…往【男山酒造資料…70．71．630．667．…旭川拉麵村】道北巴士…號
…往【三浦綾子紀念…電氣軌道巴士80．81
…乘車處往【旭川拉麵…73號
…：往【The Sun藏人、…館】旭川電氣軌道巴士
…161
…okubus.com
…道巴士
…355

www.asahikawa-denkikidou.jp

前往旭川機場

JR旭川駅前【9號乘車處】可搭乘開往旭川機場的「[77]旭川機場線(旭川空港線)」，由旭川電氣軌道巴士營運，約40分、車資¥630，1天約8班。亦可搭乘富良野巴士「薰衣草號」前往，車資相同，1天8班

觀光旅遊攻略

旭川冬之祭：旭川最負盛名的是2月間的旭川冬之祭。約10天期間，旭川市內大大小小的會場，以純雪堆成大型的雪雕或冰雕十分壯觀，除此之外還有各種活動和煙火大火會可以參加，因此每年都吸引75萬左右的人次特別前來

旭川木工：旭川在工藝和木工方面也相當有名，有興趣的人可以查看看市郊的旭川家具中心或北之嵐山，也許會有意外的發現

觀光案內所

旭川觀光物產情報中心(旭川観光物産情報センター)

旭川市宮下通8-3-1 JR旭川駅東大廳

0166-26-6665

6~9月8:30~19:00、10~5月9:00~19:00

12月31日~1月2日

旭川嵐山遊客中心(旭川嵐山ビジターセンター)

旭川市旭岡1

0166-53-2200

4月底~10月底的週四~日10:00~16:00

不定休

arashiyama-visitor-center.jimdo.com

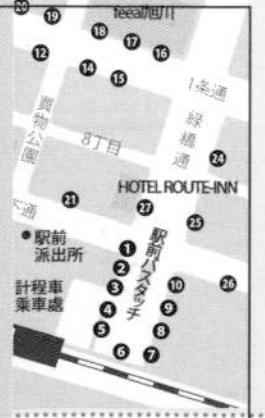

HOMES interior/gift

薦（おすすめ）

販售質感絕佳的精選雜貨與愛努族的生活用品，各個商品都品味獨具。

別冊P.22,F4　JR旭川駅徒步約5分　旭川市1条通-2070-1 C棟　0166-26-5878　10:00~18:00　週三、夏季、年末年始　2個　www.homes-gift.jp

HOMES interior/gift販售以oke craft、北歐餐具、白山陶器為首的國內外精選雜貨與食器，但這裡可不是間隨隨便便的商品大雜燴，滿室的質感商品每一個都精緻高雅，還有**特色獨具的愛努生活用品**，像是有雕刻圖騰的木製砧板、捲線器、收針器等，欣賞之餘還可認識到愛奴的日常生活。二樓則為枕頭工房，超多款式的枕頭與枕套，可依自己頭型與喜好量身訂做，製作時間約需數小時，訂購後在附近逛一逛之後便可回來取貨。

列出車站各出口的周邊情報，找路完全不求人。

分別美食、購物、景點、住宿等機能，一眼就能夠找到旅遊需求。

列出此店家或景點的特色。

日本美妝 健康小物攻略

經典商品搶先關注!

日本大大小小的藥妝店實在太好逛，
推陳出新的新商品
更是令人眼花撩亂，
不過有幾樣口碑持續發燒的美妝及
健康小物可千萬別錯過，
鎖定後快速下手準沒錯!

＊商品價格皆為含稅價

ロイヒ膏TMロキソプロフェン
ロイヒ膏TMロキソプロフェン 大判

ROIHI - KOTM LOXOPROFEN 第2類医薬品
ROIHI - KOTM LOXOPROFEN Large

ニチバン株式会社
¥1,078 / 7片
¥1,738 / 大尺寸7片

受到大家熱烈支持的「ROIHI-TSUBOKOTM」系列產品推出了「ROIHI - KOTM LOXOPROFEN」貼布!
使用消炎止痛成分氯索洛芬鈉的溫熱型舒適貼布。立即緩解肩膀酸痛、腰痛等，功效直達疼痛深處且持續24小時，1天1貼即可。舒適無味，辦公或外出時皆可使用。貼布不易皺摺，大尺寸亦可貼於腰部。
請認明印有「ROIHI-TSUBOKOTM」的「ROIHI博士」的紫色包裝外盒!

TM: trademark

ピップエレキバン MAX200　24粒

蓓福磁力貼 管理医療機器
MAX200 24顆

ピップ株式会社
¥1,580 / 24顆

蓓福磁力貼是一款貼在身體痠痛部位的小型圓形磁力治療貼布。
磁力會在貼上的瞬間開始對體內成分發揮功效，改善血液循環。透過排出體內「廢物」，緩解僵硬痠痛的不適症狀。
貼布使用具伸縮性的不織布材料，無異味、不致敏、不刺激肌膚、不寒不燥，建議持續貼著約2至5天。
如果時常感到僵硬痠痛，推薦使用磁通密度200mT的MAX200。

救心カプセルF

救心膠囊 F 第2類医薬品

救心製薬株式会社
¥1,650 / 10顆
¥4,510 / 30顆

「救心膠囊F」是由天然生藥製成，可有效舒緩心臟泵血功能減弱造成的「心悸」、血液循環不暢因而無法帶給全身充足氧氣所導致的「呼吸困難」，以及眩暈、站起來時發暈、注意力無法集中、「意識模糊」等症狀。救心膠囊F為小型膠囊，不僅方便服用，也可以迅速吸收藥效成分。製造工廠使用最新設備，並擁有嚴格品質管理規範。

推薦店鋪 藥妝店：
松本清藥妝店／Sundrug藥妝店／大國藥妝店／驚安殿堂‧唐吉訶德／鶴羽藥妝店／Welcia藥局／杉藥局／Cocokarafine藥妝店

ハミケア　グレープ風味

Hamikea Grape Flavor

丹平製薬株式会社
¥648 / 25g

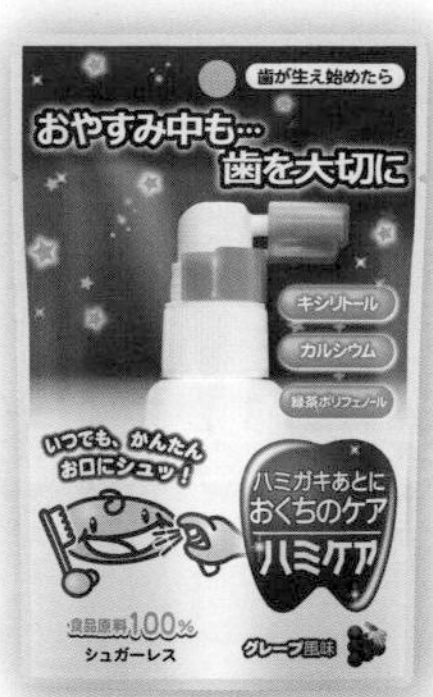

本產品可幫助小朋友開始長牙後，在刷牙後或睡覺前，隨時隨地做好口腔防護。
噴霧型液狀食品的產品特色讓小小孩也可安心使用，只要在口中輕輕一噴即可，不需漱口；有小朋友喜歡的水果口味，還有草莓及水蜜桃口味。
木糖醇的天然甜味會導致蛀牙，本產品中不含此種糖類。

龍角散ダイレクト®スティック ミント・ピーチ

龍角散®清喉直爽顆粒 第3類医薬品

株式会社龍角散
顆粒型：
¥770 / 16包
口含錠型：
¥660 / 20錠

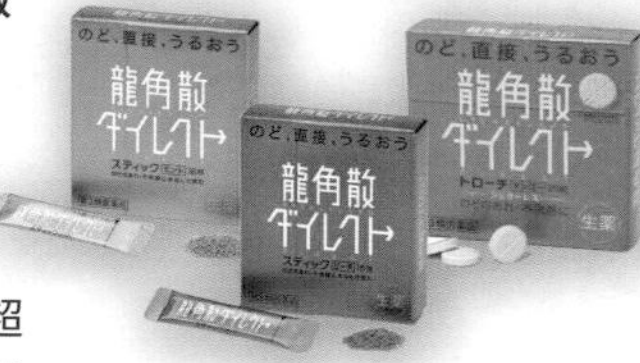

在日本熱銷超過200年的咽喉藥「龍角散」經過改良，設計成可直接服用的條狀包裝。
有薄荷與水蜜桃口味的顆粒製劑，在口中會如薄雪般迅速融化。同系列產品中也有口含錠型，為芒果加薄荷的香醇清涼口味。
本產品可改善因咳痰、咳嗽、喉嚨發炎引起的聲音沙啞、喉嚨痛及喉嚨不適等症狀。
無需配水服用，細微粉末的生藥成分，直接作用於咽喉黏膜，發揮效果。

正露丸シリーズ

正露丸系列

大幸薬品株式会社
正露丸：¥1,100 / 100顆
正露丸糖衣錠A：
¥990 / 36錠
正露丸Quick C：
¥1,100 / 16顆

"無味"
白錠正露丸、
好吞服！

日本限定！
軟膠囊型正露丸
吸收快又有效

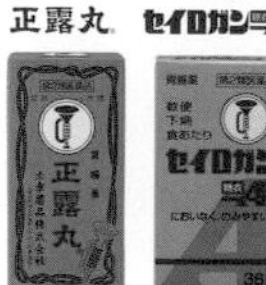

第2類医薬品　第2類医薬品　第2類医薬品

「正露丸」是擁有120年歷史、出外旅行等時都會準備一瓶的居家常備藥，在日本緩解腹瀉的藥品中不僅是市占率第一，針對「軟便」、「拉肚子」、「因食物或飲水引起的腹瀉」等症狀更是立刻見效。
「正露丸」系列除了「正露丸」以外，還有以糖衣覆蓋藥品氣味的「正露丸糖衣錠A」，以及「只有在日本才買得到」的膠囊型正露丸「正露丸Quick C」。來日本旅遊時，歡迎至藥妝店選購！

エキバンA

EKIBAN A 第3類医薬品

タイヘイ薬品株式会社
¥968

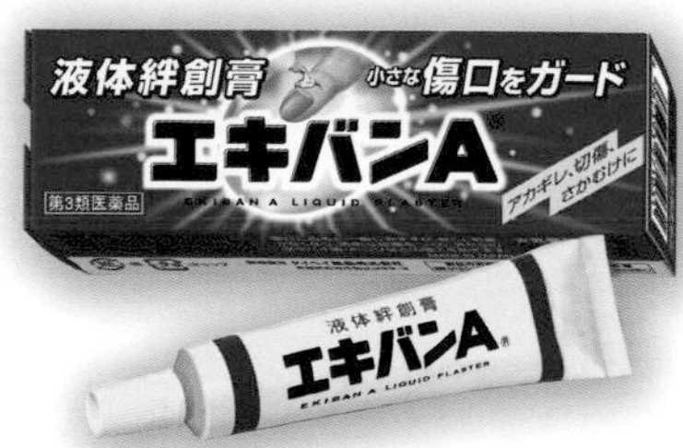

與傳統OK繃不同，既不引人注目也不會有壓迫感，液體OK繃能不受阻礙地自由活動。將傷口清理好後適量塗上即可，全面阻隔細菌並保護傷口。塗上的瞬間雖會感到一點刺刺的，卻非常便利。具有防水效果，就算被水弄濕了也不用擔心。

認識北海道

面積約為2.5個台灣大的北海道擁有豐富旅遊資源，可以將這塊廣袤土地分為道央、道南、道北、道東，札幌作為第一大城更是值得特別強調，遊玩之前不妨先認識一下這幾大區域吧。

❶札幌

日本第五大城的札幌市，是北海道的玄關口及第一大都市，在這綠意盎然的都市中，旅人不僅僅可以遊賞景點，享受北國之都的寬敞舒適及優閒步調，車站周邊完備的百貨公司、地下街與大型商業設施，更讓這裡成為逛街購物的天堂。在這裡最吸引海內外觀光客的地方就屬大通公園，一年四季的各式活動讓這裡不分季節一樣地熱鬧。

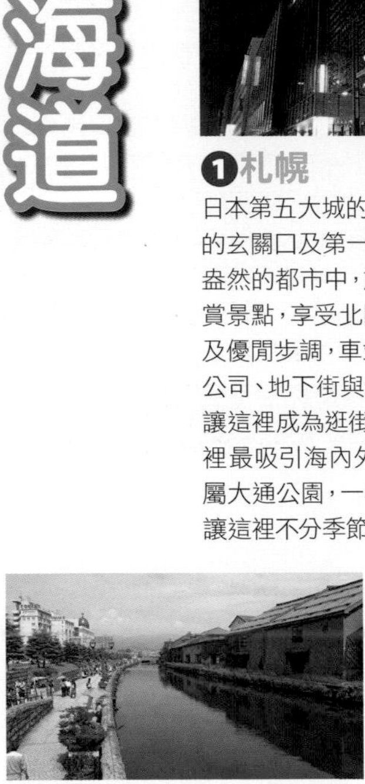

❷道央

札幌所在地的道央，區域內的小樽、定山溪、新雪谷等各大景點皆與這第一大城十分接近，熱鬧市區與周邊的遼闊景緻、山水美景，形成了都市與自然的絕妙平衡。在小樽可以看運河、遊老街、品壽司；在洞爺湖，有美麗的湖景和知名的湖畔溫泉；溫泉鄉定山溪、登別和支笏湖各有特色；冬夏皆宜的新雪谷則有著精采的戶外活動可供選擇。無論是想尋求刺激、身心放鬆或是品嚐美饌佳餚，在道央都能一次滿足。

❺道北

包含美瑛、富良野、旭川、稚內等地的道北，是北海道的中心地帶。美瑛富良野的丘陵風景和夏日花田，已是北海道的代表名景，而擁有奇蹟動物園的旭川，不僅是重要的交通轉運站，也是人文氣氛濃厚的美麗都市。旭岳及層雲峽同屬大雪山國家公園的範圍內，雄偉而壯麗的自然山景，都可以輕鬆搭乘纜車抵達或是乘車欣賞，其中也有美好的山間溫泉。一路再往日本極北之地，面對兩大海洋的稚內漁獲相當豐富，由此乘船出發便可抵達的利尻島和禮文島，一樣都令旅人嚮往。

北海道開拓150周年了，北海道的名字怎麼來的？

如果北海道的名字才150年，那150年前這裡叫什麼？由於蝦夷族世居此地，因此就以「蝦夷地」稱呼。但明治初期北海道開拓熱潮興盛，當時熱愛北海道的冒險家松浦武四郎就曾6度來北海道，並與蝦夷族相當熟識，在其進行探險的第4趟時，就已經從私人探險家變成身負政府之命的開拓使，而他也積極進行了「蝦夷地」重新命名，他將蝦夷語「カイ(ka-i生於此地)」變成「北加伊道」後再轉成同音「北海道」，於是1869(明治2年)，北海道的新身分於焉誕生。

❹道東

如果要説最「北海道」的地區，道東絕對當之無愧。道東包含十勝、帶廣、釧路、網走、知床等地，或許陌生，但就是這一片未經過度開發的土地，保留下了北海道的原始樣貌，釧路溼原、摩周湖、阿寒湖、納沙布岬，震撼人心的自然風光以外，也不能忘了熱鬧的帶廣、釧路等城市，這片遼闊大地展現出的鮮活風貌，就是屬於道東的純淨魅力。

❸道南

隔著津輕海峽與青森相望，道南是最接近日本本州的地區，北海道新幹線開通後，更可以從青森或東京搭乘列車直達。這一區的觀光重點當然就是函館，歐風坂道、紅磚倉庫、璀璨夜景以外，更有五角星式的城池五稜郭，能夠窺見自幕末開港以來的發展歷史，此外市郊的湯之川溫泉、距離函館約30分車程的大沼公園也是遊客較常造訪的區域。

新千歲機場 吃喝玩買大滿足

位於札幌市區不遠處的新千歲機場，不僅是進出北海道的主要出入口，更是購物玩樂的天堂。新千歲機場於2011年大幅更新裝修後，入駐店數大幅增加，從原本約100出頭的數目，激增至近180間，尤其是2樓的伴手禮區與3樓的飲食區最為熱鬧。除了飲食、購物之外，還有好多好玩的地方，不管是要參觀巧克力的製作過程、與哆啦A夢遊玩、泡個舒服的湯，還是悠閒地看場電影，所有願望在這裡都能滿足。www.new-chitose-airport.jp/tw/spend/

國內線2F

國內線2樓可以說是新千歲機場內最熱鬧的區域，不只是知名伴手禮品牌齊聚一堂，還可以買到海產加工品，以及各式各樣的可愛商品，琳瑯滿目的獨特商品，真是教人難以抗拒它們的誘惑。

↑寶可夢專賣店
Pokemon store

拜Pokemon GO手遊大熱門之賜，寶可夢再次大夯，搭機回國前，可別忘了再來尋寶一下。這裡有機場獨家販售的限定造型寶可夢，還有各式季節限定的寶可夢造型商品，也都超級可愛。

↓➡Sweets Avenue

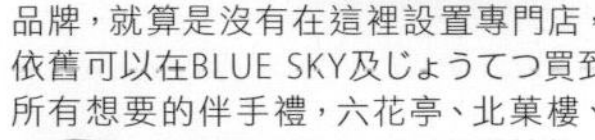

Sweets Avenue內集結了所有北海道最具代表性的甜點品牌，就算是沒有在這裡設置專門店，依舊可以在BLUE SKY及じょうてつ買到所有想要的伴手禮，六花亭、北菓樓、ROYCE'、LeTAO…回國前想一次飽嚐、掃購北海道菓子的話，在這裡一定可以滿足你的需求！

↓Samantha Thavasa SWEETS & TRAVEL

日本知名的精品包包品牌Samantha Thavasa，以簡潔大方的設計、亮麗的造型與顏色吸引眾人目光，而在新千歲機場的這間分店，則結合了流行與甜食，一側專門販售包包及飾品，另一側甜點店則延續其甜美路線，販售外型鮮豔可口的各式點心，閃電泡芙、甜甜圈及霜淇淋都是人氣商品。

↑↓↓北海道產物市場
どさんこ産直市場

北海道產物市場就位在Sweets Avenue的正對面，市場內販售著道內各地的當季水產、農畜產品與各種加工品，豐富的種類絕對能買得過癮！

佐藤水產

佐藤水產的商品就是美味的保證，購買後也不必擔心冷凍的問題，因為這裡會免費提供保冷劑，而且更貼心的是，如果購賣味道較為濃烈的乾貨時，店家還會貼心準備專用袋，不用擔心味道會飄散出來。

➡➡Calbee+
カルビープラス

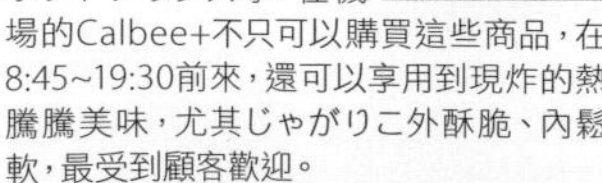

Calbee除了生產知名的薯條三兄弟外，還有販售許多美味的零食，如Jagabee、じゃがりこ、ポテトチップス等，在機場的Calbee+不只可以購買這些商品，在8:45~19:30前來，還可以享用到現炸的熱騰騰美味，尤其じゃがりこ外酥脆、內鬆軟，最受到顧客歡迎。

じゃがりこ限定口味

在Calbee Show Room與Calbee+都可以買到じゃがりこ推出的日本各地限定口味商品，包含關西的章魚燒、東海的烤雞翅等，吃起來比一般的じゃがりこ產品稍硬一點，香氣則更為濃厚。

海処まつば

海処まつば為海產加工品的專門店，除了高人氣的松前漬及塩辛外，袋裝乾貨更多達120種以上，不管是要送禮還是想買下酒菜，來這裡都能找到你想要的商品。

國內線3F

要吃美食就要到3樓來，不管是拉麵、壽司、甜點、湯咖哩、豚丼、成吉思汗，所有北國美味在這裡都找得到。穿過Smile Road後，則來到了機場最吸睛的地方，哆啦A夢空中樂園、Hello Kitty Happy Flight與Royce'Chocolate World三處位置鄰近，都是新千歲機場必造訪之處。

⬇Smile Road

Smile Road中心為設計獨特的飲食區，四周圍繞著各間甜食店鋪，北海道牛乳カステラ、Jersey Brown等，其中還有許多機場限定的商品，錯過了這裡，外面可是找不到喔！

⬆⬇哆啦A夢空中樂園

ドラえもんわくわくスカイパーク

哆啦A夢空中樂園分為娛樂區、咖啡區、兒童區、商店區等7個區域，其中只有PARK ZONE須付費，其他皆為免費，在這些地方，可愛的哆啦A夢隨處可見，無論大人小孩都能玩得盡興。

◐10:00~17:00，咖啡廳11:00~15:00、週末例假日11:00~17:00(PARK ZONE、咖啡廳、DIY區-入場至閉館前60分)

Ⓢ大人¥800、國高中生¥500、小學生以下¥400、未滿3歲免費

鯛魚燒／たい焼き

在咖啡廳內點個哆啦A夢或哆啦美的鯛魚燒，加杯熱飲(只有熱飲上才有卡通圖案)，可愛度雙倍！

⬆⬇⬇FOOD COURT

フードコート

在FOOD COURT可以吃到印度咖哩、章魚燒、漢堡、中華料理、韓式料理、烏龍麵或豬排飯，或是享用雪印パーラー的聖代，還能一邊欣賞窗外飛機起降，十足的享受。

北海道吉祥物展售處

北海道キャラクタースポット

北海道好多可愛的吉祥物，想要帶它們回家的話就來這裡瞧瞧吧！在這裡可買到北海道電視局、廣播局以及球隊吉祥物的周邊商品，種類多達300種以上，每一個都獨具特色。

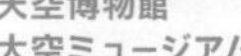

天空博物館

大空ミュージアム

為了傳達空中旅行的魅力，也為了讓大家對機場及航空有更深入的了解，天空博物館於2012年7月正式誕生，館內不但能欣賞各種飛機模型，也能穿上機師制服過過乾癮，更特別的是，這裡還有模擬飛行可供民眾體驗唷(100日幣可玩2分30秒，200日幣可玩4分30秒)。

⬆⬇北海道拉麵道場

北海道ラーメン道場

北海道拉麵道場集結了10多間北海道拉麵名店，包括旭川醬油拉麵「梅光軒」、函館鹽味拉麵「函館麵厨房 あじさい」、札幌味噌拉麵名店「けやき」與「麵処 白樺山荘」、發源自摩周湖山麓的「弟子屈拉麵」等，每一攤都香氣四溢，讓人胃口大開。

えびそば 一幻

不同於北海道三大拉 麵的湯底，一 幻使用大量的甜蝦頭熬製湯頭，將甜蝦的鮮甜風味完全融入其中，點餐時可選擇鹽味、醬油或味噌拉麵，再依自己的喜好點選「そのまま」(原味)、「ほどほど」(與豚骨湯頭的結合)或「あじわい」(比ほどほど還多一些豚骨風味)，無論是哪一種，香醇風味絕對讓人驚艷。

↑→Royce' Chocolate World

在這裡可以一路觀察巧克力的製造過程，不只新奇，還能讓購買者吃得更加安心。在商店中則賣有約200種的商品，光是各口味生巧克力一字排開的陣勢就十分驚人。

Royce麵包坊

除了可以觀察巧克力製作過程，一旁的Royce麵包坊裡也很值得一逛，像是因為直接夾著大塊板巧克力而爆紅的板巧克力麵包「グテ」，或是有著濃郁生巧克力的招牌可頌麵包「生チョコクロワッサン」，都是推薦可以買來吃吃看的商品喔。

↑北海道牛乳カステラ

由世界級甜點大師辻口博啓推出的蜂蜜蛋糕新品牌，嚴選北海道素材製成，使用了釧路ワンツ牧場的新鮮牛乳，加上道產的高麩質小麥粉，用馬鈴薯、小麥、黃豆等為原料做出的砂糖，再使用大量的蛋黃，做出有著綿密口感、鮮明奶香，甜度又恰好的美味蛋糕。店內的新鮮牛奶以及牛奶霜淇淋也很值得一試喔。

↓市電通り食堂街

古色古香的市電通り食堂街，可以吃到北海道食材製作而成的各式美味，人氣名函館朝市的海鮮丼名店「きくよ食堂」、發源自釧路的釜飯「ふく亭」等也出現其中，還可吃到握壽司、湯咖哩等美味料理。

國內線4F

在國內線航廈4樓內可購物、遊樂、看電影、泡湯，嫌買不夠的話，還可以搭乘機場的免費接駁巴士到千歲暢貨中心Rera血拼，只要10分鐘就能到達，十分方便。

↑新千歲空港温泉 万葉の湯

在全日本，新千歲機場是第一座有溫泉進駐的機場。館內不只有天然溫泉，甚至是岩盤浴、休憩室、遊樂場、飲食區也都一應俱全。這裡的營業時間為10點到隔天早上9點(溫泉到8點)，在北海道遊玩時沒泡到溫泉的話，可以在這裡體驗一下。

↓初音未來博物館&商店 SNOWMIKU SKY TOWN

由北海道的公司企劃出以電子音樂軟體搭配虛擬歌手一初音未來，其超高人氣，連機場四樓也有可免費入場的初音博物館&商店，各式初音畫像、公仔以及等身初音公仔展出，讓初音迷可以一次拍個夠，這裡還特別企劃雪國造型的雪初音形象，也可以買到許多限定版初音商品。

↑新千歲空港シアター

日本國內首次在機場內設置電影院，這裡總共有3個廳，無論是話題電影、最新人氣電影，都會在這裡上映，如果距離起飛時間尚久的話，就來這裡看場電影吧，價格為1,800日幣。

哈蜜瓜

メロン

♥

哈蜜瓜在日本人的心目中為最高級的水果，而夕張的哈蜜瓜更為名品中的名品，還可做成哈蜜瓜霜淇淋、牛奶糖、果凍和餅乾等。遇上7~9月盛產期時，一定要到市場買片哈密瓜來過過癮。

各式拉麵

♥

北海道三大拉麵：札幌味噌拉麵、函館鹽味拉麵、旭川醬油拉麵各有特色，味噌香濃、鹽味清爽，醬油則充滿鮮美滋味，還有近年被列為第四大的釧路拉麵，不論哪種拉麵，大多以豚骨或雞骨為底加上各家秘方，香醇美味讓人難以抗拒。

壽司

すし

♥

北海道鮮美海鮮做成的壽司引人食欲，繽紛的壽司讓人眼花撩亂，晶瑩剔透宛如海中珠寶的鮭魚卵、秋天肉質最為緊實飽滿的蝦蛄、由秋入冬時近海捕獲的新鮮鮪魚，或是肉質緊緻、越嚼越甜的牡丹蝦，每每猶豫著選這個好呢？還是挑那個好？到最後總是味覺戰勝理智：「老闆，通通來一盤！」，這就是壽司的魅力。

北海道 必吃美食

北海道的美食之多，就算是出一本書來專門介紹也不為過，在這裡就推薦你最經典的北國必吃定番以及限定美食，不要再屈就觀光餐廳，和我們一起繞進小巷、在市區穿梭，尋找味覺的感動吧！

玉米

とうきび、とうもろこし

♥

夏天來到北海道一定要嚐嚐盛產中的玉米，無論是烤的、煮的，還是生吃的，香甜多汁保證一試就會愛上。

螃蟹

かに

♥

來到北海道絕對不能錯過肥美的螃蟹，帝王蟹(鱈場蟹)、毛蟹、松葉蟹……光想到就讓人食指大動，想一次吃個過癮，可到餐廳點份超豐盛的會席料理、到市場現點活蟹現煮現吃，或是到吃到飽餐廳飽嚐三大蟹。

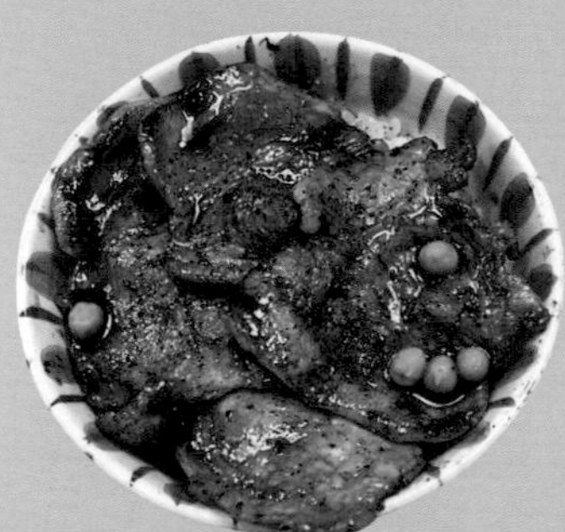

豬肉蓋飯

豚丼

♥

豬排蓋飯是帶廣知名的傳統美食，燒烤過的豬肉盛盤後再淋上各店的特製醬汁，鹹甜滋味緊緊沾附在紮實的豬肉上，單純的製作程序卻造就了口齒留香的美味。

A-12

冰淇淋
アイスクリーム
♥
到牧場之國旅行的一大樂趣，就是尋找各地特殊的冰淇淋，經典的香濃牛奶、薰衣草、哈密瓜、起司、南瓜，多種花樣帶來不同驚喜。

湯咖哩
スープカレー
♥
香氣四溢的湯咖哩有著難以形容的美妙滋味，各家店鋪以獨家配方香料，用蔬菜、豬肉等各種食材熬出香甜湯汁，定番菜單就是加入雞腿和道產季節蔬菜，既美味又健康。

爐端燒
炉端焼き
♥
爐端燒就是將新鮮的魚貝類直接放在網上，灑上鹽或是醬汁，以爐火慢慢燒烤的一種料理。沉浸在海鮮碳烤香氣中，坐在爐邊現烤現吃，超有氣氛。

洋菓子
♥
洋菓子最講究的素材如新鮮牛奶、奶油、砂糖、雞蛋及麵粉，在北海道樣樣不缺。職人們發揮創意，運用當季食材作出的華麗水果派、美味泡芙、香濃布丁等，使北海道甜點擁有高度品牌知名度。

奶油馬鈴薯
じゃがバター
♥
北海道的農業發達，種植出來的馬鈴薯也特別好吃，其中又以男爵馬鈴薯為代表，口感又香又甜，加上奶油提味更是絕配。沾點塩辛(鹽漬魚貝及內臟)也意外地契合。

牛奶
ミルク
♥
北海道的牛奶都是當地農家直送的，建議可買罐裝的新鮮牛奶來喝，濃醇的好味道真的就像直接從牛身上擠出來一樣。

牡蠣
かき
♥
牡蠣以厚岸產最有名，各個體型碩大、貝肉緊實、如奶油般滑嫩。原來注入厚岸湖的3條河流富含牡蠣糧食的養分，且鹽度較低，才會如此順口。10~3月是牡蠣最鮮美的季節。

拉麵沙拉
ラーメンサラダ
♥
拉麵沙拉發源於札幌，現在北海道各地都吃得到，更是居酒屋必點菜色之一。沙拉底部為涼麵，上面再鋪滿大量萵苣、小番茄等蔬菜，最後淋上自家醬汁，口感豐富且多層次，十分開胃。

GARANA

ガラナ

♥

在北海道只喝可樂的話就太遜了！GARANA是北海道的限定飲料代表，使用「ガラナ(瓜拿納)果實」抽出物製作，味道有點像可樂，喝起來甚至有種汽水混搭濃濃麥茶的錯覺。

成吉思汗

ジンギスカン

♥

北海道傳統的烤羊肉，使用中間有弧形隆起的專用鐵鑄鍋燒烤。羊肉吃起來不腥不羶，加上豆芽菜、高麗菜、洋蔥等蔬菜增添甜味與水分，連不敢吃羊肉的人都為之著迷。

墨魚飯

いかめし

♥

若不想吃生的墨魚，就買個墨魚飯吧！這是日本大受歡迎的鐵路便當，最初是在函館本線的森駅販售。一整隻墨魚裡面塞滿了飯，非常彈牙，墨魚煮得又非常入味，由於太受歡迎，常常銷售一空，好在現在大站的KIOSK或特產店也找得到。

ソフトカツゲン

♥

由雪印生產的ソフトカツゲン是北海道限定的乳酸飲料，味道比一般的乳酸飲料還香醇，讓人一喝就愛上。其實這原本是昭和初期士兵的營養補給飲料，到了1956年才開始一般販售，下次就來試試北海道人喜愛的酸甜滋味吧！

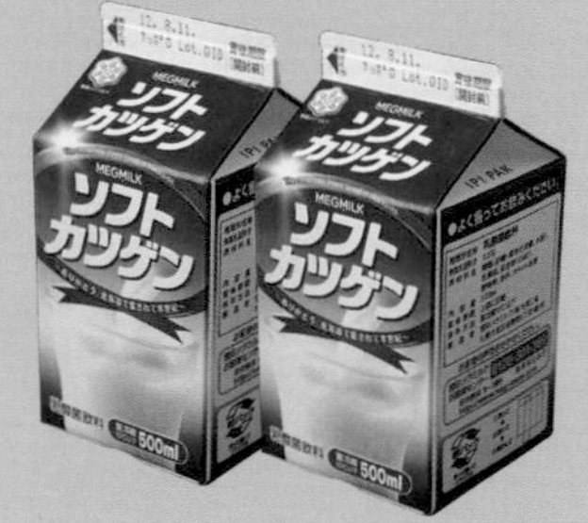

炸馬鈴薯

あげいも

♥

從札幌開車往新雪谷會經過中山峠，這裡的名物「炸馬鈴薯」使用羊蹄山山麓種植的男爵馬鈴薯，外脆內鬆軟的美妙滋味，搭上羊蹄山美景，是許多人心中的絕品。

道の駅 望羊中山 ¥350

ageimo.com

炸雞

ザンギ

♥

使用大蒜、生薑與醬油醃製，裹上麵粉或太白粉下鍋油炸的炸雞，日本各地稱之為「唐揚げ」，北海道則叫做「ザンギ(zangi)」。特別之處在於店家會淋上獨門醬汁，讓這美食多了特殊風味。

SAPPORO BEER

♥

SAPPORO BEER是發源於北海道的品牌，當然有北海道限定的啤酒！SAPPORO CLASSIC就是最知名的品項，100%使用麥芽、不添加副原料的生啤酒，甘甜不苦澀，釀造過程也極其講究，難怪大受歡迎。

花鯽魚

ほっけ

♥

生的花鯽魚鮮度隨著時間流逝美日遞減，而一夜風乾之後不僅可以保存鮮味，更可以增添美味，是在北海道必吃的美味。

やきそば弁当

♥

東洋水產的やきそば弁当口味偏甜且溫和，泡麵的熱水加上青海苔及紅薑兩包調味粉，就是一碗中華湯品，雖然常看到類似產品，用料和味道卻是北海道限定。

海鮮丼

♥

飯上滿滿鋪著鮭魚卵、蟹肉、海膽、生魚片……誘人的光澤與分量超多的海鮮呈現眼前，任誰都無法抵抗它的誘惑。來到釧路的和商市場的話，還可以自製「勝手丼」！

Ribbon NAPOLIN

リボンナポリン

♥

說到限定飲料，就不能不提販售超過百年的Ribbon NAPOLIN，如香檳般的口感是它最大的特色，帶著柑橘餘味，喝下後沁涼爽快。

ちゃんちゃん焼き

ちゃんちゃん焼き是指鮭魚、蔬菜在鐵板上香煎的調理手法，為北海道漁師的名物料理，各地的調味方式略有不同，礼文島會把對切的新鮮花鯽魚塗上大量味噌、撒上蔥花，直接上爐燒烤，是當地代表美食。

い・ろ・は・す

♥

以美味及環保為理念，い・ろ・は・す在北海道、富山、鳥取、宮崎等地採用飲水，每一處的水都十分清澈，讓人喝得安心。目前共有6種口味，ハスカップ(藍靛果忍冬)口味就是北海道限定。

特殊口味飯糰

♥

便利商店也有豚丼、成吉思汗等北海道才有的飯糰，提供不同的吃法，讓道地口味有更新鮮的變化，而且購買飯糰結帳時，店員大多會問你需不需要加熱，在日本只有北海道會在食用飯糰前先加溫唷！

幸運小丑漢堡

♥

幸運小丑是函館地區獨有的漢堡連鎖店，最受歡迎的中式炸雞堡以外，還有許多獨家口味，以及每天限量的超巨大漢堡，到函館沒吃過這一味的話可不算數！

維他命蜂蜜蛋糕

ビタミンカステラ

♥

第一次世界大戰結束後，糧食不足造成許多小孩營養失調，維他命蜂蜜蛋糕便隨之誕生。製作時減少蛋及砂糖用量，增加麵粉量、加入維他命B，做成方便食用的大小，口感比一般蜂蜜蛋糕來得乾爽，是歷久不衰的樸實滋味。

ROYCE'巧克力

♥

ROYCE'主打巧克力，生巧克力更是不敗品項。巧克力與奶油香味在口中融合，加上淡淡的香檳與威士忌讓風味更提升。生巧克力口味多達15種，又以牛奶(オレ)口味最受歡迎，造成話題的洋芋片巧克力也是熱門商品，機場也有賣店，可順道購買，將美味分享親友。

六花亭

♥

來自北海道十勝的六花亭，已是眾所皆知的北海道點心代表品牌，美味的點心配上美麗的包裝，可說是最佳伴手禮。最為推薦的三樣人氣商品——奶油卡布奇諾餅乾、葡萄乾奶油餅乾以及雪やこんこ，其中，葡萄乾奶油餅乾最為熱賣，喜歡巧克力的人則推薦雪やこんこ。

www.rokkatei.co.jp

北菓樓

♥

北菓樓的泡芙是必吃名物，但伴手禮首推北海道開拓おかき(米菓)與年輪蛋糕妖精之森。前者從磨米、蒸煮、油炸到調味，需7天才能完成，有秋鮭、扇貝、甜蝦等海味；後者鬆軟香甜，讓人一試就愛上。

www.kitakaro.com

北海道必買伴手禮

來到北海道，怎麼可能雙手空空回國呢？不能把新鮮肥美的帝王蟹或是香甜欲滴的夕張哈蜜瓜帶上飛機沒關係，北海道還有數不清的銘菓、伴手禮、特色商品等著你帶回家，吃的、喝的、玩的樣樣都有！

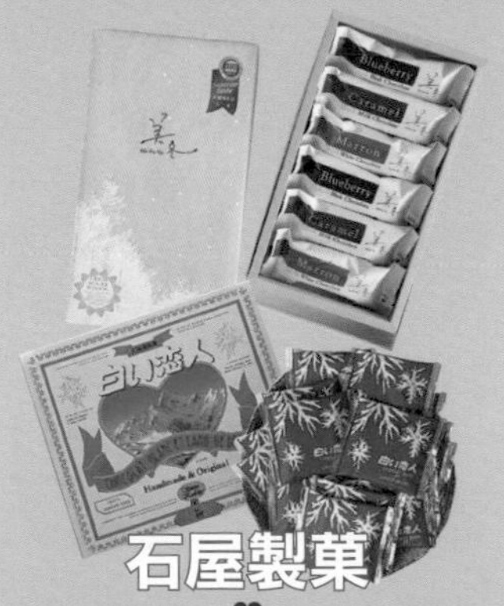

石屋製菓

♥

石屋製菓的「白色戀人」是北海道最有名的伴手禮，分為白巧克力和黑巧克力兩種口味，而「美冬」則是閃亮之星，以三種不同口味巧克力搭配藍莓、牛奶糖、栗子等成為夾心的酥派，一盒裡就能嚐到多種口味的巧克力甜點。

www.ishiya.co.jp

柳月

♥

來自十勝的柳月，擅長的是和菓子及和洋折衷的蛋糕類點心。以北海道的白樺樹為聯想的三方六，使用十勝小麥和北海道產的奶油、雞蛋製作出年輪蛋糕的蛋糕體，外層用黑白巧克力描繪了白樺的樹皮色彩，甜蜜不膩，也有推出限定口味。

www.ryugetsu.co.jp

HORI
ホリの
果実ショコラ
【夕張メロン】
20枚入り

HORI

♥

HORI生產的PURE JELLY，不只聞起來有濃郁的哈密瓜香氣，連吃起來也像在吃真的哈密瓜一般，還推出了包有哈密瓜夾心的巧克力，香甜的哈密瓜滋味，一口吃下便感到無比幸福。

www.e-hori.com

木雕&木製品

♥

愛努族的木雕充滿純樸感，傳說使用同一塊木頭雕成的男女能帶給人美好姻緣，而貓頭鷹、狐狸也十分受歡迎；旭川則以木製產業聞名，以平實的價格即可買到精緻的可愛小物，都是最佳的伴手禮選擇。

吉祥物商品

♥

北海道有超多可愛的吉祥物，像是大通公園玉米攤的きびっち、札幌電視塔的テレビ父さん、旭川的あさっぴー、JR北海道的Kitaca、有著奇怪造型的まりもっこり、夕張的哈密瓜熊等，推出的周邊商品每一項都讓人愛不釋手。

北うさぎ

♥

以函館作家成田粋子創作的角色北うさぎ(北方兔)，這隻可愛卻又不帶表情的白兔子，30多年來早已成為函館最具代表的可愛小物。以北方兔發展的雜貨相當多元，從衣服、袋子、盤子、絨毛玩具、餐具等通通都有。

KINOTOYA

♥

KINOTOYA製作的札幌農學校，為北海道大學的指定商品，是讓人回憶起札幌往昔、口味純正的北海道牛奶餅乾，新推出的「札幌農學校premium」更夾著香甜的蘋果奶油！另一項招牌「酪農起司布丁」口感濃醇，素材選自美瑛產的牛奶、北海道產的馬斯卡邦起司與法國的奶油起司。

www.kinotoya.com

地產酒飲

♥

札幌、朝日、麒麟這三大啤酒公司都有推出北海道限產啤酒，其他在北海道各地也有推出當地特產的地啤酒或地產葡萄酒，啤酒入喉甘冽順口、暢快過癮，葡萄酒則口感芳醇，當然也別忘了道產的威士忌。

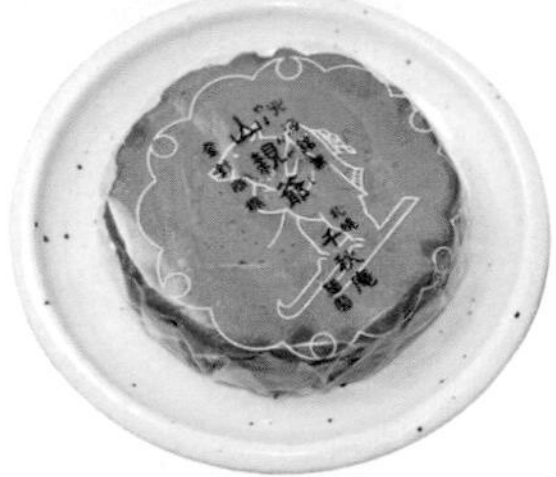

千秋庵

♥

札幌老字號菓子鋪千秋庵販售傳統的日式點心，山親爺既是千秋庵的創店之作，也是人氣長銷商品。畫上步行小熊的可愛煎餅製作過程中完全不加水，因此充滿濃厚甜香，口味樸實。

senshuan.co.jp

morimoto

♥

老店morimoto以麵包店起家，主打的番茄果凍，有著極為濃厚的香氣和天然甜味；而夾心餅乾「Haskap Jewellry」則是酸甜的藍靛果果醬、鮮奶油以及微甜巧克力的組合，也是不可錯過的商品。

haskapp.co.jp

明信片

♥

日本郵局的當地明信片很受歡迎而且只限當地販售，北海道有紫丁香花、玉米、北狐、木雕熊及時計台等造型，大部分的郵局都只有同時販售其中2~3種，想一次集滿，建議在景點區的攤販或大型購物中心內的郵局試試！

POTATO FARM

♥

超熱賣的薯條三兄弟就是由POTATO FARM生產，香脆紮實的口感和濃濃馬鈴薯香，令不少人大讚！另外，いも子とこぶ太郎的酥脆薄洋芋片，還有用三種馬鈴薯作成的薯塊三姊妹也十分美味。

www.calbee.co.jp/potatofarm/

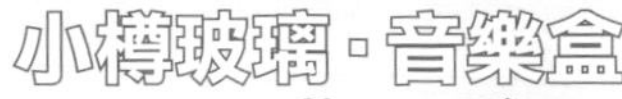

小樽玻璃·音樂盒

♥

小樽晶瑩剔透的玻璃製品是不可錯過的美麗藝品，從杯盤到精巧的小飾品應有盡有。此外，在小樽還可以親自製作音樂盒，可自選造型及音樂，留下旅途的美好回憶。

熊出沒注意

♥

北海道濃密的原始森林裡真的有許多棕熊出沒，被目擊到出現在馬路旁也是時有所聞，「熊出沒注意」就是由此而來的警語。黃底黑熊的圖案還做成T恤、貼紙、手提袋、泡麵等，頗能博君一笑。

YOSHIMI

♥

YOSHIMI的熱門商品「カリカリまだある？」以及「札幌おかきOH！ とうきび」，前者香辣過癮，後者則重現了烤玉米的迷人香氣，還可吃到整顆玉米。

www.yoshimi-ism.com

登別鬼商品

♥

登別溫泉街上充滿大大小小的「鬼怪」造型雕像，而各型各色的鬼怪周邊商品也超有特色，來到登別絕對不能錯過。

馬油

♥

馬油自古以來在日本民間就屬不論傷口、皮膚頭髮保養等皆可用的萬用商品，尤其產地又以北海道最為知名，除了純馬油外，各式增添不同功效的馬油也讓選擇多到不可計數，是來北海道必買商品。

菓か舍

♥

札幌點心鋪菓か舍推出的北極熊系列，因為可愛討喜大受歡迎，其中使用十勝奶油的奶油仙貝，上面有職人手繪的腳印或小熊臉，每個都不盡相同，收入部分還會捐給札幌圓山動物園的北極熊雙胞胎作為養育基金。

www.kakasha.com

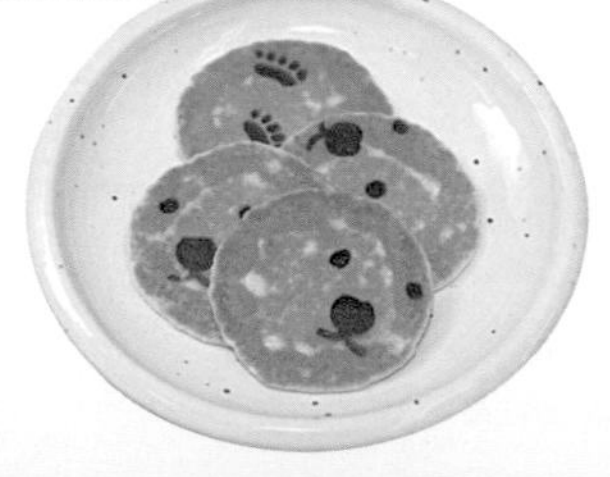

わかさいも

♥

誕生於洞爺湖的「わかさいも(若芋)」是內行人才知道的銘菓，北海道開墾時土地貧瘠，為了吃到地瓜的滋味，店主研發了這個與烤地瓜如出一轍的甜點，細緻的大福豆內餡香甜綿密，口味懷舊。

www.wakasaimo.com

A-18

各式牛奶糖

♥

北海道牛奶的濃郁不消多說，做成牛奶糖當然一樣美味。除了熱門的夕張哈密瓜，還有許多怪奇口味，成吉思汗烤肉、昆布、奶油馬鈴薯，或是道南的「サイコロキャラメル(骰子牛奶糖)」，都是北國特產。

薄荷油

ハッカ油

♥

薄荷油也是大推的商品，北見一帶是薄荷盛產地，乾淨大地孕產而生的薄荷油品質特別優良，攜帶方便又萬用，送任何人都不失敗。

hhakka.be

北かり

♥

發源旭川的老舖北かり，招牌就是花林糖。這項旭川傳統點心吃起來有點像台灣的麻花，麵粉與糖的焦香加上爽脆口感，很適合作為茶點。

www.kitakari.co.jp

昆布鹽

♥

北海道盛產高品質的夢幻級昆布，你不一定想買體積超大的昆布回家，但卻能以昆布鹽將不同產地的昆布與鹽調合的味道帶回家，既能烹煮料理增添風味，用來當沾料也十分獨特。

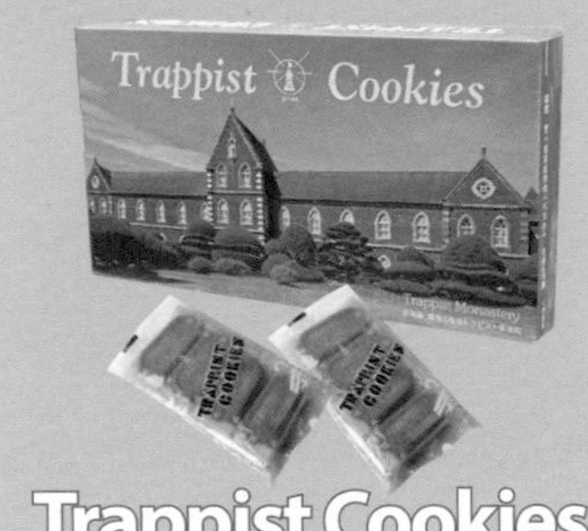

Trappist Cookies

トラピストクッキー

♥

在函館的男子修道院トラピスト修道院裡，修士們除了修行，還會製作天然果醬等商品，最特別的就是以法國中世紀工法做成的發酵奶油，使用自家奶油的餅乾自然有著濃濃香氣，很受歡迎。

拉麵&泡麵

♥

北海道的三大拉麵十分出名，人氣店家也不計其數，如果來不及一一品嚐到的話，也可以買各名店的拉麵包回家過過癮。不過因為裡面是生麵，所以保存期限並不長，要盡早食用，若想要買可以久放的，也可以選擇一般的泡麵。

！泡麵內含肉類則不能帶回台灣，務必看清商品說明，或是入境時拿到防疫課檢查

薰衣草相關商品

♥

紫色的薰衣草是大家對北海道夏天的共同印象，用薰衣草製成的商品更是琳瑯滿目，有香精、安眠枕、沐浴精、乾燥花、掛飾等，讓你擁有一整個紫色的夢幻世界。

北海道交通完全攻略

➔如何前往北海道

從台灣前往北海道越來越方便，隨著新的定期航線加開，讓直飛有更多選擇之外，各家廉價航空也競相加開台灣到日本的航線，讓想在日本多玩幾處的遊客有更便宜、多元的選擇。以下以北海道最主要的機場——新千歲機場為中心，介紹各種前往北海道的方式。

台灣直飛北海道

從台灣出發航班飛往北海道的機場，有位於南端的函館機場(HKD)、中間的新千歲機場(CTS)以及較北的旭川機場(AKJ)，可依行程需要而選擇要飛抵的機場。有飛航的航空公司有華航、長榮、台灣虎航、星宇航空、樂桃、酷航等，詳細飛航班次與台灣起飛地點，請查閱各航空公司網站。

從日本轉機北海道

從台灣飛日本本州主要機場(ex.羽田、關西機場等)再轉機前往，像是日航、全日空等，雖然時間總航程時間花費較多，但班次選擇彈性多，若想直接飛抵北海道其他區域性的小機場，也是便利的選項。

在日本搭鐵路前往

若想從日本本州搭乘鐵路直通北海道，新開通的北海道新幹線就是最佳選擇。雖然伴隨新幹線開通，北斗星、仙后座或Twilight Express等經典寢台列車，以及八戶~函館的特急列車都已停駛，但2016年3月底青森至函館間的路段開通後，只要一小時就可以從東北抵達函館，單程車資約在¥7,200~23,000之間，還可使用JR Pass，對外國觀光客而言十分優惠。

機場往各主要城市

規劃行程時，一般都從目的地機場附近的景點開始順遊，實際到達北海道各機場後要如何前往附近的景點與大城市呢？以下就先介紹各機場周邊景點的交通方式，再深入介紹新千歲機場到北海道各大城市的交通。

➔各機場前往鄰近主要景點

出發地		交通方式	目的地	乘車時間	價格
札幌	新千歲機場(CTS)	JR快速エアポート(快速airport)	札幌駅	37分	自由席¥1,150
		北都交通、中央巴士(巴士)	札幌駅前	1小時20分	¥1,100
		JR快速エアポート(快速airport)	小樽駅	1小時20分	自由席¥1,910
道南	函館機場(HKD)	函館帝產巴士	函館駅前	30分	¥450
道北	旭川機場(AKJ)	旭川電氣軌道巴士等巴士	旭川駅前	40分	¥630
		富良野巴士(ふらのバス)	富良野駅前	1小時	¥790
	稚內機場(WKJ)	宗谷巴士	稚內駅前巴士總站	30分	¥700
道東	帶廣機場(OBO)	十勝巴士	帯広駅前巴士總站	45分	¥1,000
	釧路機場(KUH)	阿寒巴士	阿寒湖	1小時15分	¥2,190
		阿寒巴士	釧路駅前	45分	¥940
	根室中標津機場(SHB)	根室交通巴士	根室駅前巴士總站	1小時40分	¥1,920
	女滿別機場(MMB)	網走巴士	網走駅前	35分	¥920
		斜里巴士等巴士	宇登呂(ウトロ)溫泉巴士總站	2小時10分	¥3,300
	オホーツク紋別機場(MBE)	北紋巴士	紋別巴士總站	17分	免費

※本表為2022年10月資訊，實際車資、時間請查詢相關網站

➔新千歲機場前往各城市

新千歲機場是北海道的交通要塞，也是台灣直飛北海道航班數最多的機場。位居北海道中央偏西地帶的新千歲機場，除了前往道央各景點十分方便外，從這裡無論是要搭乘JR、巴士或是要租車自駕前往北海道各地也都非常便捷，現在就來介紹如何從新千歲機場前往各大城市吧！

搭乘JR

在新千歲機場國內線航廈的B1即為JR新千歲空港駅，下飛機後不需再花時間到他處轉乘，即可搭乘快速舒適的JR。JR新千歲空港駅屬於JR千歲線，搭乘「快速エアポート」可直達札幌駅。開往小樽方向1小時約3-4班車，部分班次可直達小樽駅，若要前往旭川則須在札幌下車轉乘JR 特急カムイ(KAMUI)。

搭乘巴士

國內線航廈及國外線航廈1樓外為巴士搭乘處，主要以國內線乘車處為主。

出發	目的地	交通方式	乘車時間	價格
新千歲機場	札幌	中央巴士、北都交通	1小時20分	¥1,100
	登別溫泉	國際線86號乘車處搭乘道南巴士「高速登別溫泉エアポート号」	1小時15分	¥1,540
	支笏湖	國內線1‧28號、國際線66號乘車處搭乘中央巴士「[4]支笏湖線」	60分	¥1,050
	定山溪	國內線21號、國際線85號乘車處搭乘北都交通‧定鐵巴士「湯ったりライナー号」	1小時40分	¥1,800
	千歲暢貨中心Rera	國內線30號、國際線98號乘車處搭乘接駁車	10分	免費
	帶廣、十勝川溫泉	國內線21號、國際線85號乘車處搭乘OBIUN觀光巴士‧北都交通「とかちミルキーライナー(十勝Milky Liner)」，預約制	帶廣：2小時30分、冬天2小時45分，十勝川溫泉：3小時10分	帶廣¥3,800、十勝川溫泉¥4,300

※夏季及冬季另有開往新雪谷的巴士，夏季由新雪谷巴士(ニセコバス)及中央巴士運行，冬季由道南巴士運行

租車自駕

在新千歲機場國內線航廈1樓設有租車櫃台，共有10多間租車公司(包含分店)在此設點，出發前先預約好租車，一到達機場便可來辦理手續，取車地點皆位在JR南千歲駅附近，搭乘租車公司的免費接駁車約10分鐘即可抵達。

➔各城市之間的交通方式

搭乘JR

以札幌為起點的特急列車幾乎遍行北海道主要都市，再轉接巴士就可以進一步擴展旅途。

◎從札幌出發

<table>
<tr><th>出發站</th><th colspan="3">交通方式</th><th>目的地</th><th>乘車時間</th><th>價格</th></tr>
<tr><td rowspan="12">札幌駅</td><td colspan="3">快速「エアポート」等／1小時5班</td><td>小樽駅</td><td>32~40分</td><td>¥750</td></tr>
<tr><td colspan="3">特急「カムイ」等／1小時1~2班</td><td>旭川駅</td><td>1小時20~30分</td><td>¥4,690</td></tr>
<tr><td rowspan="2">特急「カムイ」等／1小時1~2班</td><td>滝川駅</td><td>根室本線快速・普通／1天10班(注意：東鹿越～新得之間因颱風損壞，以巴士代行)</td><td rowspan="2">富良野駅</td><td>2小時4~42分</td><td>¥4,010</td></tr>
<tr><td>旭川駅</td><td>富良野線／1天12班</td><td>2小時41分~59分</td><td>¥5,900</td></tr>
<tr><td colspan="3">特急「北斗」等／1小時1~2班</td><td>登別駅</td><td>1小時10~20分</td><td>¥4,250</td></tr>
<tr><td colspan="3">特急「北斗」／1天12班</td><td>洞爺駅</td><td>約1小時56分</td><td>¥5,830</td></tr>
<tr><td colspan="3">特急「北斗」／1天12班</td><td>函館駅</td><td>3小時27~53分</td><td>¥8,910</td></tr>
<tr><td colspan="3">特急「とかち」、「おおぞら」／1天11班</td><td>帯広駅</td><td>2小時24~46分</td><td>¥7,260</td></tr>
<tr><td colspan="3">特急「おおぞら」／1天6班</td><td>釧路駅</td><td>4小時~4小時35分</td><td>¥9,460</td></tr>
<tr><td colspan="3">特急「オホーツク(鄂霍次克)」／1天2班</td><td>網走駅</td><td>5小時14~30分</td><td>¥10,010</td></tr>
<tr><td colspan="3">特急「宗谷」／1天1班、特急「サロベツ」／1天2班</td><td>稚內駅</td><td>5小時10分</td><td>¥10,560</td></tr>
</table>

◎從旭川出發

出發站	交通方式	目的地	乘車時間	價格
旭川駅	JR富良野線普通／每小時1班	美瑛駅	32~40分	¥640
	JR富良野線普通／1天11~12班	富良野駅	1小時8~23分	¥1,290
	JR特急「オホーツク(鄂霍次克)」、特急大雪／1天2班	網走駅	3小時43分	¥8,030
	JR特急「宗谷」、「サロベツ」／1天2班	稚內駅	3小時40~50分	¥8,360

◎從釧路出發

出發站	交通方式	目的地	乘車時間	價格
釧路駅	JR釧網本線普通／1天4班、JR快速しれとこ摩周号／1天1班	網走駅	2小時56分~3小時10分	¥4,070
	JR特急「おおぞら」／1天6班	帯広駅	1小時32~39分	¥4,690

搭乘巴士

目的地	出發地	巴士資訊	價格	乘車時間	班次	預約
稚內	札幌	特急はまなす号、特急わっかない号／北都巴士、宗谷巴士 路線：大通巴士中心ー稚內駅前	¥6,200	5小時50分~6小時30分	1天6班(1班為夜行巴士)	◎
富良野、美瑛、旭川	札幌	高速あさひかわ号／中央巴士、道北巴士、JR北海道巴士 路線：札幌駅前巴士總站—旭川總站	¥2,300	2小時8分	20~30分1班	不用
		高速ふらの号／中央巴士 路線：札幌駅前巴士總站—赤平—芦別—富良野駅	¥2,500	2小時40分	1天10班	不用
	旭川	ラベンダー号／富良野巴士 路線：旭川駅前—旭川機場—美瑛駅—富良野駅	¥900	1小時42分	1天8班	不用
	帯廣	ノースライナー(north liner)／道北巴士、十勝巴士、北海道拓殖巴士 路線：帯廣駅前ー富良野駅前	至富良野¥2,400、美瑛¥3,100、旭川¥3,600	至富良野2小時37分、至美瑛3小19分、至旭川4小時12分	1天3班	◎

網走	札幌	ドリーミントオホーツク号／中央巴士、北見巴士、網走巴士 路線：中央巴士札幌總站－北見巴士總站－網走巴士總站	¥6,800	6小時	1天10班(1班為夜行巴士)	◎
紋別	札幌	流氷もんべつ号／中央巴士、道北巴士等 路線：札幌駅前巴士總站－旭川駅前－紋別巴士總站	¥5,270	4小時20分~5小時20分	1天4班	◎
	旭川	特急オホーツク号等／道北巴士等 路線：旭川駅前－紋別巴士總站	¥3,410	3小時	1天3班	◎
釧路、根室	札幌	スターライト釧路号(starlight釧路號)／中央巴士、釧路巴士、阿寒巴士 路線：札幌駅前巴士總站－音別駅前—白糠—釧路駅前總站	¥5,880	5小時15分	1天5班(1班為夜行巴士)	◎
		オーロラ号(aurora號)／北都交通、根室交通 路線：大通巴士中心－(中標津)－根室巴士總站	¥8,200	7小時50分~9小時12分	夜行巴士1天1~2班	◎
	旭川	サンライズ旭川・釧路号(sunrise旭川・釧路號)／道北巴士、阿寒巴士 路線：旭川駅前－阿寒巴士總站－釧路駅前	¥6,100	6小時30分	1天2班	◎
	羅臼	阿寒巴士「釧路羅臼線・標津線」 路線：釧路駅前－中標津巴士總站—標津巴士總站—羅臼	¥4,940	3小時45分	平日1天5班，週末及例假日1天2班	不用
	根室	特急ねむろ号／根室巴士、根室交通 路線：釧路駅前－浜中—厚床駅前—根室駅前巴士總站	¥2,290	2小時50分	1天2~3班	◎
帯廣	札幌	ポテトライナー(potato liner)／中央巴士、JR北海道巴士、北都交通、十勝巴士、北海道拓殖巴士 路線：中央巴士札幌總站－帯廣駅巴士總站	¥3,840	3小45分~55分	1天10班(2班為直達車)，週末及例假日1天2班	◎
	旭川	ノースライナー(north liner) ／道北巴士、十勝巴士、北海道拓殖巴士 路線：旭川駅前－(富良野駅前或層雲峡)－帯廣駅前	¥3,600	3小時12分~4小時	1天4班	◎
登別、室蘭、洞爺湖	札幌	高速むろらん号／中央巴士、道南巴士 路線：札幌駅前巴士總站—登別—室蘭觀光協會前	至登別¥2,070、至室蘭¥2,300	至登別1小時48分、至室蘭2小時45分	1天14班	不用
		道南巴士[9]號路線：札幌駅前巴士總站—定山溪—留壽都渡假區—洞爺湖溫泉	¥2,830	2小時40分	1天4班	不用
小樽、新雪谷	札幌	高速おたる号(小樽號)／中央巴士、JR北海道巴士 路線：札幌駅前巴士總站—小樽駅前	¥680	1小時8分	5~20分1班	不用
		高速いわない号(岩內號)／中央巴士 路線：札幌駅前巴士總站—小樽駅前—余市—岩內巴士總站	¥2,020	2小時33分	1天16班	不用
		高速ニセコ号(新雪谷號)／中央巴士 路線：札幌駅前巴士總站—小樽駅前—倶知安—新雪谷	¥2,130	3小時	1天3班	不用
函館	札幌	高速はこだて号(函館號)／中央巴士、道南巴士、北都交通 路線：中央巴士札幌總站－新函館北斗駅—函館駅前總站－湯の川温泉	¥4,900	5小時54分	1天8班(1班為夜行巴士)	◎

前往道東的巴士

除了定期運行的城市間巴士以外，為了使遊客前往道東地區更為便利，道東地區推出1~3月限定的「East Hokkaido express bus(ひがし北海道エクスプレスバス)」以及季節限定巴士，增加班次以外，也統整了前往道東各地的巴士資訊，可以到網站上查詢路線及預約，更有豐富的旅遊資訊，十分便利。

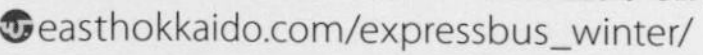
easthokkaido.com/expressbus_winter/

札幌交通實戰篇

札幌市區內的景點以徒步的方式就可到達，像是從札幌車站到大通公園，走路約10分鐘，從大通公園走路到薄野(すすきの)也只要5~10分鐘的路程，相當便利。要到稍遠一點或是郊區景點，就一定得搭乘地下鐵、市電或是巴士前往，其實札幌的交通網並不會太複雜，只要弄清楚較為麻煩的巴士資訊，一定能在札幌輕鬆遨遊！

➔札幌交通系統

地下鐵

札幌市營地下鐵為全北海道唯一的地下鐵系統，也是札幌市區最便捷的交通工具，共分為南北線、東豊線與東西線等3條路線，這3條線交會於札幌市最熱鬧的大通駅，而東豊線、南北線和JR則交會於さっぽろ駅(札幌車站)，轉乘地下鐵時只要循著路線代表色走即可，十分簡單便利。

札幌地下鐵的班次並不十分密集，平日上下班尖峰時約4~5分鐘一班，其他時間則約7~10分鐘不等，各站間相距不遠，皆在1~3分鐘之間，而各線起始站及終點站的首班車、末班車的發車時間，則分別為6:00及24:00。

◎南北線

區間：麻麻生駅~真駒內駅

記號：N　**代表色**：綠色

重要車站：麻生、さっぽろ(札幌)、大通、すすきの(薄野)、中島公園、真駒內

札幌市內利用地下鐵可以前往大部分的景點，尤其在下雪的天氣，在熱鬧地點不需至室外受寒，是比較方便的選擇，其中南北線串連了さっぽろ(札幌)與大通、すすきの、中島公園等車站，是市中心的精華路線。

◎東西線

區間：宮の沢駅~新さっぽろ駅

記號：T　**代表色**：橘色

重要車站：大通、白石、南鄉18丁目、大谷地、新さっぽろ(新札幌)

東西線有部分路段與大通公園重疊，終點站新さっぽろ駅與JR新札幌駅連結，中間經過円山公園駅、美術館附近的西18丁目駅、鄰近ASAHI啤酒工廠的白石駅和巴士轉運站バスセンター前駅(巴士中心前站)等，白色戀

貼心小提醒
赴日旅行時建議加入旅行保險

因COVID-19的疫情所產生的醫療問題，在旅途中使用醫療設施的可能性比過往更高。為了能夠更放心更安全地前往日本旅行，在赴日旅行前加入擁有完善保障內容的旅行保險、確認在日本的基本防疫對策和至醫療設施就診的方式等，是相當重要的行前準備步驟。

赴日旅行的外國人在日本接受治療時，需要支付比預期中還要高額的醫療費用。

- **選擇對COVID-19有充分補償的旅行保險吧！**

旅行保險附帶服務

1. 協助搜尋及預約日本國內的醫療機關
2. 口譯服務
3. 醫療費用的非現金支付上的交涉

其他還有將COVID-19的醫療費、住宿費、機票費等，納入補償對象的保險中，確實確認補償內容並加入保險是件非常重要的事。

醫療機關

感染COVID-19時的諮詢窗口

人公園則位在首站宮の沢駅的附近。

◎東豊線

區間：栄町駅~福住駅

記號：H　**代表色**：藍色

重要車站：環状通東、さっぽろ(札幌)、大通、福住

東豊線連接栄町駅到鄰近札幌巨蛋的福住駅，前往モエレ沼公園、芸術の森等市郊景點都可以從此線轉搭公車前往，路線中與其他兩線交會的大通駅為最大轉運點，並在さっぽろ駅與南北線和JR札幌駅共構。

市電

札幌市電為札幌市交通局所營運的路面電車，在北海道就只有札幌及函館能見到這種今昔並存的懷舊景色。現存的市電車站皆位在札幌市中央區內，2015年底環狀化後，「西4丁目」站與「すすきの」站間新增了「狸小路」站，並將市電分為內、外線行駛，主要差別就在於新增的狸小路站，內外線的車站分別設在馬路兩側，若從地下鐵南北線轉乘，不需過馬路就可以從地鐵大通站、すすきの站徒步到外線的狸小路站。札幌市電的班次不是很密集，9:00~17:00間約7~8分一班車，平日上班尖峰時段「西4丁目」站~「西線16条」站間則約3分鐘一班車。另外，每站之間的乘車時間約為2~3分鐘。

◎首末班時間

發車站		首班車	末班車
中央図書館前	外	5:58	22:50
	內	6:04	25:55
西4丁目	外	6:25	23:17
	內	6:35	23:25
すすきの	外	6:33	23:25
	內	6:27	23:17

巴士

札幌市內一般的路線巴士由6大巴士公司所營運，分別為中央巴士、定鐵巴士(じょうてつバス)、JR北海道巴士、ban.K巴士(札幌ばんけい)、夕張鉄道(夕鐵巴士)以及道南巴士。除了路線巴士外，較常用的還有下列巴士：

◎觀光巴士

北海道的中央巴士提供多國語音的觀光導覽系統和企劃行程，可以前往美瑛、富良野、積丹、小樽和市郊的

羊之丘展望台等地，可視需要選擇自己喜歡的行程。

teikan.chuo-bus.co.jp

◎さっぽろうぉ～く Sapporo Walk

中央巴士「さっぽろうぉ～く」為札幌市內全年運行的循環巴士，以札幌啤酒園為起點，中途停靠大通公園、時計台、札幌駅前(東急百貨南側)等處，繞行一圈約30分鐘，一天內可無限搭乘。約20分鐘就有一班車，可輕

鬆前往人氣景點及購物中心。

1次大人￥210、小孩￥110，與中央巴士區間的共通1日券為大人￥750、小孩￥380

中央巴士札幌總站、札幌駅前總站可買票

◎くらまる号

KURAMARU號區間／接駁巴士

KURAMARU巴士由JR巴士公司所營運，從地下鐵円山公園駅前巴士總站4號乘車處出發，行經動物園正門前、圓山動物園，最後到達大倉山跳台滑雪競技場。

4月底~10月中周末及例假日、7月中~8月中每日運行　1次大人￥210、小孩￥110，下車時支付

◎都心内100円巴士

由定鐵巴士推出的優惠方案，在「札幌駅～薄野」區間上下車者，票價一律為大人¥100、小孩¥50，只限於現金支付時才能享此優惠。詳細資訊請參考網站。

ekibus.city.sapporo.jp/100yen/index.html

JR北海道

在札幌移動主要的交通工具為地下鐵、市電及巴士，使用JR的機會較少，大概只有在前往較遠的百合が原公園或北海道開拓の村時才會搭乘，前者由JR札沼線(学園都市線)搭至百合が原駅再徒步，後者可由JR千歲線的新札幌駅轉乘巴士前往。

開車

許多人會選擇全程自駕旅行，不過在札幌市中心許多景點及餐廳沒有停車位，所以需要停在外面的付費停車場，雖然停車位多，但在大型祭典活動期間可能碰到一位難求的情形。

➔票價及票券

札幌地下鐵及市電路線簡單明瞭，不像日本其它大城市那般有著錯綜複雜的交通網，搭乘轉乘都十分方便，但若再加上各大公車系統，這簡單的交通網就頓時複雜了起來，在這裡就把票價、車票、轉乘等交通資訊一次公開，配合自己的行程規劃，簡簡單單就能找出最適合自己的票券及最便利的轉乘方式！

地下鐵與市電車資計算

票價的部分，札幌地下鐵依乘坐區間計費，可分為1、2、2~6區等7個區間，大人的票價由￥210~380不等，小孩則為￥110~190。市電票價固定為大人￥200、小孩￥100。

地下鐵・市電收費標準

大人：國中生以上

小孩：小學生；票價為大人的一半，若尾數為5則自動進位，如：大人票價¥170，小孩票價本來為¥85，自動進位成¥90

幼兒：1歲以上未滿6歲；票價免費，但若攜帶5位幼兒同行，則收取1位小孩的票價

嬰兒：未滿1歲；免費

轉乘折扣

乘継割引

在札幌市內的地下鐵轉乘市電或巴士可享折扣，但只限於現金支付時，當日內無論何時轉乘都可以。

從地下鐵轉乘電車或巴士時，需先在車站購買轉乘券(乗継券)，若搭乘到巴士2區的區間，巴士內可計算差額。從電車或巴士轉乘地下鐵時，大約在票價加上￥130就可購買轉乘券，若超過1區時則須補差。

此外，轉乘巴士只適用於JR北海道巴士、定鐵巴士、中央巴士、ban.K巴士以及夕鐵巴士系統。

➔優惠票券

地下鉄専用1日乗車券

使用當日可全天無限次乘坐地下鐵全線，大人¥830、小孩¥420。

哪裡買：自動售票機、地下鐵車站事務室、定期券販售處、交通案內中心

ドニチカキップ

相當於「地下鉄専用1日乗車券」的假日版，限定於每週六日和例假日(含年末年初12月29日~1月3日)使用的地下鐵1日券，可以無限次乘坐地下鐵全線，票價大人¥520、小孩￥260。

哪裡買：自動售票機、地下鐵車站事務室、定期券販售處、交通案內中心

どサンこパス

與ドニチカキップ相似，限定於每週六日和例假日(含年末年初12月29日~1月3日)使用，但適用交通工具則是札幌市電，也就是「市電専用假日一日券」，可以無限次乘坐札幌市電，票價￥370，每一名大人可免費攜帶一名小孩同行。

哪裡買：市電車內、大通定期券販售處

SAPICA

札幌市交通局從2009年開始發行的IC儲值卡，功能如同台北的捷運悠遊卡，在札幌地下鐵、市電及巴士皆可使用。使用SAPICA乘車或精算時皆能累積10%的點數，如乘車票價為￥280可累積28點的點數，1點可折抵￥1，下次搭乘時若累積的點數超過

票價即可抵銷。此外，SAPICA也擁有電子錢包的功能，可以在札幌市內諸多商店使用，也用於円山動物園入園門票，現在可使用範圍漸漸擴及到周邊城市。

使用方式：在感應區感應票卡即可，但餘額不滿￥10不能刷卡進站，出站時餘額不夠扣的話，需先精算後才能出站。

哪裡買：有SAPICA圖案的自動售票機、定期券販售處

價格：￥2,000，可使用額度￥1,500，其中￥500為押金。

IC卡相互利用

自2013年6月22日起，在SAPICA可利用的區間內，也可以使用「Kitaca」、「Suica」、「PASMO」、「manaca(マナカ)」、「TOICA」、「PiTaPa」、「ICOCA」、「はやかけん」、「nimoca」、「SUGOCA」車票。SAPICA則尚未納入相互利用的系統中，因此不能在上述車票的原有區間使用。

➔如何搭乘地下鐵

❶購買車票：先在自動售票機購買車票，如果不知道如何操作，可詢問服務人員，或是在定期券販售處(只有大通駅等9處車站才有設立)購買。持SAPICA的人則不需再買票。

❷進站：將車票放入票口，通過取票即可。持SAPICA票券者，在卡片感應區感應票卡即可進站。

❸尋找月台：知道搭乘路線及方向後，循標示即可找到正確的月台。

❹乘車：自由從任何車廂上下車，等下車的乘客先出來後，再依序上車。

❺確定目的地車站：大多的列車上會有電子看板顯示，記得目的地車站名稱就沒問題。另外到站前車內也會有廣播，一般車都只有日文廣播，熟記目的地車站的發音也可以避免下錯車站。

SAPICA專用自動改札口

若手上持有SAPICA的話，除了可從對應SAPICA的自動改札口進站外，還能從這些粉紅色的改札口感應進站，這是屬於SAPICA專用的改札口，其他票券不能從這裡通過唷！

➔如何搭乘市電

❶尋找搭乘處：依照要前往的方向尋找正確乘車處，乘車時從後門上車。

❷前方看板會顯示抵達車站：電子看板會顯示即將抵達的車站。

❸到站按鈴：和台灣一樣，到站前按鈴就會停車。

❹從前門投幣下車：從駕駛旁的前門投幣下車，如果沒有零錢也可以用兌幣機換好再投。使用1日券時，只要將車票插入票口後再取出即可。

➔購票

自動售票機

購買地下鐵車票時，只要抬頭看看自動售票機上方的價格表，就能知道其價格為多少錢。除了單程票券外，也可在此購買1日券、轉乘券、SAPICA等票券，或是進行卡片加值。

❶**確認目的地**：售票機上方都有地下鐵價格表，找出你要的目的地，並確認目的地旁所標示的票價。

❷**選擇票種**：購買單程車票時，先點選螢幕上的「地下鉄のみ(只搭乘地下鐵)」，若如果一次要購買多張票券，再按下螢幕左側的數字按鈕(2枚即為2張)。

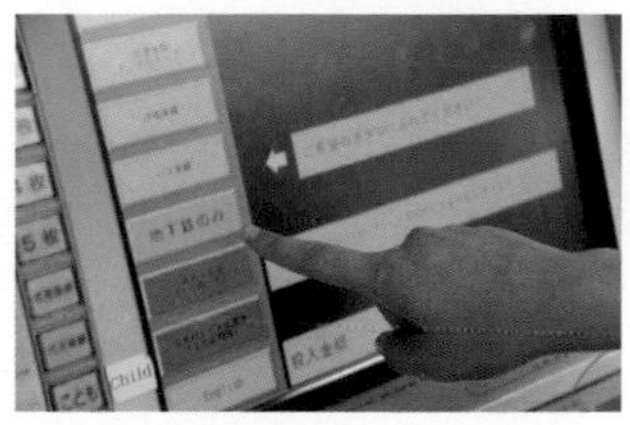

❸**將錢幣或紙鈔投進去**：機器會顯示票價，紙鈔口會標示¥1,000、¥5,000、¥10,000，表示只接受這些面額的紙鈔。此外，售票機不接受¥1、¥5硬幣。

❹**完成**：取出票券以及找零。

➔如何搭乘巴士

如果希望前往稍微市郊的景點還是必須利用巴士，和一般日本巴士一樣，上車時先抽取一張「整理券」，上面會有起站的編號，下車時依看板顯示的票價付款即可。票價¥210起。

➔搭車原則

可以出站前補票

如果你在買票時看不懂多少錢或是臨時在不同站下車，出站前都還有「精算機」可以補票，SAPICA餘額不夠時也一樣可以用有SAPICA標示的精算機解決。將票放入精算機後，按照螢幕顯示的差價金額投入，再取回機器吐出的精算券或加值完成的SAPICA即可。不會用精算機的話，也可以直接從改札口最旁邊有站務員的通道走，把票交給他請他幫忙。

確認搭乘方向

搭車時確認路線後的下一步就是確認月台方向。同線上大站的方向和車站編號可以幫助你確定搭乘的方向對不對，如果無法確定的話，月台上也一定會有下一停靠站和全路線圖可以參考。

轉乘注意指標

在站內轉乘其他路線時，從下車開始都會有指標一路指引，或是也可循著地上路線顏色前往想轉乘的路線。

➔乘車注意

勿衝進車廂

有時趕時間，在樓梯上看到電車門快關上時，是否會不自覺加快腳步想衝進車廂呢？其實這是很危險的舉動，不只嚇到別人，如果一個不小心被車門夾受傷那就不好了。

勿講電話

在日本搭電車時，也許有人會發現一個情況，電車內沒有人講電話，而且手機都會關靜音。雖然大家還是低頭玩自己的手機，但不要發出聲響吵到別人是搭乘電車的基本禮儀哦(同理，在車內與同伴談話也不要太聲喧嘩)！

優先席

「優先席」就是我們的博愛座，通常椅子的顏色會不一樣，座位上方也會有清楚標明。另外，為了怕電波干擾使用心臟輔助器的乘客，優先席附近按規定需要關閉手機電源(雖然很多日本人也沒有關)。

女性與小孩安心車廂

女性と子ども安心車両

從2008年開始實施的安心車廂，可搭乘的對象不只侷限於女性，小學生以下的男童、行動不便者與其照顧者亦可搭乘，在車站、改札口附近，以及安心車廂的車身及玻璃窗上，都貼有顯眼的專用貼紙或海報，不必擔心會誤闖進去。實施的時段為平日的首班車開始到早上九點，男性們記得在實施時段內避開專用車廂，以免被投以異樣的眼光唷！以下為各線的安心車廂：

◎**南北線**：往真駒內方向為第1個車廂(最前頭)、往麻生方向為第6個車廂(最尾端)

◎**東西線**：正中間的第4個車廂(乘車位置為10~12號)

◎**東豐線**：無

➔實用資訊

◎**札幌市營交通**：可在此查詢關於地下鐵、市電的相關資訊。

www.city.sapporo.jp/st/ ☎011-232-2277、011-222-4894 (詢問票價、路線與時刻)、011-241-2938(詢問遺落物品的消息)

◎**えきバスnavi**：可查詢札幌市內所有巴士的訊息，可查詢時刻表、票價，也可查詢主要地下鐵車站周邊的巴士站地圖，使用起來十分方便！

ekibus.city.sapporo.jp

JR北海道大解析

如果不想開車又想玩遍北海道，那麼北海道四通八達的JR鐵路網，是移動時的必然選項。JR針對不同地點和時間推出各種特別票券，可以按照行程，尋找適合的票種。另外，JR各種期間限定的可愛列車，也是搭乘鐵路旅行的一大樂趣。以下先介紹JR北海道系統以及票種，依照目的地，讓你的行程能夠走得更加自由順利；緊接著再介紹各種季節列車及特殊車種，四季截然不同的鐵路風景，每一個都不容錯過。

➔JR北海道官方網站

官網內詳細記載了每一季最新的旅遊訊息、特殊車種和新的路線風光，繁體中文化做得十分完備。如果要前往北海道旅遊，在鎖定地點後就可以上網查詢相關的交通情報。

www.jrhokkaido.co.jp/global/chinese/

➔JR北海道路線系統

JR(Japan Railways)原本指的是日本國有鐵路，但政府不堪長期的虧損，於是在1987年將JR民營化，而依日本各個區域，分別成立JR北海道、JR東日本、JR東海、JR西日本、JR四國、JR九州等幾個民營公司。北海道的鐵路即為JR北海道的營業範圍，在北海道最常利用的就是函館本線、千歲線、根室本線、富良野線、宗谷本線及釧網本線。

函館本線

◎主要車站：函館、大沼公園、ニセコ(新雪谷)、小樽、札幌、滝川、旭川

函館本線串連起道南、道央與道北，南起函館，往北銜接起道央的新雪谷、小樽、札幌，最後抵達北海道第二大城旭川。這條連接起道南與道央最重要城市的鐵路線，不但是從北海到各處前往函館必定會搭乘的線路，也同樣是北海道最重要的線路之一。

千歲線

◎主要車站：新千歳空港、南千歳、札幌

北海道最重要的出入口——新千歲機場就屬於千歲線的支線，千歲線起於沼ノ端駅、以位於札幌近郊的白石駅為終點，不僅是新千歲機場進入北海道的必經路線，也是札幌連接道南、道東的主要幹線。

根室本線

◎主要車站：滝川、帯広、釧路、根室

根室本線起於滝川駅，向東延伸，一路通往道東的帶廣、釧路及根室，其中，釧路駅到根室駅之間的區間則暱稱為「花咲線」。值得一提的是，日本最東的車站在根室本線上，不過不是終點站的根室駅，而是倒數第二站的東根室駅。

富良野線

◎主要車站：旭川、美瑛、富良野

富良野線連接起北海道中央的旭川至富良野區間，是北海道代表性的觀光路線，夏日以薰衣草為首的花海爭奇鬥艷，每年6~10月間還會有季節性列車「富良野・美瑛ノロッコ号(富良野美瑛慢車號)」運行，成為夏天必經的熱門路線。在富良野線上行駛的列車大多為普通列車，其中約4成只在旭川及美瑛區間行駛。

宗谷本線

◎主要車站：旭川、名寄、稚內

宗谷本線從旭川往北連接名寄等道北的車站，最後到達日本本土最北端的稚內。宗谷本線沿線車站過去銜接許多線路，現在隨著多條線路的廢線，讓宗谷本線成為前往稚內唯一的一條鐵道。

釧網本線

◎主要車站：網走、塘路、釧路湿原、釧路

釧網本線連接釧路到網走兩個道東大站，其中，釧路到塘路的路段，因為窗外就是美麗的濕原景色，特別受旅客歡迎，JR也特別安排行駛速度極慢、造型也相當特別的觀光小火車在春天至秋天運行，讓遊客更能享受搭火車看濕原的樂趣。冬天則有復古可愛的SL冬之濕原號，在知床斜里與網走之間還有流冰物語號列車，帶你一窺冬日北海道的清寂之美。

➔各種乘車券

搭乘所有列車都必須要有乘車券，它是所有票券組合的最基本，依列車種類不同再加上各種指定券。而指定券的包括範圍很廣，從特急券、急行券、綠色車廂(頭等艙)券、寢台(臥鋪)券等，根據車種、速度、使用情形的不同，和乘車券組合成「車票」。

乘車券可能是單獨一張，可以單獨購買，有時會和特急券或急行券印在同一張車票上，但兩者的有效期限不同。通常乘車券在當天內都有效，特急券或急行券則只針對某一班車，錯過即失效。

車票種類

◎特急券：搭乘新幹線、特急列車，在乘車券外，還得加上特急券，它的價格和車種、距離有關。

◎急行券：由於追求速度之故，日本的急行列車己經越來越來少了，搭乘這種列車，除了基本費外要多付急行費，費用和距離有關，從￥500到￥1,500不等。

◎頭等券：日本火車的頭等座位就是綠色車廂的座位(Green Car)，要高人一等當然要有代價，就是頭等券費用，一樣由距離遠近定價。

◎指定席券：如果要確定座位，或者列車要求乘坐需對號入座，那麼就得購買指定券以取得指定座位。與指定席相對的就是自由席，不事先劃位，但不能保證有座位。

◎入場券：如果只是進入月台不搭乘任何列車，可以憑入場券進出車站，入場券的費用依各JR公司的規定而不同，￥120~170左右。

車票的發售日

車票分為乘車券和指定券，指定券指的是特急券、綠色車廂券、寢台券和指定席券。乘車券和各種指定券都是在乘車日的一個月前開始販賣。指定券在乘車前一個月的當天上午10點起開始販賣。想要搭乘熱門搶手的觀光列車，最好還是事前取指定券比較保險。

❶「JR北海道網路訂票系統」(JR Hokkaido reservation service)，已於2017年1月31日關閉，停止服務。請使用「JR東日本網路訂票系統」(JR-EAST Train Reservation)購票

兒童票

12歲以上就算成人(但12歲還在讀小學即算小孩)，6~12歲算小孩，1歲~未滿6歲算是幼兒，未滿1歲算乳兒。

小孩的乘車券、特急券、急行券、指定席券都是大人的一半，未滿10日圓去尾數，但小孩的綠色車廂券、寢台券、乘車整理券則和大人同樣價格。1名大人和1名小孩、或者是2名小孩皆可共同一個寢台位子。

幼兒和乳兒皆可免費乘車，但如果有以下的情形則得購買兒童票：1名大人或小孩帶著的幼兒超過2人，則第3名幼兒起得買兒童票；1名幼兒或乳兒要利用一個指定席、綠色車廂位子、寢台時；1名幼兒單獨、團體旅行。

➔優惠票券

除了一般車票外，各種特殊周遊券或聯票都可能使你的行程擁有更大的彈性；以下介紹幾張熱門票券，更詳細的票種請上官網查詢。

北海道鐵路周遊券
Hokkaido Rail Pass

JR北海道針對外國旅客推出北海道鐵路周遊券，提供了連續5日、7日的JR全線自由搭乘。划算的程度讓人想大嘆：當外國人真是太好啦！

這項特別為短期旅遊的外國旅人準備的票券，必須具備「短期滯在」(在日停留90天內)的身分才能購買，並且僅限本人使用。可以自由搭乘的範圍，包括JR北海道鐵路全線以及部分的JR北海道巴士(行駛於札幌市區內及小樽至札幌的JR北海道巴士)，普通車的票券只要事先劃位也可以搭乘指定席。周遊券一旦開始使用之後，就必須連續計算日期。另外，使用北海道鐵路周遊券在不同的景點以及在JR租車時，還可享有不同的優惠。

可在北海道各JR相關窗口直接購買，在台灣可以透過JR指定販賣的旅行社代理店購買，價錢會比較優惠，購票後會先取得一張兌換券，至日本當地再兌換為正式車票。兌換券的有效期限為3個月，購買後須在3個月內使用。另外JR東日本旅行服務中心也可購買，但無法進行兌換。指定兌換車站(台灣購票→日本兌換取票)：札幌駅、新千歲機場駅、函館駅、登別駅、旭川駅、帶廣駅、釧路駅、網走駅、新函館北斗駅

全年皆可購買

www.jrhokkaido.co.jp/global/chinese/ticket/index.html

因為區域間另外有各種不同周遊票券，北海道鐵路周遊券適合橫跨大範圍移動的旅客使用

種類	5日券(日本買)	*5日券(海外預購)	7日券(日本買)	*7日券(海外預購)
成人	¥20,000	¥19,000	¥26,000	¥25,000
兒童	¥10,000	¥9,500	¥13,000	¥12,500
使用方式	除北海道新幹線、道南ISARIBI鐵道線以外，可以搭乘JR特急‧快速‧普通等的指定席、自由席，但乘坐ＳＬ冬季濕原號需要另購指定席車票 。			

票價試算

想確認到底需不需要購買優惠套票的話，可以先利用JR北海道的「時刻表與票價查詢」系統查詢票價，系統更新以後，可以使用中文或英文輸入，確認旅程所需的車資，只要算出總車資，就可以跟票券售價比較，該不該買票券、買哪一種的煩惱就可輕鬆解決。

JR東北‧南北海道鐵路周遊券(6日券)

除了北海道專門的周遊券以外，JR還推出了結合青森、仙台等東北地區的鐵路周遊券，只要是區域內的列車、新幹線都能不限次數搭乘(不含道南ISARIBI鐵道線)，但需在6天內連續使用。其中東北新幹線、北海道新幹線可連接仙台、盛岡、青森與函館地區，提供了旅人更快速交通方式。

大人￥23,280、兒童￥11,640(左方價格為在台灣購買的參考價格，約97折，在日本購買則為大人￥24,000、兒童￥12,000)

可在JR札幌駅、新千歲機場駅的外籍旅客服務中心、新函館北斗駅及登別駅的JR售票處，或是札幌駅、函館駅的JR旅行中心(Twinkle Plaza)購買；或事先在旅行社網站購買

除了JR北海道線(道南地區)及JR東日本線(東北地區)，也適用於青之森鐵路、IGR岩手銀河鐵路、仙台機場鐵道線全線；不可搭乘JR巴士。※2022年10月的資訊。最新資訊請參考官方網站。

www.jrhokkaido.co.jp/global/chinese/ticket/index.html

JR東日本‧南北海道鐵路周遊券(6日券)

旅行距離拉得更遠的話，可以利用此張票券，來往於東京及北海道道南地區之間，發行後於開票啟用起須連續6天使用，可無限次搭乘JR北海道線(道南地區)、JR東日本線(關東‧東北地區)、伊豆急行全線、東京單軌電車等，要是旅行天數很長且橫跨北海道及大關東地區，可以考慮購買。

大人￥26,190、兒童￥13,095(左方價格為在台灣購買的參考價格，約97折，在日本購買則為大人￥27,000、兒童￥13,500)

可在JR札幌駅、新千歲機場駅的外籍旅客服務中心、新函館北斗駅及登別駅的JR售票處，或是札幌駅、函館駅的JR旅行中心(Twinkle Plaza)購買；或事先在旅行社網站購買

除了JR北海道線(道南地區)及JR東日本線(東北地區)，也適用於青之森鐵路、IGR岩手銀河鐵路、仙台機場鐵道線全線；不可搭乘JR巴士。※2022年10月的資訊。最新資訊請參考官方網站。

www.jrhokkaido.co.jp/global/chinese/ticket/index.html

富良野美瑛鐵路車票(4日券)
ふらのびえいフリーきっぷ

這張夏季限定的套票可以由札幌駅出發後，在滝川、旭川到幾寅(也就是橫跨美瑛富良野區域)的車站區間4日內無限次搭乘，最後再坐回札幌，在富良野和美瑛區域內租車也有優惠；很適合鎖定富良野美瑛區間的旅客。

可在北海道JR相關窗口、大車站指定席售票機直接購買

約4月底~10月底，每年約在4月會公佈相關車票訊息，發車站點及售票資訊詳見官網

札幌出發大人¥7,400、兒童¥3,700

www.jrhokkaido.co.jp/CM/Otoku/006783/

薰衣草一日遊車票(1日券)

ラベンダーフリーパス

如果想花一天來往於旭川、富良野、美瑛的話，這一張一日券其實也算實用，尤其如果是花季造訪的話，用這一張票券就可以輕鬆串連起賞花行程，還可以搭乘富良野・美瑛慢車號的自由席。

可在北海道JR相關窗口、大車站指定席售票機直接購買

4月底~10月，每年販售至約9月底，詳見官網

大人￥2,800、兒童¥1,400

www.jrhokkaido.co.jp/CM/Otoku/006737/

旭山動物園套票(4日券)

旭山動物園きっぷ

包含由札幌到旭川的來回JR車票、旭川駅到旭山動物園的來回巴士車票，和旭山動物園入場券的套票組合，由於使用期間是4天，因此不只去動物園，也可以在道央其他地方玩一玩再返回札幌。

可在北海道JR相關窗口、大車站指定席售票機直接購買　每年販售至約4月初，使用至隔年4月中，各年詳細時間請見官網　札幌出發成人￥6,740　需特別注意動物園休園時間　www.jrhokkaido.co.jp/CM/Otoku/006722/

北海道特急列車

前往	列車名稱	行駛區間	班數	詳細內容
帶廣・釧路	特急おおぞら(特急大空號)	札幌－帶廣－釧路	1天6班	札幌－帶廣：2小時24分~46分、￥7,790 札幌－釧路：4小時~4小時35分、￥9,990
	特急とかち(特急十勝號)	札幌－帶廣	1天5班	2小時39~50分、￥7,790
旭川	特急カムイ(特急Kamui號)、特急ライラック(特急Lilac號)	札幌－旭川	1天21~23班(20~30分1班)	1小時20~30分、¥5,220
網走	特急オホーツク(特急鄂霍次克)、特急ライラック(特急Lilac號)轉乘特急大雪號	札幌－旭川－網走	1天2~5班	札幌－網走：5小時14~30分、￥10,540 旭川－網走：3小時43分、￥8,560
稚內	特急宗谷、特急ライラック(特急Lilac號)轉乘特急サロベツ(特急Sarobetsu號)	札幌－旭川－稚內	1天3班	札幌－稚內：5小時~5小時52分、￥10,870 旭川－稚內：3小時35分~4小時10分、￥8,890
函館	特急北斗(特急北斗號)	札幌－函館	1天11班	3小時27~53分、¥9,440
青森・新青森	新幹線はやぶさ(新幹線隼號)	新函館北斗－新青森	1天11班	1小時、¥8,120
室蘭	特急すずらん(特急Suzuran號)、特急北斗(特急北斗號)	札幌－東室蘭－室蘭(東室蘭－室蘭間為普通列車)	1天17班	1小時36~50分、¥5,220
東京	特急北斗(特急北斗號)轉乘新幹線はやぶさ(新幹線隼號)	札幌－東京	1天11班	特急北斗轉乘新幹線はやぶさ：約8小時30分、¥28,160

➔特色景觀列車

JR北海道針對遊客推出了充滿特色的觀光列車，有冒著濃濃白煙的SL蒸氣火車，裝飾可愛的動物列車，還有貼近自然的景觀小火車，讓鐵道不光是運輸工具，也成為旅途中迷人的回憶。

❗以下列車發車時間為2022年時刻，實際發車時間會依季節、年度變更，詳見官網

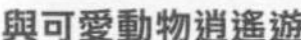

與可愛動物逍遙遊

特急Lilac旭山動物園號

特急ライラック旭山動物園号

札幌~旭川區間

5~8月的週末例假日，札幌8:30發車，旭川17:30發車

札幌~旭川￥6,740(含特急列車自由席車票、旭川駅至旭山動物園巴士車票、旭山動物園門票)

❗行駛時間每年不一，詳見JR北海道官網

大受歡迎的旭山動物園號於2018年3月停駛，為了延續旭山動物園號的的歡樂氛圍，JR北海道於每年6~8月特定期間，將行駛在札幌~旭川之間的「特急Lilac號」的5號、38號車次，作為「特急Lilac旭山動物園號」行駛，改造列車1號車廂變成有著以陸地與海洋為主題的造型玩偶座椅的「紀念照拍攝區」，所有乘車都可以到這裡來戴上可愛的動物帽子、變裝拍照，更有乘車紀念證給指定席乘客喔！

拜訪夏日花田

富良野・美瑛慢車號

富良野・美瑛ノロッコ号

美瑛・旭川~富良野區間

6~9月，富良野→美瑛11:53、14:07發車，富良野→旭川16:11發車，旭川→富良野10:00發車，美瑛→富良野13:08、15:10發車

富良野~美瑛¥750、富良野~旭川¥1,290，指定席加¥840；兒童票半價

夏期限定的富良野・美瑛慢車號，由旭川行經美瑛到富良野，而行駛的時間，正還在美瑛富良野最美麗的花季。造型可愛的綠色觀光列車，有著大扇的觀景窗戶，讓鄉間景色、可愛草花和遠方大雪山主峰的連綿山頭，完整地映入眼簾。為了配合花季，還會多停靠特別加設的臨時車站「薰衣草花田」站，從這裡步行前往名氣最響亮的富田農場只需7分鐘。

感受冰雪冬日

SL冬季濕原號

SL冬の湿原号

➖釧路~標茶・川湯溫泉區間

🕓1月下旬~3月初特定日期(週末居多)，1天1班。釧路11:05發車，標茶14:00發車。其中不定期會有開往川湯溫泉的列車

$釧路~標茶¥2,970(含指定席券)，全車皆為指定席

釧網本線連接釧路到網走兩個道東大站，其中，釧路到塘路的路段，因為窗外就是美麗的濕原景色，特別受旅客歡迎，JR也特別安排行駛速度極慢、造型也相當特別的觀光小火車，讓遊客更能享受搭火車看濕原的樂趣。春天至秋天時，運行的是釧路濕原慢車號，冬天則有復古可愛的SL冬季濕原號，帶乘客一窺冬日濕原的清寂之美。

追逐流冰而行

流冰物語號

流氷物語号

➖網走~知床斜里區間

🕓2月初~3月初，網走9:45、12:45發車，知床斜里11:30、13:48發車，一日2班來回

$網走~知床斜里￥970(自由席)，兒童票半價

每年到了冬季，來自西伯利亞的流冰順著風向漂流到鄂霍次克海，整個海面頓時成為冰原景象，而這壯麗的流冰自然吸引了大批遊客前來。在開放的小火車中，感受北海道冬季的極寒，是十分難得的體驗，透過展望車裡的大片窗戶，不只能欣賞獨特的流冰，被譽為冬季使者的白天使也是這個時節的觀賞重點。2016年流冰慢車號正式引退，JR北海道於是在2016年底推出新列車「流冰物語號」，帶給遊客嶄新的冬季之旅。

濕原上的悠然景緻

釧路濕原慢車號

くしろ湿原ノロッコ号

➖釧路~塘路・川湯溫泉

🕓2022年為4月底~10月期間部分日期行駛(詳見官網)，釧路↔塘路、釧路↔川湯溫泉，依日期、路線，1~2班次(來回)

$釧路~釧路濕原¥440、釧路~塘路¥640，指定席加¥840；兒童票半價

🌐www.jrhokkaido.co.jp/travel/kushironorokko

行駛在釧路濕原的釧路濕原慢車號為日本最慢的列車，優雅緩慢地劃過濕原，沿途更有車掌先生為你講解周圍的生態環境，所以旅客可就近瞧個清楚、看個明白。想呼吸窗外濕原氣息時，只要推開窗戶即可。

租車暢遊北海道

北國大地的壯闊美景一直是最吸引人的地方，但也由於土地太過廣闊，在大城市外的區域，沒有交通工具的話，確實容易感到寸步難行。雖然也有鐵路或是巴士，但必須配合其發車時間，對於想多花點時間、更深入感受北海道魅力的旅客來説，還是有些許的不便，因此租車就是一個非常好的選擇。且現在的租車都附有衛星導航系統，即使不認識路也無需擔心，非常方便。

➔租車流程

申請駕照日文譯本

日本政府在2007年起開放台灣人在日本駕車，因此只要辦理好相關的手續即可在輕鬆在日本開車上路。在台灣的駕駛人，請在台灣先申請駕照日文譯本，程序十分簡單，輕輕鬆鬆，不到10分鐘就完成囉。

STEP1 準備好駕照正本與身分證正本。

STEP2 帶著證件至各公路監理機關，到駕照相關窗口辦理台灣駕照的日文譯本申請手續。

STEP3 填寫申請表格，繳交100元規費。

STEP4 領取日文譯本，大功告成。

選擇租車公司

首先先選定喜歡的租車公司，日本有多間知名的租車公司，以下就列出大家最熟悉的以供參考，其中大部分的網站都有中文介面，預約十分方便。

・TOYOTA Rent-A-Lease SAPPORO／トヨタレンタリース札幌
www.toyotarentacar.net

・HONDA／ホンダレンタリース
www.hondarentacar.jp

・JR駅レンタカー
www.ekiren.co.jp

・NISSAN Rent a Car／日産レンタカー
nissan-rentacar.com/tc

・Times Car RENTAL／タイムズカーレンタル
www.timescar-rental.hk

・格安租車 北海道／格安レンタカー
shiretoko-t.com/tw/

・OTS租車／OTSレンタカー
www.otsinternational.jp/otsrentacar/cn/

保險

租車費用中所包含的強制保險包含強制汽車責任險與車體損害險，若發生交通事故，賠償金會由保險公司依投保額度來支付，駕駛者則須負擔賠償金支付後的餘額，另外還要自付免責額，可額外加入任意保險，便不用負擔免責金額。

而NOC(NOC, Non Operation Charge)則是營業中斷損失賠償費，萬一發生車禍造成車輛損害需進廠維修時，雖依保險可理賠損害金額，但並不負擔維修期間造成的利益中斷損失，這筆金額須由租車人自行負擔。現在租車公司大多有免除NOC的保險，建議加保較為安心。

實地取車

STEP1 提早到達租車公司。

STEP2 提供台灣駕照、駕照日文譯本，必要時須出示旅遊證件及信用卡備查。

STEP3 仔細閱讀租車契約，包括租車條款、租金、保險範圍。

STEP4 簽訂租車合約，內含租車條款、租金、保險範圍。

STEP5 由職員陪同檢查及確保車子沒有問題，並注意車身是否有刮痕，如果發現有刮痕，要請對方在合約內記載，釐清權責。

STEP6 職員向客人提供所租汽車的檢查報告。

STEP7 檢查車子的基本操控以及詢問衛星導航的基本使用方式。

STEP8 取車時注意油箱是否加滿汽油。

STEP9 簽收所租汽車，謹記帶走單據及地圖，完成手續，出發！

還車

STEP1 還車時必須加滿汽油，並附上加油收據作為證明。否則租車公司會收取較市價高的油費。在日本加油，請學會「満タン(man-tan)」，也就是「加滿」的日語，並將貼在方向盤旁的油種標示貼紙指給服務人員看，一般為「レギュラー(regular)」，服務人員就會把油加滿。

STEP2 在職員陪同下驗車，如果車身在交還時有明顯刮痕、機件故障或是其他問題，租車公司會依照條款收費。

➔北海道開車注意事項

北海道的道路寬廣平直，整備得非常完善，人口密度極低，再加上風景優美，可以盡享駕駛樂趣。不過畢竟國情和交通規則有異，請大家務必多加注意，記得安全是回家唯一的路。

左側行駛

日本與台灣的車子不僅方向盤的位置相反，而且是靠左行駛。雨刷和方向燈的控制也和台灣相反，往往在慌亂中就會誤打。

遵守交通規則

北海道的國道和高速道路都有監視攝影，雖然數量不多，但是罰款金額相當可觀。如果被快速照相，有可能會被警察追截或直接將罰款單寄往租車公司，並於信用卡扣除款項。另外，違規停車罰款由日幣15,000元起跳。

保持安全距離

北海道腹地廣大，往往大家開車會越開越快，這時候保持安全距離就格外重要。台灣人開車習慣往往會緊貼著前面一輛車，可是這在高速行駛的時候非常危險，一有閃失傷亡就很嚴重。

禮讓行人

日本有很多路口在綠燈的時候，同時容許車輛轉彎和行人穿越，所以原則上都必須讓行人先行。

路口右轉

在十字路口右轉時，即使是綠燈，也要等對面行車線轉為紅燈，或讓對面的車輛通過或是停下來方可右轉。需要右轉時在兩條線中間等候，等對面行車線沒有車或是換燈號時才通過。在市區裡頭往往有些禁止右轉的標示是畫在地面上，要特別小心。

穿越火車平交道

公路和鐵軌交會的地方，當有火車經過時，平交道兩側的柵欄會放下，因此要確認有足夠的時間和空間方可穿越，萬一卡在軌道上，要馬上下車啟動附近的緊急停車鈕，否則會釀成大禍。

緊急求助

很多路標下方會加設指示牌，顯示所在地內相關的道路情報中心的電話號碼。遇到緊急狀況，可致電給他們或是租車公司；另外，JAF(日本自動車連盟)亦可提供協助(非會員需付費)，電話：0570-00-8139、011-857-8139。

紅白相間箭頭

在北海道的路旁常會看到紅白相間的下指箭頭，或是立在地上的圓桿，這是因為冬天道路會被雪覆蓋而看不到邊線，所以才有這個特殊的設計以指示駕駛人，在下大雪、起霧的時候也相當具有功效。

注意野生動物

北海道的某些路段會有牛、熊、狐狸或是鹿出現，因此看到標示時，放慢速度，避免引起事故。一則減少動物傷亡，二來有些動物體積龐大，重達100公斤，如果撞倒牠們，人員的傷亡也就在所難免。

冬天駕駛

雪地行車有一定的危險度，尤其「黑冰」路面看似正常的柏油路，實則為極度容易打滑、難以抓地的路面，因此還是建議沒有積雪的季節租車。如果要嘗試的話，記得先確定好打滑、冰面、積雪過厚、下雪等冬季行車狀況的可能性。

直線道路

北海道的道路寬敞，加上郊區沿途景色優美，自駕時十分舒服，但要注意北海道有許多直線道路，在國道12號甚至還有全長約29.2公里的日本最長直線道路，在這些道路上駕駛，不僅容易讓人越開越快，沒有變化的道路也容易讓人疲勞、昏昏欲睡，要特別小心注意。

按壓喇叭

在台灣按喇叭、閃車燈往往是駕駛者表達不悅、提醒的方式，而在日本則多為表示謝意以及提醒，像是遇到對方讓車，便會以亮雙方向燈兩次或是輕按兩次喇叭表達

感謝。

新手駕駛

新手駕駛標誌又暱稱為「若葉マーク」，在考取第一類普通駕駛執照的一年內都要貼著，形狀如箭的尾端，右側為綠色、左側為黃色；另外常見的標誌還有四色幸運草，此為70歲以上的高齡駕駛者標誌，跟車在這些駕駛者後方，要多點耐心也要多點小心。

止まれ

在路上看到「止まれ(停止)」時，記得一定要先完全停車，看看左右方有無來車與行人後再繼續行駛。

➔汽車衛星導航

カーナビ

在日本租車大多會直接免費配備衛星導航，可選擇日文或是英文，有些也有中文，日文的導航系統中，日文漢字出現的機率很高，且導航系統介面容易操作，大多數的店家(有些店家沒有登錄至系統)或景點，只要輸入電話號碼或地圖代碼(mapcode)便可鎖定，進而完整規劃路線，萬一不小心迷路還可以利用地圖確認自己所在位置。如果擔心衛星導航查詢不到想前往的地方，也可事先將景點名稱的日語平假名記下。

查詢mapcode

擔心電話搜尋不到要去的景點，或是自然景觀沒有電話可查，這

時候mapcode(地圖編碼)就是十分方便又萬無一失的選擇，接下來就告訴你要到哪裡才可以查到mapcode。

◎mapion

www.mapion.co.jp

用mapion查詢有兩種方式，其一是輸入想去的地方直接搜尋，其二就是從網頁中間的日本全圖點選想前往的都道府縣。

➔高速道路

北海道幅員廣大，如果想快速到達目的地的話，有時勢必得利用高速公路才行，可以省下不少的交通時間，但唯一缺點就是費用稍貴，需多加衡量。想要查詢高速道路費用的話可以到下列網站查詢。

想進入高速道路，順從導航系統的指示開車，途中會看到綠色看板，這即為高速道路的專用標誌，依方向指示開車，若車上沒有etc卡，即開往寫著「一般」的車道，因日本高速道路的收費方式為「入口取通行券，出口付過路費」，在入口處的發券機抽領通行券後即可上高速道路。抵達道路出口時，放慢速度，通常出口附近都有價目表可看，在收費站將通行券交給收費員並支付費用，即可順利下高速道路。

◎ドラぷら

www.driveplaza.com/travel/area/hokkaido/

◎國土交通省道路局

www.mlit.go.jp/road/yuryo

➔實用資訊

「北の道ナビ」網站可以查詢行車時間及距離，選擇出發地及目的地時，還能依全室町村、主要都市、觀光地、道の駅(休息站)等分類來選取想要的選項，也可依利不利用高速道路、優先考量時間或距離來篩選，還可以一覽所經道路及道路休息站，使用起來十分便利，推薦出發前先在此研究一下路線。

northern-road.jp/navi/cht/

➔路上補給站

在北海道開車，除了北國遼闊的土地造成開車時間長，因而感到疲勞外，在不斷直線延伸的道路上開車更是讓人昏昏欲睡，這時候就一定要在路旁短暫休息，充電後再重新出發，最常見的就是便利商店7-eleven、lawson、familymart、sunkus與seicomart，便當、飲料等一應俱全，是旅途上的好夥伴；另一個就是道路休息站——道の駅，日本的休息站與台灣的一樣，提供休憩空間及餐飲，其中有許多擁有美麗的視野，並販售當地知名美食，開車經過時，不妨進去小憩片刻。

◎北の道の駅

www.hokkaido-michinoeki.jp

➔加油方式

北海道加油站在都市周邊或交通流量大的幹道旁皆可輕易找到，不過若是到郊區或是車流量少的地方，數量就會鋭減，建議不要等到油快耗盡了才加油，以避免沒油可加的窘境。此外，車運量少的地方有可能加油站只營業到晚上6點或是周末休息，要多加留意。還有，記得還車前一定要把油加滿喔！

自助／セルフ給油

日本有自助與非自助式的加油站，若利用自助式加油站，油價會比非自助式便宜。

step1 到有「セルフ(self)」標示的加油站。

step2 將車子停妥

step3 選擇付款方式——現金フリー。

step4 選擇「なし(沒有現金卡)」。

step5 指定油種

一般為92無鉛汽油(レギュラー)。

step6 選擇油量

可選擇油量、金額或加滿。

step7 插入紙鈔

此時可以投入多一點錢，餘額會退還。

step8 先輕觸一下消靜電鈕，開始加油。

step9 加油結束後，索取收據「レシート(receipt)を発行しますか？(是否索取收據)」，選擇「発行する(發行)」。

step10 到一旁的自動精算機計算餘額。

step11 收據的條碼面朝上，放入自動精算機讀取。

step12 拿出找零與鈔票。

非自助／スタッフ給油

若在非自助式加油站加油時，需要向服務人員說明油種、與想加的油量或價格。

開車實用日文

異地還車
乘り捨て(のりすて)
no-ri-su-te
※意指甲地借、乙地還，不同區間則需要外加費用。

折價、優惠
割引(わりびき)
wa-ri-bi-ki

衛星導航
カーナビ(car navigator)
ka-na-bi

車禍
交通事故
ko-tsu-ji-ko

92無鉛汽油
レギュラー(regular)
re-gyu-ra

98無鉛汽油
ハイオク
hai-o-ku

柴油
軽油(diesel)
ke-yu

加滿
満タン(まんたん)
man-tan

札幌

さっぽろ

1-2

札幌地區怎麼玩

對觀光客來說，遊玩北海道幾乎都從札幌開始。札幌是北海道最熱鬧的城市，位在道央範圍，朝西可以前往小樽、往北則能深入旭川一帶，佔據往來要衝。札幌的地鐵、市電、巴士網路密布，光是市中心就可以讓人逗留許久，百貨、小店、餐廳、拉麵，沿路店鋪林立，還有大通公園這一處都市綠洲，而且作為經過規劃的近代城市，棋盤狀的街道讓人能輕鬆找路，逛街之餘更能感受到北國的悠閒自在。

❶札幌駅周邊

札幌是北海道第一大城，這座節奏明快的大都會，當然有許多商家進駐，光是札幌車站就與多家百貨、商場、地下街連結，北海道最新店家、最熱門的甜食、最有話題的商品通通都在這裡。

❷大通公園

總長約1.5公里的大通公園是市中心的花園，繽紛翠亮的綠意以及藝術的雕刻品充滿悠閒氣息，不僅可以在此小憩，公園兩旁也是熱鬧的街道，逛街同時還可以欣賞不遠處的札幌地標電視塔，而且大通公園還是各種活動的主要場地，氣氛悠閒又熱鬧。

新琴似 麻生 N01 H01 栄町 H02 新道東 地下鉄東豊線 H03 元町 新川通 下手稲通 新川IC 発寒 新川 札幌北IC N02 北34条 札樽自動車道 地下鉄南北線 T01 宮の沢 発寒中央 N03 北24条 地下鉄東西線 6 八軒 環状通東 H04 T02 発寒南 琴似 北18条 N04 H05 東区役所前 琴似 T03 北12条 N05 H06 1 桑園 二十四軒 T04 札幌 苗穂 さっぽろ N06/H07 2 西28丁目 T05 西11丁目 大通 N07/T09/H08 T10 バスセンター前（bus center前） 5 西18丁目 T08 3 T06 T07 すすきの N08 H09 豊水すすきの（豊水susukino） 菊水 円山公園 中島公園 N09 4 学園前 札幌市電 H11 豊平公園 幌平橋 N10 中の島 N11 平岸 N12 南平岸 N13 澄川通 N14 澄川 平岸通 230 N15 自衛隊前 453

❸狸小路

狸小路是札幌歷史最悠久、最長的商店街，各家藥妝、名特產店以及餐廳都在這裡，加上營業時間較晚，雖然流行品牌較少，卻也是觀光客必訪的地區，掃便宜貨就要到這裡！

❼札幌近郊

熱鬧都心以外，札幌近郊還散落著許多知名的景點。綠意盎然的中島公園、搶下三大夜景排名的藻岩山夜景，還可以到白色戀人公園體驗餅乾製作，或是到羊之丘展望台欣賞開闊的風光，多樣的體驗是近郊才有的魅力！

❻北海道大學周邊

北海道大學歷史悠久，廣大的校園一年四季都有不同風情，秋日的銀杏是札幌著名的景色，不僅如此，還可以參觀博物館，或是到不遠的植物園欣賞花卉，周遭也有許多咖啡餐飲店，與熱鬧的市中心呈現出不同的趣味。

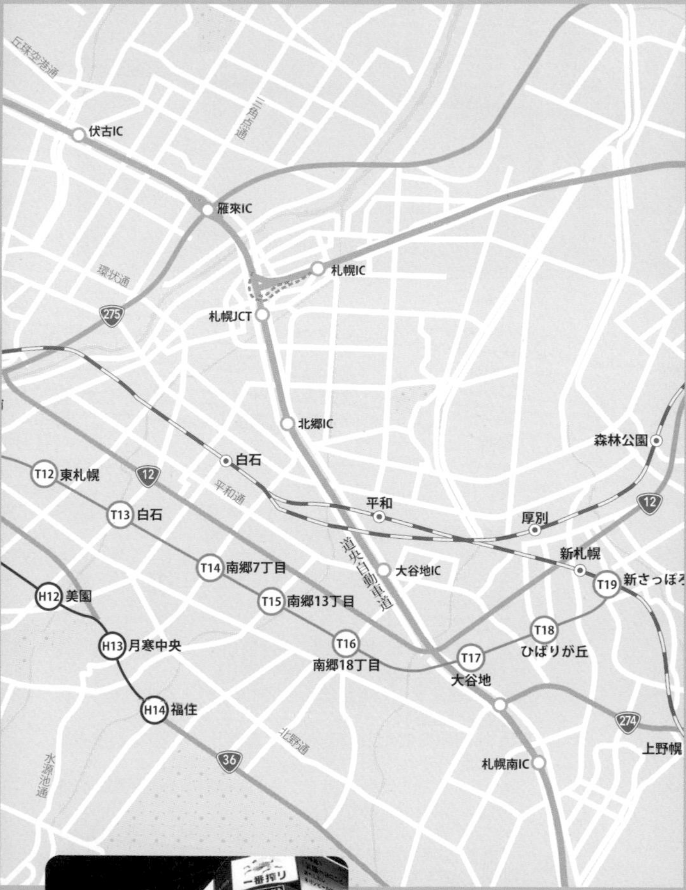

丘珠空港通
三角点通
伏古IC
雁來IC
環状通
札幌IC
札幌JCT
275
北郷IC
白石
森林公園
T12 東札幌
12
平和通
平和
厚別
T13 白石
道央自動車道
新札幌
T14 南郷7丁目
大谷地IC
T19 新さっぽろ
H12 美園
T15 南郷13丁目
T18 ひばりが丘
H13 月寒中央
T16 南郷18丁目
T17 大谷地
H14 福住
274
北野通
上野幌
水源池通
36
札幌南IC

❹薄野

薄野是札幌著名的不夜城，拉麵、螃蟹、壽司、居酒屋、烤肉……想得到的美食店家在這裡都能找到，就連甜點店也是營業到深夜，還有札幌代表街景之一的「NIKKA廣告看牌」，不論觀光客或當地人都在這裡尋找下一攤，熱鬧的程度讓人大開眼界。

©札幌市

❺圓山公園周邊

圓山公園平時為當地區民散步休憩的綠地，不過每到春天櫻花盛開，就會有大批遊客前來，一整片的粉嫩花蕊讓人陶醉，秋日的楓葉景色也不惶多讓，公園周邊還有許多可愛店家，想要感受在地的緩慢步調，別忘了到這裡走走。

札幌車站周邊

さっぽろえきしゅうへん

Sapporo Station Area

札幌車站連結百貨、商場、地下鐵，還有札幌地標JR TOWER，從旅館即可通往地下街，再一路走到車站、各大百貨公司，就算外頭刮風下雪也可以逛得盡興。

交通路線＆出站資訊

電車

JR札幌駅➪函館本線、札沼線、千歲線

地下鐵「さっぽろ」站➪南北線、東豐線

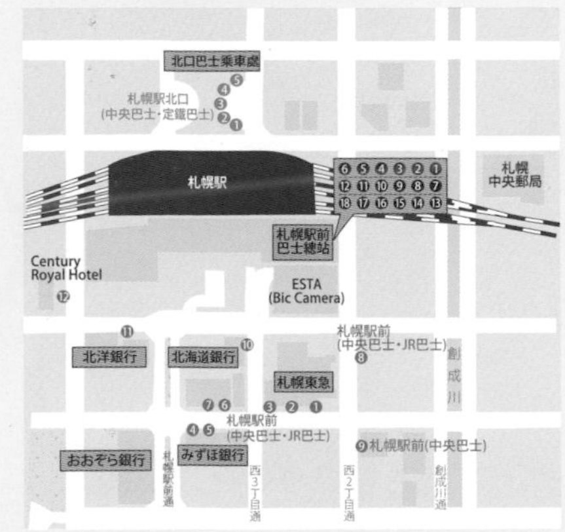

巴士

■札幌駅巴士總站／札幌駅バスターミナル (ESTA百貨1樓)

◎北列

★1號乘車處➪往【小樽駅(經由円山・北大)】、【余市】、【美国】、【岩内】、【ニセコ(經由円山)】、往【小樽築港駅(經由望洋台)】

★3號乘車處➪往【新札幌駅】[1]號線

★4號乘車處➪往【北広島西高校(經由大谷地ターミナル)】[32]號線。往【えりも】、往【広尾】

◎中列

★7號乘車處➪往【啓明ターミナル】[51]號線 、[53] 號線。往【もいわ山ロープウェイ(經由中央区役所前)】[50]號線

★8號乘車處➪高速巴士；往【岩見沢・Green Land遊樂園】、往【栗山】、往【夕張】

★10號乘車處➪高速巴士；往【登別温泉】、往【定山渓・洞爺湖温泉】、往【苫小牧】、往【室蘭】

★11號乘車處➪高速巴士；往【羽幌・豊富】

★12號乘車處➪高速巴士、快速巴士；往【定山渓・豊平峡温泉】

◎南列

★13號乘車處➪高速巴士；往【苫小牧】、往【室蘭】、往【留萌】、往【瀧川】、往【新十津川】

★14號乘車處➪高速巴士；往【旭川】、往【紋別】、往【遠軽】[直行]

★15號乘車處➪高速巴士；往【名寄】、往【釧路】(僅有白日巴士)、往【北見・往走】(僅有夜行巴士)

★16號乘車處➪高速巴士；往【富良野】、往【函館】(僅有白日巴士)、往【帯広】

★17號乘車處➪定期觀光巴士；往【ニセコ滑雪場】、往【札幌國際滑雪場】(冬季運行)

■札幌駅前站 (東急百貨南口)

★1號乘車處➪往【三井outlet park】[100]路線、往【啤酒園】[85]路線、往【釧路】(僅有夜行巴士)

★2號乘車處➪往【羊ヶ丘展望台】[89]路線(夏季運行)

★3號乘車處➪往【SAPORO FACTORY】[循環88]路線、往【函館】(僅有夜行巴士)

★10號乘車處➪往【新函館北斗駅】、往【釧路駅】

★11號乘車處➪往【新千歳空港】

■札幌駅北口

★2號乘車處➪往【札幌啤酒花園・Ario】[188]路線

★3號乘車處➪往【真駒内】[南64]路線

札幌駅

別冊P.7,C2-D2　JR札幌駅直結，地下鐵南北線「さっぽろ」站2號出口、東豊線「さっぽろ」站18號出口直結　札幌市北区北6条　011-222-6131　札幌駅5:30~24:00，其他依各設施而異　收費　www.jrhokkaido.co.jp、www.jr-tower.com

JR北海道與札幌市地下鐵南北線、東豐線共構的札幌駅，是札幌的交通樞紐，也是旅客們由新千歲機場正式進入札幌市區時，對札幌的第一印象。擁有玻璃帷幕的車站色調明亮，站內外放置有不少公共藝術作品。除作為車站外，札幌車站也**與大丸百貨、STELLAR PLACE、地下街APIA、paseo和ESTA等眾多商業設施相連結**，不論逛街或吃飯都相當方便，是札幌最熱鬧的地方之一。

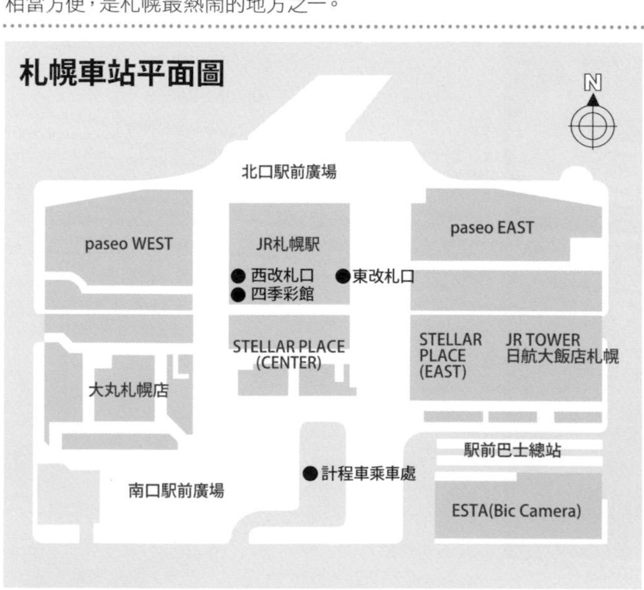

國際大師雕刻作品成為札幌車站內地標

每天人流量超大的札幌車站，這裡矗立著一座大型的白色大理石雕塑作品《妙夢》，這是出身北海道、在國際也相當知名的雕塑家安田侃的作品，這座大型作品現在不但是車站南口西大廳最顯著地標、更是人們相約見面的匯聚點，大師作品在這裡不但可以摸、可以靠也可以坐，札幌市區總共有7件大師的作品，若是有興趣的話，還可以到美唄市的「Arte Piazza美唄」雕刻公園欣賞。

四季彩館 札幌西店

別冊P.7,C2　JR札幌駅西改札口旁　札幌市北区北6条西3　011-261-8655　7:00~22:00　www.hkiosk.co.jp

四季彩館為土產店與便利商店的結合，店內羅列近2000種商品，豐富多樣的選擇中不但有北海道定番土產，還有北海道限定點心、吉祥物周邊商品與駅弁(車站便當)，**早上7點營業到晚上10點才打烊**，不管是趕搭電車的人，或是即將離開札幌時才想到要買伴手禮的人，都能在這裡快速找到想要的商品。

雨は、やさしくNO, 2

おすすめ 薦

創作料理般的拉麵店。

別冊P.6,G1 JR札幌駅徒步10分 札幌市東區北7条東3-1-1、28-8 1F 011-722-5511 11:00~15:00、六日增加18:00~20:20 休週一及不定休 帆立鶏白湯塩ラーメン(帆立貝雞白湯鹽味拉麵)¥900

電視媒體都爭相採訪的這家拉麵店，想來用餐當然一定要有排隊的心理準備，小小的店內僅有13個位置，還好吃碗拉麵也不至於要多少時間，因此大家都是心甘情願地等。美味的魅力在於**端出的拉麵簡直就像一份創作料理般美麗，清爽卻夠味的高湯底，麵上的配料也演出精彩**，優雅的層層堆疊裡有豬肉、雞肉、帆立貝泥、蔥花與炸牛蒡，入口高雅美味，帆立貝泥融入湯中更顯風味。

善用地下道，下雨下雪也免驚！

整個札幌鬧區市中心，以札幌車站、大通站、狸小路、薄野站串聯起，而呈直線以地下鐵連結的這三站及狸小路，也同樣有地下通道直結，管他外面颳風下雨、下大雪，大家一樣逛的超輕鬆。各大商場也都與地下通道有串聯，甚至可以直達札幌電視塔、北菓樓。地下通道沿途寬廣好逛、好買之外，也有免費藝術展示空間可欣賞。

地下通道筆直又寬廣，從札幌站走到薄野站大約只要20分鐘。

宛如劇場般的木作階梯空間，不論買外帶食飲來此享用，或是約碰面都很適合。

Sitatte Sapporo

おすすめ 薦

歡迎來「坐」的飲食設施。

別冊P.7,D4 地下鐵南北線「さっぽろ」站直結地下步行空間徒步2分 札幌市中央区北2条西3-1-20 7:30~23:30 sitatte.jp

結合11家話題餐廳、3家店鋪的「Sitatte Sapporo」，2017年開幕後，快速成為站前話題地。與札幌駅前通地下步行空間連結的B1，光大量的木造空間氛圍就相當特別，B1入口首先就是札幌知名「丸美咖啡館」的外帶店，其後方**一整列高聳往上的木頭階梯串聯B1、1樓、2樓的餐飲店，以座って(SIT)＋出逢って(ATTE)，營造給所有人自由入座、交流的休憩空間**。

おにぎりのありんこ

Sitatte Sapporo 1F 011-261-1105 10:00~20:00 チーズかつお(起士鰹魚飯糰)¥250(小)、¥350(大) onigiri-arinko.com

40年前從一個不到3坪大的小飯糰店開始，至今ありんこ已經在札幌市區擁有多家店鋪。主打**現點、現做，不用道具堅持以手工捏製成三角形，讓飯與餡料得到最佳均衡口感，宛如飯糰店的速食鋪**。sitatte店以外帶為主，除了十多款各式飯糰外，也提供季節限定食材飯糰、湯品、小菜及咖啡等選擇。

人氣第一的起士鰹魚飯糰，鹹香的鰹魚鬆與融在熱飯裡的起士塊，意外地美味！

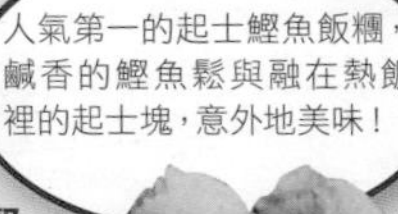

JR TOWER展望室T38

おすすめ 薦

腳下燈光燦爛，不分日夜，美麗景色讓人難忘。

別冊P.6,E2 JR札幌駅東側徒步約1分 札幌市中央区北5条西2-5（JR TOWER 6F入場） 011-209-5500 10:00~22:00(入場至21:30) 大人¥740、國高中生¥520、小孩¥320、3歲以下免費 1,383個，收費，在38F「T'CAFE」及「T'SHOP」消費滿¥2,000可免費停2小時 www.jr-tower.com/t38

位於札幌車站東側的JR TOWER共有38層樓，高173公尺，為**北海道最高的建築**。大樓的22~36樓為JR TOWER HOTEL，由6樓則可以搭乘電梯前往位於38樓的JR TOWER展望台T38。**T38擁有360度的遼闊視野，白天能由北側欣賞飛機起降，夜晚的燦爛夜景則為情侶約會的首選**，還有不定期舉辦的「天空音樂會」，僅憑展望台的票券就能入場享受夜空下的浪漫樂聲。此外，能將街景盡收眼底的「展望廁所」也是一大特色，男性有機會務必試試。

SAPPORO STYLE SHOP

おすすめ 薦

在地作家的原創作品。

別冊P.6,E2 JR札幌駅東側徒步約1分 札幌市中央区北5条西2-5（JR TOWER 6F展望室入口處） 011-209-5501 10:00~20:30 消費滿¥2,000可免費停2小時 www.sapporostyle.jp

在通往JR TOWER T38展望台的地方，可以找到SAPPORO STYLE SHOP的實體店鋪；架上擺放著北極熊圖樣的可愛便當盒、發想自羊之丘上綿羊的手工綿羊娃娃、以及充滿雪國印象、名叫初雪的紙型肥皂等，這些都是**出自札幌作家或工房之手、並經過市政府一年一度認證的精選原創商品唷**。

使用道產原料的好滋味。

一粒庵

いちりゅうあん

別冊P.6,E3 JR札幌駅南口徒步5分 札幌市中央区北四条西1-1（ホクレンビルB1） 011-219-3199 11:00~15:00、17:00~20:00 不定休 元気のでるみそラーメン¥950 www.ichiryuan.com

隱身於地下一樓，一粒庵的店主特地選用以道產原料製作、經過多年熟成的「米こうじみそ」，煮出有著鮮明味噌香氣的甘口湯頭，再**把有「北海道山蔬之王」美名的「行者にんにく(茖蔥)」與道產豬絞肉一起翻炒，搭配微甜的炒蛋、爽脆豆芽**，就是香氣鮮明又滋味溫和的一品，講究的美味還曾被2012年的《米其林指南北海道特別版》收錄呢。

北菓樓 札幌本館

おすすめ 薦

由建築大師安藤忠雄改造，飄散風雅的沙龍氛圍。

別冊P.7,B5 JR札幌駅徒步約12分(札幌地下道可直達) 札幌市中央区北1条西5-1-2 0800-500-0318 1F店鋪10:00～18:00；2F咖啡廳11:00~17:00(L.O.16:30)、午餐11:00~14:00 シュークリーム(泡芙)¥180，北菓楼自慢のオムライス(北菓樓蛋包飯)¥1,100 www.kitakaro.com

2016年3月開幕的「北菓樓 札幌本館」，以建於大正15年的舊文書館別館改造而成，**透過建築大師安藤忠雄之手，變身為宛如文學音樂沙龍的優雅洋菓子咖啡館**。兩層樓的建築裡，一樓賣店陳列了北菓樓全系列商品，還有本店限定商品。2樓的挑高空間則是咖啡館，有著令人印象深刻的大片書牆與自然採光，浪漫氣氛馬上成為札幌熱門亮點。

純白挑高的2樓咖啡廳空間，除了可以吃到北菓樓甜點與輕食外，書架後方也有一個展示建築歷史的小空間。

NOASIS 3.4

ノアシス3.4

別冊P.7,C4 JR札幌駅徒步約4分，地下鐵「さっぽろ」站徒步1分 札幌市中央区北3条西4-1-1 011-218-3005 依店家而異 nissay-sapporo.com

札幌市內除了百貨、地下街以外，還有隱藏在辦公大樓內的商業設施。NOASIS 3.4就是位在日本生命札幌大樓內的空間，1～4樓內有不少店鋪入駐，尤其**地下一樓內更有許多餐飲名店**，包括函館的うに むらかみ(海膽料理)，也有大戶屋、函太郎握壽司、松尾成吉思汗等店家，選擇豐富且每一家都有響亮名聲，也是用餐時的好去處。

Delifrance

NOASIS 3.4 B1 011-252-1152 7:30~21:00，週末及例假日8:00~21:00 www.viedefrance.co.jp

Delifrance是一家法式的麵包店，在全球30個國家設有超過400家店舖，結合咖啡與麵包店，店內不僅有新鮮出爐的可口麵包，還有現煮的香醇咖啡。主打的豐富麵包中，**定番的可頌、歐式葡萄乾或巧克力麵包都是經典滋味，現場製作的三明治也很吸引人**，可以自行挑選麵包及配料，麥香濃郁的歐式麵包配上新鮮佐料，讓人對三明治的印象煥然一新。

當地提款機領日幣也OK

匯率起起落落，老是抓不準到底該換現金還是刷卡，其實還有到當地再提款的新選項。只要持國內23家指定銀行金融卡，出國前只須預先確認，持卡是否已經開啟金融卡/金融帳戶「跨國服務功能」，密碼與台灣提款一樣、介面全中文，匯率則以台灣銀行前一日匯率為準，同樣花5萬日幣，提款手續費約136台幣，比刷卡手續費省下一半，且光札幌市區就多達9處可以體驗這項服務。

詳細提款手續費計算及提款機地點，詳見台灣_財金資訊公司(金融卡→日本專區)https://www.fisc.com.tw/TC/International/Japan

串鳥 札幌駅前店

おすすめ 薦

別冊P.7,D3 JR札幌駅南口徒步約5分 札幌市中央区北4条西2(札幌TRビル2F) 011-233-2989 16:30~24:30(L.O.24:00) 休12月31日、1月1日 もちベーコン巻(麻糬培根捲)¥160 kushidori.com

在旭川、仙台和東京也開有分店的串鳥，其實是札幌出身的名店，到發跡地怎麼能錯過呢。

走在札幌街頭，紅色招牌上頭寫著大大的串鳥二字非常醒目，是夜裡誘人的美味。店內提供40種以上的串燒，皆使用北海道的新鮮食材，並以備長炭烘烤，滋味鮮美。**特別推薦培根包著麻糬的「麻糬培根捲」，油脂豐厚的培根搭配Q軟麻糬很有口感**；鑲著肉的青椒串可一次品嚐到肉和蔬菜的甜味，清爽不膩，也很受歡迎；喜歡蔬菜的朋友，有著滿滿蘿蔔泥的舞茹串以及馬鈴薯串都是不錯的選擇。

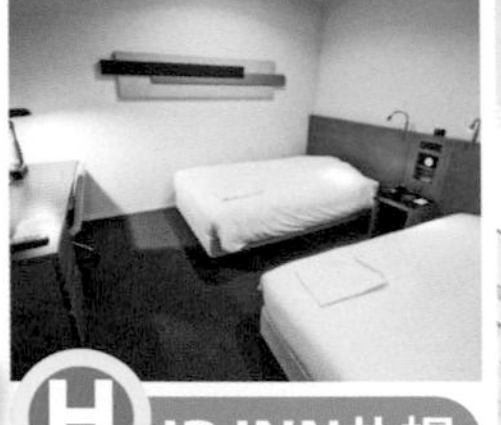

JR INN札幌

別冊P.7,B2 JR札幌駅西口徒步約4分 札幌市中央区北5条西6-1 011-233-3008 附早餐，雙人房每人約¥3,650起 1晚¥1,200 www.jr-inn.jp

交通位置極為方便的JR INN札幌，是JR HOTEL GROUP第一家以INN形式開幕的商務型飯店，以溫暖木色為主調的房間，令人心情放鬆。為了讓客人能好好休息，JR INN除了在寢具上特別用心外，**1樓櫃檯的一側還備有「枕頭corner」，一共有15種高低和材質不相同的枕頭可供住客挑選。**

KEIO PLAZA HOTEL SAPPORO

京王プラザホテル札幌

別冊P.7,A3 JR札幌駅西口、南口徒步約8分 札幌市中央区北5条西7-2-1 011-271-0111 附早餐，雙人房每人約¥7,500起 300個，1晚¥1,500 www.keioplaza-sapporo.co.jp

這裡不但有著方便的地理位置，**飯店內B1還有TOYOTA租車公司，可以以此地為據點租車遊玩附近景點，十分便利**。除了便捷的交通，連續4年獲得樂天旅遊肯定的KEIO，不只擁有舒適的休憩空間與親切的服務，更有美味的餐點，除了人氣極高的自助式午餐外，這裡提供的早餐還在2012年獲得tripadvisor使用者評價為美味早餐飯店的第11名。早餐可在1樓的大片落地窗旁沐浴在陽光下享用自助式早餐，以北海道豐富食材呈現的和食、洋食、中華的組合，新鮮又美味，來這裡住千萬別錯過了！

六花亭 札幌本店

おすすめ 薦

邊吃甜點還能享受藝術與音樂的饗宴。

別冊P.7,B3 JR札幌駅徒步約3分鐘 札幌市中央区北4条西6-3-3 011-261-6666 1F店鋪10:00~17:30，2F咖啡廳11:00~16:30(L.O.16:00) マルセイアイスサンド 2塊¥230 www.rokkatei.co.jp

與白色戀人同樣以白巧克力起家，這家百年老店除廣受在地人喜愛外，其近半世紀以來與文化、藝術更是深層連結，這讓他許多店家據點，都與藝術離不開關係。2015年7月設立於札幌車站鄰近的本店，10層樓的嶄新建築，除了一樓是各式甜點蛋糕、六花亭雜貨販售部外，2樓有六花亭咖啡廳，其他**樓層還包含音樂廳、藝廊、YAMAHA音樂商店以及其他餐廳等，是個享受甜點與藝術的綜合地。**

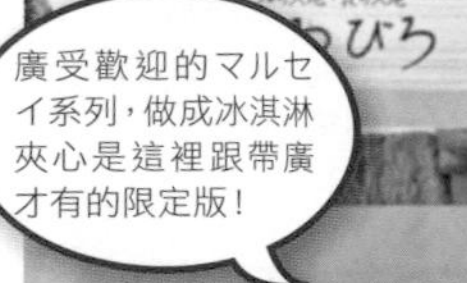

廣受歡迎的マルセイ系列，做成冰淇淋夾心是這裡跟帶廣才有的限定版！

山葉音樂中心 札幌店

YAMAHA MUSIC

六花亭札幌本店3、4F 3F 011-252-2022、011-252-2023，4F 011-252-2024 11:00~18:30 週二(遇假日營業) www.yamahamusic.jp/shop/sapporo

六花亭本舖內的3、4樓，是百年音樂製造商YAMAHA的各式樂器與樂譜的展售空間外，也設有樂器體驗教室及各式活動舉辦，這裡不論是鋼琴、管樂器、弦樂器及各式音樂雜貨齊全外，還**有數量眾多的樂譜，可說是喜愛音樂者的尋寶地。**

六花亭札幌本店必吃甜點

到六花亭除了購物以外，別忘了到二樓的喫茶室品嚐甜點，除了常見甜點以外，不同分店還會有限定商品，都是錯過就吃不到的美味！

蘭姆奶油葡萄夾心冰淇淋／¥230
マルセイアイスサンド
以自家經典商品「マルセイサンド」為概念，在冰淇淋裡加入了白巧克力與葡萄乾做成的夾心餅乾。只有在札幌本店、帶廣本店、帶廣西三条店才有

Sakusaku Pie／¥200
サクサクパイ
螺旋狀的酥脆派皮之中擠滿軟滑奶油，甜度恰好的濃郁奶香讓每一口都很美妙。原本只在帶廣、釧路分店販售，現在札幌也吃得到

札幌植物園(初春)／¥550
さっぽろ植物園(初春)
這款札幌本店的原創甜點是以純白的blanc manger(杏仁豆腐)包裹莓果醬而成，口感像是略顯紮實的慕斯，與酸甜果醬十分搭配

熱巧克力／¥480
ホットチョコレート
在熱巧克力裡擠上加入洋酒的鮮奶油，再放上滿滿的杏仁片，暖呼呼的香甜是帶廣本店與札幌本店發想的飲品，記得趁熱喝完！

北海道廳舊本廳舍

おすすめ 薦

磚紅建築是札幌代表風景之一！

別冊P.7,B4 JR札幌駅南口徒步約10分；或從地下鐵南北線「さっぽろ」站10號出口徒步約6分、「大通」站2號出口徒步約10分 札幌市中央区北3条西6 011-204-5019 8:45~18:00 年末年始 免費 進行更新工事，2022年閉館中

北海道廳舊本廳舍即是**過去的北海道政廳，也就是北海道整體的行政中樞**。屬於**新巴洛克式建築**，紅磚外牆、青銅圓頂、細膩角塔和獨特的屋頂設計，構成道廳**均衡優美的外觀**，內部的典雅裝潢、各種史料和過去的知事辦公室等也都開放免費參觀。

道廳曾經過多次的火災與重建，現在所看到的建築是依據明治21年(1888年)時道廳的造型所復原完成的，高達33公尺的建築可是當時日本數一數二的「大樓」呢。在復原完成的隔年，道廳也被選為**日本的重要文化財**。

札幌螃蟹本家 札幌駅前本店

札幌かに本家

別冊P.7,D3 JR札幌駅南口徒步約5分，地下鉄「さっぽろ」站13號出口徒步約2分 札幌市中央区北3条西2-1-18 011-222-0018 11:30~22:00 12月31日 特選ズワイかにすき(松葉蟹涮涮鍋)一人份¥5,200 www.kani-honke.co.jp

札幌螃蟹本家內**終年可嚐到各式各樣的螃蟹料理**，像是螃蟹生魚片、螃蟹火鍋、螃蟹天婦羅、螃蟹壽司、螃蟹燒烤、螃蟹燉煮等，可單點也有套餐，價格從1千多日幣的一品料理到上萬日幣的頂級宴席大餐，都非常受到客人好評。

佐藤水產 本店

包著秋鮭山漬、秋鮭・鮭魚卵綜合等內餡的海鮮飯糰也是人氣美食。

別冊P.7,D3 JR札幌駅南口 札幌市中央区北4条西3(交洋ビル1~2F) 011-200-3100 9:30~18:30 1月1日 飯糰1個¥330~580 www.sato-suisan.co.jp

佐藤水產為水產品專賣店，因為認為食材最美味之處就在於其天然的「生命之味」，因此**全店的水產製品從原料到調味料，皆強調自然風味及天然原味**，也因而店內的商品會隨著季節盛產的魚貨而更迭，這些期間限定的美味，的確也只有在其最肥美時才能享用到最頂級的滋味。

雪印パーラー 札幌本店

札幌本店1樓販賣著雪印及北海道名產，2樓則是咖啡廳。

別冊P.7,D4 JR札幌駅南口徒步約7分 札幌市中央区北2条西3-1-31 011-251-7530 1F賣店10:00~21:00、2F喫茶10:00~21:00(L.O.20:30)，12月31日~1月3日會調整營業時間，請上網查詢 ジャンボサイズ(巨無霸聖代)2-4人分¥4,760 www.snowbrand-p.co.jp

由雪印乳業經營的雪印パーラー是冰淇淋和聖代的經典老舖，在口味上也延續了由昭和至今的傳承美味。**使用乳脂肪高達16%的招牌冰淇淋Royal Special**所作成的各式聖代十分吸引人，10人份以上的巨無霸聖代更是華麗炫目，大得令人吃驚。

大丸札幌店

おすすめ 薦

精準潮流與多樣美食，就是大丸吸引顧客的秘訣。

別冊P.7,C2 JR札幌駅徒歩約2分 札幌市中央区北5条西4-7 011-828-1111 10:00~20:00、8F美食街11:00~22:00，營時依店家而異 休1月1日 消費滿¥2,000可免費停2小時 www.daimaru.co.jp

札幌大丸百貨開業於2003年，是大丸百貨6間主力店鋪之一，也是**道內人氣最旺的百貨**，在2009年更打敗其他百貨老舖，一舉成為札幌最賺錢的百貨。除了agnés b.、UGG等品牌，這裡最吸引人的還有B1美食樓層。除了北海道各家甜點名物，每晚打烊前大幅降價的各種精緻熱食和美味便當，更是主婦和旅客的最愛。

麻布かりんと 大丸札幌店的限定商品「北海道牛乳花林糖」。

百貨裡有不少大丸札幌的限定商品喔。

區內設有小小一方廣場聚集6家飲食吧，有飲料、麵包、咖啡等。

KiKiYOCOCHO

おすすめ 薦

百貨店內的多彩横町。

大丸百貨3F 011-828-1111 10:00~20:00 休依大丸百貨公休日 www.daimaru.co.jp/sapporo/kikiyococho/

車站旁的高雅風格走向的大丸百貨，逛到三樓會突然發現一個「KiKiYOCOCHO」的招牌入口，往內一看氣氛一轉**與大丸百貨平時的樓層商店風格很不同，宛如一處店中店般的獨立存在**，説他是店中店也不甚適切，畢竟整區可是有多達24家商店，從雜貨、服飾、美妝甚至咖啡店、冰飲、輕食通通都容納其問，宛如逛市集般熱鬧，完全滿足年輕族群一下想逛、一下想吃東西的任性需求。

L' OLIOLI 大丸札幌店

大丸百貨B1 10:00~20:00 www.anniversary-web.co.jp/shop/loliolisapporo

L' OLIOLI 365 by Anniversary是知名洋菓子店Anniversay的子牌，與以美味婚禮蛋糕起家的Anniversary相同，L' OLIOLI 365**延續了浪漫的基因，品牌名取自一年365天都可能是紀念日的概念，用蛋糕來傳達甜蜜祝福**。一走進L' OLIOLI 365，即被夢幻的氛圍所感染，無論是品牌的主視覺設計，還是可口的鮮奶油蛋糕，皆散發著優雅的花園氣息，令人想起美好的午茶時光。精緻小巧的杯子蛋糕也相當吸睛，其中動物造型的杯子蛋糕，可愛討喜，味道口感也毫不馬虎，特別受到歡迎。

週末常會舉辦各式活動，吸引寶可夢迷到訪。

POKEMON CENTER

大丸百貨8F 011-232-3212 10:00~20:00 休依大丸百貨公休日 www.pokemon.co.jp/gp/pokecen/sapporo/

日本很多大城市或是機場都能找到POKEMON寶可夢中心，但要像位於**大丸百貨的這家店，老是人潮洶湧還真是少見，這裡商品齊全當然不用多説，更針對不同年齡層的寶可夢迷們有不同對應**，像是遊戲機台區大概都是國小孩童聚集、扭蛋區則是小小孩們跟父母，女孩們則專攻商品區尋寶，玩家們則在交流區以寶可夢卡展開交流與競賽。

おすすめ 薦

紅磚露台

赤れんが テラス· Akarenga Terrace

北海道美食餐廳大聚集。

別冊P.7,C4 JR札幌駅徒步約5分 札幌市中央区北2条西4-1 依店家而異 依店舖而異，藝廊及展望台10:00~20:00(展望台冬季12月~3月可能因下雪而不開放) 依店家而異 56個，單一商店消費滿¥2,000可免費停2小時 mitsui-shopping-park.com/urban/akatera

位於北海道廳舊本廳舍前的銀杏大道邊，紅磚露台是一棟棟結合飯店、辦公室及美食、公共空間的綜合商場，自2014年8月開幕後，就成了許多札幌人的最愛，**5個樓層的商場空間內，集結26家北海道人氣餐廳美食與商店**以外，還有2樓的Atrium Terrace及5樓藝廊、戶外展望台，都可免費進入與使用。

5樓免費參觀的迷你藝廊展定期出不同主題，門外有一個小展望台，可以眺望整個舊本廳舍建築。

中国料理 布袋

赤れんがテラス3F 011-206-4101 11:00~15:00、17:00~23:00(L.O.22:30) 依紅磚露台休日而定 布袋ランチB(午間定食B)¥910 zangihotei.com

炸雞跟麻婆豆腐好難選的話，也有2者的套餐組合，千元有找。

以炸雞及中華料理知名的「中国料理 布袋」，除了本店外，在紅磚露台裡也有一家分店，想一嚐這CP值高又美味的家常料理的話，更加便利。**炸到外酥內嫩、雞肉又充滿肉汁的美味，是20多年來店內的人氣首選**，大份量的各式定食提供，也讓食量大的人不會擔心吃不飽，除了炸雞，麻婆豆腐也是人氣推薦。

想吃鬆餅記得要白天來，因為一入夜，這裡就變成酒吧了。

©Akarenga Terrace

椿サロン 赤れんがテラス店

赤れんが テラス1F 011-222-2000 11:00~18:00(L.O.17:30)、週末及例假日10:00~18:00(L.O.17:30)；18:00~23:30(L.O.23:00) 鬆餅套餐¥1,700~1,900 www.tsubakisalon.jp

©Akarenga Terrace

「椿サロン」是北海道在地的咖啡品牌，最為人所知的就是以夕陽海景出名的日高分店。進駐紅磚露台的椿サロン雖沒有海景，卻**正對著北海道舊本廳舍**，可以透過廣闊落地窗欣賞四季的景色。精品咖啡以外，店內還提供美味的鬆餅，**豐厚的鬆餅搭配甜度恰好的十勝紅豆**，是午茶不可錯過的滋味。

mont.bell

赤れんが テラス1F、B1F 011-223-1505 10:00~21:00 www.montbell.jp

廣受台灣人喜愛的**日本知名戶外品牌mont.bell，台灣與日本將近30%的價差**，讓許多人來日本都要帶個幾件回家。品牌創於1975年，致力於高機能、輕量與設計美，成了品牌精神。這家包含1樓及B1樓層的空間，可說是北海道最大賣場，一字排開色彩多樣、款式眾多的各式戶外用品，讓人眼花撩亂，尤其領尖世界的超輕量羽絨衣，更是許多人必買標的物。

Atrium Terrace

おすすめ 薦

超漂亮景觀空間，免費自由入座。

赤れんが テラス2F PariRu Cafe 8:30~22:30(L.O.22:00)

面對著舊本廳舍前三条廣場的Atrium Terrace，超挑高的空間，加上通透的玻璃帷幕，不但將外面廣場上的銀杏道綠意引進來，室內空間也有樹木點綴其間，而**這麼舒適的區域卻是完全免費自由入座的**。旅人可以來這裡打打電腦、休息小憩，或是三五好友在這裡聊聊天，渴了餓了，一旁也有PariRu咖啡輕食吧，不論白日夜晚，風情各不同。

這個免費空間比咖啡館還漂亮，提供桌燈之外還有免費WIFI。

房客專用枕頭挑選Lounge區，多達21種不同枕頭選擇，絕對能讓你一夜好眠。

摩登設計感的大浴場休憩公共空間，宛如咖啡館般氣氛舒適。

處處都有免費WIFI

札幌是個體貼觀光客的地方，各式便利措施中當然還包含免費WIFI，幾乎各個公共場所、餐廳、賣店都有提供外，免費點也超密集，即使走在地下道裡也沒在怕，如果懶得一直到處搜尋，也可利用札幌市營運的Sapporo City Wi-Fi，只需輸入E-mail註冊後，就可在網路覆蓋區域內使用30分鐘，連接次數不限。

www.sapporo.travel

JR INN札幌駅南口

別冊P.6,E4 JR札幌駅徒步7分，地下鐵「大通」站徒步5分(鄰近東豊線地下通道出口21) 札幌市中央區北3條西1-10 011-231-8111 Check in 15:00、Check Out 10:00 www.jr-inn.jp/sapporominami/ch/

2016年開幕的摩登設計飯店，簡約節淨，以商務設計走向，消除疲勞以及一夜好眠成了飯店最重要著力點。**首先飯店設有舒適的男女大風呂**，頗具設計感的休憩處，提供多達500冊圖書、免費飲料等，泡完澡後可以好好補充一下水分再回房。針對睡眠，**與枕頭公司共同開發出21種不同軟硬、高度的枕頭，肯定有最適合你的需求**。立地鄰近札幌站、大通站，還有地下通道的出口21可以串聯，不受天候影響，大通公園、電視塔、購物、薄野美食等，都在徒步範圍內，旅遊、商務皆便利。

paseo

パセオ

別冊P.7,C2 JR札幌駅直結 札幌市北区北6条西2 011-213-5645 購物10:00~21:00、飲食11:00~22:00，依店家而異 80個，單一店鋪消費滿￥2,000可免費停2小時 www.e-paseode.com

取名自西班牙語的「paseo(散步道)」，這裡頭錯縱交雜的小道還真有這種優閒、路邊美景環繞的氛圍。**店鋪總數達200間**的館內只有兩層樓，1樓分為東西兩側，**就在JR札幌車站的正對面**，B1則還多了個中間的商場。想吃美食，西側B1的豬排、麵食、甜點、壽司等任君挑選，想購物，其他區域的服飾、雜貨店鋪包準你逛得心滿意足。

200間店鋪買到停不下來！

奧芝商店 実家 札幌パセオ店

おすすめ 薦

paseo WEST 1F 011-213-5660 11:00~22:00(L.O.21:00) 湯咖哩￥1,280起 okushiba.net/

昭和懷舊中的濃郁滋味，是札幌湯咖哩名店中的翹楚。

奧芝商店是蝦湯咖哩的元祖店，雖然郊區的本店已歇業，但paseo的分店以「実家(老家)」為概念，讓人感受另一種懷舊情調。這裡的湯頭**最受歡迎的就是完美滲入鮮蝦、鮮蔬精華的蝦湯咖哩**，還有加入番茄、雞肋精心熬煮10小時以上的雞湯咖哩，兩種皆是香醇濃郁、鹹香帶著微辣，加上以壓力鍋燉煮的軟嫩雞腿、旭岳湧水栽種的米飯、契約農家的時蔬……更為湯咖哩增添美味。

Kiitos 札幌店

paseo EAST B1 011-213-5337 10:00~21:00 www.kiitos-sp.com

誰說日用品就只能具備實用的功能，**Kiitos的商品讓生活用品充滿了新意與繽紛**，文具、服飾、雜貨上的可愛圖案與明亮鮮豔色彩，其中還有水森亞土的手繪杯子、Amalka童話風雜貨、逗趣的嚕嚕米產品與貓饅頭布製小物，光是欣賞就感到心情大好。要讓生活精彩，那就從變化身邊的物品開始著手吧！

PAGEBOY 札幌パセオ店

paseo EAST B1 011-213-5221 10:00~21:00 www.dot-st.com/pageboy

以「特別的日常品牌」概念發展出的服飾品牌PAGEBOY，**混合流行感與基本款的舒適基調**，創造出清新甜美、輕便中帶著質感的衣著風格，從市面上常見的服裝款式，到自創的特色設計剪裁，不定期還會推出paseo店的獨家商品，不管是PAGEBOY服飾的粉絲，或是初次接觸這個品牌的人，都能在這裡找出自己的新風格。

STELLAR PLACE

札幌ステラプレイス

別冊P.7,D2 JR札幌駅徒步約1分 札幌市中央区北5条西2 011-209-5100 10:00~21:00，6F餐廳街11:00~23:00，依店家而異 單一店鋪消費滿￥2,000可免費停2小時 www.stellarplace.net

與札幌駅共構的百貨STELLAR PLACE，明亮的空間裡充滿了時尚氛圍，可愛的包包、配件、帽子、衣飾等樣樣不缺，**GAP、COMME ÇA STYLE、XLARGE、WEGO LA等年輕人喜愛的品牌齊聚，是札幌流行文化的發信地**。6樓的餐廳街也有不少本地名店，另外，在CENTER 7~8樓還有北海道規模最大的電影院，吃喝玩樂一次滿足。

根室花丸 札幌ステラプレイス店

おすすめ 薦

回転寿司 根室花まる

STELLAR PLACE CENTER 6F 070-2240-3561 11:00~23:00(L.O.22:15) 壽司1盤￥143起 www.sushi-hanamaru.com

札幌人氣平價壽司！漁港直送的超正美味，沒吃到就太可惜。

在STELLAR PLACE 6樓的迴轉壽司店根室花丸因為交通超級方便，是札幌甚至全北海道隊排最長的壽司店，熱門用餐時段等上100分鐘可說是司空見慣。**店裡的海膽、牡丹蝦、鱈場蟹、炙燒鮭魚肚等海鮮從根室、小樽等漁港直送**，以一盤143~462日幣的價格實惠供應，座位上也都備有紙筆，可以直接手寫點餐。

GLACIEL 札幌ステラプレイス店

おすすめ 薦

STELLAR PLACE CENTER 2F 011-209-5280 10:00~21:00(L.O. 20:30) バルーンドフリュイ(水果雪酪奶油冰淇淋蛋糕)￥1,320(切片) glaciel.jp

療癒系冰淇淋蛋糕店。

小樽知名甜點店LeTAO開設的義式冰淇淋蛋糕甜點店，除了表參道店之外，另一家就在這裡。位在二樓的店設有咖啡用餐區，以**提供各式顏色粉嫩、模樣可愛到讓人很難下手的美味冰淇淋造型蛋糕**，以北海道鮮奶冰淇淋及各式水果製作的義式雪酪，甜、酸、香氣與奶油濃郁風味融合一起，不論獨享或姊妹淘下午茶點盤綜合冰淇淋，各個造型都讓人驚呼。

Gap 札幌ステラプレイス店

STELLAR PLACE EAST 1F 011-209-5309 10:00~21:00 www.gap.co.jp

來自美國加州的Gap，簡單有型、美國休閒舒適的風格，從1969年創立開始便一直引領世界潮流，在STELLAR PLACE的**這間分店包含Gap、GapKids、babyGap系列**，舒服的材質與合宜的設計剪裁，適合男女老少的個性服飾一應俱全，穿上它展現自己流行活力的一面。

除了多種魚乾、果乾和甜點麵包的材料，還有義大利、中華風的食材。

TOMIZ富澤商店 札幌ステラプレイス店

STELLAR PLACE CENTER 4F 011-209-5193 10:00~21:00 tomiz.com

喜愛親手烘焙糕點的旅客，可千萬別錯過在日本擁有多家直營店鋪、深受料理迷歡迎的富澤商店！位於STELLAR PLACE的分店，2012年開幕，是**北海道首家也是唯一城市據點**。在店內，光來自各地的麵粉就佔據了一整個大櫃子，更別提各種好用的烘培用具、形狀豐富的餅乾模具與天然食材了！如果你是個手作西點控，不妨帶幾包北海道的道地天然酵母回家試試，也許會讓你的廚房飄出獨有的北國香氣喔！

十勝豚丼いっぴん 札幌ステラプレイス店

おすすめ 薦

STELLAR PLACE CENTER 6F 011-209-5298 11:00~23:00(L.O.22:30) 豚丼¥880 butadon-ippin.com

烤得焦香的肉片加上美味沾醬、些許蔥花，簡單一味就擄獲人心。

豚丼是十勝一帶知名美食，本店在帶廣的「いっぴん」，母公司本身是專門製造成吉思汗烤肉、燒肉店等使用沾醬的製造商，超過一甲子的製造經驗，也讓店內豚丼相當重要的烤肉醬，美味誘人。**使用國產米跟豬肉較瘦的腰內肉，以備長炭邊烤、邊沾醬再烤，然後將烤肉豪邁大氣的層疊在飯上端上桌，香氣逼人**外，鹹香又帶點微辣的烤肉，超下飯。

RANDA 札幌STELLAR PLACE店

おすすめ 薦

STELLAR PLACE EAST B1 011-209-5343 10:00~21:00 www.randa.jp

雖然台灣網路商店也買得到，在日本的定價可是便宜了台幣千元以上唷。

RANDA在日本是非常受歡迎的女鞋品牌，**不僅單價可親、質感佳，充滿時尚感的設計更是魅力主因。**無論是異國風的珠寶涼鞋、透明楔型跟鞋，亦或動物紋高跟鞋，都融入了當季的潮流元素，同時卻不顯誇張，展現了流行的絕妙平衡感。RANDA的風格從性感、甜美、可愛到休閒都有，款式多樣令人目不暇給，在此絕對可以找到適合自己的美鞋。

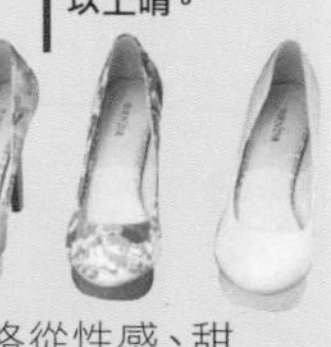

APIA

アピア

別冊P.7,D3 JR札幌駅直結 札幌市中央区北5条西3~4 011-209-3500 購物10:00~21:00、餐飲11:00~21:30(詳細時間依店家而異) P510個，單一店鋪消費滿￥2,000可免費停2小時 www.apiadome.com

おすすめ 薦

超過百間店鋪聚集在APIA內，讓札幌的地下街也超好逛。

在JR札幌車站通往地下鐵札幌站的地下空間，不僅具有連絡通道的功能，更是超大型的購物、餐飲複合廣場APIA。很難想像這裡竟然有**超過100間的店鋪比鄰而居**，西側為餐飲店與化妝品的聚集地，其中還有平價美味店鋪なか卯與吉野家；東側的CENTER空間則更為熱鬧，書店、藥妝店、雜貨舖、服飾店全都齊聚一堂，誘惑著路過或是前來造訪的民眾大買特買。

久世福商店 アピア札幌店

APIA CENTER地下街Market Walk 011-209-1440 10:00~21:00 果醬￥270起，萬能高湯包￥129起 www.kuzefuku.jp

於2016年4月在札幌開設第一家、也是連鎖第100家店的久世福商店，是廣受喜愛的**日本食材專賣店，主打踏遍日本各地親訪職人堅持手作的美味**，並把這樣的美味以合理價格提供給消費者之外，更將職人精神一併傳達。店內有米、醬菜、醬料、果醬、熬湯用各式食材，也有煎餅等和菓子，其中又以高湯、果醬及醬料類最受歡迎。

為了展現日本高湯極致精神，耗時1個月，使用來自靜岡燒津港的柴魚為底，融合其他素材特製而成。

ITS' DEMO アピア札幌店

APIA WEST地下街WEST AVENUE 011-209-1334 10:00~21:00 store.world.co.jp/s/brand/itsdemo/

在都市生活的女孩每天總是忙碌工作，鮮少有時間好好購物，ITS' DEMO**專為都會女性設計，店內盡是可愛、明亮的生活物品**，從辦公小物、化妝品、鞋包、服飾到動物造型雜貨，讓女孩們的生活環境充滿豐富色彩，對新奇物品與流行趨勢充滿興趣的人，就進來這裡瞧瞧吧。

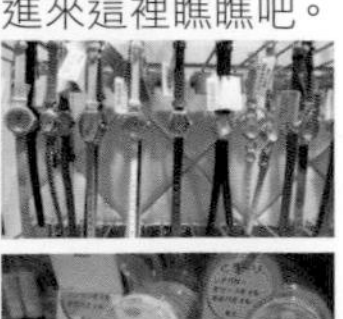

JOYPORT アピア札幌店

ジョイポート

APIA CENTER地下街Culture Walk(近札幌駅南口) 011-209-1331 10:00~21:00 joyport.jp

無論你是喜歡療癒系狗狗的犬派，還是受到貓咪慵懶魅力吸引的貓派，來到這裡都一定能讓你無比開心，**蒐集了近2000件貓狗商品的JOYPORT**，布偶、食器、玩具、服飾、提袋……琳瑯滿目的可愛貓狗身影，看了直叫人心花怒放。其中亦不乏北海道少見的特殊商品，來到這裡就盡情地血拚吧。

NATURAL KITCHEN &. アピア札幌店

おすすめ 薦

百圓日式雜貨屋，少少的價格，就能買到手作般的美好質感。

APIA CENTER地下街FASHION WALK 011-209-1370 10:00~21:00 www.natural-kitchen.jp

說到百圓商店，在你腦中浮現的形象可能是簡單的賣場裝潢，與金屬商品架上琳琅滿目的超值日用品。而同樣為連鎖百圓商店的NATURAL KITCHEN &.，將會顛覆你對百圓商店的印象！要是不特別說，它**看起來就是女孩們最愛的日式雜貨屋**，無論店面佈置或商品都充滿了溫馨可愛的氛圍，散發著迷人的鄉村風格。從餐巾、杯子到蕾絲緞帶、刺繡杯墊等小物，皆可在此找到。

可愛的和風小物，為居家增添優雅風情。

YODOBASHI CAMERA マルチメディア札幌

ヨドバシカメラ

別冊P.7,B2 JR札幌駅西口徒步約3分 札幌市北区北6条西5-1-22 011-707-1010 9:30~22:00 650個，收費，可折抵免費停車時間依消費金額而異 www.yodobashi.com/ec/store/0063/

以賣相機起家的YODOBASHI CAMERA，現在則發展成超大型的電器連鎖賣場，在札幌的分店全館共分3樓，1樓賣著電腦、手機及周邊產品，2樓為電視、音響、相機等電器，3樓是家庭電器與遊戲休閒相關產品，**幾乎所有會用到電的產品，這裡都找得到**。

紀伊國屋書店 札幌本店

おすすめ 薦

擁有豐富藏書以及舒適的空間，不愧是道內最大書店。

別冊P.7,C3 JR札幌駅西口、南口徒步約4分 札幌市中央区北5条西5-7 sapporo55 011-231-2131 10:00~21:00 有合作停車場，消費滿¥2,000可免費停1小時 www.kinokuniya.co.jp

札幌車站旁由玻璃帷幕包圍的紀伊國屋書店，是**北海道內最大的書店**，從雜誌、漫畫到小說、工具書等各類書籍約有80萬冊。店內刻意**將書架的高度壓低，並讓大扇玻璃窗迎進滿滿的北國陽光**，營造出明亮開放的空間氛圍，讓顧客無論是買書或著閱讀都成為一種享受。

啤酒也是北海道開拓使的事業一環，因此隨處可見象徵開拓使的「紅星」標誌。

Sapporo啤酒博物館

おすすめ 薦

美麗的歷史紅磚建築博物館。

別冊P.6,H2外 地下鐵東豐線「東區役所前」站徒步約10分 札幌市東区北7条東9-1-1 011-748-1876 自由參觀11:00~18:00；付費導覽11:30~16:30每個30分開始；Star Hall 11:00~18:00(L.O.17:30) 休週一(遇假日順延)、年末年始、不定休 參觀免費，導覽行程(含2杯啤酒or飲料)大人¥500、國中生~未滿20歲¥300、小學生以下免費 www.sapporobeer.jp/brewery/s_museum 導覽行程50分鐘，每一小時一梯次，可當日報名。Star Hall啤酒需自費

優美的紅磚工場建築群，這是1890年(明治23年)所建設的札幌啤酒製造地，如今轉變成日本唯一的啤酒博物館。從北海道拓墾時代開始啤酒製造，長達140多年的札幌啤酒製造史以及期間的轉變，包含各時代的廣告海報、瓶身酒標的轉變、製造的變化等，透過免費的展示空間都可一一了解。看完2樓的展示記得回到一樓，這裡的Star Hall可以買到各種不同口味啤酒，另一側則是商品店。

Sapporo啤酒花園

札幌啤酒博物館旁 0120-150-550 11:30~21:00(L.O.20:40) 休12月31日 www.sapporo-bier-garten.jp

位於博物館旁的獨棟紅磚建築，又稱為**開拓史館，這裡是作為製糖的地方，後來也轉為製麥場，1966年變成啤酒園後，是大受札幌人喜愛的啤酒與成吉思汗烤肉的享樂地**。高達三層樓的建築裡，分別有2家不同餐廳，再加上周邊的其他新建物，總共多達5處餐飲處合稱「Sapporo啤酒花園」，不論要吃和式、壽司、海鮮或是西式通通都有，但所有餐廳共通一定都有提供成吉思汗烤肉及Sapporo啤酒。

地標般的高聳煙囪旁就是優雅的開拓史館。

Ario購物中心

別冊P.6,H2外 地下鐵東豐線「東區役所前」站徒步約15分 札幌市東区北7條東9-2-20 011-723-1111 10:00~21:00 www.ario-sapporo.jp

緊鄰札幌博物館與啤酒園的這處**超大型複合式商場**，絕對能滿足喜歡走到哪、買到哪的人，這裡擁有大型複合溫泉浴設施、以及相當大型的伊藤洋華堂超市、兒童用品專門店、兒童遊戲區等，其他像是書店、服飾、美食也都一應俱全，難怪假日一到簡直人山人海，熱鬧地不得了。

ESTA

おすすめ 薦

ESTA是車站直結的流行商場，想知道札幌最新流行，到這裡準沒錯。

エスタ

別冊P.7,D3 JR札幌駅東側徒步約2分 札幌市中央区北5条西2 011-213-2111 購物10:00~21:00、餐廳11:00~22:00，依店家而異 單一店鋪消費滿￥2,000可免費停2小時 www.sapporo-esta.jp

位於車站東翼的大樓ESTA，從B2到10樓都有吸引人的賣點。B2的百元商店Can☆Do有令人驚喜的便宜貨；**B1食品大街在甜點部分的精彩程度絕不亞於大丸**，1~4樓為大型電器行BIC CAMERA、5~8樓有品牌服飾與生活雜貨，其中5樓是UNIQLO，10樓則是餐廳街和美味拉麵的集合地「札幌拉麵共和國」。

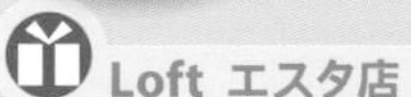

7樓的GLOBAL WORK也是知名的平價服飾代表。

Fruitscake Factory エスタ店

おすすめ 薦

不論是常備還是季節限定的口味，滿滿水果的鮮豔讓人食指大動。

ESTA B1 011-213-2064 10:00~21:00 いちごのタルト(草莓塔)￥570/片 www.fruitscakefactory.com

人氣水果塔專賣店Fruitscake Factory，寶石盒般的派皮上滿是當令水果，看起來鮮嫩欲滴十分可口，**最熱賣的口味為招牌草莓塔**，鋪得滿滿的鮮紅草莓搭配切碎的開心果、恰到好處的卡士達醬和塔皮，酸甜間的絕妙平衡，就和想像中完美的草莓塔一模一樣。除了整年都有的口味，**也經常依季節推出限定款**，芒果、哈密瓜、櫻桃……每個都引人食欲。

Loft エスタ店

おすすめ 薦

必逛的連鎖文具生活百貨。

ESTA 6F 011-207-6210 10:00~21:00 www.loft.co.jp

眾多卡通人物的周邊商品讓人驚呼可愛。

豐富多樣的商品和精緻的品質是Loft的魅力所在，井然有序的空間規劃和商品分類，讓顧客既可以愉悅舒適地享受逛街時光，也能在趕時間的時候很快地找到自己想要的商品。在這裡，你可以**一次蒐羅各種品牌的文創商品**，包括稀有顏色的色筆、專業的製圖器具及充滿設計感的文具，也能盡情探索日本時下流行的美妝產品、居家雜貨和實用小物。

挑選符合日常穿著的簡約單品，打造森林系質感女孩。

LEPSIM エスタ店

ESTA 7F 011-261-8511 10:00~21:00 www.dot-st.com/lepsim

LEPSIM為Adastria集團旗下知名品牌LOWRYS FARM的子牌，是2011年為了慶祝LOWRYS FARM創立20週年所成立的。和主品牌相比，**LEPSIM更強調融合於日常生活的簡約感**，不追求過份甜美或華麗的裝飾元素，為20~30歲的女性打造不造作的森林系女孩風格。喜歡自然、女性化設計，並常以簡單物件作搭配來穿出自己風格的女孩們，不妨來這逛逛。

BIC CAMERA 札幌店

ビックカメラ

ESTA 1~4F ☎011-261-1111 ⏰10:00~21:00 🌐www.biccamera.com

位於ESTA一樓至四樓的BIC CAMERA，是日本連鎖的大型3C綜合賣場，主要販售數位、電子、電器及電腦周邊等商品，此外也有日用品、CD、DVD、玩具和酒類等，以多樣化的商品和便宜的價格深受青睞。**札幌店是北海道唯一一家分店**，緊鄰車站的地理位置非常便利，各種知名品牌商品皆很齊全，相機、遊戲機等皆為開放式的展示，可毫無壓力地試用功能。

ABC-MART GRAND STAGE

ESTA 8F ☎011-223-7836 ⏰10:00~21:00 🌐www.abc-mart.net/shop

集結了**北海道內最齊全**的VANS、HAWKIN商品，還有CONVERSE、Reebok、Timberland、MERRELL等品牌也可在此找尋，不過由於日本物價比台灣高，**建議鎖定台灣尚未進口或是還沒有的款式**，若是看上品牌合作的鞋款就別錯過，因為即使品牌專賣店也找不到喔！

Honeys エスタ店

おすすめ 薦

超平民的女裝品牌，平價時尚的魅力難擋。

ESTA 8F ☎011-223-8241 ⏰10:00~21:00 🌐www.honeys.co.jp

Honeys創立於日本的福島，**以高感度的流行設計、平實的價格和優良的品質廣受歡迎**，在日本各地及中國都設有店點。旗下的GLACIER、CINEMA CLUB、COLZA等子牌，分別針對不同的年齡族群設計，從少女到上班族，都可以從中找到適合自己的款式。札幌ESTA店空間寬敞，款式多樣，碎花短裙、雪紡上衣、彩色窄管褲等，款式選擇非常多樣，值得花上時間好好逛逛。

おすすめ 薦

一次品嚐北海道三大拉麵。

札幌拉麵共和國

札幌ら～めん共和国

ESTA 10F ☎011-213-5031 11:00~22:00 www.sapporo-esta.jp/ramen

充滿昭和時代懷舊氣氛的拉麵共和國位於札幌ESTA 10樓，裡面**集合了以北海道各地為主的八家精選拉麵店**，包括札幌味噌拉麵專門店「白樺山莊」、函館的鹽味拉麵「あじさい」和旭川醬油拉麵「梅光軒」，也常有新店開幕。吃完後也可順便逛逛本區的昭和街道造景，有充滿懷舊FU的街道、適合拍照紀念的SL老火車頭造景等。

ラーメン空

ESTA 10F(拉麵共和國) ☎011-213-2718 11:00~22:00(L.O.21:45) 辛味噌らーめん(辛味噌拉麵)¥880 ramen-sora.com

以濃厚味噌風味知名的拉麵店「空」，在札幌除狸小路狹窄的本店、千歲空港外，要在市中心吃得舒適，位在拉麵共和國裡的分店絕對是好選擇。**以豚骨跟雞骨熬出清湯，再以蔬菜、大蒜炒香的味噌融入高湯中**，讓味噌湯頭多了一份香氣，搭配捲麵條吸附濃厚湯頭，麵Q度令人驚艷外、叉燒入口即化，湯頭鹹度適中，麵上擺入磨碎的薑，也有效降低油膩感。

ESTA大食品街

ESTA B1 10:00~21:00 www.sapporo-esta.jp/grandfoodcourt

札幌站前ESTA擁有豐富的北海道甜點選擇，北菓樓泡芙、帶廣柳月的三方六、菓か舍的北極熊奶油仙貝……數不清的美味絕對會讓喜愛甜品的人眼睛發亮、幸福無比。**不用跑遍全北海道，在這個樓層中就能享用到各地名菓**，快走進這裡，嚐嚐各家名店的定番商品吧！

大通公園

おおどおりこうえん

Odori Park

大通公園總長約1.5公里，園內遍植綠樹花卉，藝術雕刻則點綴其中。長條狀的公園兩旁是繁華的購物街，東側盡頭則是札幌地標電視塔，不分季節都可以見到民眾在此倘閒、散步。

おすすめ 薦

大通公園

別冊P.7,B6 地下鐵「大通」站2・5・6・8・27號出口、東西線「西11丁目」站1・4號出口徒步約1分；從JR札幌駅徒步約15分 札幌市中央区大通西1~12 011-251-0438 自由參觀 362個，收費 odori-park.jp/ 除喫煙所及設有菸灰缸之地點外，公園內禁止吸菸

大通公園不僅是當地人休憩的綠地，還是札幌市內各大活動、祭典的中心地。

綠意盎然的大通公園以電視塔所在的北1条作為起點，一路延伸至札幌市資料館所在的北12条，**沿著帶狀的公園行走，噴泉、雕塑與綠蔭處處，薰衣草和各種草花依著季節綻放**，街頭藝人的樂聲時常飄盪在漫步閒坐的人們四周，札幌「公園都市」的美名在此得到最好的印證。

交通路線&出站資訊

電車

地下鐵「大通」站➔南北線、東西線、東豊線

市電西4丁目站➔一条線、都心線(環狀線)

巴士

中央巴士札幌總站

★1號乘車處➔高速ニセコ号

★3號乘車處➔高速あさひかわ号(旭川號)、往【紋別】高速流氷もんべつ号(流冰紋別號)、往【函館・湯の川溫泉】高速はこだて号(函館號)

★4號乘車處➔高速おたる号(小樽號)、往【苫小牧】高速とまこまい号(苫小牧號)、高速ふらの号(富良野號)

★5號乘車處➔往【北見・網走】ドリーミントオホーツク号(Dreamint鄂霍次克號)、往【知床】イーグルライナー(eagle liner)

★6號乘車處➔往【帶廣・十勝川溫泉】ポテトライナー(potato liner)、(急行)千歲線、スターライト釧路号(starlight釧路號)

★10號乘車處➔往【室蘭】高速室蘭サッカー号(足球號)(道南巴士)

★13號乘車處➔往【室蘭】高速むろらん号(室蘭號)・高速白鳥号

★17號乘車處➔定期觀光巴士

出站便利通

以地下鐵南北線「大通」站為中心➔向右、向南分別有AURORA TOWN及POLE TOWN地下街，呈現倒L型的地下通道與許多周邊的商業設施相通，利用地下街道就能輕鬆前往想去的目的地

★2號出口➔北海道廳舊本廳舍

★6號出口➔時計台

★8號出口➔AURORA TOWN地下街

★10號出口➔市電「西4丁目」站

★11號出口➔POLE TOWN地下街

★12號出口➔三越百貨

★13號出口➔三越百貨北館

★16號出口➔時計台、AURORA TOWN地下街

★20號出口➔丸井今井大通館與一条館

★23・24號出口➔ル・トロワLe trois

★25號出口➔AURORA TOWN地下街

★27號出口➔札幌電視塔

★31號出口➔(通行時間7:00~22:30)中央巴士總站

★34號出口➔丸善&淳久堂書店

★POLE TOWN：PARCO、PIVOT、狸小路

觀光案內所

SAPPORO TOURIST INFORMATION CENTER

札幌市中央区大通西1(札幌電視塔1F)

011-215-0828

9:30～18:30

休 1月1日

大通公園information center & official shop

札幌市中央区大通西7

011-251-0438

10:00~16:00

休 12月29日~1月3日

大通公園夏日風情

玉米攤

期間限定的玉米攤已成為札幌的代表夏日風物詩，在這裡不但可以吃到鮮甜多汁的玉米，還可購買馬鈴薯、各式飲料及きびっち(玉米攤的吉祥物)的相關商品

大通西1~7丁目(1~4丁目最多) 4月底~10月中旬 9:30~17:30(札幌啤酒節期間至19:00)

札幌觀光幌馬車

札幌觀光幌馬車從1978年持續至今已超過30個年頭，以可愛馬匹拉乘的雙層馬車，是在市區中難得一見的景象，一圈約40分鐘的路程，從大通公園帶著搭乘者緩步遊賞附近景點，在輕輕搖晃的馬車上，一路在達達馬蹄聲與自然微風中享受沿途景致

地下鐵「大通」站5號出口旁 大通西4丁目 4月末~11月初10:00~12:00、13:00~16:00(9~11月至15:00) 休雨天、週三

大通公園四時祭典

大通公園不僅僅是都市綠地，更是札幌各大活動的主要場地，四季皆有不同的風情，無論是夏天的熱力競舞、夜晚飲酒微醺，秋天的美食饗宴，冬天的璀璨燈光、繽紛雪祭，每一個都精彩絕倫。

春末夏初的YOSAKOI索朗節

YOSAKOIソーラン祭り

時至6月，YOSAKOI索朗節為北海道的夏天揭開序幕。YOSAKOI索朗節其實是舞蹈比賽，來自全國各地的參賽者不限資格、舞種，僅需將索朗(SORAN)的節奏放入自選歌曲中就可以參賽，每年都吸引300組以上的隊伍參加。華麗的舞台、服裝和原創舞蹈都令人興奮不已，活動期間也有機會加入舞者們，一起大跳索朗舞。

6月上旬，為期5天 www.yosakoi-soran.jp

盛夏的札幌大通啤酒節

さっぽろ大通ビアガーデン

到了8月盛夏，啤酒季就正式來臨。這段時間，大通公園變成了各家啤酒的戶外主題餐廳，只要挑選想喝的啤酒廠商，現場購買票券換取啤酒及下酒菜，就能和當地民眾共享難得的夏日夜晚。微涼的夏夜裡，公園裡人聲喧嘩、觥籌交錯，儼然一幅充滿歡樂的夏季風情畫。

約7月下旬~8月中旬 www.sapporo-natsu.com

初冬之際的白色燈樹

Sapporo White Illumination

在11月下旬，札幌白色燈樹為札幌帶來浪漫氣息。將近50天的時間裡，大通公園被巨型燈飾妝點得夢幻極了，同時還有來自德國慕尼黑的歐洲聖誕市集可以逛逛，讓人感受到北國冬天的幸福氣氛。

大通公園11月下旬~12月下旬、其他地點11月下旬~3月左右 大通公園、駅前通り、南1条通り、北3条広場、札幌駅南口駅前広場 white-illumination.jp

隆冬時分的札幌雪祭

さっぽろ雪まつり

每年大雪紛飛的2月初，位於札幌的大通公園即揭開如夢如幻的「札幌雪祭」。在雪祭期間公園一分為二，左右各一條大道，中間則陳列各式巨大雪雕。在主題廣場，更有五彩雷射燈光投射、高達5層樓的超大型雪雕，還有定時演出的各項表演節目，吸引成千上萬的旅客駐足欣賞。

2月初，為期約7~8天 大通西1~12丁目、札幌市體育交流施設、薄野南4条通~南7条通 www.snowfes.com

札幌電視塔

おすすめ 薦

さっぽろテレビ塔

別冊P.6,E6 地下鐵「大通」站27號出口徒步約3分、JR札幌駅徒歩約17分 札幌市中央区大通西1 011-241-1131 9:00~22:00 休 設備檢修日、1月1日，其他休息時間隨當地活動調整 展望台入場券(3F購票處)大人¥1,000、國中‧小學生¥500、幼兒(國小以下)免費 www.tv-tower.co.jp

作為展望塔使用的札幌電視塔，是札幌最醒目的地標。

札幌電視塔位於大通公園北端，雖然規模小了不少，但與東京的東京鐵塔同為橘紅色鐵塔造型，是**札幌的地標**之一。現在的札幌電視塔單純作為展望塔之用；90.38公尺的高度雖然不比車站旁的JR TOWER，卻**可以更清楚地欣賞到大通和鄰近的薄野的閃爍夜景**，在札幌雪祭與冬季白燈節時，更可說是最佳貴賓席。

取諧音創作出的吉祥物「テレビ父さん(電視塔老爹)」，帶著小鬍子、一副笑咪咪的可愛模樣，也很受歡迎。

登上電視塔 品味札幌風情

每當夜幕低垂，點燈的札幌電視塔便成為周邊最耀眼的風景，其實在電視塔本身的絢麗之外，展望台也是亮點。從展望台不僅可看到札幌市區整齊的街道，天氣好時還能夠遠望雄偉的石狩平原，利用展望台西側的望遠鏡更可以眺望石狩灣、手稻山、大倉山跳台競技場等郊區景點，札幌全景皆在眼前，可別錯過。

善用折扣券，省摳摳！

來到好吃、好買又好玩的札幌，善用折價券，說不定2天就幫你省下上千日幣喔。第一天抵達札幌後建議一定要先到旅遊中心或車站狂掃一些旅遊資料，DM裡藏有不少藥妝、電器購物折價券及店家優惠資訊外，像是必去的電視塔，原價¥1000，如果日夜都想去，套票只要¥1500。也有其它場館聯票，一次想拜訪多個地方時，好好善用，最多能省超過¥1100。

開拓使與五角星

如果你對舊建築感興趣，應該會發現札幌市內的古老建築如道廳、清華亭、時計台和豐平館等，都有著五角星的標記。這個標記是日本政府在1869年正式派遣開拓使前來管理北海道時，代表著開拓使的標記，造型意象來自於極北之地的北極星。另外，北海道三大啤酒之一的札幌啤酒(SAPPORO BEER)也以黃色的五角星為LOGO，那是因為札幌啤酒最早可是開拓使的麥酒釀造品牌唷！

時計台

おすすめ 薦

刻劃時光流轉的時計台是札幌的重要象徵建築。

別冊P.7,D5　地下鐵「大通」站6・16號出口徒步5分、JR札幌駅南口徒步約10分　札幌市中央区北1条西2　011-231-0838　8:45~17:10(入館至17:00)　1月1日~1月3日　大人￥200、高中生以下免費　sapporoshi-tokeidai.jp

札幌市代表建築之一的時計台位於大通北側，可愛的白色木造建築、紅色屋頂和鐘塔，在高樓的包夾下顯得相當嬌小。時計台建於1878年，最初是作為札幌農學校(北海道大學前身)的演武場和活動廳之用。在札幌農學校遷至現址後，演武場在**1881年建造並安置了來自美國的四面鐘樓，之後百年間持續為札幌市民報時，是日本現存最古老的鐘樓。**

時計台內部有相關史料和同型的古鐘可供參觀，過去作為活動廳使用的室內空間也相當吸引人。

味の時計台 駅前通り総本店

別冊P.7,D5　地下鐵「大通」站6號出口徒步約3分　札幌市中央区北1条西3-3(敷島北1条ビルB1)　011-232-8171　11:00~24:00，週末及例假日至22:00　味噌拉麵￥860　www.ajino-tokeidai.co.jp

以札幌市地標時計台為店名的拉麵店「味の時計台」，可說是**札幌拉麵的代表口味**，現在其版圖不只擴及日本各地，2012年更在台灣開起了分店。在寒冬中來一碗湯頭濃郁的味噌拉麵，配上彈性十足的黃色捲麵，所有寒意更是一掃而空。而加入扇貝、奶油、叉燒、玉米的扇貝奶油玉米拉麵(ホタテバターコーンラーメン)更是一絕，口感豐富讓人大呼過癮！

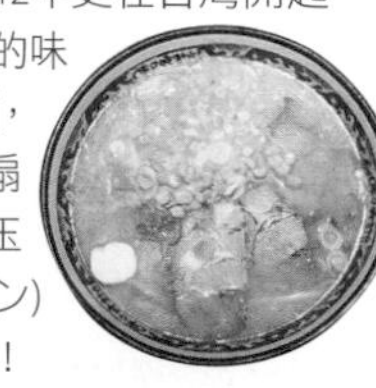

ISHIYA 札幌大通本店

おすすめ 薦

最齊全的自用或送禮選擇。

別冊P.7,C6　札幌駅前地下步行空間直結　札幌市中央区大通西4-6-1(札幌大通西4ビル1F)　011-231-1483　10:00~19:00　年末年始　www.ishiya.co.jp/

由鼎鼎大名的白色戀人母公司「石屋製菓」所開設的札幌市區內本店。2021年11月重新改裝後，以歐式優雅裝潢、水晶燈吊飾，營造典雅風格，店內特別提供人氣甜點餅乾自由組合，可以單片單片買，買完再請店員弄個可愛包裝，送人既有創意又別致。除了可以買到各式人氣盒裝甜點外，另外還有**針對送禮需求的別緻包裝系列「ISHIYA G」，北海道僅這家店有**。多彩豐富選擇，讓不論買單片、買自用、買精緻送禮，通通一次滿足。

大通本店呈現優雅歐風街邊店風格。

2樓大廳公共空間設有許多面窗座位，面對電視塔的自然光源下，任何人都可自由使用。

札幌市民交流Plaza

おすすめ 薦

札幌藝術休憩新據點。

別冊P.6,E5 地下鐵「大通」站 30號出口，地下步道直結徒步約2分 札幌市中央区北1条西1 圖書館9:00~21:00，週末及例假日10:00~18:00 休圖書館每月第2、4個週三，12月29日~1月3日 免費入館 www.sapporo-community-plaza.jp

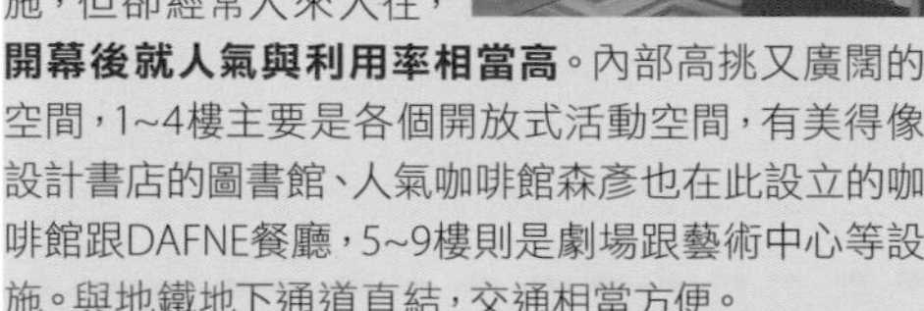

鄰近計時台的「札幌市民交流Plaza」於2018年10月完工開放，雖以藝術劇場及圖書館為主要設施，但卻經常人來人往，**開幕後就人氣與利用率相當高**。內部高挑又廣闊的空間，1~4樓主要是各個開放式活動空間，有美得像設計書店的圖書館、人氣咖啡館森彥也在此設立的咖啡館跟DAFNE餐廳，5~9樓則是劇場跟藝術中心等設施。與地鐵地下通道直結，交通相當方便。

MORIHICO.藝術劇場

札幌市民交流Plaza1F 011-590-6540 8:00~22:00(L.O. 21:30)、週末及例假日9:00~22:00(L.O. 21:30) 休1月1日~1月2日 水果三明治¥800起 www.morihico.com

位在札幌市民交流館1樓，與1樓圖書館、情報館串聯一起的「MORIHICO」森彥咖啡，讓這座交流館飄散咖啡香氣外，更多了溫暖的氣氛。**店內一面大大的書牆，讓圖書館裡的咖啡店有了精神的串聯，超挑高與玻璃牆，讓這裡氣氛摩登又明亮舒適**，森彥自豪的咖啡外，特製甜點也絕對不要錯過。

美到像是甜點的水果三明治，在IG打卡出現率超高外，滿滿鮮奶油不甜不膩。

千歳鶴酒博物館

千歳鶴 酒ミュージアム

別冊P.6,H7 地下鐵東西線「バスセンター前」站9號出口徒步約10分 札幌市中央区南3条東5-1 011-221-7570 10:00~18:00，酒藏冬季不開放 休年末年始 免費 P20個，免費停30分鐘，消費滿¥1,000可免費停1小時 www.nipponseishu.co.jp/museum

清酒老牌千歳鶴是札幌唯一的藏元，小小的博物館就設在酒藏和工廠的旁邊。內觀復古的館內可以參觀千歳鶴古老的製酒器具、歷代裝瓶和過去杜式的釀酒日誌，還可以試飲釀酒用的地下水，附設的直營商店內則有齊全的千歳鶴酒品，並且都提供試喝。想參觀酒藏的話，必須要是10人以上的團體，且須事先預約。

SAPPORO FACTORY

おすすめ 薦

華美又復古的購物商場，聖誕節時還會有巨大的璀璨聖誕樹喔。

別冊P.6,H4 地下鐵東西線「バスセンター前」站8號出口徒步約7分、JR札幌駅徒步約17分 札幌市中央区北2条東4 011-207-5000 10:00~20:00、餐廳11:00~22:00(依店家而異) 1,850個，收費。消費滿￥2,000可免費停3小時 sapporofactory.jp

由開拓使麥酒釀造所改造而成的SAPPORO FACTORY分為多棟分館，在開幕當初以160間的店鋪量，傲居日本全國首屈一指的shopping mall。2條館與3条館間的透明天井拱廊(Atrium)最具代表，**改建自釀造所的紅磚館則充滿復古情調，內部也保留了當初釀造的模樣開放參觀**，並有提供獨家啤酒「開拓使麥酒」的啤酒餐廳。

騎上Porocle單車逛札幌吧

札幌市區如棋盤式道路加上周遭許多優美綠地，很適合單車一日遊，除了向一般單車店家租用外，也有市營Porocle，租借方式如台灣Youbike，市中心有50個租還點，必須先到旅遊中心或Porocle中心等地註冊並辦理IC卡才能租用，免登錄也可單買一日卡￥1,430~，但基於安全，Porocle只有4~11月左右營運。

北海道さっぽろ観光案内所(札幌西大廳北口)，札幌遊客服務中心(札幌電視塔1F)，以及指定商店或飯店(詳見官網) porocle.jp

以北海道銀杏為概念的新風貌。

札幌王子大飯店

おすすめ 薦

札幌プリンスホテル

不僅雙人房，飯店還規劃了適合家庭入住的三人房。

別冊P.5,C4 地下鐵東西線「西11丁目駅」2號出口徒步約3分；從JR札幌駅搭乘接駁巴士約20分可達 札幌市中央区南2条西11 011-241-1111 check in 14:00，check out 11:00 www.princehotels.com/sapporo/zh-hant/

開業10多年的札幌王子大飯店，一直是札幌市區廣受好評的住宿選擇，圓塔狀的建築十分醒目，挑高、乾淨的大廳營造出**高級氛圍**，飯店內部分為3~12樓的標準樓層、14~21樓的高級樓層，以及22~27樓的皇室樓層，最高級的皇室樓層不僅設有專用電梯，更可以從高處眺望周邊街景，將札幌的四季盡收眼底。就算不能入住頂級客房，標準樓層的房型也十分舒適，尤其**飯店自2018年12月起陸續裝修，重新規劃空間，讓傳統房型搖身一變成為簡約大方的雅致客房**，要是想泡湯，多加￥500(小孩￥350)還可以享受溫泉，讓住客能在一天的遊玩之後好好休息。

札幌市資料館

別冊P.5,C4 地下鐵東西線「西11丁目」站1號出口徒步約5分 札幌市中央区大通西13 011-251-0731 9:00~19:00 週一(遇例假日順延)、12月29日~1月3日 免費 www.s-shiryokan.jp

在大通公園的盡頭，越過長長的玫瑰花圃與噴泉之後，就會抵達建築厚重典雅的札幌市資料館。建築正面蒙上雙眼的司法女神與天平紋飾，象徵著建築過去的功用——**建於1926年**的建築曾是札幌控訴院，地位等同於現在的高等法院。高等法院遷移之後，**現在的建築內部為札幌的司法、文化藝術、歷史等多元的展出空間**，過去的刑事法庭也保留作參觀之用。

穿上法官衣服在「刑事法廷展示室」拍張照吧！

札幌市資料館原本的功能就是早期的法院所在地，為了再現當時法庭氛圍並成為實際可以見學、模擬教學的場所，2006年回復模擬當時法庭樣式重建，一般民眾雖僅能站在座位周邊參觀，但只要向事務室洽詢，可以免費借你法庭服飾，就能拍一張超特別的紀念照喔。

逗趣的自畫像外，也以札幌建築及風景有不少描繪作品。

おおば比呂司記念室

札幌市資料館內1F 011-272-1367 9:00~19:00(最後入館18:40) 同札幌市資料館 免費 www.s-shiryokan.jp/floor/o-ba.htm

可謂札幌之光的知名插畫家おおば比呂司，**出身札幌也以札幌為意象創作許多作品，色彩豐富又有著歐洲特有頑童般趣味筆觸風格的作品**，也成為繪本出版。這裡以常設記念室，成為一覽比呂司創作世界的窗口。分為3個展覽室，依季節更換展題作品，也有一區專屬商品區，可以買到各式可愛商品外，也將比呂司畫室重現在這裡。

ATELIER Morihiko

別冊P.5,C4 地下鐵東西線「西11丁目」站 2號出口徒步3分、札幌市電「中央区役所前」站徒步1分 札幌市中央區南1条西12-4-182(ASビル1F) 0800-222-4883 8:00~22:00(L.O. 21:30) 年末年始 招牌咖啡¥748 www.morihico.com

距離市中心稍遠的這家分店，與大通公園底的札幌市資料館鄰近，森彥咖啡館在札幌市雖然分店不少，但卻各具特色與獨特氣氛，讓人想一家一家去插旗拜訪。店內以大木桌占據整個一半店空間，**暖爐及古樸質感的桌椅，邊喝咖啡邊看窗外街道上不時穿越的老市電，咖啡時光就是如此悠閒。**

大通BISSE

大通ビッセ

別冊P.7,D6 與札幌地下步行空間直結(13號出口) 札幌市中央区大通西3-7(北洋大通センター) 7:00~23:00(依店家而異) 休1月1日 www.odori-bisse.com

以北國幸福生活為提案的大通BISSE，就位在大通公園邊，這棟融合辦公及商場的複合式大樓，不走流行商品路線，**主要以美食、咖啡、養生茶品、美容、生活雜貨等商店所組成**，商店主要集中在1~4樓以及與地下步行空間連結的B2商店，挑高商場空間展現出一派優雅嫻靜的風格。

BISSE SWEETS

大通BISSE 1F 10:00~20:00 休1月1日

位於1樓的這家甜點店，說是一家，其實是**集合了2家甜點咖啡店，而且各自來頭都不小，皆是北海道地區的人氣店**，包含洋菓子店KINOTOYA(きのとや)所營運的甜點咖啡店，以及由農場直送營運的甜點、奶製品店町村農場，從冰品、餅乾、蛋糕、泡芙到各式甜派等，每個都好吃得太犯規，逛街逛累了，這裡可說是甜點控最佳報到處。

宛如美食街般，可自行到喜愛的甜點店家櫃台點好甜點後，再拿到座位區中享用。

おすすめ 薦

德光咖啡 大通店

TOKUMITSU COFFEE

大通BISSE 2F 011-281-1100 11:00~19:00(L.O.18:30) 休12月31日~1月1日 咖啡拿鐵￥650，卡布奇諾￥600 tokumitsu-coffee.com

可以喝到各種產地咖啡外，還有大片公園美景免費欣賞。

超挑高的咖啡空間，加上一整片面對大通公園的落地窗玻璃，讓整個空間幾乎要與戶外融為一體，能無障礙的欣賞整個大通公園的好視野，難怪午後時光面窗座位幾乎一位難求。總店位在石狩市花川的德光咖啡，以**親自到產地尋找好咖啡豆為特色，不同產地依咖啡特性給予不同烘培度，新鮮提供**，是愛好精品咖啡者不可錯過的咖啡店。

YUIQ

大通BISSE 2F 011-206-9378 10:00~20:00 休1月1日 yuiq.jp

以集結並精選北海道各式職人精品為主要概念，商品內容從旭川匠師工房的家具、小樽玻璃製品、融入愛努文化的飾品及各地的陶瓷器皿等，含括食衣住各式商品，讓生活所需都能找到對應好物。當然除了強調北海道當地製作的好物，日本全國各地知名老舖及生活好物，也都在店內蒐羅範圍內。

Seicomart 大通ビッセ店

おすすめ 薦

明明只是便利超商，卻有好多自製的道產美味餐點，讓人天天都想來報到。

大通BISSE B2 011-206-9738 7:00~22:00 休1月1日 道產鮭魚飯糰￥100、咖啡拿鐵(使用豐富町奶油)￥150 www.seicomart.co.jp

如果你對「北海道限定」、「北海道產」有莫名的喜愛，那一定要來這裡逛逛。總公司在札幌的Seicomart，光在北海道就有數千家店，雖然不是每家都是24小時營業，但這裡隨便逛，從飲料、麵包、熟食、熱食、零食、冰品、啤酒、蔬果區等，幾乎都能看到北海道特色產地食材採用的字樣，逛街逛到不可自拔沒時間吃飯，或是半夜還想吃點小東西，這裡絕對推薦。

部分店面設有HOT CHEF區，廚師在後台現做美味，現炸薯條、十勝美味豬排飯等，通通都吃得到喔！

丸井今井 札幌本店

別冊P.6,E6 地下鐵「大通」站20號出口直達大通館與一条館、 24號出口直達西館Le trois 札幌市中央区南1条西2 011-205-1151 10:30~19:30、大通館10F美食街11:00~21:00，各館美食街週日至19:30(依店家而異) 消費滿￥2,000可免費停2小時 www.marui-imai.jp

札幌的丸井今井與本州相當熱門的丸井今井(O1O1)只有同名的關係；是**在札幌開業百年以上的獨立歷史老舖**，在站前的大丸竄起前一直是北海道最受歡迎的百貨。現在丸井今井在大通一帶共有3間分館；位於大通一側、占地最大的本館大通館專攻各年齡層的女性，一条館以男性服飾為主，西館為ル・トロワ（Le trois）。

職人精細布局的鐵道路線沿途風光與屋宅、人物，光看都讓人著迷。

鐵道模型店popondetta 大通店

おすすめ 薦

不是鐵道迷也會著迷。

別冊P.7,E7 地下鐵「大通」站34號出口直結 札幌市中央区南1条西1丁目8-2 (淳久堂書店内 B1) 011-213-0915 10:00~21:00 火車操作體驗20分鐘平日￥400、假日￥500(不指定車輛) www.popondetta.com

這家以專門販售各式鐵道模型車、SL蒸汽火車、電車、氣動車、貨車等，連鐵道書籍、鐵道相關小物也通通囊括，不論想買成品或是自行組裝、塗色，通通都能找到想要的形式，是鐵道迷必訪地之外，**最特別的是店內設有一大區鐵道行駛街區，可以實際在這裡體驗鐵道穿街或在田野、市郊行走的實感操作趣味**。

Le trois

おすすめ 薦

ル・トロワ

緊鄰電視塔及大通公園，Le trois內的餐廳及咖啡廳擁有絕佳景觀。

別冊P.6,E6 地下鐵東豐線「大通」站24號出口直結。地下鐵東西線「大通」站18號出口徒步約3分 札幌市中央区大通西1-13 011-200-3333 B2~1F、5~ 6F10:00~21:00，2~4F至20:00，7~8F餐廳11:00~23:00 單店購物滿￥2,000可免費停車1小時 www.le-trois.jp

2015年9月開幕、位於電視塔斜前方路口的這棟純白色商場，**以法式風情主打提供女性幸福感的購物美食及裝扮美麗的需求**，像是從B2~2樓，以美妝、美容沙龍及流行小物為主，2到4樓則有許多雜貨風格小店、咖啡店、飾品、甜點吃到飽的店等，7~8樓的各式餐廳則讓女性喜愛新鮮與多樣的選項通通實現。

DONGURI 大通店

おすすめ 薦

超過100種現烤美味麵包，每個都好想買來吃。

Le trois 1F 011-210-5252 10:00~21:00 ちくわパン(竹輪麵包)￥162 www.donguri-bake.co.jp

DONGURI是**北海道人氣麵包店，強調家庭氛圍及各式現做麵包、眾多口味**，加上不斷開發的新口味，店內堆滿滿的麵包，總是讓人看了充滿食慾，難怪進軍札幌後，也迅速攻占了札幌人的胃。店內人氣NO.1的竹輪麵包裡面就包覆著口感十足的竹輪，還有口感鬆軟飄散淡淡肉桂香氣的肉桂捲、自家調配的獨家咖哩麵包等，都是人氣首選。

MILL

おすすめ 薦

各式生活良品雜貨與設計小物大集合。

Le trois 3F 011-213-0903 10:00~20:00 ile-sapporo.jp

MILL**以日常生活中需要用到的各式用品，並以簡約設計、實用耐用而具質感的良品為店內商品風格出發點**，從衣服、袋子、杯碗鍋子、到各式飾品小物甚至咖啡或調味料品項等，都囊括在內，也讓小小店內空間卻是商品琳瑯滿目，從北歐品牌到日本地方良品選物、設計師手作，通通都讓人愛不釋手。

MINGUS COFFEE

別冊P.6,E6 地下鐵「大通」站32號出口徒步1分 札幌市中央区南1条西1(大沢ビル7F) 011-271-0500 9:00~24:00 不定休 咖啡¥550起

在札幌具相當高人氣的咖啡店「MINGUS COFFEE」，位在電視塔旁小巷弄內的7樓，沒有街邊店的通透大空間，僅以矮書架區隔成吧台區及桌椅區，**一眼望盡的小小空間內反而營造出一處特有安靜**。這裡以提供咖啡、自製甜點等為主，因營業到晚上12點，因此也有不少酒類選擇，晚上也適合來此喝杯酒。

吧台區桌上隨興擺上當日自製常溫蛋糕外，坐這裡也能看鍋煮咖啡風景。

各式圖書都可以自由拿到座位區慢慢看。

店內人氣NO.1的焦糖卡士達，上面一層脆脆焦糖、裡面卡士達奶油濃厚美味。

WORLD BOOK CAFÉ

おすすめ 薦

被書包圍的溫暖咖啡屋。

別冊P.6,E6 地下鐵「大通」站32號出口徒步1分 札幌市中央区南1条西1(大沢ビル5F) 011-206-7376 12:00~22:00(L.O.餐點21:00、飲料21:30) 不定休 焦糖卡士達+飲料¥900 www.facebook.com/WORLD-BOOK-CAFE-329607463731148/

與 MINGUS COFFEE位於同一棟大樓內的「WORLD BOOK CAFÉ」，這裡空間比較寬敞之外，一進到店內，**狹窄通道兩側擺滿多達800本各式書冊，讓人以為來到了書店**。大量木製的溫潤空間內一到假日擠滿年輕人，是一家文青風滿溢的人氣咖啡館，除了好喝的咖啡外，當然自製甜點也很受歡迎，想用餐這裡也有提供。

丸美珈琲店 大通公園本店

おすすめ 薦

冠軍職人咖啡名店。

別冊P.6,E7 地下鐵「大通」站37號出口徒步1分 札幌市中央区南1条西1-2(松崎ビル1F) 011-207-1103 8:00~20:00，週日、例假日10:00~19:00 12月31日~1月2日 咖啡¥600起 www.marumi-coffee.com

從MINGUS COFFEE所在大樓轉個彎的街角，這裡還有一家**札幌知名的咖啡館，由獲獎無數的後藤所開設，從烘培到鑑定，也有咖啡界的「侍酒師」般的世界認證地位**。這裡提供的咖啡當然都是一時之選，對於喜愛精品咖啡者，這裡絕對滿足。除了新鮮自烘出能將產地風味適切發散的美味咖啡，世界各地的推薦得獎莊園豆，也能滿足咖啡迷的味蕾。

おすすめ 薦

大丸藤井CENTRAL

百年歷史的文具店，是文具控必去的一站。

別冊P.7,D7 地下鐵南北線「大通」站12號出口徒步約2分 札幌市中央区南1条西3-2 011-231-1131 10:00~19:00 不定休，12月31日~1月1日 無，另有合作停車場 www.daimarufujii-central.com

擁有120年歷史的CENTRAL，是札幌超大型的老牌文具專賣店，但可別以為這裡賣的都是帶著濃濃時代感的老文具，裡面盡是最新最流行的文具商品，地下1樓到4樓擺滿各式文具、雜貨、和風小物，還包含超人氣的可愛布偶，7樓還有美術展覽室，可以慢慢逛上一個下午。逛累的話，推薦到4樓的「味の三平」吃碗味噌拉麵，這裡可是札幌味噌拉麵的起源地唷。

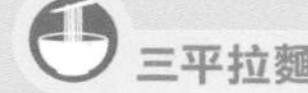

三平拉麵

味の三平

大丸藤井CENTRAL 4F 011-231-0377 11:00~18:30 週一、每月第二週的週二 味噌拉麵¥900 www.ajino-sanpei.com

在逛CENTRAL時，走到4樓會忽然在文具貨架旁看到拉麵店的門簾，除了畫面有趣之外，這家拉麵店也大有來頭，它是**北海道味噌拉麵的發明始祖**，對應現在味噌拉麵口味百百種，若想嚐嚐最原始的味噌拉麵滋味，來這裡就對了。以洋蔥、豆芽、高麗菜、豬肉等大火快炒後，加入以豬高湯為基底的特製細卷麵，對應濃厚味噌麵印象，各異其趣。

拉麵看似清爽，其實味噌就埋在麵底下，白味噌還保有豆香與碎豆顆粒，吃之前要先翻攪拌勻後再享用。

無論是點心、早餐，還是想要晚上小酌時配酒，這裡都可以找到適合的麵包口味。

coron 本店

別冊P.6,G5 地下鐵東西線「バスセンター前」站5號出口徒步約5分、「大通」站31號出口徒步約8分 札幌市中央区北2条東3-2-4(prod23 1F) 011-221-5566 9:00~18:30 不定休、年末年始 バゲットcoron(法國長棍)¥257 www.coron-pan.com

2012年底開幕的麵包坊coron一開張就大受好評，光是店內的氣氛就與他處大大不同，全面使用北海道素材打造的空間內，簡單不造作的品味流露出舒服的氛圍；而coron的麵包大多以**低溫長時間發酵**而成，不**僅能引出小麥的自然原味，還相當具有嚼勁**，揉入7年級生主廚高崎真哉的豐富經驗與創意，再搭配上健康美味的北海道食材，擄獲顧客的心。

さえら

別冊P.7,D6 地下鐵東西線「大通」站19號出口徒步約1分 札幌市中央区大通西2-5-1(都心ビルB3) 011-221-4220 10:00~18:00 休週三 $三明治¥660起

在札幌當地深受歡迎的さえら，每到用餐時間店內便擠滿了人潮，招牌三明治是大家的最愛，別看小小的三明治毫不起眼，鬆軟的吐司包夾分量滿點的餡料，約有30種口味、近90種組合可以選擇，其中最推薦**人氣首選的雪場蟹(たらば)口味，搭配炸蝦(えびかつ)或是炸肉排(メンチかつ)等都十分美味**，另外還有清爽的水果口味可供選擇，起個大早或是下午微餓時推薦可來這裡嚐嚐美味輕食。

H&M SAPPORO

別冊P.7,D7 地下鐵東西線「大通」站徒步約2分，或由地下步行空間直結 札幌市中央区南1条西3-1 0120-866-201 10:00~20:00 休不定休 www2.hm.com/ja_jp/index.html

快速流行店必逛之一的H&M，不讓ZARA專美於前，也終於在**2013年底登陸北海道，第一家店就設在ZARA對面，同樣4層樓的大店舖、廣達1,900平方米，貨品齊全**，從地下2樓到地上2樓，連結地下商店街，即使天候不理想一樣可以輕鬆逛。

ZARA IKEUCHI ZON

別冊P.7,D7 札幌市中央区南1条西2-9-1 (IKEUCHI ZONE B1~2F) 011-221-9130 10:00~20:00 休1月1日 www.zara.com

與H&M隔街對望的ZARA，位於IKEUCHI ZOON商場的B1~2樓，**總共3層樓的寬闊賣場空間中**，不論是男裝、女裝、童裝，還有雜貨與飾品通通都有，讓喜好ZARA的人，可以盡情找到自己的所好。

AURORA TOWN

オーロラタウン

別冊P.7,D6 地下鐵「大通」站直結 札幌市中央区大通西3~西1 011-221-3639 10:00~20:00(依店家而異) 休1月1日及一年兩次檢修日 單一店鋪消費滿¥2,000可免費停1小時 www.sapporo-chikagai.jp

以地下鐵南北線的大通站為中心，向南延展到薄野的地下街為POLE TOWN，**向東一路延伸至札幌電視塔的則為AURORA TOWN**，全部加總起來共有約140間店鋪，是購物逛街的好去處。長約312公尺的AURORA TOWN比起熙來攘往的POLE TOWN更多了一些優雅閒適的氣息，或是到紀伊國屋書店翻翻書，或是喝杯下午茶，感覺好不悠閒。

quatre saisons 札幌

おすすめ 薦

生活雜貨散發出溫暖的質感，讓人愛不釋手。

AURORA TOWN內 011-200-3936 10:00~20:00 休不定休 www.quatresaisons.co.jp

追求簡單自然生活風格、家居擺設的人，來這裡尋寶就對了。創立於1968年的quatre saisons，名稱為法語的「四季」之意，以巴黎生活為提案，店內盡是**質感舒服、顏色柔和的生活小物**，隨季節變換的擺設中，無論是定番商品或是每月進貨兩次的新品，清新簡約的風格，都一樣讓人愛不釋手。

札幌わしたショップ

AURORA TOWN內 011-208-1667 10:00~20:00 休年始，2、8月不定休 www.washita.co.jp/info/

在日本極北之地，竟然有這麼一處充滿南國風味的店鋪，你沒看錯，這就是專賣沖繩物產的商店，從超人氣的泡盛、金楚糕(ちんすこう)、黑糖菓子，到健康的黑麴醋、海藻水雲等，**共約1500種北海道難得一見的豐富沖繩商品齊聚在此**，適合身在北國卻同時對南國物產思思念念的朋友。

KITA KITCHEN

きたキッチン

AURORA TOWN內 011-205-2145 10:00~20:00 www.maruiimai.mistore.jp/sapporo/kita/kitchen/index.html

全北海道特產大集合。

喜歡北海道美味物產的朋友，來到這裡一定會大感興奮，由北海道老牌百貨丸井今井創立的KITA KITCHEN，**集結了北海道各地的土特產、海產、乳製品、調味料、甜點等各式豐富商品**，近約1200種的選擇五花八門，北海道的安心食材擺上餐桌幾乎就是品質與美味的保證，送禮自用都十分合適。

らぶねこ

Love Neko

別冊P.7,B7 地下鐵南北線「大通」站10號出口、「すすきの」站2號出口徒步約5分 札幌市中央区南2条西5-26-17(第一北野家ビル5F) 011-219-2209 10:00~20:00 入店30分¥480、60分¥1,000(附飲料) www.loveneko.jp

らぶねこ為**北海道首間貓咖啡廳**，店內共有17隻可愛的貓咪員工，美國短毛貓、俄羅斯藍貓、蘇格蘭摺耳貓…，一次就能跟多品種、個性相異的貓咪度過療癒時光，不管是想在廣闊的遊憩空間與貓兒玩樂，還是想在餐飲區一邊享用餐點一邊觀察貓咪的一舉一動，都能**盡情享受貓咪世界的慵懶與魅力**。

札幌三越

別冊P.7,D7 地下鐵「大通」站12號出口直結 札幌市中央区南1条西3-8 011-271-3311 10:00~19:00、本館B2~2F及北館10:00~19:30 消費滿¥2,000可免費停2小時 mitsukoshi.mistore.jp/store/sapporo/index.html

老字號百貨札幌三越開業於1932年，人氣程度也不遑多讓，是僅次於大丸、丸井今井的第3名。現在分為本館、北館2個部分。百貨內的商品同為各式品牌精品，顧客年齡層則以較有消費能力的粉領族為主。

BEAMS 札幌

ビームス

別冊P.7, D 6 地下鐵「大通」站17號出口徒步約3分 札幌市中央区南1条西3-8-11(1~2F) 011-252-5111、011-252-5100 11:00~20:00 不定休 www.beams.co.jp

來自東京的select shop BEAMS，在日本很受年輕人歡迎。札幌BEAMS位於大通的逛街鬧區中，寬闊的兩層樓店面裡有BEAMS、BEAMS BOY為主的眾多旗下品牌，無論**各種風格的男女裝、配件甚至音樂都很齊全**。

PARCO

別冊P.7,D7 地下鐵「大通」站11號出口徒步約1分 札幌市中央区南1条西3-3 011-214-2111 10:00~20:00，8F餐廳11:00~22:45(依各店而異) 88個，單一店鋪消費滿￥2,000可免費停1小時 sapporo.parco.jp

札幌PARCO可說是**札幌年輕女孩最喜愛的逛街地**。館內有UNITED ARROWS、JOURNAL STANDARD、COMME des GARCONS、TOMORROWLAND等服飾品牌，不論是時尚派或森林系女孩都能在這兒找到自己的風格。

年輕女孩服飾一次購足。

認路不求人，看地址就能辨方位

簡略的日本地址，到了札幌變得超好用，因為整個札幌市區就像個棋盤一樣。以大通公園及創成川交錯而成的十字，分成東西南北，橫的道路是条、直的就是丁目。大通公園往北第一條平行道路就是北1条、往南就是南1条；創成川東邊第一個直的區域就是東1丁目、西邊第一個就是西1丁目。這樣一來南1条東1丁目，就在電視塔附近，你答對了嗎？

TOMORROWLAND 札幌パルコ店

PARCO 1F 011-350-3744 10:00~20:00 www.tomorrowland.co.jp

TOMORROWLAND除了有自家獨創品牌商品外，同時也結合多家牌子的精選服飾在店內販售，是日本高人氣的select shop(複合店，將不同品牌集合在同一間實體店面販售)之一，**在這裡即可將世界各地的豐富流行款式一次買齊**，高品質的優質商品受到廣大年齡層的喜愛。

UNITED ARROWS 札幌店

PARCO 1、2F 011-214-2111 10:00~20:00 store.united-arrows.co.jp

UNITED ARROWS向來以追求質感與品質，並以都會成熟男女為主要訴求的品牌風格精神，一直以來廣受都會男女的喜愛。**除了自有品牌也融入世界選品，簡約風格的男女服飾，融合流行**，讓服飾在隨著時尚的呈現中，也傳遞經典自信的不敗風格。

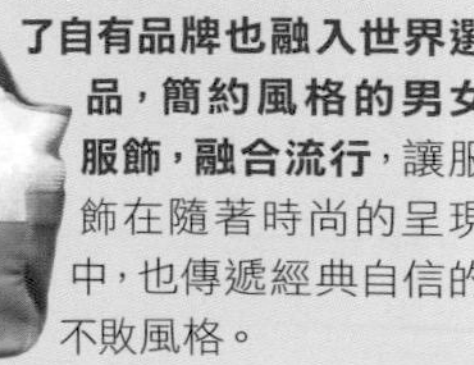

POLE TOWN

おすすめ 薦

舒適購物之餘，更可以感受札幌連地下都熱鬧的人氣。

ポールタウン

別冊P.7,C4-8 地下鐵南北線「大通」站、「すすきの」站直結 札幌市中央区南1~4条西3~4 011-221-6657 10:00~20:00 1月1日及一年兩次檢修日 收費 www.sapporo-chikagai.jp

POLE TOWN是地下鐵大通站與薄野(すすきの)站間的地下街，在南1西3到南4西3的地下延伸，地下街內**除了有服飾、咖啡、名產、化妝品等各種店面，還有出口與三越、PARCO、PIVOT和狸小路等逛街地一路直結**，在冬天和假日時尤其熱鬧。大通站另外還有一條地下街AURORA TOWN，連接大通地下由西3到電視塔，兩條地下街並稱為「札幌地下街」。

KINOTOYA BAKE ポールタウン店

おすすめ 薦

一年可以賣出520萬個的美味起司塔就在這裡。

POLE TOWN 012-024-6161 10:00~20:00 現烤起司塔(1個)￥200 www.kinotoya.com

1983年於札幌開店的KINOTOYA，可說是札幌超人氣洋菓子店之一，尤其他以大量牛奶為原料的札幌農學校牛奶餅乾，是歷久不衰的人氣伴手禮。這款以3種不同起司混和的起司塔，更是人氣超夯，**塔皮酥鬆、內餡宛如慕斯般的濕潤滑順口感，**熱熱地吃，美味無敵，難怪這家設於Pole Town地下街專賣起司塔的KINOTOYA BAKE，總是大排長龍、大受喜愛。

可愛小物選擇多樣，不愧是從高中生到OL都愛的雜貨鋪。

an-zu

POLE TOWN 011-231-6866 10:00~20:30

an-zu是遊逛POLE TOWN時一定會注意到的可愛雜貨鋪，店內**童趣盎然的鮮豔小物超級吸睛**，女孩喜歡的飾品、包包、帽子與鞋子可愛又有型，500日幣起的平實價格讓人逛得開心也買得划算。**不定時換季的商品**更是吸引顧客一再上門的誘因之一，因此上下班及上下學時間，店內總是擠滿女高中生、大學生及OL，想要買到最流行、即時的單品，就跟著當地人一起進來瞧瞧吧。

3COINS 札幌ポールタウン店

POLE TOWN ☎011-207-5717 10:00~20:00
www.3coins.jp

3COINS以店名大聲宣告「這裡所有商品都是300日幣均一價(未稅)」，以綠與白為基調的乾淨清爽店內，**視線所及的所有物品只要用3、4個銅板就能買到**，不只價格讓顧客感到幸福，質感的商品也同樣帶給購買者幸福感，簡單大方又可愛的設計、實用又流行的生活雜貨，絕對物超所值。

冬天下雪鞋子怎麼穿！？

在札幌冬季萬一下雪鞋子該怎麼穿？總是困惑著我們這些沒雪地經驗的人，但可別把登山用品中最厲害的那雙拿出來，保證你會成為街上最醒目的人。其實別擔心，在市區雪地長途跋涉的機會不多，只要選擇鞋底高一點、具防潑水的靴子即可，地面結冰時就走慢一點，有些修鞋店也會幫人加貼防滑底，怕冷的話，再學當地人在鞋底塞個小暖暖包就萬無一失了。

學當地人！下雪走路不怕滑

雖然冬季在札幌逛大街，下雪時走地下道也很方便，但萬一就是想走在街上看雪、看風景，小心路滑之外，不妨善用一下許多路口都有提供的免費止滑砂。長得像信箱的鐵箱內，擺放著一包包的止滑砂，拿取後，沿途倒一點在路滑處就可以囉。如果易滑路段已經有人撒過，就可以不用再撒。

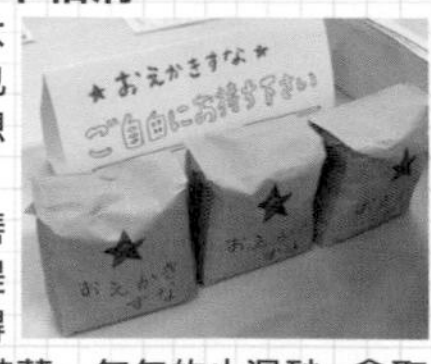

Heartdance 札幌ポールタウン店

POLE TOWN ☎011-218-6618 10:00~20:00
www.heartdance.jp

Heartdance本身就像是一個超大型的珠寶盒，以《美女與野獸》中主角共度晚餐的場景為發想，長桌上的晶透耀眼餐具，在這裡變成閃閃發亮的魅力飾品，**近7000件的商品包含頭飾、項鍊、戒指、耳環與手機殼**，如此多的選擇就如同店名所示，讓進來選購的人心情愉快而飛揚，也為購買者的生活增添豐富色彩與變化。

PIVOT

ピヴォ

別冊P.7,C7 地下鐵「大通」站、POLE TOWN直結，市電「西4丁目」站徒步約2分 札幌市中央区南2条西4 011-219-4151 10:00~20:00 休12月31日~1月1日 P256個，單一店鋪消費滿¥2,000可免費停60分 www.pivot-clip.co.jp 因大樓整修，預計營運至2023年夏季

創立已逾17年的PIVOT是集合60餘個不同品牌的shopping mall，運動、雜貨、服飾和音樂在這裡都能找到，裡頭的人氣店包括店面寬敞、北海道最大店的運動品牌New Balance、名聲響亮的PORTER包，可愛優質的雜貨店鋪以及日系女裝也大受歡迎，另外7~8樓還有國民品牌UNIQLO，5F也有專門製作模型的Volks公司所直營的ボークス，除各式精緻模型、用品外，還有一處Super Dollfie 這款宛如真人般的SD娃娃展示show room，SD娃娃收藏者必訪。

GU 札幌PIVOT店

PIVOT 6F 011-219-4224 10:00~20:00 www.gu-japan.com

GU為日本國民品牌UNIQLO的副牌，**風格與UNIQLO相近，但價格卻更為實惠**，這種快速時尚(fast fashion)品牌提供顧客最新最流行的服飾，店內擁有多樣化、適合各年齡層的單品，在這裡就可以選購全年365天、所有場合的全身搭配。平價流行，推薦給不斷求新求變，或是想以平價打造時尚感的顧客前來尋寶。

主打採用北海道十勝稀少的澤西牛牛奶，也有產自函館、美瑛的牛乳，美味牛奶也可單點喔。

BARISTART Coffee 札幌店

おすすめ 薦

在具設計感的迷你小店中，品嚐牛奶與咖啡交融的美味。

別冊P.7,C7 地下鐵東西線「大通」站徒步約2分 札幌市中央区南1条西4-8 011-215-1775 10:00~17:00 十勝牛奶拿鐵咖啡中杯¥680 www.baristartcoffee.com

以外帶為主的這家咖啡店，內部僅容3-4人的站立吧台區，雖然空間超迷你，但**以手藝精湛、曾得過獎的咖啡師，以及採用北海道十勝牧場等珍貴稀少奶源為主的拿鐵，讓這家店立即成為話題**，目前以北海道為主拓展多家分店外，也將觸角伸展至海外，而札幌市唯一的這家店，外觀宛如小木屋般的歐式外觀設計及可愛黑熊主視覺，相當吸睛又可愛。

狸小路
たぬきこうじ
Tanuki Koji

從西1丁目開始洋洋灑灑延伸到西8丁目的狸小路，是札幌歷史最悠久、也是最長的商店街。狸小路上的品牌服飾、可愛小店較少，以逛街來說，也許不是最適合的，但藥妝、名特產店和不少餐廳齊聚於此，加上營業時間較晚，不失為購買伴手的好地方。在狸小路1、2和狸小路8有些風格較特別的小店，藥妝和最熱鬧的區域則集中在狸小路3~5的區塊。

RIQ抹茶CAFE &SWEETS

別冊P.9,B3 地下鐵「すすきの」站的地下通道2號出口徒步4分 札幌市中央区南2条西5(T5ビル1、2F) 011-218-2211 11:30~24:00，週末例假日11:00~24:00 宇治抹茶チーズラテ(起士抹茶拿鐵)￥605 www.riq-jp.com/

2018年10月在狸小路商店街裡開店的「RIQ抹茶CAFE &SWEETS」，**主打北海道乳製品VS.京都宇治老舖丸久小山園抹茶的新鮮風味**，說他是新鮮風味，因為不單是牛奶加抹茶這麼單純，而是牛奶、起士、抹茶融合的新拿鐵風味。除了新創意，當然全店採用丸久小山園抹茶的各式甜點、蕎麥麵、抹茶等，都很推薦。

交通路線&出站資訊

電車

札幌市電「狸小路」站→都心線
地下鐵「大通」站→南北線、東西線、東豐線
地下鐵「すすきの」站→南北線
地下鐵「豊水すすきの」站→東豐線

出站便利通

札幌市電「狸小路」站→狸小路位在南2~3条的西1~8丁目之間，差不多就在大通公園與薄野地區的中間，可利用札幌市電「狸小路」站直達狸小路中心位置

利用地下街→從地下鐵「大通」站、「すすきの」站徒步過來的時間都差不多。不想在路面上曬太陽、淋雨的話，可以利用連接札幌站到薄野的地下街，狸小路的出口就位在4丁目上

觀光旅遊攻略

札幌狸小路商店街振興組合
011-241-5125
www.tanukikoji.or.jp

搭環狀電車遊玩好方便

2015年底「狸小路」站完工後，整個札幌市電終於串成一個圈，搭一圈大約1小時，沿途也有好多地方可以來個下車小旅行。車體除了復古電車之外，也加入低底盤新車系，老人小孩搭乘也很便利。搭乘時每站都設有運行地圖電子螢幕，可以看到各站進出站狀況，若想搭低底盤車，也可以直接查看需等多久。

Daikoku Drug 札幌南2条店

おすすめ 薦

ダイコクドラッグ

別冊P.6,E7 札幌市電「狸小路」站徒步約5分；地下鐵南北線「すすきの」站1號出口徒步約7分、東豊線「豊水すすきの」站1號出口徒步約4分 札幌市中央区南2条西1-5(丸大ビル1F) 011-218-6615 10:00~22:00 www.daikokudrug.com

在狸小路各家藥妝競價下，這一家是整體最便宜的店鋪，當然是搶便宜的首選。

雖然沒有位在狸小路上，Daikoku Drug依舊人潮壅擠，擠滿了日本國內外的內行人，原因就在於**這間店是這一帶整體售價最低廉的藥妝店**，且店內琳瑯滿目的商品貨色十分齊全，因此在當地人氣與評價極高。但仍要注意的是，狸小路一帶的藥妝店商品售價互有高低，若有時間慢慢購物的話，建議還是貨比三家比較放心。

松本清 札幌狸小路店

マツモトキヨシ

別冊P.9,B5 札幌市電「狸小路」站徒步1分；地下鐵南北線「すすきの」站1號出口徒步約4分 札幌市中央区南2条西3-1-5 011-219-0225 10:00~22:00 www.matsukiyo.co.jp

見到了這個顯眼的黃色招牌就知道松本清到了，松本清是日本的大型連鎖藥妝店，裡面商品十分齊全，各式藥妝、食品琳瑯滿目地羅列架上，若碰到促銷時，便宜的價格更是讓人心花怒放，在**狸小路上首推這間藥妝店**，但因為這裡不保證所有產品都是最低價，有時間的話建議可以多方比價後再下手。

SAPPORO藥妝店 狸小路5丁目店

SAPPORO DRUG STORE

別冊P.9,B4 札幌市電「狸小路」站徒步約2分 札幌市中央区南3条西5-14 011-252-5060 10:00~24:00 satudora.jp

SAPPORO藥妝店是北海道規模最大的連鎖藥妝店，光狸小路商店街上就有4家。**店內清爽明亮、商品整齊好找，嚴選日本及海外暢銷品陳列**，採買超輕鬆。還附設手機充電站、外幣兌換機、飲水等貼心設施。價格相較其他藥粧店，也各有千秋，其中位於五丁目的店有3層樓，營業至凌晨12點，包含超市、藥品、化妝品，分門別類相當好逛。

店內最大特色是空間寬敞、明亮，結帳完全不用人擠人。連台灣美妝教主、部落客推薦品都清楚標示，找東西超方便。

藥妝店有什麼不同

狸小路是札幌藥妝的激戰區，各家店鋪都有吸引人的招數，單一價差或許不大，但若是大量購買的話當然要看看怎麼買最划算，實際比價之前，不妨先看看各家藥妝的特色，快速了解每一家的不同。

Daikoku Drug→整體而言價格最為便宜，每月10、25號還有全品項商品(¥100均一價商品除外)95折優惠，若是持有樂天信用卡，刷卡還可再享折扣優惠。

SAPPORO藥妝店→空間清爽，商品分類一目了然，不過價格較高，是以觀光客為主客群的店家。

松本清→當地及外國人都很愛的藥妝店，商品齊全之外，外國人還可享滿額折扣。

※各家針對觀光客優惠，請事先查看店內說明。

炭燒牛排 Beef Impact 狸小路店

おすすめ 薦

高人氣的熱門牛排館，炭烤牛排堅持選用北海道產黑毛和牛製作。

別冊P.9,A5 從「大通站」出發徒步約5分鐘，紀念品店「狸屋」旁 札幌市中央区南3條西4-17-1狸小路拱廊4 011-211-8554 11:00~22:30（最後點餐時間22:00） 不定期 北海道產黑毛和牛牛排150g¥3,140～/300g¥6,270～

Beef Impact是一間高人氣的牛排館，距離大通站徒步約5分鐘，位於狸小路4丁目的拱廊內。自2014年起開始設置分店，目前以北海道為中心，在日本全國已經開設了12間分店，非常受當地居民歡迎！店裡的熱門餐點是**使用北海道產黑毛和牛製作的炭烤牛排**（150g¥3,140～/300g¥6,270～）。您可以用**合理的價格享用到柔軟、鮮味跟肉汁在口中擴散開來的北海道產黑毛和牛**。只有這裡提供含油花的奢華北海道產和牛牛排，並當場用炭火現烤！另外推薦的是味道濃郁的自製玉米濃湯（¥390），這道湯奢侈地使用北海道十勝產玉米製成。請務必一併品嚐只有在這裡才吃得到的北海道產黑毛和牛牛排與自製玉米濃湯。

網址

炭烤牛排，北海道產黑毛和牛牛排150g¥3,140~/300g¥6,270~

パスタ しゃべりたい

別冊P.9,A4 札幌市電「狸小路」站徒步約1分；地下鐵南北線「すすきの」站2號出口徒步約3分 札幌市中央区南3条西4-21-11 2F 011-219-2825 11:30~22:30(L.O.22:00) 不定休 義大利麵¥400~750

不用花大錢也能吃得愉快又飽足。

在狸小路上除了有激安的殿堂(唐吉訶德)，還有激安的義大利麵。パスタ しゃべりたい約提供35種口味的義大利麵，包含清爽的鮪魚番茄、濃厚的香蒜辣椒、獨特的納豆以及明太子等，**售價從最便宜的400日幣到最貴的750日幣不等**，對於想省錢的背包客來說是極大的誘惑。

本陣狸大明神社

別冊P.9,B3 地下鐵南北線「大通」站10號出口、「すすきの」站2號出口徒步約6分 札幌市中央区南2条西5 011-241-5125 自由參觀

位在5丁目上的本陣狸大明神社通稱為「狸神社」，是為了慶祝狸小路100週年時所興建，原本建在4丁目上，後來才移到現在的位置。有著圓圓大肚的狸小路商店街守護神「狸水かけ地 (水掛狸地藏)」，據說身上有著「八德(庇佑之意)」，**觸摸頭可學業進步，從肩膀摸到其胸前可締結良緣、戀愛順利，摸摸肚子可以祝安產及育兒順利**等，下次經過時就看想許什麼願望吧！

狸小路商店街的守護神。

FAB café

おすすめ 薦

悠閒喫茶時光之外，二樓的文具店更是充滿日式小店獨有的韻味。

別冊P.9,B1 札幌市電「西8丁目」站徒步約3分；地下鐵南北線「大通」站10號出口、「すすきの」站2號出口徒步約10分 札幌市中央区南2条西8-5-4 011-272-0128 11:30~21:30 休週一(遇假日照常營業)

在狸小路8丁目的盡頭、古書店與個性服飾店交錯的街道之間，**FAB café避開人潮，提供顧客一個寧靜安適的空間**。窗外陽光灑落木製桌椅，牆壁上利用並排的手繪雜誌做裝飾，明亮而溫暖的氣息縈繞店裡。除了香氣濃郁的咖啡和手工點心、三明治，店裡還販售著許多雜貨商品，以及造型可愛古樸的文具和餐具。

每年與札幌夏祭合辦的狸祭，使狸小路商店街熱鬧滾滾。這一個月之間，5丁目會裝飾起超大的狸貓氣球，這個氣球平時可看不到唷，其他丁目還可看到燈飾及大型掛飾，節慶氣息十分濃厚。活動期間狸小路各丁目還會舉辦各種活動與商品特賣，甚至有屋台(路邊攤販)進駐，整條街道上擠滿人潮，而最熱鬧的時刻就屬「子供神輿渡御」與「狸神輿渡御」的時候了，熱鬧的氣氛在此刻達到了極點。

7月下旬~8月中旬，約1個月

おみやげの店 こぶしや 札幌店

別冊P.9,A4 札幌市電「狸小路」站徒步約1分；地下鐵南北線「大通」站10號出口、「すすきの」站2號出口徒步約4分 札幌市中央区南3条西4丁目西角 011-251-3352 9:00~22:00 www.hokkaido-miyage.jp

位在狸小路上的「こぶしや」共有2層樓，分別為1樓的北海道伴手禮區以及2樓的手作皮革包專賣店「ななかまど」。2樓販售著「いたがき」品牌的商品，各式質感優異、設計簡單大方的鹿皮包包羅列店中，還有許多可愛的皮革小吊飾可供選擇。1樓的伴手禮十分齊全，**搜羅了北海道各地約3000種的特選商品**，特產、各式拉麵料理包、北海道限定吊飾等，全都一應俱全，保證能買得盡興。

北海道伴手禮 狸屋

北海道みやげ たぬきや

別冊P.9,A4 札幌市電「狸小路」站徒步約1分；地下鐵南北線「大通」站10號出口、「すすきの」站2號出口徒步約4分 札幌市中央区南3条西4-18 011-221-0567 9:30~21:30 www.tanukiya.co.jp

看到店外大大的狸貓木雕就知道狸屋到了，創業於1915年的狸屋歷史悠久，店內擺滿了5000種以上的商品，可說是**札幌市內面積最大、貨色最齊全的土特產店**，除了實體店面外，現在也開始經營起網路商店。在狸屋除了有北海道各式銘菓外，還可購買馬油、陶瓷刀、保溫杯、日本醬料等，在這裡一次就可買足所有想要的商品唷！

おみやげ にれ

おすすめ 薦
遊客爭相搶購的便宜土產店。

別冊P.9,A3 札幌市電「狸小路」站徒步約4分；地下鐵南北線「大通」站10號出口、「すすきの」站2號出口徒步約8分 札幌市中央区南3条西6-10 011-231-9596 9:00~21:00

「おみやげ にれ(伴手禮 榆)」的商品雖不如狸屋及こぶしや那麼多，但北海道的定番伴手禮這裡都找的到。不大的店內擠進了滿滿的人潮，不只是因為旅行團會帶團員前來血拼，更是因為**這裡打著免稅再9折的名號(限部分商品)**，不過這項優惠只限外國觀光客，店員都會一點簡單的中文，所以可在結帳時可說點中文表明身分。

土產店 白樺

おみやげの店 しらかば

別冊P.9,A3 札幌市電「狸小路」站徒步約3分；地下鐵南北線「大通」站10號出口、「すすきの」站2號出口徒步約8分 札幌市中央区南3条西6 011-222-7888 9:00~21:00

位在狸小路6丁目轉角的しらかば，小小的店面不太起眼，貨色雖然較不齊全，但這裡的**價格可以說是數一數二便宜**的，許多商品都是價格去掉尾數後再打9折，連日本當地民眾也會前去購買，店內還有中國籍的員工，想找尋任何商品都可向店員詢問。

搶買伴手禮比一比

來到狸小路就是要大肆掃貨，不知道該買甚麼土產才好嗎？那就參考一下P.A-15的介紹來選定喜歡的伴手禮；不知道在這麼多間的土產店中，那一間比較划算嗎？那就來看看以下的比一比吧。

值得一提的是，除了定番商品外，各家賣的貨色略有不同，而且搶買的旅客眾多，有時可能要多跑幾家才能買齊想要的東西；另外，超人氣的薯條三兄弟較難買到，也可以等到回程搭機時，入關後再行購買(國際線可享免稅)。

位置	店家名稱	特色	推薦指數
6丁目	おみやげ にれ	大多數商品可享免稅再9折的優惠	★★★★★
6丁目	土產店 白樺	貨物較不齊全，不過價格同樣誘人，大部分的商品可享去掉定價尾數後再9折的優惠	★★★★
4丁目	狸屋	消費超過¥5,000的短期滯留(6個月內)外國旅客可享免稅優惠，還可上網列印折價券。www.hokkaido-miyage.jp/ 店內還提供匯兌服務，不用擔心身上日幣不夠花	★★★★

餃子の王将 狸小路5丁目店

別冊P.9,A4 地下鐵南北線「すすきの」站2號出口徒步約6分 札幌市中央区南3条西5-34 011-221-0070 11:00~22:30(L.O.22:00) 不定休 餃子6個¥260 www.ohsho.co.jp

近年來不斷注入新血的狸小路，開設的店鋪越來越多元，也變得越來越熱鬧，其中一位美食生力軍就是日本知名的「餃子の王将」。**在日本各地總計約有700多間分店的日式口味中華料理店，庶民的平價美味深得人心**，招牌餃子的麵皮相當薄，包入調味過的肉餡，不用沾醬就很夠味，其他如炒飯、炸雞也是點餐率極高的人氣菜色。

一風堂 札幌狸小路店

別冊P.9,A3 地下鐵南北線「大通」站10號出口、「すすきの」站2號出口徒步約5分 札幌市中央区南3条西6-8 011-252-5505 11:00~24:00 赤丸新味¥850、白丸元味¥790 www.ippudo.com

只要留有湯底，還可以購買替玉(加麵)，推薦再加點一份皮薄餡多的一口餃子，一次吃個過癮。

在日本各地及台灣都掀起博多拉麵熱潮的一風堂，在狸小路旁也設有分店，原味的白丸與加入辣味噌的赤丸都是美味首選，來自九州的濃醇豚骨湯頭與每日手工現做的極細麵，具有韌性的麵條順著湯滑過喉嚨，風味絕佳，還**可自由取用桌上放置的高菜、辣豆芽菜、紅薑與大蒜增添滋味**。

dormy inn PREMIUM札幌

ドーミーインPREMIUM札幌

別冊P.9,B3 地下鐵南北線「大通」站10號出口、「すすきの」站2號出口徒步約8分 札幌市中央区南2条西6-4-1 011-232-0011 純住宿方案，兩人一室每人約¥8,745起 P28個，一晚¥1,500 www.hotespa.net/hotels/sapporo

全日本都有連鎖的dormy inn，每間旅館幾乎都有附設溫泉或大浴場，相當受旅客歡迎。位於狸小路上的「dormy inn PREMIUM札幌」和隔鄰的「dormy inn ANNEX」同樣**擁有溫泉浴場和露天風呂**，優越的地理位置，即使買得滿手東西，都隨時能回飯店卸貨，相當便利。

TANUKI SQUARE

たぬきスクエア

豐富多樣的選擇。

別冊P.9,A2 札幌市電「西8丁目」站徒步約3分；地下鐵南北線「すすきの」站2號出口徒步約6分 札幌市中央区南3条西7 14:00~00:00(依店家而異)

2012年夏天開幕的TANUKI SQUARE，**2層樓的店內擠進了十餘間個性美食小店**，想鎖定特定店家或料理，Bistro清水亭的法式料理、串かつBAR 福的串炸、Opera的輕食、La Giostra的義式料理與冰淇淋……，每推開一間就是另一個天地，小小空間頗有深夜食堂的氛圍；想多吃幾間還可以從各店的小窗口點餐，再到建築物中間的公共用餐區享用(冬天不開放)。

業務超市 すすきの狸小路店

おすすめ 薦

特色就是便宜！

業務スーパー

別冊P.9,B6 札幌市電「狸小路」站徒步2分；地下鐵「すすきの」站的地下通道1號出口徒步4分 札幌市中央区南2条西2丁目 011-223-3360 9:00~22:00 www.gyomusuper.jp

全日本超過800分店的「業務超市」，眾所周知他就是個便宜。雖然名稱打上業務，但不需辦卡或是一次買大量，跟一般超市一樣。便宜秘訣就是自家多達21家工廠向產地直接購買食材、原料做成各式產品外，進口品也不假他人手通通自己直接進口，沒光鮮裝潢、沒多餘廣告宣傳，省下的成本就變成便宜商品直接回饋消費者。

みよしの 狸小路店

別冊P.9,A6 札幌市電「狸小路」站徒步2分；地下鐵「すすきの」站的地下通道1號出口徒步2分 札幌市中央区南3条西2-16-4 011-231-3440 11:00~21:00 みよしの盛カレー¥780 miyoshino-sapporo.jp

1967年開業的札幌在地人氣老舖美味，是札幌人從小吃到大的庶民美味。從一開始的餃子專門店，**1977年又開發了咖哩飯加上餃子的新菜單，這樣簡單一味，熱賣近40年至今依舊是店內招牌**。薄皮的煎餃與將各式食材融在宛如咖哩醬中的咖哩飯，一次雙享受外，超值銅板價更讓人開心。

餃子份量分大小之外，將半熟蛋淋在咖哩上，風味更濃郁。

狸小路L字街

別冊P.9,B7 地下鐵「大通」站36號出口徒步2分 札幌市中央区南2条西1

狸小路靠近創成川端的WEGO服飾店對面，有一條小小巷弄，走進去後呈現一個L字型，**集中多達30個美食店家，也被稱為「L字街」，小小街區裡名店卻不少**，像是拉麵名店「米風」、以道產牛奶等自製美味甜點的深夜咖啡屋「佐藤」等，也有燒烤店等選擇，下次在狸小路逛街想嚐美食時，可別錯過這個美食密度超高的小巷弄喔。

位在B1的GARAKU空間不大，晚點到的話需稍微排隊等待。

SOUP CURRY GARAKU 札幌店

おすすめ 薦

獲得在地人及旅客一致好評，GARAKU的湯咖哩香氣讓人難忘。

スープカレー GARAKU

別冊P.9,B6 札幌市電「狸小路」站徒步2分；地下鐵「すすきの」站的地下通道1號出口徒步5分 札幌市中央区南2条西2-6-1(おくむらビルB1北側入口) 011-233-5568 11:30~15:30、17:00~23:30，L.O.為最後半小時前 休不定休 やわらかチキンレッグと野菜(軟嫩雞腿與蔬菜)¥1,200、上富良野ラベンダーポークの豚しゃぶと7種きのこの森(上富良野薰衣草豬肉薄片與7種菇的森林)¥1,290 www.s-garaku.com

位在地鐵站附近的GARAKU，憑藉著絕佳的地理位置與美味的料理，從2007年**開幕以來就維持著高度人氣，也是各家媒體競相採訪報導的對象**。GARAKU最具人氣的菜色就屬「軟嫩雞腿與蔬菜」與「上富良野薰衣草豬肉薄片與7種菇的森林」口味，湯咖哩的濃郁香氣一入口便瞬間在口中迸開，微微辛辣加上蔬菜、肉品的本身的香甜，巧妙結合成完美風味，絕妙的滋味讓人一吃上癮。

MALAIKA 狸小路店

別冊P.9,A5 札幌市電「狸小路」站徒步約2分；地下鐵南北線「すすきの」站1號出口徒步約4分 札幌市中央区南3条西3-11(メッセビル1F) 011-233-0885 10:00~20:00 www.malaika.co.jp

在狸小路上像是自成一個世界的MALAIKA，**由亞洲、非洲及中南美洲直接進口的民藝品與雜貨擺滿了整間店鋪**，在充盈著南國香氛氣味的室內空間中，無處不帶著濃濃的南洋風采。鮮豔繽紛的色彩讓每個商品有自己獨特的個性，而民族風的飾品、鞋包也很有味道，喜歡南國鮮明風格的人可以來這裡尋尋寶。

びっくりドンキー 狸小路店

別冊P.9,A6 札幌市電「狸小路」站徒步約2分 札幌市中央区南3条西3-11(N MESSEビル2F) 011-219-1281 8:00~22:30(L.O.22:00)(10:00前僅提供早餐) 漢堡排套餐¥680~1,100 www.bikkuri-donkey.com

在日本各地總計約300多間店鋪的びっくりドンキー，是在日本無人不曉的連鎖漢堡排餐廳，一天銷售10萬份以上的熱賣程度，足見日本民眾對它的喜愛。**招牌漢堡排柔嫩多汁**，搭配上各種獨特醬汁，食材嚴選省農藥米(栽種過程只使用一次除草劑)、紐西蘭與澳洲塔斯馬尼亞省的牛肉、有機蔬菜、小樽有機啤酒等健康原料，在這裡不但能吃得美味，同時也能吃得安心。

MARION CRÊPES 札幌狸小路店

別冊P.9,A6 地下鐵南北線「すすきの」站2號出口徒步4分 札幌市中央区南2条西2-14 11:00~22:00 可麗餅¥290起 www.marion.co.jp

源自東京原宿的MARION CRÊPES，是當地的排隊美食，現在在北海道共有4間分店。這裡的可麗餅不同與我們習慣的酥脆薄餅外皮，嚐來柔軟濕潤中帶著甜味，**超過50種口味的選擇中甜鹹皆有**，第一次造訪就先來個全店人氣最高的香蕉巧克力口味，喜歡鹹的就點鮪魚披薩起司吧！

おすすめ 薦

DAISO 札幌中央店

市中心最受歡迎大型店。

別冊P.9,B6 地下鐵「大通」站徒步約3分 札幌市中央区南2条西2(札幌22スクエア B1~2F) 011-221-5273 10:00~21:00 www.daiso-sangyo.co.jp

在日本及札幌各地隨處可見的DAISO百圓商店，進軍台灣後也設立了不少分店，但千萬不要因此就將它從日本旅遊景點中剔除掉，尤其來到札幌更不能錯過位在狸小路旁的這間分店，**2022年7月重新改裝的大型商場中，盡是美味零食、珍奇雜貨、生活實用小物**……，對面的金市舘6F也有DAISO，豐富多樣的商品讓人目不暇給，平實的價格則讓人開心地越買越多。

創成川公園

別冊P.6,F8　札幌市電「狸小路」站徒步約4分；地下鐵南北線「薄野」站徒步約7分　札幌市中央区南3条東1(廣場)

橫貫札幌市中心、從北到南的創成川，是幕府時代為開發札幌而挖掘的水道，整個札幌的開歷史可說是從這邊而開啟，重新整頓後的創成川變成一條狹長的綠帶公園，從南四条一直延伸到北2条，尤其連結二条市場與狸小路的大廣場，常成為活動舉辦地。而以創成川東側南1~3条到豐平川一帶的街區，**近年也增加不少餐飲與特色店家，被冠上優雅的「創成川EAST」這個名稱**，未來發展令人期待。

二条市場

別冊P.6,F7　札幌市電「狸小路」站徒步約8分；地下鐵東豐線「大通」站35號出口、「豊水すすきの」站1號出口徒步約6分，地下鐵南北線「すすきの」站1號出口徒步約9分　札幌市中央区南3条東1~2　011-222-5308　7:00~18:00(依店家而異)　200個，單一店舖購物¥2,000以上者1小時內免費。

二条市場雖不在狸小路上，但卻十分鄰近。位於狸小路東側的**二条市場是札幌最知名的觀光市場**，肥美的帝王蟹、海膽、鮮魚和新鮮蔬果等豪邁陳列著，老闆們站在攤位裡熱鬧叫賣，充滿庶民氣息。除了北海道代表的海鮮和生鮮食材之外，和其他日本市場一樣，二条市場也少不了小舖餐廳，位於市場一角的暖簾橫丁就有不少居酒屋和小吃店聚集，可以市場價格飽嚐鮮味。

近藤昇商店 壽司處けいらん

別冊P.6,F7　札幌市中央区南3条東2-9　011-241-3377　8:00~16:30　海鮮丼飯¥1,000~3,000

1922年開店的近藤昇商店是一家在二条市場營運**超過百年的老海產店**，各式嚴選道產海鮮宅配到府外，**附設的壽司處けいらん以新鮮又公道的價格，提供美味壽司及海鮮丼飯**等，難怪吸引很多人來這用餐。店內菜單選項豐富外，連店外有銷售的水果等，都可以點進來享用，尤其冬季的必吃哈密瓜，單點一片飯後享用既奢侈又滿足。

魚屋 がんねん

おすすめ 薦

嚴選旬之美味新鮮又便宜！

別冊P.6,F8　札幌市中央区南3条東1-5　011-272-3770　8:00~14:00　不定休　烤魚定食¥780~1200　www.gannen.net

位在二条市場邊，小小的餐廳內宛如家庭食堂般簡單，但所提供的美味可不簡單，一方面**也營運魚產銷售的老闆，深知北海道不同時期的鮮滋味，因此餐點內容也會跟著季節變化**，像是北海道產油脂豐美的烤花魚，依據季節嚴選羅臼、禮文島等知名產地，長達30公分的烤花魚一夜干吃得到豐美的鮮味外，還附上生鮮珍味當小菜，也有提供免費咖啡。

Saturdays Chocolate Factory Café 本店

おすすめ 薦

別冊P.6,F7 地下鐵「大通」站的地下通道35號出口徒步3分 札幌市中央區南2条東2-7-1 011-208-2750 10:00~18:00 休週三 $SATURDAYS Mocha¥700 www.saturdayschocolate.com

從烘培到製作的巧克力專門店。

以Bean to Bar的營運型態，讓巧克力從生豆到烘培、製作、產品設計生產、販售，全部都在這裡一次完成。宛如自烘咖啡店的經營型態，其實可可豆也會因產地不同而產生不同風味，這裡有來自世界不同產地的可可豆，不論是點杯可可飲料、巧克力甜點，或是買不同風味產地巧克力，都能重新發現可可的迷人魅力。

店內販售不同產地製成的各式純巧克力，或是調味巧克力。

北海道神宮頓宮

別冊P.6,G7 地下鐵東西線「バスセンター前」站6號出口徒步3分 札幌市中央区南2条東3丁目 011-221-1084 自由參拜 www.hokkaidojingu.or.jp/tongu/

位在郊區的札幌神社(北海道神宮)，冬季大雪時節祭拜困難，1878年因而另在市中心建立了這處北海道神宮的遙拜所，稱為頓宮。儘管頓宮規模偏小，無畏冬季大雪前來朝拜的人潮始終不斷，其中分居拜殿兩側的石雕狛犬可追溯至1890年，不只是北海道最古老的狛犬，也是民眾祈求戀愛、產子的Power Spot。

Sapporo Sweets Garden PALOM

おすすめ 薦

別冊P.6,G8 地下鐵東西線「バスセンター前」站6號出口徒步4分 札幌市中央區南3条東3-11 011-208-1224 10:00~19:00 休不定休 $酥皮奶油卷¥360 hokkaido-sweets.co.jp/

必吃酥皮奶油卷。

遠離市中心、就位在頓宮鄰近的街角，住宅區內的這家烘培甜點店，可說是在地人的巷子內口袋名單。店內有各式切片鮮奶油蛋糕外，也有不少常溫蛋糕、餅乾等，還設有一區座位區，讓顧客可以立即享受美味。**推薦熱賣NO.1的パリネル(Parineru)酥皮奶油卷，採用比香草更珍貴的東加豆，讓奶油內餡散發迷人香氣，絕對不要錯過**。

130年古建物化身溫馨可愛的果汁店。

Little Juice Bar 札幌本店

おすすめ 薦

別冊P.6,G8 札幌市電「狸小路」站或地下鐵南北線「薄野」站徒步約10分 札幌市中央区南4条東3-11-1 011-231-5616 11:00~19:00、2F至18:30 休不定休 www.littlejuicebar.com

座位區在二樓閣樓，溫馨的空間內，充滿文青風格，還可欣賞優雅建築空間結構。

從行動咖啡車形式到變成實體店面，從2005年開店，2010年搬到現在這棟古老的石造倉庫建築內，Little Juice Bar以**野菜專家結合營養師，將各式營養透過一杯果汁充分提供**，不但以契約農作保障源頭安全，各式果汁調配直接以美肌、提升代謝或是抗酸化等標示，選擇更便利，重點是融合的美味比例口感，讓人重新愛上果汁。想喝熱的，冬季店內也有提供蔬菜濃湯。

薄野
すすきの
Susukino

薄野以南4条上的巨大霓虹看板作為地標，大小路上拉麵、螃蟹、壽司、居酒屋等各種美食店家齊聚，熱熱鬧鬧地營業到深夜，是札幌名副其實的不夜城，不少旅館也集中在這裡。儘管走在繁榮的大路上沒有感覺，但薄野也是與新宿齊名的歡樂街之一，因此在偏離鬧區的小巷裡時請稍微提高警覺。

交通路線＆出站資訊

電車

地下鐵「すすきの」站→南北線
地下鐵「豊水すすきの」站→東豊線
市電「すすきの」站→山鼻線
市電「狸小路」站→都心線

出站便利通

從札幌站、大通、狸小路前來→可利用地下通道通徒步至地下鐵南北線「すすきの」站，從地下鐵南北線「札幌」站徒步約20分，地下鐵南北線「大通」站徒步約10分，從狸小路4丁目的入口徒步約6分

札幌炎神

1300度炙燒的美味拉麵。

別冊P.8,A3外 地下鐵「すすきの」站徒步5分，或路面電車「資生館小学校前」站徒步2分 札幌市中央区南5条西8-7-1(吉田ビル1F) 011-215-1560 11:00~15:30，17:00~23:00(L.O.22：30) 味噌拉麵￥900 www.n43engine.com

用餐時間一到，「札幌炎神」長長排隊人龍就在狸小路商店街上一字排開，2020年因原店火災，移到附近薄野後，美味一樣吸引老顧客上門。**美味頗具口碑的炎神，不僅在於拉麵上桌前再用大火炙燒的驚奇畫面，回歸風味的考究也確實能經得起顧客考驗**。採用乾魚介類、蔬菜、雞骨等三種高湯融合，味噌也是複數風味調配成微辣，加入酒粕的特殊餘味也讓人回味，想一嚐記得避開尖峰時間。

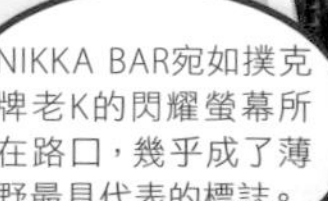

熱鬧不夜城：薄野

薄野被列為日本3大夜生活最熱鬧的區域，這個連結狸小路，橫跨南4~7条、西1~6丁目的廣大區域內，擁有將近4千家吃喝玩樂的店家，從最具代表的拉麵橫町到酒吧、拉麵店、燒烤店、餐廳、鄉土料理店、卡拉OK、保齡球館，甚至女生最愛的咖啡館、麵包店、甜點店，在這裡也都變成營業至深夜的店家。週末時，即使凌晨1、2點走在街頭，一樣人潮不減，連女生也不會感到危險。

札幌市中央区南4~7西1~6

NIKKA BAR宛如撲克牌老K的閃耀螢幕所在路口，幾乎成了薄野最具代表的標誌。

Curry Shop S

カレーショップ エス

入口處滿滿簽名板,許多名人都來過。

別冊P.8,C2 地下鐵南北線「すすきの」站2號出口徒步1分 札幌市中央区南3条西4丁目B1 011-219-1235 11:00~23:00(L.O.22:00) 北の味 スペシャルカレー(北海道風特製咖哩)¥1,560 curryshop-s.com

札幌的湯咖哩店相當多,各家口味也各有千秋,**位在薄野的「Curry Shop S」則有著和風、巴基斯坦風及湯咖哩火鍋等多種選擇,是許多名人都愛來的店**。以北海道產的蔬菜為主打,不但吃得到豐富又澎湃的蔬菜湯咖哩,愛海鮮的也能點個蔬菜與海鮮Mix版,其他季節版咖哩、雞肉、鹿肉咖哩也有,店雖位在地下室,但氣氛輕鬆,女生一個人來也沒問題。

融合海鮮、坦督里咖哩烤雞、超過10種蔬菜,North Product Special海陸大滿足。

麒麟啤酒園

キリンビール園 アーバン店

別冊P.8,B2 地下鐵南北線「すすきの」站2號出口徒步2分 札幌市中央区南3条西4(アーバン札幌ビル7-8F) 011-207-8000 17:00~22:00 ジンギスカンと海鮮焼き食べ放題(成吉思汗及海鮮燒烤吃到飽)¥4,400/100分鐘 www.kirinbeer-en.co.jp

熱鬧滾滾的麒麟啤酒園,**每天從千歲工廠直送最新鮮的麒麟啤酒**讓顧客喝個痛快,還有各種北海道的海鮮、螃蟹和烤羊肉吃到飽的特惠組合。店面佔據2層樓空間,不僅寬敞又整潔,還設有不同類型的座位區,一般的座位以外,也設有和風的包廂,可以讓親朋好友暢飲同歡,盡情大啖螃蟹燒烤。

官網上不時會有折價券,記得上去找找優惠。

NORBESA

おすすめ 薦

年輕的娛樂不夜城。

別冊P.8,B2 地下鐵南北線「すすきの」站2號出口徒步2分 札幌市中央区南3条西5-1-1 011-271-3630 商店11:00~23:00、餐飲11:00~翌日4:00、娛樂至翌日5:00,依店家而異 特約停車場,在指定店家消費滿規定金額則可免費停車1小時 www.norbesa.jp

頂樓有著摩天輪娛樂地標的**「NORBESA」這棟商場,多達7層樓的大樓內,幾乎以年輕人最愛的娛樂購物及美食為主打**,像是多達2個樓層的遊戲機、動漫商品區、24小時的漫畫咖啡屋、卡拉OK、保齡球館、各式餐飲店、遊戲機台區、頂樓的摩天輪,而1樓及B1也聚集許多人氣美食,像是一蘭拉麵及麒麟啤酒園這裡也有分店。

駿河屋 札幌 NORBESA店

おすすめ 薦

日本最大二手動漫遊戲店。

NORBESA 3F 011-205-3335 11:00~23:00 www.suruga-ya.jp

日本最大、販售二手同人誌、動漫、遊戲機、卡片等的超大型連鎖店鋪，終於在2018年6月插旗北海道，唯一一家店舖就設在NORBESA的3F，寬闊的店鋪空間內，新遊戲、舊遊戲，CD影片、漫畫、玩偶、動漫公仔、公仔自製DIY區、雜誌、各式雜貨等，簡直品項多到無法盡數，乾淨又排列整齊的商品，連玩家愛收集的各式遊戲卡，也貼心提供平板電腦供快速搜尋。

店外有一區寬闊的多功能活動空間，是休憩與動漫、遊戲等活動舉辦地。

nORIA摩天輪

おすすめ 薦

薄野閃耀夜景就在腳下。

NORBESA 7F 011-261-8875 11:00~23:00，週五‧六及例假日前一天11:00~翌日3:00(一圈10分鐘) 1人¥600、2人¥1,200、3人¥1,800、4人¥2,000、3歲以下免費

位在頂樓、高達78公尺的摩天輪，是欣賞曾入選日本新三大夜景都市 札幌的最佳地方。就**位在不夜城的薄野，燈紅酒綠密集的街景入夜後閃耀又美麗**，除了賞夜景，冬季大雪紛飛的白日或夜晚，搭上纜車欣賞雪國美景也很特別，內部設有暖氣，天冷也不怕冷。

保齡球館 ディノスボウル NORBESA

NORBESA 6F 011-290-6301 10:00~翌日1:00，六日及例假日前一天10:00~翌日3:00 一局大人¥690，高中生~大學生¥590、高中生以下¥490、鞋租¥390 www.sugai-dinos.jp/bowling/norbesa/

晚上想感受一下薄野不夜城歡樂魅力，除了吃吃喝喝之外，也可以來打打保齡球消化一下吃太飽的胃。這個色彩繽紛的保齡球館，宛如一處PARTY氣氛一樣讓人感到歡樂又輕鬆，男女、學生小孩都能來玩。**充滿美式歡樂氣氛，一旁也有撞球檯區及飲料輕食吧檯，不需找其他續攤店，這裡娛樂、飲酒、小食一次搞定。**

螃蟹家 札幌本店

かに家

別冊P.8,D2 地下鐵南北線「すすきの」站2號出口徒步約3分 札幌市中央区南4条西2-11 011-222-1117 11:00~15:00(L.O. 14:00)、17:00~22:30(L.O. 22:00)，五、週末及例假日11:00~22:30(L.O. 22:00) かに会席(螃蟹會席料理)/1人份共9-11道¥5,500起 www.kani-ya.co.jp

螃蟹家是一家**大型的螃蟹料理連鎖餐廳**，連京都也有分店，札幌本店隔壁的螃蟹將軍也是同一個老闆所經營。這裡全年備有帝王蟹、毛蟹和松葉蟹的各種會席料理，可以一次品嚐。另外還有推出**多種特價螃蟹套餐**，¥2,700起的螃蟹小鍋膳，或是¥3,800起的會席料理，花少少的費用就能夠有如此豐盛的餐點，也只有大型連鎖店才做得到了。

蝦蟹合戰 本店

えびかに合戦

熱愛螃蟹的人絕不能錯過新鮮蝦蟹吃到飽。

別冊P.8,B2 地下鐵南北線「すすきの」站2號出口徒步約3分 札幌市中央区南4条西5(F-45ビル12F) 011-210-0411 16:00~24:00 休 年末年始 螃蟹吃到飽¥9,500起 www.ebikani.co.jp

想吃到便宜又美味的蝦蟹料理，當然不能錯過蝦蟹合戰。店裡提供了大約70種的蝦蟹料理，蒸、煮、烤、炸一應俱全。除了單點、各式套餐外，**還有大受歡迎的螃蟹吃到飽**，無論壽司、茶碗蒸、還有三大螃蟹長長的蟹腳肉通通吃個過癮。

soup curry & dining Suage+

別冊P.8,B2 地下鐵南北線「すすきの」站2號出口徒步約2分 札幌市中央区南4条西5(都志松ビル2F) 011-233-2911 11:30~21:30、六11:00~22:00、日及例假日11:00~21:30 (L.O.關店前30分) パリパリ知床雞と野菜カレー(焦脆知床雞與蔬菜咖哩)¥1,280 www.suage.info

選用道產食材，做出凝聚北國物產精華的美味。

開在鬧區小巷裡的湯咖哩店Suage+**嚴選北海道食材**，知床土雞、富良野豬肉以及北海道契約農家的各種新鮮蔬菜，佐上口感清爽、充滿混和香料的美味湯汁，創造出**吸收北國大地精華的甘美滋味**，健康指數更是百分百。最推薦知床雞肉加上蔬菜的口味，燒烤後焦香多汁的嫩雞肉、充滿甜味的道產蔬菜配上湯咖哩，絕妙滋味令人難忘。

湯咖哩要泡飯吃

北海道特殊的湯咖哩，喝起來清爽又夠味，各式辛香料也對身體有益處，尤其冬季來一碗更是暖胃又暖心。因為湯就是整個料理的精神，因此通常會附上一碗白飯，透過米飯吸附湯汁來享受湯咖哩的究極美味。可以用湯匙先舀白飯浸入湯中再吃，或是把湯舀入飯中，也可以把飯整個倒入咖哩湯中，全視個人喜好。

成吉思汗達摩 本店

おすすめ 薦

香氣逼人的烤羊肉是下酒最佳搭配！

成吉思汗だるま 本店

別冊P.8,B3 地下鐵南北線「すすきの」站5號出口徒步約5分 札幌市中央区南五条西4（クリスタルビル1F） 011-552-6013 16:30~22:30(L.O.22:00) 年末年始 ジンギスカン1人前（烤羊肉一人份）¥1,190 best.miru-kuru.com/daruma

烤羊肉是北海道最具代表的傳統美食之一，日文名稱叫「ジンギスカン」，漢字寫作「成吉思汗」。位於薄野的成吉思汗達摩本店**據傳是烤羊肉創始店**，狹小老店裡，2018年改裝後，舒適乾淨，雖只有一圈吧台座席，兩位工作人員招呼全場：添爐火、上菜、補啤酒，充滿庶民情調。炭火現烤厚而多汁的鮮美羊肉，配上白飯蔬菜，就是最簡單的鮮美滋味。

麵屋 すずらん

おすすめ 薦

湯美、味濃的薄野人氣深夜拉麵店。

別冊P.8,B3 地下鐵南北線、札幌市電「すすきの」站下車，徒步約3分 札幌市中央区南5条西4 011-512-3501 21:00~翌日4: 30 週日、不定休 雞汁鹽味拉麵¥830，W Soup味噌拉麵¥850 www.susukino.tv/susukino.php?shop=suzuran

白色門簾小小的店家，若是晚餐時間來，應該不容易找到，因為要到晚上9點它才會將招牌燈打開、開始營業。**曾在知名拉麵店修業的店主，以雞高湯，及雞高湯融合豬骨、柴魚等風味的兩種風格高湯，擄獲許多人的胃**。其中以雞高湯融合豬骨、柴魚等風味，搭配軟嫩叉燒加入大量蒜泥的「味噌拉麵」最受歡迎。喜愛清爽口味的，以雞高湯為湯底搭配雞肉片的「鹽味拉麵」則是首選。

店家將雞高湯融合豬骨、柴魚等風味的高湯稱為Wスープ(W Soup)，是店家自豪的美味，喜愛稍濃厚風味的，可以選這個湯底。

札幌東急REI飯店

SAPPORO TOKYU REI HOTEL

別冊P.8,B2 地下鐵南北線「すすきの」駅4號出口徒步1分；或可從JR札幌駅北口搭乘接駁巴士約10分 札幌市中央区南4条西5-1 011-531-0109 check in 14:00，check out 11:00 www.tokyuhotels.co.jp/sapporo-r

札幌東急REI飯店**坐落在鬧區之中**，離地鐵站很近以外，稍微步行一下，就會來到Nikka Bar廣告招牌所在的十字路口，札幌市區最具代表的街景以外，必逛的狸小路商店街也只要3、4分鐘路程就可抵達。不僅如此，飯店客房**即使是最基本的單人房也擁有足夠的空間**，不用擔心遇到行李箱打不開的窘況。早餐則擁有豐富的和洋料理可以選擇，能夠吃到蝦夷鹿肉、道產的夢幻馬鈴薯，就連荷包蛋都特地做成北海道的形狀，從視覺到味覺充滿北國風情。

Vessel Hotel Campana薄野

ベッセルホテルカンパーナすすきの

©VESSEL HOTELS

別冊P.8,A3 地下鐵南北線「すすきの」站4號出口徒步約4分 札幌市中央区南5条西6-16-1 011-522-5246、011-531-8111 check in 14:00，check out 11:00 www.vessel-hotel.jp/campana/susukino

繼中島公園之後，Vessel集團進駐札幌鬧區，於薄野一帶開設Vessel Hotel Campana薄野，2019年6月正式營業，**飯店距離地下鐵「すすきの」站只要5分鐘路程**，想前往商店街或大通公園都很方便。飯店裝潢以和風意象為概念，客房內大量使用了木障子與和紙，將日式傳統融入簡約設計，**營造出和風摩登的舒適空間**，寬敞空間不僅適合三五好友，高級客房裡的低地板設置更方便長輩、小孩行動，最適合家族旅行時全家人一起入住。

©VESSEL HOTELS

©VESSEL HOTELS

©VESSEL HOTELS

©VESSEL HOTELS

2樓還設有大浴場與桑拿。

©VESSEL HOTELS

飯糰基底可分鹽味或是醬油味，推薦鹹甜兼具的醬油調味。

おすすめ 薦

名代にぎりめし

深夜不打烊的飯糰美味。

別冊P.8,B4 地下鐵南北線「すすきの」站5號出口徒步4分 札幌市中央区南6条西4丁目 011-512-1616 24小時營業 しゃけ(鮭魚飯糰)¥280

位在薄野市場靠街角側的這家**24小時**店，小小的角落店，**專售外帶，熱騰騰現做飯糰、豬肉味噌湯、黑輪**的香氣煙氳，讓夜歸或忽然肚子有點餓的胃在深夜獲得救贖。主打各式美味飯糰外，也有炸物、煮物等各式熟食小菜，各個份量都不大，滿足有點嘴饞或是有點餓又不太餓的人。

用餐時間總是大排長龍，建議避開尖峰時段。

おすすめ 薦

信玄拉麵 南6条店

らーめんしんげん

濃郁拉麵以外，據說炒飯也是一絕，要是吃得下不妨點一份來嚐嚐！

別冊P.8,A3外 札幌市電「東本願寺前」站下車徒步約4分 札幌市中央区南6条西8 011-530-5002 11:30~翌日1:00 信州こく味噌¥850

信玄拉麵不只店名取自戰國大名「武田信玄」，提供的拉麵品項也都是戰國地名，「越後」是辣口味噌、「土佐」是清淡的鹽味，「尾張」則是爽口的醬油拉麵，還有醬油味濃的「水戶」，**人氣最高的是濃味噌拉麵「信州」**，醬黃色湯頭散發出濃郁鹹香，搭配上富有彈力的麵條、爽口長蔥以及暖嫩叉燒，把味噌香氣襯托得更加鮮明，也難怪在競爭激烈的札幌依舊擁有不少擁護者。

SHO-RIN

別冊P.8,C3 地下鐵南北線「すすきの」站3號出口徒步約2分 札幌市中央区南5条西3-10(グランド桂和ビル1F) 011-522-2622 17:00~翌日3:00(L.O.翌日2:15) チキンカリー(雞肉湯咖哩)¥1,180 soupcurryshorin.web.fc2.com

SHO-RIN的咖哩湯頭**使用雞骨、豬骨、牛筋、大量蔬菜**，再**加上廚師精選的15種印度香料熬煮8個小時才大功告成**，口味帶有濃厚深度以及些許的辛辣味。店內走的是清新的南洋風，還提供調酒等飲料，日本上班族加完班常會來店裡小酌一杯，吃碗熱呼呼的湯咖哩填飽肚子。

元祖札幌拉麵橫丁

元祖さっぽろラーメン横丁

別冊P.8,C3 地下鐵南北線「すすきの」站3號出口徒步約4分、東豊線「豊水すすきの」站4號出口徒步約5分 札幌市中央区南5条西3-6 依各店而異，約為11:00~翌日3:00 www.ganso-yokocho.com

想到札幌，就聯想到「札幌拉麵」，而要吃拉麵，無庸置疑會想想到那條短短200公尺的元祖札幌拉麵橫丁。**在這條窄窄的巷道上，聚集約17家的拉麵店**，飄散著昭和氣氛的這條橫丁，每家拉麵可是各具特色、各佔山頭地位，是許多在地客、觀光客的拉麵聖地！

拉麵 欅 すすきの本店

おすすめ 薦

札幌味噌拉麵百百款，怎麼能漏掉這一家代表名店呢。

けやき

別冊P.8,C3 地下鐵南北線「すすきの」站3號出口徒步約4分 札幌市中央区南6条西3(睦ビル1F) 011-552-4601 11:00~翌日2:00、週日及例假日11:00~翌日2:00 週三、不定休 味噌ラーメン(味噌拉麵)¥900 www.sapporo-keyaki.jp

「欅」是在札幌相當出名的拉麵店。**由雞骨和蔬菜熬煮12小時的味噌湯頭口味濃醇、香氣迷人**，配上口感極佳的熟成麵條、自家特製叉燒，加上白蔥、包心菜綠葉、紅蘿蔔等色彩繽紛的配菜，讓人從視覺和味覺徹底享受拉麵的美好。來到けやき的薄野本店，可要做好排隊的心理準備唷！

布丁本舗 薄野分店

プリン本舗

別冊P.8,C2 地下鐵南北線「すすきの」站3號出口徒步約1分 札幌市中央区南4条西3 011-520-2082 17:00~翌日2:00，週六13:30~翌日2:00、週日至24:00 不定休 侍プリン(武士布丁)¥570 www.purin-honpo.com

前三口單吃布丁，第五口再搭上焦糖入口，剩下約最後兩口時還可以倒入冰牛奶攪拌，豪邁地一口喝下，這可是店家推薦的美味吃法。

布丁本舗以「武士布丁」出名，店外就有著大大的武士圖像，上面寫著「男人也會大讚美味的布丁(男がウマイと唸るプリン)」，讓人不禁好奇到底是怎樣的布丁。原來店家特地選用北海道岩瀨牧場新鮮直送的牛乳，再特意熬煮出略帶苦味的焦糖，製成男性也能滿足的160克大份量布丁。**未經高溫殺菌的牛奶獨有的清爽風味，加上醇厚蛋香與略苦糖蜜**，不只男性，就連女生也會被其征服。

築地 銀だこ すすきの店

別冊P.8,C3 地下鐵南北線、札幌市電「すすきの」站下車，徒步約1分 札幌市中央区南5条西3-11-2 011-552-7055 17:00~翌日4:00，週日及例假日15:00~翌日2:00 起司明太子章魚燒(8個)¥693，蔥花美乃滋章魚燒(8個)¥693 www.gindaco.com

總店在東京的日本知名章魚燒連鎖店，以美味、口味多樣又平價著稱，不但日本全國到處都有店，連台灣也開了不少家。位於薄野人來人往的大通街頭上的這家店，也順應薄野夜生活風格，下午開張後直到隔天凌晨4點才關店，如果只是肚子有一點餓、不想吃正餐也不想吃甜食，來個內軟外酥、顆顆渾圓的美味章魚燒剛剛好，除了章魚燒，店內也提供酒及非酒精飲料單點。

所有章魚燒基底都一樣，口味差別只在上層的加料不同。

店面位在2樓。樓梯以外，也可以利用後方的電梯上樓。

すみれ 札幌すすきの店

おすすめ 薦

SUMIRE

味噌拉麵的人氣名店，與同樣出名的「さっぽろ純連」系出同源！

別冊P.8,C2 地下鐵南北線「すすきの」駅1號出口徒步1分 札幌市中央区南3条西3-9-2 2F 011-200-4567 17:30~翌日00:30(L.O.) 休週日 味噌ラーメン¥900、半ラーメン(麵量減半)¥600 www.sumireya.com

すみれ**在札幌擁有3家店舖，交通最便利的就是位在薄野的分店了**。すみれ的味噌拉麵上面浮著一層厚厚的油脂，讓整碗麵得以維持燒燙燙的溫度，厲害的是底下的湯並不會過油，以豚骨、魚介、蔬菜熬煮出的湯頭，調入了味噌與大蒜，濃香又略帶甜味的湯頭，搭配上粗細恰好的中等粗麵，佐以筍乾、絞肉、蔥等配料，是許多人大讚的道地美味。

磯金

別冊P.8,D2 地下鐵東豐線「豊水すすきの」站2號出口徒步約2分、南北線「すすきの」站1號出口徒步約4分 札幌市中央区南4条西4-11 (すずらんビル2F) 011-252-1733 17:00~23:00(L.O.22:30)、週五六及例假日前一天17:00~24:00(L.O.23:20) 休不定休、年末年始 www.isokin.info/

2021年11月整裝搬至鄰近新大樓內後，空間舒適、美味一樣不變。店裡食材均嚴格選自當地，能品嚐到的都是**當季且品質保證的北海道生鮮**。而店內料理的手法和調味更是一絕，例如看似簡單的冷麵沙拉，

北國山海珍饈饗宴。

在磯金裡可是必點大熱門、是傳說中的美味：松葉蟹撕成的蟹肉高高堆起，配上蕃茄、小黃瓜及帶有芝麻味的獨門醬汁，讓螃蟹的美味更添豐富層次。

sinner

別冊P.8,D2外 地下鐵東豐線「豐水すすきの」站1號出口徒步約1分 札幌市中央区南4条西1-4 011-241-3947 14:00~23:00、週日及例假日至22:00 キャラメルバナナパイのパフェ(焦糖香蕉派聖代)¥950

位在薄野鬧區一隅的個性咖啡店sinner，用充滿特色的設計師座椅以及可愛潮物做裝飾，空間雖然不大，但**是個可以讓人放鬆心情聊天、看書的好地方**。店內料理和飲料均是從寬敞的開放式廚房製作，墨西哥風與歐風料理，以及獨創口味的研磨咖啡，都是讓常客一再造訪的原因。

古道具屋36號線

アンティークショップ36号線

別冊P.8,D2外 地下鐵東豐線「豐水すすきの」站徒步約8分 札幌市中央区南5条東3-9 011-521-5391 11:00~19:00 週三 antique36gosen.com

古道具店36號線位於札幌市區內，不同於一般的古道具店，除了帶著時代感的商品、家具以外，在這裡也能找到許多古美術品，包括日本畫、洋畫、蒔繪、古文書，或是日式舊香爐與陶藝品等器具，在**舊日生活氣息之外，更多了一絲藝術氛圍**，如果對日本舊文化感興趣的話，相當推薦到這裡來挖寶。

薄野祭

すすきの祭り

薄野不但是札幌雪祭期間冰之祭典的舉辦場所、夏季YOSAKOIソーラン祭り的會場，還有8月初由薄野自己舉辦的薄野祭，雖然規模並不大，但是熱鬧與可看度卻一點也不輸其他大型祭典。

札幌市中央区南4条~南6条、西4丁目線 8月第1個週四~六 www.susukino-ta.jp

屋台

每年薄野祭的3天期間，在主舞台附近的街道便會封街辦起屋台來，每天晚上5點到10點半近一百間的店鋪同時開張，街道上只見眾人觥籌交錯，歡樂笑聲與食物香氣瀰漫整個空間。

花魁道中

花魁(おいらん)指的是吉原遊廓中地位最崇高的遊女(娼妓)，取代了原本稱為「太夫」的稱呼後一直沿用至今，而道中是花魁在「禿(約10歲左右，在花魁身邊處理雜物的少女)」及「振袖新造(15~16歲的遊女見習生)」等隨行人員的帶領下，從其處所走到揚屋或引手茶屋(提供宴席之店)的街道，現在則常在歌舞伎及各地祭典中出現此番場景。花魁身上約穿30公斤的衣服，腳踩極高的鞋子，一路上以腳向外畫圓後再收回的八文字步伐行走，悠久的歷史重現眼前，婀娜多姿，魅惑全場。

YOSAKOIソーラン踊り

札幌夏天最有活力、最青春洋溢的活動就屬YOSAKOIソーラン踊り了，約20組隊伍一組接一組的全力競演，熱力四射的音樂與舞蹈，讓觀賞者感染到每個人的全心投入與無限熱情，並從中吸取到滿滿的歡樂與能量。舞蹈中每個人都帶著大大微笑，輕快的曲風與眾人熱舞的場面，讓現場氣氛沸騰，尤其是北海道大學每年的「驚喜」與最後一組的壓軸表演，更是不能錯過的橋段！

円山公園周邊

まるやまこうえんしゅうへん

Maruyama Park Area

円山公園就位在札幌市內。這個平時為當地區民散步休憩的公園綠地，到了櫻花季節就會搖身成為遊客爭相前往的賞櫻景點。週遭有許多小巧可愛的咖啡店和點心店，讓遊客放慢腳步，體會難得的閒情逸致。

交通路線&出站資訊

電車

地下鐵「西18丁目」站➩東西線

地下鐵「円山公園」站➩東西線

地下鐵「西28丁目」站➩東西線

かまだ茶寮 円山

古民家內的和風咖啡屋。

別冊P.8,C5 地下鐵東西線「円山公園」站4號出口徒步約3分 札幌市中央区南2条西25-1-31 011-616-0440 11:00~17:00(L.O.16:30) 休週一 円山手織り寿司¥2,200 www.facebook.com/kamadasaryo/

狹窄的小巷弄裡這家超過70年歷史古民家改建的和風咖啡屋，**古樸內部風格氣氛讓人瞬間放鬆外，來這不僅可喝茶吃甜點，讓人更雀躍的目標是店內推出的手織り寿司**，大約30公分見方的平盤一端上桌，幾乎沒有人不驚呼出聲的，宛如桌上開出繁花似錦的花毯般，季節蔬果、海鮮就一一以最美的優雅姿態鋪陳滿桌，讓人一整日心情都變好。

古道具と雑貨origami

別冊P.8,C5 地下鐵東西線「円山公園」站4號出口徒步2分 札幌市中央区南2条西25-1-21 011-699-5698 12:00~18:00 休週一~三 origami-sapporo.jp

小小一間雜貨屋，東西卻很精彩，**商品風格以古道具、北海道古布重新再製成的各式小物、包包等，另外也有手創家們的作品陳列展售，充滿和風與古趣，甚至帶點頑童般的趣味**，商品大都賣了就沒了，看到喜歡的就要趕快下手，另外，店家一週只開週四~日的4天，注意時間別撲空喔。

サムライス煎兵衛

薦 おすすめ

別冊P.8,C5 地下鐵東西線「円山公園」站4號出口徒步2分 札幌市中央区南2条西25-1-18 011-618-0550 10:00~18:00 休不定休 手烤仙貝(單片)￥129起，米餅￥518 samurai-senbei.com/

傳統仙貝也能烤出新創意。

主打手烤仙貝除了有三種米可以比較，還可再分為辣味、海苔、醬油等口味。

「サムライ人煎兵衛」以武士來命名，除了紀錄仙貝發展起源故事，米型框架中的武士臉招牌，也讓人印象深刻。**北海道發展的煎餅品牌，也強力主打全部100%以道產白米為原料**，小小店中除了各式手烤仙貝外，也有米餅與花林糖，**看似簡單的仙貝店，但口味多達66種選擇**，另外也有不同米品種的烤仙貝，是品嚐比較不同米種風味的味蕾新經驗。

宮越屋珈琲 本店

別冊P.8,C5 地下鐵東西線「円山公園」站3號出口徒步約4分 札幌市中央区南2条西28-1 011-641-7277 10:00~21:00 咖啡￥605起 P10個 www.miyakoshiya-coffee.co.jp

在日本擁有近30間分店的宮越屋珈琲，主要分布在札幌與東京地區，每間分店的風格、氛圍都各異其趣，倒像是一間間自成一格的獨立咖啡廳。其中，**位在円山地區的本店為宮越屋珈琲的一號店，融入在円山的沉靜、優閒氣息中**，在咖啡香氣中，一邊靜享一人的咖啡時光，或是與朋友午茶閒聊，都十分適宜。

森彦

薦 おすすめ

café MORIHIKO

別冊P.8,C6 地下鐵東西線「円山公園」站4號出口徒步約5分 札幌市中央区南2条西26-2-18 0800-111-4883 10:00~21:00(L.O.20:30)，5～10月的週末及例假日8:00~21:00(L.O.20:30) 休年末年始 森の雫(森之雨滴咖啡)￥748 P9個 www.morihico.com

在老建築裡被咖啡香圍繞，充滿香氣的幸福讓人陶醉。

被長春藤覆蓋的小屋內，傳來陣陣咖啡香，**咖啡店森彥就像是一間座落在森林的童話小屋**，吸引過往路人一探究竟。館內由50年以上歷史的民宅改建，原木桌椅不經意地透露出歲月痕跡。手工沖煮的咖啡搭配樸實美味的蛋糕小點，幸福滋味盡在不言中。

Pearl Montdore南6条店

別冊P.8,C6 地下鐵東西線「円山公園」站4號出口徒步約10分 札幌市中央區南6条西23-4-1 011-551-4811、0120-08-4811 9:30~18:30 休1月1日 苺ショート(草莓蛋糕) ¥460 www.pearlmontdore.com

創業半甲子的札幌洋菓子老舖，從櫃台可以清楚見到後方工廠的製作情形，足見其新鮮味美是無庸置疑。洋酒及鮮奶油做的海綿蛋糕的滋味十分雅緻，加上當季盛產的草莓，許多忠實的老顧客會不遠千里而來。

Atelier Anniversary 円山店

おすすめ 薦

纖細精緻的美味甜點。

アトリエ アニバーサリー

別冊P.8,C5 地下鐵東西線「円山公園」站1號出口、「西28丁目」站3號出口徒步約5分 札幌市中央区北1条西28-6-1 011-613-2892 10:00~18:00(tea room 11:00~17:00) 休週一、每月第二個週二。(遇假日順延) キャラメルりんごのティーケーキ(焦糖蘋果糕捲) ¥303 www.anniversary-web.co.jp

本店位在東京南青山的Anniversary，店頭隨時陳列了數十種色彩鮮豔可口的蛋糕。**以「紀念日」作為主題，店裡每個蛋糕都像是藝術品一樣**，漂亮地讓人不忍動手。特別推薦季節水果派，北海道產新鮮水果盛放酥盒之上，酥脆爽口的滋味充滿了幸福感覺。

円山公園

おすすめ 薦

櫻花飛舞的森林公園，是円山地區的重要景點。

別冊P.8,B5 地下鐵東西線「円山公園」站3號出口徒步約5分 札幌市中央区宮ヶ丘 011-621-0453 自由參觀 周邊4處收費停車場，超過千個車位可利用 maruyamapark.jp

位於円山北麓的円山公園腹地廣大，林蔭茂密，円山動物園、北海道神宮和幾個運動場地都算在公園範圍之內。**秋天時能欣賞紅葉，春季在公園與北海道神宮相接的地方更有1500餘株櫻花紛紛綻放**，是札幌市內的賞櫻名所。円山公園鄰近一帶屬於高級住宅區，不少別緻的咖啡、甜點和餐廳也都集中於此區。

東光ストア 円山店

別冊P.8,C5 地下鐵東西線「円山公園」站5號出口徒步約6分 札幌市中央区北1条西24-4-1 011-623-1093 9:00~23:00，2F 10:00~22:00(依店家而異) P 146個 www.arcs-g.co.jp/group/toukou_store/shop/?id=86

喜歡逛日本超市的人，來到円山公園一帶就千萬不能錯過這裡。以札幌為主要據點的連鎖超市東光ストア，在札幌市內就有近30間分店，但大多數都開設在遠離觀光景點區的地方，**位在円山的這間則是少數交通便利的店鋪**。店內商品應有盡有，新推出的季節限定口味零食也能找到，雖不一定能買到市面低價，但齊全的商品種類依然能補足這個缺憾。

1 店內的工作人員們會親切仔細地瞭解顧客們的肌膚狀況並回應需求。您可以向工作人員們諮商各種肌膚問題！

2 3 距離圓山公園、圓山動物園、北海道神宮等觀光景點也是相當近。店內使用原木材料呈現出自然明亮的感覺，還有著悠閒而舒適的氣氛，是一個讓人相當放鬆的空間。

我們推薦家族全員都可以使用的日本薄荷戶外精油噴霧劑「森林護膚（森の肌守り）」系列。而且還有各種容量，從適合隨身攜帶的小瓶裝到價格划算的大瓶裝都有！

讓人安心的北海道產原料保養品牌

Natural Island直營店・home札幌店

雖然日本全國的東急手創館（Tokyu Hands）及LOFT等店都買得到Natural Island的暢銷商品，但他們的總店就位於札幌市圓山公園的不遠處。從圓山公園出入口處出發步行約5分鐘後，可以看到一棟擁有摩登風格漂亮外觀的建築物。當我們進入建築物內部爬上二樓時，就可以看到從年輕少女到年長女性等各個年齡層都愛用的護膚商品在架上一字排開。

首度來到這裡時，一定都會為商品品項的豐富度感到驚訝，且用於產品之中的原料，不僅止於北海道的花草或薰衣草，這一點也讓人感到相當地興奮。像是日本薄荷、聖約翰草、金盞花等原料，也都是使用由北海道自家農園或契約農家所栽種的花草原料。

這些商品裡頭濃縮了北海道產的植物精華，香氣也是非常的自然，難怪會這麼受到人們的熱愛。而且店內有提供試用品，工作人員們的態度也是非常的親切又溫柔。

住在亞熱帶的你，可別錯過這4項人氣商品！

日本薄荷系列的戶外精油抗UV凝膠：夏季護膚（夏の肌守り），這款商品同時具有防蟲與抗UV的兩種功效，是一款可以天天使用又一石二鳥的優秀商品。

這款商品也屬於日本薄荷系列。「日本薄荷清爽沐浴乳」是一款擁有彈力泡沫，可以清爽洗淨的產品。使用過後在30分鐘內依舊可以保持涼感，在睡不安穩的炎熱夏天裡可以說非常好用。也有販售補充包！

這款商品是使用Natural Island北海道自家農園裡有機摘種的金盞花製作而成的護手霜「溫和手作（やさしい手づくり）」。也有販售由無香料+3種香氣+抗UV+迷你尺寸，共4個商品組成的商品組。在這裡面，我們最推薦既能抵抗UV又能夠調理肌膚的UV檸檬薄荷款！迷你尺寸的商品組也非常適合當作禮物。

我們推薦使用只有在春季才能採收的白樺樹液取代水製作的噴霧型化妝水「雪與白樺（雪と白樺）」。這款產品除了可以在洗臉後使用外，也可以在化妝後直接使用。旅行時隨身攜帶一瓶非常方便。

Natural Island直營店・home札幌店

札幌市中央區北一條西28-2-35 MOMA Place 2F（電梯在中庭深處）
TEL／011-632-5115
OPEN／10:00　CLOSE／17:00（星期二公休）
URL／https://island.natural-s.jp

ACCESS
從札幌市營地下鐵東西線圓山公園站3號出口出來後步行約5分鐘
從3號出口出來後繼續直行，走到公園入口處右轉。朝著美國領事館的方向繼續行走

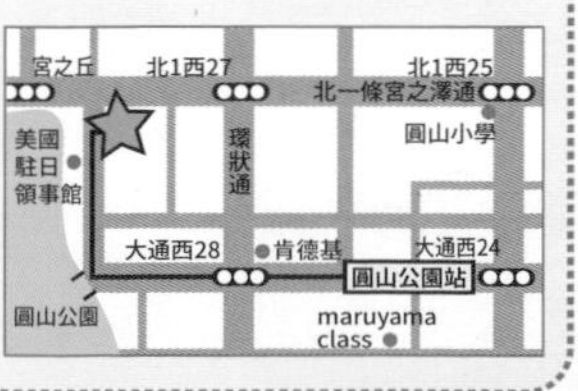

新千歲機場的Craft Studio
也有販售「森の肌守り。」及「やさしい手づくり。」各種。

國內線航廈2樓

maruyama class

別冊P.8,C5 地下鐵東西線「円山公園」站6號出口出站即達 札幌市中央区南1条西27-1-1 011-614-4147 商店10:00~20:00、餐廳11:00~22:00(詳細時間依店家而異) 不定休 190個，單一店鋪消費滿￥2,000可免費停3小時 maruyama-class.com

2009年開業的maruyama class，占地約7,700平方公尺，吸引近90間店鋪進駐，是**當地最大型的購物中心**。在這處充滿文化、歷史、綠意的円山街道上，提供當地居民休憩、遊樂的空間，館內書店、餐飲、甜食、百元商店、雜貨、超市一應俱全，因此也成為這一帶旅客們的購物、美食好去處。

little walk to a park

maruyama class 2F 011-590-1810 10:00~20:00

帶著去公園散步般的輕鬆心情，來逛逛這間little walk to a park吧！為了營造出公園的開闊、優閒感，店家預留寬闊的走道空間，架上的商品也排得井然有序、不會過份擁擠，空間中甚至還裝飾著綠意植物，所有**商品清一色都是清新的造型與淡雅的色調**，整體視覺感受十分舒服，逛起來也非常愜意。

Green Parks topic

maruyama class 2F 011-688-6266

自然休閒的女裝舒適實搭。

Green Parks系列商店**集結了20個以上的品牌服飾**在店內販售，依據顧客的生活型態進行不同的搭配與分類，以風格細分為三種主題店鋪，其中以郊外活動女性休閒服飾為主的Green Parks topic，店內除了衣服外，相同風格的配件也陳列於店中，可一次整體搭配全身行頭。

町村農場 札幌円山店

maruyama class 1F 011-688-6255 10:00~20:00 生チョコとマスカルポーネのパフェ(巧克力起司聖代)￥880 machimura.mimoza.jp/shop/

創立超過百年的町村農場，使用北海道江別市的自家農場牛奶、奶油、小麥等原料，製作出冰淇淋、優格、甜甜圈等各式點心，北國富饒大地所產的優質、安全牛乳，健康美味無庸置疑。店內最熱賣的商品，以口味**清甜中帶著濃濃奶香的聖代、冰淇淋，以及使用天然酵母、每天手工現做現炸的甜甜圈最受推崇**。

おすすめ 薦

円山動物園

大人氣的雙胞胎北極熊是園內必看動物明星。

別冊P.8,B6 地下鐵東西線「円山公園」站3號出口徒步約15分 札幌市中央区宮ヶ丘3-1 011-621-1426 3~10月9:30~16:30、11~2月9:30~16:00(售票至閉園前30分) 休12月29~31日、各月份不同，請見官網 $大人¥800、高中生¥400、國中生以下免費 P959個，1次¥700 www.city.sapporo.jp/zoo

位在札幌的円山動物園是**北海道最受歡迎、規模最大的動物園之一**，有熱帶動物館、類人猿館、海獸館等，其中最有人氣的就是雙胞胎北極熊寶寶，札幌還有許多以他們為主題設計的點心和商品呢！冬天前往動物園，還可看到企鵝、雪白的兔子、狐狸和貓頭鷹等北國動物在雪地裡充滿元氣的可愛模樣。

円山動物園冬季也好玩，冬季必訪動物CHECK！

冬天大雪一下，很多人不愛在冷吱吱的戶外待太久，如果你想像動物園可能不適合冬天去，那就大錯特錯囉！札幌円山動物園的各區動物室內結合戶外，外面太冷就待在室內吹暖氣看著在**雪地走來走去的動物，以雪白大地為背景的特殊景緻外，**怕冷動物們，也會特別貼近觀景窗玻璃取暖，讓你跟動物僅隔玻璃超貼近喔。趕快來看看冬季有什麼動物超活躍吧！

北極熊

最愛冰天雪地的北極熊一到冬天可開心了，你有認出白雪中的白色大熊嗎？

老虎

威風凜凜的東北大老虎，冰天雪地時節當然也是他的最愛，站在雪地中的姿態也很酷。

小貓熊

原棲息地在喜馬拉雅山的小貓熊，在雪地中也好活潑。

日本猴

日本原生種中棲地最北的日本猴，下大雪對他們是小事一樁，看他們站在雪地中打盹也好療癒。

雪豹

睡翻了的雪豹，美麗的全身毛色與優雅姿態，隔著玻璃就能貼近觀察。

大倉山展望台

大倉山ジャンプ競技場

別冊P.8,A5 地下鐵東西線「円山公園」站2號出口的4號乘車處搭乘JR巴士「[円14]荒井山線」，約10~15分至「大倉山競技場入口」站下車徒步約10分，¥250 札幌市中央区宮の森1274 011-641-8585 夏季約4月29~10月31日8:30~21:00，冬季約11月1日~4月28日9:00~17:00。遇跳台滑雪大會或選手練習日，營業時間另有變動 休4月(詳細日期請見官網) $前往展望台的吊椅(國中生以上)來回¥1,000、小學生以下¥500，單程半價(每名家長可免費帶1名小學以下小孩) P113個，免費 okurayama-jump.jp/

©北海道觀光振興機構

©北海道觀光振興機構

大倉山跳台滑雪競技場是1972年札幌冬季奧運會時，跳台滑雪項目的比賽場地，比賽選手會順著斜坡助滑道向下快速滑行，在空中飛躍之後著地，裁判則以跳躍距離和著地姿勢等作為評分依據。大倉山跳台滑雪競技場現在仍是專業比賽場地，平時也開放一般民眾參觀。搭乘纜車可以抵達跳台的展望台，除了遠眺市景，有時還能見到種子選手練習的英姿呢！位於競技場一側的札幌冬季運動博物館則展出歷代冬季奧運會的相關資料，**1樓的博物館，有體驗區可以體驗跳台滑雪、競速滑雪等運動的滋味。**

北海道神宮

別冊P.8,B5 地下鐵東西線「円山公園」站2號出口徒步約15分 札幌市中央区宮ヶ丘474 011-611-0261 自由參觀；神門關閉時間約16:00~17:00，詳情請洽官網 240個(年初參拜期間須付費) www.hokkaidojingu.or.jp

因為開發較晚，北海道的神社比起日本本島可説是相當稀少，具代表地位的北海道神宮，也在1869年才隨著日本政府一同進駐北海道。**北海道神宮是北海道總鎮守的守護神社**，每年最熱鬧的時候就屬新年參拜和櫻花時節，以知名櫻花為造型的鈴鐺御守也相當可愛。

神社參拜的禮儀

參道

踏入鳥居之後，就代表從人世來到神明的居所，前往拜殿時記得走在參道左右兩側，因為道路正中間是「神明走的路」。

手水舍

參拜之前記得先到手水舍洗手、漱口。首先，以右手持水勺盛水洗左手，接著換洗右手，再用右手拿水勺、倒水至左掌，捧水漱口，接著再洗一次左手，最後直立水勺(杓口朝內)用剩下的水清洗杓柄。這代表淨身，顯示對神明的敬意。

參拜

先鞠躬一次，接著投硬幣入賽錢箱，搖動鈴鐺再開始參拜。參拜基本口訣為「二拜、二拍手、一拜」，也就是先鞠躬兩次，合掌於胸前、拍兩次手，向神明述説願望，接著再敬禮一次，就完成參拜了。

六花亭 神宮茶屋店

別冊P.8,B5 地下鐵東西線「円山公園」站出站徒步約15分 札幌市中央区宮ヶ丘474-48 (北海道神宮境內) 011-622-6666 9:00~17:00 神宮附屬停車場 www.rokkatei.co.jp

©六花亭 神宮茶屋店

位在北海道神宮境內，宛如神宮附屬茶屋般的這間六花亭，小巧的木造日式小屋內，提供參拜民眾一個可以坐下休憩、享用免費茶水的地方。店內也有販售六花亭的各式甜點，但**最特別的還是當店限定販售的「判官さま」(判官餅)。以加入蕎麥粉融合麻糬的餅皮，包覆鹹甜兼具的紅豆內餡**，吃之前店家還會將表皮煎得酥香呢。判官餅是為了紀念北海道開拓之父「島義勇」而作，神宮每年也會舉行「島判官慰靈祭」活動。

超療癒甜點小熊最中，好看、好吃又能玩出許多創意吃法。

美好屋 本店

別冊P.8,C5外 地下鐵東西線「二十四軒」站2號出口徒步約1分 札幌市西区二十四軒2条4-1-8 011-611-3448 9:00~17:00 週日、例假日 小熊最中(4個)￥1,980 www.miyoshiya-mochi.com/

昭和年間以「美好屋」營運至今，以各式麻糬和菓子為主及喜慶用的和菓子，是陪伴在地人超過一甲子的老舖。而這間老舖近幾年因一款小熊最中，受到大注目。做成**療癒系可愛小熊造型的最中，是可以自己填裝餡料的設計，餡料有栗子及紅豆兩種**，可以混搭之外，還可創意加入自己愛的冰淇淋、放入熱熱紅豆湯中，可自創各式趣味吃法。

日曜日のクッキー

おすすめ 薦

北海道物產變成美味餅乾。

Sunday's Cookie

別冊P.8,D5 地下鐵東西線「西18丁目」站1號出口徒步約3分 札幌市中央区南1条西21-1-23 011-215-6881 11:00~19:00 休 週三 手乾餅乾(單片)¥162~173 nichiyobi-no-cookie.com/

位在大通上的餅乾店，經過門外就會被烤餅乾的香甜氣味吸引進去，**結合店舖與烤製工房，充滿美味意象的黃色店裝，一推門入內，滿滿多達數十種各種顏色的手工餅乾一字排開**，看起來每個都好吃。以北海道物產最為烘培材料，像是草莓、南瓜、紅茶薰衣草、紫番薯通通都能放進去，當然定番奶油、巧克力也有，另外戚風、費南雪蛋糕也推薦入手。

餅乾多彩又滿滿北海道風味，可以加買個造型盒子裝入送人。

円山茶寮

別冊P.8,C5 地下鐵東西線「西28丁目」站1號、2號出口徒步約3分 札幌市中央区北4西27-1-32 011-631-3461 11:00~22:00 休 週四(遇假日營業) いちごぜんざい 白玉入(草莓紅豆湯圓)¥1,100 P 約3個

已經有近30年歷史的円山茶寮，是**由昭和時代古老民宅改裝而成**。這間咖啡店外觀雖不甚起眼，卻有股神奇的力量，讓造訪客人忍不住放慢腳步。店內放滿了各種類型的書籍，在悠揚的樂聲中，就算獨自一人也可以盡情放鬆。

RITARU COFFEE

別冊P.8,C5 地下鐵東西線「西28丁目」站1號出口徒步約4分 札幌市中央区北三条西26-3-8 011-676-8190 8:30~20:30 咖啡¥630~ P 6個 www.ritaru.com/

自家烘培職人咖啡屋，位在離鬧區較遠的住宅區內，成為一處想閱讀、安靜地品咖啡處。店內**以配方調和豆風味為主打外，也有各式產地單品豆咖啡、加入山本牧場美味牛奶的拿鐵等，光咖啡品項就多達一頁**可以盡情挑選。早上也提供Morning Set的早餐服務，一杯咖啡價錢就能享有額外烤吐司與水煮蛋。

一久 大福堂 札幌円山店

別冊P.8,C5 地下鐵東西線「円山公園」站5號出口徒步約6分 札幌市中央区北1条西24-2-11 011-614-1990 9:00~18:30 白大福 こしあん¥130 www.daifukudo.co.jp

還會隨季節推出限定口味。

旭川的和菓子老舖一久大福堂於1997年進軍札幌，現在在札幌當地已拓展至9間分店，20餘年人氣始終居高不墜。店內販售大福、串丸子、御萩等各種日式小點心，其中的招牌——大福，**使用北海道糯米的麻糬外衣搗得綿細軟Q**，內餡的紅豆則選用美瑛產的高品質「しゅまり(朱鞠)」，皮薄又富含營養的紅豆風味絕佳，嚐來十分滿足。

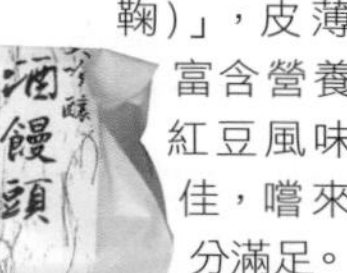

北海道立近代美術館

別冊P.8,D5 地下鐵東西線「西18丁目」站4號出口徒步約8分 札幌市中央区北1条西17 011-644-6881 9:30~17:00(入館至16:30)、部分展間週五~19:30(入館至19:00)，詳見官網 週一(遇假日順延)、換展期間、年末年始 常設展大人¥510、高中大學生¥250(65歲以上免費、高中生週六免費)；特別展價格不定 artmuseum.pref.hokkaido.lg.jp/knb

純白色的北海道立近代美術館建築顯得摩登而前衛，室外的青綠草地上，還擺放了數件北海道藝術家的裝置藝術作品。近代美術館**主要收藏範圍以明治之後的作品為主**，包括北海道相關或本地藝術家的雕刻、繪畫，以及巴黎畫派帕斯金和玻璃工藝等近代藝術作品。

attraction

別冊P.8,C5 地下鐵東西線「円山公園」站4號出口徒步約6分 札幌市中央区南2条西22-1-39(リッシェル裏参道1F) 011-299-7333 10:30~19:00、1~3月至18:30 週日、每月2天不定休 www.attraction-s.net

通往円山公園的裏参道上與其周邊聚集了許多餐飲店與雜貨鋪，是來到円山必遊的區域，其中**最可愛的店家莫過於這個蒐集了世界雜貨的attraction**。以北歐雜貨為首的各色商品滿滿占據了整間店鋪，除了雜貨還有歐美名鞋、玩具、廚房用品等，可愛逗趣的動物造型雜貨讓人心情愉快，色彩鮮艷明亮的生活用品則引人勾勒幸福生活藍圖，設計簡單卻見可愛大方。

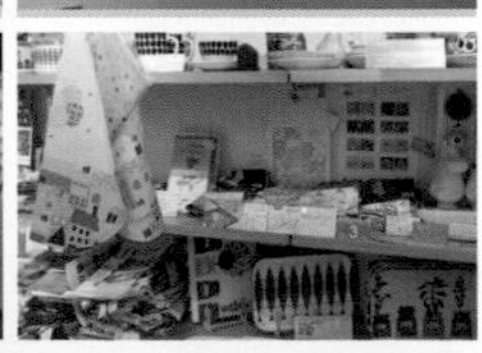

Le Sucre

おすすめ 薦

円山地區的法式料理與甜點名店。

別冊P.8,D5 地下鐵東西線「円山公園」站4號出口徒步約4分 札幌市中央区南1条西21-2-7(裏参道沿) 011-640-6699 週四~日、例假日18:00~22:00 (L.O.20:00) 週一~三為料理教室時間，不營業 晚餐套餐¥4,900起 1個 le-sucre.info/

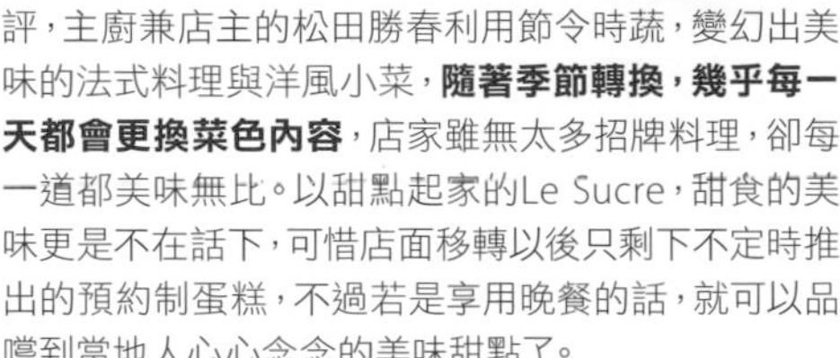

在円山地區擁有高度人氣的Le Sucre，從正餐、小菜到甜點，每一項都大受好評，主廚兼店主的松田勝春利用節令時蔬，變幻出美味的法式料理與洋風小菜，**隨著季節轉換，幾乎每一天都會更換菜色內容**，店家雖無太多招牌料理，卻每一道都美味無比。以甜點起家的Le Sucre，甜食的美味更是不在話下，可惜店面移轉以後只剩下不定時推出的預約制蛋糕，不過若是享用晚餐的話，就可以品嚐到當地人心心念念的美味甜點了。

castanet

別冊P.8,D5 地下鐵東西線「西18丁目」站4號出口徒步約2分 札幌市中央区大通西17-1-13(レアリゼ大通西1F) 011-640-5225 11:30~19:00 週一、二 2個 castanet-jp.com

Castanet是以「可以用很久的好東西」為店旨的原創商品店，從原本一坪左右的超小店面成長為現在寬敞舒適的空間，商品也從響板小熊的原創商品，變為現在**結合「北海道」與響板小熊**，創作出**高品質、可以長期使用的可愛生活商品**。從店家推薦的oke craft木製圓產、印有北海道方言講座的手帕，到有響板小熊圖案的T恤、糖果、提袋等，都是此處獨有的商品，錯過了、別處可就找不到囉。

D&DEPARTMENT HOKKAIDO by 3KG

別冊P.8,D5 地下鐵東西線「西18丁目」站4號出口徒步2分 札幌市中央区大通西17-1-7 011-303-3333 11:00~19:00 週日、一(遇假日延至隔日) www.d-department.com

D&D系列店的北海道店，依舊**秉持在地生產、設計好物，且能長久使用為店內選物原則，容納囊括來自整個北海道價格適中的好物**，像是旭川的各式生活木製品、木餐具，小樽的玻璃生活器具品等，而札幌的Saporo有著星芒的啤酒玻璃杯，也是入手好物，想找「北海道製造」設計雜貨商品？來這裡就對了。

三岸好太郎美術館

おすすめ 薦

天才畫家短暫而絢爛的創作生命都在其中。

別冊P.8,D5 地下鐵東西線「西18丁目」站4號出口徒步約10分 札幌市中央区北2条西15 011-644-8901 9:30~17:00(入館至16:30) 週一(遇假日順延)、12月29日~1月3日，另有換展等不定休 大人¥510，高中大學生¥250，中學生以下、65歲以上免費 P3個 artmuseum.pref.hokkaido.lg.jp/mkb/

濃重得幾近凝滯的油彩、明亮而彷彿即將逃脫的標本蝴蝶……，**出身札幌的畫家三岸好太郎是日本戰前現代主義的代表畫家**之一，在他不到10年的創作生涯裡，留下不少個人色彩鮮明的作品，其中較知名的作品為道化系列、《交響樂團》和貝殼與蝶系列。相隔50餘年，由畫家親自設計、原先作為工作室用途的美術館建築，風格依然現代，而作品當中強烈的情緒，也橫跨歲月，打動觀者的心。

Pasque island

別冊P.8,D5 地下鐵東西線「西18丁目」站4號出口徒步1分 札幌市中央区大通西17-1-3(太田ビル1F) 011-215-9331 12:00~19:00 週一 pasqueisland.com/

札幌市內以生活中可以長久愛用的好物為基準，而開設的選物及手作布物店「Pasque island」，**溫潤的店內風格跟選物風貌也相當一致，各式生活陶瓷器具、生活雜貨，色澤沉穩而耐看**，手作襯衫、布物等，不跟隨潮流，有著可以穿很久、用很久的實用風格，是喜歡優雅質感生活者，值得來逛逛的店。

綠草如茵的草地與歐風建築，非常適合來一場午後的浪漫散策。

知事公館

別冊P.8,D5 地下鐵東西線「西18丁目」站4號出口徒步約8分 札幌市中央区北1条西16 011-611-4221 9:00~17:00、庭園(公開區)8:45~17:30(依時期而異) 週末及例假日、年末年始，庭園12月~4月28日 免費

都鐸風格的知事公館，擁有白牆、黑瓦和鮮紅木條的外觀，令人聯想起浪漫的歐洲小鎮。公館建於1916年，原來是三井集團接待貴賓和高級成員的別邸，**從1936年直到今天，則為北海道知事接待貴賓的場所，因此被稱為知事公館**。室內深木色的迴旋樓梯、紋路細緻的吊燈和彩繪玻璃窗等十分別緻，公館四周則有茂盛的綠蔭和草地圍繞。

space1-15

おすすめ 薦

獨一無二的原創店鋪聚集地。

別冊P.8,D5 地下鐵東西線「西18丁目」站5號出口徒步約3分、市電「西15丁目」站徒步約3分 札幌市中央區南1条西15-1-319 12:00~18:00(依店家而異) www.space1-15.com

隱身在巷弄公寓內的space1-15外觀看來平凡無奇、毫不起眼，但裡面卻是別有洞天。**分布在2~8樓約22間的特色小店**，除了有咖啡廳與小餐館可以享用美食外，絕大部分都是**手創雜貨的創作、販售空間**，推開門，展現創作者個性的空間內是一件件凝聚心思的雜貨，每間店就像是一個藝術空間，揮灑店主的品味與無限創意。

HAND MADE CRAFT闇月創房

space1-15 203 011-632-7772 週四~日11:00~18:00 休週一~三 sobo-brass.com/

闇月創房的店主逸見茂樹主要利用黃銅與銅作為作品素材，有時還會結合木材或玻璃等不同質感，**創造出堅固中帶有細膩工法的特色商品**，柔美的髮簪與墜飾、可愛的雜貨、機器人紙鎮……，每一個都充滿職人的滿滿心意。在一旁還可看到逸見先生創作的身影，在線鋸裁切金屬的聲響中，或是在刻印、熔接的過程中，聚精凝神地沉浸在創作當中，空間中也飄逸著藝術的氣息。

yuraríka

space1-15 207 011-215-9385 週四~日13:00~18:00 休週一~三 yurarika.com

2005年創業的yuraríka於2012年初入駐space1-15，**鮮艷明亮的生活布雜貨**讓人一進入店內就眼睛一亮，架上可愛的碎花、線條或水滴圖案的商品，幾乎以純棉或是麻布所製成，簡單的裁縫更顯其清新大方，不僅外型可愛，摸起來質感也極佳，看了就讓人萌生「有這件商品真好(あったらいいな)」的想法，而這也正是yuraríka的創作標竿。

kitchen TOROIKA

space1-15 401 011-644-0121 週四~日12:00~20:00 休週一~三 フレンチコーヒー(法式咖啡)¥500 toroika401.blogspot.tw

以「廚房創作的東西」為概念，kitchen TOROIKA**將餐桌上的自家料理視為手工作品，用心製作每份餐點**，在這個創作空間內，開放式廚房可讓來客觀看到製作過程，小巧的店內如居家般地舒適，吸引賓客們在此一邊用餐一邊熱鬧暢談。唯一美中不足的地方，就是店內可容納的人數實在太少，但如果遇上客滿時也不要失望，入口處還可以購買當店手工烘焙的麵包與餅乾，美味程度也不輸給菜單上的餐點唷。

充滿書香、咖啡香與質樸手感的手作雜貨。

書庫303

space1-15 303 週末13:30~18:00左右 休週一~五 shoko-303.jugem.jp

深埋在牆上的書架上擺滿書籍，形成了書庫303的「書壁」，這些都是店長長年來蒐集的書刊，**選定喜歡的書，點杯深焙煎咖啡後坐下來細細閱讀，便是這裡最佳的享受方式**。

書看累了，除了起來伸展一下，還可以看看店內的雜貨與裝飾，搭配「書與書桌周邊」的意象，関昌生的鋼線作品精巧地惹人愛憐、店長山口詩織的文具品色彩明亮、古田真紀的玻璃創作優雅中帶點神祕⋯每個都讓人愛不釋手，悠閒的午後就在心滿意足中流洩而過。

北海道大學周邊

ほっかいどうだいがくしゅうへん
Hokkaido University Area

被暱稱為「北大」或「海大」的北海道大學歷史悠久，自前身「札幌農學校」於開拓使時期建校以來，已經有140年歷史，豐厚年月不僅讓校內擁有許多文化財建築，也孕育出校內外的文藝氣息。若是在秋天造訪，飄落的銀杏葉在校內鋪就一條金燦大道，更是迷人，而且校園周遭還有許多學生力推的咖啡、餐飲店，遊玩札幌時到北大一遊，別有一番趣味。

書香校園，同時也是值得一訪的景點。

北海道大學

別冊P.9,C6 JR札幌駅北口徒步約10分 札幌市北区北8条西5 011-716-2111 自由參觀 www.hokudai.ac.jp

位於札幌車站北側的北海道大學是日本七帝大之一，前身為開拓使時期(1876年)創建的札幌農學校，首任校長是對北海道影響深遠的美籍克拉克博士。在橫跨北7条至北18条的廣大校園裡，**最吸引人的莫過於美麗的自然和四時變換的景色**，除了正門附近的中央草坪氣氛宜人，**位於北12条校門的銀杏林道(イチョウ並木)，約80株高大銀杏在每年10月中下旬會轉為迷人金黃**，是當地人也會特別前往的景點。校園內保有古河紀念講堂、第二農場校舍等古蹟建築，展出北大歷史和各科收藏的總合博物館也開放參觀，在幾間食堂裡則可以嚐到平價的學生料理。

交通路線&出站資訊

電車

地下鐵「北18条」站⇨南北線
地下鐵「北12条」站⇨南北線
地下鐵「さっぽろ」站⇨東豊線
JR「札幌」駅⇨函館本線、千歲線、札沼線

出站便利通

北海道大學就位在札幌駅西北方⇨從札幌駅徒步其實也只需要10分鐘左右，秋天時若是想直接造訪銀杏林道，可以選擇從地下鐵「北12条」站前往，距離銀杏林道更為接近

前往第二農場⇨想要到農場參訪北國畜牧發展史的話，不妨從地下鐵「北18条」站徒步，直走環狀道後就可以抵達北大環狀校門，第二農場就在入口不遠處

來北大就是要騎單車啊

北海道大學校園廣大、建築美麗又有很多景點可看可逛，光是可看景點就多達33個。如果很多點都想去，用單車行進絕對是正解，因為光是從綜合博物館走到第二農場，距離就要將近1.1公里喔。可以先到大門口旅遊中心或博物館裡拿份校園地圖，就能一一輕鬆拜訪想去的地方囉。

古河講堂&克拉克博士像

從博物館約徒步1分 古河講堂不開放入內，僅能欣賞建築外觀

與第二農場同樣列為國家重要文化財的古河講堂，這棟由古河家族所捐贈建造的木造建築，是目前古河家族捐贈8棟建物中僅存的一棟。**1909年的建築目前是文學研究室，並不開放一般人入內參觀，但優雅的維多利亞與法式綠色屋頂建築形式，仍相當值得一看**。講堂前方則是札幌農學校首任校長、也是北海道開拓時期重要人物的克拉克博士銅像，很多人都會來這跟他合照。

便宜到令人流淚的中央食堂

中央食堂就在博物館附近，雖然是學生食堂，但一般人也可以進去用餐，1樓是採自助式取餐，有小菜區也有單點區、沙拉及飲料區，入口就有各式單點料理照片與價格，幾乎一餐點下來平均￥500~600就能吃飽飽，便宜價格實在太感人！但要注意週一~五11:30~13:00，外人禁入用餐，畢竟學生優先啊。

綜合博物館

從大學正門徒步約7分 011-706-2658 10:00~17:00 休週一(遇假日順延)、12月28日~1月4日、不定休 $免費參觀 www.museum.hokudai.ac.jp

成立於1999年的北海道大學綜合博物館，是一間**以收集標本為主題的博物館**，收集時間自前身的札幌農學校開始至今，超過400萬件的標本與各式資料，不論就學術研究、參觀價值都相當驚人，4層樓的範圍內，雖不是全部開放，但也相當值得一看。

銀杏道&白楊木道

イチョウ並木 & ポプラ並木

距離中央食堂約徒步5分

以農學校開始發展的北海道大學，百年前就由林學科的學生在校園植下不少美麗林木。其中又以1903年種植的白楊木道，及1939年種植的銀杏道可説是校園內美麗的知名景致，**尤其秋天一到，銀杏道上黃澄澄一片，吸引不少遊人。**

第二農場

おすすめ 薦

鄰近環狀校門口側　戶外8:30~17:00，室內展示10:00~16:00　休 每月第4個週一　$ 免費參觀　www.museum.hokudai.ac.jp/outline/dai2noujou/

見證北海道農畜發展軌跡的重要古蹟。

被列為國家重要文化財而珍貴保存的第二農場，以數棟從1877~1911年陸續建造的農畜相關設施為中心，而形成的一處北海道開發時期重要農畜發展實驗中心。以圍籬圈起來的區域內共有9棟以木造、磚造及石造的建築，主要是當時畜養牛馬的畜舍、穀倉及製乳所等設施，當時的機具也都被保存在裡面。

模範家畜房與其後方的穀物庫，是1877年最早蓋建、以西洋農業建築及畜牧技術開始發展北海道畜牧的起點。

北大植物園

おすすめ 薦

別冊P.9,D7　JR札幌駅南口徒步約13分　札幌市中央区北3条西8　011-221-0066　〈夏季4/29~11/3〉9:00~16:30、10月~11月3日9:00~16:00。〈冬季11/4~4/28，僅温室開放〉平日10:00~15:30、週六10:00~12:30。(全年-閉園前30分入園)　休〈夏季〉週一(遇假日順延)；〈冬季〉週日、例假日、12月28日~1月4日　$〈夏季〉大人¥420、中小學生¥300、6歲以下免費。〈冬季〉7歲以上¥120　www.hokudai.ac.jp/fsc/bg/

百年歷史的植物寶庫，多樣的花彩讓人目不暇給。

北大植物園是**日本第二古老的植物園，擁有超過百年歷史**。1886年，北大的克拉克校長説服了開拓使，將原本的牧羊場預定地保留下來，成了現在占地廣闊的植物園。園內保有百餘年前札幌原生植被以及一般都市少有的舒適草坪，也能欣賞到包括玫瑰園、高山植物園、溫室等不同主題區域中的4000餘種植物。

FLAGSTAFF CAFE

別冊P.9,D6 JR札幌駅北口徒步約5分 札幌市北区北9条西 4-10(沢田ビル1F) 011-746-7971 10:00~20:00，週六、例假日11:00~19:00 休週日 flagstaff.blog.shinobi.jp

就位在北海道大學校門口的這家小咖啡店，翻開咖啡單上豐富羅列的至少18種的各式咖啡選項，就知道老闆對咖啡的堅持，以黑咖啡為主，點咖啡前老闆還會細心提醒他的**咖啡並不提供糖跟奶，為的就是讓顧客喝到咖啡原本的細緻滋味**。不喝咖啡的，同樣有多達10多種的紅茶或不含咖啡因飲料及甜點可以選。

清華亭

別冊P.9,D6 JR札幌駅北口徒步約10分 札幌市北区北7条西7 011-746-1088 9:00~17:00 休年末年初 免費

這間小而優雅的木造建築位於北大校園不遠處，曾是開拓使接待外賓的招待所。包圍清華亭的林蔭綠地，是開拓使的公園「偕樂園」殘留下的部分，而**清華亭本身則是建於1880年的和洋折衷式建築**。從外觀的玄關、六角窗、外牆和屋頂等，可以明顯感受到洋風色彩，屋內則為洋室與和室相連的奇妙組合。

和洋哲衷歷史建築，洋室整體華麗精美，和室則是日本傳統的書院風格。

PICANTE

おすすめ 薦

別冊P.9,D5 地下鐵南北線「北12条」站徒步約4分 札幌市北区北13条西3 (アクロピュー北大前1F) 011-737-1600 11:30~23:00(L.O.22:45) 湯咖哩￥970起 www.picante.jp

在地學生力推的超人氣湯咖哩名店，美味之外，趣味的菜名也很吸睛。

北大學生全力背書的PICANTE是湯咖哩的超名店，以30種以上的香辛料做為咖哩湯頭基底，不論口味和名字都很獨特：例如用魚骨慢熬2天而成的招牌湯頭名喚「開闢」，其他湯頭的名字也相當特別，像是「38億年の風」、「アーユルヴェーダー阿育吠陀」等等。主菜配料除了常見的雞腿、蔬菜，還有海鮮、白酒燉小羊肉、香酥蝦等可以選擇。

札幌近郊

さっぽろこうがい

Sapporo-Suburb

北海道第一大城的札幌呈現出簡潔、明快的都會感，但不要以為札幌的景點都集中在市區，在札幌近郊還散落著許多知名的景點，可以到綠意盎然的中島公園中放空一整個下午、藻岩山賞燦爛夜景、白色戀人公園參觀製作過程、札幌巨蛋看球賽或演唱會，還可以到outlet大肆血拚、到處吃遍札幌巷子內美食，還等什麼，快點把近郊景點排入行程吧！

交通路線&出站資訊

出站便利通

JR北海道

★札幌駅◇往【白色戀人公園】地下鐵東西線「宮の沢」站5號出口徒步約7分、往【三井暢貨園區 札幌北廣島】中央巴士100號

★新札幌駅◇往【北海道開拓の村】JR巴士22號・新22號

★南千歳駅◇徒步可達千歳暢貨中心Rera

★百合が原駅◇徒步可達百合原公園

地下鐵南北線

★中島公園站◇徒步可達中島公園、渡邊淳一文學館、麒麟啤酒園

★真駒内站◇往【瀧野鈴蘭丘陵公園】中央巴士106號、往【札幌藝術之森】中央巴士真101・真102・真107號

地下鐵東西線

★宮の沢站◇徒步可達白色戀人公園

★二十四軒站◇徒步可達中央卸売市場 場外市場、手打ち蕎麦 こはし

★新さっぽろ站◇往【北海道開拓の村】JR巴士22・新22號

地下鐵東豐線

★栄町站◇往【百合原公園】中央巴士麻25・栄20・栄23號

★環状通東站◇往【モエレ沼公園】中央巴士東69・東79號・東61

★福住站◇徒步可達札幌巨蛋、往【札幌羊之丘展望台】中央巴士福84號、往【瀧野鈴蘭丘陵公園】中央巴士福87號、往【三井暢貨園區 札幌北廣島】中央巴士福95號

❶以上為札幌主要景點的交通方式，詳細內容請見各景點資訊

Vessel Inn札幌中島公園

ベッセルイン札幌中島公園

別冊P.5,D5 地下鐵南北線「中島公園」站2號出口徒步1分、1號出口徒步4分 札幌市中央区南9条西4-1-2 011-522-5246、011-513-0700 check in 14:00，check out 11:00 www.vessel-hotel.jp/inn/sapporo

如果不想離鬧區太遠，又想要享受度假的氛圍，Vessel Inn札幌中島公園絕對是讓人滿意的選擇。**距離繁華街薄野不過一站距離**，不管是要前往用餐、購物，或是採買完戰利品要回飯店都很方便，而且不遠處就是中島公園，享受寧靜的休息時光以外，也可以到公園裡散散步。讓Vessel Inn備受喜愛的原因可不只如此，**飯店早餐更是一大魅力，不僅在訂房網tripadvisor上、日本全國飯店早餐票選，經常名列前茅，更在じゃらん、Booking.com等網站上也連年獲獎**，如此廣受好評，當然是因為飯店選用道產的新鮮食材，不僅有每天提供8種新鮮海產的勝手丼，還有現烤出爐的麵包、精緻小巧的甜點，更可以吃到湯咖哩等北海道特色料理！

中島公園

別冊P.5,D5　地下鐵南北線「中島公園」站1、3號出口徒步約1分　札幌市中央区中島公園1　011-511-3924　自由參觀

越過薄野的眾聲喧嘩，由豐盈綠樹與清淺池水包圍的中島公園，彷彿一片充滿**寧靜的都市綠洲**。公園裡有古蹟豐平館、札幌音樂廳Kitara、道立文學館和迷你天文台等藝文設施，另外也有正統的日式庭園和茶室八窓庵可以參觀。每到假日，不少許多市民會來這裡散步、溜狗、閒坐，或在鴨兒漫游的水池裡，悠哉地划划手搖船。

一草一木盡是優雅美景。

札幌市音樂廳Kitara

地下鐵南北線或市電在「中島公園」站下車，徒步約5分　札幌市中央区中島公園1-15　011-520-2000　10:00~17:00(有演出的日期則至表演結束)　依演出活動而定　www.kitara-sapporo.or.jp

1997年於公園內蓋建的音樂廳Kitara，不但是北海道第一座音樂廳、也是被許多音樂家所認定的優質演出殿堂，其中**能容納2,008人的大音樂廳，以環繞式競技場設計，觀眾席將表演者圍繞在中間，木質優雅而充滿設計細節**的音樂廳，加上專供入場者中場休憩咖啡區與藝廊區，讓音樂饗宴更多元。而即使時間安排不便來場音樂會饗宴，也可在1樓大廳旁的咖啡廳，透過落地玻璃欣賞中島公園美景。

館內復原並展示明治天皇與其隨從所住宿的各個房間擺設樣式。

豐平館

おすすめ 薦

優雅的白色歷史建築，也能在裡面喝咖啡，感受華麗氛圍。

地下鐵南北線或市電在「中島公園」站下車，徒步約5分　札幌市中央区中島公園1-20　011-211-1951　9:00~17:00(最後入館16:30)　休每月第二個週二(遇假日順延)，12月29日~1月3日　門票¥300，中學生以下免費　www.s-hoheikan.jp

明治時期作為開拓北海道而由官方所設立的豐平館，**以旅館用途於1881年落成，首位入住者便是明治天皇**，其後雖歷經時代演變而不斷轉換功能，但其與北海道開拓時期甚至是長期作為市民公民會館、婚宴會場，對於札幌老一輩來說，都是重要的歷史印記。1957年因原址空間不敷使用，而決議將整個豐平館拆解重新立地於中島公園內，1964年被國家指定為重要文化財。

Unwind Hotel & Bar

おすすめ 薦

融入野外露營風的創意飯店。

別冊P.5,D5 地下鐵「中島公園」站1號出口徒步4分 札幌市中央區南8条西5-289-111 011-530-6050 Check in 15:00、Check out 11:00。Bar IGNIS(10F)19:30~23:30(L.O.23:00) www.hotel-unwind.com/

從飯店入口大門外觀，就能嗅聞到這間飯店似乎別有洞天。沒錯，集團下創立的飯店幾乎沒有一間是長一樣的，**2017年開幕位在中島公園鄰近的「Unwind Hotel & Bar」則以大量木質與紅磚溫暖材質，營造出一處充滿北國鄉間露營度假屋風格。**

大廳內，溫暖大沙發、牆角邊堆滿木頭的火爐座位區，一入內儘管往舒服的沙發窩吧，工作人員會端來飲料讓你稍解旅途疲憊、邊為你辦理入住手續。進到房間後，大量木質覆蓋牆壁、天花板，宛如真的入住森林度假屋般讓人新奇，**清早更不用趕著去餐廳吃早餐，因為野餐般的早餐籃早就擱在房門口，只要開門拿進來，就可熱呼呼享用**。而10樓也設有一處酒吧，PM5:00~PM19:00是住客專屬Happy Hour時光，免費紅酒與果汁等任君選擇，跟同行好友一起來放鬆或是試著跟鄰桌國際住客聊天，享受旅行交流美好時光。

渡邊淳一文學館

別冊P.5,D5 地下鐵南北線「中島公園」站3號出口徒步約7分、市電「中島公園通」站徒步約3分 札幌市中央区南12条西6-414 011-551-1282 4~10月9:30~18:00、11~3月9:30~17:30(入館至閉館前30分) 休 週一(遇假日順延) 大人¥500、高中·大學生中¥300、小學生¥50 P5個 watanabe-museum.com ❗團體預約時可申請館內導覽

以《失樂園》馳名日本、台灣的知名作家渡邊淳一，就是出身於北海道的札幌。中島公園一側的渡邊淳一文學館，是由建築師**安藤忠雄設計的簡潔清水模建築，館內1樓展出渡邊淳一所有著作與咖啡館**，2樓則介紹其寫作經歷，並包含他各時期的寫作風格與原稿展示等，當然也有風靡一時的「失樂園」作品展示特區。

中央卸売市場 場外市場

別冊P.5,C4 地下鐵東西線「二十四軒」站5號出口徒步約10分、JR桑園駅徒步約13分 札幌市中央区北11条西21~2-3 011-621-7044 6:00~17:00(依店家而異)，飲食店7:00起 約100個 www.sapporo-market.gr.jp、www.jyogaiichiba.com(場外市場)

若說二条市場是札幌市民的傳統菜市場，那札幌市**中央卸売市場就是大盤商與中盤商的大批貨市場，地位等同於東京的築地市場**，且同樣分成盤商競標用的「場內市場」，以及適合一般遊客觀光嚐鮮的「場外市場」。聚集約60間店鋪的場外市場，總是充斥著各種食材的香味，以及老闆們精力十足的叫賣聲，不但用日文，還會夾雜著簡單的中英韓文，並奉上美味的各色試吃品，讓來自各國的觀光客都感到興致盎然。

搭免費交通車來逛中央卸売市場吧

中央卸売市場交通雖算方便，但如果是住在札幌中央區、北區一帶的飯店，就可以直接利用免費接駁車抵達，真是超便利。有些大型老店都有接送服務，除逛逛他們商店外，也可順便逛周邊，一舉兩得，回程一樣免費搭，店家除了可前往有合作的飯店載客外，也可以在札幌駅搭乘，1個人也可以，服務好又貼心。可當日或前一日，上店家網站預約或去電預約。

(北のグルメ)www.kitanogurume.net/tr/reservation/

(北の漁場)www.uedabussan.co.jp/www/bus/

丸藤 藤本青果

中央卸売市場 場外市場內 011-641-9912 5:00~17:00 附近有2處免費停車場 www.fujimotoseika.com

藤本青果創業至今已逾50個年頭，**便宜的價格以及值得信賴的老店良好信用，讓它成為來到場外市場必定造訪的店家之一**。店內販售著以哈密瓜、馬鈴薯為主的各式北海道優質蔬果，其中尤以哈密瓜最具口碑，盛產期的5~10月間，店內更羅列著10種以上夕張、富良野等地生產的哈密瓜，如果買一顆吃不完的話，也可以用¥200左右買一片來嚐嚐這傳說中的美味。除了哈密瓜外，其它如6月下旬~7月的櫻桃「佐藤錦」、7~8月上旬的櫻桃「南陽」、7月下旬~8月末的西瓜「でんすけすいか」等，也是不容錯過的季節美味唷。

海鮮食堂 北のグルメ亭

中央卸売市場 場外市場內 011-621-3545 海鮮市場7:30~17:00，海鮮食堂7:30~15:00 11個 www.kitanogurume.co.jp

海鮮食堂 北のグルメ亭(海鮮餐廳 北之美味亭)的海鮮料理均使用**鄂霍次克海漁場產地直送的魚貝類**，而且還**可以在併設的中央卸売市場購買食材，交給店內師父代為料理**，和台灣漁港現買海鮮請店家調理的做法類似。在這裡現挑一隻活跳跳的帝王蟹，可以選擇火烤、川燙以及難得的生魚片吃法。

根室杉山水產 UME～堂

根室杉山水產 お食事処 うめぇ堂

距離JR札幌車站車程10分鐘，距離JR桑園車站車程3分鐘，步行13分鐘，距離二十四軒車站步行約9分鐘 札幌市中央區北11條西22丁目1-26，根室螃蟹市場（札幌市中央批發市場 場外市場內） 07:00～15:00 ※週日照常營業 休 商店1/1-1/3，餐廳12/29-1/4 tabelog.com/tw/hokkaido/A0101/A010105/1026592/

位於札幌必遊觀光景點：札幌中央批發市場內【場外市場】的餐廳。也是一間創業於昭和49年（西元1974年）的**螃蟹批發老店**。秉持著「讓更多人享用到新鮮美味的食物」的信念，每天提供現撈活海產，為顧客們提供**最新鮮美味的佳餚**。顧客也可從水槽中挑選自己喜歡的活蟹，讓店家依照自己喜愛的方式烹煮，無論是整隻火烤、水煮，或半烤半煮都可以！由於是水產公司的直營店，每日提供的食材鮮度和價格都無與倫比，絕對物超所值。超大碗的**每日特選海鮮蓋飯一次可嚐到7種海鮮滋味**，只需2640日圓（含稅），讓在地人也讚不絕口！餐廳的開放式廚房，也是本店的魅力之一，可以一睹大廚技藝精湛的料理過程。店內空間雖然不大，但服務親切，老闆十分重視客人的用餐感受，因此總是能讓客人賓至如歸！

さっぽろ純連 札幌店

別冊P.5,D6 地下鐵南北線「澄川」站北口徒步約5分 札幌市豊平区平岸2条17-1-41 011-842-2844 11:00~21:00 味噌ラーメン(味噌拉麵)¥900 P 18個，免費 www.junren.co.jp

昭和39年創業至今的純連和另一家札幌味噌拉麵超名店「すみれ」系出同源，在北海道只有兩家分店，因此儘管位於偏離市區的澄川，想吃還是得乖乖排隊。純連謹守先代傳承的口味，**以豚骨為基底，加入上等的丁香魚、香菇、昆布和蔬菜慢熬出的味噌湯頭，口感豐富而濃厚**，齒頰留香，是札幌正宗味噌拉麵的好味道。

手打ち蕎麦 こはし

おすすめ 薦

蕎麥香氣與滑順口感令人著迷，不愧是米其林一星店家！

別冊P.5,C4 地下鐵東西線「二十四軒」站6號出口徒步約8分 札幌市中央区北10条西21-1-2 050-5493-2172 11:30~15:00（LO.14:30）、週末及例假日11:00~15:30（LO.15:30）；17:30~20:00(LO.19:30)僅每月第1及第3個週二晚上營業 休 第2、4個週二、年始年末 せいろそば(蒸籠蕎麥麵)¥850 P 6個 h672700.gorp.jp/

隱身在巷弄裡的手打ち蕎麦 こはし，天然矽藻土的天花板與牆面、無塗料的真樺木地板與木質桌椅，營造出高雅舒適的室內空間。店內的蕎麥麵為每天早上以石臼新鮮現磨的蕎麥粉手工製成，嚴選自北海道產的頂級蕎麥，讓這裡的蕎麥麵香氣濃醇、順口彈牙，其中**最為推薦的就屬蒸籠蕎麥麵**，夾起Q彈麵條沾取沾醬，一口吸入，蕎麥香氣與醬汁鹹香衝入口中，一試就深深著迷。

白色戀人公園

白い恋人パーク

別冊P.5,A3 地下鐵東西線「宮の沢」站5號出口徒步約7分；或從JR札幌駅前巴士總站1號乘車處搭乘中央巴士「[高速おたる号]小樽（円山由）」至「西町北20丁目」站下車後徒步約7分，約40分、車資¥210 札幌市西区宮の沢2-2-11-36 011-666-1481 1000~17:00 大人¥800、中學生以下¥400、3 以下免費；手作巧克力餅乾體驗1個¥800起(需預約) 450個 www.shiroikoibitopark.jp

充滿歐洲風的白色戀人公園，彷彿是巧克力的夢幻城堡。在濃濃的巧克力香伴隨下，遊客可以參觀北海道人氣點心——白色戀人的製造過程、巧克力歷史和各種相關的收藏品外，還有美麗花園、各式體驗處與咖啡餐飲處。

白色戀人包裝上的秀麗山景

高知名度北海道的必買伴手禮「白色戀人」，你知道包裝盒上的秀麗山景從何而來嗎？其實那美麗的山脈正是利尻島上的利尻山。有次白色戀人的總經理造訪利尻島的時候，看到這如瑞士山峰般優美如畫的景色時，深受吸引，因此決心製作西式甜點，並將利尻山畫在其包裝上面。觀看角度正是從オタトマリ沼(otatomari沼)所看過去的風貌，在包裝上還可找到這個利尻山的名字出現在上面唷！

藻岩山展望台

薦

もいわ山展望台

眼前這片寶石般的燦爛燈彩，讓札幌市的夜景躋身日本新三大夜景之列。

別冊P.5,C6 從市電「ロープウェイ入口」站徒步約13分，或徒步1分至南19西15處搭乘免費接駁車(約15分1班)，約5分即達もいわ山麓駅(藻岩山山麓纜車站)；或從地下鐵東西線「円山公園」站2號出口搭乘「[循環円11]ロープウェイ線(纜車線)」約15分至「ロープウェイ前」站下車徒步5分；JR札幌駅可在巴士總站7號月台搭乘[啓明線50]直達「ロープウェイ前」站，約37分。兩種巴士皆￥210 札幌市中央区伏見5-3-7 011-561-8177(藻岩山山麓纜車站) 10:30~22:00、12~3月11:00~22:00(最後搭乘時間21:30) 休定期檢修日(詳見官網) ロープウェイ+ミニケーブルカー(纜車+迷你纜車)來回大人￥2,100、小學生以下￥1,050 P120個 mt-moiwa.jp/

海拔531公尺的藻岩山是札幌人週末的踏青去處，2011年底展望台重新開放，可選擇搭乘纜車後轉搭驅動方式為世界首創的迷你纜車前往。**白天可以一覽市區全景，夜晚則有璀璨閃爍的夜景**，是熱門的約會景點。

©北海道觀光振興機構

入口處各式鄉村風格小物、老件等，搭配成像雜誌般的美麗畫面，即使光看不買也覺得心情變得很好。

BULE TULIP 伏見本店

薦

溫馨空間裡是滿滿的生活雜貨與庭園布置風格小物。

別冊P.5,C6 市電ロープウェイ入口(纜車站)下車，徒步約5分 札幌市中央区南19条西16-7-10 011-561-5174 10:00~18:30 休年末年始

鄰近小熊邸的這家獨棟小木屋，周圍被花園圍繞，屋子一側宛如玻璃溫室般，裡面充滿可愛園藝小物與配件，另一側的空間則擺滿生活雜貨，骨董物件、服飾、餐桌用具及廚房小物，**不論日式歐式，通通在這裡融合**，讓人也想把家裡變身成像這裡一般的風格。

舊小熊邸

旧小熊邸

別冊P.5,C6 市電ロープウェイ入口(纜車站)下車，徒步約7分 札幌市中央区伏見5-3-1 011-213-1235 11:00~20:00 休週四

四季色彩與藍色屋頂、黃白外牆相襯，更顯優美。

藻岩山麓纜車站下方的舊小熊邸，是由美國現代建築設計大師Frank Lloyd Wright的弟子田上義也設計，建於昭和2年(1927)，有著傾斜屋簷、大大的五角形窗戶，充滿端正的水平之美。**原為北海道帝國大學農學教授小熊 捍的私宅**，後來歸北海道銀行所有，進入平成年間後因為房屋老舊計劃拆除，但有志市民認為其歷史意義深遠，故發起保存運動，幾經奔走才保留下舊宅，從市區移到此地並加以修復，**是屬於札幌的歷史印記**。現在則為釣具店兼咖啡空間。

Plantation

別冊P.4,E4 地下鐵東豐線「菊水」站4號出口徒步約10分 札幌市白石区菊水8条2-1-32 011-827-8868 11:00~19:00(L.O.餐18:00、飲料18:30) 休年末年始 P10個 www.morihico.com

Plantation改造自老舊倉庫，**由札幌知咖啡名店森彥開設**，將這裡打造成巨大的**咖啡基地**，不時還會舉辦活動。店鋪一樓是烘焙作業廠以及廚房，可以看到巨大的烘豆機不停運轉，一旁還堆滿了一袋袋咖啡豆，二樓則是座位區，簡單舒適的擺設讓人不由得沉浸在這個充滿咖啡香的空間之中。

回転寿しトリトン 豊平店

別冊P.5,D5 地下鐵東豊線「学園前」站4號出口徒步約7分 札幌市豊平区豊平4条6-1-10 011-817-7788 11:00~22:00(L.O.21:30) 壽司每盤¥125~530不等 P有 toriton-kita1.jp

斜里鮭魚子、羅臼章魚、增毛的南蠻鮮蝦…嚴選自北海道各地的肥美海產一道道劃過眼前，幾乎將飯完全遮蔽的大切片海鮮帶著鮮度十足的美麗光澤，在這些令人垂涎欲滴的視覺車輪戰後，桌上的盤子也疊得越來越高，滿足度也越來越高漲。這裡所使用的海鮮**不只注重鮮度，從每個握壽司的口感、入口大小、外觀的美感都能看出師傅們的用心與技巧。**

北海道開拓の村

別冊P.4,H5 從札幌搭乘地下鐵東西線，在「新さっぽろ」站(或JR新札幌駅)下車，在巴士總站10號乘車處，轉乘JR巴士「[22・新22]開拓の村線」至終點「開拓の村」站下車，約20分、車資¥210 札幌市厚別区厚別町小野幌50-1 011-898-2692 9:00~17:00、10~4月9:00~16:30(入村至閉園前30分) 休週一(遇假日順延)、12月29日~1月3日、不定休 大人¥800、高中大學生¥600，中學以下及65歲以上免費 P400個 www.kaitaku.or.jp

位於野幌森林公園內的北海道開拓の村，**將明治、大正、昭和時期約60棟建築物重建復原於此，並以市街地群、漁村群、農村群、山村群4大區域來分別展示**，除了建築外觀的復原外，不少建築的內部也復原當時的生活風景，或是改裝成小店、食堂等，相當有趣。從開拓之村入口附近到農村群前，夏天有馬車、冬天則有馬橇往返運行。

わらく堂

獨特的和風起司蛋糕，人氣第一！

別冊P.4,E5 地下鐵東西線「南鄉7丁目」站2號出口徒步約7分 札幌市白石区栄通7-6-30 0120-11-3126 10:00~18:00 休1月1日 $おもっちーず(麻糬起司) 6入¥1,058 P2個 www.warakudo.co.jp

わらく堂人氣最旺的甜點當屬**おもっちーず，有著超柔軟口感與超強延展性，並且結合起司蛋糕的濃郁香氣與麻糬的綿密口感**，成功造成話題，多次被美食節目介紹，還曾在日本節目黃金傳説中被票選為絕品甜食第一名。除了原味外，還有販售巧克力及草莓口味。

從裝潢到菜單都充滿創新的南洋風情。

MAGIC SPICE 札幌店

別冊P.4,F5 地下鐵東西線「南鄉7丁目」站3號出口徒步約4分 札幌市白石区本鄉通8丁目南6-2 011-864-8800 11:00~22:00(平日15:00~17:30午休) 休週三、週四 $湯咖哩¥1,000起 P25個 www.magicspice.net

正如同店名MAGIC SPICE一樣，個性熱情開朗的老闆下村泰山先生與太太惠子小姐，**宣稱是以魔法的辣粉、以及各種南洋香料相搭配出魔法的湯咖哩湯底**，食材則有雞腿、豬肉、海鮮和本店限定的炸魚等可以選擇。咖哩辣度由「覺醒」到「虛空」一共分7級，嗜辣如命的人，歡迎來挑戰。

DONGURI本店

別冊P.4,F5 地下鐵東西線「南鄉7丁目」站4號出口出站後沿著水源池通徒步約3分 札幌市白石区南鄉通8丁目南1-7 011-865-0006 8:00~20:00 休1月1日 $ちくわパン(竹輪麵包)¥162 P18個 www.donguri-bake.co.jp

在札幌擁有9間店鋪的DONGURI是當地的人氣麵包坊，店內首推**人氣第一的竹輪麵包，塗上美乃滋的油亮亮麵團中包著竹輪，而竹輪裡面還塞滿了鮪魚洋蔥沙拉**，一起入烤箱烘烤，一口吃下這奇特麵包，口味豐富飽滿，多層次的口感巧妙結合，難怪始終佔據銷售冠軍寶座。

與市區的大通分店不同，近郊的本店充滿小麵包坊的溫暖氣息。

札幌巨蛋

札幌ドーム

別冊P.4,E7 地下鐵東豐線「福住」站3號出口徒步約10分；遇大型活動時可從地下鐵南北線「真駒內」站、南北線「平岸」站、東西線「南鄉18丁目」站等處搭乘接駁車前往，車資¥210 札幌市豐平区羊ケ丘1 011-850-1000 展望台10:00~17:00 休活動準備與舉辦期間 $展望台：大人¥520、中小學生¥320、4歲~就學前免費；巨蛋導覽(約50分)：大人¥1,050、4歲~國中生¥550；展望台與巨蛋導覽聯票：大人¥1,250、中小學生¥700 P約1,300個，2小時¥300；舉行活動期間則須事先買好停車券 www.sapporo-dome.co.jp

2001年落成的札幌巨蛋造型前衛，銀弧狀的**外觀充滿未來感**。這座耗資422億日幣打造的**札幌巨蛋是職業棒球隊北海道日本火腿鬥士和足球隊CONSADOLE SAPPORO的地主球場**，不但可以更換地面草皮，也是世界上唯一能同時進行足球與棒球賽的超級雙球場。從向外突出的空中展望台可以遠眺街景與鄰近高山。

札幌羊之丘展望台

おすすめ 薦

別冊P.4,E7 從地下鐵東豊線「福住」站3號出口的4號乘車處搭乘中央巴士「[福84] 羊ヶ丘線」至終點「羊ヶ丘展望台」站，約10分、¥210；4~11月間亦可從JR札幌駅附近的札幌東急南口前2號乘車處搭乘中央巴士「[89]羊ヶ丘線」至終點「羊ヶ丘展望台」站，約38分、¥240 札幌市豊平区羊ヶ丘1 011-851-3080 9:00~17:00(依季節會調動時間) 大人¥530、中小學生¥300 100個，免費 www.hitsujigaoka.jp

不僅博士的雕像常常出現在札幌的各式小物上，眼前風光更是北國代表風景。

順著博士的指示，欣賞寬闊的札幌市景吧。

展望台前的銅像是以一句「少年們，要胸懷大志！(Boys, be ambitious!)」而聞名北海道的北大首任校長克拉克博士。順著博士手指的方向，視線越過綿羊們吃草的起伏丘陵，就能望見札幌在地平線上的市景。**或許因為這樣的景色太符合人們對北海道的印象，因此成為具代表的景點之一**。展望台一旁有可吃成吉思汗烤羊肉的羊之丘餐廳，賣冰淇淋、禮品的羊之丘澳洲館和雪祭資料館等設施。

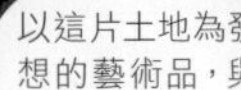

以這片土地為發想的藝術品，與自然共息。

札幌藝術之森

別冊P.5,D8外 從地下鐵南北線「真駒內」站2號乘車處搭乘中央巴士「[101・真101]空沼線」、「[102・真102]滝野線」，約15分至「芸術の森入口」、「芸術の森センター」站。車資國中生以上¥300、小孩¥150 札幌市南区芸術の森2-75 011-592-5111 9:45~17:00、6~8月延長至17:30(最後入館至閉館前30分) 休〔園區〕週一(遇例假日順延，4月29日~11月3日無休)、12月29日~1月3日。〔野外美術館〕11月4日~4月28日休館，但約1~3月上旬可穿雪鞋參觀室外雕刻(免費) 野外美術館大人¥700、65歲以上¥560、中學生以下免費；札幌芸術の森美術館依展覽而異 608個，1次¥500 www.artpark.or.jp

札幌藝術之森廣約40公頃，腹地佔地最大的便是「野外美術館」。野外美術館不只是一個在戶外展示雕塑作品的超大型藝術公園而已；許多作品是各地的藝術家，實際到了這裡思考並尋找靈感後，**以這片土地和森林作為原點，為這裡作出的藝術作品**。

瀧野鈴蘭丘陵公園

滝野すずらん丘陵公園

別冊P.4,E8外 從地下鐵南北線「真駒内」站2號乘車處搭乘中央巴士「[真106]滝野線」，約35分至「すずらん公園東口」站，車資國中生以上¥450、小孩¥230 札幌市南区滝野247 011-592-3333 9:00~17:00(4月・5月・9月・10月・11月)，9:00~18:00（6月~8月） 4月1~19日、11月11日~12月22日(4月19日、12月22日週週日營業) 大人¥450、未滿15歲及65歲以上¥210、冬季免費 約2,000個，1次¥420 zh-tw.facebook.com/takinopark/

札幌近郊的瀧野鈴蘭丘陵公園占地極其廣闊，有山丘森林，也有小河和瀑布流淌，是可以**親近大自然、且相當適合親子同遊的美麗地方**。隨著四季，公園的風景也會不斷變化；入春開始，在中心區域的花田有水仙、鬱金香和波斯菊輪番綻放，秋天森林裡瀑布與紅葉相映的風景，吸引不少人專程前來觀賞，**冬天這裡則搖身一變成了「瀧野雪世界」**，有初級的滑雪道、雪橇以及雪地散步等各種雪中行程可以盡興玩耍。

©滝野すずらん丘陵公園

©滝野すずらん丘陵公園

©滝野すずらん丘陵公園

真駒内滝野霊園

別冊P.4,E8外 從地下鐵南北線「真駒内」站2號乘車處搭乘中央巴士「[真108]滝野線」，約25分至「真駒内滝野霊園」站，車資¥380；參觀園內可徒步或搭乘免費巴士 札幌市南区滝野2 011-592-1223 4~10月7:00~19:00、11~3月7:00~18:00；頭大佛4~10月9:00~16:00、11~3月10:00~15:00 12月29日~1月4日、設施維護日 免費 免費 www.takinoreien.com

©真駒内滝野霊園

真駒内滝野霊園是一處腹地廣達180萬平方公尺的墓園，**園內不僅有摩艾像、巨石陣等景觀設計，2016年起更因為安藤忠雄操刀的「頭大佛」完工開放，吸引不少人特地一訪**。為紀念開園30周年，當時園方特別請來建築大師安藤忠雄，為原有的大佛像建造佛殿，從遠處眺望，只能看到大佛露出於山丘的半顆頭，讓人充滿想像，順著參道的水庭前行、進到殿內，在幽暗的空間內抬頭仰望，映入眼簾的大佛與天光更是讓人不由得讚嘆。

夏天被薰衣草圍繞、冬天時大佛頭頂還會積雪呢。
©真駒内滝野霊園

モエレ沼公園

おすすめ 薦

雕刻藝術的全新演繹，是札幌市郊的熱門藝術景點。

別冊P.4,F1 從地下鐵東豊線「環通東」站1號乘車處搭乘中央巴士「[東61・東69・東79] 北札苗線」至「モエレ公園東口」站下車，約 25分、車資¥210 札幌市東区モエレ沼公園1-1 011-790-1231 7:00~22:00(入園至21:00) 無，各設施另有休業日 免費 1,500個 moerenumapark.jp

藝術家Isamu Noguchi長年旅居美國，在58歲高齡踏上札幌，竟從一塊曾經是垃圾場的淤水沼澤地裡看出了不一樣的東西。這件耗時16年的巨型雕刻作品，有水流緩慢的モエレ沼澤環繞；**有座玻璃金字塔，隨著光線變化**，映照出不同的線條光影，也讓**所有行走其中的人們，都成為作品的一部分**。

三井暢貨園區 札幌北廣島

MITUI OUTLET PARK 札幌北広島

©三井暢貨園區 札幌北廣島

別冊P.4,G8外 從JR札幌駅前的札幌東急百貨南口前，1號乘車處搭乘中央巴士「[100]三井アウトレットパーク(三井outlet park)線」至終點站下車，約50分、¥320；或從地下鐵東豊線「福住」站3號出口的5號乘車處搭乘中央巴士「[福95]美しが丘線」，約25分至「三井アウトレットパーク」站下車，車資¥290 北広島市大曲幸町3-7-6 011-377-3200 商店10:00~20:00、餐廳11:00~21:00(依店家而異)、美食街10:30~21:00(L.O.20:30) 不定休 2,700個 mitsui-shopping-park.com/mop/sapporo/index.html

三井暢貨園區於2010年首度進軍北海道，園區內**集結國內外約130個人氣品牌**，其中還包括9間首度進駐日本的品牌，無論是男女裝、各式雜貨、運動品牌在這裡都一應俱全。**從札幌車站前可搭乘直達車**，1小時內即可到達，便利的交通也讓這裡成為當地居民及觀光客的血拚好去處。

©三井暢貨園區 札幌北廣島

©札幌市

百合原公園

別冊P.5,D1 JR学園都市線「百合が原」駅徒步約10分；或在地下鐵東豊線「栄町」站1號出口前搭乘中央巴士「[麻25] 篠路小学校」、2號出口前搭乘中央巴士「[栄20 栄23] あいの里4条1丁目」，分別至「百合が原公園前」及「百合が原公園東口」站下車，約5~6分、車資¥210 札幌市北区百合が原公園210 011-772-4722 8:45~17:15；遊園觀覽列車4月下旬~10月下旬(リリートレイン)10:00~15:40、平日至15:30、10月時只於週末及例假日行駛 [溫室]週一(遇假日順延)、12月29日~1月3日；[世界的庭園]11月上旬~4月下旬休；[遊園觀覽列車]10月下旬~4月下旬休 [世界的庭園]、[溫室]高中生以上各¥130；[遊園觀覽列車]小學生以上單程¥360 276個，免費 yuri-park.jp

占地24.6萬平方公尺的百合原公園，**植有約100種來自世界各國的百合花**，從6月中旬到9月下旬都可觀賞到清新動人的百合。園內還有集合日本、德國等4國庭園的世界庭園以及玫瑰花壇、大理花園等不同的花朵風景可欣賞。搭乘遊園觀覽列車繞行園內一周約12分鐘，也提供腳踏車租借服務。

從札幌再往外 前往星野TOMAMU度假！

星野リゾート トマム

地處北海道中央位置，TOMAMU為日高山脈環繞，也因此擁有絕佳景色，除了可以在飯店內悠閒度過，更吸引人的是飯店推出的各式活動，冬季除了滑雪場，還會開設「冰城」、推出各式雪上、冰上活動，依季節而異還可欣賞雲海、霧冰絕景，還有不同風格的餐廳能夠大啖美食，另外更可以參安藤忠雄設計的「水之教堂」，一覽大師建築之美。

JR札幌駅搭乘「特急スーパーとかち」約1小時40分於「トマム」駅下，再轉乘接駁巴士5~10分可達，車資¥5,550 勇払郡占冠村中トマム 0167-58-1111 www.snowtomamu.jp/winter/cn 各項設施開放時間不一，活動依季節而異，詳見官網

©星野リゾートトマム

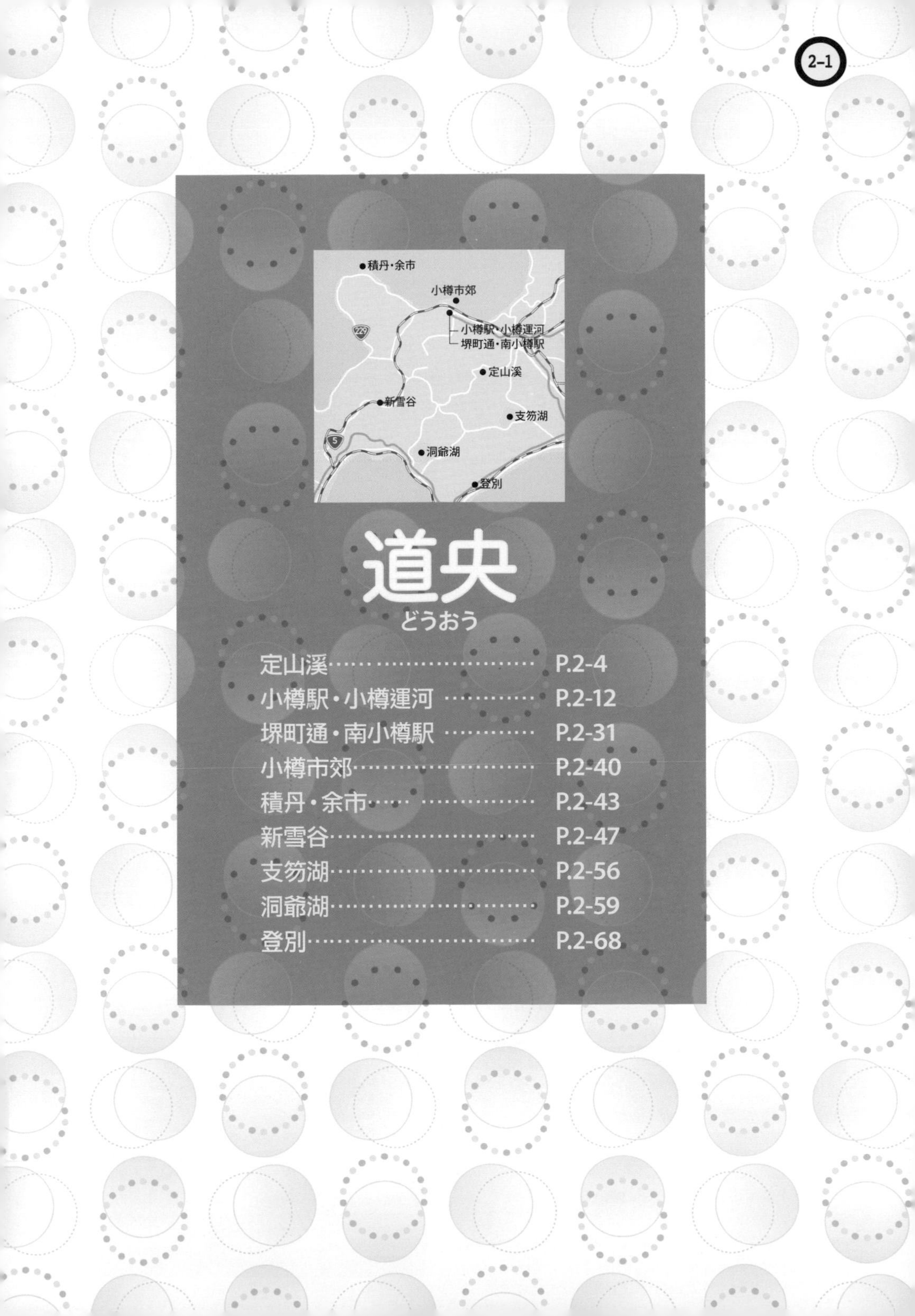

道央
どうおう

道央怎麼玩

除了札幌以外，道央本身就是北海道的主要觀光區，這一地區包括小樽、積丹、新雪谷、定山溪、登別、支笏湖以及洞爺，其實都與札幌十分接近，非常適合從札幌來一趟小旅行；不過，畢竟光是熱鬧的小樽就可以逛上一兩天了，要是想前往滑雪勝地新雪谷或溫泉鄉登別、洞爺湖，最棒的方式還是在各區稍稍停留個一兩天，才能夠好好感受道央揉合了自然美景的寧靜淡遠、人文都市的悠然愜意，所展現出的美好平衡。

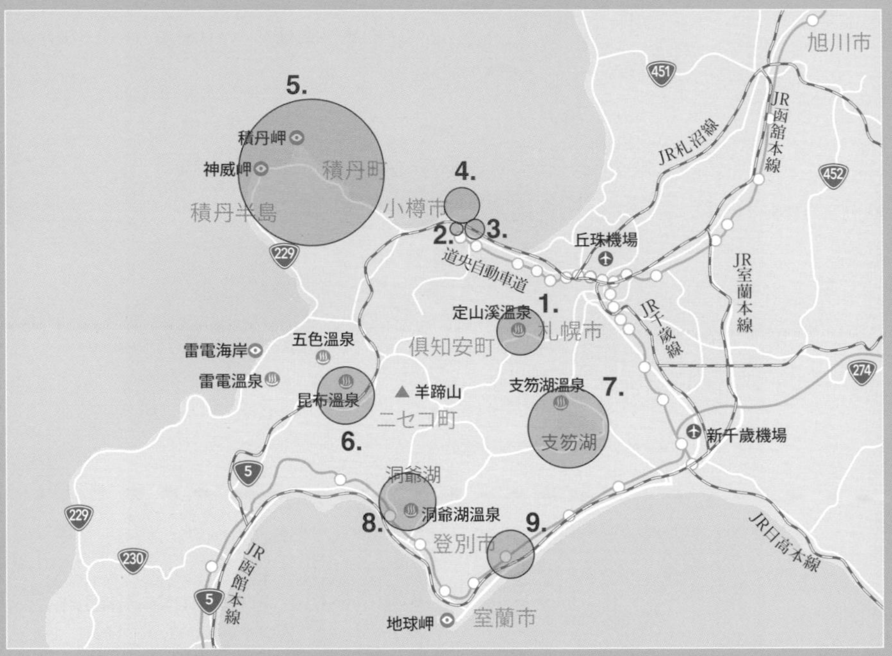

❶定山溪

定山溪自江戶後期發現溫泉之後，逐漸發展成今日的溫泉小鎮。位在道央的定山溪，距離札幌市中心只要大約1小時車程，周邊是茂密的森林以及高聳溪谷，優美的自然環境不僅為溫泉鄉風景加分，更增添了四季分明的魅力，是札幌人最喜愛的溫泉後花園。

❷小樽駅·小樽運河

小樽豐厚的歷史都展現在其街道中，歐式建築、舊時運河，與瓦斯燈組成最迷人的風景。玻璃製品及音樂盒是小樽的名產，還有壽司通和美味的洋菓子店，小樽運河更是最具代表的景點，浪漫氛圍令人沉醉。

❸堺町通・南小樽

小樽原是札幌的外港，明治維新後，更是對俄羅斯、歐洲等貿易的重鎮，所以市街特別有俄式的歐洲風情。堺町通是小樽的鬧街，精緻的玻璃藝品和甜點店大多集中在這裡，十分熱鬧，想知道小樽最新的甜點、最熱門的話題，到這裡就對了。

❹小樽市郊

要是只在小樽市中心遊玩，那未免太觀光、太普通了一些，想深入感受小樽魅力的話，不妨從小樽車站前跳上巴士，前往市郊的景點一遊！祝津地區能夠接近海洋生物的小樽水族館、昔日因鯡魚產業而興建的小樽貴賓館，或是天狗山等景點，都是認識小樽不同風貌的好去處。

❺積丹・余市

想欣賞北海道壯麗海景的話，積丹或許是最佳去處，位在道央可以從小樽或札幌乘車，輕鬆欣賞沿岸蔚藍風光以外，更可以一訪連綿的壯闊斷崖，而中途經過的小鎮余市，不僅擁有多座果園，能夠體驗摘果子的趣味，更有日本數一數二的威士忌，還可以參觀工廠呢。

❻新雪谷

新雪谷是北海道的戶外運動聖地，夏天可以泛舟、釣魚、打高爾夫、探訪山中沼澤，或攀登羊蹄山；冬天則是廣大的滑雪場，擁有眺望羊蹄山的絕佳視野，是最美麗的滑雪天堂。

❼支笏湖

支笏湖周長約40公里，周邊是高山與樹林圍繞，可以一邊眺望遼闊湖景，一邊悠閒泡湯，嚴冬時的冰濤祭有巨型冰像、迷宮還有許多冰雕，將這處深山湖泊妝點的美輪美奐。

❽洞爺湖

洞爺湖美麗的自然景色令人嚮往，也是著名的溫泉地。洞爺湖賣點之一的就是4~10月的花火大會，施放時間是全日本最長，還可以搭船欣賞煙火，白天也可以坐船遊湖、享受能望見湖景的露天溫泉。

❾登別

登別溫泉鄉是北海道最大的溫泉區，這裡除了各家飯店，還有處處蒸騰著熱氣的景點，大湯沼、地獄谷、奧之湯都是重要景點，也別忘了逛逛溫泉街上的商家。

定山溪

じょうざんけい

Jozankei

在幕末發現溫泉的定山溪，距離札幌市中心大約1小時的車程距離，很快的便成為札幌人最喜愛的溫泉後花園。現在，定山溪的溫泉旅館沿著溪谷而立，不但有舒服的沿河步道可以散步，還有許多造型可愛的河童雕像迎接來客。

交通路線&出站資訊

巴士

從札幌出發

★JR札幌駅前巴士總站➩可從JR札幌駅前巴士總站【12號乘車處】搭乘定鐵巴士[7·8]定山溪線，至定山溪溫泉各站下車，車程約1小時20分，車資￥790，1小時2~3班

★かっぱライナー号(河童liner號)➩亦可選擇定鐵巴士「かっぱライナー号」，從JR札幌駅前巴士總站【12號乘車處】搭乘，到定山溪溫泉各站約1小時、￥960，到豐平峽溫泉約1小時10分、￥960。1天4-5班，採預約制(電話：0120-737-109)，也能上網預約

★札幌地下鐵南北線「真駒內」站➩在【4號乘車處】轉搭定鐵巴士「[12]定山渓線」至定山溪溫泉各站，1小時1~2班，車程約50分，￥620

◎定鐵巴士(じょうてつバス)

www.jotetsu.co.jp

從新千歲機場出發

從國內線【21號乘車處】、國際線【85號乘車處】搭乘北都巴士定山溪直行巴士「湯ったりライナー号」至定山溪各站下車，免預約，14:00發車，車程約1小時40分，大人￥1,800、小孩￥900

◎北都交通巴士

www.hokto.co.jp

從洞爺湖溫泉出發

搭乘道南巴士「札幌~定山溪~洞爺湖溫泉」路線，約1小時40分至「定山溪」站下車，1天約4班(預約制)

◎道南巴士

011-865-5511(札幌營業所)、0142-75-2351(洞爺營業所)

www.donanbus.co.jp/tw/

出站便利通

「定山渓車庫前」巴士站➩定山渓グランドホテル瑞苑

「定山渓」巴士站➩大黒屋商店、喫茶フランセ、定山渓万世閣HOTEL MILIONE、定山渓観光ホテル山渓苑

「定山渓神社前」巴士站➩定山渓神社、章月グランドホテル

「定山渓温泉東2丁目」巴士站➩紅葉亭、定山渓ビューホテル、定山渓鶴雅リゾートスパ 森の謌、悠久の宿白糸

「定山渓大橋」巴士站➩翠山亭倶楽部定山渓、カフェ崖の上

「第一ホテル」巴士站➩定山渓第一寶亭留·翠山亭、翠蝶館、翠山亭倶楽部定山

「定山渓湯の町」巴士站➩定山源泉公園、定山渓物産館、食堂こんの、岩戸観音堂、湯の滝、定山渓散策路、ぬくもりの宿 ふる川、ホテル鹿の湯·花もみじ、定山渓ホテル

「白糸の滝」巴士站➩鳥花雪、悠久の宿白糸

「小金湯」巴士站➩湯元小金湯、湯元旬のお宿まつの湯

觀光旅遊攻略

日歸溫泉+巴士套票(温泉日帰りパック)➩定鐵巴士與定山溪大部分的溫泉飯店合作，販售從JR札幌駅或地下鐵南北線真駒內站到飯店的來回巴士券+入浴券，大人￥2,200、小孩￥1,100，在JR札幌駅巴士總站和定鐵巴士上都可以購買。不過最划算的方式，還是利用溫泉飯店本身的免費接駁巴士

可徒步遊玩➩定山溪溫泉範圍不大，可以步行前往河濱的二見公園、二見吊橋與河童淵的散步道，以及飯店集中的溫泉街

10月上旬紅葉季➩定山溪一年四季都能泡湯，不過最熱鬧的時候還是10月上旬的紅葉時分，楓紅沿著溪谷散步道一路鋪展，尤其二見吊橋一帶，兩岸紅葉與鮮紅的橋身組成絕美風景

前往豐平峽水庫➩約7~9月期間可從定山溪觀光案內所搭乘免費接駁巴士(豊平峡無料シャトルバス)，前往電氣巴士停車場，1天3班，到達後再轉乘電氣巴士前往水庫範圍，旅遊旺季遊客眾多建議早點搭乘。電氣巴士往返大人￥700、小孩￥350

電氣巴士➩於5~11月初8:45~16:00間運行，途中會穿過兩處隧道，可以看到九段瀑布，回程則可眺望千丈岩，記得坐在左側更可清楚欣賞風景

觀光案內所

定山溪觀光協會

札幌市南区定山渓温泉東3

011-598-2012

jozankei.jp

定山溪溫泉

別冊P.10,B2 巴士「定山渓」站下車即達 札幌市南区定山渓温泉

定山溪溫泉的歷史悠久，據傳慶應2年(1866年)，一位名叫美泉定山的修行和尚在山中看到野鹿用溪谷中的天然溫泉療傷，因而發現了此溫泉。現在的定山溪溫泉街上大約有20餘家溫泉飯店和民宿，泉質均為無色透明、觸感滑溜的氯化物泉(食鹽泉)。若是想泡湯，除了選擇各家飯店(大部分都有純泡湯的選擇)外，**也可以在定山溪源泉公園或溫泉街散步之餘，順帶泡泡免費的足湯或手湯**。

溫泉鄉範圍不大，但由於地處四季優美的溪谷，距離札幌又近，因此很受歡迎。

免費泡湯去

かっぱ家族の願かけ手湯

©定山溪觀光協會

在國道230號旁有個祈願手湯，此祈願手湯的正確使用方法其實不是把手直接伸進泉水內浸泡，而是要在小河童的頭上倒入溫泉，用河童口中流出的溫泉水清洗雙手，隨即唸出咒語「オン・カッパヤ・ウンケン・ソワカ(on-kappa-ya-un-ken-so-wa-ka)」3次，最後再許下心願，據說這樣做願望就能實現喔。

足のふれあい太郎の湯

此足湯同樣位於國道230號旁，十分適合三五好友或是一家大小一起同樂。大家圍著圈面對面坐著泡湯，一邊談天說笑、一邊環顧四周景致，十分愉快。

7:00~20:00

以札幌黃皮洋蔥製成的特產「定山溪溫泉洋蔥湯」，滋味濃郁甜美，也可以在這裡買到。

定山溪物產館

別冊P.10,B2 巴士「湯の町」站徒步約1分 札幌市南区定山渓温泉西4-343 011-598-2178 8:00~21:00 不定休 自家製溫泉饅頭10個￥750 www.j-bussankan.co.jp

要買伴手禮，就到定山溪物產館吧。這間**創業於大正15年的老舖**除了提供各式各樣的名產，**最出名的就是自製的溫泉饅頭了**。綿密的饅頭內餡使用北海道產的紅豆熬煮，澎潤外皮柔軟而有彈性，每天早上新鮮出爐，時常到中午就賣完了，相當受歡迎。此外，店內特製的河童造型人形燒也是不可錯過的可愛伴手禮。其他還有眾多河童紀念品、木雕、陶藝品等，不妨細細尋寶一番。

心の里 定山

別冊P.10,A2 巴士「湯の町」站徒步2分 札幌市南区定山溪温泉西4-372-1 011-598-5888 10:00~18:00 ¥1,500(含足湯、休息室及點心茶飲) www.kokorono-sato.jp

「心の里 定山」是個舒適且自在的**免費休憩空間**，這裡**匯集了足湯、休憩空間、庭園、茶點、圖書等服務**，遊客到這裡來，可以先逛逛和風庭園，欣賞四季的風景之後，再進到「森乃別邸」之內，別邸內設有八種不同的足湯，能夠一邊聽著流水的聲音，一邊放鬆享受溫泉的療癒，接著再到休息室享用免費的茶點，感受定山溪寧靜之美。

©定山溪観光協會

©定山溪観光協會

這裡的溫泉是引自老舖飯店「ぬくもりの宿ふる川」的氯化物泉。
©定山溪観光協會

河童出沒注意！

在定山溪遊逛時，不難發現各式各樣的河童雕像們，市區中的一些手湯或足湯都還以河童作為裝飾和命名呢！河童是定山溪的吉祥物兼守護神，不論是可愛的河童公主、舒服泡湯的河童或是又大又綠的河童大王都很有特色唷。在定山溪一共有23座各種造型的河童雕像，散步時不妨順便尋寶一下，看看自己能否全數找齊吧。

定山源泉公園

おすすめ 薦

花錢泡湯之外，還有免費足湯可以泡個過癮。

別冊P.10,B2 巴士「湯の町」站徒步1分 札幌市南区定山溪温泉東3 011-598-2012(定山溪観光協会) 7:00~21:00 免費

走過跨越溪谷的月見橋，可以看到這個緊鄰橋旁的小公園。源泉公園內有一座寬敞的足湯，一年四季供遊客泡腳歇息，此外還有膝蓋湯、溫泉蛋之湯、花草小徑等，可以穿著浴衣和木屐來閒逛。

飯店地下室還有個小型的藝廊，展示著北海道藝術家的作品。

ぬくもりの宿 ふる川

別冊P.10,B2 巴士「湯の町」站下車即達 札幌市南区定山溪温泉西4-353 011-598-2345 一泊二食，兩人一室每人約¥9,500起 www.yado-furu.com

以「故鄉」為概念，ぬくもりの宿 ふる川**希望旅客能忘卻忙碌生活，在此度過如回到家鄉般的放鬆假期**。館內使用大量木頭營造質樸而溫暖的空間，作為裝飾的農家擺設更給人親切熟悉的感覺。展望浴場和露天溫泉皆以天然石材和古木打造，別有一番風味。在如此閒適的度假氛圍中，突然心有所感，抑或思念起某個人的話，不妨到館內的 手紙コーナー，畫一張滿載心意的繪手紙吧。

正殿內設有電動式神籤機，投入錢幣後，機器中的巫女玩偶拿著神籤前來，十分有趣。

岩戸観音堂

別冊P.10,A2 巴士「湯の町」站徒步約1分 札幌市南区定山渓温泉西4 011-598-2012(定山渓観光協会) 7:00~20:00 洞窟參觀費用大人¥300、小孩¥100 jozankei.jp/tourist/iwato-kannon/

位於定山溪溫泉街的岩戶觀音堂，當初是為了奠祭在修建小樽~定山溪道路過程中貢獻生命的亡靈，以及祈求交通安全而建的，**現在很多人則到此祈求考試、戀愛的順利，據說頗為靈驗**。小小的廟堂神聖而莊嚴，正殿裡的一側可以看見一洞窟入口，這個長120公尺的洞窟中供奉了大大小小33尊觀音像，走入裡面即感受到安詳寧靜的氛圍。

坂ノ上の最中

おすすめ 薦

Sakano ueno monaka

別冊P.10,B2 巴士「第一ホテル前」站下車 札幌市南区定山渓温泉西3-105(定山渓第一寶亭留翠山亭内1F) 011-598-2141 10:00~14:30(售完為止) www.jyozankei-daiichi.co.jp/sakano_ueno_monaka

結合西式糕點風格與做法的新感覺和菓！

「坂ノ上の最中」是由溫泉飯店第一寶亭留翠山亭所開設，店內販賣的是**結合西式糕點風格的最中**，傳統的最中都是在糯米餅皮內包入內餡，許多還是要自己加入內餡，這裡販賣的則是可以直接享用的最中，不用擔心弄髒手之外，口味也很特別，像是**以法國巧克力慕斯包覆木莓紅酒果醬，或是將道產奶油起士結合酒粕、藍靛果果醬**，每一款都是和洋融合的好滋味。

©定山渓観光協會

定山溪散策路

おすすめ 薦

別冊P.10,A3 巴士「湯の町」站徒步5分 札幌市南区定山渓温泉 5月下旬~10月，二見公園至二見吊橋為止終年可通行

不只楓紅，春天時沿岸的櫻花、冬天時的積雪風景都十分美麗。

從有河童大王的二見公園、二見吊橋到河童淵的散步路段稱為「定山溪散策路」，路線沿著溪谷和樹林而行，可以在蟲鳴鳥叫之中欣賞豊平川，看到定山溪四季變化的自然景色，尤其在**10月楓紅時節，鮮紅色的二見吊橋襯上兩側黃紅葉色，更是經典名景**。散步道盡頭的河童淵，也是定山溪河童傳說的起源之地。沿途共約20個景點，每個景點也設有QRcode，方便查詢造訪。

和風客房、溫泉以外，還有中亞情調的空間，非常特別。

定山渓万世閣

HOTEL MILIONE

別冊P.10,B3 巴士「定山渓」站徒步1分；或從JR札幌駅搭乘免費接駁巴士(預約制) 札幌市南区定山渓温泉東3 011-598-3500 一泊二食，兩人一室每人約¥7,500起 300個 www.milione.jp

定山溪萬世閣飯店**以帶有東方情懷的絲路為主題**，其名稱milione為義大利文的百萬之意，取自馬可波羅遊記的暱稱《Il Milione》。除了自豪的溫泉、客房外，晚上還可結伴到阿拉伯風味的夜總會、居酒屋、卡拉OK等地方消磨時光，各種不同設備，滿足所有客人的需求。

定山溪神社

別冊P.10,C2　巴士「定山溪神社前」站徒步約2分　札幌市南区定山渓温泉東3　011-598-2012(定山溪観光協会)　自由參觀　jozankei.jp/tourist/jozankeitemple/

定山溪神社創建於明治38年(1905年)，至今已超**過百年以上的歷史**，當時祭祀的對象為天照大神，現在神社內除了供奉著大己貴神、少彥名神、大山祇神、罔象女命、金山彥神等神祇外，定山溪溫泉開拓者──美泉定山亦合祀於此。

而今日，定山溪神社已不僅是供奉神祇的信仰中心，每到特殊時節，更是展現定山溪美好印象的地方。**每年2月，在定山溪神社前的廣場，會舉辦名為「雪灯路」的活動**，上千盞點著蠟燭的雪燈，在夜裡映照著神社，非常夢幻。觀光協會亦為此籌劃了攝影和錄影比賽，讓光影交織的美景透過影像與更多人分享。

©定山渓観光協會

定山溪溫泉的季節活動

定山溪溫泉除了每年2月的「雪灯路」以外，其實還有不少季節限定的活動，快來看看活動內容與時間，排入行程吧。

雪三舞

每年冬季限定的活動，包括狗拉雪橇、騎馬、雪上香蕉船、雪中健行等不同體驗，還可以品嚐使用在地蔬果烹調而成的美味咖哩，或是在雪地裡來場極寒BBQ，活動期間可以在定山溪特定飯店前搭乘免費接駁車前往會場

八劍山果樹園　1月中旬　www.sapporo.travel/event/event-list/yukizanmai/

©定山渓観光協會

定山溪自然彩燈節
Jozankei Nature Luminarie

為了紀念定山溪溫泉開業150周年，從2016年開始舉辦點燈活動，不僅會在二見公園散步道沿途裝上燈綵，還會結合燈光投影在散步道上打造出璀璨主題，美麗景色相當吸睛

©定山渓観光協會

定山渓温泉西4 二見公園~二見吊橋　6月~10月下旬　www.sapporo.travel/zh-tw/event/event-list/jozankei-nature-luminarie/

花もみじ

別冊P.10,B2　巴士「湯の町」站下車即達　札幌市南区定山渓温泉西3-32　011-598-2002　一泊二食，兩人一室每人約￥7,300起　shikanoyu.co.jp/hana

花もみじ(花楓葉)是鹿之湯飯店的別館，承襲了鹿之湯的優雅與純粹和風，花楓葉更給人一種雅緻的氛圍。10個榻榻米以上大小的寬敞客室，是花楓葉的魅力之一，可以在此盡情享受最舒適的空間。溫泉浴池也是花楓葉自豪的特色，**頂樓的展望大浴池視野遼闊，可以眺望山林美景**；此外，2樓的露天風呂則以日式庭園概念打造，秋天還能邊泡湯邊賞楓，四季景色皆很迷人。料理奢侈選用當季的新鮮食材，以最能突顯原始美味的方式烹調，讓旅客一餐飽嚐北海道的山珍海味。

おすすめ 薦

雨ノ日と雪ノ日

Amenohi to yukinohi

使用道產原料做成的美味冰淇淋，值得一嚐！

別冊P.10,B1 巴士「第一ホテル前」站下車 札幌市南区定山渓温泉西2-41 011-596-9131 10:00~18:00(Pizza L.O.17:30) 休週四 gelato雙球¥470 amenohito.com/yuki/

2018年9月開幕的「雨ノ日と雪ノ日」，雖然稍微遠離主要溫泉街，但還是吸引不少人前往一訪，這裡販賣的是**義式冰淇淋、披薩以及湯品**，光是義式冰淇淋就有超多口味，而且大部分都是**結合北海道特產原料**，像是高砂酒造的甘酒、定山溪農場的梅子，或是美瑛產的娟姍牛乳，每一種都是道產的天然滋味，而且還不時推出期間限定口味，錯過就太可惜了。

喫茶&軽食フランセ

別冊P.10,A3 巴士「定山溪」站徒步約3分 札幌市南区定山渓温泉東4-306-1 011-598-3410 10:30~18:00(L.O.17:30) 休週日 カツカレー(豬排咖哩飯)¥900

©定山溪觀光協會

走進喫茶&軽食フランセ，伴隨著自虹吸壺傳來的柔和咖啡香，就好像坐上時光機回到從前。這家咖啡喫茶店創立於1974年，以木頭和仿紅磚牆為主的室內空間，充滿著溫暖復古的西洋風情。**店內提供日式的咖哩豬排飯、炒飯**，也有西式的**義大利麵、三明治**可以選擇，**皆是老闆自豪的獨門美味。**

鹿の湯

別冊P.10,B2 巴士「湯の町」站下車步行約2分 札幌市南区定山渓温泉西3-32 011-598-2002 一泊二食，兩人一室每人約¥5,000起 shikanoyu.co.jp/shikanoyu/

創業至今已有80年歷史的鹿之湯飯店，以周到的服務和優雅舒適的空間深受歡迎，合理的價格更是吸引人之處，在2012年旅遊業選出的250個人氣溫泉旅館中，獲得五顆星的最高殊榮。**從大廳、湯屋到餐廳，皆散發著繁華的日式風情**，而考量到每位旅客的喜好，房間則有和式與和洋式可供選擇。位於地下1樓的大浴殿「瑞雲」，以挑高空間打造舒暢的開放感，露天風呂向外看去即可欣賞溪流美景，一邊聽著潺潺流水聲，好不愜意。

©定山溪觀光協會

©定山溪觀光協會

©定山溪觀光協會

おすすめ 薦

豐平峽水庫

層層秋楓環繞堤岸，優美的楓紅景色吸引遊人造訪。

Ⓐ別冊P.10,A3外 Ⓑ巴士「豐平峽溫泉」站下車，徒步30分到停車場，在停車場轉搭電氣巴士約5分或徒步約30分；或從定山溪溫泉開車到停車場，約8分 Ⓒ札幌市南区定山渓840番地先 ☎011-598-3452(豐平峽電氣自動車) Ⓓ電氣巴士5月1日~11月3日8:45~16:00，10分鐘1班；觀光洩洪(至10月底)9:00~16:00 Ⓢ電氣巴士來回成人¥700、小孩¥350，單程大人¥400、小孩¥200 Ⓟ250個 Ⓦwww.houheikyou.jp

位於定山溪近郊的豐平峽，是因豐平峽水庫興建而蓄積成的水庫湖。雖然是人工湖泊，但**四周有著山巒層疊擁抱，風景相當優美**，因此也入選日本林野廳的「水源之森100選」和「水壩湖100選」當中。每年秋天，豐平峽水庫深藍的湖水，襯上兩岸滿滿金紅，總吸引許多前來賞楓的人們，也是北海道最有名的紅葉景點之一。

紅葉亭

Ⓐ別冊P.10,B2 Ⓑ巴士「定山渓神社前」站徒步約3分 Ⓒ札幌市南区定山渓温泉東3 -228 ☎011-598-2421 Ⓓ11:00~17:00(售完為止) 休週三、第2、3個週四 Ⓢ天ざるそば(天婦羅蕎麥麵)¥1,000

自昭和2年(1927年)營業至今的蕎麥麵老舖紅葉亭，堅持使用石臼磨的蕎麥粉製麵，老闆每天早上手打的麵條，Q軟有彈性，細細咀嚼能嚐到蕎麥的香氣。店內相**當受歡迎的是天婦羅蕎麥麵，蝦子、溪魚和茄子等野菜擺了滿滿一盤**，柔軟鮮甜的食材包裹著香酥麵衣，非常美味。冬季限定的鍋燒咖哩烏龍麵，則是能讓身心暖呼呼的一品。

食堂こんの

Ⓐ別冊P.10,B2 Ⓑ巴士「湯の町」站下車即達 Ⓒ札幌市南区定山渓温泉西3-32 ☎011-598-2759 Ⓓ11:30~14:00、18:00~24:00(L.O.23:00) 休不定休 Ⓢラーメン(拉麵)¥700

位於多家溫泉飯店附近的食堂こんの，是在地人和飯店員工會去的小餐館。已經開業40年，食堂店主為一對可愛的老夫婦，小小的店裡由老爺爺負責料理，身後放餐具的櫥櫃令人想起老家的廚房，聽著老奶奶親切的招呼聲，讓人感覺格外溫馨。**料多實在的醬油拉麵是店內的招牌，味噌拉麵也意外地清爽好入口**，餃子和炒飯也很推薦。特別在泡完溫泉的夜裡，肚子餓了想來碗熱呼呼的拉麵的時候，食堂こんの的家常味道一定能滿足你。

カフェ崖の上

おすすめ 薦

cafe gakeno-ue

僅有十席的小小咖啡屋卻吸引了各地旅客，就是因為大自然的療癒魔力吧。

別冊P.10,B1 巴士「定山溪大橋」站徒步約15分 札幌市南区定山溪567-36 011-598-2077 10:00~18:00 (12~2月僅週末及例假日營業，10:30~16:30) 休週一(遇假日順延)、12~2月週一~五 ケーキ(手工蛋糕)¥480~ 未滿12歲禁止進入

一如其名，建在山崖邊的カフェ崖の上，彷彿隱身大自然的一處美好小天地。這看似簡單、以木頭打造的長方形小屋，其實正是擁抱山林的最好姿態：**店主在面向溪谷的一方做了大片落地窗，讓定山溪四季的美景盡收眼底**，無論是春夏的綠意、秋日的楓紅，抑或冬天一片白茫茫的雪景，皆令人驚歎不已。運氣好的話，還能看見對面山上的野生鹿呢！

店內的飲品點心皆是店主的自信之作，手作甜點更是人氣品項，其中**特別推薦抹茶戚風**，細緻而充滿彈性的蛋糕體散發淡淡抹茶香氣，搭配煮得綿密的紅豆一起品嚐，是甜而不膩的幸福滋味。

©翠山亭倶樂部定山溪

©翠山亭倶樂部定山溪

翠山亭倶樂部定山溪

別冊P.10,B1 巴士「第一ホテル」站徒步約8分；或從札幌大通5丁目搭乘免費接駁巴士「湯けむり号」前往(需預約) 札幌市南区定山溪温泉西2-10 011-595-2001 一泊二食，雙人房每人約¥27,195起 80個 www.club-jyozankei.com

以「寛·食·湯」作為概念的翠山亭倶樂部定山溪，從入口開始，氣氛沉穩的大廳和庭院就展現出細膩和緩的氣息，全館僅有14間房，且大小均有56~110平方公尺。除大浴場、露天風呂和別館的山林湯屋「森乃湯」之外，**所有房間都附有檜木的私人風呂**，溫泉也是定山溪少數以三處源泉混合成的100%自然流動溫泉(源泉100%掛け流し)。

大黑屋商店

別冊P.10,B3 巴士「定山溪」站下車即達 札幌市南区定山溪温泉東4-319 011-598-2043 8:00~20:00 休週三 温泉まんじゅう(溫泉饅頭)1個¥65 10個

昭和6年(1931年)創業的大黑屋商店，**店內的溫泉饅頭為每天早上手工現做**，柔軟的外皮與滿滿的內餡，讓這個充滿古早味的好味道早已成為在定山溪必買的伴手禮。由於大黑屋商店的溫泉饅頭完全不使用添加物，當天內吃完最能品嚐到其美好滋味。

小樽駅.小樽運河

おたるえき.おたるうんが

Otaru Station·Otaru Canal

繁榮港口的過往，封存在小樽歷史感的街道、舊時運河與瓦斯燈組成的風景中。現在以觀光為主的小鎮，販賣玻璃製品、音樂盒的小店比比皆是，還有知名的壽司通和美味的洋菓子店，等著遊人一飽口福。

小樽最美的風景──小樽運河，可以說是最具代表的景點，這條已廢棄不用、埋填掉大半的運河，經過高明的規劃，變身為城市最浪漫的地點。走下河堤石徑，散步的情侶、專業攝影師、街頭藝人，每個人都在運河邊找到樂趣。

交通路線&出站資訊

電車

JR小樽駅◇函館本線

巴士

中央巴士：「小樽駅前」站

dormy inn PREMIUM小樽 / 長崎屋 / 中央巴士乘車處 / JR巴士乘車處 / 小樽駅 / 1 2 3 4 5 6 / 1 2

★1號乘車處◇往【札幌】高速おたる号[円山経由](高速小樽號)、高速よいち号(高速余市號)、高速しゃこたん号(高速積丹號)、高速いわない号(高速岩內號)、高速ニセコ号(高速新雪谷號)

★2號乘車處◇往【札幌·桂岡·朝里川温泉】高速おたる号[北大経由](高速小樽號)、小樽·桂岡線、[13]朝里川温泉線

★3號乘車處◇往【小樽水族館·祝津·赤岩】[10]おたる水族館線、[11]祝津線

★4號乘車處◇往【小樽運河·童話十字路口·天狗山纜車·小樽築港】小樽散策巴士、[9]天狗山路線、[1]ぱるて築港線

★5號乘車處◇往【余市·美国·積丹余別·神威岬】高速よいち号(高速余市號)、高速しゃこたん号、[18]余市線、[20·21]積丹線

★6號乘車處◇往【岩內·倶知安·新雪谷】高速いわない号、高速ニセコ号、急行小樽線、定期觀光巴士

JR北海道巴士：「小樽駅」站

★1號乘車處◇往【札幌·宮の沢】[宮65]小樽線、[快速65]小樽線

★2號乘車處◇往【小樽商大】[19]小樽商大線

出站便利通

可徒步遊玩◇小樽主要的觀光區域如堺町通、壽司通與運河周邊，均可由小樽車站步行遊覽。如果希望前往市郊景點或想利用交通工具的話，可利用小樽散策巴士、小樽市內的路線巴士或是自行車

小樽散策巴士(おたる散策バス)◇中央巴士推出4條小樽市內觀光路線，分別為通往市中心景點的[100]小樽散策巴士、開往天狗山的[9]天狗山線，以及通往祝津方向的[10]小樽水族館線，購買一日券的話就能無限次乘坐，還可無限搭乘「小樽市內線巴士」，票券可在巴士內購買

$大人¥240、小孩¥120，一日券大人¥800、小孩¥400

觀光人力車えびす屋 小樽店◇可從中央橋、淺草橋或人力車待車處乘坐人力車，選擇喜歡的路線來遊覽

☎0134-27-7771

⏰9:30~天黑(依季節變動)

🌐www.ebisuya.com/branch/otaru/

租借自行車(レンタサイクル)

★小樽觀光振興公社

⌂小樽市港町4-2(觀光船乗り場)

☎0134-29-3131

⏰4~10月9:00~17:00(最後還車至17:00)

$1日¥500

🌐otaru-kankousen.jp

★きたりん

⌂小樽市稲穂3-22-2

☎070-5605-2926

⏰9:00-18:30

休週三(遇例假日順延)，大雨或冬天會臨時休息

$2小時¥900、1日(24小時)¥1,500

🌐kitarin.info/

觀光案內所

小樽駅觀光案內所

⌂小樽市稲穂2-22-15(JR小樽駅內)

☎0134-29-1333

⏰9:00~18:00(依季節及活動，時間可能變動)

淺草橋觀光案內所

⌂小樽市港町5(小樽運河)

☎0134-23-7740

⏰9:00~18:00(依季節及活動，時間可能變動)

小樽國際資訊中心(運河プラザ觀光案內所)

⌂小樽市色內2-1-20(運河プラザ內)

☎0134-33-1661

⏰9:00~18:00(依季節及活動，時間可能變動)

🌐otaru.gr.jp/kankokyokai/guide

小樽運河

おすすめ 薦

別冊P.13,B4 JR小樽駅徒步約10分;或搭乘散策巴士至「小樽運河」站 小樽市色內、港町 0134-32-4111(小樽観光振興室) 自由參觀

小樽運河充滿浪漫懷舊的氛圍，不論四季風景都如詩如畫。

建於大正年間的小樽運河，見證了小樽港口的黃金時期，隨著港運衰退後轉為觀光之用，現在，**瓦斯燈暖黃光線中，小樽運河以及運河側舊倉庫群的迷人構圖，已成為小樽甚至北海道的代表景點**。每年2月當中的10天，這裡也會成為小樽雪燈之路的主會場，在冬日裡搖曳的燈火照亮了雪白運河風景，更添浪漫氣氛。

小樽雪燈之路

每年2月當中的10天，美麗的小樽運河上會浮著一顆顆昔日繫在漁網上的玻璃浮球(浮き玉)，浮球內點著蠟燭，在運河上閃耀著動人的火光。而裝飾在運河旁步道及舊手宮線沿途亦裝飾著盞盞燈光，上百盞雪製蠟燭襯著純白積雪，美麗景象如夢似幻，每年吸引近50萬人前來觀賞。

手宮線会場、運河会場等處
2月中旬，點燈時間約為17:00~21:00
www.yukiakarinomichi.org

也能單點咖啡、蛋糕。

如果住宿不含早餐的話，建議在11:30前的早餐時段造訪，不僅人潮較少，還可以選擇咖啡加美味吐司的晨間套餐！

OTARU TIMES GARTEN

おすすめ 薦

小樽タイムズガーテン

別冊P.13,B3 JR小樽駅徒步約10分 小樽市港町5-4 0134-24-5489 平日‧週日及例假日10:00~21:00，週五‧六及例假日前一天10:00~22:00。(飲料L.O.前30分鐘、餐L.O.前60分鐘) 不定休 あつあつモーニングセット(晨間套餐)¥600、午餐套餐¥1,650~ otaru-times-garten.com

欣賞小樽運河景色的好去處！

繞過小樽運河，往倉庫群所在的街道走，就會發現有著醒目藍色外觀的OTARU TIMES GARTEN。這裡是**結合肉食、麵包、咖啡三種餐飲服務的複合空間**，以「花園」為概念，選用大量木材打造出舒適環境，加上緊鄰小樽運河，若是能坐在窗戶旁的特等席，就**能夠一邊享用餐點，一邊獨享窗外的運河景色**，尤其冬日來訪的話，更可以欣賞運河浪漫的雪景，絕佳景色讓人流連忘返。

二樓有仿城牆望樓的展望台。

復古美食街道也是小樽美食的聚集地。

出拔小路

でぬきこうじ

別冊P.13,C4　JR小樽駅徒步約10分；或搭乘散策巴士至「小樽運河」站　小樽市色內1-1　11:00~23:00 (依店家而異)　otaru-denuki.com

出拔小路過去是運河船隻的卸貨處，現在，以舊地名為名的小樽出拔小路則是充滿復古風的飲食街。在明治大正時期的懷舊氣氛中，拉麵、壽司、成吉思汗烤羊肉等小店約10多間比鱗而居，平均**營業時間到晚上的9、10點左右，是晚上尋美食的好去處。**

澤崎水產 1号店

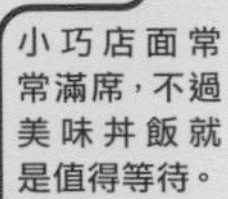

おすすめ 薦

小巧店面常常滿席，不過美味丼飯就是值得等待。

出拔小路　0134-23-2112　11:00~20:00　休11~4月的週四　$海鮮丼¥2,500起　otaru-denuki.com/shop/sawazaki1/

作為港都，小樽當然也有大碗划算的海鮮丼。出拔小路正面的這家食堂是由超過46年經歷的澤崎水產直營，每日都有新鮮海味可以品嚐，**鮮甜的干貝、厚實的鮪魚以外，還有松葉蟹肥滿的蟹腳，一次就可以吃到多種大海恩惠**，光在這裡就有3家店，可說是小樽的人氣餐廳。

小樽潮祭

小樽最熱鬧的祭典在盛夏的7月底舉辦，活動以各隻隊伍的抬轎掀起高潮，配合精神抖擻的吶喊聲，抬轎的隊伍從サンモール一番街、延續到中央通，然後到第3號碼頭基部的中央舞台處，期間並有潮太鼓與煙火的表演活動。想感受日本祭典的熱情，千萬別錯過這個充滿著熱情活力的祭典。

小樽港第3號碼頭基部與小樽市中心
7月下旬週末，為期3天
otaru.ushiomatsuri.net

小樽藝術村

おすすめ 薦

小樽芸術村 OTARU ART BASE

歷史建築與美術，譜出百年前的北海道商港繁華之美。

別冊P.13,C4 JR小樽駅徒步約2分 小樽市色内1-3-1 0134-31-1033 9:30~17:00，11~4月10:00~16:00(入館至閉館前30分鐘) 休11~4月週三(遇例假日順延) 4館共通券大人¥2,900、大學生¥2,000、高中生¥1,500、國中以下免費(其他單館費用見官網) www.nitorihd.co.jp/otaru-art-base/cn/

2016年中開幕的小樽藝術村，以小樽的4棟相鄰老建築改造而成，分為花窗玻璃美術館、新藝術玻璃館以及似鳥美術館等，館內展示不同風情的藝術品。**參觀的重點當然是舊高橋倉庫，這裡蒐羅了各式令人驚豔的花窗玻璃作品。**

走進倉庫中，眼前盡是花窗玻璃閃耀出的七彩光芒。這些19世紀末至20世紀初的英國花窗玻璃都曾是教堂裝飾，想到其經歷的年歲與波折，讓花窗之美更顯動人。彩繪的內容大多是聖經場面，或是敘述人間美德的故事，看著這些年代、主題各異的藝術品照耀，華美又聖潔的氣息撼動人心。

小樽藝術村的其他分館

小樽藝術村可以分為五大區，除了「花窗玻璃美術館」以外，還有改建自舊北海道拓殖銀行小樽分行的「似鳥美術館」，美術館地下一樓為「新藝術·裝飾藝術玻璃館」，1樓為免費開放的「路易斯·C·蒂芙尼 花窗玻璃館」，2~4樓才是似鳥美術館，收藏了近代日本畫以及現代西洋畫等藝術作品，另外還有展示銀行建築內部的舊三井銀行小樽分行。

café色内食堂

別冊P.13,B5 JR小樽駅徒步約8分，從小樽運河徒步約4分 小樽市色内1-6-27 2F 0134-55-2999 9:00~21:00 モーニングセット(早餐套餐)飲料+¥100、色内弁当箱¥590

café色内食堂位在舊塚本商店之內，建築本身興建於大正9年(1920)，從前是和服店，現在2樓則是咖啡廳所在，店內飄散著略帶華麗的懷舊氣息，寬敞空間與舒適氣氛讓人十分放鬆以外，店家提供的餐點更是划算，**上午11點以前只要點飲料再多加¥100，就能夠享用吐司、炒蛋、香腸、培根、沙拉等豐富的早餐，午餐時段更有滿滿道產食材的色內便當**，可以大啖天婦羅、炸雞、玉子燒等多種配菜，甚至**還有日幣千元有找的十勝牛午餐**，超實惠的價格讓人大呼感動。

食堂位在2樓，沒注意的話很容易就會錯過。

小樽運河倉庫群

別冊P.13,C3 JR小樽駅徒步約12分；或搭乘散策巴士至「小樽運河」站 小樽市港町 11:00~23:00(依季節、店家而異)

小樽運河旁古色古香的石造倉庫群，伴隨著運河的觀光化，也成為商店街和餐廳。以淺草橋為界，**其中一頭的小樽運河食堂聚集了拉麵、海鮮丼等各種平民美味，另一頭則是幾間分散的獨立餐廳**。其中名為「小樽倉庫No.1」的是小樽地產啤酒的店面，除了參觀釀造外也附設啤酒餐廳，可以一品小樽啤酒的魅力。

運河廣場

運河プラザ

別冊P.13,B4 JR小樽駅徒步10分，或搭乘散策巴士至「運河プラザ」站 小樽市色內2-1-20 0134-33-1661 9:00~18:00

利用百餘年歷史的小樽舊倉庫再利用而成的運河廣場，是**結合商店與觀光情報功能的複合式空間**，從門口一進去就可看到會說各國語言的親切職員，其中也包含說中文的工作人員，**有任何關於小樽的旅遊問題都可以盡量提問**。廣場一旁是休憩空間，可拿免費索取的觀光及住宿資訊手冊，還有附設咖啡休憩區及伴手禮區，供遊客選購當地土產。

小樽為什麼這麼多石造倉庫？

堺町通、小樽運河一帶許多餐廳、店鋪、景點都是改建自歷史悠久的倉庫，這些倉庫外觀像是由紅磚與石材所建，其實是「木骨石造」建築，也就是內部為木架構，外壁加上石材、紅磚牆面。

不過，到底為什麼小樽有這麼多倉庫呢？其實理由非常簡單，就是為了防火。春天時小樽會颳起強風，傳統木造建築只要失火就很難控制火勢，光是明治時代，燒毀超過100戶建築規模的大火，就曾發生16次之多，也成為木骨石造倉庫興建的一大理由。

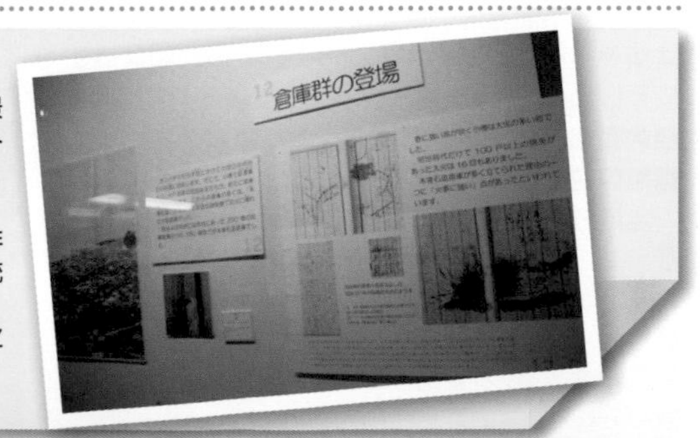

小樽浪漫館

別冊P.13,D4 JR小樽駅徒歩約13分、JR南小樽駅徒歩約16分；或搭乘散策巴士至「小樽運河ターミナル」站，下車後徒步1分 小樽市堺町1-25 0134-31-6566 9:30~17:30 www.tanzawa-net.co.jp/shop/02.html

小樽浪漫館由舊百十三銀行小樽分店改建而成，是明治41年(1908年)建造的建築。小樽浪漫館店內十分廣闊，**挑高的空間全年皆以聖誕節飾品裝飾，充滿節慶的歡樂氣氛**，靠近店門的區域販售天然石及飾品，裡面則擺售各色晶瑩剔透的玻璃藝品，豐富多樣的商品各個都精巧可愛，無論是收藏或是送禮都十分適合。

欣賞清澈透亮的玻璃工藝。

Café DECO

小樽浪漫館 0134-31-6566 9:30~17:00(L.O.16:30) カフェ ラテ(拿鐵咖啡)¥480

位於小樽浪漫館一隅的Café DECO，挑高的咖啡廳空間內，**從木製桌椅到擺飾皆以懷舊復古為基調，彷彿與外界的喧囂時空完全隔絕**，充滿沉穩寧靜的氛圍。在小樽浪漫館購物後，推薦可進入店內稍事休息，點上一杯咖啡或紅茶，再加上淋上蜂蜜的現烤鬆餅，入口後甜滋滋、暖洋洋的滋味在口中散開，幸福與滿足感也隨之而生。

大正硝子館 本店

おすすめ 薦

除了配好色的成品外，還有零賣的珠子可自由選購、創意搭配。

別冊P.13,D4 JR小樽駅徒歩約12分；或搭乘散策巴士至「小樽運河ターミナル」、「小樽運河」站 小樽市色内1-1-8 0134-32-5101 9:00~19:00 P8個 www.otaru-glass.jp

大正硝子館為利用明治時代舊商店改裝成的玻璃店舖，**以本館為起點，有不同主題的玻璃製品店面、製作和體驗工房等相連**，承襲自大正時代優雅風格的自家工房作品也很受歡迎。本館後方的「蜻蜓珠館(とんぼ玉館)」還販賣有大大小小、色澤瑰麗的蜻蜓珠，漂亮的珠子可串成各式手環、項鍊等飾品。

小樽蠟燭工房

小樽キャンドル工房

別冊P.13,D4 JR小樽駅徒歩約13分 小樽市堺町1-27 0134-24-5880 10:00~18:00、2F咖啡廳11:30~17:30(L.O.17:00) 蠟燭製作體驗(15分)¥1,650~2,750不等 otarucandle.com

位在妙見川旁的小樽キャンドル工房，石造倉庫改建的店外爬滿地錦，夏季是一片生意盎然的翠綠，秋天則換上一身橘紅，光是外觀就十分有看頭。蠟燭工房內的商品**以自製的原創蠟燭為主，並網羅國內外設計蠟燭作品**於店內販售，個個色彩繽紛、造型精巧地像是藝術品。

找得到海內外各種蠟燭藝品。

自然派ラーメン処 麻ほろ

おすすめ 薦

從湯底、辣油、味噌、甚至麵條，都是自家調配製作出的天然美味。

別冊P.13,B5 JR小樽駅徒步約10分 小樽市色内1-7-7 0134-32-0140 11:00~15:00、17:00~20:00(L.O.19:45)；朝ラーメン週五~日7:00~9:00 週一 麻ほろ¥1,000 www.shizenhamahoro.com

自然派ラーメン処 麻ほろ**在小樽也是榜上有名的拉麵店**，店名「自然派」強調這裡**不添加任何化學調味料的天然美味**，店內提供的拉麵可分為清爽、濃郁兩個派系，清爽的「あっさり系」是以羅臼昆布、香菇浸泡一晚的湯汁為底，加入雞骨架、鰹魚等配料煮成的透明湯頭，而濃郁的「こってり系」則是在豚骨與蔬菜熬出的高湯裡加入昆布、鯖魚烹調而成，兩種湯底再搭配上醬油、鹽味、味噌，以及自家製作的細麵，就是最天然的美味了。

Le quatrieme

ル・キャトリエム

別冊P.13,A4 JR小樽駅徒步約10分，或搭乘散策巴士至「運河プラザ」站下車徒步2分 小樽市色内2-3-1 0134-27-7124 11:00~19:00，週六11:00~17:00 週二、三 www.facebook.com/lq4magnifique/

稍稍遠離熱鬧的運河，Le quatrieme是**當地知名的法式甜點店**，一樓的店內可以看到各式精巧的蛋糕、繽紛的馬卡龍，**二樓則是能夠坐下來好好享用甜點、料理的空間**，老建築的木樑以及木製桌椅為室內增添了沉穩氣息，點上一壺紅茶，搭配店家特製的烤布蕾，還可以欣賞窗外的北運河較為寧靜的風景，愜意的氛圍再再讓人放鬆。

vivre sa vie + mi-yyu

おすすめ 薦

這家雜貨店不僅是改自古商家，店內陳設的各類小物更散發出獨特的閒適氛圍。

別冊P.13,A4 JR小樽駅徒步約12分 小樽市色内2-4-7 0134-24-6268 11:00~17:00 週一、週二(遇例假日營業) unga-plus.com/?pid=162019530

改裝自明治37年(1904年)建的古商家建物，雜貨鋪vivre sa vie + mi-yyu裡裡外外皆充滿著歷史感。踏入店內，簡單樸實的內部裝潢中，流露出一股緩慢閒適的氣息，**店內販售著各種小物及雜貨**，從繪本、文具、可愛裝飾品及自然風服飾，其中**還有許多藝術家寄售的作品**，像是堀井仁的手繪明信片、MINT的玻璃藝品、野ばら社的裝飾品、kuppi的人形創作等，每一樣都有創作者的獨特色彩與魅力，來這裡購物之餘，還可以一次欣賞到多位藝術家的創意作品。

HOTEL SONIA 小樽

別冊P.13,B4 JR小樽駅徒步約8分 小樽市色內1-4-20 0134-23-2600 雙人房每人約¥7,000起 29個，1晚¥1,200 www.mystays.com/zh-tw/hotel-sonia-otaru-hokkaido/

臨小樽運河畔的幾間飯店，恐怕是全小樽最昂貴的住宿地段，而擁有**兩棟建築的SONIA，是擁有運河風景、而價格較為親民的住宿選擇**之一。飯店主人原本經營骨董生意，因為深深迷上了英式petit hotel的風格，在20年前SONIA剛開幕時，就不遠千里從英國帶回大量的骨董椅和燈飾，混合成SONIA獨特的空間氛圍。SONIA所有房間都面向運河，夜裡運河倒影閃爍，打燈準時在10點熄滅；晨間向窗外望去，些許霧氣未散，彷彿還能聽見當年汽笛鳴起，大船豪邁入港卸貨，街道上洋人在雄偉銀行間來回穿梭。

日銀金融資料館(舊日本銀行小樽支店)

別冊P.13,C5　JR小樽駅徒步約10分，或搭乘散策巴士至「日銀金融資料館」站下車　小樽市色內1-11-16　0134-21-1111　4~11月9:30~17:00、12~3月10:00~17:00(入館至閉館前30分鐘)　週三(遇例假日開放)、12月29日~1月5日、不定休　免費　www3.boj.or.jp/otaru-m/

建於明治45年(1912年)的日本銀行小樽分行是由辰野金吾設計，**佇立百年的典雅姿態是小樽的代表建築**。完成銀行任務之後，這棟建築改為資料館，**展出豐富金融資料**，內容遠從紙幣發行的背景、面額變革，以及小樽分行的業務、改建過程，到現在2公尺高的鈔票有多少錢、鈔票的原料，還準備了一億元日幣鈔票，讓大家試著抱起一億元的重量，靜態與活潑的展示都很有趣。

美麗的優雅百年建築。

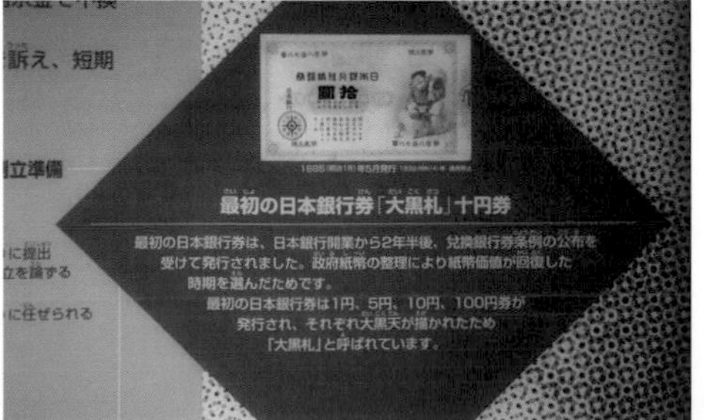

歷史浪漫街道中的飲酒用餐好去處。

小樽バイン

別冊P.13,C5　JR小樽駅徒步約7分；或搭乘散策巴士至「日銀金融資料館(小樽バイン前)」站　小樽市色內1-8-6　0134-24-2800　Cafe 11:00~20:00(L.O.飲品19:30、餐19:00)、Shop11:00~20:00　8個　www.otarubine.chuo-bus.co.jp

北海道在小樽、十勝、富良野等地都有葡萄酒廠，在由舊北海道銀行所改建的小樽バイン(小樽酒窖)，則販賣了約100種北海道生產的各式紅白葡萄酒。店裡**附設可品嚐葡萄酒和其他酒類的酒吧，也提供佐酒小點和義式料理**，另外還有能直接購買各種道產葡萄酒的店鋪。

辰野金吾，日本近代建築之父

辰野金吾是日本近代的一代建築師，紅磚飾以灰白花崗岩的外牆是他作品中展現的濃重個人色彩，這種風格不僅被視為其作品特徵，更是影響深遠。除了東京的日銀總行、大阪的中央公會堂等出自其手的建築，就連台灣總統府、西門紅樓、舊台中車站的建築也深受影響。

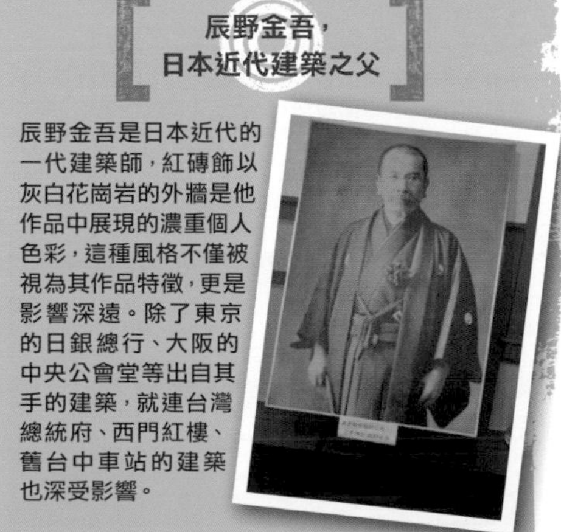

Unwind Hotel & Bar Otaru

おすすめ 薦

別冊P.13,C5 JR小樽駅徒步10分 小樽市色內1-8-25 050-3628-1985 雙人房附早餐，每人約¥9,000起 www.hotel-unwind.com/otaru

不僅提供免費的晨間茶點，每晚17:00~18:30還有免費的紅酒！

2019年4月中開幕的Unwind Hotel & Bar Otaru，不僅有著**典雅的英式復古風格**，飯店建築前身還是昭和6年(1931年)時興建的外國人專用飯店，戰時更曾是海軍俱樂部，豐厚的歷史讓建築成為日本經濟省指定的「近代化產業遺產群」之一，充滿了小樽的歷史人文風情，入住其中，更能感受到獨屬於小樽的情懷。

©Unwind Hotel & Bar Otaru

©Unwind Hotel & Bar Otaru

北之華爾街

北のウォール街

小樽曾作為鯡魚(ニシン)、煤炭的出口港而興盛，許多銀行都到小樽開設分行，大正11年(1922年)時小樽市區就擁有19家銀行，遠超過函館的16間以及札幌的10間，是名副其實的「北之華爾街」。當時的銀行建築現在多活化為餐廳、商業施設，甚至還有改為飯店的呢

小樽運河ターミナル

別冊P.13,C4 JR小樽駅徒步約10分；或搭乘散策巴士至「小樽運河ターミナル」站 小樽市色內1-1-12 0134-22-7774 (中央巴士色內營業所) 9:00~18:00(夏季至18:30)

小樽運河ターミナル(小樽運河總站)是中央巴士開設在小樽的商業設施，建築原為1922年建的三稜銀行小樽支店，於2006年改造成今日的樣貌，四層樓的希臘羅馬風建物內有著高挑的空間，相當具有歷史風味，**店內聚集了小樽甜點名店：あまとう(甘黨)以及桑田屋**。

桑田屋 本店

運河ターミナル1F 0134-34-3840 夏10:00~18:00，冬10:00~17:00 休週二(遇例假日順延) ぱんじゅうセット¥620~700 www.kuwataya.jp

桑田屋的招牌商品為「ぱんじゅう(panzyu)」，這個奇怪的名字或許很多人都沒聽過，但卻是**小樽當地知名的美味小點心。桑田屋的ぱんじゅう平時有7種口味可以選擇**，另外有多款季節限定推出的口味，因在與章魚燒一樣的鐵板上燒烤，這裡的ぱんじゅう有著釣鐘狀的可愛外型，薄薄的外皮烤得微酥，內餡則溫熱綿密，不甜不膩的風味，一次就可以吃上好幾顆。

海鳴樓 本店

別冊P.13,D4 JR小樽駅徒步約15分、「小樽運河ターミナル」站徒步約3分 小樽市堺町1-20 0134-23-6505 9:00~21:00(依季節更動) www.kaimeiro.com

位在小樽市指定歷史建築的舊銀行建築內，是專門製作並販賣五花八門的音樂盒的知名店家，在Grand Park也設有店面。來**這裡除了可以購買已組裝好的音樂盒，還可以自己動手做做看**，挑選喜歡的款式、音樂和小裝飾，製作出獨一無二的音樂盒。

小樽SAINT-GERMAIN

別冊P.13,B7 JR小樽駅出站即達 小樽市稲穂2-22-15(JR小樽駅內) 0134-64-1501 7:30~20:00 可利用小樽駅的收費停車站，50個 www.h-saint-germain.co.jp

2012年4月改裝完工後的小樽車站，風氣煥然一新，在改札口處向上望，可見玻璃窗前是一排排的煤油燈，獨特的裝飾非常有懷舊氣氛。除了外觀換新，站內也進駐了多家商店，其中的小樽SAINT-GERMAIN是北海道的連鎖店鋪，至今已有超過60家分店，因為秉持著「提供**現烤的美味麵包**、愉快輕鬆的氣氛、乾淨整潔的店面」理念經營，**品質讓人安心**，也讓前來光臨的顧客從早到晚幾乎不曾間斷。

小樽サンジェルマン SAINT·GERMAIN

出站就可聞到四溢的麵包香氣。

越中屋旅館

別冊P.13,C5 JR小樽駅徒步8分 小樽市色內1-8-12 0134-25-0025 一泊二食，雙人房每人約￥10,500起 12個，1晚￥630 www.etchuya-ryokan.com

創業於1877年的越中屋旅館，過去是開墾北海道的士兵們的宿舍「屯田兵の宿」，1994年則**由武家宅改建成旅館，裡裡外外都有著濃濃的日本味**，房舍只有三層樓高，房內的小擺設、木製家具，散發著木頭香和塌塌米香。以高級秋田杉建築的大廳，**採書院建築特色，這種大廳的建築技術今日已不復見**，更顯珍貴。

おすすめ 薦

山中牧場 小樽店

別冊P.13,B5 JR小樽駅徒步約7分 小樽市色內1-6-18 0134-27-5123 11:00~18:00 10~4月休週一 牛乳ソフトクリーム(牛奶霜淇淋)￥270、牛乳(杯裝)￥150 otaru.gr.jp/shop/yamanaka-farm-otarushop

不用開車到牧場，也可以吃到超濃郁的牛奶霜淇淋！

小樽最受歡迎的霜淇淋之一就是山中牧場的牛奶霜淇淋了！山中牧場位在余市赤井川村，坐擁乾淨、寬闊的自然環境，以牧草、玉米等無農藥的天然飼料飼養乳牛，也因此產出高品質的牛乳，小樽分店就靠著這優質牛乳做成的霜淇淋，獲得當地人長年愛戴，咬一口霜淇淋，滿口奶香與清爽口感讓人忍不住一口接一口，還有販賣牛奶喔。

三角市場

別冊P.13,A7 JR小樽駅徒步約1分 小樽市稲穂3-10-16 0134-23-2446 商店6:00~17:00、餐廳7:00~17:00，營時依店家而異 P30個，一次¥200，消費滿¥2,000可享1小時免費 otaru-sankaku.com

一走出小樽車站，便能在左手邊找到名字饒富趣味、專賣海鮮的「三角市場」。三角市場始於昭和23年左右，最大的特色，便在於這裡的店家，將店內新鮮海鮮清一色整齊排列在店家前，並讓客人依自己的喜好挑選。**這幾十公尺的小小市集雖然只有短短一條小徑，但裡面賣的海鮮超級便宜**，還有6家美味的海鮮小食堂聚在這裡。

船見坂

三角市場一旁，ARINCO MOUDASH所在的坡道被稱為「船見坂」。這一條坂道有著頗為傾斜的坡度，爬上坡道中段回頭往下望，可以看到遠方的藍色大海與海上船隻，是代表小樽的坂道景色之一，因此常常被用作電影或電視劇的取景地。在坂道上欣賞風景或是拍張紀念照，就像自己也進入電影之中一樣，別有一番趣味。

武田鮮魚店·食堂

おすすめ 薦

武田鮮魚店直営 味処たけだ

從小樽站出發徒步約1分鐘，三角市場內 7:00~16:00 休無 tabelog.com/tw/hokkaido/A0106/A010601/1006902/ ANA特製蓋飯¥3,300

提供店長每天親自競價挑選的最新鮮海味。有榻榻米座位，帶小朋友用餐也可以安心。

從小樽站出發徒步只要1分鐘！武田鮮魚店，位於知名小樽觀光名勝三角市場內，佔有市場內最大的店鋪空間。想要品嚐小樽的新鮮海產，來武田鮮魚店食堂就對了！**店長每日親自挑選，在漁獲拍賣市場採買最新鮮的海產，因為是直接從競價市場採購，所以提供的海產皆為最新鮮的海味**！店內提供25種蓋飯，饕客可從中挑選喜歡的蓋飯，其中包含與ANA合作製作的「ANA特製蓋飯」（擺上海膽、螃蟹、鮭魚卵、鮭魚的蓋飯）！還提供各種套餐、烤魚、單點料理等，品項相當豐富。

對面的武田鮮魚店也有販售新鮮海產，可以順道參觀採購，作為伴手禮也十分受歡迎！店內擁有100個座位，人多或團體用餐也很適合！同時備有架高榻榻米和式座位，即使攜家帶眷的親子旅客也能放心用餐。

網址

北之丼飯屋　瀧波食堂

おすすめ 薦

可量身訂做自己想吃的海鮮丼，也可從隔壁魚店選擇現煮活蟹！

北のどんぶり屋　滝波食堂

小樽市稲穂3-10-16三角市場内 ☎0134-23-1426 8:00～17:00※不提供預約 休1月1日 $元祖自選海鮮丼 一般尺寸3種食材¥2,420～(含稅)

創業77年的「北之丼飯屋 瀧波食堂」位於三角市場裡。是魚店「瀧波商店」的直營餐廳，新鮮的海鮮和貝類，都會在客人點單完畢後，直接從水槽裡取出調理。瀧波食堂的人氣菜單是「元祖 自選海鮮丼」，**每位客人都可量身訂做自己想吃的海鮮丼，在當季漁貨等10種食材（自家醃製鮭魚卵、海膽、螃蟹、黑鮪魚、牡丹蝦、甜蝦、鮭魚、活帆立貝、飛魚卵、當季漁貨）中選擇3～4種喜歡的搭配享用**，可說是只有魚店直營店才有辦法提供！

除了定番的自選海鮮丼之外，店內還提供定食菜單。「瀧波商店」也提供現煮活蟹服務。店內水槽裡備有新鮮「活毛蟹」、「活花咲蟹」、「活帝王蟹」，肉質甜美滋味濃郁，連蟹膏都很美味，可一次享受新鮮生魚片、活蟹和烤魚！

網址

自選海鮮丼
（3種）

OMO 5 小樽by星野集團

別冊P.13,B4 JR小樽駅下車，徒步9分 小樽市色內1-6-31 0050-3134-8095 1泊1室16,000日幣起(含稅/不含餐食) 46個(1晚1台￥850) hoshinoresorts.com/ja/hotels/omo5otaru/

星野集團將1933年**建造的「舊商工會議所」改建為南館，並新增北館，合併兩棟建築為「OMO 5 小樽」，於2022年1月全新開幕**，內部復古懷舊、精緻優雅，與小樽城市氛圍相當契合。由老建築改建的「南館」與增建的「北館」有聯通道路相連，在走廊中可見到過去的櫥櫃、衣帽架被完整保存下來，塑造了唯美的懷舊氣氛。館內更融入小樽特色，在大廳擺放的許多音樂盒，還可以借回房間聽！

拉麵 渡海家

らーめん とかいや

別冊P.13,B6 JR小樽駅徒步約3分 小樽市稻穗3-7-14 0134-24-6255 14:00~14:30、17:00~19:30(湯頭售完為止) 週二、1月1日 醬油拉麵￥800

想要品嚐小樽拉麵的美味的話，距離車站不遠的渡海家就是個好選擇。2點開始營業後，店內就會湧入大批食客，一樣是醬油拉麵，**渡海家的醬油拉麵有著近似鹽味拉麵的透明色澤**，清澈湯頭散發著鹹香，**略有厚度的叉燒肉表面煎得酥脆，內裡則是軟嫩的口感**，完美展現了豬肉的甜味與油脂，搭配上軟硬適中的細麵，每一樣素材彼此襯托，才有了這一碗清爽的美味。

dormy inn PREMIUM小樽

別冊P.13,A7 JR小樽駅徒步約3分 小樽市稻穗3-9-1 0134-21-5489 純住宿方案，雙人房約￥9,100起 80個，1晚￥1,100 www.hotespa.net/hotels/otaru/

dormy inn是日本十分著名的優質連鎖商務旅館，位在小樽的這間分館從小樽車站過個馬路就到了，擁有絕佳的地理位置。飯店內的裝潢充滿大正浪漫風格，一應俱全的設施中，還包含可以免費利用的洗衣機，晚上更會提供免費消夜；另外，值得一提的是，這裡對華人旅客十分貼心，check-in時，**櫃檯人員不僅會耐心解說，還會附上飯店詳細的中文說明書**，無論是泡湯時間、設施說明皆一目了然，毫無語言的隔閡，讓人備感窩心。

蕎麥屋 藪半

おすすめ 薦

そばや やぶはん

美食以外，改裝自富商宅邸的建築也很值得注目。

別冊P.13,B7 JR小樽駅徒步約5分 小樽市稲穂2-19-14 0134-33-1212 11:00~15:00、17:00~20:00 休週二、週三(每月一次不定休) ニシン蕎麦¥1,370 P5個 www.yabuhan.co.jp/

藪半是小樽的蕎麥麵名店，從昭和29年(1954年)創立以來，一直受到當地人愛戴。店內**多種搭配的蕎麥麵中，最讓人念念不忘的就是可品嚐鰊魚(ニシン)的一品了**，將捕自小樽前浜地區的鰊魚製成一夜干後，再用店家自豪的蕎麥湯為湯底烹煮，軟嫩魚肉帶有入味的鹹甜，搭上香氣清爽的滑溜麵條，是土地與大海的美好邂逅。

柚子工房 本店

おすすめ 薦

ゆず工房

柚子工房算是小樽玻璃藝品店中較有個性的小舖，別忘了拐進巷子、到這裡逛逛。

別冊P.13,A4 JR小樽駅徒歩約10分；或搭乘散策巴士至「小樽運河ターミナル」站 小樽市色内2-2-21 0134-34-1314 9:00~17:00 休不定休 yuzu-koubou.main.jp/

柚子工房是一家**販售玻璃藝品、陶製杯碗，同時也提供手做體驗的店家**。店外的雨棚有著亮眼的黃白條紋，店內則擺滿各異其趣的商品，可愛的擺飾小物，個性的貓咪主題作品，或是和風的提袋、明信片等，商品種類是百百款，因為店名是「柚子」，還有滿滿一櫃子的相關商品，印著柚子圖樣的杯碗、茶匙，都很吸引人，整間店清爽又充滿活力。

若鶏時代 なると

おすすめ 薦

NARUTO

要是沒吃過這超人氣美味炸雞，可別說來過小樽。

別冊P.13,A6外 JR小樽駅徒步約8分 小樽市稲穂3-16-13 0134-32-3280 11:00~21:00(L.O.20:30) 休不定休(詳見官網) 若鶏半身揚げ(炸雞半隻)¥980、ざんぎ 5個(炸雞塊)¥650 P9個 otaru-naruto.jp

若鶏時代 なると販售多樣定食、丼飯、拉麵、生魚片、串燒、炸物等，其中就屬1965年誕生的**「若鶏半身」最具人氣，也是店內的招牌菜色**。若鶏半身的雞肉先以胡椒鹽調味，經過一夜的醃製入味後再現炸上桌，酥脆的外皮裹著多汁的雞肉，無論是誰都無法抵抗這香氣四溢的當地美味。

小樽都通商店街

別冊P.13,B6 JR小樽駅徒步約3分 小樽市稻穗2 0134-32-6372(組合事務所) 依店家而異 www.otaru-miyakodori.com/

除了最為熱鬧的堺町以外，距離小樽駅不遠的都通商店街也是遊逛小樽市區時的重點。這裡是小樽最早的拱廊街，也曾是最熱鬧的商店街，如今雖然不復當年盛況，但**許多老店都隱藏其中**，像是北海道冰淇淋創始店「美園」，或是甜點名店「あまとう」都是在這裡發跡，不妨花些時間，到這條**擁有百年物語的商店街**尋訪風情各異的老店。

西川ぱんじゅう

別冊P.13,B6 JR小樽駅徒步約5分 小樽市稻穗2-12-16 0134-22-4297 10:00~18:00，售完為止 休週三、四 ぱんじゅう1個¥80 www.kuwataya.jp/

1965年創業的西川ぱんじゅう是**小樽最老的ぱんじゅう店，店面招牌上就寫著大大的「小樽最好吃」**，可見店主對自家商品的自信，半圓形的ぱんじゅう外觀有種質樸的可愛，圓弧部分的外皮有著酥脆口感，一口咬下，裡面是滿滿的香甜豆餡，純粹的豆香非常迷人，恰到好處的甜味更讓人想再多吃幾個。

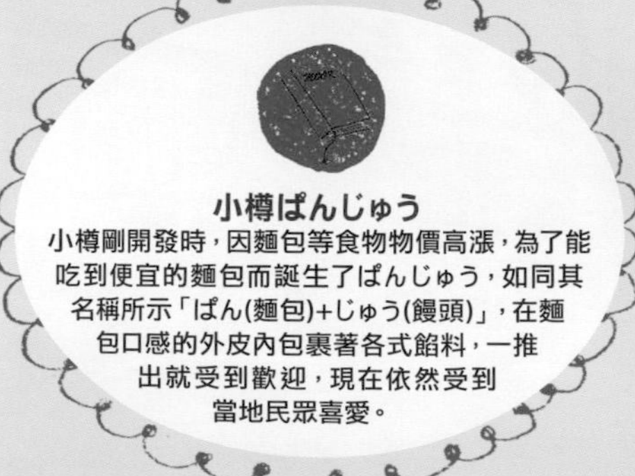

小樽ぱんじゅう

小樽剛開發時，因麵包等食物物價高漲，為了能吃到便宜的麵包而誕生了ぱんじゅう，如同其名稱所示「ぱん(麵包)+じゅう(饅頭)」，在麵包口感的外皮內包裹著各式餡料，一推出就受到歡迎，現在依然受到當地民眾喜愛。

美園 本店

おすすめ 薦

來到小樽，怎麼能不到北海道冰淇淋開創店家朝聖一番。

別冊P.13,B6 JR小樽駅徒步約5分 小樽市稻穗2-12-15 0134-22-9043 11:00~18:00 休週二、三(遇例假日順延) 愛須旬史夢クリームソフト(霜淇淋)¥500、苺伯福栄ストロベリーパフェ(草莓聖代)¥850 www.misono-ice.com

美園是小樽的百年老牌冰淇淋店，創業於西風東漸的1919年，是**北海道最早販售冰淇淋的店家**。採用牛奶、鮮奶油、新鮮水果、蜂蜜、雞蛋等材料純手工製作的各色冰淇淋與聖代，深獲小樽人的喜愛，甜而不膩的滋味，讓吃的人冰在嘴裡、甜到心坎。

おすすめ 薦

あまとう 本店

別冊P.13,C6 JR小樽駅徒步約6分 小樽市稲穂2-16-18 0134-22-3942 10:00~19:00 クリームぜんざいM(紅豆霜淇淋)¥650 週四不定休 8個 otaru-amato.com

每種甜食都是主打，老牌洋菓子的魅力讓人百吃不厭。

創業於1929年的あまとう(甘黨)本店位在歷史悠久的商店街中，口味始終如一，是**深受當地居民喜愛的老牌洋菓子店**。店裡最受歡迎的點心莫過於料多實在、香濃味美的紅豆霜淇淋，另外像是口感紮實的蛋糕、清涼晶瑩的果凍和適合作為伴手的各種餅乾，也讓人百吃不厭。

咖啡附贈的蜂蜜蛋糕有著懷舊的滋味。

純喫茶 光

別冊P.13,B6 JR小樽駅徒步約3分 小樽市稲穂2-11-8 0134-22-0933 10:00~18:00(依季節而異) 咖啡¥550 不定休 店內禁止拍照

昭和8年(1933年)創業的光，**維持著創業時的風格，只提供茶飲或咖啡**。店內吊燈的暈黃燈光照耀著紅色絨布的座椅，展示櫃裡放著大大小小的油燈，以及造型各異的帆船模型，牆上還掛著玳瑁標本，就連老舊的船舵也成為裝飾，這些都是第一代店主蒐集的骨董，歲月的實感讓人印象深刻。聽著流瀉於空氣中的古典樂，喝一口自家烘培的咖啡，搭配香甜的蜂蜜蛋糕，緩和的時光魅力讓人沉醉。

中華食堂 桂苑

別冊P.13,C6 JR小樽駅徒步約3分 小樽市稲穂2-16-14 0134-23-8155 11:00~20:30 週四 あんかけ焼きそば¥820

桂苑是小樽老字號的中華料理店，**最出名的餐點就是「あんかけ焼きそば」，大火現炒的炒麵帶有焦脆的口感與香氣**，炒麵份量頗多，還加入了豆芽、青椒、木耳、肉絲等豐富配料，再淋上熱燙的芡汁，讓麵條口感更為滑順，沾上黃芥末醬一起品嚐，別有一番滋味。除此之外，店內也有拉麵、炒飯、煎餃等豐富菜單。

あんかけ焼きそば

所謂的「あんかけ焼きそば」其實就是廣州炒麵，這道料理約在昭和30年時於小樽大為流行，因而成為當地特色美食。一說最初是起源於小樽中華料理界祖師近藤庫司的店舖，據說他獨立開店後推出廣州炒麵，深獲好評，當年人們逛完市區百貨之後，一定要到他的店面吃一份炒麵才算完美。

現在廣州炒麵早已成為小樽人熟悉的味道，每間店的口味雖略有不同，但都很受喜愛，甚至還有致力於推廣炒麵的「小樽あんかけ焼そば親衛隊」呢。

手宮線跡

別冊P.13,B5 JR小樽駅徒步約10分 小樽市色內 0134-32-4111(小樽観光振興室) 自由參觀

開通於明治13年(1880年)的手宮線，為北海道最早的鐵路「官営幌內鉄道」中的一段，其中手宮到南小樽之間的區間即稱為手宮線。**廢線於1985年的手宮線雖然早已退役多年，但過去的軌道及平交道依舊完整地保存在原址**，充溢濃濃的懷舊氣息與寧靜的悠閒氣氛。

舊鐵道線的質樸風情吸引鐵道迷前來一訪。

雞屋 鳳

別冊P.13,C5 JR小樽駅徒步約10分 小樽市色內1-9-11 050-5868-9292 17:00~23:00(L.O.22:30)，週日及例假日17:00~22:30(L.O.22:00) 週一、12月31日、1月1日 水炊き(コラーゲン鍋)￥1,780

位在巷弄內的「雞屋 鳳」是以鍋類出名的居酒屋，店內主打的內臟鍋(もつ鍋)以及雞肉鍋(水炊き)都是源自福岡的鍋物，不過到了北海道，當然也會使用當地食材，**雞肉鍋使用北海道厚真町產的櫻姬雞，不僅肉質非常柔軟，更有比普通雞肉高出3~5倍的維他命E**，搭配上熬煮出膠質的乳白湯頭，讓這鍋雞肉鍋擁有「膠原蛋白鍋」的名號，也吸引許多女性顧客前來品嚐。

Cake & Café MARIE LAURENCIN

マリーローランサン喫茶店

別冊P.13,B7 JR小樽駅正對面，dormy inn PREMIUM小樽旁 小樽市稲穂3-9-1 0134-34-4222 8:00~20:00 週二 Aセット(Tea+ckae)￥840

裝潢低調的在地人午茶愛店，其實就位在小樽駅對面。

喫茶店MARIE LAURENCIN備受當地人喜愛，店名取自法國女畫家之名，從店名到裝潢都**希望讓顧客感受巴黎的美好氣息**。店內最出名的就是**各種無添加香料的手作蛋糕**，簡約的巧克力蛋糕有著鮮明可可香氣，口感恰好，不會過於乾燥或是濕潤，綿密質感搭配上香濃鮮奶油更是美妙，一口紅茶一口蛋糕，午後的時光就這樣幸福地度過了。

小樽新倉屋 花園本店

おすすめ 薦

即使時光流轉了近兩世紀，這間和菓子依舊保有人氣，在小樽當地屹立不搖。

別冊P.12,E6 JR小樽駅徒步約10分、JR南小樽駅徒步約15分 小樽市花園1-3-1 0134-27-2122 09:30~18:00 花園だんご(花園糰子)1串¥99 P3個 www.niikuraya.com

小樽新倉屋從創立至今已經走過180個年頭，**店內的招牌花園糰子是小樽的代表名物**，共有黑餡、白餡、抹茶餡、芝麻及醬油五種口味，糰子的彈牙口感搭配香甜醬料十分搭配，越嚼越散發出來的香氣讓人上癮。另外，依季節推出的可愛和菓子，還有新推出的人氣商品「旅情菓小樽の女」，融合卡士達奶油、宇治金時等和洋口味，也是店內代表性和菓。可以直接在店內的休憩座位享用，還有免費茶飲可無限取用。

小樽壽司屋通

別冊P.13,D6 JR小樽駅徒步約10分 小樽市花園 11:00~22:00(依店家而異) 休1月1日，部分店家固定休週三 www.otaru-sushiyadouri.com

北國豐富的漁產使小樽發展出豐富的壽司與海鮮丼文化，小小的腹地裡就有近百間的壽司店，其中有20間以上都集中在與堺町通相交的壽司屋通。**壽司屋通路不長，但小樽的壽司老舖本店都在壽司通及壽司通到公園通的巷道中**，如華壽司、一休、政寿司、日本橋及しかま等；吃壽司講究的是材料鮮度，而這些老舖無論是食材或料理手藝，都是當地人掛保證的。

壽司店聚集地。

魚真

おすすめ 薦

雖然位置稍微遠離熱鬧大街，但鮮美生魚片及握壽司依舊吸引許多饕客上門，並贏得顧客好評。

別冊P.13,B5 JR小樽駅徒步約10分 小樽市稲穂2-5-11 0134-22-0456 12:00~14:00、16:00~21:00(L.O. 20:15) 休週日 お寿司(上)10貫¥1,750 P5個

魚真的店主人三代皆經營漁業，經過長年來的經驗養成，挑選新鮮味美海產的眼光精確，店內使用的海鮮品質值得信賴，如果因選擇太多而遲遲無法點餐，**推薦可以點10貫的上壽司或特上壽司，想吃高級一點的還可以選15貫的魚真握壽司、小樽握壽司**，隨餐還附贈土瓶蒸，加入鮮蝦、昆布、香菇的湯十分清甜順口，吃過生魚片正好可以暖暖胃。

おたる 政寿司 本店

おすすめ 薦

80年歷史的老牌壽司店，職人堅持的美味令人再三回味。

別冊P.13,D6 JR小樽駅徒步約10分 小樽市花園1-1-1(寿司屋通り) 0134-23-0011 11:00~15:00(L.O.14:30)、17:00~21:30(L.O.21:00) 休週三、1月1日(可能依例假日、祭典活動更動) 政寿司茜¥3,000 P6個 www.masazushi.co.jp

小樽最出名的壽司店「政寿司」已超過80年歷史，**由自家漁產店直送的漁貨保證新鮮**，近年來還在競爭激烈的小樽運河畔開設分店。店裡的握壽司5貫約1400日幣起跳，頂級的「政壽司嚴選」則有大牡丹蝦、海膽、淺粉紅的肥美鮪魚等，都是道地的北海道食材，叫人看了食指大動。

おたる屋台村 レンガ横丁

別冊P.13,D6 JR小樽駅徒步約8分 小樽市稲穂1-4-15 依店家而異，約17:00~23:00 休依店家而異 otaruyataimura.jp

靠近小樽車站的「おたる屋台村 レンガ横丁」，**呈現出60年代日本昭和時期的庶民風情**，横丁內集結了居酒屋、炭燒、成吉思汗等多家小攤子，高掛店前的大紅燈籠以及張貼在牆上的電影、美女海報，把小小的美食村裝飾得充滿懷舊風味。

寿し処　一休

別冊P.13,D5 JR小樽駅徒步約15分 小樽市色内1-12-2 0134-33-0692 11:00~23:00(售完為止)，19:00後需預約 休不定休 海鮮丼¥2,800(依季節變動價格) P2個 www.ikkyu-hitoyasumi.sakura.ne.jp

創業超過20年的壽司舖一休由親切的本多夫婦所經營，**本多師傅每日親至市場挑選新鮮漁獲，並以合理的價格提供給顧客**。例如放滿牡丹蝦、海膽、鮭魚子與螃蟹等人氣食材的海鮮丼只要2800日幣，新鮮肥美的3大隻鹽烤牡丹蝦也只要1600日幣；除了觀光客外也很受當地人的喜愛。

coffee restaurant colombia

おすすめ 薦

室內裝潢大有看頭之外，靠窗位置還可以欣賞庭院的風景。

喫茶コロンビア

別冊P.12,E6 JR小樽駅徒步約12分 小樽市花園1-10-2 0134-33-5178 11:00~24:00 コロンビア特製弁当(特製便當)¥950、チョコレートパフェ(巧克力聖代)¥680 P無，可利用斜對面的停車場

喫茶店colombia是當地的老舖，創業於昭和23年(1947年)，外觀看來只是一般老店，裝潢卻讓人大為驚嘆。**天花板正中掛著華麗的燈具，燈光透過下方流蘇透出光芒，璀璨光彩讓室內瞬間華麗了起來**，可別急著擔心，這裡提供的是親切的庶民料理，深受歡迎的巧克力聖代，蘋果、卡士達等多種口味的甜派以外，還有三明治、義大利麵、漢堡排等餐點，不論正餐還是午茶都很豐富。

堺町通．南小樽駅

さかいまちどおり．みなみおたるえき

Sakaimachi Dori‧Minami-Otaru Station

小樽原是札幌的外港，因漁業而致富。明治維新後，更是對北方(俄羅斯、歐洲等)貿易的重鎮，所以市街特別有俄式的歐洲風情。堺町通和童話十字路口(メルヘン交差點)之間，時髦的商店、玻璃藝品店長長一列，逛到腳酸都還興致高昂。

交通路線&出站資訊

電車

JR小樽駅◇函館本線

JR南小樽駅◇函館本線

JR小樽築港駅◇函館本線

出站便利通

定番旅遊路線◇從小樽車站出站後，沿著中央通走到小樽運河，或是出站後右轉走到壽司通，之後再一路遊逛到玻璃藝品店及甜點店集中的堺町通，最後到達JR南小樽駅，這段散步路徑是小樽的定番旅遊路線，一路上不停留的話約行走30~40分左右，但路上美食、藝品、甜點名店聚集，建議至少停留一整天，最能品味小樽的悠閒異國情調

堺町通◇小樽購物、享用甜食的首選去處就是堺町通，從南小樽車站徒步10分內便可抵達，小樽音樂盒堂本館前的童話十字路口更是遊客們必定留影的美麗街景，五叉路旁盡是歐風色彩的華麗建築，360度的洋風景致，叫人驚艷

童話般的小樽地標

小樽音樂盒堂本館前五公尺高的蒸氣時鐘是當地特色地標，1977年由加拿大工匠製作而成，每15分鐘便會以蒸氣演奏音樂，整點時還會以汽笛報時，總是吸引遊客駐足等待，蒸氣時鐘所在的十字路口也因為四周優雅街景太過夢幻，而被稱為「童話十字路口(メルヘン交差点)」，成為小樽的打卡名所。

樂聲悠揚的百變音樂盒。

小樽音樂盒堂本館

小樽オルゴール堂

別冊P.12,H4　JR南小樽駅徒步約8分、JR小樽駅徒步約25分；或搭乘散策巴士至「メルヘン交差点」站　小樽市住吉町4-1　0134-22-1108　9:00~18:00　www.otaru-orgel.co.jp

小樽音樂盒堂本館位在與堺町通交界的童話十字路(メ ルヘン交差点)上，鄰近幾間充滿古典歐洲風味的建築，本館門口古老的蒸氣時鐘與流洩的音樂盒樂聲，構成一幅充滿異國情調的美麗街景。充滿華麗感的本館中，擺滿了各式各樣繽紛精巧的音樂盒，**3樓還有能自製音樂盒的體驗工房**。小樽音樂盒堂除了本館之外**另有5間分店**，其中**位於本館對面的2號館為古董博物館，裡頭收藏了許多珍貴的音樂盒與音樂鐘**，相當有趣。

万次郎

まんじろう

別冊P.13,D4　JR小樽駅徒步約13分；JR南小樽駅徒步約15分　小樽市堺町2-15　0134-23-1891　11:00~20:30、週日11:00~17:00(L.O.一小時前，售完提早結束營業)　不定休　海鮮丼¥1,100

万次郎是位在堺町通上的定食屋，外觀並不起眼，也沒有特殊的裝潢，而是憑著**划算實在的高CP值**吸引顧客前來。白飯舖上滿滿蛋絲，再疊放上鮭魚、透抽以及蒸過的海膽，淋上店家自製的芝麻醬油，就是受歡迎的海鮮丼，想吃得豪華一點，也有鮭魚卵、鮭魚、甜蝦等不同搭配的三色丼可選擇，另外還有刺身、豬排、炸雞等多種定食，價格划算又能吃得飽飽。

SNOOPY茶屋 小樽

別冊P.12,F4　JR小樽駅徒步約20分；JR南小樽駅徒步約9分；或搭乘中央巴士於「北一硝子前」站下徒步1分　小樽市堺町6-4　0134-64-7047(賣店)、0134-64-7048(茶屋)　賣店9:30~17:30、茶屋10:30~17:00(外帶9:30~17:00)　www.snoopychaya.jp

堺町街上除了甜點、玻璃製品以外，現在還多了SNOOPY茶屋可以大逛特逛。**SNOOPY茶屋分為上下兩樓，一樓是琳琅滿目的商品區**，從蛋糕、巧克力、吊飾、文具用品，到杯子、豆皿、T恤、玩偶，每一件商品都是可愛的史努比，其中更有不少是小樽店限定的設計；**二樓則是大正風格的典雅茶屋**，不只以史努比圖案的彩繪玻璃裝飾，餐點與甜品更都有史努比的蹤跡，可愛魅力讓人難以抵擋。

Souvenir Gallery OTARU

別冊P.12,E3　JR南小樽駅徒步約12分、JR小樽駅徒步約16分；或搭乘散策巴士至「堺町」站下車徒步1分　小樽市堺町5-39　0134-61-1350　10:00~18:30(依季節變動)　kyoto-souvenir.co.jp/brand/souvenir_gallery/

發祥於京都的Souvenir Gallery是一家紀念品選物店，**店內商品都是經過嚴選的小物，光是口金包就有多種花紋**，從古典和風的水玉圖樣，到現代可愛的花朵圖案，多變的圖樣以外，尺寸大小也有多種選擇，小巧的圓形、大方的長夾都有，也有限定的手帕或是繽紛糖果，每一件商品都充滿店家精選的心意。

銀の鐘1号館

別冊P.12,G4　JR南小樽駅徒步約8分、JR小樽駅徒步約25分；或搭乘散策巴士至「メルヘン交差点」站　小樽市入船1-1-2　0134-21-2001　1F賣店9:00~17:30、2F9:00~17:00(依季節調整)　下午茶(Hello Kitty杯盤)¥870　www.ginnokane.jp

銀の鐘位在童話十字路口，古典的紅色石磚外型非常漂亮，是家專賣美味蛋糕和北海道土特產點心的商店。銀之鐘的2樓是咖啡屋，3樓則是露天的咖啡座，**只要點杯咖啡或紅茶，就附一塊小蛋糕，而且還可將杯盤帶回家呢**！

大正硝子 酒器藏

別冊P.12,E3　JR南小樽駅徒步約12分　小樽市堺町3-17　0134-24-2660　10:00~19:00　www.otaru-glass.jp/store/shukigura

大正硝子在堺町上也有多家分店，其中這一家酒器藏十分特別，**店內販賣的清一色都是精巧的酒器**。展示櫃上擺著各式酒器，盛裝紅酒的高腳杯，用以品嚐日本酒的小巧杯皿，或者是成組的酒壺及酒杯，這些有著優美弧度的酒器**都是當地藝術家的作品，美感與機能兼具**，若是喜歡品酒，不妨找找有沒有合適的選擇，為生活增添趣味。

北一硝子三號館

おすすめ 薦

老建築重生後的優美小樽，就是從這裡開始！

別冊P.12,G3　JR南小樽駅徒步至三號館約10分、JR小樽駅徒步至三號館約20分；或搭乘散策巴士至「北一硝子前」、「北一硝子三号館前」站　小樽市堺町7-26　0134-33-1993　9:00~18:00　97個(港堺町駐車場)，若在北一硝子購物滿¥2,000可免費停2小時　www.kitaichiglass.co.jp

北一硝子歷史相當悠久，前身「浅原硝子」是最早為小樽市製造出文明象徵的瓦斯燈與漁業用「浮玉」的大型玻璃工房。現在，北一硝子則在堺町通上增建多間店面、工房、美術館等，觸角也延伸到酒藏甚至餐廳。其中**最具代表的是運用舊木村家倉庫改建成的北一硝子三號館，它是小樽舊倉庫再利用的首例，可說是小樽現在城市景觀的促成者**。三號館裡販賣日本與海外的各種精美的玻璃藝品，此外也能找到瓦斯燈等充滿小樽味道的原創商品。

北一ホール—

おすすめ 薦

上百盞油燈閃爍，美麗的燈彩充滿夢幻氛圍。

北一HALL

北一硝子三號館內　0134-33-1993　8:45~18:00(L.O.17:30)　www.kitaichiglass.co.jp/shop/kitaichihall.html

北一硝子三號館內除了販賣精美玻璃藝品之外，還有一處美輪美奐的咖啡廳。走進店內，一定會為眼前璀璨的光景撼動，**店內點著167盞油燈，還綴著一串串燈泡，燈火的光暈彼此折射，為店內空間綴上柔和光芒**，若是在聖誕前後造訪，還可以看到裝飾的聖誕樹，充滿華麗又浪漫的氣息。

くぼ家

おすすめ 薦

在保留百年的建築裡享受懷舊的午茶時光！

Otaru Kuboya

別冊P.12,E3　JR小樽駅徒步約15分；JR南小樽駅徒步約13分　小樽市堺町4-4　0134-31-1132　10:00~19:00　休週一　小樽美人生どら きとコーヒーセット(小樽美人生銅鑼燒+咖啡)￥750　www.otaru-glass.jp

利用建於明治40年(1907)的歷史建物「舊久保商店」改裝，大正硝子くぼ家是咖啡與玻璃藝品的複合商店，其實這裡前身是小樽的咖啡名店「さかい家」，歇業後於2017年改由大正硝子進駐，**店家特意保留下當年陳設**，木造吧台、典雅桌椅，不僅讓造訪過的顧客重溫記憶，懷舊的風情讓初次造訪的人也為之沉醉，使用的器皿更都是手工製作、獨一無二的作品，從氛圍到餐具都值得細細品味。

小樽美人生銅鑼燒包著地產樹莓做成的生奶油，再混入紅豆餡，有著冰涼的酸甜味道。

另一側的賣店可以找到許多玻璃飾品，還有作家現場製作。

福廊

Fukurou

別冊P.12,G4　JR南小樽駅徒步約10分　小樽市堺町6-9　0134-21-6001　9:30~18:00、11~4月至17:30　www.facebook.com/otarufukurou/

在堺町通各家賣店之中，福廊的外觀並不起眼，不過店內卻有著多樣商品。**店名取自貓頭鷹的日文「ふくろう」，店內當然也有許多貓頭鷹商品**，從印著趣味圖樣的杯盤，到有著可愛造型的木製湯匙，每一件都可以看到貓頭鷹的身影，各式雜貨之外，還有精緻的木雕藝品，也非常值得一逛。

貓頭鷹商品超豐富。

かま栄 工場直売店

おすすめ 薦

直賣店內還設有提供餐飲及休憩的かま栄咖啡，提供蝦子三明治、起司球等限定小點喔。

KAMAEI

別冊P.13,D3　JR南小樽駅徒步約16分、JR小樽駅徒步約16分，或搭乘散策巴士至「かま栄本社前」站，下車後徒步2分　小樽市堺町3-7　0134-25-5802　9:00~19:00　休1月1日　パンロール(麵包捲)￥216、ひら天(原味甜不辣)￥194　P70個　www.kamaei.co.jp

創業於1905年的かま栄為魚板專賣老店，從開創至今已拓展出10多間店鋪，**經過不斷的研發創新，單純的魚板演變出許多豐富獨特口味**，像是結合火腿及起司的どさんこ金波、添加大塊蟹肉的かに甲ら，以及加入紅蘿蔔、香菇、葫蘆乾的五目のし等。在工場直賣店不僅可以參觀製作過程，還可以享用新鮮現做的美味魚板，**現買現吃的商品中最推薦パンロール(麵包捲)**，以麵包捲起魚板下鍋油炸，酥脆外皮與飽實魚板的組合打破常規，讓魚板從餐桌料理一躍成為點心。

招來福氣的貓頭鷹

貓頭鷹在許多文化中都象徵睿智，在日本更有多重寓意，北海道的天然紀念物「シロふくろう(白鴞)」被原住民愛努族視為村落的守護神，稱其為「コタンコロカムイ」。除此之外，貓頭鷹因為頭可以270度旋轉而被引申為「商賣繁榮、金錢可隨心使用」之意，另外也因漢字寫法不同而有多種解釋，常見漢字「不苦勞」、「福老」、「福廊」等都是指「有福氣、生活無憂」，良好寓意也讓貓頭鷹成為隨處可見的形象。

LeTAO本店

おすすめ 薦

超人氣起司蛋糕是小樽不可不吃的美味甜點！

別冊P.13,G4 JR南小樽駅徒步約10分、JR小樽駅徒步約20分；或搭乘散策巴士至「北一硝子前」、「メルヘン交差点」站 小樽市堺町7-16 0120-31-4521 9:00~18:00 (2Fcafé~17:30L.O.) 蛋糕+飲品組合¥900 有特約停車場，消費滿¥2,000可享1小時免費停車 www.letao.jp

這間**來自小樽的洋菓子舖**，以一款木盒包裝的雙層起士蛋糕打響了名號，最有名的要屬金字塔型的紅茶巧克力。在童話十字路口上的本店外觀相當華麗，1樓可以購買LeTAO的各式蛋糕和甜品，位於**2樓的咖啡廳則可以現場享用各款新鮮美味的LeTAO蛋糕**，搭配的飲料也經過店方的精心挑選。

DANI LeTAO

別冊P.12,G4 JR小樽駅徒步約20分；JR南小樽駅徒步約8分 小樽市堺町6-13 0134-31-5580 10:00~18:00(依季節而異) フロマージュデニッシュ(起士丹麥麵包)¥297 www.letao.jp/shop/daniletao.php

DANI LeTAO是LeTAO於**2018年新推出的品牌**，以**現烤出爐的乳酪丹麥麵包**迅速引起話題。踏入店內就能夠聞到陣陣麵包香氣，也可以看到店員忙碌製作的身影，這一款麵包的厲害之處在於嚴選的素材，選用北海道產的奶油起士與義大利產的馬斯卡彭起士，形成上下兩種口感的綿密雙層起士餡，再以100%道產小麥粉做出丹麥酥皮，每咬一口，都可以聽到在耳邊炸裂的酥脆聲音！

分店多多的LeTAO

知名點心LeTAO在堺町通上有多家分店，設有鐘塔的本店以外，還有規模最大的旗艦店「PATHOS」、找得到特製冰淇淋的「Plus」、2018年開的「DANI」，以及2019年初整修的巧克力專賣店「Chocolatier」，不僅如此，小樽駅前還有一家「Ekimo」。主打的雙層乳酪蛋糕以外，各個店舖的限定商品也很值得注目！

ドゥーブルプレート<ドリンク付>(雙層乳酪蛋糕甜品盤附飲料)／¥1,430
PATHOS店2樓咖啡廳限定，一次品嚐原味、巧克力雙層乳酪蛋糕及乳酪布蕾蛋糕Venezia Rendez-vous

サンテリアン(Santé Lien巧克力棒)／¥540
巧克力專賣店「Chocolatier」推出的招牌商品，有杏仁、莓果、無花果等水果與堅果組合出的六種口味

北菓樓 小樽本館

別冊P.12,G4 JR南小樽駅徒步約10分、JR小樽駅徒步約20分；或搭乘散策巴士至「北一硝子前」站 小樽市堺町7-22 0134-31-3464 9:00~18:30(冰淇淋L.O.18:00，飲料L.O.16:30)，10~5月9:00~18:00(冰淇淋L.O.17:30) 休1月1日 $年輪蛋糕+冰淇淋+飲品組合(小樽本館バウムクーヘンセット)¥515 www.kitakaro.com

來自北海道砂川的洋菓子鋪「北菓樓」是北海道到處可見的代表點心品牌，**最有人氣的商品就是在日本美食網站tabelog票選第一名的千層年輪蛋糕「妖精の森」**，選自北海道最高級原料，並由職人一層層手工烘焙而成的蛋糕口感細膩香甜。另外，

店內製作的各種泡芙更是極品，輕輕咬下，滿滿的奶油內餡便從外皮的縫隙中爆出，滑潤綿柔的滋味盤踞舌尖，久久不散，最推薦外皮酥脆的夢不思議，及包覆著奶油、奶凍的北之夢泡芙。

六花亭 小樽運河店

別冊P.12,G4 JR南小樽駅徒步約8分、JR小樽駅徒步約20分；或搭乘散策巴士至「北一硝子三号館前」站 小樽市堺町7-22 0134-24-6666 11:00~17:00 www.rokkatei.co.jp

本店位於帶廣的六花亭，在北海道有名的狀況幾乎是在哪開店哪裡就爆滿的程度。位於小樽的直營店就位在北菓樓隔壁，除了有寬廣的店鋪可以盡情選購六花亭的各種點心，**2樓也設有咖啡座，販售幾款簡單的現場限定甜品**，還會貼心附贈一杯熱咖啡。

可否茶館 小樽店

別冊P.12,F3 JR南小樽駅徒步約12分、JR小樽駅徒步約18分；或搭乘散策巴士至「ヴェネツィア美術館」站下車即達 小樽市堺町5-30 0134-24-0000 10:00~17:00 P8個 www.kahisakan.jp

小樽咖啡豆品牌可否茶館，本店位於建築景觀優美的堺町通上。茶館內供應嚴選自各地的優質咖啡豆，**獨家以炭火烘焙而成的自家焙煎咖啡，每一杯都是由工廠直送、7日內烘焙完成的新鮮咖啡豆悉心煮成，**香濃原味只要嚐過就知道與眾不同。

茶和々

SAWAWA

別冊P.12,F3 JR南小樽駅徒步約10分 小樽市堺町4-14 0134-26-6668 9:30~17:30 お抹茶アイス¥400

在各大甜點品牌分店之中，堺町街上多了一家有著綠色外觀的顯眼店鋪，一如那濃綠的店面，**店內專賣各式抹茶點心**，沾滿抹茶粉的軟糯蕨餅，或是有著甜甜內餡的抹茶菓子，**就連費南雪、瑪德蓮等西式點心也統統都是抹茶口味**，當然也有不能缺少的霜淇淋以及抹茶飲品，抹茶控們可千萬別錯過了。

拉麵初代 本店

おすすめ 薦

別冊P.11,B5 JR南小樽駅徒步約4分 小樽市住吉町14-8 0134-33-2626 11:00~15:00、16:00~19:00 週二(遇例假日營業) 元鹽拉麵¥800、新鹽拉麵¥860 有，店鋪前3個 syodai.jp/

曾在電視冠軍日本拉麵店票選中獲得第二名，也是美食網站tabelog高評價拉麵店。

初代是**小樽拉麵名店**，店名隱含著「將最初的美味傳承至往後無數代」的意義，元鹽口味正是這最初的滋味，經典口味之外，店家也持續鑽研新口味的拉麵，**新鹽口味就是以鹽味為基底，加上干貝等海鮮熬煮的魚介類湯頭，還加入豬絞肉的肉汁增添濃郁口感，**搭配在地製麵廠所產富有口感的麵條，以及軟嫩的叉燒肉，絕讚的美味讓人一口接一口停不下來。

田中酒造 亀甲蔵

別冊P.11,B5 JR南小樽駅徒步約15分，或搭乘巴士築港線至「田中酒造亀甲蔵前」站下車即達 小樽市信香町2-2 0134-21-2390 9:05~17:55(見學9:05~17:30，約10~15分鐘) 70個 tanakashuzo.com/brewery/#kikkouwrap

離小樽市區較遠的田中酒造亀甲蔵，是**擁有超過百年歷史的日本酒藏**，也是小樽當地的酒藏之一。充滿古意的倉庫內部相當寬闊，在2樓能參觀到日本酒從原米、發酵到榨酒的製作過程，1樓的店鋪則販售田中酒造所釀造的各種日本酒，並可以免費試飲，其中酒造的名品「宝川」大吟釀，還曾獲得平成22年新酒評鑑會的金賞。

品嚐小樽濃醇地酒。

VERY VERY STRAWBERRY

別冊P.12,H4 JR南小樽駅徒步約6分；或搭乘散策巴士至「メルヘン交差点」站 小樽市入船1-2-29 0134-23-0896 11:30~15:00、18:00~21:00(L.O.20:30)，週末及例假日11:30~15:00、17:00~21:00(L.O.20:30) 休12月31日、1月1日 $ベリーベリーストロベリー(草莓派)¥2,200(4~5人份) P14個

店主人因熱愛義大利，所以時常到義大利各地四處旅行嚐鮮，並**將感受到的義式風情原汁原味搬回日本**，重現於店內的各式菜色中。來這裡，**幾乎每桌都會點上一片披薩**，現烤上桌的披薩皮薄香脆，與熱呼呼的餡料、起司是最解饞的無敵組合，飯後再來個份量超大的草莓派，甜蜜又帶點微酸的滋味，不只攻佔你的味蕾，更是飽食感十足。

hachi

はち

別冊P.11,B5 JR南小樽駅徒步約3分，從童話十字路口徒步約5分 小樽市住吉町12-1 0134-27-6408 11:00~18:00(L.O.17:30) 休週三、四 $咖啡¥500起 sumiyoshi-hachi.jimdofree.com/

從童話十字路口往坂道前行，四周街道從喧騰變為沉靜，於轉角佇立的Hachi在這樣的清閒中顯得格外有趣。紅色窗框與深褐、米白交錯的傳統木屋，瞬間讓人有種時空錯亂感，推開木門，室內果然也是一系列的木色，桌椅自然不用說，牆角還堆放著砍好的木頭，就等著為冬日的暖爐增添柴火。**喝著店家自家烘培的咖啡，聽著火爐中劈啪作響的聲音，寧靜溫暖的氛圍是冬日裡最舒適的體驗。**

Café White (Re: Okagawa Pharmacy)

おすすめ 薦

カフェホワイト(旧 岡川薬局)

別冊P.11,B5 JR南小樽駅徒步約6分 小樽市若松1-7-7 0134-64-1086 週二、三、週五、六11:30~21:00(L.O.20:30)、週日及例假日至18:00(L.O.17:30) 休週一、四 www.re-okagawapharmacy.info

想在南小樽尋找午茶去處的話，絕不能漏了Café White。

這棟建築前身為興建於昭和5年(1930年)的岡川藥局，是小樽昭和初期的代表建物，將歷史建物活化之後，現在則是**結合咖啡、住宿以及租借空間**的設施。店內以純白色裝潢，櫃台與廚房所在的空間是藥劑室，樓梯邊緣還貼著遞增的卡路里數字，到處都是藥局的意象，**除了café white本身，還會由不同單位經營咖啡**，不同時間造訪可以體驗不同風格，非常有趣。

小樽君樂酒店

おすすめ 薦

Grand Park Otaru

從小樽駅搭電車只要6分鐘，就可以在休憩之時，享受小樽美麗的海岸風光。

別冊P.11,C6 從小樽駅搭乘JR函館本線6分鐘，至JR小樽築港駅下車，走連絡通道約3分即可到達 小樽市築港11-3 0134-21-3111 雙人房每人約￥6,420(山景房)、￥7,320(海景房) 132個，房客一晚￥1,100 grandparkotaru.com

小樽除了市街裡的熱閙以外，廣闊海景也是一大亮點，不過遊客大多因為行程等因素，只能在市區裡遊玩，若是時間不夠又不想錯過美麗海岸，不妨在住宿上花點巧思，**位在小樽築港的小樽君樂酒店，就是能夠享受小樽海景的住宿選擇。**

飯店臨石狩灣而建，最吸引人的自然是擁有海景的房型。一進入室內，大片海景闖入眼簾，白天時的蔚藍與夜晚的幽暗都讓人陶醉，而房內配置也無可挑剔，空間寬敞不說，色澤溫潤的木製家具不僅充滿質感，更營造出北國的自然印象，讓人倍覺舒適與溫暖。餐廳Terrace Brasserie除了可以品嚐北國豐富物產，大片落地窗的設計更是絕妙，一邊吃著美味餐點，一邊欣賞窗外港口的清澈透藍，讓人一整天的心情都跟著明媚了起來。

©小樽君樂酒店

©小樽君樂酒店

©小樽君樂酒店

©小樽君樂酒店

WING BAY小樽

おすすめ 薦

近兩百家店鋪一次逛到滿足。

別冊P.11,C5 從JR小樽築港駅走連絡通道約5分即可到達；或搭乘散策巴士至「ウイングベイ小樽(WING BAY小樽)」站下車即達 小樽市築港11 0134-21-5000 10:00~20:00，依店鋪而異 5,000個，1小時內免費，消費滿￥1,000可再免費停4小時 www.wingbay-otaru.co.jp

搭乘JR經過小樽築港車站時，**一定會被石狩灣畔的高大彩虹摩天輪吸引目光，這美麗的摩天輪正是WING BAY小樽的地標。**佔地約34萬平方公尺的複合商業設施內，進駐了約200個店家，雜貨、美食、品牌服飾、書店、美容店鋪一應俱全，購物、飲食、遊樂的需求都可以在這裡獲得滿足。

Pudding un delice

アンデリス

加上巧克力醬的余市威士忌布丁，大人的口味也很精彩。

別冊P.11,A5 JR南小樽駅徒步約3分 小樽市住ノ江1-5-1 0134-34-1616 10:00~18:00(售完為止) 週三、不定休 3種類のチーズプリン(三種起司布丁)￥370、「噂」のプリン大福￥220 undelice.jp

隱藏南小樽巷內，un delice專賣手作布丁，如果只是手作布丁或許還不夠吸引人，但**店內販賣的全是融入北海道物產的布丁**。道產牛乳加上小樽近郊余市出產的新鮮雞蛋，讓布丁有著濃郁香氣，最讓人心動的「三種起司布丁」使用了道產的卡門貝爾、馬斯卡彭以及奶油起司，融合出口齒留香的滋味，另外還有包裹著香甜布丁的軟嫩大福，每一樣商品的巧思都讓人驚嘆。

小樽市郊

おたるこうがい

Otaru-Suburb

小樽除了市中心的車站附近及運河一帶，或是觀光客聚集的堺町通等南小樽區域以外，其實還有一些遠離市區，散落在郊區的景點，像是造訪小樽不能錯過的天狗山夜景，或者是近幾年逐漸竄紅的小樽水族館，還有能夠欣賞華麗和風建築的小樽貴賓館，都位在小樽市的邊緣，雖然都要搭乘巴士才能抵達，但這些景點都有著值得一遊的魅力，如果只在市區逛逛的話，可是會就此錯過小樽豐富的魅力呢。

交通路線&出站資訊

電車

JR小樽駅→函館本線

JR南小樽駅→函館本線

JR銭函駅→函館本線

巴士

中央巴士→要前往小樽市郊的祝津、天狗山或朝里川溫泉一帶，可在小樽前的巴士總站搭乘開往市郊的中央巴士

★前往天狗山→[9]天狗山ロープウェイ線

★前往祝津地區→[11]祝津線、[10]おたる水族館線

★前往朝里川溫泉→[13]朝里川溫泉線

中央巴士

www.chuo-bus.co.jp

©北海道觀光振興機構

天狗山

おすすめ 薦

小樽天狗山的風景也是北海道三大夜景之一。

別冊P.13,D8外　JR小樽駅前中央巴士4號乘車處搭乘「[9]天狗山ロープウェイ(纜車)線」，約20分至「天狗山」站下車，¥240，1小時約2~3班　小樽市最上2-16-15　0134-33-7381(小樽天狗山纜車)　9:00~21:00，每12分1班。每月運行期間會有些微變動，請上網確認　纜車國中生以上來回¥1,400、單程¥840，兒童來回¥700、單程¥420　P150個　tenguyama.ckk.chuo-bus.co.jp

圓瞪著眼、大長鼻子的天狗是日本的神怪人物，而在小樽市街後的天狗山就因為山形長得像天狗而有了天狗山之名；就如同每一座城市都有登高眺望點一樣，**天狗山就因可俯瞰小樽和小樽港而成為觀光客必到的地方**。

天狗山海拔532公尺，搭天狗山纜車約需4分鐘。天晴時，山水市街一覽無遺，連可能因行程短促而無法親臨的積丹半島也可以盡收眼底。黃昏時點燈亮光明，也有一番風味，不過，夜景仍然無法和函館相比。

H 藏群

別冊P.11,C6外　從JR小樽築港駅搭乘免費接駁巴士可達，需預約　小樽市朝里川溫泉2-685　0134-51-5151　一泊二食，雙人房每人約¥34,000起　P19個　www.kuramure.com

藏群內的每間客房設計都自成一格，因而擁有專屬的庭院景致，來自朝里川的溫泉水也直接引入了各房浴池，讓客人能在自己的空間裡盡情放鬆。旅館的重頭戲晚餐，在各自獨立的包廂中用膳。北海道的美味蔬菜和小樽的現捕海鮮，透過料理長的獨特創意，以懷石料理的形式呈現在住客眼前，細觀品嚐，又是另一番不同的感官饗宴。

小樽水族館

おたる水族館

別冊P.11,A1　JR小樽駅前於3號站牌搭乘中央巴士[11]祝津線、[10]おたる水族館線至「おたる水族館」站，大人車資¥220　小樽市祝津3-303　0134-33-1400　3月~11月9:00~17:00、12月~2月10:00~16:00(夏季部分日期晚上延長~20:00，入館至閉館前30分)　休2月~3月、11月~12月　大人¥1,500、國中小學生¥500、3歲以上¥250　otaru-aq.jp　每年開園及休館日期、時間不定，詳見官網

小樽水族館位在小樽的祝津地區，**水族館分為本館、海豚表演場及戶外的海獸公園，其中海獸公園是利用自然海景圍出**，可以看到海獅及海豹在天然海水中活動，是夏季限定開放的區域，室內部分除了全景大水槽、海豚水池，還可以看到北海道稀少生物，以及棲息在鄂霍茲克海及白令海等寒冷海域的魚類，另外更有觸摸池，可以摸摸海星、海參、章魚等生物喔。

祝津全景展望台

祝津パノラマ展望台

別冊P.11,A1　JR小樽駅前於3號站牌搭乘中央巴士[11]祝津線、[10]おたる水族館線至「おたる水族館」站下車，徒步約10分　小樽市祝津3　0134-32-4111(小樽市產業港湾部観光振興室)　自由參觀，冬季視積雪狀況關閉

想欣賞小樽海景的話，距離小樽水族館約10分鐘路程的祝津全景展望台是最佳觀景點，展望台標高70.9公尺，雖然不高，但**因為坐落在山丘之上，正好可以欣賞到無阻礙的寬闊景色**，可以將不遠處的水族館、位於高島岬上的燈塔、鰊御殿都收入眼底，非常推薦可以在參觀水族館前後，到這裡來欣賞風景。

民宿青塚食堂

おすすめ 薦

住宿漁師家，大啖新鮮海味，感受純樸的人情味。

別冊P.11,B2　JR小樽駅前中央巴士3號乘車處搭乘「[11]祝津線」、「[10]高島祝津線」，約20分至「おたる水族館前」站，下車後徒步1分，車資¥240　小樽市祝津3-210　0134-22-8034　一泊二食，1人¥10,000起　P20個　www2.odn.ne.jp/aotuka

在小樽北角的祝津，有著墨藍的北國大海和一間漁師開的民宿兼食堂。青塚食堂在日本當地的名氣不小，**來自各地的客人因為這裡的美味和人情，往往一再來訪**，用餐時間也總是人潮眾多。與食堂併設、由漁師家族經營的民宿，提供簡單整潔的和室房間，裡頭24小時的風呂，還能望向遼闊的祝津大海風景。

漁師之宿的海味絕對新鮮。澄黃的海膽、曾為小樽帶來一度榮光的肥美鰊魚、厚實柔軟的干貝，以及當店招牌的香Q烤花枝等，味覺在鮮甜海味中徹底甦醒，漁師的日常生活，也在眼前開始真實上演。

小樽市鰊御殿

Otaru Nishin Goten

別冊P.11,B1 JR小樽駅前於3號站牌搭乘中央巴士[11]祝津線、[10]おたる水族館線至「おたる水族館」站下車，徒步約6分 小樽市祝津3-228 0134-22-1038 4月9日~11月23日9:00~17:00(10月16日~至16:00) 大人¥300、高中以上¥150，國中以下免費

小樽市鰊御殿建於明治30年(1897)，是**首座以「鰊漁場建築」被指定為北海道有形文化財的建物，也是日本現存規模最大的鰊御殿**。這裡原本是田中福松在積丹泊村興建的鰊御殿，故也稱為「舊田中家番屋」，昭和33年(1958)遷至此地；使用了椴松、栫木等道產木材，以及來自東北地方的檜木建成，**總面積廣達611.9平方公尺(185.1坪)**，除了田中一家以外，捕魚季時還有漁夫們居住於此，館內可看到當年捕魚、加工的器具，還有不少珍貴照片，記錄下當年的生活風貌。

全盛時有超過200人在這裡生活。

與舊別邸相接的新建築也設有餐廳，能邊看海邊享用和食料理。

舊青山別邸 小樽貴賓館

別冊P.11,D2 搭乘中央巴士3號乘車處搭乘開往小樽水族館的[11]祝津線、[10]おたる水族館線，約20分至「祝津3丁目」站，下車後徒步5分，車資¥240 小樽市祝津3-63 0134-24-0024 9:00~17:00、11~3月9:00~16:00(12月29日~ 12月31日至15:00)，入館至閉館前30分 休1月1日~1月7日 舊青山別邸大人¥1,100、小學生以下¥550 P30個 www.otaru-kihinkan.jp

小樽一度曾是繁榮的漁港，位於市郊丘陵的小樽貴賓館，就是當年捕魚致富的青山家，所留下的豪華宅邸。耗時6年半建造的青山家別邸，外觀是**北海道極少見的黑瓦日式建築，屋內包括來自各地的巨木樑柱、細膩的門板繪畫和窗櫺雕飾等都保存完好**，很有可觀之處，屋外則有枯山水和前庭花園，**以5月下旬至6月牡丹花盛開時最為美麗**。

鯡魚與小樽

鰊魚(ニシン)就是鯡魚，在小樽的發展中佔有重要地位。江戶後期，本來以道南為主要活動範圍的鯡魚群移動至小樽一帶，開創了小樽漁業的榮景。江戶後期到明治年間，小樽周邊的漁場每年都能捕到上萬噸鯡魚，明治工業化後漁獲更是可觀，明治30年的漁獲量更創下97萬多噸的紀錄，約占當年總漁獲量的六成，雖然後期漁獲減少，小樽富饒的基石仍可說是由鯡魚堆就而成。

鯡魚小知識

◎鰊魚季：每年三月下旬開始，漁工以定置網捕鰊魚，漁獲除了鮮食和製乾貨，約七成加工成肥料出售

◎鰊御殿：明治、大正年間由漁場老闆所建的豪華宅邸，一般作為漁場老闆的住宅，也有與番屋結合的建築模式

◎鰊番屋：結合漁工住所、魚貨儲藏和加工設備的漁場建築群，除了漁工值班、住宿的空間以外，也包含老闆居住的主屋；通常老闆會住在不同樓層或稍遠的獨立建築，與漁工宿舍分開；1950年代後鰊漁衰退，番屋陸續拆毀，現在大多聚集在小樽祝津一帶

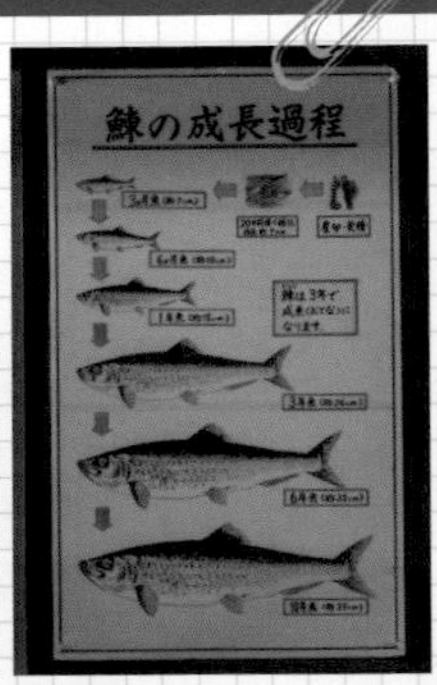

◎ヤン衆：意為漁夫，通常專指鯡魚季時才受雇聚集的季節工

積丹.余市

しゃこたん.よいち

Shakotan·Yoichi

自小樽一路往西至積丹半島，每至夏期，沿岸海色澄藍清澈，被譽為「積丹藍」(積丹ブルー)。火山和風蝕作用為這一帶海域塑造了陡峭奇絕的岩勢，壯觀的海蝕門、海蝕洞、海蝕柱，為美麗海色添上令人驚嘆的壯絕之美，成為北海道唯一的海域公園。前往積丹的路上會先抵達余市，這座小小的城鎮以蘋果、櫻桃等水果及威士忌而出名，還可以看到昔日漁業興盛留下的古蹟。

交通路線&出站資訊

電車

余市駅◇函館本線

巴士

中央巴士積丹線[20、21]◇從小樽前往積丹，可以在小樽駅【5號乘車處】搭乘中央巴士積丹線[20、21]，行駛余市、古平、美国、積丹余別、神威岬。到「島武意海岸入口」站約1小時50分，車資¥1,590；到「積丹余別」約2小時15分，車資¥1,760

高速しゃこたん号(高速積丹號)◇也可以在小樽駅搭乘高速巴士「しゃこたん号」，從札幌出發經小樽，前往余市、美国、島武意海岸入口、積丹余別、神威岬等地

❗不論路線巴士或高速巴士，前往島武意海岸入口、神威岬的巴士只在4月中~10月中期間運行，冬季巴士只行駛到美国、積丹余別，詳見官網

www.chuo-bus.co.jp/lang/

觀光案內所

積丹遊客中心(積丹観光せんたぁ)

積丹町美国町 0135-44-3715

www.kanko-shakotan.jp(積丹観光協会)

積丹藍公路

積丹半島隸屬於二世谷積丹小樽海岸國家公園，是北海道唯一的海域公園。這座半島最吸引人的就是沿岸清澈的海水，水藍、澄藍、寶藍、靛藍……深淺不一的藍將海岸線點綴出繽紛層次，因而有「積丹藍」之稱。不妨從小樽出發，自國道5號接國道229號經余市、美国，轉道913號悠遊日本海灘百選「島武意海岸」和積丹岬，再接國道229號往半島西北端的「神威岬」，尋訪積丹藍的壯麗海景。

黃金岬

おうごんみさき

別冊P.16,C5 從JR小樽駅搭乘中央巴士約1小時25分在「美国」站下車，徒步約15分可達；從小樽駅開車約42公里 積丹町美国町 0135-44-3715(積丹観光協会) 可利用積丹町觀光中心的免費停車場 775 777 458*70(積丹町觀光中心)

黃金岬位在美国(びくに)地區，從港口旁突出於日本海上，與神威岬、島武意海岸被列為積丹半島的三大景點。這裡從前是鰊魚聚集的漁港，大批鰊魚在夕陽照耀下反射出金色光芒，因此以黃金命名。要欣賞黃金岬美景，可**以沿著遊步道徒步約15分鐘前往展望台，從展望台上眺望港口、宝島等大片風景**。4月下旬~10月期間，還可以到港口搭乘水中展望船「ニューしゃこたん号」。

神威岬

かむいみさき

別冊P.16,A2 從JR小樽駅搭乘中央巴士約2小時20分在「神威岬」站下車；從小樽駅開車約67公里 積丹町神岬町草 入口閘門開放時間：4、8~10月8:00~17:30，5~7月8:00~18:00，11月8:00~16:30，12~3月10:00~15:00，入園至閉園前1小時 休天氣惡劣時 P神威岬駐車場，免費 932 583 006*16(停車場)

崎嶇的「神威岬」突出入海，前方矗立的一座錐形海蝕柱「神威岩」(かむいいわ)，被列入**北海道遺產**。神威(カムイ)在愛努語中意為「神」，愛努人將神威岩奉為神祇，位於來岸町的神威神社祭祀的即為此岩。

海岬入口有一座木造的「女人禁制之門」，連接遊步道「チャレンカの小道」，從入口走到步道終點，單程大約需要20~30分鐘，雖然路途有些遙遠，但沿路風景十分美麗，尤其**小道盡頭是300度的廣闊海平線**，海岬上長滿橙黃色的蝦夷萱草，空氣中是海風鹽味與幽甜花香的揉合，在神威岬的カムイ番屋買一支積丹藍霜淇淋，一面欣賞奇岩絕壁所詮釋出的壯麗，再快意不過。

海岬風勢強勁，開關車門時千萬小心。

女性禁止進入神威岬？

神威岬的入口是「女人禁制之門」，典故出自一段悲傷的單戀故事。傳説源義經為躲避其兄源賴朝的追殺，逃亡期間曾受此處愛努部落族長的庇護，部落公主チャレンカ愛慕義經，追隨義經一行至神威岬，卻發現對方已揚帆出海，チャレンカ傷心欲絕，留下「凡船中載有婦女者經此處必定翻覆」的詛咒，即跳海自殺，化身為神威岩。神威岬因此成為女人禁制之地，直到1855年才由幕府解禁。

カムイ，愛努人的信仰

「カムイ」(Kamuy)在愛努語中意為「神」，漢字可寫作「神威」、「神居」等，在愛努的文化裡，他們相信神在神的世界「カムイ モシリ」時有著與人相同的姿態，但當祂們來到人的世界時，會化身為不同樣貌，因此棕熊是神，島鴞是神，虎鯨也是神，動植物、自然現象，甚至是人工製造出的生活道具裡都有神的存在，正是因為神的存在才讓愛努人得以在人世生活，顯現出愛努人對大自然的敬畏。

海鮮味処 御宿新生

おすすめ 薦

別冊P.16,A2 從JR小樽駅搭乘中央巴士約1小時25分在「美国」站下車，徒步約15分可達；從小樽駅開車約42公里 積丹町余別町30 0135-46-5050 4月中旬~11月上旬，每年營業日期請至官方Twitter確定。餐廳平日10:00~19:0、週末及例假日10:00~19:30，夏季10:00~20:00 $一泊二食，依房型不同，每人¥11,000起；生うに海鮮丼¥3,300 P有，免費 www.syakotan.com 775 870 086*03

坐落在毗鄰神威岬的余別港，以原木打造的明亮空間，加上柴田一家的親切笑容，讓人感到十分溫暖。

積丹半島是北海道唯一的海域公園，名產自然是海鮮，想品嚐自積丹藍當日直送的新鮮海味，不妨到**漁師直營的「海鮮味処 御宿新生」**。由漁師柴田幸信一家經營，柴田先生是積丹地區的「一支釣(一本釣り)」名人，擅長捕釣鮪魚和黑鯛，他**每天出海捕魚，將新鮮漁獲交由廚師調理，做出充滿日本海瑰麗色彩的料理**，湯頭濃郁的黑鯛浜鍋，以鮪、烏賊、章魚、甜蝦、帆立貝組合的豪華生魚片，每年夏季還可以吃到鮮甜的海膽，沒有住宿也可以到這裡大啖美食。

青之洞窟

あおのどうくつ

別冊P.11,A2 從小樽駅開車約9.8公里，一般會先到積丹或塩谷，參加獨木舟或浮潛行程前往 小樽市塩谷 獨木舟等活動期間為7~9月

「青之洞窟」其實就是岩壁間的海蝕洞，最有名的就是義大利卡布里島的藍洞了，沖繩、岩手都有這樣的地形，**積丹的青之洞窟距離塩谷海岸約2公里**，划著獨木舟，先穿過一條岩礁裂隙的水道，經第一道巨大窗岩的海蝕門，就可以來到藏身峭壁下的青之洞窟，洞內意外寬敞，可容納數艘小舟，**明亮天光透入幽暗洞窟，映著澄澈海水，自海底泛出一種螢藍的神祕光芒，是唯有乘船才能抵達的祕境**。

前往青之洞窟！塩谷海岸獨木舟

小樽塩谷海岸至積丹半島的地質多由火山碎屑岩、沉積岩所構成，這一帶海象平和，風浪不大，既使沒有划過獨木舟也可以安心參加。在岸上練習之後，就可以下海自忍路灣向東，越過塩谷岬，一路穿梭在岩礁之間，在海鷗和鸕鷀的陪伴下前往青之洞窟；若是體力不錯，也可繼續前往第二道海蝕門，向東往オタモイ海岸和赤岩地區，或預約私人導覽行程，探索西側的積丹半島路線。

7~9月 青之洞窟探險行程約1.5~2小時(含報到及換裝，單獨木舟體驗為45分)，大人¥7,000 ocean-days.com/syakotan 上述資訊為積丹觀光協會官網內刊載的「Ocean Days」，體驗內容依各家而異，建議至活動體驗網比較

積丹名產——海膽

積丹因為海域水質潔淨，海膽嚐來柔滑鮮甜，幽微的海潮氣味在舌上久久不散，也因此總有許多饕客不遠千里而來。這裡可以捕獲馬糞海膽以及紫海膽，前者滋味濃郁，後者則有著淡雅的甜味，各有千秋。為了保護環境，每年只有6~8月期間才能捕捉海膽，並嚴格控管捕獲數量，想吃的話建議趁早。

陡峭的海崖架設了步道直下海灘，落差約有70公尺。

海灘以圓石鋪成，一隅的石屋遺跡是舊齊藤家的鰊魚番屋。

島武意海岸

おすすめ 薦

しまむいかいがん

海外遊客少知的絕景祕境，也是積丹半島觀夕陽的最佳地點。

別冊P.16,B1 從JR小樽駅搭乘中央巴士約1小時50分在「島武意海岸入口」站下車，徒步約12分可達展望台；從小樽駅開車約60公里 積丹町入舸町 自由參觀，冬季不開放 積丹岬駐車場，免費 932 747 439*18(停車場)

積丹最重要的名勝，要屬1996年列入日本海灘百選的「島武意海岸」，愛努語為「シュマムイ」，意為「岩灣」。要下到海岸，需先穿過幽暗的隧道，這條隧道是明治28年為運鰊魚而開鑿，漁工將鰊魚背上海崖，穿過隧道抵達曬魚場。從隧道走出，景色豁然開闊，佔據制高點的看臺，一片壯絕的積丹藍展現眼前——澄藍清透的海中，水草及岩石紋理為水色更添繽紛；一側是自海中拔高聳立的屏風岩，對比露出水面的岩礁，更顯氣勢磅礴。

導覽的申請以外，最後的威士忌試飲須當日申請，拿取「試飲申込書」申請書、填好資料後，才能在試飲區換取試飲的酒。

NIKKA WHISKY余市蒸溜所

おすすめ 薦

ニッカウヰスキー余市蒸溜所

參加工場見學的話，可以聽導覽員介紹並試飲威士忌，記得事先上網預約！

別冊P.16,A6 JR余市駅徒步約3分可達；從JR小樽駅搭乘中央巴士約35分在「余市駅前」站下車徒步可達 余市町黒川町7-6 0135-23-3131 9:00~16:30，工場見學時段9:00~12:00、13:00~15:30 免費 休12月25~1月7日、不定休 P有，免費(12~4月可能因積雪關閉) www.nikka.com 164 665 162*04 工場見學2022年因疫情改預約制，未來開放時間請見官網

NIKKA WHISKY余市蒸溜所是日本威士忌之父──竹鶴政孝於1934年所創，蒸溜所正門宛如古堡城門，與所內九座建築一併**被登錄為日本有形文化財**。除了工廠和貯藏庫，園區內還有竹鶴政孝的私人宅邸，及貯藏庫改建的威士忌博物館和NIKKA史料館。竹鶴政孝曾遠赴蘇格蘭學習威士忌釀製，選在與當地氣候相似的余市設立釀酒場，使用道產大麥，引入罐式蒸餾器，採蘇格蘭傳統的燃煤直火加熱蒸餾法，**從燻焙、蒸餾到熟成，過程謹遵古法，釀就的威士忌酒味醇厚**，層次鮮明，餘韻濃郁而綿長，帶有北海道雪國與日本海的氣息。

舊余市福原漁場

旧余市福原漁場

別冊P.16,D3 從JR小樽駅搭乘中央巴士在「浜中町」站下車，徒步2分可達 余市町浜中町150－1 0135-22-5600 9:00~16:30 休週一(遇假日開館)、例假日的翌日，12月中旬~4月上旬 $大人¥300、小中學生¥100 P有 164 665 162*04

余市河口漁港的岸邊，坐落著一座**國家指定史蹟「舊余市福原漁場」，展示六棟番屋建築**。余市至積丹一帶的日本海沿岸，自江戶時代即是著名的鰊魚漁場，過去岸邊有不少番屋建築。所謂番屋，是結合了漁工住所、魚貨儲藏和加工設備的漁場建築群，**舊余市福原漁場是目前僅存最完整的番屋建築**，最早由福原家經營，根據史料復原，1982年成為國家指定史蹟。番屋主要分為主屋、倉庫、曬魚場三部份，不僅可以看到當年漁人的生活空間，草鞋、圍爐、飯桶、神龕等生活用品的展示，述說一段過往的在地故事。

來不及熟成的夢幻威士忌

余市蒸溜所生產的「余市」曾打敗蘇格蘭威士忌，奪得世界第一，一直都是威士忌愛好者心中的極品，2014年NHK以竹鶴政孝與蘇格蘭籍妻子竹鶴リタ(原名Jessie Roberta Cowan)的故事為原型，推出晨間劇《阿政與愛莉》(マッサン)，描述他們倆人相知相戀、結婚，一起回到日本打拼的故事。日劇播出後讓NIKKA威士忌名聲更為響亮，也掀起搶購，沒想到卻引發原酒不足的危機，為了避免多款威士忌斷源，2015年中起停產10年、20年等多年熟成的余市，改為主推「竹鶴」，並販售無年份的余市，也讓多年熟成的余市成為夢幻商品。

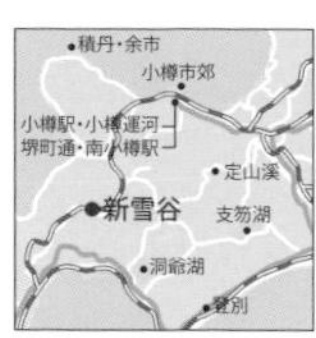

新雪谷
ニセコ
Niseko

新雪谷是北海道的戶外運動聖地，擁有冬夏截然不同的風情。夏天在這裡可以泛舟、釣魚、打高爾夫、探訪山中沼澤，或攀登羊蹄山；冬天，這裡則搖身一變，成為廣大的滑雪場。尤其粉雪堆積的安努普利山，擁有眺望羊蹄山的絕佳視野，是最美麗的滑雪天堂。

交通路線&出站資訊

電車

JR昆布駅◇函館本線
JRニセコ駅◇函館本線
JR比羅夫駅◇函館本線
JR俱知安駅◇函館本線

巴士

高速ニセコ号(高速新雪谷號)◇從JR札幌駅前巴士總站【1號乘車處】或小樽駅前【6號乘車處】搭乘中央巴士「高速ニセコ号」至「俱知安十字街」、「アンヌプリスキー場入口(Niseko Annupuri滑雪場入口)」等站下車，前者約2小時25分~3小時、單程¥1,930~2,130，後者約1小時30分~1小時50分、單程¥1,340~1,680，1天3班
◎中央巴士
☎011-231-0500
🌐www.chuo-bus.co.jp

White-Liner(ホワイトライナー)◇冬天雪季(12~3月下旬)時從新千歲機場或札幌市區前往，可搭乘GOOD SPORTS的「White-Liner」，巴士會停靠Hilton Niseko Village等各大飯店，單程大人¥5,000、小孩¥3,500，1天約3班，全程約2小時50分，預約制，透過網路預約可再折10%
🌐www.goodsports.co.jp/white/ski-bus/

出站便利通

自駕最方便◇新雪谷因大眾運輸較不便利，最推薦的交通方式為自駕遊覽，在大自然中欣賞田園美景，自己調整各景點的停留時間，讓旅行更自主

前往神仙沼、五色溫泉◇往神仙沼或五色溫泉可在JRニセコ駅搭乘往「五色溫泉」的新雪谷巴士[ニセコ線]，但巴士只在約7月中旬~10月中旬的週末及例假日行駛，1天2班，發車期間、班次時間每年微調，詳見官網
🌐www.nisekobus.co.jp/

NISEKO UNITED Shuttle Bus◇冬季時連接各大滑雪場的接駁巴士，往來於Niseko Annupuri(新雪谷安努普利)、Niseko Village Ski Resort、Hilton Niseko Village、HIRAFU纜車乘車處及HIRAFU Welcome Center之間，一日有多班車次，對滑雪者來說十分便利
🕘約12月上旬~3月底，詳細時間請查詢網站
Ⓢ若無全山共通券則須付費
🌐www.niseko.ne.jp

新雪谷周遊巴士(Niseko Area Circuit Bus)◇新雪谷周遊巴士從JRニセコ駅前出發，途經The Green Leaf Niseko Village、Hilton Niseko Village、Annupuri滑雪場、昆布溫泉等地，沿途巴士站距離飯店、餐廳都很接近，1天5班車，對住宿遊客來說頗為方便
🕘約12月中旬~2月下旬，9:40~21:21，6個班次(2~3小時1班次)
Ⓢ大人¥500，小學以下半價
🌐www.nisekobus.co.jp/

にこっとBUS (特約巴士)◇新雪谷町內的交流接駁巴士於2012年底停駛後，新巴士にこっとBUS(特約巴士)便隨之開始運行，與路線巴士的型態不同，此巴士需事前電話預約，並且依預約者的要求決定乘車及下車處，接受的區間為新雪谷町內各處，但不含五色溫泉地區
🕘9:00~12:00、13:00~17:00
☎0136-43-2200
Ⓢ¥200、國中小學生半價、學齡前兒童免費
🌐www.town.niseko.lg.jp/kurashi/seikatsu/kotsu/nikotto_bus/

觀光旅遊攻略

滑雪期間◇新雪谷大概從12月底~3月左右都有雪可滑，其中安努普利山上的Niseko Annupuri、Niseko Village Ski Resort(原本的東山滑雪場)、HANAZONO Resort和俱知安町最大的Grand HIRAFU都在山頂相連通，大量滑道配上頂級粉雪，是著名的滑雪勝地。有趣的是，每到滑雪季節，新雪谷和俱知安町就會擁進大量的澳洲和其他國際滑雪客，因此英文溝通幾乎沒有問題

溫泉◇新雪谷有一些散落山中的小小秘湯，例如安努普利登山口的五色溫泉鄉和大湯沼一帶的湯本溫泉鄉等。距市區較近的溫泉多位於滑雪場，例如Niseko Village Ski Resort有東山溫泉，Grand HIRAFU有比羅夫溫泉，新雪谷安努普利國際滑雪場也有溫泉可泡。另外，JRニセコ駅前還有一個「ニセコ駅前溫泉綺羅乃湯」，應該算是交通最方便的一處

觀光案內所

JRニセコ駅觀光案內所
⌂ニセコ町字中央(新雪谷駅內)
☎0136-44-2468
🕘9:00~18:00
🌐www.niseko-ta.jp

優美山形是新雪谷地標。

羊蹄山

別冊P.10,D5 JR倶知安駅搭乘道南巴士至「羊蹄登山口」站，約11分，1天約7班 0136-42-2111(京極町役場) 自由參觀

因為酷似富士山而別名「蝦夷富士」的羊蹄山，海拔1898公尺，是個圓錐型的死火山。左右對稱的山形十分優美，當靄靄白雪覆蓋山頭時尤其秀麗。**羊蹄山共有4條登山步道，往返均需7~8小時，其中倶知安路線最為輕鬆，京極線則最受日本人歡迎**。此外，羊蹄山的泉水還入選「日本名水100選」，倶知安車站前就設有飲水池，可供人飲用。

RAM工房「Gallery鐵」

ラム工房・ギャラリー鐵

別冊P.10,C6 JRニセコ駅徒步約15分 ニセコ町曽我6-1 0136-44-1331 10:00~17:00(4~10月) 週二、三(遇例假日營業)，11月~3月 10個 ja-jp.facebook.com/nisekoram

這處由藝術家澤田正文所開設的藝廊「Gallery鐵」，作品主題大多環繞在自然與動物身上，不單純只看實用，為了做出讓室內增添風趣的家具，澤田先生開始運用鐵與木材打造藝術品，**這一冷一溫、一剛一柔的素材組合，堅固及實用中帶著趣味**，而特殊造型及生動姿態，更添韻味與新鮮感。

綺羅乃湯

別冊P.10,C6 從JRニセコ駅徒步約3分 ニセコ町中央通33 0136-44-1100 10:00~21:30(入場至21:00)，maitorie 10:00~19:00 第2、4個週三(遇假日順延)，8~10月無休；maitorie週二、三 入館料大人¥500、小學生¥250、學齡前兒童免費 www16.plala.or.jp/kiranoyu/

在新雪谷車站附近，有一處**結合購物及休憩功能**的溫泉浴場「綺羅乃湯」，露天浴池可分為以黑色大理石建造的洋風大浴場，以及岩石打造的和風露天風呂，內湯還可享受桑拿及按摩浴池，每日會交替男女湯位置，連續兩天來便可體驗兩處不同的風情。泡湯後可在休息室或大廳小憩一下，肚子餓了，還可以到附設的麵包店maitorie買個麵包，填填肚子，齊備的設施十分適合JR利用者到此造訪停留。

茶房ヌプリ

別冊P.10,C6 JRニセコ駅徒步1分 ニセコ町中央通142-1(JRニセコ駅內) 0136-44-2619 11:00~19:00(L.O.18:45) 週二、三 自家焙煎咖啡¥500 無，可停JRニセコ駅停車場

新雪谷一帶JR車站的造型都相當可愛，在新雪谷車站內還有一間小小的咖啡店茶房ヌプリ。**ヌプリ(nupuri)就是愛努語「山」的意思，店裡自家焙煎的招牌咖啡，就是用羊蹄山純淨的山泉水煮成**，味道特別甘甜，另外也提供蛋糕和輕食料理。

店內打造出昭和氛圍。

道の駅Niseko view plaza

道の駅ニセコビュープラザ

別冊P.10,C6　JRニセコ駅開車約7分；或從JRニセコ駅、JR俱知安駅搭乘新雪谷巴士「小樽線」，前者約5分、後者約20分至「ニセコビュープラザ(新雪谷view plaza)」站下車即達，1天約5班　ニセコ町元町77-10　0136-43-2051　情報plaza棟(觀光案內所、特產品販售)9:00~18:00，農產品直賣所4月下旬~10月8:30~17:00、11~4月下旬9:00~17:00　104個　www.hokkaido-michinoeki.jp/michinoeki/949/

道の駅Niseko view plaza**不僅具備休憩及觀光案內的功能，更集結了約60處新雪谷近郊的農家產品**，每日新鮮摘採的蔬菜、剛出爐的麵包、新雪谷的特色工藝品，全都聚集在此，以平實的價格販售給顧客，所有產品皆列出生產者的來歷與簡介，安心安全的物產，讓這裡不分季節，每天都吸引許多當地民眾前來選購，對於長期停留在新雪谷的遊客，這裡更是最佳的補給站。

新雪谷牛奶工房

おすすめ 薦

ミルク工房

別冊P.10,C5　JRニセコ駅開車約7分　ニセコ町曽我888-1　0136-44-3734　9:30~18:00(冬季至17:30)　230個　www.niseko-takahashi.jp/milkkobo/

以自家牧場牛奶製成的乳製品香醇又放心，濃醇的滋味讓店家成為新雪谷代表店鋪。

一走進牛奶工房，醇厚的牛乳味撲鼻而來，架上一字排開的優酪乳、布丁、泡芙、蛋糕，全都散發著誘人的香味和色澤，乳品原料全都來自自家的高橋牧場，新鮮製作。**夏季人氣商品首推蛋捲冰淇淋，冬季冠軍是一口咬下得小心爆漿的泡芙，優酪乳則不分季節，始終熱賣**。另外，附設餐廳 PRATIVO 自2011年5月開幕以來就大受歡迎，提供主菜加上沙拉無限量供應，牛奶工房的優酪乳也可無限暢飲。

PRATIVO

新雪谷牛奶工房　0136-55-8852　午餐11:00~15:00(L.O.)、晚餐採預約制　午餐-蔬菜Buffet大人¥ 1,800、6-12歲¥ 900、3-5歲¥ 500　www.niseko-takahashi.jp/prativo/

新雪谷牛奶工房的附設餐廳PRATIVO，於2011年開業，寬廣的店內座位為三層階梯式設計，天氣晴朗時，在店內各處都能看到超廣角羊蹄山孤立窗外。午餐採自助式，選擇主餐後，再到一旁的自助吧挑選喜歡的菜色，**食材清一色都是當地蔬菜，每道菜依蔬菜特性調整烹調方式，不添加多餘的調味，保留原有鮮甜**，一旁的蜂蜜蛋糕及優格，入口的濃醇香氣更是讓人回味再三。

革と珈琲 fan fun

別冊P.10,C5 JR二セコ駅開車約8分 ニセコ町曽我256-3 0136-431-2626 10:00~17:00 休週二，冬季休週二、三 $皮革製作體驗約￥1,650起 P4個 www.fanfunleather.com/

新雪谷是個適合慢活的鄉村小鎮，在戶外可挑戰各種豐富的體驗活動，在室內則可參加陶藝、彩繪等多種手做體驗課程，其中，革と珈琲fan fun的**皮革藝品體驗十分有趣又好入門**。店名取自fanatic的fan加上fun，如其店名所示，因木造小屋店內擺滿了色彩繽紛的皮革商品，空間充滿了朝氣與樂趣，想要動手做做看，這裡有超過20種體驗可供選擇，從15分鐘即可完工的動物吊飾，到挑戰性的小皮件，從搓揉皮革使其成型，到敲打皮革烙印圖案，每一個都極具新鮮感與實作感。

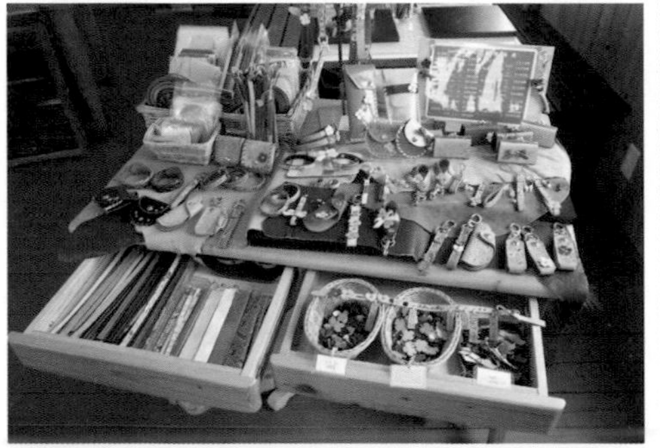

そば処 楽一

おすすめ 薦

現點現做的蕎麥麵有著最新鮮的蕎麥香氣，讓人回味再三。

別冊P.10,B5 JRニセコ駅開車約13分 ニセコ町ニセコ431 0136-58-3170 12:00~14:30、19:00~22:30 $蕎麥麵懷食￥14,520 P10個 www.rakuichisoba.com !因疫情，目前午餐、晚餐皆預約制

從京都移居而來的店長夫婦，兩人同心經營這間蕎麥麵店，為了保存蕎麥的香氣，店主每日早上依照當天的用量以石臼細心研磨蕎麥粉，當天**客人點餐後再開始揉麵糰、桿麵、切割麵條**，從座位能將這過程一覽無遺，新鮮現做的美味蕎麥麵，入口後散發淡淡香氣，彈牙的口感無論什麼吃法都同樣令人驚艷。

DEL SOLE

別冊P.10,B5 JRニセコ駅開車約10分 ニセコ町ニセコ483-1 0136-58-3535 11:30~21:30 休週日 $margherita pizza￥1,620 P4個 pizza-delsole.com

從Niseko Annupuri國際滑雪場徒步不到2分鐘的距離，便可來到新雪谷首屈一指的美食餐廳DEL SOLE，**店內的招牌披薩使用拿坡里的新鮮mozzarella起司，結合新雪谷當地的當季食材**，經薪窯燒烤後，完美的香氣與鮮度引人食欲，美味讓小小的店內總是座無虛席，遇上一位難求的時刻，也可外帶披薩回下榻處品嚐。

超人氣披薩也是熱門的外帶美食。

工房メープル

工房maple

別冊P.10,C5 JRニセコ駅開車約8分 ニセコ町曽我476-20 0136-44-3820 野菜咖啡夏季11:30~17:00、手工藝體驗10:00~17:00 休週四、五，野菜咖啡冬季休 彩繪體驗￥2,700起 P5個 www.niseko-maple.com

工房メープル的女主人過去曾住在加拿大約7年的時間，在某次契機下接觸了繪畫，從此便一學上癮，而後更學出了專業，回日本3年後，便舉家搬遷到新雪谷，後來開設了**這間咖啡廳與體驗工房兼備的店鋪**，整體建築由丈夫親自打造，店內則裝飾著女主人的彩繪作品，還有一整片的鮮艷顏料，處處可見家庭的溫馨與親切。

在這裡，無論是繪畫高手或是不會畫畫的人，都可以愉快地體驗彩繪樂趣，圖案可以從老師的作品中找範本或自行設計，之後再隨著老師指導的步驟一步一步來，跟老師講英文也可以通，不用擔心語言隔閡，全程簡單好上手，但記得先行預約才不會撲空唷。

Saison Club

別冊P.10,C5 JRニセコ駅開車約10分 ニセコ町字曽我355-2 080-6077-5978 9:00~17:00 P30個 www.kazenotanicamp.com 各式體驗活動為預約制

風の谷露營場設施之一，Saison Club是**多功能的複合型遊樂處**，結合餐飲與各式活動體驗，這裡的**體驗十分多元**，不但有室內的銀飾、冰淇淋、果醬等的手作體驗，還可以到戶外騎馬、泛舟、溪釣、乘坐熱氣球，有趣的活動內容適合三五好友或者全家大小一起同樂。

新雪谷花園滑雪場

Niseko HANAZONO Resort

別冊P.10,C4 JR俱知安駅開車10分；冬季可搭乘往返於Niseko Annupuri和Grand HIRAFU之間的巴士，若持有當天有效的全山lift共通券則免費 俱知安町岩尾別328-36 0136-21-6688 雪季約為12月~4月初 分成非旺季及旺季票價，lift一日券國中生以上￥4,600或￥6,600，新雪谷全山lift共通一日券國中生以上￥6,000或￥8,500 P2,500個 hanazononiseko.com/ja/winter

位於安努普利山山麓的HANAZONO Resort是個綜合型的滑雪樂園，擁有初級到高級的滑雪道，**可以一邊欣賞眼前羊蹄山的壯麗風景，一邊享受世界頂級粉雪的美妙之處**，滑道也與最大的滑雪場Grand HIRAFU相連。滑雪之外，也有雪上甜甜圈、雪上泛舟和雪中散步等各種雪上活動，初次滑雪的朋友，則可以參加針對小朋友或初次滑雪者設計的專屬課程。

© HANAZONO

© HANAZONO

鳥松

別冊P.10,D4 JR俱知安駅徒步8分 俱知安町北3条西1 0136-23-2893 17:30~22:30 休週日 やきとり(串燒)￥300 P2個

鳥松是當地人氣頗旺的居酒屋，每到晚上7點過後總是一位難求，當地人最愛在下班後與朋友到這裡喝兩杯。各式肉類串燒、雞肝串燒滋味鮮嫩多汁，生魚片的鮮美更是不在話下，又因為新雪谷歐美人士多，因此這裡也提供炸雞、薯條等西式美食，**以北海道特產馬鈴薯做出來的薯條，嚐來特別香濃**。

© 新雪谷町商工觀光課

Niseko Annupuri

別冊P.10,B5 JRニセコ駅前搭乘開往昆布温泉的新雪谷巴士[ニセコ線]，至「アンヌプリスキー場(Niseko Annupuri滑雪場)」站下車，約10分；冬季可搭乘ニセコ周遊バス(大人¥500)或United Shuttle bus ニセコ町ニセコ485 0136-58-2080 雪季約為12月~4月初 分成非旺季及旺季票價，lift一日券國中生以上¥4,600或¥6,600，新雪谷全山lift共通一日券國中生以上¥6,000或¥8,500；夏季纜車來回¥1,300，小¥650 200個，免費 annupuri.info

Niseko Annupuri(新雪谷安努普利)的國際滑雪場共有13條滑道，山腰中段以下滑行面積寬廣平緩，可供初學者練習，上段則有優美的林間滑道。雖然雪場無法直接互通，但**Niseko Annupuri和Grand HIRAFU間有巴士來回運行，如果有全山共通券的話可以免費搭乘**。另外，Niseko Annupuri的纜車夏季也有部分時間營運，從山頂纜車站再花1小時就能登上安努普利山山頂。

五色溫泉

別冊P.10,B4 JRニセコ駅前搭乘開往五色温泉郷的新雪谷巴士，於終點「五色温泉郷」站下車，約1小時15分、¥820。此路線只於約7~10月間的週末及例假日行駛，1日2班。 ニセコ町ニセコ510 0136-44-2468(ニセコ観光案內所) goshiki-onsen.com(五色温泉旅館)

五色溫泉鄉**位在安努普利山的登山口，深受登山客的喜愛**。這裡的五色溫泉旅館提供當日泡湯或住宿的服務，泡在純淨的露天溫泉裡，看著遠山美景，若逢深秋紅葉季節，更是景色絕美。

Grand HIRAFU

別冊P.10,C4 從JR俱知安駅搭乘往「ひらふスキー場(第一駐車場)」的巴士，道南巴士及新雪谷巴士¥400、7~8月間的「くっちゃんナイト号(kutchan night號)」免費；冬季可從新千歲機場、札幌搭乘直行巴士(預約制) 俱知安町山田204 0136-22-0109 雪季約為12月~4月初 分成非旺季及旺季票價，lift一日券國中生以上¥4,600或¥6,600，新雪谷全山lift共通一日券國中生以上¥6,000或¥8,500 5,100個 www.grand-hirafu.jp

Grand HIRAFU擁有**新雪谷三大滑雪場中規模最大、滑道數最多的滑雪場**，最長的滑道可達5.6公里。即使是初級滑道也有相當的滑走距離，還有陡坡或滑雪跳台提供非初學者不同的選擇，且由於滑雪場位在安努普利山東面，面對著羊蹄山，天氣好時風景秀麗絕倫。滑雪場下方就是滑雪小屋、民宿和餐廳集中的地區，不論住宿飲食都有不少選擇，更有最適合消除疲勞的雪地溫泉可享受。

© Grand HIRAFU

ONE NISEKO

おすすめ 薦

還可以自己動手做料理，非常適合家人或好友一起度過假期。

別冊P.10,B5 JRニセコ駅搭乘飯店免費接送巴士，約15分(預約制) ニセコ町ニセコ455-3 0136-50-2111 附早餐方案，兩人一室每人約¥9,350起 53個 oneniseko.com

2012年底開幕的ONE NISEKO，**由國際知名的日本建築師隈研吾親手設計打造**，特色獨具的延伸屋簷，特意不將木材的樹皮削去，為的就是承襲愛努族對自然的敬仰，充分利用自然恩賜的一切事物，充滿生氣與設計感的飯店與周圍的自然景致十分協調，給賓客輕鬆、寬闊的入住空間。

ONE NISEKO內共有105間客房，以及酒吧、餐廳、溫泉等休閒設施，**全部的房間都設有陽台與廚房**，開放感十足的空間內，不僅可以充分放鬆休息，下午到道の駅購買新鮮食材，晚上與三五好友、家人分工合作烹煮晚餐，享受溫馨的用餐時光，是度假時難得的體驗。

大湯沼

別冊P.10,B4 JRニセコ駅前搭乘開往五色溫泉鄉的新雪谷巴士，約42分至「湯本温泉」站下車徒步10分，¥650。此路線只於約7~10月中旬間的週末及例假日行駛，1日2班。 蘭越町湯の里 自由參觀 免費

大湯沼原為間歇泉，會定時噴出數公尺的熱湯，現在則因沼底噴氣瓦斯(攝氏120度)的加熱效果，成為各大溫泉旅館的溫泉水。繞行湖沼一圈，除可聞到陣陣的硫磺味外，並可看到隨時在冒煙發泡的溫泉源頭；湖面上一顆顆浮游黃色球狀的硫磺特別顯眼，**旁邊還有一處足湯，讓你坐在木椅上泡腳**。

NISEKO MOIWA SKI RESORT

別冊P.10,B5 JRニセコ駅開車約20分 ニセコ町ニセコ448 0136-59-2511 約12月上旬~4月上旬8:00~16:00 雪場一日券成人¥4,500、銀髮族¥4,000、高中大學生¥3,500、國中小學生¥700 200個 www.niseko-moiwa.jp

冬天，新雪谷的滑雪場內聚集了世界各地的滑雪高手，如果不想滑雪的時候人擠人，推薦可以來MOIWA，**這裡不與安努普利山的三處滑雪場相連**，雖自己一處孤立在外，但此處的**平緩雪道，以及魅力十足的鳥瞰視野**，天氣晴朗時還可遠眺羊蹄山，依舊吸引許多人前來。如果住在附近的ONE NISEKO，還可以從林間雪道滑回飯店。

神仙沼

おすすめ 薦

別冊P.10,A4 JRニセコ駅前搭乘開往五色溫泉鄉的新雪谷巴士，約55分至「神仙沼レストハウス」站下車徒步15分，¥940。此路線只於約7~10月中旬間的週末及例假日行駛，1日2班。 共和町前田 0135-67-8778(共和町役場商工観光係) 6月上旬~10月下旬，冬季因積雪封鎖 免費參觀 80個

花上一個多小時繞行神仙沼一周，恣意欣賞誘人山水秋彩。

神仙沼是新雪谷湖沼中最為美麗的一座湖沼，**靜寂湖面自然散發出特殊的青色光澤，就像仙境一般**，尤其在紅葉時分，遺世般的絕景更是醉人。沿著規劃良好的木棧道可以穿越森林和濕原，抵達神仙沼畔，沿途的高山植物和湖泊風景令人心曠神怡。

KAMIMURA

別冊P.10,C5 JR比羅夫駅開車約12分 虻田郡倶知安町山田190-4(四季ニセコ1F) 0136-21-2288 7~10月上旬週五~日12:00~13:30(L.O.)、週四~六18:00~20:30(L.O.)；12月~3月上旬週一~六晚餐18:00~20:30(L.O.) 午餐套餐¥ 5,500、晚餐套餐¥19,800 有 www.kamimura-niseko.com

KAMIMURA主廚上村雄一曾在雪梨鼎鼎有名的餐廳「Tetsuya' s」工作五年，回到北海道後，在2007年於 Niseko開設KAMIMURA。他擅長利用北海道特產的食材創作出精美細膩的料理，因此KAMIMURA是**沒有菜單的**，**料理全憑當日食材自由創作**，調理方式接近法式，但展現出更多主廚巧妙的拿捏與創意。

Hilton Niseko Village

別冊P.10,C5 JR倶知安駅搭乘飯店的免費接駁車，約25分 ニセコ町東山温泉 0136-44-1111 一泊二食，雙人房每人約￥12,000起 500個 hiltonnisekovillage.jp

為擷取新雪谷天然的山林景致，Hilton Niseko Village將飯店設計為特別的馬蹄型建築，邊間房型甚至能一覽270度山景，讓人印象深刻。除了冬季擁有同名雪場Niseko Village，夏季的Hilton Niseko Village還能在飯店後方進行「PURE」自然活動體驗，可以嘗試公園高爾夫、越野單車、沙灘排球等等戶外活動，還有樹林高空行走和各式大型氣墊設備讓大人小孩盡情試膽量。

玩樂住宿合一。

B.C.C. WHITE ROCK

別冊P.10,D4 JR倶知安駅開車約8分 倶知安町岩尾別53-13 0136-22-5117 11:30~14:30 週日、一 披薩￥1,100起 10個 www.bccwhiterock.com/

在新雪谷當地人氣超高的B.C.C. WHITE ROCK麵包坊，店內新鮮出爐的麵包一排排置於櫃上，金黃色澤與滿室麵包香讓人垂涎欲滴，**建議一大早就來選購，因為這些麵包實在太搶手，常常不到中午就銷售一空**。如果前來造訪時麵包已經售罄的話，也千萬不要感到氣餒，這裡販售的披薩與三明治口感絕佳、份量飽足，同樣不會讓饕客們失望。

The Vale Niseko

別冊P.10,C5 JR倶知安駅開車約10分 倶知安町山田166-9 0136-21-5811 純住宿，1房約￥30,000起 10個(需預約) nisekoalpineaccommodation.com

新雪谷很流行「公寓式酒店」的居遊模式，The Vale Niseko就是其一。比起一般飯店，The Vale Niseko每一間房內都有簡易小廚房、洗衣機等設施，儼然是度假時另一個小小的家。位在6樓的頂樓套房共有三個小房間，最多可入住8人，**環繞屋內的大片落地窗足以俯瞰城鎮，戶外大面積的露台正面對著優美的羊蹄山**，冬天時飯店也與Grand HIRAFU的lift直接相連，可以享受ski in/ski out的快感。

田園木屋與綠意庭園。

Country Inn Milky House

別冊P.10,B5 JRニセコ駅前搭乘開往昆布温泉方向的巴士，約25分至「ニセコアンヌプリスキー場(Niseko Annupuri滑雪場)」站下車徒步3分(行駛期間為7月下旬~10月中旬，大多只於週末及例假日營運)。或可事先預約，請飯店人員免費至JRニセコ駅接送 ニセコ町ニセコ482-1(馬鈴薯共和國) 0136-58-2200 一泊二食，每人￥9,000起 20個 n-mh.net/tw/

鵝黃色的小木屋透露出安祥溫馨的氛圍，Milky House就是這麼一間**讓人由衷感到溫暖的民宿**。館內所有客房都是以原木打造，舒適寬敞的客廳中流洩著輕柔的樂聲。主人西尾先生講得一口流利的英語，料理手藝更是一級棒，來自當地鮮採的豐盛美食總叫人胃口大開。Milky House並提供住客各種體驗活動，像是牧場之旅、製作冰淇淋、溫泉之旅等，主人會親自接送，一路上還有英文解說喔。

新雪谷戶外活動

夏天的新雪谷，是名符其實的戶外活動樂園。不論是挑戰運動神經的泛舟、獨木舟，揮汗下田的農業體驗或是令人心情平靜的溪流釣魚，都能讓人更加親近夏天的北海道。

泛舟

全程約3小時的泛舟地點選在水質清澈的尻別川，按照規定，所有人都必須頭盔加上救生衣重裝上陣，就算被拋進水裡也不需擔心。除了享受泛舟本身帶來的刺激和速度感，沿溪的風景更是美麗，教練也會沿河解説周圍環境的動植物知識。

倶知安町岩尾別328-1(Niseko HANAZONO Resort)
0136-21-3333
6月上旬~10月下旬
大人¥5,900、小孩¥3,900，需預約
hanazononiseko.com/ja/summer/activities/ducky

獨木舟

若不喜歡泛舟的刺激感，獨木舟會是另一個不同的選擇。依照選擇，獨木舟行程約從3小時到一整天，從獨木舟的基本划行教學開始，很快就可以上手暢遊溪流間，努力划到休息點後，還可以品嚐教練準備的熱茶和手工餅乾。不論天氣晴雨，河面的風景變化萬千，都令人心情暢快。

ニセコ町 我138(Niseko Outdoor Center)
0136-44-1133
黃金週~10月 8:45、13:15
依行程而異，大人¥6,600起、4歲~小學生¥4,950起
www.noc-hokkaido.jp

溪流釣魚

換上一身專業的漁夫防水裝備後，就可以踩進淺灘，體驗新雪谷的溪流釣魚。日照溫暖、溪水沁涼、聽著耳邊水聲淙淙，在開始釣魚前就感受到溪谷本身的魅力。對於初次釣魚者，指導員會從掛餌開始細心指導釣魚的訣竅，另外也有適合非初學者的技巧教學。

ニセコ町曽我138(Niseko Outdoor Center)
0136-44-1133
5月中旬~10月中旬 8:45、13:15 (約3小時)
¥4,180起
www.noc-hokkaido.jp

農業體驗

在牛奶工房對面，可以參加「二世古楽座」的野菜收獲體驗，親自採收毛豆、玉米或蕃茄，或拿把鋤頭掘出土壤裡一顆顆北海道特有的可愛馬鈴薯，最後將收成交由農家燙熟，只需加入一點鹽巴調味，就能當場享用毛豆的清甜、馬鈴薯的綿密，和當季最新鮮的野菜蔬果。

ニセコ町本通146番地(二世古楽座)
0136-44-1771
8月~10月
1人¥1,700起
www.nisekorakuza.net

支笏湖

しこつこ

Shikotsuko

周長約40公里的長形湖泊被1000公尺的高山與樹林包圍著，湖水寬闊茫茫無邊，水波在山嵐間盪漾，充滿深山湖泊的寧靜氣氛。支笏湖周邊，不少地方都有溫泉，可以一邊眺望遼闊湖景，一邊悠閒泡湯。

被群山環繞的湖水四時皆美。

支笏湖

別冊P.9,C1~3 巴士「支笏湖」站徒步約5分；從札幌市區開車約1小時 千 市支笏湖溫泉

天晴時為寶藍色的支笏湖，被樽前山、風不死岳、惠庭岳等群山環繞，為**日本最北的不凍湖，最大深度363公尺位居日本第二**(第一為秋田縣的田澤湖)，**湖水透明度則是日本第一**。由溫泉區走向湖畔，湖水渺無盡頭，狹長的湖面四周有群山圍繞，景致宜人。夏季除了乘船遊湖外，也有各種水上活動可供選擇；到了秋季這裡則成為紅葉名勝地，滿山的繽紛紅黃與湖面倒影勾勒而成的景色，美不勝收。

交通路線&出站資訊

巴士

新千歲空港➩在國內線【28號】【1號】月台，國際線【58號】月台搭乘新千歲空港～支笏湖巴士，約54分/¥1,050

札幌駅➩從札幌並無定期班次可前往，旅館大都有提供札幌往來接送。自行前往須搭JR至千歲駅，於【3號】月台轉搭往支笏湖的巴士，JR千歲駅～支笏湖，約44分/¥950

免費接送巴士「名湯ライナー」➩「名湯ライナー(名湯liner)」只限冬季11~3月間營運，每日來回各1班，13:30從札幌駅北口出發，約15:00到丸駒溫泉，15:20左右抵達終點站支笏湖溫泉。回程則10:00從支笏湖溫泉出發，約11:45回到札幌駅北口。每人¥500，全車採預約制，最晚須於住宿前一天晚上6點前預約，若要預約的話，向住宿飯店申請即可

開車

從新千歲機場出發➩車程約需40分

從札幌市區、旭川、帶廣前往➩若利用收費高速道路的話，時間分別約1小時10分、2小時25分與3小時50分

出站便利通

支笏湖溫泉街與溫泉旅館皆徒步可達，也可以在支笏湖青年旅館租借腳踏車。但若想前往環湖的其他景點或溫泉地，最好自行開車或利用計程車。

觀光案內所

支笏湖ビジターセンター(支笏湖遊客中心)

千歲市支笏湖溫泉番外地

0123-25-2404

4~11月9:00~17:30、12~3月9:30~16:30

年末年始、12~3月的週二(遇例假日順延)

shikotsukovc.sakura.ne.jp

支笏湖觀光船

別冊P.9,C2 巴士「支笏湖」站徒步約5分 千歲市支笏湖溫泉 0123-25-2031 4月中旬~11月上旬8:40~17:10(依季節變動) 水中遊覽船大人¥1,650、小學生¥830，一趟30分；高速艇1~3人搭乘時，10分鐘路線為¥5,000；鴨子船30分¥2,000 www.shikotsu-ship.co.jp

支笏湖湖面呈狹長形，由較短的一岸遠望，湖水滄茫遼闊。**搭乘觀光船可近距離欣賞支笏湖的湖光山色，頗受泡湯遊客歡迎**。除了乘船遊湖外，也有許多豐富的水上活動，如6至8月開放的姬鱒湖畔垂釣及船釣(但有時可能會禁止)，以及夏季的獨木舟與潛水。

支笏湖冰濤祭

北海道大大小小的城鎮在嚴冬時節，都有以冰雪為主題的祭典，支笏湖也不例外。支笏湖的冬祭稱為支笏湖冰濤祭，每年約於1月下旬至2月中旬舉行，為期20天左右，祭典內容有小朋友最愛的冰溜滑梯，還有化身為苔の洞門的冰之洞窟。每到夜晚，由湖水噴製而成的冰濤、巨型冰像和冰雕迷宮，配合五彩的霓虹燈光，將湖畔冬日妝點得夢幻迷離。冰濤祭舉行之日通常也是當地氣溫最低之時，尤其會場位於河畔，寒風更為冷冽，禦寒衣物一定要備足，以免凍壞了。

巴士「支笏湖」站徒步約5分

千歳市支笏湖温泉

0123-23-8288(支笏湖まつり実行委員会)

約1月下旬~2月中旬9:00~22:00(夜間點燈16:30~22:00)，煙火施放時間為每週末的18:30起，約15分鐘

¥500(中學以下免費)

hyoutou-special.asia

能夠光滑肌膚的美人湯。

支笏湖第一寶亭留 翠山亭

別冊P.9,C1　巴士「支笏湖」站徒步約5分；或從JR千歳駅搭乘飯店的免費接駁巴士(預約制)，約50分　千歳市支笏湖温泉　011-598-5252　一泊二食，兩人一室每人約¥15,225起　25個　www.jyozankei-daiichi.co.jp/shikotsuko/

支笏湖第一寶亭留 翠山亭全館只有29間客房，**外觀以和風摩登為基本調性，與四周自然景致調和**，進入館內，大方典雅的室內空間設計，加上大廳的大片落地窗與2樓的露天陽台，讓旅客在館內就能完全放鬆並感受自然風光。在這裡，除了可以享有多元化的大眾風呂外，也可選擇附有露天風呂的客房，享受專屬於自己的悠閒泡湯時光。

支笏湖溫泉

別冊P.9,C1　巴士「支笏湖」站徒步約2~6分即可抵達附近的溫泉旅館　千歳市支笏湖温泉　shikotsukovc.sakura.ne.jp/

支笏湖溫泉的泉質為碳酸氫鈉泉(重曹泉)，據說有改善糖尿病、胃腸疾病的功效，而**碳酸氫鈉泉最知名的就是對皮膚有修補作用，能使肌膚嫩滑，也因此被稱為美人湯**。支笏湖的東側為支笏湖溫泉，支笏湖巴士站附近的旅館與民宿都有溫泉浴場，附近也有小型的商店街可以順道逛逛，而湖的北側與西北側則分別有季節限定的いとう温泉與祕湯丸駒温泉。

LOG BEAR

別冊P.9,C2 巴士「支笏湖」站徒步約2分 千歲市支笏湖温泉番外地 0123-25-2738 9:00~22:00 休 不定休

支笏湖唯一的商店街上，有一家有著好咖啡與便宜住宿的民宿。**外觀是小木屋的LOG BEAR整棟建築由主人親手搭建完成**，1樓為小巧的咖啡館，提供自家焙煎咖啡，還有超過60種紅茶可以選擇，也有販賣東南亞的雜貨，2樓則是僅有兩個房間的民宿，**溫馨的氣氛給人回家一樣的感覺**。

丸駒温泉旅館

別冊P.9,C1外 從札幌開車約1小時；或JR札幌駅搭至千歲駅，轉搭巴士至終點站支笏湖，飯店可至終點站迎送 千歳市支笏湖幌美内7 0123-25-2341 一泊二食，兩人一室每人約￥8,400起 P70個 www.marukoma.co.jp

丸駒温泉旅館位於支笏湖北面、惠庭岳的山腳下，遠離南面較為熱鬧的觀光街區，寧靜的氣氛和幾近奢華的支笏湖絕景，使這裡一度成為日本藝人最愛的私密度假地。**丸駒温泉旅館創立於大正4年(1915年)，為「日本秘湯を守る会」的一員**，換言之，這裡的隱密不便、自然原景、溫泉泉質和日式傳統，都受到了一定程度的認可。創館之初的溫泉泉池現在依然保留原貌，那是兩處與湖水一色相連的純天然露天風呂，**風呂裡天然湧出的源泉和支笏湖湖水同樣澄澈透明**，甚至水位高低還會因湖水而受到影響呢。

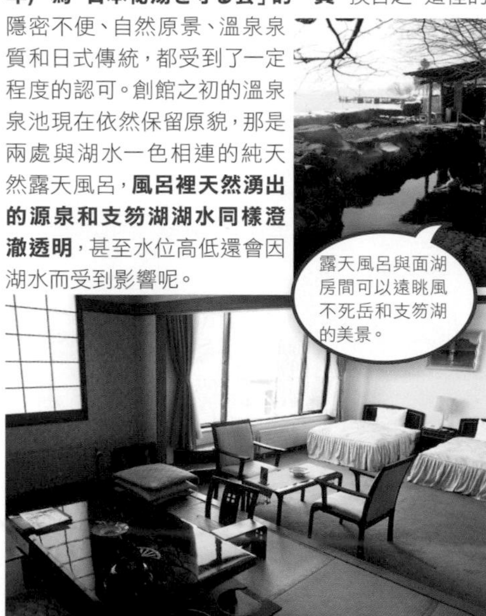

露天風呂與面湖房間可以遠眺風不死岳和支笏湖的美景。

秋姬溫泉蛋飯

アキヒメ温玉ライス

©丸駒温泉旅館

秋姬溫泉蛋飯為支笏湖的當地美食，名稱中的アキヒメ為產卵過後的姬鱒，因肉質不夠肥美，一直以來都直接被丟棄，為了能善加利用此食材，在當地的努力研發下，終於創造出了這道新菜色。アキヒメ温玉ライス在丸駒温泉旅館、休暇村支笏湖、支笏荘等處有提供，各處搭配不同的醬料及配料，在象徵著支笏湖的醬料中佇立著樽前山飯丘，加入了細碎魚肉拌炒而成的北海道米飯，旁邊點綴著森林蔬菜，飯丘內則藏有溫泉蛋，如此用心的發想與擺盤設計，絕對值得一嚐。

洞爺湖

とうやこ

Toyako

於2016年迎來開湯100週年的洞爺湖，正圓形湖面的正中央就是島嶼，美麗的自然景色令人嚮往，也是著名的溫泉地。來這裡遊玩，一般都會坐船遊湖或前往小島、享受能望見湖景的露天溫泉，並在景色優美的湖畔散步。另外，這兒還有全日本施放期間最長的花火大會，也相當受觀光客喜愛。

交通路線&出站資訊

電車

JR洞爺駅◇室蘭本線(需轉搭道南巴士或計程車才可到洞爺湖溫泉街)

巴士

道南巴士「洞爺駅~西山遊步道~洞爺湖溫泉」線◇搭乘JR至洞爺駅後，需在車站前轉乘道南巴士至「洞爺湖溫泉」站，約20分、¥340，一天約8班

道南巴士「札幌~定山溪~洞爺湖溫泉」路線◇從JR札幌駅前【10號乘車處】發車，一天4班，沿途停靠定山溪、洞爺水の駅等站，至「洞爺湖溫泉」站下車徒步即可抵達溫泉街。從札幌駅或定山溪出發者，前者所需時間2小時50分，單程票價¥2,830；後者為1小時50分、單程¥2,450，注意需事先預約

◎道南巴士

011-865-5511(札幌營業所)、0142-75-2351(洞爺營業所)

donanbus.co.jp

開車

從札幌市區、新千歲機場、新雪谷開車前往◇利用收費高速道路時，時間分別約需2小時10分、1小時50分及1小時20分

出站便利通

溫泉街徒步可達◇洞爺湖南面的溫泉街商店及旅館皆徒步可達

往昭和新山、有珠山◇需從巴士「洞爺湖溫泉」站搭乘開往昭和新山的道南巴士，約15分至終點「昭和新山」站下車徒步即達(冬季停駛)；1天約4班車，車資¥350

★冬季欲前往者◇從巴士「洞爺湖溫泉」站搭乘道南巴士經「壯瞥」的路線，約8分至「ユースホステル前」站，下車後徒步約30分；一天約6班車，車資¥230

往洞爺湖西側的月浦地區◇巴士「洞爺湖溫泉」站搭乘道南巴士，約10分至「月浦」站下車，徒步約20分可達附近的店家。1天約5班車，車資¥300

觀光案內所

洞爺湖觀光情報中心

虻田郡洞爺湖町洞爺湖溫泉142(道南巴士總站2F)

0142-75-2446

9:00~17:00(4~10月的平日至18:00)

休 12月31日~1月1日

www.laketoya.com

洞爺湖花火大會

全日本施放期間最長的洞爺湖花火大會是洞爺湖的一大賣點，每年從4月下旬一直持續到10月底，每天約有450發的煙火由船隻在湖中邊航行邊施放，在洞爺湖溫泉街上的飯店都能觀賞到這繽紛亮麗的花火。此外，約7月底至8月中旬還會舉行洞爺湖溫泉夏祭，19:30在煙火觀賞船乘船處前的廣場會有當地民眾跳著盂蘭盆舞(盆踊り)，一般遊客也可以加入他們一起共舞唷！

巴士「洞爺湖溫泉」站徒步約5分

虻田郡洞爺湖溫泉湖畔

4月28日~10月31日，每日20:45開始，約20分

洞爺湖

別冊P.15,B3 巴士「洞爺湖温泉」站徒步約3分 虻田郡洞爺湖町洞爺湖温泉

洞爺湖幾乎為正圓形，是典型的火口湖，**面積居日本第9位，平靜無波的水面湛藍清澈並且不會結冰，是道內為數不多的不凍湖之一**。洞爺湖最熱鬧的地區在南岸的溫泉區，而除了沿著湖畔散步、開車環湖兜風外，還可以搭乘城堡造型的湖上遊覽船，近距離欣賞洞爺湖的美。

澄淨湖水波光瀲灩。

煙火大會期間，每天晚上都可遊湖賞煙火！

洞爺湖遊覽船

別冊P.15,B5 巴士「洞爺湖温泉」站徒步約5分 虻田郡洞爺湖町洞爺湖温泉29 0142-75-2137 中島觀光遊覽船4月下旬~10月底9:00~16:30，每30分一班；11~4月初9:00~16:00，每小時一班；〈期間限定〉煙火觀賞船為4月28日~10月31日20:30出發 中島觀光遊覽船：大人¥1,420、小學生¥710；煙火觀賞船：大人¥1,600、小學生¥800 www.toyakokisen.com

洞爺湖為終年不凍湖，因此**一年四季皆可乘船在湖上遊覽**。エスポアール号屬於大型遊覽船，**船體以中世紀城堡為藍本，可容納300多人，遠看就像一座浮在水上的移動城堡，非常夢幻**。船程約30到50分鐘，旅客可以遠眺環繞洞爺湖的昭和新山、有珠山和羊蹄山，盡享湖光山色。夏季期間還可上到湖中央的大島稍作停留(湖中4座島嶼——大島、觀音島、弁天島及饅頭島合稱中島)，參觀洞爺湖森林博物館，近距離欣賞島上的自然生態。

洞爺湖環湖雕刻公園

別冊P.15,C5 巴士「洞爺湖温泉」站徒步約5分 虻田郡洞爺湖町洞爺湖畔 自由參觀

雕刻公園環繞綠草如茵的洞爺湖闢建，全長約40公里。**58座以「生之讚歌」為主題的大型雕刻作品分散公園四周，與湖畔風光相映成趣**，而每個作品在不同觀看角度、天候及日光照射下，還會散發出不同的韻味。遊客可租輛腳踏車代步，來趟藝術與自然的散步之旅。

洞爺觀光酒店

おすすめ 薦

洞爺観光ホテル

別冊別冊P.15,B5 JR「洞爺駅」轉乘酒店免費穿梭巴士(需事先預約)約15分 0142-75-2111 虻田郡洞爺湖町洞爺湖溫泉33番地 Check-in 14:00，Check-out 10:00 一泊二食￥10,000起(雙人房的1人費用) www.toyakanko.com/

多樣設施與美食，經濟實惠的收費令人驚艷！

北海道最受歡迎的溫泉地，洞爺湖溫泉絕對名列前茅，大享美麗湖景與群山蒼翠，加上4月底至10月長達半年、每天的湖上煙火施放，讓泡湯之旅更加精采又驚艷。**洞爺觀光酒店就位在湖南側最熱鬧的溫泉區中，面對著毫無遮蔽的湖景**，面湖側的客房更是日夜坐擁最美景致隨時在側。館內設有露天溫泉、洞窟溫泉、岩盤浴等各式享受溫泉的設施，餐食更是用心又豐富，**最令人開心的是，收費相當經濟又實惠，讓享受洞爺湖溫泉竟然如此輕鬆**，家族一起來的話，也推薦租個檜木露天風呂，一起悠閒享受溫泉假期。

洞爺湖溫泉

別冊P.15,B5 巴士「洞爺湖溫泉」站徒步即達 虻田郡洞爺湖町洞爺湖溫泉 0142-75-2446(洞爺湖溫泉觀光協會)

洞爺湖的溫泉泉質溫和、湯色透明，**最吸引人的地方是可以在露天風呂裡坐享開闊的洞爺湖景，是北海道很受歡迎的溫泉地**。環湖一共有6處溫泉，其中以南面的洞爺湖溫泉最為熱鬧，知名豪華的溫泉飯店、熱鬧的溫泉商店街集中於此，街上還有免費的手湯或足湯可以泡泡。

わかさいも本舗 洞爺湖本店

おすすめ 薦

WAKASAIMO

別冊P.15,C7 巴士「洞爺湖溫泉」站徒步5分 虻田郡洞爺湖町洞爺湖溫泉144 0142-75-4111 9:00~18:00、仙堂庵11:00~19:00(L.O.18:00) 100個 www.wakasaimo.com

看似不起眼的招牌商品可是洞爺湖著名土產，千萬別錯過了。

創業於1930年的わかさいも以洞爺湖為據點，現在分店已拓展到道央各地，可以說是洞爺湖的名產之一。位於洞爺湖畔的本店內，1樓賣著自家的熱銷商品，其中的**招牌甜點「わかさいも」**，無論外型或口感都幾乎與烤地瓜如出一轍，**雖取名為いも(日文的地瓜)卻完全沒使用地瓜，以大福豆為主原料的內餡磨得細緻**，口味香甜綿密，適合與茶品一同享用。2樓為和式餐廳「仙堂庵」，提供炸豬排飯、蕎麥麵、海鮮丼飯等豐富菜色，用餐時可透過大片落地窗一覽洞爺湖全景。

洞爺湖ビジターセンター・火山科学館

別冊P.15,B5 巴士「洞爺湖温泉」站徒步約3分 虻田郡洞爺湖町洞爺湖温泉142-5 0142-75-2555 9:00~17:00 休12月31日~1月3日 $遊客中心免費參觀；火山科學館大人¥600、小孩¥300 www.toyako-vc.jp/volcano/

想要**快速一探洞爺湖的自然生態**，到洞爺湖ビジターセンター・火山科学館準沒錯！挑高的1樓大廳分區展示了洞爺湖的環境、有珠山的自然史和周邊動植物的生態，中心地板則是巨幅的洞爺湖鳥瞰圖，情境互動的展示方式讓大人小孩皆能在樂趣中了解這塊土地。爬上2樓，環繞的走道也有其他圖片展示。同樣位於館內的火山科學館，則以有珠山於1977年及2000年的兩次噴發事件為主題，透過影像、文字呈現當時居民的受災狀況、災後影響和環境變化，參觀者還能透過模擬體感裝置，親身體會火山爆發時引發的地震與強光，相當震撼。

Holiday Market Toya

別冊P.15,C7 巴士「洞爺湖温泉」站徒步約3分 虻田郡洞爺湖町洞爺湖温泉35-18 0142-75-3277 11:00~17:00 休週二、不定休 $I LOVE TOYAエコバッグ(I LOVE TOYA環保袋)¥1,320 www.holidaymarket-toya.com

第一眼看到Holiday Market Toya，就被那白牆上的logo吸引，店名和字型配合得恰到好處，令人聯想起美國家庭的車庫拍賣，加上拉下的窗簾看不進裡面，溫暖的燈光卻透露著熱鬧豐富的氣息，讓人迫不及待想進到裡面挖寶。**小巧的店裡擺滿了日本設計師和藝術家們的創意結晶**，文具、和紙、瓷器、陶藝、布織品等，從傳統元素到現代風格都可在此找到，**簡單中帶著精緻的質感**，令人好想每個都買下來！除此之外，還有自創品牌「I LOVE TOYA」，概念來自於對洞爺湖這塊土地的熱愛。

Select 108

別冊P.15,B7 巴士「洞爺湖温泉」站徒步約6分 虻田郡洞爺湖町洞爺湖温泉29-1(乃の風渡假村 ロビ 1F) 0142-75-2600 7:00~22:00 $噴火ショコラ(噴火巧克力蛋糕)¥420 www.nonokaze-resort.com/guide

走在溫泉街上，很難不被Select 108藍綠色的旗幟和洗練的裝潢吸引。**Select108販售眾多高質感的土產、紀念品，自家農園生產的安心加工食品很具人氣**。店內一角另設有烘培坊Café「Gateau de Bonheur」，半開放式廚房可以看見甜點師傅做著點心。原創甜點如水果塔、蛋糕捲都很受歡迎，**頗受好評的蛋糕中最推薦噴火巧克力**，糕點師用巧克力布朗尼代表火山岩石、鮮奶油代表火山口冒出的白煙，做出呼應有珠山意象的特色商品。

岡田屋

おすすめ 薦

別冊P.15,C7 巴士「洞爺湖温泉」站徒步約4分 虻田郡洞爺湖町洞爺湖温泉36 0142-75-2608 10:00~15:00 休不定休 $ほたてカレー(扇貝咖哩)¥900、白いおしるこ(白豆湯)¥350 P5個 www.okadaya-toya.com

Q彈香甜的白豆湯是傳承多年的好滋味。

創業已超過80年的岡田屋，就位在洞爺湖溫泉街的中心區域。**店內招牌為白豆湯，以洞爺湖產的大福豆為基底，加上新鮮的牛奶及彈牙的湯圓，香濃卻不甜膩**的口味，不但讓各大媒體競相採訪報導，更成為到洞爺湖必吃的甜點。除了招牌的白豆湯外，使用內浦灣(噴火灣)捕獲的扇貝所製作而成的咖哩，大塊扇貝與濃郁咖哩香十分搭調，也是店內推薦的美味。

也有提供騎馬、划獨木舟、果醬製作、北海道藍染、木雕等體驗活動喔。

エゾップランド柴田屋

別冊P.15,B7 巴士「洞爺湖温泉」站徒步約6分 虻田郡洞爺湖町洞爺湖温泉45 0142-75-2275 7:00~22:00 休1月1日 花魁鳥玩偶￥324 www.ezop.jp

賣店柴田屋除了販售各種土產、紀念品之外，在2、3樓並設有接待團體顧客的餐廳。**基於分享與推廣愛護自然的理念，柴田屋創作了以北海道動物們為主角的故事「エゾップ物語」，並推出許多動物的原創商品**。其中作為柴田屋logo的エトピリカ(花魁鳥)，是海鸚鵡的一種，主要分布在北日本及北太平洋沿岸，已瀕臨絕種。用天然素材做成的花魁鳥擺飾造型可愛，從中能感受柴田屋關懷當地生態的用心。

望羊蹄

おすすめ 薦

別冊P.15,C7 巴士「洞爺湖温泉」站徒步約3分 虻田郡洞爺湖町洞爺湖温泉36-12 0142-75-2311 11:00~15:00(L.O)、17:30~20:00(L.O.) 休不定休 ハンバーグステーキ (漢堡排)￥1,550 www.boyotei.com

店內桌椅皆是老闆當初親自砍後山的白樺樹製成，即使歷經修建還是盡可能保留下來，因此店內流露著濃濃的懷舊氣息。

從昭和21年(1964年)營業至今的望羊蹄，就位在溫泉街的中心位置。早期能從店裡隔著洞爺湖遙望羊蹄山，因此取了這個極富詩意的名字。**使用北海道產食材作成的家庭料理，尤其是漢堡排套餐，深受當地居民與遊客的好評**。此外也很推薦自家特製的烤起司蛋糕，紮實偏酸的重乳酪散發濃濃蛋黃味，品嚐過後在口中留下微微奶香，令人回味無窮。

豊来軒

おすすめ 薦

別冊P.15,B7 巴士「洞爺湖温泉」站徒步約10分 虻田郡洞爺湖町洞爺湖温泉59-2 0142-75-1066 11:30~14:30、18:00~23:00 休不定休 有珠山小噴火ラーメン(有珠山小噴火拉麵)￥995 www9.plala.or.jp/houraiken_toya/

以熬煮多時的精華高湯為底，烹調成傳統或新穎的拉麵，讓人忍不住連湯都喝光。

到豊来軒一定要嚐嚐**最有名的有珠山噴火拉麵**，取名概念來自有珠火山2000年的噴發，老闆**結合了韓式泡菜與日式拉麵**，研究出這獨特的一品。微辣的湯頭和泡菜的爽脆食感，搭配富有彈性的麵條，讓人一口接一口，味噌拉麵也是店裡的人氣料理，老闆自製的味噌醬和辛味噌滋味濃厚。而每碗拉麵的靈魂湯頭，則是用精選的豬骨熬煮10個多小時而成，湯汁澄澈，口味鮮甜而不膩。

可依個人喜好選擇辣度。

越後屋

別冊P.15,B7 巴士「洞爺湖温泉」站徒步約12分 虻田郡洞爺湖町洞爺湖温泉71 0142-75-2158 9:00~20:30 洞爺湖木刀ストラップ(洞爺湖木刀手機吊飾)¥832 www.toyako-bokutou.com

走進越後屋，寬敞的**店裡販售各式各樣的紀念品與土產，其中最特別也最受歡迎的莫過於洞爺湖木刀了**。動漫迷們一定知道，洞爺湖木刀是因為漫畫《銀魂》而聲名大噪。在越後屋，除了可以找到木刀和相關商品，現場還有木雕師傅提供在木刀上刻字的服務。此外，銀魂的漫畫書和相關商品也可在此買到，作為擺飾的漫畫主角阿銀的機車，更是讓造訪的動漫迷們興奮不已。

ラーメン一本亭

別冊P.15,B7 巴士「洞爺湖温泉」站徒步約12分 虻田郡洞爺湖町洞爺湖温泉78 よそみ山通り 0142-75-3475 11:30~14:00，18:00~20:00(賣完為止) 週一，不定休 味噌ラーメン(味噌拉麵)¥900 www.43yg.net/ippontei/

喜歡吃辣的話，辛味噌拉麵也是很好的選擇。

受到當地人和觀光客歡迎的ラーメン一本亭，**對食材特別講究，不僅堅持使用本地產的新鮮素材，Q彈的麵條和餃子皮皆來自札幌著名的西山製麵所，而美味的拉麵湯頭更是以好水熬煮20個小時以上而成**。開店時間一到就有本地人前往，外國觀光客也不少，店內還備有中英文的菜單。老闆特別推薦味噌拉麵，混合數種味噌的湯頭非常濃郁，配上大塊叉燒肉相當過癮。

看完洞爺湖煙火的夜裡，最適合到居酒屋喝杯冰涼啤酒了！

龍汰呼

別冊P.15,B7 巴士「洞爺湖温泉」站徒步約10分 虻田郡洞爺湖町洞爺湖温泉91-39 0142-75-1520 18:00~約24:00(客人都離開後才打烊) 週日 章魚燒¥600

溫泉街上的龍汰呼是間充滿懷舊風情與人情味的小店，吧檯前吊著大尾魚乾，裝著復古糖果的透明玻璃罐勾起了童年回憶。龍汰呼的**招牌下酒菜是燒烤料理以及烤得香軟的大顆章魚燒，皆是現點現做**。老闆夫婦親切招呼著，同時燒烤的香味四溢，令人食指大動。六大顆章魚燒淋上特製醬汁與微酸美乃滋，濕軟內餡入口即化，留下越嚼越香的章魚丁，份量十足，適合朋友們一同享用。清燙野菜保留了食材的甘甜原味，清爽滋味去油解膩正好。

ラーメンのめん恋亭

別冊P.15,B7 巴士「洞爺湖温泉」站徒步約12分 虻田郡洞爺湖町洞爺湖温泉4 0142-75-2071 12:00~14:00、19:00~翌日2:00 不定休 塩ラーメン(鹽味拉麵)¥700

在洞爺湖已經60年，經歷過有珠山兩次噴發的めん恋亭，是在地人推薦的好味道。**老闆夫婦自開店以來就非常重視湯頭的製作，至今依然守護著這樣的好味道**。鹽味拉麵如湖水般透明的湯頭清甜有味，可以品嚐到老闆的用心。此外，香濃的味噌拉麵也很具人氣。為了讓客人吃得安心，料理皆使用北海道食材，新鮮蔬菜更是依季節向產地購買。手工製作的泡菜、馬鈴薯餅(いももち)，以及風味獨特的紅色青草茶也不可錯過。

西山火口散策路

別冊P.15,B5 「洞爺湖溫泉」站搭乘道南巴士，約3分至「西山遊步道」站下車即達，車資¥160；或從「JR洞爺駅」搭乘巴士約15分 虻田郡洞爺湖町洞爺湖溫泉 0142-75-4400(洞爺湖町役場 光振興課) 4月下旬~11月上旬約7:00~18:00(依季節而異)，冬季封閉 免費 P300個

西山噴火口是洞爺湖畔最新的火山噴火口，在2000年3月時突然噴發，造成地層隆起和民宅下陷等各種災害。現在，從洞爺湖一側的火山科學館開始，可以經過金比羅與西山散策路抵達西山噴火口散策路，**親眼見見白煙滾滾、充滿臨場感的火山口**。在沿路的步道上，還可以見到2000年的時候，火山爆發時留下的斷垣殘壁和扭曲奇詭的地形。

©北海道觀光振興機構

有珠山

©北海道觀光振興機構

別冊P.15,B6 巴士「洞爺湖溫泉」站搭乘往昭和新山的道南巴士，約15分至終點「昭和新山」站下車徒步即達(冬季停駛)，車資¥340 有珠郡壯瞥町字昭和新山184-5 0142-75-2401 纜車約8:00~18:00(依季節變動)，約15分一班，單程約6分 纜車往返大人¥1,800、小孩(小學生)¥900 P400個，一次¥500 usuzan.hokkaido.jp/ja/ (有珠山纜車)

位於昭和新山正對面的有珠山，在近100年間就曾噴發過4次，最近的一次則是在2000年。搭乘纜車到山頂展望台，雖不免因活躍的火山活動感到緊張，不過，四周的景色很快就會讓你忘記害怕，**從有珠山頂可眺望洞爺湖與昭和新山**，再往山頂走去，四周荒煙蔓草，山壁還不斷吐煙出來，會讓人有深入險境的奇特感受。

昭和新山

別冊P.15,C6 巴士「洞爺湖溫泉」站搭乘往昭和新山的道南巴士，約15分至終點「昭和新山」站下車徒步即達(冬季停駛)，車資¥350 有珠郡壯瞥町昭和新山 自由參觀

昭和新山是在昭和18年(1943年)12月28日至昭和20年(1945年)9月之間漸次隆起而形成的，剛開始是頻繁的地震，造成當地原址所在的麥田與松林微凸成了小台地；昭和19年6月23日，火山終於噴發，由於溶岩的堆積，台地增高為300公尺。到了昭和20年，地震終於慢慢平息，並取名為昭和新山。**昭和新山山形近似金字塔，茶褐色的外觀也非常醒目，但由於目前仍不斷冒煙，嚴禁靠近，只能從遠處遙望欣賞。**

360度的湖光山色在眼前呈現。

H The Windsor Hotel TOYA

別冊P.15,A4 從JR洞爺駅搭乘飯店的免費接駁巴士(預約制)，約40分 蛀田郡洞爺湖町清水336 0570-056-510、0142-73-1111 附早餐方案，雙人房每人約￥22,000起 342個 www.windsor-hotels.co.jp

The Windsor Hotel TOYA(洞爺溫莎飯店)提供旅客最高規格的度假環境，**洗鍊奢華的高級感縈繞館內每個角落，幾近360度的湖光山色，毫無阻礙呈現住客眼前**。客房分成和室房以及附按摩浴缸的套房等10餘種，其中還包含美國總統小布希在G8高峰會期間所住過的G8高峰會套房。以白色與米色為基調的客房，房內所有物品和擺設都是精心講究的高級品，每一間也都享有獨一無二的洞爺湖與內浦灣美景。而The Windsor Hotel TOYA還擁有多間美味餐廳，其中**Out of Africa更曾獲得米其林肯定**，讓住客在泡湯賞景之餘，得到更奢侈難忘的享受。

H 洞爺湖万世閣

別冊P.15,B5 巴士「洞爺湖溫泉」站徒步10分、巴士「中央通」站徒步3分；或從JR札幌駅北口搭乘接駁巴士(預約制)，單趟一人￥1,100 蛀田郡洞爺湖町洞爺湖溫泉21 0142-08-3500 一泊二食，每人約￥7,710起 150個 www.toyamanseikaku.jp

洞爺湖万世閣為**溫泉區中離湖最近的飯店，旅客從大廳、餐廳，甚至客房內都可欣賞洞爺湖的優美景致**，2008年重新裝修了中央館的客房，使得觀湖視野更加開闊。洞爺湖万世閣內分別有男性及女性的大、中浴場及露天風呂，位於頂樓的「星の湯」大浴場外即為檜木打造的細緻露天風呂，白天能欣賞洞爺湖景色，晚上則是仰望萬丈星空的絕佳場所；而「月の湯」露天風呂，由不規則大塊岩石堆砌而成，粗獷感覺與星の湯風呂恰成對比，不過溫泉同樣為溫和的食鹽泉，洗來肌膚格外柔嫩。這裡的早餐和晚餐在挑高天井的「Buffet Restaurant 」用餐，自助式的餐點中除了北國特有的山珍海味外，還會無限量供應新鮮海產各式甜點，令人回味再三。

Lake-Hill Farm

別冊P.15,A3 洞爺湖溫泉街開車約15分
蛇田郡洞爺湖町花和127 0120-83-3376
9:00~18:00、10～4月下旬至17:00 免費入園 50個 www.lake-hill.com

位於洞爺湖一側的洞爺湖Lake-Hill Farm是歷史悠久的乳牛牧場，**在花田和遠山環繞的牧場中，可以品嚐20多種口味的新鮮義式冰淇淋**，也能和草地上放牧的乳牛、迷你馬和山羊等可愛動物有近距離的接觸。另外提供奶油和冰淇淋製作等牧場體驗(須預約)。

glass cafe gla_gla

除了一般的玻璃工藝體驗，不需用火的玻璃雕刻體驗也很受小朋友歡迎。

別冊P.15,A3 巴士「月浦」站徒步約10分 蛇田郡洞爺湖町月浦44-517 0142-75-3262 10:00~17:00 週二 吹きガラス体験(吹玻璃體驗)30分鐘一人¥5,500 10個 glagla.jp

位於月浦的glass café gla_gla是玻璃工藝家高臣大介開的工坊，事前預約就能在此**體驗吹製玻璃的樂趣，也能享受眺望洞爺湖之美**，享受一下午的悠閒時光。展示空間的小屋子擺滿了玻璃工藝品，各種大小形狀的透明玻璃燈吊掛著，好似水底的澄澈泡泡。細細觀看，帶有不規則線條的作品，展現了有機體般的柔軟質感與生命力，巧製的花器也與植物共舞出另種美麗姿態，在此可以深刻感受玻璃透明圓潤的純粹魅力。

アロマ・リフレクソロジーサロン tetote

別冊P.15,A3 巴士「月浦」站徒步約10分 蛇田郡洞爺湖町月浦44-517 0142-73-3171 10:00~18:00(11~3月至17:00)，週四採完全預約制 1月1日，其他不定休 リフレクソロジー (腳部精油芳香療程)半小時¥3,850 6個 www.tetote733171.com

tetote沙龍的老闆和老闆娘深愛洞爺湖月浦的四季之美，在山林中開了這間芳療沙龍，邀請旅客前來放鬆並享受大自然裡的慢活時光。**芳香療程中使用的按摩精油皆由無農藥植物提煉而成，療程強調以天然的方式提昇身心的治癒力與免疫力**。特別的是，tetote還提供了無臭的小魚腳浴服務，將雙腳泡入水中，視角質為美食的小魚即悠遊其中，在微癢的新奇體驗後，肌膚也變得光滑亮麗。

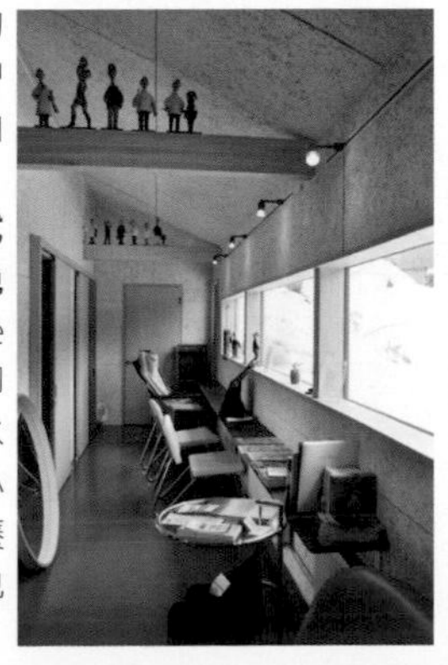

幸福的麵包

洞爺湖西側的月浦地區為電影《幸福的麵包(幸せのパン)》的拍攝地。劇內大泉洋與原田知世所飾演的男女主角，從東京移居至北海道，開了間溫馨的幸福麵包咖啡坊「CAFE máni」，故事則描寫著夫妻與來訪顧客間生活上的點點滴滴。店內男女主角的店實為咖啡廳ゴーシュ，而其他店家也是實際存在的店。來到此處，走過一處處電影中的場景，一邊欣賞這美麗絕倫的風景、一邊重溫故事中的感動。

從洞爺湖溫泉街開車前往約15分，或是搭乘開往月浦的道南巴士至「月浦」或「月浦公 住宅」站
! ゴーシュ現在不定期營業，出發前請至官網確認(內部禁止攝影)
www13.plala.or.jp/gauche/

登別
のぼりべつ Noboribetsu

很難想像一個地方就能擁有9種不同的泉質，但登別就是這麼一個不可思議、實實在在的溫泉天堂。在這裡，不妨學日本人的泡湯習慣：入住時第一泡、睡前第二泡、離開前的早上第三泡，中間空檔的時間就去地獄谷、溫泉街散散步，吃吃溫泉料理，徹底享受溫泉鄉的美好吧！

交通路線＆出站資訊

電車
JR登別駅➩室蘭本線

巴士
從札幌出發➩由JR札幌駅前【10號乘車處】搭乘道南巴士「高速おんせん号(高速溫泉號)」至「登別溫泉」站，約1小時20分、¥2,200。亦可在「登別溫泉中央」、「第一滝本前」、「パークホテル前」、「足湯入口」站下車
由新千歲機場出發➩至國內線【2·29號乘車處】、國際線【86號乘車處】搭道南巴士「高速はやぶさ号(高速隼號)」至「汐見坂」轉搭接駁巴士至「登別溫泉」站。或是搭乘「高速登別温泉エアポート号(airport號)」至「登別溫泉」、「登別溫泉中央」、「第一滝本前」、「パークホテル前」、「足湯入口」站下車，車資相同。以上兩種車程皆約1小時5分、¥1,540，都採預約制
◎道南巴士
☎0143-85-8871(登別若山營業所)
🌐www.donanbus.co.jp

出站便利通
道南巴士➩由JR登別駅前搭道南巴士「足湯入口·登別駅前~登別溫泉路線」，至「登別時代村」、「登別溫泉」、「足湯入口」等站下車，約20分，單程¥350，大部分班車只開到「登別溫泉」站，不停靠「足湯入口」等站。登別溫泉街可徒步遊覽

觀光案內所
登別觀光案內所
⌂登別市登別溫泉町60
☎0143-84-3311
🕒9:00~18:00
🌐www.noboribetsu-spa.jp

天然湯の花
10回分 600円

登別公園服務中心
登別パークサービスセンター

別冊P.14,C4 巴士「登別溫泉」站徒步約10分 ⌂登別市登別溫泉町 ☎0143-84-3141 🕒8:00~17:00 $吊飾、鑰匙圈(任選3個)¥1,000

登別公園服務中心位於地獄谷展望台的下坡處，大大的木屋裡提供旅客登別的觀光資訊、休憩處和紀念品販售的服務。寬闊的空間十分舒適，可以透過影片和互動裝置快速地了解登別的環境。**店內販售的湯の花(溫泉粉)，是採集自地獄谷溫泉水中的硫磺沈澱物，很適合作為伴手禮**。此外還有貼心的免費雨靴出租，方便遊客在登山步道有積雪或泥濘的狀況下，也能自在探索。

溫泉街鬼巡禮

溫泉街上隨處可見各種鬼造型的招牌、商品及雕像等，每隻的造型跟表情都獨一無二，其中還有可保佑平安、戀愛成就、合格祈願或生意興隆的鬼石像，泡湯之後，就到街上逛逛順便祈求心願實現吧！

小樽市郊
祝津一帶
日和山灯台
浜の屋食堂
小樽市鰊御殿
水富稲荷神社
祝津全景展望台
小樽水族館海獸公園
小樽水族館
民宿 青塚食堂
祝津Marine Land
小樽祝津碼頭
トド岩
小樽水族館
赤岩山
小樽貴賓館
オタモイ海岸
オタモイ遊園地跡
青の洞窟
樺山
手宮公園
日本製粉小樽工場
小樽迎浜館
塩谷海水浴場
小樽市綜合博物館
色内埠頭公園
塩谷駅
函館本線
956
小樽運河
小樽駅
南小樽
堺町
中央埠頭
石狩灣
北一威尼斯美術館
水天宮
北一硝子outlet
往小樽駅、小樽運河
メルヘン交差点
住吉町
築港
布丁専賣店 Un délice
hachi
拉麵 初代
新倉屋 總本舗
小樽港マリーナ
南小樽駅
田中酒造亀甲蔵
双葉中・高校
小樽海港市場（シーポートマーケット）
石原裕次郎記念館
Café White
Wing Bay小樽
小樽君樂酒店
函館本線
築港臨海公園
拉麵 みかん
往朝里駅、銭函駅
小樽築港駅
潮見台中
銀鱗荘
札幌自動車道
潮陵高
平磯公園
往蔵群

小樽港
中央埠頭
北一威尼斯美術館
鱗商会
DANI
LeTAO
北一プラザ
(北一廣場)
LeTAO本店
臨港線
Souvenir
Gallery
可否茶館
LeTAO
PATHOS
北の漁場
北菓楼
小樽音樂盒堂本館
酒器蔵
北一硝子
三号館
海陽亭
堺町
ポセイ丼本店
茶和和
LeTAO
Chocola
北一硝子
見学工房
六花亭
メルヘン
交差點
くぼ家
大正硝子
かんざし屋
福廊
メルヘン交差点
小樽からくり動物えん
小樽石の蔵
SNOOPY茶屋
小樽音樂盒堂2號館
銀の鐘1号館
銀の鐘2号館
VERY VERY
STRAWBERRY
銀の鐘3号館
時代屋
海寶楼
水天宮
入船通り
往南小樽駅→
JR函館本線
小樽新倉屋
coffee restaurant colombia
洋菓子の館
小樽本店
かま栄 花園本店
花園銀座商店街
花園グリーンロード
嵐三通り
花園高
聖徳太子
往H蔵群→
5
宝泉寺
公園通り
浮世通り
昭和通り

小樽
第三号埠頭
第二号埠頭
港町埠頭
小樽開發埠頭
レンタサイクル シーガル(脚踏車出租)
小樽キャンドル工房
小樽海上観光船
かま栄本社前
OTARU TIMES GARTEN
小樽倉庫No.1
小樽運河倉庫群
浅草橋
小樽運河 Cruise
小樽運河
海鳴楼
かま栄
il PONTE
Le quatrieme
小樽倶楽部
運河プラザ(運河廣場)
小樽運河
小樽藝術村
おたる政寿司 ぜん庵
HOTEL SONIA
小樽ふる川
小樽出抜小路
岩永時計店
運河プラザ
小樽市総合博物館 運河館
とんぼ玉館
小樽浪漫館
万次郎
古道具屋 OLDECO
vivre sa vie +mi-yyu
柚子工房
Hotel Nord OTARU
OMO 5 小樽
似鳥美術館
大正硝子館
Hotel Torifito Otaru Canal
舊三井銀行 小樽分行
小樽運河ターミナル
色内1丁目
色内大通り
柚子工房
Unwind Hotel & Bar Otaru
日銀金融資料館
café色内食堂
越中屋旅館
小樽郵局
中央通り
山中牧場
自然派ラーメン処 麻ほろ
小樽バイン(小樽酒窖)
日銀金融資料館
寿司処 一休
手宮線跡
雞屋 鳳
市民センター(マリンホール)
手宮線跡
市立小樽美術館/市立小樽文学館
魚真
稲穂十字街
稲穂十字街
おたる政寿司本店
往若鶏時代なると、伊勢鮨
中央市場
Smile Hotel Otaru別館
Smile Hotel Otaru本館
サンモール一番街
拉麵 渡海家
光
おたる屋台村レンガ横丁(小樽屋台村 紅磚横丁)
米華堂
美園
小樽都通り商店街
小樽寿司屋通り
西川ぱんじゅう店
桂苑
あまとう
dormy inn PREMIUM小樽
Cake & Café MARIE LAURENCIN
浅草通り
拉麵 西や
長崎屋
蕎麦屋 籔半
三角市場
小樽SAINT-GERMAIN
NTT
駅なかマート「TARCHÉ」
都通り商店街
小樽駅観光案内所
小樽駅前ターミナル(小樽站前總站)
Arinco Mou Dash
警察局
Muse
小樽駅
野口病院
船見坂
往天狗山

登別
大湯沼川天然足湯
大湯沼
奥之湯
N
大正地獄
望楼NOGUCHI登別
足湯入口
登別石水亭
足湯入口
(石水亭前)
舟見山
350
登別パークサービスセンター
(登別公園服務中心)
地獄谷
御やど清水屋
パークホテル前
パークホテル雅亭
湯澤神社
旅亭花ゆら
鬼祠
泉源公園
第一滝本館
恩泉寺
第一滝本前
大黒屋Plaza(大黒屋プラザ)
温泉市場
閻魔堂
登別温泉郷
滝乃家
登鬼屋
玉川本店
藤崎わさび園
わかさいも本舗
登別温泉店
杉養蜂園 登別店
貴泉堂
ホテルまほろば
うさぎや
滝乃家別館
玉乃湯
登別温泉ケーブル(登別溫泉纜車)
梅木みやげ店
登別観光案内所
そば処 福庵
祝いの宿登別
グランドホテル
大黒屋民芸店
ふくや
極楽通り
ゆもと登別
往 のぼりべつ クマ牧場→
(登別熊牧場)
万世閣
道南バス登別温泉
ターミナル(巴士總站)
登別温泉ふれあい
センター遊鬼
↓往 登別伊達時代村、尼克斯海洋公園
A
B
C
D
1
2
3
4
5
6
7
8

洞爺湖
ソウベツ川
八幡神社
とうや水の駅
洞爺ガイドセンター
浮見堂公園
サイロ展望台
洞爺湖
Lake-Hill Farm
glass café gla_gla
ゴーシュ
tetote
大島
觀音島
洞爺湖森林博物館
Lake Toya Ranch
The Windsor Hotel
弁天島
饅頭島
洞爺湖温泉
洞爺湖遊覧船
洞爺湖ホテル
わかさいも本舖
洞爺湖万世閣
西山火口散策路
湖畔亭
望羊蹄
洞爺湖ビジターセンター・火山科学館
とうや湖ぐるっと彫刻公園(洞爺湖環湖雕刻公園)
←往函館駅
洞爺駅
JR室蘭本線
道央自動車道
壮瞥温泉
有珠山
昭和新山
有珠山頂
昭和新山
有珠山ロープウェイ(有珠山纜車)
↘往室蘭駅、登別駅、地球岬
洞爺湖温泉街
洞爺山水ホテル和風
Holiday Market Toya
往西山火口散策路→
小有珠川 西山川
金比羅火口散策路
洞爺湖越後屋
望羊蹄
とうやマルシェ
道南バスターミナル(道南巴士總站)
洞爺湖ビジターセンター・火山科学館
ラーメン一本亭
龍汰呼
薬壺の手湯
豊來軒
松前屋
そば蔵
カフェレストラン サミット
めん恋亭
柴田屋
岡田屋
わかさいも本舖
長寿の手湯
洞爺観光ホテル
ホテルグランドトーヤ
北海ホテル
ゆうもあ亭
洞爺湖万世閣
乃の風リゾート
洞龍の湯
select 108
遊覧船乗場
花火艦賞船乗場
洞爺湖
洞爺湖

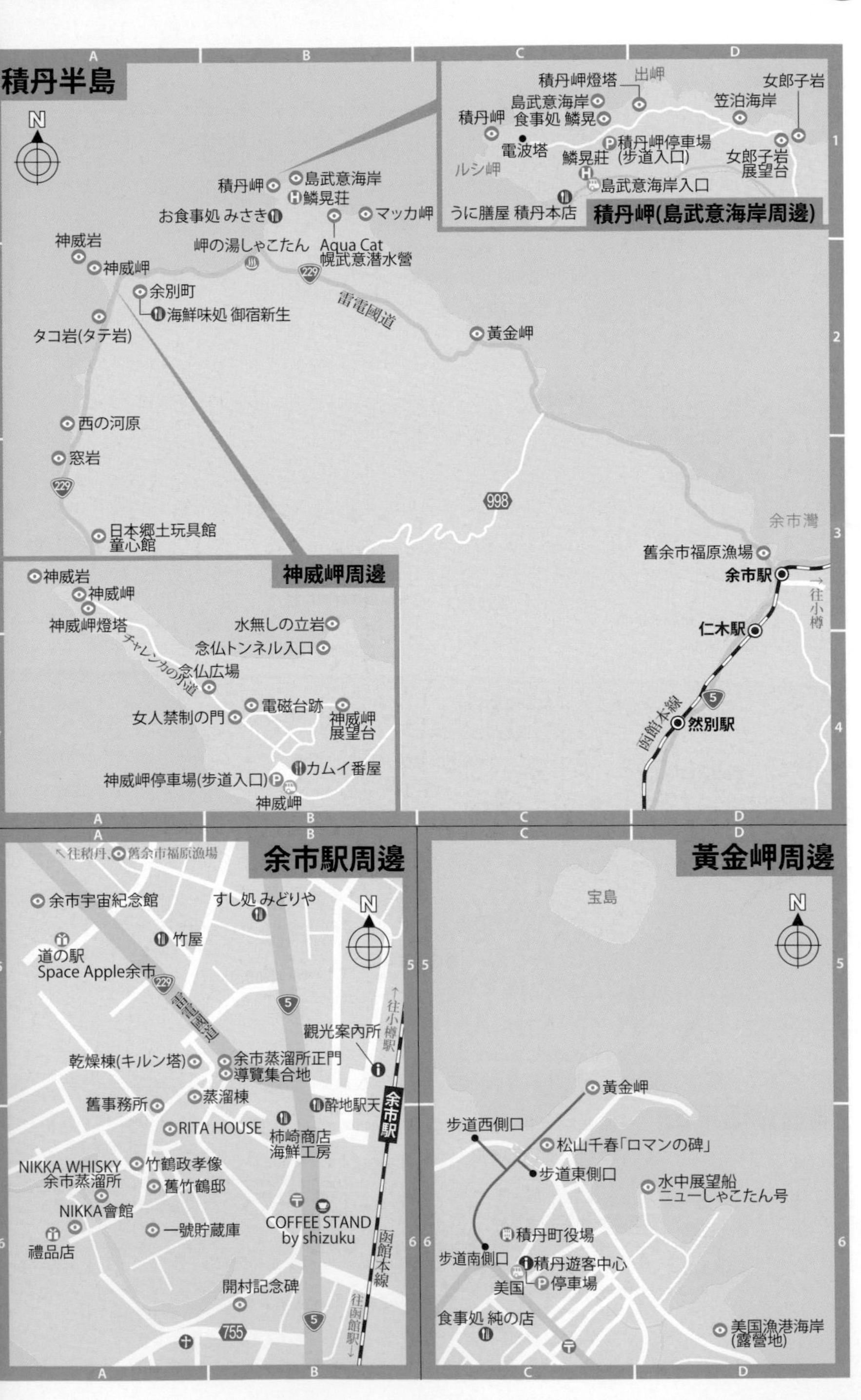

積丹半島
積丹岬(島武意海岸周邊)
積丹岬燈塔
出岬
女郎子岩
島武意海岸
笠泊海岸
積丹岬
食事処 鱗晃
積丹岬停車場(步道入口)
電波塔
鱗晃荘
女郎子岩展望台
ルシ岬
島武意海岸入口
うに膳屋 積丹本店
積丹岬
島武意海岸
鱗晃荘
お食事処 みさき
マッカ岬
神威岩
岬の湯しゃこたん
Aqua Cat
幌武意潛水營
神威岬
余別町
海鮮味処 御宿新生
雷電國道
黃金岬
タコ岩(タテ岩)
西の河原
窓岩
998
日本鄉土玩具館
童心館
余市灣
舊余市福原漁場
余市駅
往小樽
仁木駅
函館本線
然別駅
神威岬周邊
神威岩
神威岬
神威岬燈塔
水無しの立岩
念仏トンネル入口
チャレンカの小道
念仏広場
電磁台跡
神威岬展望台
女人禁制の門
カムイ番屋
神威岬停車場(步道入口)
神威岬
余市駅周邊
往積丹、舊余市福原漁場
余市宇宙紀念館
すし処 みどりや
竹屋
道の駅
Space Apple余市
雷電國道
往小樽駅
觀光案内所
乾燥棟(キルン塔)
余市蒸溜所正門
導覽集合地
舊事務所
蒸溜棟
醉地駅天
余市駅
RITA HOUSE
柿崎商店
海鮮工房
NIKKA WHISKY
余市蒸溜所
竹鶴政孝像
舊竹鶴邸
NIKKA會館
COFFEE STAND
by shizuku
一號貯蔵庫
禮品店
函館本線
開村記念碑
往函館駅
黃金岬周邊
宝島
黃金岬
步道西側口
松山千春「ロマンの碑」
步道東側口
水中展望船
ニューしゃこたん号
積丹町役場
步道南側口
積丹遊客中心
美国
停車場
食事処 純の店
美国漁港海岸
(露營地)

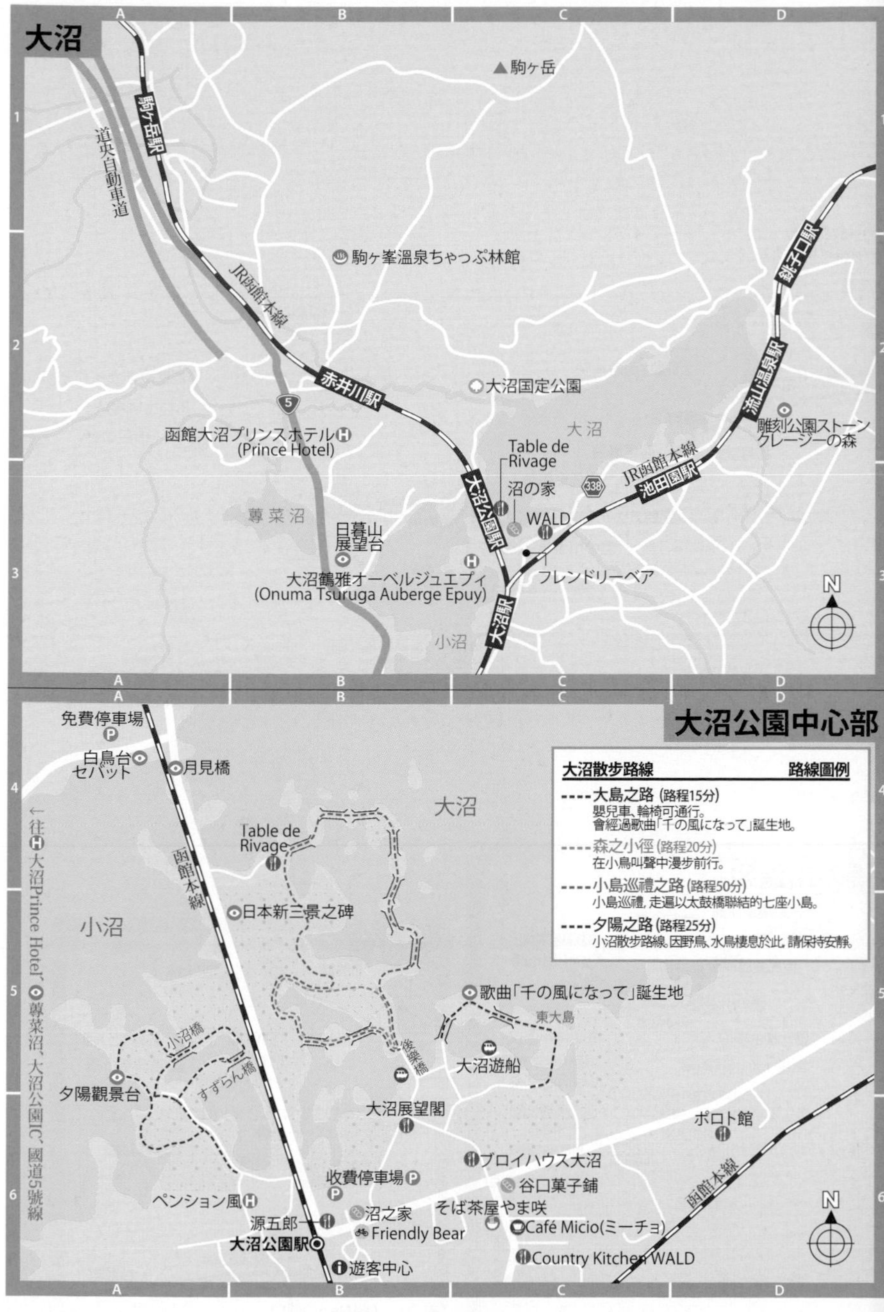
大沼
駒ヶ岳
駒ヶ岳駅
道央自動車道
駒ヶ峯温泉ちゃっぷ林館
JR函館本線
赤井川駅
大沼国定公園
銚子口駅
流山溫泉駅
雕刻公園ストーンクレージーの森
函館大沼プリンスホテル (Prince Hotel)
大沼
Table de Rivage
沼の家
WALD
池田園駅
JR函館本線
蓴菜沼
日暮山展望台
大沼公園駅
大沼鶴雅オーベルジュエプィ (Onuma Tsuruga Auberge Epuy)
フレンドリーベア
小沼
大沼駅
大沼公園中心部
免費停車場
白鳥台セバット
月見橋
大沼
Table de Rivage
函館本線
日本新三景之碑
小沼
← 往大沼Prince Hotel、蓴菜沼、大沼公園IC、國道5號線
小沼橋
すずらん橋
夕陽観景台
歌曲「千の風になって」誕生地
東大島
後楽橋
大沼遊船
大沼展望閣
ポロト館
ブロイハウス大沼
谷口菓子鋪
收費停車場
ペンション風
そば茶屋やま咲
沼之家
源五郎
Friendly Bear
Café Micio(ミーチョ)
大沼公園駅
遊客中心
Country Kitchen WALD
函館本線
大沼散步路線
路線圖例
大島之路 (路程15分)
嬰兒車、輪椅可通行。
會經過歌曲「千の風になって」誕生地。
森之小徑 (路程20分)
在小鳥叫聲中漫步前行。
小島巡禮之路 (路程50分)
小島巡禮，走遍以太鼓橋聯結的七座小島。
夕陽之路 (路程25分)
小沼散步路線。因野鳥、水鳥棲息於此，請保持安靜。

五稜郭公園
箱館奉行所
稜郭塔
香雪園
國立函館病院
杉並町
柏木町
深堀町
松月堂餅店
競馬場前
駒場車庫前
函館アリーナ前
湯の川温泉
銀月
湯倉神社
湯の川
湯の川温泉
漁火通
函館市営熱帯植物園
トラピスチヌ修道院
(特拉皮斯女子修道院)
市民の森売店
市民の森
トラピスチヌ通
函館空港
函と館
湯の川温泉
駒場車庫前
市民会館
函館市電
湯倉神社
丸山園茶舗
市民会館前
幸寿司
湯の川
湯の川温泉
銀月
免費足湯
湯元啄木亭
湯の川温泉
湯浜通
温泉通
竹葉新葉亭
望楼NOGUCHI函館
湯元河畔亭
湯の川観光ホテル
漁火通
ホテル平成館海羊亭
根崎公園
湯の川温泉
熱帯植物園
熱帯植物園前
湯の川プリンスホテル渚
湯元漁火館
若松
津軽海峡
五稜郭
夏井珈琲
Brucke
函太郎
Pibrey
五稜郭公園
六花亭
箱館奉行所
函館中央署
あじさい 本店
五稜郭塔
Chouette
Cacao
函館市北洋資料館
幸運小丑
五稜郭公園前店
道立函館美術館
ホテルテトラ
行啓通
Share Star
五稜郭公園前
杉並町
丸井今井
Old New Café

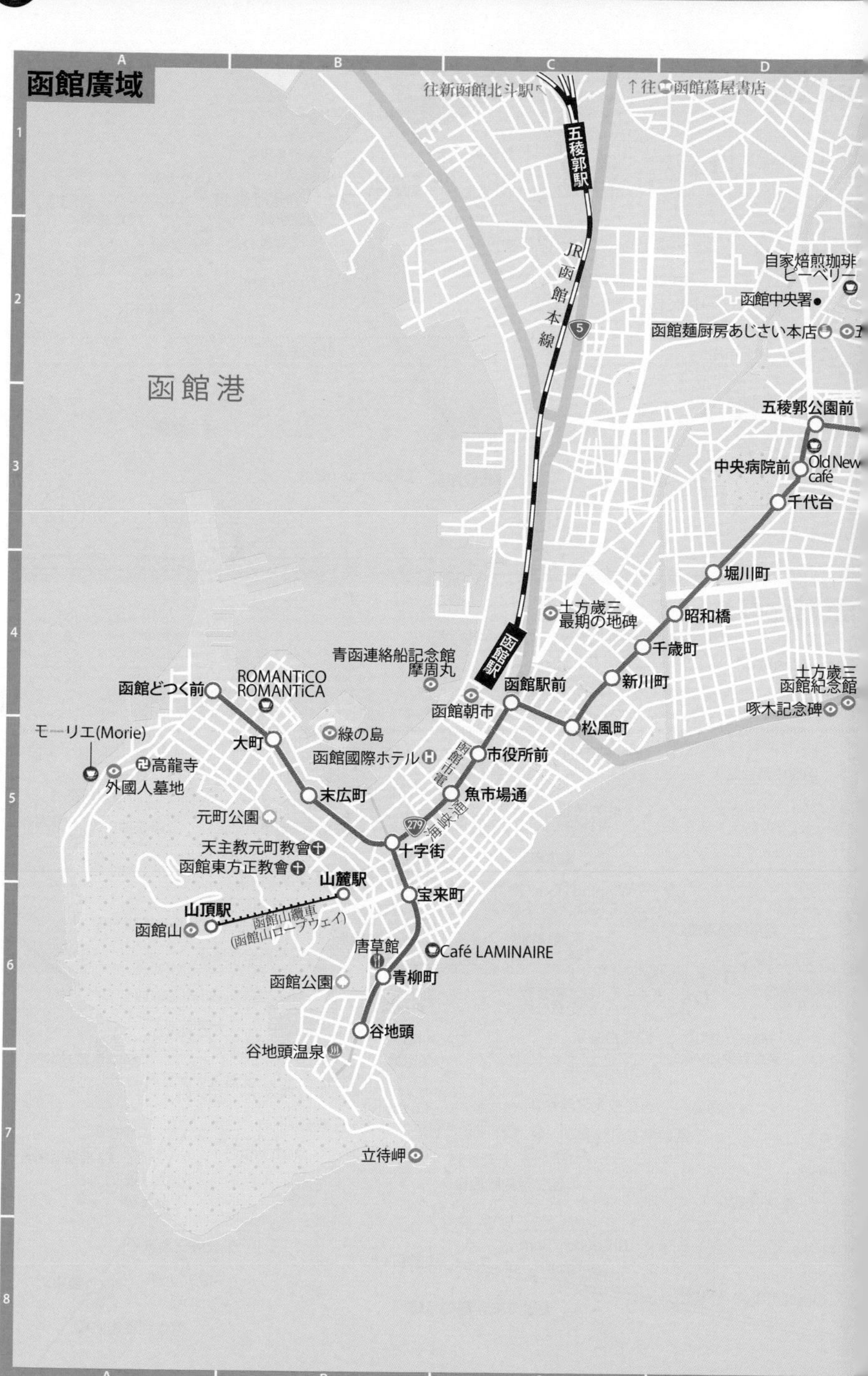

函館廣域
往新函館北斗駅
↑往函館蔦屋書店
五稜郭駅
JR函館本線
自家焙煎珈琲ピーベリー
函館中央署
函館麺厨房あじさい本店
函館港
五稜郭公園前
中央病院前
Old New café
千代台
堀川町
土方歳三最期の地碑
昭和橋
千歳町
青函連絡船記念館摩周丸
函館駅
新川町
土方歳三函館紀念館
啄木記念碑
函館どつく前
ROMANTiCO ROMANTiCA
函館駅前
函館朝市
松風町
モーリエ(Morie)
綠の島
大町
高龍寺
函館國際ホテル
市役所前
外國人墓地
函館市電
末広町
魚市場通
元町公園
海峡通
天主教元町教會
十字街
函館東方正教會
山麓駅
宝来町
山頂駅
函館山纜車(函館山ロープウェイ)
函館山
唐草館
Café LAMINAIRE
函館公園
青柳町
谷地頭
谷地頭温泉
立待岬

函館駅
JR函館駅
函館市観光案内所
たいやき茶屋 北菓り
青函聯絡船紀念館 摩周丸
海光房
蓋飯横丁市場
Four Points by Sheraton
はこだて 未來館
Kiralis
音羽通
柳小路
京極通
一番通
いか太郎
きくよ食堂本店
朝市中通
スナッフルス駅前店
函館駅前
大門横丁
滋養軒
駅二市場
朝市大通
うに むらかみ
函館朝市
幸運小丑
函館美鈴
往五稜郭公園前→
函館港
東横INN函館駅前朝市
ホテルニューオーテ
HOTEL RESOL
鳳蘭
HAKODATE男爵倶楽部 HOTEL & RESORTS
富士銀通
東橫INN 函館大門
水産物地方卸売市場
辺見旅館
函館国際ホテル 別館
金森赤レンガ倉庫(金森紅磚倉庫群)
cafe & dining LITT
日銀
大門祇園通
東雲広路
煉瓦亭
函館国際ホテル
市役所前
Lapin de neige
N
函館元町
ROMANTiCO ROMANTiCA
綠の島
大町
新島橋
弥生坂
5號系統
水産物地方 卸売市場
MOSSTREES
函館港
函館中華会館
海上自衛隊
Angelique Voyage
北方民族 資料館
西部臨港通
函館ビアホール
金森 紅磚倉庫
LA VISTA 函館BAY
厨房あじさい
幸運小丑 ベイエリア本店
函館海鮮市場本店
函館BAY 美食俱樂部
海寿
東坂
末広町
函館 西波止場
BAYはこだて
はこだて明治館
Winning Hotel
金森洋物館
基坂
Green Gables
函館市文学館
CALIFORNIA BABY
café TUTU
舊英國領事館
函館博物館 鄉土資料館
和雑貨 いろは
箱館高田屋嘉兵衛資料館
元町公園
茶房旧茶屋亭
往函館駅↗
長谷川商店
八幡坂
旧函館區 公会堂
元町観光案内所
カフェテラス 元町
日本基督教 団函館教会
弁天末広通
北方歴史 資料館
The Glass Studio in Hakodate
日本最老 水泥電線杆
十字街
元町日和館
茶房菊泉
CASA FLOR
函館市電
函館工芸舍
東歐雑貨Chaika
ハコダテソフトハウス
久留葉
二十間坂
銀座魚菜市場
函館修道院
OZIO
北海道坂本龍馬 記念館
tombolo
五島軒本店
函館西高
天主教元町教會
大三坂
Studio Oval
港ヶ丘教会
函館東方正教會
東本願寺 函館別院
LA JOLIE MOTOMACHI
Pain屋
チャチャ登り
元町茶寮
高島屋珈琲
函館聖約翰教會
西高運動場
小いけ
こがね
日和坂
Country Born
千秋庵総本家
山麓駅
函館山夜景
函館山ロープウェイ(函館山纜車)
護国神社坂
茶房ひし伊
宝来町
2號系統
遊膳炙家 沙羅の月
あさり坂
阿佐利精肉店

旭川廣域

旭川廣域
↑往稚內、比布
↑往 男山酒造り資料館
往 旭山動物園、café good life→
旭川拉麵村
南永山駅
JR石北本線
JR宗谷本線
東豊公園
豊永橋
牛朱別川
クラフト館
豊岡小
旭川市雕刻美術館
井上靖紀念館
旭川新道
花咲大橋
石狩川
春光台公園
金星公園
新旭川駅
北海道護國神社
北鎮紀念館
旭川龍谷高
金星橋
旭橋
旭川病院
藤井病院
北海道教育大
川村カ子トアイヌ記念館(愛努紀念館)
常磐公園
OMO7旭川
5条通
4条通
旭川四条駅
旭川厚生病院
旭川東署
東光図書館
新橋
蜂屋五条創業店
旭川美術館
らぅめん青葉
3条通
2条通
1条通
←往 北の嵐山
旭西橋
近文駅
JR函館本線
独酌三四郎
旭川市科學館
赤十字病院
旭川駅
緑東大橋
大正橋
神楽橋
忠別川
氷点橋
石狩川
近文大橋
忠別橋
旭川市博物館
旭川大橋
神樂岡公園
上川神社
派出所
派出所
↙往 神居滑雪場、神居古潭、札幌方向
東海大
西神橋
神楽岡駅
The Sun 蔵人
三浦淩子記念文学館
外国樹種見本林
美瑛川
JR富良野線
平成大橋
緑が丘駅
往美瑛、富良野→
↙往札幌
↓往 Santa Present Park

北之嵐山
石狩川
←往札幌
オサラッペ川
嵐山／北邦野草園
アイヌ文化の森・伝承のコタン
ゆかり陶房
Café Pas a' Pas
Tea&Cakes Chamomile
CRAFT BROWN BOX
嵐山ビジターセンター（嵐山遊客中心）
CAFE TOTTO
Potta
梅鳳堂
染あとりえ草創
淳工房
大雪窯
千尋窯
12
旭川新道
北邦野草園入口
遠州流茶道成名庵
↖往旭川市街
↙往名寄、旭川鷹栖IC
旭川市區
福吉咖啡
↗往L'HOTEL de KITAKURABU本店
常磐公園
8条通
SUNUSU
7条通
Art Hotel Asahikawa
40
TOYO HOTEL
馬場ホルモン
旭川市役所
6条通
自由軒
星野リゾート OMO7旭川
5.7小路ふらりーと
Ginneko
HOTEL CRESCENT
拉麵蜂屋 五条創業店
L'HOTEL de KITAKURABU中央店
4条通
39
天金拉麵 四条店
成吉思汗 大黒屋
梅鳳堂
3条通
11丁目
天金本店
珈琲亭ちろる
炭焼きあぶりや 一期一会
緑橋通
一蔵
7丁目
OKUNO
8丁目
TREASURE
らぅめん青葉
独酌三四郎
2条通
Deux café
梅光軒 本店
とんかつ 井泉2条店
Feeeal旭川
4丁目
Pâtisserie Salon d'or
1条通
ホテルルートイン
EXC
山頭火 本店
HOMES interior/gift
平和通買物公園
大雪地ビール館
JR INN旭川
AEON旭川駅前店
旭川観光物産情報センター
JR函館本線
旭川駅
JR宗谷本線
JR富良野線

東川町
DEMETER
P-DASH GARDEN
理創夢工房
北の住まい設計社
鈴木工房
東川第二小
瑞宝寺
栄禅寺
しのぱん
東川第一小
DOG CAFE
SUNNY SPOT
往旭岳・天人峡→
道の駅ひがしかわ「道草館」
我良笑
マ・メゾンP II
gallery + cafe zen
↓往旭川機場
旭岳. 天人峡
熊ヶ岳
旭岳
姿見駅
姿見の池
後旭岳
旭岳温泉
旭岳駅
旭岳ロープウェー(旭岳纜車)
旭岳万世閣
ホテルベアモンテ
湯元 湧駒荘
LA VISTA
大雪山
小旭岳
峡関壁
羽衣の滝
天人峡
層雲峡
小函
神削壁
大函
錦糸の滝
双子岩
朝陽山
万景壁
天城岩
岩間の滝
大雪湖
殘月峰
流星の滝
銀河の滝
ライマンの滝
←往森之花園
七賢峰
独鈷峰
屏頭峰
ホテル大雪
層雲峡グランドホテル
層雲峡温泉街
大雪山層雲峡・黒岳ロープウェー
(空中纜車)
層雲峡ビジターセンター
(層雲峡遊客中心)
黒岳5合目
黒岳ペアリフト
(雙人纜車)
黒岳スキー場(黒岳滑雪場)
黒岳7合目
黒岳
展望台
銀泉台
烏帽子岳
駒草平
凌雲岳
赤岳
愛別岳
北鎮岳
比布岳
北海岳
緑岳

旭山動物園周邊
往上野ファーム、Clark Horse Garden↑
Cafe good life
宗谷本線
石北本線
永山公園
南永山駅
新旭川駅
北日ノ出駅
東旭川駅
日ノ出公園
AREA23
小野木 鳥料理
エスペリオ
Farmers Restaurant
ESPERIO
倉沼café
東豊公園
旭川神社
旭山動物園
旭山
雪の村
旭山
Tsuruya
らーめん三日月
旭川
四条駅
よし乃本店
倉沼神社
←往高砂酒蔵、旭川市區
紅茶専門店Life Lapsang
東光中
千代田小
N
美瑛市區
↑往北美瑛、旭川
↑往北西之丘展望公園、ぜるぶの丘
あるうのぱいん
JR富良野線
美瑛高
民宿クレス
鉄西公園
Italian cafe Abete
道の駅 丘のくら
Hotel Lavenir(ラヴニール)
四季の情報館
山頭火
美瑛選果
美瑛駅
戀や
美瑛中学
ラーメンの
ひまわり
洋食與cafe 純平
美瑛神社
美瑛町役場
美瑛小
北工房自家
焙煎咖啡
caferest樹木的好朋友
丸山公園
美瑛東小
憩ケ森公園
往美馬牛、富良野↓
N

美瑛・富良野廣域
往旭川
旭川空港
旭川市
千代ヶ岡駅
東神楽町
東川町
往旭岳・天人峡
Seven Star之木
bi.blé
親子の木
北美瑛駅
Ken&Mery之木
亞斗夢之丘(ぜるぶの丘)
Mild Seven之丘
北西の丘展望公園
美瑛駅
花人街道(富良野国道)
新栄の丘
クリスマスツリーの木
美瑛町
三愛の丘展望公園
かんのファーム
美馬牛駅
千代田の丘見晴台
拓真館
JR富良野線
深山峠ラベンダーオーナー園(深山峠薫衣草園)
四季彩の丘
美瑛美馬牛川
深山峠展望台
雲霄飛車之路
青い池
白金野鳥の森
皆空窯
白鬚瀑布
白樺街道
フラワーランド かみふらの(Flower Land 上富良野)
上富良野町
白金不動の滝
白金四季の森
PARK HILLS
大雪山白金観光ホテル
上富良野駅
日の出公園
白金温泉
国立大雪青少年交流の家
富良野川
芦別市
後藤純男美術館
吹上温泉
白銀荘
吹上露天の湯
西中駅
斜線道路
ファーム富田(富田農場)
中富良野町営ラベンダー園(中富良野町薫衣草園)
ラベンダー畑駅(臨時)
湯元 凌雲閣
往十勝岳
彩香の里
中富良野駅
十勝岳温泉
鹿討駅
ひつじの丘(羊之丘)
中富良野町
学田駅
富良野川
布部川
富良野駅
富良野市
朝日ヶ丘公園
風のガーデン(風之庭園)
ニングルテラス(森林精靈露台)
Soh's BAR
富良野チーズ工房(富良野起司工房)
拾って来た家(撿來的家)
麓郷の森
五郎の石の家
森の時計
空知川
麓郷
「來自北國」場景
新富良野プリンスホテル(王子大飯店)
布部川
麓郷展望台
ふらのジャム園(富良野果醬園)
布部駅
↓往新得、帯広 ↓往 旅籠屋なんぷてい、LOG HOTEL LARCH、鹿越園地

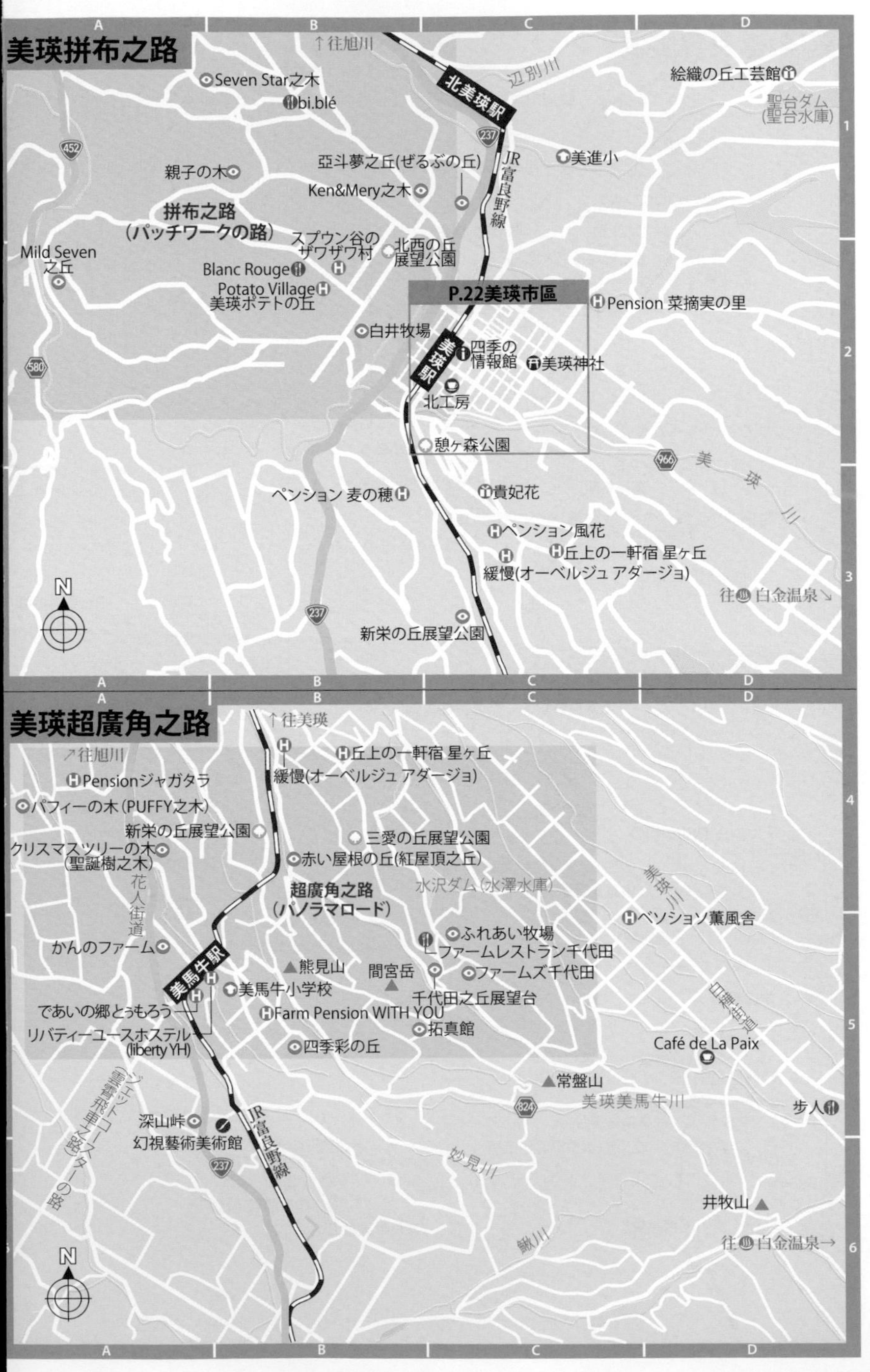
美瑛拼布之路
↑往旭川
北美瑛駅
辺別川
絵織の丘工芸館
聖台ダム
(聖台水庫)
Seven Star之木
bi.blé
亞斗夢之丘(ぜるぶの丘)
JR富良野線
美進小
親子の木
Ken&Mery之木
拼布之路
(パッチワークの路)
スプウン谷の
ザワザワ村
北西の丘
展望公園
Mild Seven
之丘
Blanc Rouge
Potato Village
美瑛ポテトの丘
P.22美瑛市區
Pension 菜摘実の里
白井牧場
美瑛駅
四季の
情報館
美瑛神社
北工房
憩ヶ森公園
美瑛川
ペンション 麦の穂
貴妃花
ペンション風花
丘上の一軒宿 星ヶ丘
緩慢(オーベルジュ アダージョ)
往 白金温泉↘
新栄の丘展望公園
美瑛超廣角之路
↑往美瑛
↗往旭川
Pensionジャガタラ
パフィーの木(PUFFY之木)
新栄の丘展望公園
三愛の丘展望公園
クリスマスツリーの木
(聖誕樹之木)
赤い屋根の丘(紅屋頂之丘)
花人街道
超廣角之路
(パノラマロード)
水沢ダム(水澤水庫)
美瑛川
ペンション薫風舎
かんのファーム
ふれあい牧場
ファームレストラン千代田
熊見山
間宮岳
ファームズ千代田
美馬牛駅
美馬牛小学校
千代田之丘展望台
であいの郷とぅもろう
Farm Pension WITH YOU
拓真館
リバティーユースホステル
(liberty YH)
四季彩の丘
Café de La Paix
常盤山
美瑛美馬牛川
歩人
深山峠
幻視藝術美術館
妙見川
井牧山
往 白金温泉→

上富良野・中富良野
フラワーランド かみふらの
(Flower Land上富良野)
↑往美馬牛、美瑛
↖往芦別市街
上富良野駅
●町営スキー場(町營滑雪場)
日の出公園
FRONTIER FURANUI溫泉
後藤純男美術館
▲中山
●陸上自衛隊駐屯地
芦別國道
滝里湖
↖往芦別
風景画館
西中駅
Popura Farm
ファーム富田(富田農場)
とみたメロンハウス
ラベンダー畑駅(臨時)
奈江川
北星山薰衣草園
彩香の里
中富良野駅
JR富良野線
花人街道
富良野川
空知川
JR根室本線
島ノ下駅
鹿討駅
どこか農場
ひつじの丘(羊之丘)
ラベンダーの森
ハイランドふらの
(Highland Furano)
旭中小
MPGそらち
学田駅
ペンション星に
願いを
↓往布部
↓往富良野
富良野駅・北峰
往上富良野・中富良野↖
來自北國資料館
燻煙工房Yamadori
菓子司 新谷
富良野駅
富良野・美瑛廣域
觀光導覽中心
朝日通
JR根室本線
綠峰高校
NATULUX HOTEL
富良野寶亭留
富良野西醫院
西中学校
唯我獨尊
Masa屋
KUMAGERA
富川製麵所
五条通
JR富良野線
富良野小学校
(北海道中心標)
Furano Marche 2
FURANO MARCHE
富良野神社
くるみ割りラウンジ(胡桃鉗Lounge)
新空知橋
狩勝國道
若葉通
富良野五条大橋
基線
麦秋
列車HOUSE
空知川
野良窯
朝日之丘公園
北之峰纜車
Hotel Naturwald
Furano
Pension
Lavender
富良野王子飯店
(富良野プリンスホテル)
菓子工房Furano Délice
往富良野起士工房↓

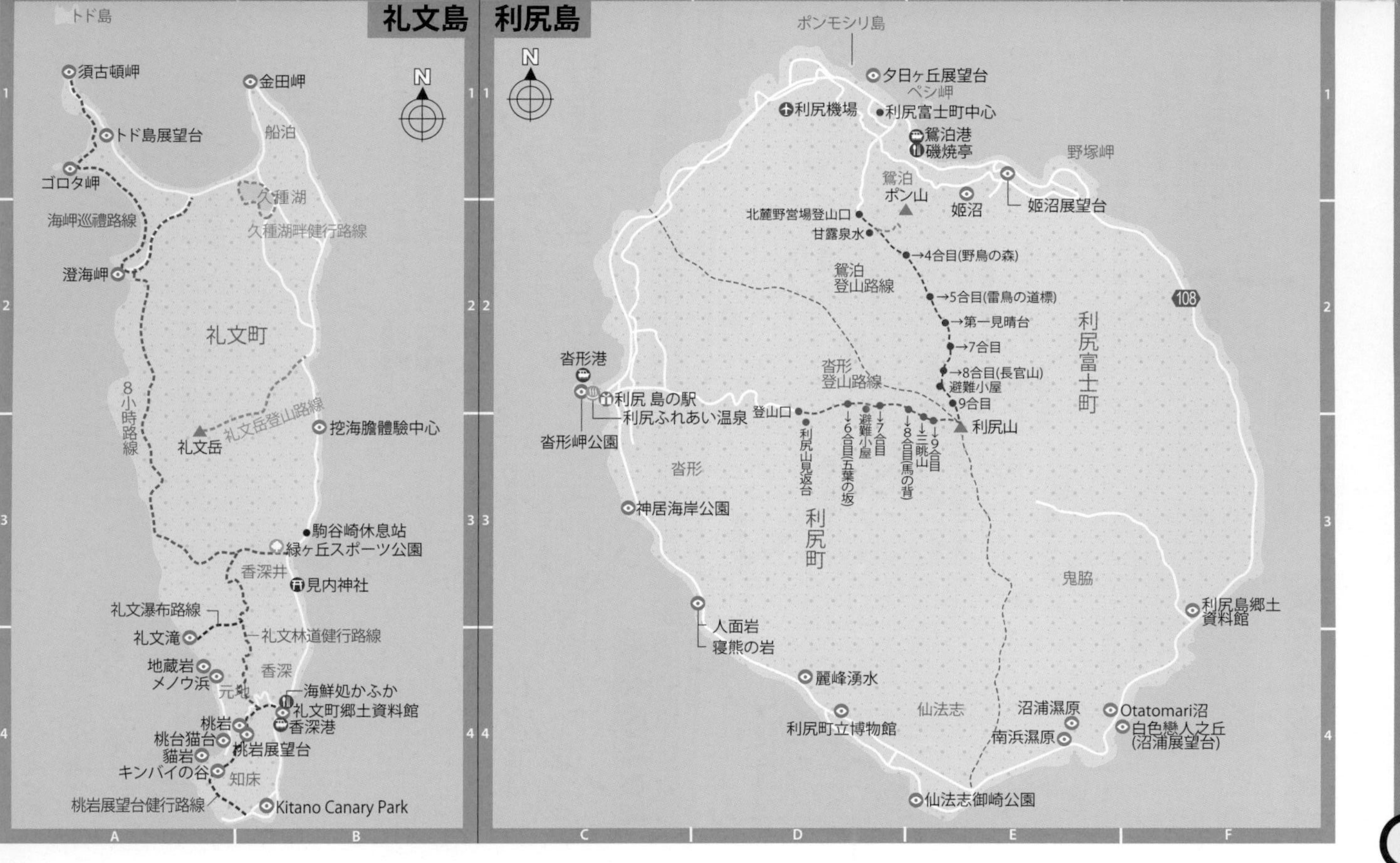
礼文島
利尻島
トド島
須古頓岬
トド島展望台
ゴロタ岬
海岬巡禮路線
澄海岬
金田岬
船泊
久種湖
久種湖畔健行路線
礼文町
8小時路線
礼文岳
礼文岳登山路線
挖海膽體驗中心
駒谷崎休息站
緑ヶ丘スポーツ公園
香深井
見内神社
礼文瀑布路線
礼文滝
礼文林道健行路線
地蔵岩
メノウ浜
香深
元地
海鮮処かふか
礼文町郷土資料館
香深港
桃岩
桃台猫台
猫岩
桃岩展望台
キンバイの谷
知床
桃岩展望台健行路線
Kitano Canary Park
ポンモシリ島
夕日ヶ丘展望台
ペシ岬
利尻機場
利尻富士町中心
鴛泊港
磯焼亭
野塚岬
鴛泊
ポン山
姫沼
姫沼展望台
北麓野営場登山口
甘露泉水
→4合目(野鳥の森)
鴛泊
登山路線
→5合目(雷鳥の道標)
→第一見晴台
→7合目
→8合目(長官山)
避難小屋
9合目
利尻山
108
利尻富士町
沓形港
沓形
登山路線
利尻 島の駅
利尻ふれあい温泉
沓形岬公園
登山口
利尻山見返台
↓6合目(五葉の坂)
避難小屋
↓7合目
↓8合目(馬の背)
↓三眺山
↓9合目
沓形
神居海岸公園
利尻町
鬼脇
利尻島郷土資料館
人面岩
寝熊の岩
麗峰湧水
仙法志
沼浦濕原
Otatomari沼
利尻町立博物館
南浜濕原
白色戀人之丘
(沼浦展望台)
仙法志御崎公園

稚內廣域
宗谷海峡
ノシャップ岬
(野寒布岬)
宗谷岬
野寒布
寒流水族館
宗谷丘陵
稚内港
稚內公園
稚内駅
稚内空港
Heart Land Ferry
稚内-香深
稚内-鴛泊
大沼
南稚内駅
抜海駅
稚内市
勇知駅
兜沼駅
利尻禮文佐呂別國立公園
(利尻礼文サロベツ国立公園)
徳満駅
豊富駅
豊富温泉
佐呂別原生花園
(サロベツ原生花園)
幌延町
利尻水道
幌延馴鹿觀光牧場
下沼駅
幌延駅
上幌延駅
南幌延駅
安牛駅
JR宗谷本線
稚内駅
稚内港北防波堤
稚内公園
稚内全日空ホテル
百年紀念塔
稚内駅
北市場
稚内渡輪總站
(フェリーターミナル)
海鮮炉端 うろこ亭
稚内副港市場
JR宗谷本線
往 Hotel Meguma
蝦夷番屋
南稚内駅
ホテル御園
十勝・帶廣
↑往 然別湖村落
↑往 タウシュベツ橋梁
十勝平原広域農道
勇足池田線
道東自動車道
往新得
十勝川国際ホテル筒井
十勝川温泉第一ホテル
豊洲亭
十勝自然中心
十弗川
Spinner's Farm
Tanaka
鳳乃舞音更
十勝川温泉
三余庵
Happiness Dairy
御影駅
西帯広駅
柏林台駅
帯広駅
利別駅
往 十勝千年の森
大成駅
札内駅
池田駅
池田ワイン城
(池田葡萄酒城)
芽室駅
緑ヶ丘公園
幕別駅
真鍋庭園
幕別温泉
農場野餐
(いただきますカンパニー)
札内川
十勝hills
十弗駅
愛国・幸福駅
十勝国道
豊頃糠内芽室線
豊頃駅
上札内帯広線
豊頃糠内芽室線
JR根室本線
紫竹ガーデン
(紫竹花園)
往釧路
じんぎすかん白樺
舊幸福駅(幸福鉄道公園)
湧洞豊頃停車場線
帯広空港
八千代公共
育成牧場
十勝中部広域農道
小川
往 Jewelry Ice
中札内美術村
六花の森
湧洞川
花畑牧場

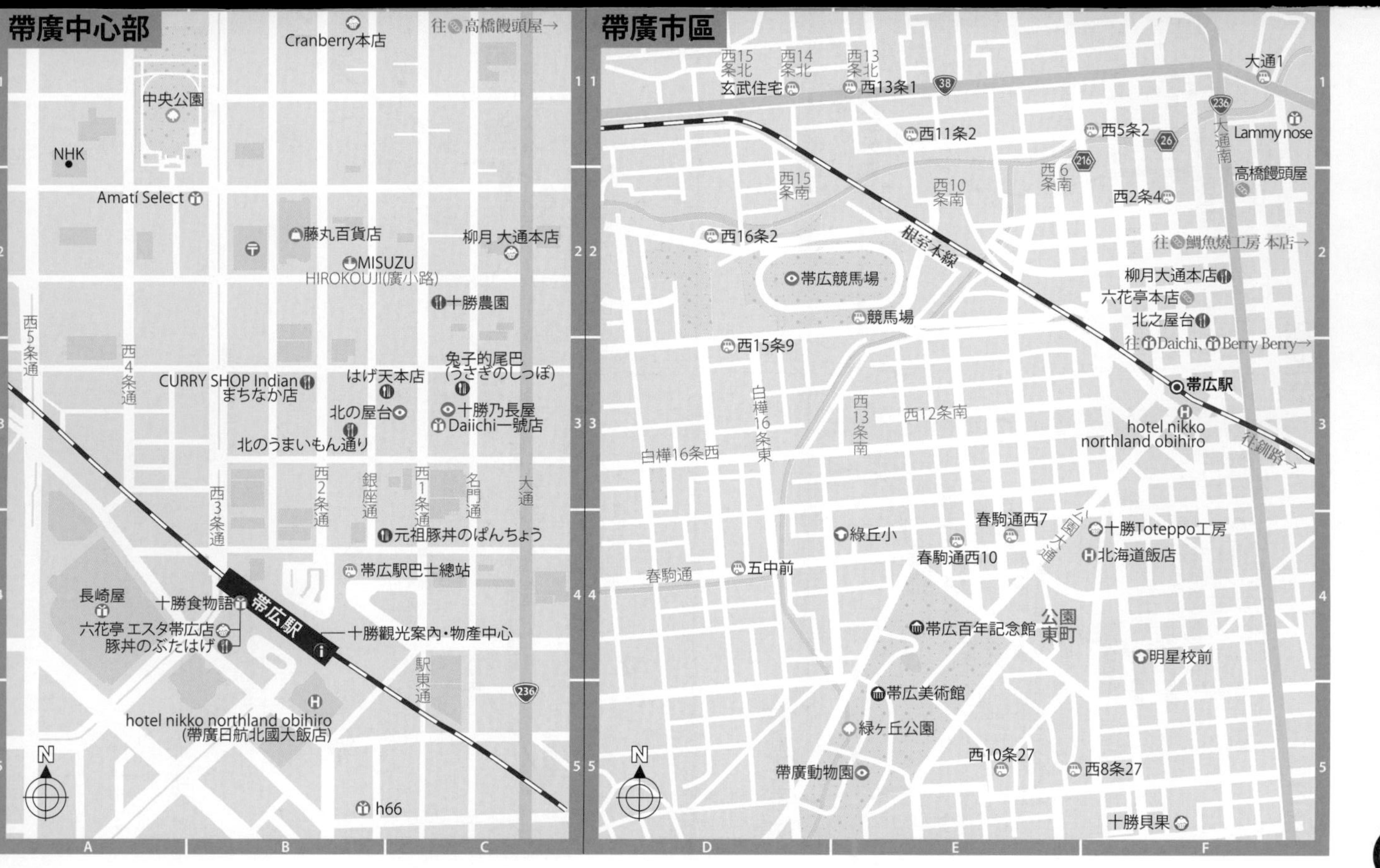

帶廣中心部
往高橋饅頭屋→
Cranberry本店
中央公園
NHK
Amatí Select
藤丸百貨店
MISUZU
HIROKOUJI(廣小路)
柳月 大通本店
十勝農園
西5条通
西4条通
CURRY SHOP Indian まちなか店
はげ天本店
兎子的尾巴(うさぎのしっぽ)
北の屋台
十勝乃長屋
Daiichi一號店
北のうまいもん通り
西3条通
西2条通
銀座通
西1条通
名門通
大通
元祖豚丼のぱんちょう
帯広駅巴士總站
長崎屋
十勝食物語
帯広駅
六花亭 エスタ帯広店
豚丼のぶたはげ
十勝観光案内・物産中心
駅東通
hotel nikko northland obihiro
(帶廣日航北國大飯店)
h66
帶廣市區
西15条北
西14条北
西13条北
玄武住宅
西13条1
西11条2
西5条2
大通1
大通南
Lammy nose
高橋饅頭屋
西15条南
西10条南
西6条南
西2条4
西16条2
根室本線
往鯛魚燒工房 本店→
帯広競馬場
柳月大通本店
六花亭本店
競馬場
北之屋台
往Daichi、Berry Berry→
西15条9
帯広駅
白樺16条東
西13条南
西12条南
hotel nikko northland obihiro
往釧路→
白樺16条西
春駒通西7
公園大通
十勝Toteppo工房
緑丘小
春駒通西10
北海道飯店
春駒通
五中前
帯広百年記念館
公園東町
明星校前
帯広美術館
緑ケ丘公園
西10条27
西8条27
帶廣動物園
十勝貝果

釧路駅
往帯広
釧路駅
JR根室本線
往根室、網走
釧路ロイヤルイン
和商市場
らーめん工房 魚一
釧路中央郵局
北大通
栄町平和公園
釧路市役所
釧路Prince Hotel
あぶり家
河むら
鳥松
炉ばた
炉ばた 煉瓦
ANA CROWNE PLAZA HOTEL 釧路
レストラン泉屋
鳥善
ホテルパコ釧路
MOO
幣舞橋
釧路川
幣舞公園
花時計
往 竹老園 東家総本店↓
摩周湖・屈斜路湖
藻琴山展望台
川湯第一ホテル忍冬
そば道楽
神の子池
仁伏温泉
くりーむ童話
中島
砂湯
川湯温泉
suite de baraques café
屈斜路湖
硫黄山
川湯温泉駅
池の湯
ORCHARD GRASS
裏摩周展望台
和琴温泉
第三展望台
摩周湖
往
自然塾
コタン温泉 (古丹溫泉)
美留和駅
美幌峠
摩周岳
JR釧網本線
第一展望台
The Great Bear
弟子屈ラーメン
美羅尾山
辺計礼山
摩周温泉
摩周駅
鐺別温泉
往釧路
釧路濕原
鶴居温泉
阿寒町
コッタロ湿原
鶴居どさんこ牧場
茅沼駅
コッタロ湿原展望台
Sarbo展望台(サルボ展望台)
シラルトロ沼
Sarurun展望台(サルルン展望台)
夢工房
釧路湿原
塘路駅
丹頂の里
阿寒国際ツルセンター(阿寒國際鶴中心)
塘路湖
道の駅 阿寒丹頂の里
とうろYH
丹頂鶴繁殖地
夢ケ丘展望台
温根内木道
温根内ビジターセンター(温根内遊客中心)
達古武木道
阿寒町
細岡駅
釧路湿原駅
細岡展望台
釧路市動物園
北斗展望台
釧路町
釧路市湿原展望台
湿原展望台
鶴公園
釧路市丹頂鶴自然公園
釧路Marsh & River
遠矢駅
釧路湿原道路
釧路空港
釧路市

阿寒湖
阿寒湖
阿寒湖畔生態博物館中心
(遊客中心)
ホテル阿寒湖荘
あかん遊久の里 鶴雅
阿寒観光汽船
鶴雅
民芸のえぞりす
阿寒湖温泉
阿寒の森鶴雅リゾート
花ゆう香
阿寒アイヌ
シアターイコロ
Ponsion人形館
民藝喫茶PORONNO
ニュー阿寒
ホテル
味心
阿寒ロイヤル
ホテル
Pan de Pan
鄙の座
阿寒湖アイヌコタン
(愛努族村落)
阿寒湖まりむ館
阿寒湖観光協會
阿寒湖温泉
阿寒湖バスセンター
(巴士中心)
240
↙往遠内多湖
宇登呂市區
知床観光船
乗船口
オホーツク海
(鄂霍次克海)
ホテル季風
クラブ知床
夕陽台
オロンコ岩
ウトロ港
(宇登呂港)
知床観光船
夕陽のあたる家
北こぶし知床
ホテル&リゾート
知床第一ホテル
知床しれとこ・ペレケ
知床世界
遺産センター
ウトロ温泉バスターミナル
(宇登呂温泉巴士總站)
斜里町
Cafe & Bar GVO
lantan
ペレケ川
知床
知床岬
知床岬灯台
観音岩
カシュニの滝
ペキンノ鼻
知床岳
相泊温泉
知床観光船航路
セセキ温泉
知床国立公園
斜里町
ヨウシペツの滝
カムイワッカ湯の滝
硫黄山
知床五湖
ホテル地の涯
象の鼻
岩尾別温泉
ウトロ崎灯台と
フレペの滝
知床自然センター
宇登呂市區
羅臼岳
87
ウトロ温泉
知床横断道路
(冬天封閉)
羅臼遊客中心
間欠泉
知床峠
羅臼温泉
ホテル峰の湯
オシンコシンの滝
熊の湯
知床nature cruise
道の駅 知床・らうす
羅臼湖
オホーツク海
(鄂霍次克海)
遠音別岳
334
335
斜里バスターミナル
(斜里巴士總站)
←往網走
知床半島
羅臼の宿 まるみ
JR釧網本線
知床斜里駅
天に続く道
羅臼町
根室海峡
協里町
南斜里駅
中斜里駅
244
海別岳
↓往標津町、別海町

根室半島
納沙布岬
北方原生花園
35
明治公園
根室駅
根室湾
142
東根室駅
花咲駅
風蓮湖
根室車石
春国岱
西和田駅
道の駅 スワン44ねむろ
44
溫根沼
長節湖
昆布盛駅
モユルリ島
JR根室本線
142
別当賀駅
ユルリ島
落石駅
落石岬
N
納沙布岬
四島のかけ橋
希望の鐘
北方館・望郷の家
請望苑
望鄉の塔
鈴木食堂
納沙布岬
35
納沙布岬灯台
納沙布岬
↙往根室市街
根室駅周邊
根室港
金刀比羅神社
往納沙布岬→
和Dining SUSHIMOTO
鳴海公園
花咲小
耕雲寺
喫茶どりあん(DORIAN)
AEON
ねむろ海陽亭
←往釧路
北斗小
根室市役所
44
エクハシの宿
ニューモンブラン
根室市公民館
明治公園
Nemuro Grand Hotel
根室駅
JR根室本線
往東根室駅↘
N

鶴居村廣域
鶴居村中心
↑往阿寒湖、摩周湖
鶴居北
鶴居
運動広場
グリーン
パークつるい
鶴居西
鶴居
保育園
鶴居東
鶴居中
Hotel TAITO
鶴居村役場
鶴居村ふるさと
情報館
喫茶&焼肉さるるん
酪樂館
鶴居南
往Hickory wind wildness lodge→
(ヒッコリーウィンド)
heartntree
(ハートン・ツリー)
阿寒郡
鶴居村役場
鶴居・伊藤丹頂中心
(Tsurui-Ito Tancho Sanctuary)
鶴居どさんこ牧場
村営鶴居牧野
音羽橋
鶴見台
ど・れ・み・ふぁ・空
茅沼駅
茅沼温泉
シラルトロ沼
塘路湖
塘路駅
釧路本線
Woody Hotel &
Restaurant夢工房
釧路濕原
↓往釧路市動物園、釧路市濕原展望台
↙往釧路市區
網走
網走セントラルホテル
HOTEL
オホーツクイン
網走ロイヤル
ホテル
道の駅 流氷街道網走
網走流氷観光砕氷船
北海
網走駅
網走川
寿し安
市立美術館
YAKINIKU網走ビール館
(網走啤酒館)
桂台駅
刑務所製品
直売所
網走刑務所
刑務所前
網走市立
郷土博物館
最乗寺
網走南ケ丘高
弘道寺
網走感動朝市
友愛荘
JR
石北本線
北見国道
北の暖暖
JR釧網本線
斜里国道
オホーツク海
(鄂霍次克海)
網走運動公園
天都山入口
網走観光フルーツ園
(網走観光果園)
やまね工房
天都山
龍雲寺
駒場公園
潮見小
本通
鮨Dining 月
オホーツク流氷館
(鄂霍次克流氷館)
駒場8
網走監獄
博物館
北方民族
博物館
北方民族博物館
潮見神社
第三中
↙往網走湖荘

北海道全圖

宗谷海峽
宗谷岬
稚內機場
禮文島
サロベツ原生花園
稚內市
稚內國道
利尻機場
利尻島
利尻山
豐富溫泉
JR宗谷本線
トロッコ王国美深
燒尻島
天売島
日本海
士別
羊與雲之丘
幌加內町
劍淵町
羽幌町
和寒町
黃金岬
JR留萌本線
道央自動車道
旭川市
旭川機場
JR富良野線
美瑛町
上富良野
中富良野
富良野市
瀧川天空公園
JR札沼線
JR函館本線
美唄市
積丹岬
神威岬
積丹町
積丹半島
小樽市
丘珠機場
JR室蘭本線
JR千歲線
定山溪溫泉
札幌市
五色溫泉
倶知安町
雷電海岸
雷電溫泉
羊蹄山
支笏湖溫泉
昆布溫泉
ニセコ町
新千歲機場
支笏湖
洞爺湖
洞爺湖溫泉
登別市
千歲暢貨中心Rera
JR日高本線
地球岬
室蘭市
奧尻機場
奧尻島
渡島半島
駒ヶ岳
龜田半島
大沼
新函館北斗駅
江差町
函館機場
函館市
道南漁火鐵道
松前半島
北海道新幹線
松前城

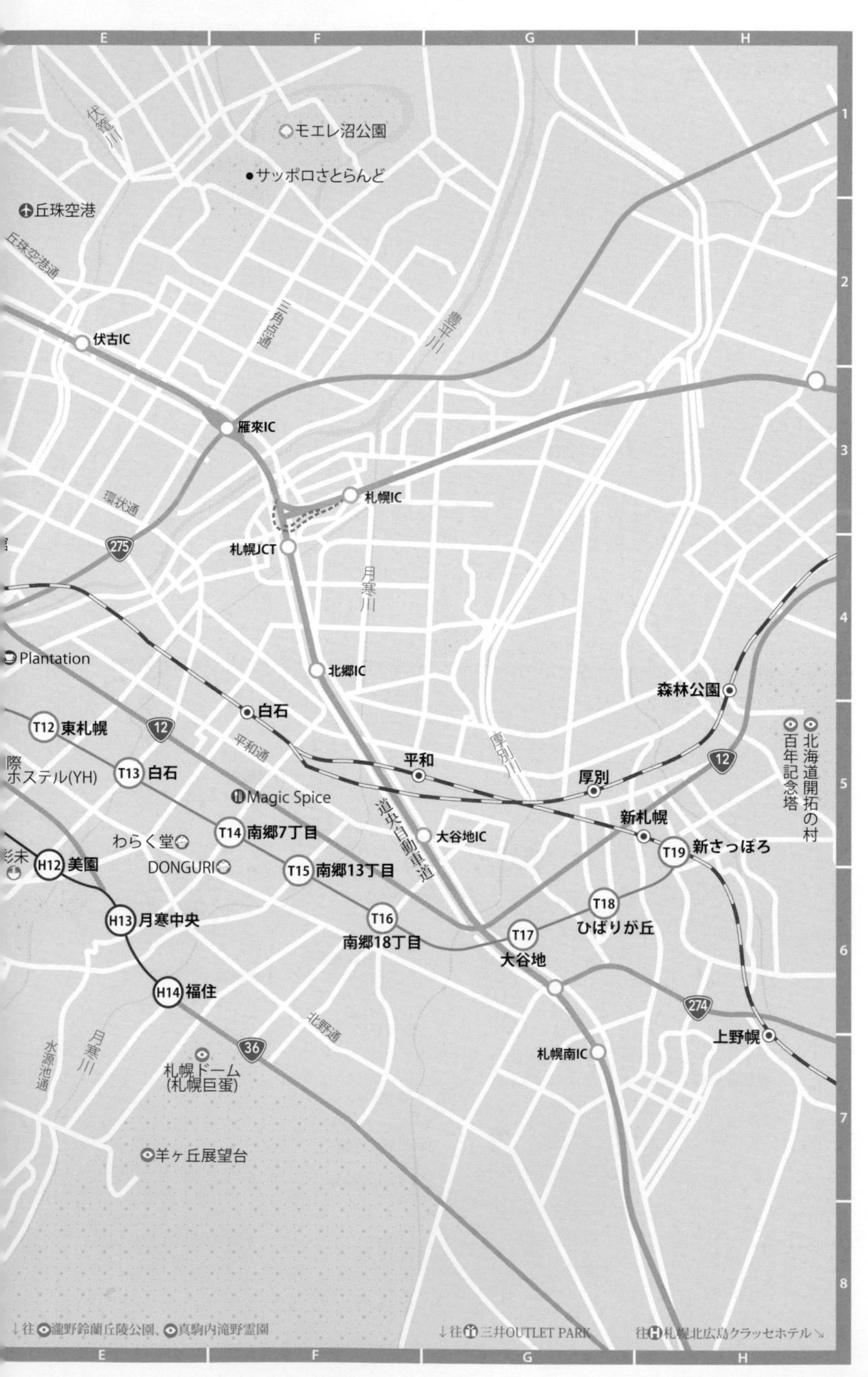

E
F
G
H
1
2
3
4
5
6
7
8
モエレ沼公園
サッポロさとらんど
丘珠空港
丘珠空港通
伏籠川
三角点通
豊平川
伏古IC
雁來IC
札幌IC
札幌JCT
環状通
275
月寒川
Plantation
北郷IC
白石
森林公園
T12 東札幌
12
平和通
平和
厚別川
百年記念塔
北海道開拓の村
T13 白石
ホステル(YH)
Magic Spice
道央自動車道
厚別
新札幌
T14 南郷7丁目
大谷地IC
T19 新さっぽろ
わらく堂
H12 美園
DONGURI
T15 南郷13丁目
T18 ひばりが丘
H13 月寒中央
T16 南郷18丁目
T17 大谷地
H14 福住
北野通
274
上野幌
36
札幌南IC
水源池通
月寒川
札幌ドーム (札幌巨蛋)
羊ヶ丘展望台
↓往 瀧野鈴蘭丘陵公園、真駒内滝野霊園
↓往 三井OUTLET PARK
往 札幌北広島クラッセホテル↘

札幌全圖
百合が原
百合が原公園
太平
新琴似
麻生
N01
栄町
新道東
新川IC
発寒
新川
札幌北IC
N02 北34条
地下鉄東豊線
元町
札樽自動車道
創成川
T01 宮の沢
発寒中央
N03 北24条
八軒
地下鉄南北線
白い恋人パーク
(白色戀人公園)
地下鉄東西線
T02 発寒南
琴似
北海道大学
北18条 N04
環状通東
PICANTE
東区役所前
琴似 T03
北12条 N05
北13条東
札幌啤酒博物
中央卸売市場
場外市場
桑園
二十四軒 T04
札幌
手打ち蕎麦こはし
さっぽろ N06/H07
SAPPORO FACTORY
苗穂
札幌市資料館
琴似発寒川
札幌雕刻美術館
西28丁目 T05
ATELIER Morihiko
西11丁目
大通 N07/T09/H08
T10 バスセンター前 (bus center前)
西18丁目
T08
円山公園
T06
T07
すすきの
N08
H09 豊水すすきの
T11
Sapporo Olympic Museum
六花亭 神宮店
北海道神宮
円山公園
札幌王子大飯店
信玄
Unwind Hotel & Bar
菊水
大倉山展望台
札幌Excel Hotel
中島公園
N09
学園前
H10
円山動物園
中島公園
Vessel Inn 札幌中島公園
札幌市電
渡辺淳一文学館
幌平橋 N10
豊平公園
中の島 N11
平岸 N12
舊小熊邸
BULE TULIP
南平岸
N13
札幌もいわ山ロープウェイ (藻岩山纜車)
藻岩山
純連
N14 澄川
藻岩山観光自動車道
平岸通
230
N15 自衛隊前
453
豊平川
N16 真駒內
↓往定山渓
↓往支笏湖、札幌藝術之森
下手稲通
新川通
北一条宮の沢通

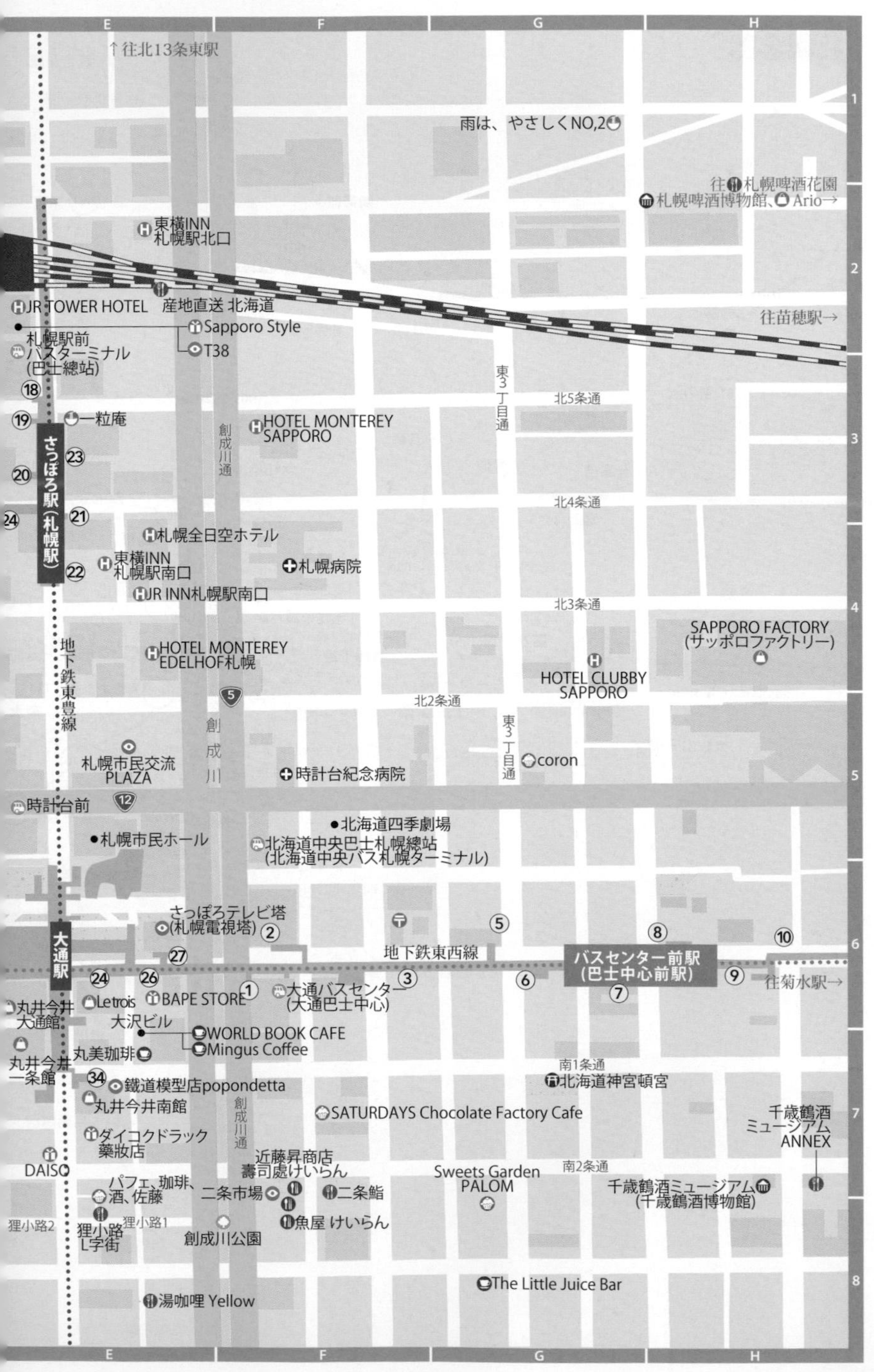

↑往北13条東駅
雨は、やさしくNO,2
往札幌啤酒花園
札幌啤酒博物館、Ario→
東横INN 札幌駅北口
JR TOWER HOTEL
產地直送 北海道
往苗穂駅→
札幌駅前 バスターミナル (巴士總站)
Sapporo Style
T38
一粒庵
さっぽろ駅(札幌駅)
HOTEL MONTEREY SAPPORO
創成川通
東3丁目通
北5条通
北4条通
北3条通
北2条通
札幌全日空ホテル
東横INN 札幌駅南口
札幌病院
JR INN札幌駅南口
地下鉄東豊線
HOTEL MONTEREY EDELHOF札幌
SAPPORO FACTORY (サッポロファクトリー)
HOTEL CLUBBY SAPPORO
創成川
札幌市民交流 PLAZA
時計台紀念病院
coron
時計台前
北海道四季劇場
札幌市民ホール
北海道中央巴士札幌總站 (北海道中央バス札幌ターミナル)
さっぽろテレビ塔 (札幌電視塔)
地下鉄東西線
バスセンター前駅 (巴士中心前駅)
往菊水駅→
大通駅
Letrois
BAPE STORE
大通バスセンター (大通巴士中心)
丸井今井 大通館
大沢ビル
WORLD BOOK CAFE
Mingus Coffee
丸美珈琲
丸井今井 一条館
鐵道模型店popondetta
南1条通
北海道神宮頓宮
丸井今井南館
SATURDAYS Chocolate Factory Cafe
ダイコクドラック 藥妝店
千歳鶴酒 ミュージアム ANNEX
DAISO
近藤昇商店
壽司處けいらん
Sweets Garden PALOM
南2条通
パフェ、珈琲、酒、佐藤
二条市場
二条鮨
千歳鶴酒ミュージアム (千歳鶴酒博物館)
狸小路2
狸小路1
狸小路 L字街
魚屋 けいらん
創成川公園
The Little Juice Bar
湯咖哩 Yellow

札幌駅・大通周邊
↑往Hotel Mystays札幌駅北口
↑往北12条駅
北海道大学
清華亭
北8条通
北7条通
北6条通
計程車搭車處
Yodobashi Camera
(ヨドバシカメラ)
paseo
西改札口
札幌駅
東改札口
四季彩館
JR TOWER
JR函館本線
大丸
JR INN札幌
JR55
KEIO PLAZA HOTEL
STELLAR PLACE
ESTA
APIA (地下街)
紀伊國屋
爐
三井ガーデンホテル札幌
←往小樽
地下鉄南北線
北五条手稲通
佐藤水産
串鳥
東急
六花亭本店
さっぽろ駅(札幌駅)
POLESTAR SAPPORO
北大植物園
北4条通
札幌かに本家(札幌螃蟹本家)札幌駅前本店
北海道庁
NOASIS3.4
北海道庁旧本庁舎
植物園入口
北3条通
紅磚露台
札幌駅前通
Cross Hotel Sapporo
sitatte sapporo
北海道警察本部
道議会議事堂
雪印パーラー(雪印Parlor)
西7丁目通
北2条通
SAPPORO GRAND HOTEL
味の時計台
中央署
北菓樓本館
GRAND HOTEL別館
時計台
北1条宮の澤通
北1条雁來通
札幌市役所
ISHIYA
BISSE
大通西8
大通西7
大通西6
大通西5
大通西4
大通西3
←往NISHI.BIL
大通公園
AURORA TOWN地下街
大通駅
Tokyo Dome Sapporo
BEAMS
さえら
Fruitscake Factory 南1条本店
Hotel Okura
POROCLE 單車辦卡處
三越
←往cholon
PARCO
H&M
南1条通
西8丁目
札幌市電
TOKYU HANDS
西4丁目
札幌市電(內回り)
札幌市電(外回り)
大丸藤井CENTRAL
ZARA
BARISTART Coffee
PIVOT
らぶねこ
湯咖哩GARAKU
南2条通
dormy inn
ドン・キホーテ(唐吉訶德)
FAB café
初代一国堂
nanairo
狸小路
松本清
業務超市
狸小路8
狸小路7
狸小路6
RIO抹茶CAFÉ&SWEETS
狸小路5
狸小路4
狸小路3
dormy inn ANNEX
空
KoKuMiN藥妝店
みよしの狸小路店
NORBESA
POLE TOWN地下街
↓往すすきの駅

薄野
狸小路
札幌市電(內回り)
札幌市電(外回り)
↑往大通駅
地下鉄東豊線
麒麟啤酒園
南3条西6
南3条西4
南3条西3
南3条西2
Curry Shop S
すみれ
札幌南三条病院
NORBESA
東橫INN札幌すすきの交叉点
往 sinrer→
西7丁目通
えびかに合戦(蝦蟹合戰)
soup curry & dining Suage+
北海道ミルク村
かに将軍
かに家
磯金
資生館小学校前
すすきの
月寒通
往古道具屋36號線→
札幌東急REIホテル
ラフィラ
すすきの駅
菓か舍
布丁本舗
Mercure Hotel Sapporo
APA HOTEL 札幌すすきの駅西
北海堂
薄野
SHO-RIN
Vessel Hotel Campana薄野
元祖さっぽろ横丁(元祖札幌拉麵橫丁)
ANA HOLIDAY INN
すすきの5条メイプル通
南5条西4
南5条西3
麺屋すすらん
築地 銀たこ
成吉思汗だるま本店
北海道食祭市場 根室花さ季(B1)
豊水すすきの駅
すすきの南仲通
拉麵けやき(欅)
スーパーホテル札幌すすきの
往 一幻總本店 信玄 炎神
炭烤、海鮮、手工豆腐 MAIDO!
名代にぎりめし
札幌市電
地下鉄南北線
↓往 豐平館、Kitara音樂廳&餐廳
圓山公園
↑往二十四軒、美好屋 本店
BARNES
西28丁目駅
琴似川
Pasque island
D&DEPARTMENT
円山茶寮
札幌龍谷学園高
RITARU COFFEE
向陵中
西本願寺札幌別院
知事公館
Atelier Anniversary
地下鉄東西線
CHOCOLAT FLANDERS
東光ストア
三岸好太郎美術館
札幌彫刻美術館
北海道神宮
一久大福堂
道立近代美術館
六花亭 神宮茶屋店
Natural Island
日曜日のクッキー
castanet
北海道神宮
maruyama class
円山公園駅
西18丁目駅
Sapporo Olympic Museum
大倉山展望台
円山公園
宮越屋珈琲本店
森彦
attraction
往西11丁目→
Le Sucre
札幌医大
医大病院
荒井山
総合グランド前
六花亭円山店
かまだ茶寮 円山
円山動物園
大倉山競技場入口
古道具と雑貨origami
spacel-15
円山動物園
サムライス煎兵衛
宮の森2条16
円山原始森林
信廣寺
Pearl Montdore
西線6条
宮の森2条17
札幌市電

狸小路
FAB café
Leopalace
Hotel Bougainvillea Sapporo
西8丁目通
らーめんサッポロ赤星(札幌拉麵赤星)
匠鮨
APA HOTEL
TANUKI SQUARE
ジンギスカアルコ(成吉思汗arco)
塩ホルモン 炭や
西7丁目通
担々亭
dormy inn ANNEX
dormy inn PREMIUM札幌
おみやげ にれ
一風堂
おみやげの店 しらかば
西6丁目通
空
RIQ抹茶CAFE & SWEETS
本陣狸大明神社
北斗星
餃子の王将
SAPPORO DRUG STORE
西5丁目通
おみやげの店こぶしや
パスタ しゃべりたい
北海道みやげ たぬきや(狸屋)
Richmond Hotel
ドン・キホーテ
Beef Impact
nanairo
札幌市電
地下鉄南北線
(內回り)
札幌駅前通
往大通駅→
←往すすきの駅
(外回り)
KoKuMiN薬妝
MALAIKA
松本清
びっくりドンキー
ABC-MART
時計台通
みよしの 狸小路店
SUNGRUG(サンドラッグ)
湯咖哩GARAKU
MARION CRÊPES
業務超市
DAISO
←往豊水すすきの駅
地下鉄東豊線
狸小路L字街
往大通駅→
Cocokara Fine
パフェ、珈琲、酒、佐藤
Seek
箕蔵屋
DELHI
創成川
南2条
創成川通
二条鮨
支笏湖
←往▲恵庭岳、丸駒温泉旅館
支笏湖第一寶亭留 翠山亭
支笏湖ユースホステル(支笏湖青年旅館)
支笏湖温泉
しこつ湖鶴雅リゾートスパ水の謌
支笏湖観光船レストハウス(支笏湖観光船休息室)
支笏湖
支笏湖小
LOG BEAR
支笏ビジターセンター(支笏湖遊客中心)
支笏湖観光船
453
往千歳市街↘
山線鉄橋
氷濤まつり(支笏湖氷濤祭會場)
千歳川
支笏湖野鳥の村
休暇村支笏湖
自然探勝路
北海道大學周邊
札幌北高
北24条
武蔵 女子短大
地下鐵南北線
札幌工業高
札幌農學校第二農場
北18条
環狀門
イチョウ並木(銀杏道)
PICANTE
北海道大學
北13条門
ポプラ並木(白楊木道)
中央食堂
北12条
北海道大學綜合博物館
北11条側門
古河講堂
克拉克銅像
FLAG STAFF CAFE
桑園駅
清華亭
正門
札幌駅
桑園小
椿サロン
JR函館本線
北海道庁
さっぽろ
北海道大学植物園
北海道庁旧本庁舎
札幌市時計台

定山溪
時雨橋
白井川
往札幌↗
カフェ 崖の上
雨ノ日と雪ノ日
翠山亭倶楽部 定山渓
定山渓中
←往小樽
錦台公園
平豊川
定山渓大橋
三笠スキー場 (三笠滑雪場)
定山渓 ビューホテル
白糸の滝
定山渓大橋
定山渓温泉東二丁目
悠久の宿 白糸
翠蝶館
紅葉亭
白糸の滝
足のふれあい太郎の湯
花もみじ
長寿と健康の足つぼの湯
ホテル山水
岩戸観音堂
定山渓物産館
観光案内所
定山渓鶴雅 リゾートスパ 森の謌
心の里 定山
食堂こんの
J・glacee
ホテル鹿の湯
定山渓神社前
ぬくもりの宿 ふる川
章月
定山渓神社
定山渓ホテル
湯の町
かっぱ家族の願かけ
定山渓散策路
定山渓万世閣
二見吊橋
二見公園
湯の滝
定山源泉公園
大黒屋商店
かっぱ淵 (河童淵)
定山渓
夕日岳
定山渓小
喫茶&軽食フランセ
定山渓 グランドホテル瑞苑
↙往 豊平峡
新雪谷
往小樽↑
ワイスホルン
倶知安駅
大谷地湿原
神仙沼
登山道
鳥松
長沼
大沼
ひらふ温泉 (比羅夫温泉)
イワオヌプリ (硫黄山)
B.C.C. WHITE ROCK
白樺山
JR函館本線
チセヌプリ
鏡沼
シャクナゲ岳
新雪谷 安努普利山
Niseko HANAZONO Resort
1,000m台地展望台
比羅夫滑雪場
五色温泉
Grand HIRAFU
大湯沼
ニセコ山の家
湯本温泉郷
(Niseko Annupuri國際滑雪場)
Niseko Village Ski Resort
KAMIMURA
NISEKO MOIWA SKI RESORT
そば処 楽一
The Vale Niseko
ホテル ニセコいこいの村
比羅夫駅
DEL SOLE
Hilton Niseko Village
半月湖
ONE NISEKO
Country Inn Milky House
東山温泉
甘露水
新雪谷牛奶工房
工房メープル
昆布温泉郷
SAISON CLUB NISEKO
羊蹄山
ニセコ薬師温泉
革と珈琲 fan fun
NISEKO OUTDOOR CENTER
←往函館
ニセコ町 観光案内所
ニセコ 湯の里温泉
ニセコ高橋牧場
ニセコ駅
有島記念館
Gallery鐵
茶房ヌプリ
昆布川温泉
尻別川
ニセコ中央倉庫群
羊蹄山 自然公園
昆布駅
綺羅乃湯
道の駅 ニセコビュープラザ (休息站 新雪谷View Plaza)
JR函館本線

登別溫泉

おすすめ 薦

一個地方就有9種泉源，吸引許多人前往泡個過癮。

別冊P.14,B8 巴士「登別溫泉」站下車即達 登別市登別溫泉町 0143-84-3311(登別觀光協會)

登別地區的溫泉源頭，來自於地獄谷的硫磺泉等，以及大湯沼湧出的磅礴硫磺泉，經過近代持續不斷開發，豪華型飯店、旅館櫛比鱗次，在**同一地就擁有多達9種的不同泉質，每天湧出量更在1萬噸以上，是北海道最受歡迎的溫泉地**。登別的溫泉街上也相當熱鬧，有販賣わかさいも和登別地產啤酒等當地名產。另外，溫泉街上的閻魔堂裡供奉著地獄谷之王閻王，一天有5~6次的「地獄審判」表演，閻王的機關人偶會眼露紅光地怒吼，挺有娛樂效果。

泉源公園

別冊P.14,B5 巴士「登別溫泉」站徒步約7分 登別市登別溫泉町泉源公園 0143-84-3311(登別觀光協會) 自由參觀

泉源公園位於溫泉街的盡頭，**巧妙利用了地獄谷溫泉河川沿岸噴發的間歇泉而打造，讓遊客得以近距離體驗大自然的威力**。間歇泉每三小時會噴發一次，噴發時，泉水口冒出陣陣熱氣與白煙，隱約還可看見翻騰的溫泉水，伴隨著有如來自地獄般低吼的聲響，氣勢相當震撼！

第一滝本館

別冊P.14,B5 巴士「第一滝本館前」站下車即達；或從JR札幌駅前搭乘接駁巴士「わくわく号」至「第一滝本館前」站，約2小時（預約制） 登別市登別溫泉町55 0120-940-489 一泊二食，兩人一室每人約¥9,500起。日歸溫泉大人9:00~16:00 ¥2,250，16:00~18:00 ¥1,700 100個 www.takimotokan.co.jp

第一滝本館是**登別第一家溫泉旅館，也是北海道人氣最高的溫泉旅館之一**，寬闊得驚人的泡湯區可以遠眺地獄谷風景，室內和戶外湯池加起來共有35個池、多種不同泉質的溫泉，是名副其實的溫泉天國。旅館有各式各樣的套裝plan，從札幌出發可以預約免費的接駁巴士。

溫泉市場

おすすめ 薦

不僅自製的海鮮加工食品很受歡迎，生乳冰淇淋更是當地名物。

別冊P.14,B6 巴士「登別溫泉」站徒步約5分 登別市登別溫泉町50 0143-84-2560 商店10:30~21:00，餐廳11:30~20:30(L.O.) 北海大だこ地獄漬(北海大章魚地獄漬)100g¥500 www.onsenichiba.com

位於閻魔堂旁邊的溫泉市場，是一家主要販售生鮮海產的土產店。在此可以品嚐數十種美味的海鮮料理，海鮮丼、香辣的章魚「地獄漬」皆是必嚐首選。

不過，如果你以為溫泉市場只有這些東西好吃，可就錯囉！**不可錯過的還有自家製的生乳冰淇淋，原料使用伊達市森牧場出產的生乳，完全不含人工香料與防腐劑**，口味多樣，奶香純粹濃郁，甜筒裡還放了玉米片增加口感，已經成為旅客們到溫泉市場必吃的名物。

大湯沼川天然足湯

おすすめ 薦

足湯為灰白色的硫磺泉，具有解毒的作用，對慢性皮膚病也很好。

別冊P.14,B1 巴士「足湯入口」站徒步約7分 登別市登別溫泉町 0143-84-3311(登別觀光協會) 自由利用 免費

在「足湯入口」站下車後順著路往上走，通過「歡迎親子鬼像」不久即可抵達大湯沼川探勝步道的入口，而天然足湯就在步道入口的不遠處。走幾步即可看見飄著裊裊白煙的溪水，與林木間灑落的光影形成神秘的景象。用圓形木頭打造的足湯平台歡迎著旅客們，**只要脱掉鞋子就可以享受山林間最天然的溫泉，同時吸收芬多精的療癒能量**，散步的疲憊也一掃而空。

奥之湯

別冊P.14,D1 巴士「第一滝本館」站徒步約25分 登別市登別溫泉町 0143-84-3311(登別觀光協會) 自由參觀

在大湯沼旁還有一處較小的溫泉，這裡是奧之湯，顧名思義就是登別溫泉最裡的一處泉池。奧之湯規模雖然不比大湯沼，但直徑也有30公尺，**泉水表面溫度就高達75~85度，底層溫度甚至高達130度，原來奥之湯是日和山噴發後的火山遺跡**，泉水底部持續噴出灰黑色的硫磺泉，使得泉水終日滾滾，遊客可以近距離觀察沸騰般的泉池。

大黒屋プラザ

別冊P.14,B6 巴士「登別溫泉」站徒步約6分 登別市登別溫泉町76 0143-84-2019 11:00~21:00 タコカツ(炸章魚排)￥200 www.d-plaza.biz

遠遠望去充滿歡樂氣息的大黑屋プラザ，販售多種土特產，除了北海道的名菓、民藝品，還有生鮮海產及農海產加工品。其中一項最特別的是**現炸的章魚排，老闆使用登別近海捕獲的新鮮章魚製作，切成丁狀的吸盤十分有咬勁**，受歡迎的程度連日本電視媒體都有報導。此外也很推薦使用登別牛乳做成的布丁——「のぼりべつ とろ~りプリン(登別綿滑布丁)」，優格般柔滑的質地入口即化，濃郁的甜蜜奶香滿布口中，吃的同時，底層的焦糖醬與布丁漸漸融合，每一口都有不同層次的風味。

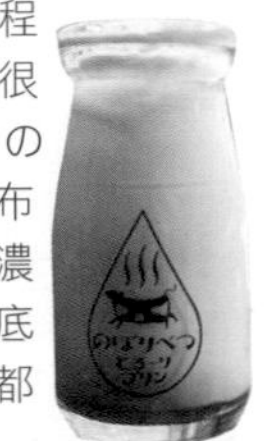

現炸的手工章魚排充滿海的鮮味。

登別溫泉湯祭

每年固定於2月3~4日舉辦登別溫泉湯祭，祭典的宗旨在於對登別溫泉豐沛而多泉質的泉水表達感謝，此外亦祈求泉水能源源不絕，並保佑當地繁榮、無病無災。期間會有赤鬼及青鬼從地獄谷來到溫泉街巡迴驅厄，4日的夜晚則會有當地身強力壯的年輕男性穿著丁字褲分組互相潑灑溫泉，激烈的競賽驅散嚴冬的寒冷，將氣氛帶到最高點。

登別溫泉街、泉源公園 2月3~4日

貴泉堂

別冊P.14,B6 巴士「登別溫泉」站下車即達 登別市登別溫泉町46 0143-84-2460 8:00~23:00(冬季至22:00) www.onsenichiba.com/kisendo.html

在貴泉堂內販售著**琳瑯滿目的商品及伴手禮**，舉凡小吊飾、有著趣味標語的衣服或手帕、木雕、當地自產的酒類等一應俱全，還能買到各種包裝上有鬼或閻王圖案的有趣商品，像是登別閻魔拉麵、鬼火の湯等，或是有著熊圖案的各式商品也十分受到歡迎。

登別万世閣

別冊P.14,B8 巴士「登別溫泉」站徒步1分；或從札幌搭乘接駁巴士「湯遊ライナー登別号」，約2小時10分，單程¥1,000、來回¥2,000(預約制) 登別市登別溫泉町21 0570-08-3500 一泊二食，兩人一室每人約¥11,550起 100個 www.noboribetsu-manseikaku.jp

歐洲風的SPA休閒飯店，是登別万世閣所要貫徹的經營理念，大廳的水晶燈是特地從捷克進口的高級品，地板鋪著義大利的大理石，帶給客人典雅大方的印象。房間分為和室與洋室，11樓還特別設置為皇家樓層(royal floor)，一出電梯口即可感受到淡紫色調裝潢所帶來的靜瑟高雅，其中共有6間豪華套房。飯店內的溫泉除了寬敞快意的露天風呂外，還有**24小時開放的男女大浴場「月の湯」、「星の湯」**，水質都是硫黃泉，另外還有小巧舒適的三溫暖，最道地純粹的SPA休閒享受在這裡都享受得到。

湯煙裊裊中的療癒時光。

玉乃湯

別冊P.14,B7 巴士「登別溫泉」站徒步約3分 登別市登別溫泉町31 0143-84-3333 一泊二食，兩人一室每人約¥12,600起 www.tamanoyu.biz

滝乃家的別館玉乃湯位於溫泉街上，是間小巧溫馨的溫泉旅館，一進門即有親切的服務人員以滿滿笑容歡迎你。**別緻的客房乾淨舒適，營造像家一般的自在感覺**，此外，為了讓旅客能充分享受悠閒時光，玉乃湯特別將退房時間訂在中午前11點。晚餐為獨具特色的圍爐會席料理，可以親自享受火烤的樂趣。晚上**在露天溫泉池中仰望滿天星空**，感受乳白色硫磺泉的療癒力，旅行的疲憊頓時一掃而空。

福庵

別冊P.14,B7 巴士「登別溫泉」站徒步約2分 登別市登別溫泉町30 0143-84-2758 11:30~14:00 休 不定休 えび天丼セット(炸蝦蓋飯套餐)¥980

福庵是登別溫泉區唯一一家蕎麥麵店，也是開了多年的老舖。以木頭打造的用餐空間相當舒適，入內需要脫鞋，整家店充滿了濃濃的傳統和風感。**福庵的蕎麥麵為自家製，彈牙的麵條配上清爽沾醬，令人脾胃大開**。飢腸轆轆的時候，則不妨點個炸蝦蓋飯套餐，大碗白飯上排滿了4隻大炸蝦，濃郁醬汁的香氣隨著熱氣飄入鼻中，咬開炸得酥脆的麵衣，滿嘴都是蝦肉的鮮甜，套餐還附有小盤蕎麥麵和漬物，分量驚人！

限量的手打蕎麥麵是值得一嚐的美味。

閻魔堂

おすすめ 薦

閻王的變臉秀讓人害怕又有趣，是當地的特色演出。

別冊P.14,B6 巴士「登別温泉」站徒步約5分 登別市登別温泉町 0143-84-3311(登別觀光協會) 9:00~22:00，地獄の審判10:00、13:00、15:00、17:00、20:00(5~10月21:00也有一場) 免費

走在極樂通溫泉街上很難不注意到坐在閻魔堂裡6公尺高的閻王，祂是在1993年，**為了紀念登別地獄祭30週年而建造的**。平時閻王被安置在閻魔堂中，**一天會有六次的機關變臉表演(冬季為五次)**，稱為「地獄的審判」。時間一到，即見閻魔王原本平和的臉變成了紅色的憤怒相，雙眼發光、張口怒吼，懾人模樣有時連小孩也會被嚇哭。

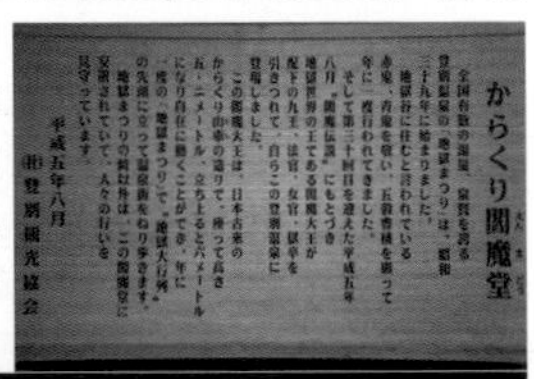

登別地獄祭

登別地獄祭於8月最後一個六、日舉行，據傳這段期間閻王會在地獄谷打開地獄鍋蓋，並引領眾鬼來到登別溫泉。活動期間有鬼舞大賽、太鼓等活力四射的表演可欣賞，到了晚上，溫泉街上的閻王會上街遊行，6公尺高的閻王目射紅光、表情嚴峻，氣勢十分驚人。為期兩天的熱鬧祭典，最後則以週日晚間9點半的煙火大會畫下完美句點。

極楽通り・泉源公園・地獄谷
8月最後的週六~週日

登別熊牧場

おすすめ 薦

近距離觀賞東亞最大陸地動物。

別冊P.16,D8外 巴士「登別温泉」站徒步約5分至纜車站，再搭乘纜車前往，約7分 登別市登別温泉町224 0143-84-2225 8:30~16:30(7、8月至17:00)，售票至閉園40分鐘前 休4月、11月會進行7~18天左右的纜車維修，詳見官網 含纜車來回大人¥2,650、4歲~小學生¥1,350 P 150個，一次¥500 www.bearpark.jp

登別熊牧場(のぼりべつクマ牧場)的小山上，**住了將近100頭蝦夷棕熊，可以在這裡體驗餵熊的樂趣**。貪吃的熊會相當認真地和客人討東西吃，一天還有4場的棕熊習性介紹秀可以欣賞。除此之外，在熊牧場裡的展望台也可以看到四周風景，包括山巒包圍的俱多樂湖與遠處的太平洋。

杉養蜂園 登別店

別冊P.14,B6 巴士「登別温泉」站徒步約4分 北海道登別市登別温泉町49 0143-80-3838 9:30~18:15(依季節而異) 蜂蜜冰淇淋¥320 www.0038.co.jp

本部位於九州、創始於1946年的杉養蜂園，在全日本擁有50多家分店，多年來**秉持著愛護自然環境的原則，從養蜂、種植果樹到生產製造產品，都堅持著純粹天然無污染的理念**，也在臺灣的百貨公司開拓了銷售點。旅客可以在店裡免費試吃各種種類的蜂蜜，蜂蜜冰淇淋也非常推薦，濃郁奶香混合著淡淡的蜂蜜風味，清爽甜味口齒留香！冬天不妨來份熱氣蒸騰的甜糰子，北海道特產的馬鈴薯加上蜂蜜與紅豆餡，一吃下肚便可感受到滿滿的溫暖與甜蜜。

地獄谷

別冊P.16,D4 巴士「登別温泉」站徒步約15分 登別市登別温泉町 自由參觀 無，冬季時步道視積雪量封閉 免費參觀 160個，一次¥500

地獄谷是**直徑450公尺的火山噴發口遺址**，一整片山谷不但寸草不生，還不時的噴出白色煙霧，迷濛中帶有硫磺的特殊氣味。沿著步道可以繞行地獄谷一圈，由於山谷中無數的噴氣孔仍然不時噴出高溫氣體，行走其間的時候，請不要任意離開為遊客鋪設的人行步道，以免發生危險。

望楼NOGUCHI登別

別冊P.16,A2 巴士「足湯入口」站徒步2分、巴士「登別温泉」站徒步約15分；或從新千歲機場、札幌駅搭乘免費接駁巴士(預約制) 登別市登別温泉町200-1 0143-84-3939 一泊二食，雙人房約¥31,650起 12個 www.bourou.com

結合現代設計理念與和式情懷的精緻空間裡，處處可見設計名家的巧思以及優雅的建築品味。**館內所有客室內皆附設展望溫泉風呂**，開闊舒適的室內空間加上讓人放鬆的獨享溫泉設施，可謂是休閒度假的極致享受。飯店所提供的餐點皆使用著重鮮度與健康的有機食材，透過料理人的精湛手藝所製作出的美味料理，更是讓人折服於其美妙滋味。

登別温泉郷 滝乃家

別冊P.16,A6 巴士「登別温泉」站徒步3分 登別市登別温泉町162 0143-84-2222 一泊二食，兩人一室每人約¥29,400起 30個 www.takinoya.co.jp

從踏上滝乃家的玄關那一刻開始，即被這裡一股濃濃的和風所包圍著，舉凡放置在大廳、走廊上的精緻雕刻、室內典雅的裝潢色調、具歷史感的器物等，以及穿著和服、笑容可掬的服務人員，處處皆可見主人的品味與用心，為的就是**要讓每位上門的客人享受到純粹的和式風情**。而利用地形所建的露天風呂，彷彿是遺世獨立的桃花源，不但是北海道屈指可數的庭園式風呂，更提供了客人絕佳的隱蔽空間。

登別伊達時代村

別冊P.14,C8外 JR登別駅前搭乘開往登別温泉・足湯入口的道南巴士，約10分至「登別伊達時代村」站下車即達，車資¥330 登別市中登別町53-1 0143-83-3311 4~10月9:00~17:00、11~3月9:00~16:00(入村至閉館前1小時) 冬季會因設施檢查休業數天，日期依官網公布為準 大人¥2,900、小學生¥1,600、4歲~學齡前幼兒¥600 約800個，一次¥500 www.edo-trip.jp

登別伊達時代村為**北海道唯一一座以日本江戶時代為背景的主題樂園**，走在宛若古裝時代劇的場景裡，可以看到神秘的忍者出沒，就連商店裡的售貨員都穿著古裝，還可以看到美麗的吉原花魁與藝妓表演，也有變裝體驗唷。

藤崎わさび園

別冊P.14,B6 巴士「登別溫泉」站徒步約5分 登別市登別温泉町49 0143-84-2017 9:00~21:00(冬季不定) わさび昆布(山葵昆布絲)￥756 marufuji-wasabi.jp

從**大正四年(1915年)開始種植山葵**的藤崎わさび園(藤崎山葵園)是當地的優質老店，歷經四代子孫傳承，堅持使用當地汲取的山溪水來灌溉。從耕種、加工、製造到銷售一手包辦的他們，對於品質管理非常重視，**手工製作的質樸口感是其產品的特色**。店內招牌商品是「山葵漬物」，不同於哇沙比通常給人的嗆辣印象，吃起來很順口且香氣十足。將昆布切絲醃漬的山葵昆布也是人氣品項，淡淡的山葵香氣與昆布的鮮美海味完美融合，無論配飯或用來增添料理風味都很適合。

山溪水孕育的在地山葵逸品。

玉川本店

おすすめ 薦

別冊P.14,B6 巴士「登別溫泉」站徒步約5分 登別市登別温泉町49 0143-84-2007 8:30~21:30 小鬼抱枕￥1,080 marusada.iiyudana.net

木雕民藝品、各種北海道名產，也都可以找到。

玉川本店創立於明治29年(1896年)，是歷史悠久的伴手禮老店。**一走進店裡，即被一整櫃的鬼怪商品吸引**，舉凡面具、陶藝品、吊飾、徽章到吸油面紙，可說是應有盡有。造型可愛的小鬼抱枕、狼牙棒玩具，也很受歡迎。除了鬼怪紀念品之外，也別忘了品嚐玉川本店的另一項人氣商品──溫泉蛋。

うさぎや

別冊P.14,B7 巴士「登別溫泉」站徒步約5分 登別市登別温泉町49 0143-84-2788 9:00~22:00 手作陶杯￥2,400

在賣店うさぎや(兔屋)，可以買到許多別的店鋪裡找不到手工製品，其中**最有特色的是人氣陶藝家的作品，充滿溫度的手工質感非常有魅力**，此外，還有當地藝術家的拼布創作、玻璃工藝品等，是間充滿藝術氣息的小店。另也有販售鬼怪相關商品、紀念小物、和風手袋、質感服飾等，皆是老闆精挑細選的商品。比起少女雜貨屋，うさぎや散發的是成熟的大人味，以漂流木裝飾的店內空間也十分溫馨舒適。

道南
どうなん

道南怎麼玩

歐風坂道、西式建築與紅磚倉庫，將函館營造出濃濃的歐風氣息，夜晚搭乘纜車登上函館山一覽世界三大夜景，璀璨燈光中找尋幸福傳說，在函館的每一幕都如此值得記憶收藏。來到距離函館30分鐘車程的大沼國定公園，則有著寬闊天然的湖泊景色，悠閒漫步其間的散步道亦或乘船遊湖，都能盡情享受這絕美景緻。

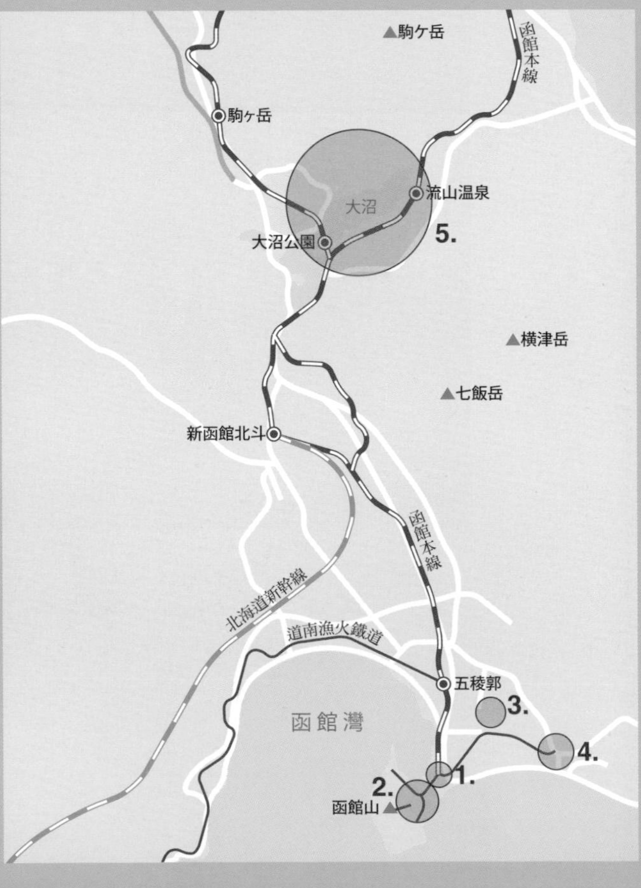

❶函館駅

函館駅是遊玩道南的第一站，函館與橫濱、長崎都是日本最早開港通商的貿易港，大批外國人湧入，使得異國文化在此生根開花，造就出這座浪漫城市，車站周邊可以感受到海港的純樸風情。

等待探索的道南地區

除了函館、湯之川溫泉、大沼以外，道南其實還有許多旅遊地，像是松前町，擁有北海道唯一一座日式古城「松前城」，櫻花季的風景十分迷人，而江差則是保有北前船及鯡魚業興盛痕跡的海港小鎮，還可以搭上行駛於函館市與木古內之間的「道南漁火鐵道(道南いさりび鉄道)」，欣賞日間的函館灣風情、夜晚的山燈漁火，還有以道南杉打造的觀光列車「NAGAMARE號(ながまれ号)」；不妨就搭上列車前往木谷內，再深入遊玩道南地區。

www.shr-isaribi.jp

©道南漁火鐵道

❷函館元町

歷史發展留下的歐風在元町一帶最為濃厚，優美教堂、平整坂道，還有大片海景以及知名的函館山夜景，加上景點集中，不論是在這裡散步遊覽，還是暢飲啤酒大啖海鮮，都非常適合。

❸五稜郭

江戶末期建造的五角星狀城郭——五稜郭，曾是舊幕府軍與新政府軍最後決戰之地。光陰飛逝，過去的歷史種種可在五稜郭塔內的展示處追憶，五稜郭則轉變為觀光勝地，還可以登上高塔一探星狀碉堡的全景。

❹湯の川温泉

湯の川温泉是函館近郊的溫泉街，從函館市街搭巴士只需約15分即可到達，便利的交通，吸引許多遊客順道前來享受泡湯樂趣。溫泉街上不僅有多間旅館，還有公眾浴場，可以盡情享受泡湯時光。

©函館市觀光部

❺大沼

大沼清澈的水光總是吸引許多人前往，這裡是道南唯一的國定公園，以山形優美的駒ヶ岳為中心，還有大沼、小沼、蓴菜沼散布其中，可以划船、騎單車，輕鬆欣賞這處新日本三景之美。

函館駅

はこだてえき

Hakodate Station

時間回溯到19世紀末期。美國培里將軍駕著黑船，敲開了日本的大門，日本鎖國隨之解體，1858年，德川幕府與美國簽訂《日美修好通商條約》，之後英國、法國、俄羅斯與荷蘭紛紛跟進，和日本簽訂了與美國相同的不平等條約。翌年，函館與橫濱、長崎成為國際貿易港，大批的外國人湧入函館，並在此發展不同的文化。這些異國文化在此生根開花的結果，造就函館成為北海道最浪漫的城市。

交通路線&出站資訊

電車

JR函館駅➔函館本線、道南漁火鐵道線

函館市電「函館駅前」、「市役所前」站➔2號系統、5號系統

巴士

◎從札幌出發：高速函館號

可從札幌駅前【16號乘車處】搭乘中央、道南巴士等共營的「高速はこだて号(高速函館號)」，約5小時35分至「函館駅前」站下，單程￥4,900，1天8班，預約制

中央巴士➔☎0570-200-600 🌐www.chuo-bus.co.jp

◎從函館機場出發：函館帝產巴士於【3號乘車處】搭乘函館帝產巴士，單程￥450

函館帝產巴士➔☎0138-55-1111 🌐www.hakotaxi.co.jp/shuttlebus/index.shtml

出站便利通

◎「函館駅前」巴士站

★2號乘車處➔往【五稜郭】33系統

★3號乘車處➔往【函館機場】96系統

★4號乘車處➔往【特拉皮斯女子修道院】五稜郭塔・特拉皮斯女子修道院接駁巴士(經由五稜郭塔)、往【函館山】函館山登山巴士(期間限定)、往【函館山纜車山麓駅】纜車接駁巴士、函館巴士定期觀光巴士(期間限定)、往【元町・港區】ベイエリア周遊号(BAY AREAN周遊號)

★11號乘車處➔往【函館機場・函館港津輕海峽渡輪總站】函館帝產巴士

★12號乘車處➔北都交通的定期觀光巴士

★13號乘車處➔往【札幌】中央巴士「高速はこだて号(高速函館號)」

★14號乘車處➔往【札幌】北海道巴士「函館特急ニュースター号(new star號)」

◎函館市電

函館最主要的市內交通方式是充滿復古情調的路面電車「函館市電」，主要觀光景點如函館山夜景、元町、金森紅磚倉庫群、五稜郭和湯の川溫泉等都位在市電站可以步行抵達的範圍。市電的車資依距離決定，單程國中生以上￥210~260，對觀光客而言，最方便的選擇應該是市電一日乘車券，可於市電內、函館市駅前觀光案內所等多處購買，大人￥600、小孩￥300就可以放心搭乘一整天，還可享合作店家的消費優惠。其他資訊請參考官網

函館市企業局交通部➔☎0138-32-1730 🌐www.city.hakodate.hokkaido.jp/bunya/hakodateshiden/

◎函館巴士

市內大部分的景點以市電連接，但若是到特拉皮斯女子修道院，則需轉乘函館巴士。此外，季節推出的各車次如函館夜景号、函館山登山巴士等也十分便利，可善加利用

☎0138-51-3135 🌐www.hakobus.co.jp

市電・函館巴士共通乘車券➔若預計一天內會多次搭乘市電及巴士，可以購買這張乘車券，函館渡輪總站、五稜郭塔、特拉皮斯女子修道院皆在巴士可利用的乘車範圍之內

Ⓢ1日券￥1,000、2日券￥1,700，小孩半價 ⌂可於市電內、函館市駅前觀光案內所等多處購買

箱館ハイカラ號➔1993年開始運行的函館ハイカラ號，每年約4月中旬~10月週末例假日行駛，復古外觀與內部，還有穿著復古的駕駛與車掌，讓這輛車深受觀光客及市民喜愛。發車時車掌還會敲鐘發出「チンチン(叮叮)」聲，向駕駛傳達「可以出發了」的訊息。

Ⓢ同一般電車，單程￥210~￥260 🌐haikarago.jp/haikara

觀光案內所

函館市観光案內所

⌂函館市若松町12-13(JR函館駅內) ☎0138-23-5440 🕘9:00~19:00 🌐www.hakodate-kankou.com

走上連絡通道就可以近距離觀察摩周丸。

青函連絡船記念館 摩周丸

別冊P.20,A1 JR函館駅西口徒步約4分 函館市若松町12 0138-27-2500 4~10月8:30~18:00、11~3月9:00~17:00(入館至閉館前30分)，12月31日~1月3日10:00~15:00 休4月或3月因清掃船舶休館，依天候不定休 $大人¥500、高國中小學生¥250、幼兒免費 P有 www.mashumaru.com !也有與青森八甲田丸的共通券，大人¥700，有效期限1年的年間券為¥1,000

停靠於函館第二碼頭的**摩周丸從前航行於青森~函館之間，肩負連結日本本州與北海道的重責大任**，不過1988年青函隧道開通之後，也就卸下重擔，多數船隻都轉至其他航線服役，摩周丸則是停靠在原乘船處，作為紀念館對外開放。船內保留了當初的操控室、無線通信室，也將船艙改為展示空間，讓遊客可以了解青函連絡船的歷史。

青函隧道

昭和63年(1988年)開通的青函隧道全長53.85公里，其中有23.3公里是貫穿津輕海峽的海底隧道，不僅是世界最長的海底隧道，隧道全長也是世界第二。從1971年動工起，耗時16年才終於完工，青函隧道連接青森縣今別町的濱名以及北海道上磯郡的湯之里，JR北海道的在來線以及新幹線皆行駛於此，大幅縮短了過去的船運時間，也成為連接日本本州與北海道的重要命脈。

函館未來館

別冊P.20,C1 JR函館駅、市電「函館駅前」站徒步1分 函館市若松町20-1(未來館-3F、Kids Plaza-4F) 0138-26-6000 10:00~20:00(入館至19:30) 休每月第2個週三、12月31日~1月1日 $未來館¥300、學齡前免費。兩館共通券成人¥300、小學¥500、6個月以上¥300 hakodate-miraiproject.jp/miraikan

車站正前方商業大樓キラリス函館，**3~4樓是小孩的遊樂地與科學、3D影音體驗的奇妙園地**，對於帶著小孩出遊的家長來說，交通便利，不但釋放小孩活力，也讓家長可以小憩一番。3F未來館，以影音互動設計的體驗館，有3D影片室、360度環繞互動影音牆，其中廣達14公尺長的媒體牆，更讓小孩玩的不亦樂乎。還嫌不夠，4樓另有Kids Plaza，從半歲到小學生，通通都能有適合的遊具。

うに むらかみ 函館本店

別冊P.20,B1 JR函館駅西口徒步約5分 函館市大手町22-1 0138-26-8821 10月~4月中旬11:00~14:30(L.O.14:00)、17:00~22:00(L.O. 21:00)，4月下旬~9月從9:00開始營業 休週三，每月第1、3個週二晚餐 $うに丼 (海膽丼 S size)¥4,180、自家製うに屋のウニグラタン(焗烤海膽)¥1,210 www.uni-murakami.com

營業超過50年的海膽加工公司村上商店，在函館朝市旁開設了這間海鮮餐飲直營店，入口即化的海膽與各式鮮食，讓うに むらかみ(海膽 村上)在開幕短短幾年間便累積不少人氣。這裡的海膽**完全不添加明礬**，想要品嚐原味就點分量十足的海膽丼，**盛裝在海膽殼上的焗烤海膽亦十分受到饕客青睞**，海膽可樂餅及海膽玉子燒也是這裡的獨門菜色，在日式風格的店內品嚐，頗有高級感。

函館朝市

おすすめ 薦

到函館朝市吃吃喝喝，感受在地的熱鬧早晨。

別冊P.20,B1 JR函館駅西口徒步約2分 函館市若松町 0138-22-7981 5:00~14:00、1~4月6:00~14:00，依季節、店家而異 休依店家而異 P350個，20分¥100，在合作商店一次消費滿¥2,200以上可享1小時免費 www.hakodate-asaichi.com

離函館駅僅2分鐘路程的函館朝市，是所有人**拜訪函館時必定造訪的美味景點**。擠滿小店的街區，從天色微亮開始就充滿活力。各種剛剛上岸的新鮮海產活蹦亂跳，沿途店家一邊烤著奶油扇貝或長長蟹腳，一邊向過路旅客熱情叫賣。除了海產外，餐廳、蔬菜、肉類等也都有喔。

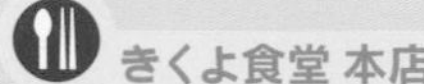

きくよ食堂 本店

おすすめ 薦

人氣居高不下的きくよ食堂是朝市的熱門餐飲店。

函館市若松町11-15(朝市仲通り) 0138-22-3732 5:00~14:00、12~4月6:00~13:30 休1月1日 $元祖函館巴丼¥2,080 hakodate-kikuyo.com

別小看きくよ樸素的店面，它可是**函館朝市裡名氣最大、歷史也最悠久的一家海鮮丼食堂**，現在朝市裡有本店和分店兩處。店裡的**「元祖函館巴丼」是函館名物，也是店裡的人氣第一名**，香軟白飯上，舖上了肥美甘甜的干貝、海膽和鮭魚子，誘人色彩和海味鮮甜令人難忘，其它也有各種不同的海鮮組合。不習慣吃生食的人也可以試試店裡的烤魚，炭烤得恰到好處的魚肉富含油質，也相當美味。

©函館市観光部

©函館市観光部

元祖活いか釣堀

函館市若松町9-19 0138-22-5330 6:00~14:00 休1~6月及10、11月第3個週三(7~9月無休)，1月1~3日 $¥500~1,700(時價) www.asaichi.ne.jp/ekini

函館朝市範圍其實頗大，除了在露天市場吃吃喝喝，感受大清早的活力，室內市場駅二朝市裡也有不少樂趣。在駅二市場中央總會看到人潮聚集，原來這裡還提供**現釣小管體驗**，店家把捕獲的活烏賊放進水池中，再準備專用釣竿，讓到訪的顧客體驗釣小管的趣味，**釣起的戰利品當然也是現場料理才新鮮**。

函館カネニ

函館市若松町9-23(朝市仲通り) 0138-22-0104 9:00~17:00 週日、1月1~3日 かにまん(螃蟹肉包)¥450 www.asaichi.jp

朝市內的海鮮店家函館カネニ，店面隨時擺著新鮮通紅的大螃蟹，還有鮭魚卵、海膽供顧客免費試吃。特別推出的螃蟹肉包，**鬆鬆綿綿的外皮內塞入了滿滿的松葉蟹肉，連外皮的麵糰內也加了螃蟹汁一起揉入**，每咬一口都是濃濃螃蟹美味，螃蟹的精華盡在嘴裡，香甜美味。

朝市食堂二番館

函館市若松町9-19 2F 0138-22-5330 6:30~14:00 1~6月及10、11月第3個週三(7~9月無休)，1月1~3日 ¥500起 www.asaichi.ne.jp/ekini

想用實惠價格品嚐海鮮丼飯，絕不能錯過朝市食堂。食堂提供各式丼飯，豪華版的鮪魚丼、鮭魚丼以外，還有只**要¥500的海鮮丼飯**，而且還有五目丼、鮭魚親子丼、蟹肉丼、鮭魚卵丼等七種選擇，**可以一次品嚐多種海鮮的五目丼最受歡迎**，雖然配料可能不如昂貴的海鮮丼那樣厚實，新鮮度卻也十分不錯，預算有限又想大快朵頤的話，不妨到這裡品嚐。

小舖裡有許多獨一無二的鯛魚燒口味。

たいやき茶屋 北菓り

別冊P.20,B1 JR函館駅西口徒步約2分 函館市若松町11-10 0138-84-1998 10:00~19:00 週二 蘋果奶油鯛魚燒¥240

在朝市大啖海鮮後，如果想來些和風點心，推薦到市場外圍的北菓り吃鯛魚燒。除了紅豆、奶油這類經典口味，**人氣最高的要屬蘋果奶油口味**，一口咬下，酥脆的外皮內是片狀蘋果，搭上奶油更襯托出果香，不同層次的甜味之外還隱約有著肉桂香氣，非常特別。另外洋溢北海道風情的馬鈴薯起士口味也很受歡迎，還有章魚炒麵、雞蛋培根等鹹食口味。

暖呼呼的蟹肉雜炊也是人氣料理。

海光房

別冊P.20,B1 JR函館駅西口徒步約3分 函館市若松町11-8 0138-26-8878 11:00~14:00(L.O.13:30)、17:00~23:00(L.O.22:00) 四色丼¥3,278、タラバ雑炊¥1,980 有，消費滿¥2,000於合作停車場停車1小時免費 hakodate-kaikoubo.com

海光房是車站周邊的人氣店家，就位在函館朝市外圍，店內以夜晚捕捉小管時使用的集魚燈裝飾，還有活跳跳的各式北國海產，**松葉蟹、毛蟹、扇貝、北寄貝、牡蠣等海鮮都在水槽裡任君挑選**，水煮、炭燒，或是做成生魚片都可以，店內除了小管素麵、生魚片以外，丼飯總類也非常多，尤其是放上海膽、螃蟹、甜蝦以及鮭魚卵的四色海鮮丼，一次就可吃到豐富海鮮，讓人大呼過癮。

蓋飯橫丁市場

どんぶり横丁市場

別冊P.20,B1　JR函館駅西口徒步約2分　函館市若松町9-15　0138-22-6034　6:00~16:00(依店家而異)　休依店家而異　donburiyokocho.com

想要品嚐最新鮮豐盛的海鮮丼，來這裡準沒錯。朝市旁的蓋飯橫丁市場，乾淨明亮的橫丁內**集結了19家海鮮丼專賣店和其他餐廳**，各店門口一字排開的蓋飯模型，讓人看了就忍不住口水直流！除了生魚片、綜合海鮮丼之外，也可以多點幾個迷你丼，一次嚐試多種不同的口味。

小管

イカ

因為鄰近市區與港口，函館小管抵達岸邊時依然活潑得很，新鮮程度也大大勝過普通小管，使牠一舉打敗眾多魚兒，成為函館的「市魚」，就連夏天祭典的主題舞都是「小管舞」呢！在函館常見的「いかそうめん(小管細麵)」是將小管切成細而均勻的長條狀生魚片，是最能享受小管的鮮甜滋味和豐腴口感的吃法，另外在小管裡塞滿飯後煮熟的「いかめし(小管飯)」也是函館的必吃名物。

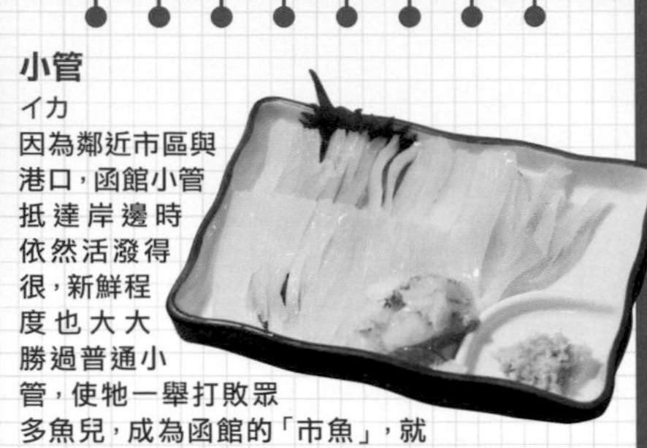

一花亭たびじ

蓋飯橫丁市場內　0138-27-6171　6:00~14:00　活いか踊り丼(跳舞的小管丼)¥2,080　hakodate-asaichi.net/

一花亭是由海鮮店直營的食堂，最有名的就是「跳舞的小管丼」，點餐後才現抓的小管，在師父料理後成了小管細麵與鮭魚子的丼飯組合，**端上桌時小管還在兀自舞動，新奇的程度讓不少人特地慕名而來**。簡單沾上醬油與薑末，就能現場感受新鮮食材的原味鮮甜。

恵比寿屋食堂

蓋飯橫丁市場內　0138-23-1602　6:00~16:00　休週二　朝市丼¥3,050

蓋飯橫丁市場內的恵比寿屋食堂是**創業70餘年的老店**，店裡隨時準備了約50種口味、色彩鮮豔的海鮮丼。螃蟹三色丼(カニ三色丼)與小管細麵是店家的招牌餐點，另外「朝市丼」則滿載海膽、甜蝦、干貝、花枝等各種函館名物，也是本店逸品之一。

函館國際飯店

おすすめ 薦

可以泡溫泉的市中心飯店。

函館国際ホテル

別冊P.20,A2　JR函館駅徒歩8分　函館市大手町5-10　0138-23-5151　check in 15:00、check out 11:00　www.hakodate-kokusai.jp

距離函館駅徒步約8分鐘距離的「函館国際ホテル」，左右兩側鄰近函館朝市、金森倉庫群，位居函館觀光集中區中間位置，搭上市電車不論前往元町、函館山方向，或是往另一邊的五陵郭、湯川溫泉都相當便利。

多達400多間客房，住宿環境高雅又舒適，**2018年底大規模重新整裝後，讓包含本館、東館與西館的住宿空間、服務設施等，都更極致舒適。尤其本館13樓設置的天然溫泉男女大浴場，可以將函館街區、函館山、函館港等一次映入眼簾**，不論日夜、讓泡湯放鬆也能享受美麗景觀視野。在市中心的住宿就能享受天然溫泉浴之外，飯店設施也相當多，首先美食餐廳就多達五間，從雅致的午茶甜點享樂空間到夜晚享受函館港美麗夜景的酒吧，不用出遠門，飯店內就能享受。其他像是特產品伴手禮商店、頗受好評的麵包販售區、自助洗衣設備、通廊空間藝術作品展列等，而位居高樓層的客房，更享有一開窗就能免費享受的美麗函館景致。

位於西館8樓的酒吧，是悠閒享受函館夜景的最佳地方。

泡完湯，免費吃個冰涼冰棒邊欣賞港灣夜景吧。

早餐就能大啖函館新鮮又美味的生魚片丼飯。

Lapin de neige

別冊P.20,C2　市電「市役所前」站徒步約2分　函館市大手町16-1　0138-27-5505　10:00~19:00，週日、例假日至18:00　週二、不定休　うさぎとハートのクッキー(兔子與愛心造型餅乾)￥120　5個　ameblo.jp/lapin-de-neige

位於函館市役所附近的Lapin de neige，是間可愛的洋菓子店，漆成藍色的屋子亦散發一種愜意的鄉間歐風。法文店名的意思是「雪兔」，店裡點綴著兔子元素與擺飾，也可找到許多兔子主題的點心，烤得香酥的造型餅乾十分受歡迎，看起來宛如兔子尾巴的蛋白酥也很討喜。人氣商品還有奶油泡芙，當中的自製奶油餡混合了鮮奶油與卡士達醬，甜美滋味令人難忘。Lapin de neige**選用北海道的新鮮食材，會依季節替換商品及推出新甜點**。推薦喜愛香蕉的人香蕉焦糖奶油，甜中帶苦的大人風口味，可以自由塗抹在土司、蛋糕上等一起享用。

鳳蘭

おすすめ 薦

鳳蘭不僅深獲在地人好評，還被認為是正統的函館口味。

別冊P.20,D1 市電「函館駅前」站徒步約4分 函館市松風町5-13 0138-22-8086 11:00~21:30 休週二 $塩ラーメン(鹽味拉麵)￥630 P3個 houran-hakodate.com

創立於昭和25年(1950年)的鳳蘭，是深受函館居民支持的老餐館，提供充滿懷舊風味的拉麵及中華料理。鹽味拉麵的**湯頭不加蔬菜，單純使用豚骨與雞骨，以9比1的比例熬製，清爽不膩口，被在地人評為簡單而正統的函館口味**。其他人氣料理還有燒賣(シューマイ)以及炒麵(焼そば)，炒麵有一般的柔軟口感與港式炒麵的酥脆口感兩種選擇，充足的分量也是受歡迎的原因之一。

滋養軒

別冊P.20,D1 市電「函館駅前」站徒步約5分 函館市松風町7-12 0138-22-2433 11:30~14:00、17:00~20:00 休週二、三 $函館塩ラーメン(鹽味拉麵)￥500 P3個

營業超過60年以上、函館的名拉麵店「滋養軒」，以自家製麵條和清澈的湯頭自豪。混合雞骨、豚骨和數種蔬菜細細熬煮的湯底，**口味淡雅不死鹹，連不喜好重口味的人也意猶未盡地喝完整碗**；細直麵條每天新鮮製作，完全沒有任何人工添加物，安心又美味。如此用心的鹽味拉麵一碗只要500日幣，難怪在當地人與旅客之中皆擁有超高人氣。

函館鹽味拉麵
函館塩ラーメン

關於函館拉麵，有幾點很有趣。第一，多半是以豚骨湯為基底，卻能保持清爽原味。第二，越是有名的店，越能保留函館拉麵原本簡單的特性，配菜大多是蔥花、筍乾加上二片叉燒，而越是單純，則越能嚐到函館拉麵極為罕見、以清爽見長的湯頭魅力。

憑弔的花束都是各地土方粉絲的心意。

©函館市観光部

土方歳三最期の地碑

別冊P.19,C4 JR函館駅西口徒步約8分 函館市若松町33 0138-23-5440(函館市観光案内所) 自由參觀 有(総合福祉センター駐車場)

函館駅附近的八幡通上有一座小小的若松公園，公園裡有一處**紀念碑，傳説這就是土方歲三的最後之地**。土方歲三是幕府末期新選組的副長，為了振興幕府而努力，在舊幕府軍與明治政府對抗的箱館戰爭中殞命，據傳他中槍後倒臥的一本木關門跡就在這裡，所以才特地立碑紀念這位人物。雖然只是簡單的石碑，卻讓人遙想起波瀾萬丈的時變動代，瀰漫著歷史氣息。

土方歳三與函館

江戶末期，因為反幕府勢力逐漸高升，擁護德川幕府的劍士們組成了武裝組織，在京都以維護治安之名取締反幕人士，也就是後來的「新選組」。擔任新選組副長的土方歳三(ひじかた としぞう)因為執法嚴格、對敵人狠辣，被稱為「鬼の副長」，不過即使足智多謀如他，也無法拯救幕府頹勢。

大政奉還後，新選組屢戰屢敗，局長近藤勇與第一隊隊長沖田總司相繼辭世，1868年(明治元年)土方率領殘眾與舊幕府勢力一起退守北海道，攻下五稜郭為據點，於「蝦夷共和國」中擔任要職。隔年，明治政府軍於箱館戰爭中發動總攻擊，土方中彈身亡，為壯闊人生劃下句點。

因為這層緣由，函館有不少相關景點，五稜郭塔中的兩座雕像、市郊的紀念館之外，還有碧血碑、称名寺等淵源之地，不少商品也有他的形象。

◎土方歳三函館紀念館

函館市日乃出町25-4

WELCOME TO 函館 HAKODATE

ヒジカタ君

店門口的烘培機擁有90年以上歷史。

珈琲焙煎工房 函館美鈴 大門店

別冊P.20,D1 市電「函館駅前」站徒步約3分 北海道函館市松風町7-1 0138-23-7676 10:00~19:00 每日特選咖啡￥450 www.misuzucoffee.com

「函館美鈴」是函館、也是北海道最古老的咖啡店，創立於昭和7年(1932年)，以悠久的咖啡香乘載著函館人的回憶，目前在北海道各地、東北地區及東京皆有專門店。函館大門店的門口處擺放著當年第一台咖啡烘焙機，讓人感受濃濃的歷史氣息，店內則是現代感的溫馨空間，販售各種咖啡豆、咖啡，也提供甜點和輕食。推薦經典綜合咖啡，厚實芳醇的口感是創業以來的傳統滋味。此外，有著濃濃咖啡香的牛奶糖和巧克力豆，也很適合作為伴手禮。

大門橫丁

別冊P.20,D1 JR函館駅徒步約5分、市電「函館駅前」站徒步約3分 函館市松風町7-5 0138-24-0033 休依店家而異 www.hakodate-yatai.com

函館車站旁2005年開幕的大門橫丁由26間小吃店組成，是**東北、北海道規模最大的屋台小吃街**。過去由於津輕海峽漁船與商船往來頻繁，函館曾經發展出北海道最繁華的風化區「大森遊廓」，在其入口處有個巨大的門，名為「大門」，大門橫丁便以此為主題，以復古裝潢和瓦斯燈打造出明治到昭和時代的氛圍。屋台街裡海鮮料理、壽司、調酒、拉麵等多國料理齊聚一堂，吸引聞香而至的顧客大快朵頤。

深夜覓食的好去處。

店裡裝飾著大象刺繡、佛教元素和南洋擺飾。

Asian Kitchen Cheez

アジアンキッチン チェーズ

大門橫丁內 080-5483-4072 17:30~翌日1:00 さきイカの天ぷら(酥炸烏賊絲)¥600

Asian Kitchen Cheez是日本少見的南洋風居酒屋，熱情的老闆來自緬甸，娶了日本妻子便在此安定下來，日文說得極為流利。**店內料理主要為東南亞口味**，此外也有韓式料理，可說是亞洲美味的大集合。**推薦緬甸風乾燒大蝦(ミャンマー風大エビ炒め)以及酥炸烏賊絲，酸甜微辣的調味令人食慾大開**，也非常下酒。酒類除了日本產的之外，還有提供世界各地的啤酒，選擇超豐富，嚐鮮起來特別有樂趣。享受美食的同時，與老闆閒聊、做點文化交流也十分有趣。

拉麵龍鳳

おすすめ 薦

大門橫丁內 090-8372-8495 10:30~翌日0:30 黃金塩ラーメン¥750、餃子¥400

拉麵簡單懷舊的香氣，是傳承40年的好滋味。

位在大門橫丁內的龍鳳，同樣也是函館的人氣拉麵店。店內的黃金鹽拉麵湯頭清澈，表面漂浮著一層黃金色的油光，原來**店家在湯頭裡加入雞油，每隻雞只能取出100公克的珍貴雞油**，經過熟成之後，**為清澈高湯增添了醇厚的香氣**。坐在小小的店內，品嚐這淡雅濃郁的滋味，順道感受屋台熱烈氛圍吧。

牆上貼滿了名人簽名。

酥脆的餃子是拉麵的最佳拍檔。

函館いか家

大門横丁內 090-3897-9031 17:00~23:00 不定休 イカスミ餃子(墨汁餃子) 5個￥430

位於大門橫丁內的いか家，是提供中華料理的居酒屋，其最大特色就在獨創口味的餃子，尤其是**以烏賊墨汁做成的墨汁餃子**，咬開煎得酥脆的**黑色餃子皮，裡頭是充滿嚼勁的烏賊丁**，相當獨特。結合了在地食材的男爵馬鈴薯餃子、がごめ昆布餃子等也值得一嚐，依不同季節還會推出其他限定口味。此外，多種烏賊料理也頗具人氣，點上一杯啤酒，伴隨老闆娘的熱情招呼，享受いか家滿溢的熱鬧氣氛。

蒙古烤肉ramzin

モンゴリアン バーベキュー ラムジン

大門横丁內 090-5223-0837 18:00~23:00 週四 生ラム上肩ロースセット(小羊肩里肌肉套餐)￥2,380

「蒙古烤肉ramzin」是大門橫丁內的人氣店，專賣成吉思汗烤羊肉。炭火的煙、烤肉香氣和店內歡樂談笑的氣氛，十分吸引人。**最為推薦小羊肩里肌肉，肉質柔軟鮮美，完全沒有腥味**，搭配店家特製的沾醬，對初次吃烤羊肉的人來說也很容易入口。若想點些蔬菜中和一下口味，烤蕃茄酸甜爽口，相當受到女性歡迎；被稱為奶油三兄弟的奶油舞菇、奶油玉米和奶油馬鈴薯也是人氣料理。

HAKODATE男爵倶楽部 HOTEL&RESORTS

別冊P.20,B1 JR函館駅徒歩3分 函館市大手町22-10 0138-21-1111 附早餐方案，雙人房每人約￥11,000起 28個，一晚￥550 www.danshaku-club.com

2007年正式開始營運的男爵倶楽部，**寬敞的房間內都附有廚房、客廳、臥室和可以舒服泡澡的浴室**，加上溫馨的服務，榮獲日本樂大旅遊網使用者票選為2008年北海道內第一名的飯店。早餐除了飯店提供的美味洋食外，也可以領取餐券至朝市裡6家合作的食堂內享用早餐，誠意十足。

函館元町

はこだてもとまち

Hakodate Motomachi

函館擁有名列世界三大夜景的函館山。山腳下的元町一帶有18條平行的街道，上面座落著許多優美的教堂，適合散步遊覽。此區的景點非常集中，又都是平緩的小坡路，很適合看山看海，以及暢飲啤酒大啖海鮮。

交通路線&出站資訊

電車

JR函館駅➔函館本線

函館市電「十字街」站➔2號系統、5號系統

函館市電「末広町」、「大町」、「函館どつく前」站➔5號系統

函館市電「宝来町」、「青柳町」、「谷地頭」站➔2號系統

觀光旅遊攻略

◎函館港祭➔8月1~5日的函館港祭為函館最大的祭典，除了有花火大會、啤酒節外，最盛大的活動就屬遊行「ワッショイはこだて」了，上萬人跳著函館港舞(函館港おどり)與函館小管舞(函館いか踊り)，熱鬧的節慶氣氛蔓延至函館市的每個角落。

◎12月點燈➔聖誕節氣氛濃厚的函館，從12月1日開始至聖誕節當天，每天晚上18:00都有聖誕樹點燈與煙火表演可欣賞，異國的浪漫氣氛，若幸運碰上紛飛白雪則益發璀璨迷人。

函館山夜景傳說

為津輕海峽及函館灣包挾的函館山夜景是令遊客讚嘆的美景，這裡還有一個趣味傳說，仔細尋找的話，就可以在閃爍夜景中找到日文的「ハート」，也就是「心」字，據說只要找到心字願望就能成真，情侶一起看到的話，兩人就可以修成正果，不過不能偷看提示才可實現。下次到函館山欣賞夜景時，記得找找隱藏其中的密碼。

新三大夜景排名

函館夜景曾與香港、義大利拿波里並列為世界三大夜景，後來為長崎、香港、摩納哥取代。原本也在日本三大夜景之中，不過2015年10月日本夜景高峰會公布的新排名中，函館夜景被列為第四名。目前最新三名依序由北九州市、札幌市、長崎市稱霸。儘管跌出前三，有著優雅弧度的函館夜景依然是許多人心中的第一美景。

◎日本新三大夜景

ptop3.yakeikentei.jp

おすすめ 薦

函館山夜景

函館山夜景被《米其林綠色指南・日本》評為三星景色，是函館觀光不可或缺的一站。

別冊P.20,A6 市電「十字街」站徒步10分至纜車山麓駅，再搭乘纜車至山頂展望台；約4月中旬~11月上旬可從函館駅前4號乘車處搭乘函館山登山巴士，單趟¥500，約30分至終點「函館山」站下車即達 函館市元町19-7 0138-23-3105 10:00~22:00(10月16日~4月24日至21:00) 纜車往返大人¥1,500、小孩¥700 85個 334.co.jp

函館山夜景曾名列世界三大夜景，由於得天獨厚的地形，使得**函館市街被兩側的弧形海灣包圍，呈現極為特殊的扇型**。隨著天色漸暗，市街盞盞燈火緩緩亮起，如同閃爍的寶石一般，照映墨藍的夜空與海洋。若想避開絡繹不絕的觀光人潮，不妨趁天黑之前先搭乘纜車登上展望台，欣賞夕陽一面靜待天黑。展望台也附設有咖啡店和餐廳，可以坐擁百萬夜景。

函館公園

◎別冊P.19,B6 ◎市電「青柳町」站徒步3分 ◎函館市青柳町17

函館賞櫻名所的「函館公園」，不僅賞櫻，以鄰近的函館山為背景，讓這裡的休憩與視覺景緻都特別美麗。雖不如函館山高，但公園也位在在山丘制高點上，遠眺視野相當優美。另外公園內還有一個迷你遊樂園，有著日本最古老摩天輪持續運轉著，散步公園中還有舊博物館歷史建築、函館圖書館及展藏豐富的函館市博物館等。

1879年開園的公園內，有著2棟舊博物館歷史建築。

千秋庵総本家 宝来町本店

◎別冊P.20,D6 ◎市電「宝来町」站徒步1分 ◎函館市宝来町9-9 ◎0138-23-5131 ◎9:30~18:00 ◎週三 ◎元祖山親爺(5枚入)¥370 ◎www.sensyuansohonke.co.jp

1860年創店的和洋菓子「千秋庵」，可說是函館最具代表的伴手禮老店。融合開港時代洋風、北海道豐盛物產、大正時代東京製菓名人入駐等，讓老舖風味跟傳統和菓子有了不一樣的風貌。從大正時代熱賣至今的銅鑼燒、昭和時代開賣的元祖山親爺(煎餅)、2016年因新幹線開通而新製的函館散步(蜂蜜蛋糕饅頭)，成為必買3大首選。

以北海道黑熊(山親爺)為圖案的煎餅，以牛奶取代水，入口香甜酥鬆。

兩個連結的藏以功能區分，較高的藏為茶屋、較低的藏為和洋骨董店。

茶房ひし伊

おすすめ 薦

◎別冊P.20,D6 ◎市電「宝来町」站徒步3分 ◎函館市宝来町9-4 ◎0138-27-3300 ◎10:00~17:00(L.O.14:30) ◎咖啡¥550、三明治¥600 ◎hishii.info

大正氣息洋溢的藏咖啡。

黑色外觀陳穩定靜的氛圍，曾是大正時代建築用於收藏典當品的倉庫。如今重新活用後的空間分兩處，一處是充滿西洋骨董優雅氣氛的咖啡甜點處，以挑高空間分成一樓的骨董洋風、二樓的和風古典，提供咖啡、輕食與和洋甜點等，幽暗的空間氣質讓人彷彿可以回想當時佈滿典當物的這處藏空間。另一處則是和洋骨董、老織品、和風古布新作服飾等的賣店。

金森紅磚倉庫

金森赤レンガ倉庫

別冊P.20,C4 JR函館駅徒步15分、市電「十字街」站徒步約3分 函館市末広町14-12、13-9 0138-27-5530 9:30~19:00(依季節而異) P76個，第1個小時¥440，接下來每30分鐘¥220；設施內消費滿¥1,000可免費停2小時 www.hakodate-kanemori.com

位於港邊的金森紅磚倉庫，建築已超過百年歷史。建於明治與大正時期的長型倉庫昔日是商船靠港卸貨的地方，隨著港運角色的衰退，現在**極富古意的紅磚外牆裡是充滿現代感的遊食空間**，四棟主建築內有餐廳、世界雜貨、函館名產、小型音樂堂等，其中以金森洋物館佔地最廣，聚集超過20家的各種精品和雜貨店。

金森紅磚倉庫的四棟主建築

金森紅磚倉庫可以分為BAY HAKODATE、金森洋物館、函館ヒストリープラザ(函館歷史廣場)、金森ホール(金森廳)四棟建築。BAY HAKODATE兩側建築中間挾著明治15年興建的運河，可以從這裡搭觀光船遊覽函館灣一周，一旁還有個「幸福之鐘」；「洋物館」之名源於150年前創始者渡邊熊四郎開設的「金森洋品店」，超過20家店舖進駐其中；而函館ヒストリープラザ仍保有明治42年興建時的樣貌；金森ホール則是舉辦活動的會場。

函館浪漫館

函館ヒストリープラザ(函館歷史廣場) 0138-24-8811 9:30~19:00 www.tanzawa-net.co.jp

金森紅磚倉庫群裡最大店鋪空間就屬「浪漫館」，**充滿紅磚、木造厚重氛圍，讓人彷佛看見過往倉庫風貌的開闊空間內，各式水晶、玻璃、玉石與燈光交錯反射，讓館內氣氛浪漫又優雅**。以玉石、玻璃、雜貨、飾品等為主的商品，可以盡情挑選外，也提供玻璃彩珠DIY體驗課程。

Pastry Snaffle's金森洋物館店

おすすめ 薦

入口即化乳酪蛋糕。

金森洋物館內 0138-27-1240 9:30~19:00(依季節而異) チーズオムレット(乳酪蛋糕)¥200 snaffles.jp

SNAFFLE'S是函館著名的洋菓子店，甜點皆使用北海道產的食材製作，店裡的明星商品——**チーズオムレット(乳酪蛋糕)，不僅是函館人推崇的美味，甚至被日本網友們譽為北海道最好吃的乳酪蛋糕**。以獨特蒸烤方式做出來的蛋糕，質地柔軟綿密，一入口便在舌尖化開，濃郁的乳酪香氣充滿口中，卻絲毫不感覺膩，酸味、甜味和奶香的絕妙平衡讓人一吃難忘。同系列的巧克力口味，則以大人風的苦甜滋味和紮實口感深受歡迎；函館限定的焦糖口味帶著細膩柔和的苦味，亦頗受好評。

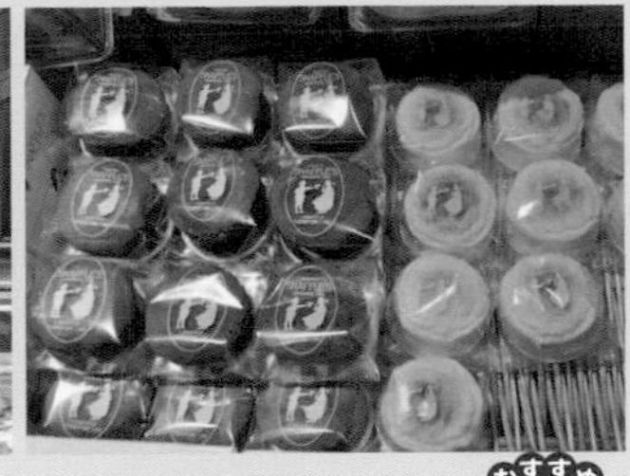

Petite Merveille 赤レンガ倉庫BAYはこだて店

おすすめ 薦

冠軍起士舒芙蕾。

BAY HAKODATE 0138-84-5677 9:30~19:00(L.O.18:30) Mel cheese(個)¥160 www.petite-merveille.jp

以奶香濃郁的起士舒芙蕾Mel cheese而聲名大噪的「Petite Merveille」，1995年在函館開設第一家店，至今，美味的各式甜點仍以函館為設店範圍，因此來到函館一定要來朝聖一下。**連續獲得7屆世界食品品質評鑑大賞金獎的Mel cheese**，做成小巧尺寸，切開鬆軟、入口軟綿，**濃厚的奶油香味在口中散開，吃完後仍齒頰留香**。

由於必須冷藏不適合帶回國，但可以在店內咖啡區輕鬆品嚐。

Brick LABO

金森洋物館 0138-27-3232 10:00~18:00；週二、週三為清潔日，可入場，但可使用的樂高有限 入場免費，記念ポストカード(紀念明信片)¥210 ameblo.jp/bricklabo

金森洋物館裡有個充滿歡笑的創意樂園，那就是Brick LABO，無論大人小孩都可在此**免費享受玩樂高的樂趣**。牆上十分醒目、像佈告欄般的綠色板子，是Brick LABO引以為傲的「ブロック壁」，可用積木在上頭排出自己喜歡的文字或圖案。在桌上施展創意，自由地拼出車子、房子、機器人等，也充滿樂趣。**完成作品後，還可以與作品合照，製成明信片作為留念(須付費)**。空間的一角展示著令人讚歎的樂高作品，藉此與樂高迷們交流、分享。此外，Brick LABO也有提供商品銷售，玩上癮了不如直接買回家吧。

シングラーズ 烏賊墨染工房

BAY HAKODATE 0138-27-5555 9:30~19:00 イカ墨染ストラップ(烏賊墨染吊飾)¥850 www.ikasumi.jp

位於BAY HAKODATE裡的「シングラーズ(singlar's)」，專賣烏賊墨染的相關商品。**墨汁取自函館近海捕獲的烏賊**，經過特殊處理，便成了與印象中的黑色墨汁大不相同的棕褐色染料。シングラーズ**以烏賊墨開發了兩百多種原創商品**，手袋、書衣、吊飾、明信片等應有盡有，質感細膩，盡顯日式的優雅風情。印有昆布、奉行所等函館特色的手巾，也十分具有紀念價值。

あおい森

金森洋物館 0138-85-6565 9:30~19:00 金森倉庫のモナスク6個¥940 hakodate-kanemori.com/shop/youbutsukan/k-24

紀念品店あおい森集結了眾多北海道的特產，此外，這裡還有別家店買不到的**金森倉庫原創商品**。以洋物館、金森倉庫和BAY HAKODATE為造型的西式餅乾，不僅禮盒直接做成建築物的樣子，就連餅乾都是倉庫的形狀，令人會心一笑，三種包裝分別是不同的口味，很適合作為伴手禮。而あおい森與知名菓子店ジョリ・クレール合作推出的創新點心「モナスク」，結合了日本傳統菓子「最中餅」和德國的「ラスク」(麵包脆片)，兩種層次的酥脆口感非常特別，金森倉庫的造型也很可愛，是函館的代表特產之一。

葡萄館西部店 金森赤レンガ倉庫BAY函館

はこだてわいん葡萄館 西部店

金森赤レンガ倉庫內 0138-27-8338 9:30~19:00(依季節變動) www.hakodatewine.co.jp

葡萄館西部店是由在地葡萄酒品牌「HAKODATE WINE」直營，不用到市郊的七飯町本店或工廠，就可以找到各式酒飲。北海道的釀酒用葡萄園規模是日本第一，HAKODATE WINE與余市的葡萄園長期合作，釀造出多種葡萄酒，西部店內**平時都會準備五種以上葡萄酒提供免費試飲**，還有不少函館地區的限定商品，可以找到屬於函館的獨家口味。

函館Beer Hall

函館ビヤホール

函館ヒストリープラザ(函館歷史廣場) 0138-27-1010 平日11:30~22:00(L.O21:30)，週末及例假日11:00起 www.hkumaiyo.com

函館Beer Hall位於函館歷史廣場內，保留著一個多世紀以來的舊建築樣貌，挑高寬敞的酒館空間可容納220人，紅磚牆和木造結構散發著粗獷懷舊的氣氛，在此不僅可以喝到從**工廠新鮮直送的函館在地啤酒**，近百種的美味料理也廣受肯定。特製的啤酒燉牛肉煮得入口即化；手作螃蟹奶油可樂餅嚐得到海洋的鮮甜，也是人氣定番。

NIPPON CHA CHA CHA函館店

金森洋物館 0138-23-2822 9:30~19:00 函館限定圖案手帕￥648 kyoto-souvenir.co.jp/shop/nc_hakodate.php

在東京、大分湯布院也有分店的NIPPON CHA CHA CHA是一家和風雜貨，店內商品是來自日本各地的精選伴手禮，小碟子、碗盤、口金包……，店家蒐羅豐富商品，就是為了讓顧客可以挑選到**日本各地的好物**。既然落腳函館，當然有許多**充滿函館特色的限定商品**，像是印有金森紅磚倉庫、小管、乳牛等圖樣的手帕、包包，還有金森紅磚倉庫限定的可愛糖果，都是函館才有的商品。

Milkissimo函館金森赤レンガ倉庫 本店

函館ヒストリープラザ(函館歷史廣場) 0138-84-5351 9:30~19:00 シングル(單種口味)￥390 www.milkissimo.com

同樣位於北緯41度的函館與羅馬，因義式冰淇淋店Milkissimo而有了浪漫的連結。Milkissimo於2009年創立於函館，現於札幌與香港等地皆設有分店，**使用函館近郊的優質牛乳與北海道當季水果為原料**，製成具有在地風味的義式冰淇淋。其中草莓冰淇淋原料70%為新鮮草莓，香甜清爽，在女性中很具人氣。

溫馨的飯店大廳少了冰冷感、多了家庭般的溫馨感受，是間大受歐美遊客喜愛的飯店。

豐盛的早餐，將函館的和洋風情一併呈現，不論要吃函館海鮮或是西式，通通沒問題。

La Jolie MOTOMACHI

おすすめ 薦

小而美的溫馨飯店。

別冊P.20,C5 市電「十字街」站徒步2分 函館市末広町6-6 0138-23-3322 check in 15:00、check out 11:00 lajolie-hakodate.com

喜歡元町異國氛圍的人，選擇入住「La Jolie」會是相當棒的選擇。想前往函館山纜車站只須徒步6分鐘，纜車站周邊就是元町最美的坂道與各式洋館區；不往山丘走，往海港邊的金森倉庫群也只需徒步8分鐘，幾乎徒步距離內就能把元町精華一次盡覽，當然與市電車站僅2分鐘的近距離，也讓旅程可以便利的拉往函館朝市、五陵郭、湯川溫泉等地。

除了位在元町的旅遊便利，這裡**更讓旅人好評的飯店特質在於溫馨**，這裡的溫馨確實是讓人相當有感的，**僅29間客房的迷你飯店，讓住客充分被照顧到之外，也將用心藏在很多細節中**。飯店大廳也有如家庭般溫馨舒適，各式舒適沙發或大木桌座椅區，一旁陳列各式書籍的圖書區，可以慵懶窩在這裡享受免費飲料邊閱讀外，晚上7~9點的Happy Hour也加碼免費供應各式酒精飲料，只見各國旅客聚集在此飲酒聊天，宛如一處小小聯合國，既有飯店的舒適服務、又有著交流的背包客棧優點。

Café TUTU

簡約又舒服的裝與人文氣息相輔相成，難怪會成為人氣店家。

別冊P.20,C4 市電「十字街」站徒步約2分 函館市末広町13-5 0138-27-9199 11:30~23:00 休週四(8~10月無休) 自家焙煎珈琲と手作りケーキSet(咖啡甜點套餐)¥980 P有

Café TUTU是**金森倉庫地區的人氣咖啡店**，提供自家烘焙咖啡、手作甜點和西式料理，晚上也有供應酒精飲料。走進店裡，即被那美好的人文氣息給吸引，以白色調與溫暖木頭質地為基調的店內空間，點綴著經典的Eames椅子，質感中帶著時髦的設計氛圍，大片書架上擺滿了精選的雜誌、CD和藝文資訊，處處可見店長的好品味。伴著耳邊流瀉的爵士樂，心情也慵懶起來，夜晚更有另一番氣氛。咖啡和餐點皆是用心的美味，濃醇深厚的咖啡香氣能滿足重度咖啡愛好者，自製的咖啡聖代口感層次豐富，也相當受到歡迎。

LA VISTA函館BAY

別冊P.20,D4 JR函館駅徒步15分、市電「魚市場通」站徒步約5分 函館市豊川町12-6 0138-23-6111 一泊二食，雙人房每人約¥12,500起 P171個 www.hotespa.net/hotels/lahakodate/

舊址原是大正黃金時期建物的LA VISTA函館BAY，仍保有部分原建築的磚牆與廊道樑柱，房間設計的現代元素與過往的時代感性結合，能感受到相當特別的空間氣氛。**頂樓的露天溫泉**是茶褐色的療養泉，可以眺望函館港燈火。來到這裡，絕對不能錯過飯店豐盛的自助早餐，**連續多年佔據TripAdvisor美味早餐飯店第一或第二名**，餐台上是滿滿的新鮮海產與節令美食，還能自製超豪華海鮮丼唷。

Green Gables

別冊P.20,B4 市電「末広町」站徒步約3分 函館市末広町20-3 0138-26-7644 11:00~17:00 休週一 イチゴのシフォンケーキセット(草莓戚風蛋糕套餐)¥900 P有

位在函館的坂道之上，有一棟綠色屋頂、白色外牆的小木屋，這家店叫做「Green Gables」，如果喜歡**加拿大小說《紅髮安妮》(或譯為《清秀佳人》)**的話，一定對這些線索不陌生，因為**不論店名或外觀都與安妮的家一樣**。店內果然瀰漫著鄉村風格，優雅的骨董家具、吊燈、白色窗及裝飾小物，營造出童話般的趣味。坐在窗邊，還能欣賞函館街景及港口風光，氣氛非常悠閒。

白綠色系的小木屋，宛如小說中的場景再現。

建於明治13年，已被列為歷史建築，在金森倉庫內也可見到早期以洋物店建築為背景的復製廣告看板。

おすすめ 薦

市立函館博物館 郷土資料館(旧金森洋物店)

尋找金森倉庫的起源歷史。

別冊P.20,B4 市電「末広町」站徒步1分 函館市末広町19-15 0138-23-3095 4~10月9:00~16:30、11~3月9:00~16:00 週一、每月最後1個週五及例假日、12月29日~1月3日 大人¥100、學生¥50

屬於市立函館博物館郷土資料館的「旧金森洋物店」，在函館歷經多次大火後，仍保存完好的歷史價值之外，更重要的挖掘點點在於，**這裡是如今遊人如織的金森倉庫創建者渡邊熊四郎所創設的洋物店所在**，隨著開港而事業不斷壯大的金森相關營運事業，也見證著明治初年、大政至昭和，整個函館特殊洋風文化的發展歷程。

函館明治館

はこだて明治館

別冊P.20,D4 市電「十字街」站徒步約5分 函館市豊川町11-17 0138-27-7070 9:30~18:00(依季節而異) 週三 有 www.hakodate-factory.com/meijikan/

函館明治館前身是建於明治44年(1911年)的函館郵局，直到昭和37年(1962年)為止都作為郵局之用，隨著郵局搬遷之後，這棟建築也就空閒出來，昭和61年(1986年)起才改為民營商場對外開放。現在的明治館內有玻璃製品、音樂盒、點心餅乾等**伴手禮**，也設有**玻璃、音樂盒的製作體驗工房**，二樓還有可愛的泰迪熊博物館，不論是要採購禮品或稍事休息，都是個好去處。

攀爬的枝蔓夏季翠綠、秋日轉紅，讓整棟建築更顯古典美。

tombolo / Studio Oval

別冊P.20,B5 市電「十字街」站徒步約10分 函館市元町30-6 0138-27-7780 11:00~17:00 週一、週二(遇例假日營業) レーズンパン(葡萄乾麵包)¥380 1個 tombolo.jpn.org(麵包)、studiooval.com(陶藝)

位於元町大三坂一間和洋式折衷建築，淡粉色的懷舊外觀和門上方的雙色招牌相當引人好奇，裡頭是陶藝家苧坂恒治的藝廊Studio Oval，與其兒子兒媳所負責的天然酵母麵包店tombolo。店裡充滿著濃濃的藝術氣息，令人驚訝的是，看似兩回事的陶藝作品和麵包，在同一個空間裡竟然毫不違和，彷彿共享著同一種溫厚樸實的色調與特質。**tombolo的麵包使用自家製的天然酵母、小麥、鹽和水，以最簡單的材料烘焙出具有深度的美好滋味**。無花果胡桃麵包(いちじくとくるみのパン)有著奢侈的香氣，咀嚼後散發淡淡的甘甜味，是人氣第一名的商品。

幸運小丑 港灣本店

おすすめ 薦

LUCKY PIERROT BAYAREA本店

說起函館就一定會想到的獨家漢堡，沒吃過可別說來過函館！

別冊P.20,C4 JR函館駅徒步18分；市電「十字街」站徒步5分、「末広町」站徒步3分 函館市末広町23-18 0138-26-2099 10:00~22:00 チャイニーズチキンバーガー(中式炸雞堡)￥380 www.luckypierrot.jp

「幸運小丑」是函館地區獨創的速食漢堡連鎖店，許多日本人甚至認為來到函館若沒吃到幸運小丑的漢堡就像沒來過。最受歡迎的漢堡是一年賣出30萬份的中式炸雞堡，其他各種獨家口味像土方歲三干貝漢堡、北海道成吉思汗堡，還有每天限量20個的超巨大THE胖漢堡(THEフトッチョバーガー)等也可以試試。

中式炸雞堡是最經典的味道！

函館三大B級美食

函館市內有許多B級美食，最負盛名的當然要屬幸運小丑，但其實另外還有兩間與幸運小丑齊名的店家，一家是也很出名的長谷川商店，獨家的「烤肉串便當」也是函館必吃名物，另一間則是美式餐廳CALIFORNIA BABY，分量驚人的「Cisco Rice」擄獲饕客的心。這三家店在函館可說是無人不知、無人不曉，造訪函館時，要是錯過的話就太可惜了。

CALIFORNIA BABY

おすすめ 薦

カリフォルニアベイビー

肉醬、香腸、奶油炒飯，豐富配料讓味道更有層次，不同的搭配也很有趣。

別冊P.20,C4 市電「末広町」站徒步約5分 函館市末広町23-15 0138-22-0643 11:00~21:00 休週四 シスコライス(Cisco Rice)¥880

被暱稱為「Cali Baby」的CALIFORNIA BABY改造自大正時代的郵局，外觀就洋溢著美式風情，牆上掛著的照片以及亮著霓虹的吧台更讓人彷彿置身加州。不管是第一次造訪，或是再三光顧的當地人，**眾人心中的首選都是Cisco Rice**，把烤過的美式香腸放在奶油炒飯上，接著淋上滿滿的義大利肉醬，再搭上玉米、馬鈴薯泥，就是風靡在地人的經典滋味。

餐點分量很大，食量較小的話建議與同伴分享。

室內空間充滿浪漫的大正風格。

茶房 舊茶屋亭

おすすめ 薦

茶房 旧茶屋亭

別冊P.20,C4 市電「十字街」站徒步約2分 函館市末広町14-29 0138-22-4418 7~9月11:00~17:00、10~6月11:30~17:00 休不定休 フルーツあんみつセット(水果蜜紅豆套餐)¥1,250 kyuchayatei.hakodate.jp

茶點以外，2樓還有精緻的手作雜貨可以逛逛喔。

面對著二十間坂的「旧茶屋亭」，是兩層樓高的和洋折衷建物，**已有百年歷史**，充滿懷舊氣息的外觀相當吸引人。旧茶屋亭在明治末期原為海產店，於1992年改建為現在的茶屋，保留著舊時外觀，內部裝潢則使用大量的歐式傢俱，**再現了大正時期的浪漫風格**。在如此獨特的空間中享用精緻的和菓子更是一場五感饗宴，寫在金扇子上的菜單、茶具及點心盤等，美得宛如藝術品，超高人氣的蜜紅豆裝滿了水果、白湯圓和涼粉，繽紛又可口。此外，可以親自體驗沏茶樂趣的抹茶和菓子set也很推薦。

長谷川商店 ベイエリア店

おすすめ 薦

ハセガワストア・HASEGAWA STORE

別冊P.20,C4 市電「十字街」站徒步約5分 函館市末広町23-5(距函館駅最近的分店) 0138-24-0024 7:00~22:00 便當¥490(小) www.hasesuto.co.jp

烤肉串多汁又夠味，搭配白飯與海苔超級對味。

函館有個**當地限定的連鎖便利商店**「長谷川商店」，店內除了各式商品以外，還有**販賣現做便當**。裡面賣著現做的便當就已經很怪了，更奇怪的是，明明叫做やきとり(yakitori，日文的烤雞串)，便當裡頭卻是貨真價實的蔥燒豬肉串，讓人更加好奇。便當分量不大，但現烤肉串熱燙美味，咬下時還會有肉汁溢出，不知不覺間就通通下肚了。

利用便當特製的凹槽，就可以輕鬆取出竹籤。

やきとり？雞肉還是豬肉？

因為樂團GLAY的緣故，長谷川商店的便當成為函館名物，不過明明寫やきとり卻是豬肉，不只讓外國人困惑，就連日本人也摸不著頭緒。其實北海道人最常吃的肉就是豬肉，主要是因為豬肉比雞肉便宜，而且豬肉熱量較高，更適合北國生活。尤其道南更是養豬場集中的地區，因此在道南說到「やきとり」就是豬肉，如果要吃雞肉的話還需要表明是「鶏肉(toriniku)」呢。

函館西波止場

別冊P.20,C4 市電「十字街」站徒步約5分 函館市末広町24-6 0138-24-8108 9:00~19:00 www.hakodate-factory.com/west_wharf/

位於金森倉庫對面的「西波止場」，**以應有盡有的海鮮市場聞名**。寬廣的一樓有許多大型冷凍櫃，擺滿了生鮮貝類、螃蟹、魚蝦，以及各種海鮮加工品，函館的代表名產——烏賊，更是以千奇百種的調味和形式吸引著消費者，除了真空包裝的烏賊飯、造型餅乾等，竟然還有烏賊口味的牛奶糖。店內一角熱騰騰出爐的現烤烏賊絲，很快就被購買一空。此外，西波止場亦販售各式各樣北海道的伴手禮，其中函館限定的洋菓子少說就有10幾種，可盡情選購。

和雜貨 いろは 函館店

おすすめ 薦

店內每一樣商品都有著可愛設計，讓人愛不釋手。

別冊P.20,C4 市電「十字街」站徒步約5分 函館市末広町14-2 0138-27-7600 10:00~18:30 休 1~4月的週一 P5個

函館元町有著多間擬洋風建築與和洋折衷町屋，いろは也是其中之一。いろは為1908年建成的和洋折衷住宅，在1樓懷舊的和風建築上，搭配洋風十足的2樓外觀，甚是獨特。店內的商品則以**和風生活**為主題，**從食器、各式和風雜貨、布製品、廚房用品**，甚至是繪本，生活小物琳琅滿目地陳列整個店內，穿梭其間便情不自禁地沉溺其中。

手工製作的玻璃藝品，每一件都有著獨一無二的特質。

The Glass Studio in Hakodate

別冊P.20,C4 市電「十字街」站徒步約3分 函館市末広町14-2 0138-27-1569 10:00~17:00 休 不定休 $ ミニ吊り花びん(迷你吊式花瓶)¥1,260起、吹玻璃體驗(含作品)15分鐘¥2,700 P4個

鄰近金森倉庫群，有一間很有味道的紅磚屋子，那是玻璃工房The Glass Studio in Hakodate，為明治時期舊建築的再利用。有別於一般以機器大量製造的玻璃製品，**玻璃工房販售的商品皆由工房成員一件一件手工吹製**。店鋪裡展示著大大小小的杯子、花瓶、擺飾等，其中最有特色的當屬烏賊造型的器皿，潔白通透的模樣甚是可愛。賣店後方是吹製工作室，可透過透明玻璃觀賞製作的情形，此外，也能預約吹玻璃及玻璃噴砂的體驗活動。

五島軒在十字街上還有一家洋菓子店，可以吃到懷舊的糕點。

五島軒 本店

おすすめ 薦

五島軒的咖哩是函館人熟悉的老味道，也是遊客朝聖的美味。

別冊P.20,C5 JR函館駅徒步18分、市電「十字街」站徒步5分 函館市末広町4-5 0138-23-1106 11:30~14:30(L.O.)，17:00~20:00(L.O.) 休 週二，1月1日~2日 $ 明治の洋食&カレーセット(明治洋食與咖哩組合)¥3,300 P40個 gotoken1879.jp

創於明治12年、超過140年的咖哩洋食店五島軒，單是瀟灑的洋館外觀就令人印象深刻，店內氣派豪華的空間與迴廊，充滿懷舊氣息，還曾成為小說和舞台劇的場景。**五島軒的招牌是咖哩，濃厚略甜的香醇味道，是從大正年間傳承至今的不變美味**。另外也有歷史悠久的西餐廳，提供法式和俄羅斯料理。

日本最老水泥電線杆
日本最古のコンクリート電柱

從二十間坂向下、往港邊的途中，街上有一根略顯奇特的電線杆，仔細一看才發現這根電線杆不是一般的圓柱，而是四角方柱，千萬別以為是什麼新穎設計，這可是日本最老的水泥電線杆。大正12年(1923年)時，元北海道拓殖銀行函館分店改建為鋼筋水泥建築，由銀行出資委託函館水電公司建造電杆，原本要建成木造圓柱，但考量函館常有大火，也為了與建築平衡，才以水泥築成。

別冊P.20,C4 市電「十字街」站徒步約3分 函館市末広町15-1

函館 厨房あじさい 紅店

別冊P.20,D4 市電「十字街」站徒步約5分 函館市豊川町12-7(函館ベイ美食倶楽部) 0138-26-1122 11:00~21:30 休第3個週四 味彩塩拉麵￥750 P100個，1小時￥200，消費滿￥1,500可免費停1小時 www.ajisai.tv

以鹽味拉麵出名的函館，名店所在多有，而**分店遍及札幌和函館的あじさい**則是其中之一。在函館BAY美食俱樂部裡的あじさい分店，以紅黑和木質為主調的裝潢明亮而充滿現代感，**招牌鹽味拉麵以豪邁大碗盛裝，以豚骨和雞骨熬成的澄澈湯頭，清爽中帶著明顯鮮甜**，配上肥厚叉燒、綠白蔥花和恰到好處的麵條，雖然吃到最後還是口味略鹹，但已能算得上是清爽夠味的絕品。

在百年建築裡看著窗外坂道、港口染上暮色，感受時光的魅力。

茶房 菊泉

さぼう きくいずみ

別冊P.20,B5 市電「末広町」站徒步約7分 函館市元町14-5 0138-22-0306 10:00~17:00 休週四(遇假日營業) とうふ白玉パフェ(豆腐製白玉聖代)￥680 P有

以町屋改造而成的菊泉保留著舊日格局，建於大正10年(1921)的建築原本是酒商菊泉的別館，**迄今已有近百年的歷史**。進入茶房，就像到了友人家中作客一般，矮櫃、榻榻米以外，還有冬日烤火燒水用的圍爐裏，冬天造訪時，爐火發散出的熱氣引人靠近，還可以把雙腳伸進一旁台階取取暖。店家提供的茶點也十分美味，以抹茶搭配甜菓，或是品嚐樸實的烤紅番薯點心，氣氛輕鬆自在。

東歐雜貨Chaika

ロシア雑貨・東欧雑貨 チャイカ

別冊P.20,A5 市電「末広町」徒步6分 函館市元町7-7 0138-87-2098 10:00~17:00 休週二 www.chaika-shop.com

簡約的店內充滿歐式風情，讓人想一探究竟。

與元町地區的異國情調相符，Chaika是一家**專賣俄羅斯、東歐地區雜貨**的店鋪，店面非常簡約，厚重的木門上有著斜紋裝飾，店內則是純白的空間，在架上擺著工匠製作的正宗俄羅斯娃娃、裝飾細膩的白樺木工藝品，或是陶器、絲巾、披肩及小巧飾品，當然也有東歐的糖果、巧克力，店內還有販售起源法國、卻成為俄羅斯皇家御用的茶葉「KUSMI TEA」，不同香氣的茶葉讓人一喝就上癮。

元町日和館

おすすめ 薦

北方兔人氣雜貨好齊全。

別冊P.20,A5 市電「末広町」站徒步10分 函館市元町10-13 0138-27-2685 11:00~15:00、週末10:00~16:00 休週一、不定休 $北うさぎ吊飾¥1,080 www.hiyorikan.com

與舊函館區公會堂同在一條坂道上的「元町日和館」，**大正時代建蓋的洋館，以綠色及天空藍分別漆在高低不同的洋館物外觀，可愛的建築風貌裡賣的也式可愛風格雜貨**，但這裡不是大雜燴的各式雜貨，內部僅分成兩區，一區全部都是貓咪圖案的可愛布飾手作，另一區則是函館最人氣雜貨北うさぎ(北方兔)的主題商品區，品項齊全，喜歡北方兔的別錯過。

以函館作家成田粋子創作的角色北うさぎ，30年來早已成為函館代表可愛小物。

元町公園雖不大，但居高臨下視野廣闊優美，周邊又是洋式歷史建築巡禮地。

元町觀光案內所(舊函館北海道支廳)

おすすめ 薦

古蹟內的觀光案內所。

別冊P.20,A4 市電「末広町」徒步5分 函館市元町12-18 0138-27-3333 4~9月10:00~16:00(10~3月至15:00) 休12月29日~1月3日

以函館地標建築史跡舊函館區公會堂為背景，位在其下坡處的元町公園內，優雅藍綠色木造建築、科林斯柱式的入口裝飾，既顯**建築氣派也因深具北海道開拓時期歷史意義，被列為道內指定有形文化財**。雖非整棟開放參觀，但**一樓作為觀光案內所使用**，任何人都能輕鬆入內，也是尋找、詢問旅遊資料的好地方。

天主教元町教會

カトリック元町教

別冊P.20,B5 市電「十字街」站徒步12分、「末広町」站徒步9分 函館市元町15-30 0138-22-6877 10:00~16:00(週日12:00~16:00) 休12月26日~3月1日，教會有活動時、週日上午及禮拜時不開放 $獻金¥200 motomachi.holy.jp

步上大三坂傾斜寬闊的石坂道，天主教元町教會和函館東方正教會一同鋪陳出浪漫獨特的函館氛圍。**1877年由法國人創建的天主教元町教會，與橫濱山手教會及長崎大浦天主堂並列，是日本著名的古老教堂**。完成於1924年的教堂建築屬哥德式風格，厚重外牆、六角高塔和塔頂的風信雞，充滿莊嚴而和諧的宗教氣息。教堂內華麗的祭壇，是來自羅馬教皇的禮物，也是日本唯一。

函館東方正教會

函館ハリストス正教

別冊P.20,B5 市電「十字街」站徒步15分、「末広町」站徒步10分 函館市元町3-13 0138-23-7387 10:00~17:00(週六至16:00、週日13:00~16:00) 休12月30日~1月5日，教會有活動時、週日上午及禮拜時不開放 獻金￥200 orthodox-hakodate.jp 2020年12月起進行為期2年的整修，暫不開放

建築優雅的函館東方正教會，外觀以雪白、銅綠兩色為基調，拜占庭風格的圓頂和細膩的鐘塔上，矗立了7座小小的雙十字架。最初建於1859年的教會，為當時駐函館俄羅斯領事人員的信仰中心，也是**日本東正教的傳教原點**。當地人喜愛暱稱教會為「噹噹寺」：當鐘塔明亮柔和的鐘聲，迴蕩在充滿異國風情的巷道間，就是幅最獨特的「音風景」。

函館聖約翰教會

函館聖ヨハネ教

別冊P.20,B5 市電「十字街」站徒步15分、「末広町」站徒步10分 函館市元町3-23 0138-23-5584 外部自由參觀 peacebe.net/index.html

聖約翰教會的外型不但特別、更充滿現代感：茶褐色的鏤空屋頂配上雪白色小巧的兩層樓房。若沿著坂道繼續往上走，就會明白這棟教堂建築的玄機了。原來，**從高處往下望，教堂屋頂的佈局就是一座展開的十字架**。

舊函館區公會堂

別冊P.20,A5 市電「末広町」徒步7分 函館市元町11-13 0138-22-1001 9:00~18:00、週六至一9:0019:00，11~3月9:00~17:00 休12月31日~1月3日，有時不定休 大人￥300、學生·小孩￥150 hakodate-kokaido.jp

位於元町公園高點的舊函館區公會堂建於1910年，**由粉藍、淺黃為主色配搭而成，左右對稱的殖民風格建築相當搶眼，是相當具代表的函館建築**。過去，這裡作為公共會堂之用，也是天皇巡視函館時的下榻之處。走進寬闊的建築內部，可以欣賞當年流行的吊燈、天井、貴賓室等，還有當年流行的洋風禮服供觀光客出租拍照。

優雅歐風坂道

函館市內從市電「函館どっく前」站附近的魚見坂到「宝来町」站附近的青柳坂，中間大大小小共有18個坂道，其中最著名的就是八幡坂，許多廣告或書刊雜誌都在此取景，名稱則是取自曾建在此坂道上的八幡宮。

其他如通往元町公園而人氣頗盛的基坂、與大三坂連接的チャチャ登り(チャチャ意為老爺爺，大家爬此陡坡時皆用老爺爺彎腰般的姿勢而得名)、通往函館東方正教會等景點的大三坂、為了防火而寬達二十間(36公尺)的二十間坂、前往函館山纜車的南部坂(坡度稍陡)等。

防止滑倒的小道具

冬天走在佈滿白雪的坂道上美歸美，但現實狀況是走起路來也是步步驚心，平面道路就已經夠滑，萬一遇到斜坡道簡直更加舉步維艱。這時除了找找路邊有無設置防滑砂箱外，最好事先買好防滑鞋墊，小巧方便隨身攜帶，不需要用時取下來放包包也不占空間。但即使有了防滑砂與鞋墊，也不代表高枕無憂，還是得放慢腳步，畢竟沒有百分百不滑的設備。

◎那裡買：防滑鞋墊在24小時便利超商有售

函館工芸舍

はこだて工芸舎

店內飄散不可思議的昭和風情。

別冊P.20,D5 市電「十字街」站下車即達 函館市末広町8-8 0138-22-7706 10:00~18:00(咖啡L.O.17:00) 休年末年始 $茶&甜點Set ¥700 P6個 www.hakodate-kogeisya.jp

昭和時代的街角圓弧老建築舊梅津商店，曾是相當繁榮的銀座通り街口具代表性的商家，仍保留著當時的牆壁商號字樣，**現在則集結了北海道及全日本各地作家的各式工藝、生活器具作品展售**。在充滿昭和氛圍的空間中，欣賞、購買作家作品別具特殊風味外，也有陶藝、茶道體驗教室，店內還特別闢有一個小角落，可以坐下來喝茶吃茶點，時光彷彿在此停駐。

ROMANTiCO ROMANTiCA

ロマンティコロマンティカ

別冊P.19,B4 市電「大町」站徒步4分 函館市弁天町15-12 0138-23-6266 11:00~23:00(午餐至15:00) 休週二、三 $口袋PITA套餐(含沙拉、飲料、甜點)¥1,450 www.romanticoromantica.com

鄰近函館港灣西阜頭側的這家帶點浪漫氣息的可愛咖啡餐廳，位在有著海洋藍色的老木造洋房1F，遠離函館鬧區中心，讓這裡顯得特別悠閒又輕鬆。**以聖代、甜點、餅乾等廣受在地女孩們的喜愛，也提供不少美味現做的PIZZA、口袋PITA、義大利麵等洋食**，各式套餐也讓人可以自由配，豐盛的餐點配上甜點，CP值相當高。

舊英國領事館

別冊P.20,A4 市電「末広町」站徒步5分 函館市元町33-14 0138-27-8159 9:00~19:00、11~3月9:00~17:00 休年末年始 $大人¥300、學生·小孩¥150 www.hakodate-kankou.com/british

1907年燒燬於大火的英國領事館，於1913年英國政府上海工事局重新設計改建，成為目前的模樣。**小巧的外觀和英式庭園相當可愛**，內部則可以看到當年領事居住和辦公的空間，還有展示函館開港歷史的紀念館。此外**館內也有道地的英式茶館**和紀念品店等，提供多種類的紅茶與下午茶選擇。

Angelique Voyage

アンジェリック ヴォヤージュ

別冊P.20,A4 市電「末広町」徒步5分 函館市弥生町3-11 0138-76-7150 10:00~19:00 休週一(遇例假日順延) ショコラボヤージュ(Chocolat Voyage) ¥1,500 P無，至合作的停車場滿¥1,500可免費停一小時 www.angeliquevoyage.com

隱身在函館坂道之中，Angelique Voyage是一家小巧的洋菓子工房，亮棕色店面在素雅的街區中顯得十分搶眼，推開店門，撲鼻而來的是甜甜氣息，小小的空間裡擺放了果醬及各式點心，小冰櫃裡則有不少可愛蛋糕，**現烤的蘋果派散發出美味香氣，酥脆口感與香甜蘋果的搭配讓人陶醉**，是店家的招牌商品之一，另外還有口味多元的可麗餅，也是深受歡迎的點心。

蘋果的發祥地——函館

說到日本蘋果，大家第一印象都是青森，其實在引進西洋蘋果之前，日本只有平安中期以來觀賞用的「和蘋果」，明治元年(1871年)才由德國籍農業指導員在函館七重村(七飯町)開設農場，以德國蘋果樹苗栽培，這就是日本食用蘋果的起源。明治4年大舉引進美國的蘋果種後，蘋果才日漸普及，就連被稱為「青森蘋果始祖」的菊池楯衛也是到七重村學習嫁接、栽種技術，所以道南不少菓子店都有蘋果派、點心，有些還會特地標榜是使用函館蘋果呢。

HAKODATE Soft House元町

ハコダテ ソフトハウス元町

別冊P.20,B5 市電「末広町」站徒步約10分 函館市元町14-4 0138-27-8155 9:00~17:00(依季節調整) 牛奶霜淇淋¥330 hakodate-soft-house.amebaownd.com

建於八幡坂旁hakodate softhouse，從2002年開幕至今已有二十幾個年頭。店內霜淇淋口味多達約20種，**混和了十勝牛奶與函館牛奶的牛奶霜淇淋(牛乳ソフト)**，牛奶本身的濃醇香氣與甜味，隨著融化在口中的冰散發出來，是店內最具人氣的口味。若是嫌單一口味不夠看，還可以**挑戰限時內完食8段霜淇淋**，據說至今已有多人挑戰成功，快去試試自己的吃冰速度極限吧！

大啖海鮮之餘還可以欣賞美麗景色，可說是奢侈的雙重享受。

遊膳炙家 沙羅の月

別冊P.20,C6 市電「十字街」站徒步10分 函館市青柳町9-23 0138-22-8022 11:00~14:30(L.O.14:00)、17:00~21:30(L.O.21:00) 午餐套餐 海峡￥1,404 P20個 www.sinsen-gumi.jp

想**邊吃美食邊欣賞函館的美麗夜景**，「沙羅の月」是非常好的選擇。在函館朝市經營海產販賣的「新鮮喰味」是其母公司，因此食材新鮮豐富，還可以從水槽選擇喜歡的海鮮食材。午餐可以合算的價格品嚐到各種定食、握壽司或當店招牌釜飯，黃昏時分時來此用餐，則可以欣賞夕陽的景色，天黑之後步行1分就能抵達纜車的搭乘處。

緑の島

別冊P.20,B3 市電「大町」站徒步約3分 函館市大町15 0138-21-3486(函館市港 空港部管理課) 9:00~20:00，10~11月、1~3月9:00~17:00 休1月1~3日 自由參觀 P200個

金森紅磚倉庫對面的人工島嶼——緑之島，8公頃大的島上除了停車場、大片草坪與長椅之外，可說是什麼都沒有，也正是什麼都沒有，才能讓人**在這裡感受到最純粹的放鬆**，在陣陣吹拂的海風、環繞四周的海洋中，品味超脫塵囂的寧靜氛圍。從綠之島向對岸望去，不同角度的港町風情躍然眼前，紅磚與藍天、河面相映的景色盡收眼底，夜間點上燈光的光景也別有情調。

空曠的小島擁有開闊風景，是回望函館市區的好地方。

MOSSTREES

別冊P.20,B3 市電「末広町」站徒步約3分 函館市大町9-15 0138-27-0079 11:45~14:00、17:30~23:30 休週一 午餐套餐￥1,000左右 P7個

在函館許多老建築改建的特色咖啡屋中，MOSSTREES是極具人氣的一家，**復古氛圍和美味洋食料理尤其深受當地女性上班族的喜愛**。建於明治43年(1910年)的洋式木造建物原為船具店，苔綠色的外觀非常獨特。走進店內，暖色的照明、深色的木頭家具、老時鐘和古董電話機，令人感受到歲月沈澱的氣息。豐富多樣的料理中，特別推薦絞肉咖哩(キーマカレー)和義大利麵，此外，多種口味的聖代也很受歡迎。

OZIO 本店

別冊P.20,C5 市電「十字街」站徒步1分 函館市元町29-14 0138-23-1773 11:00~19:00、11~3月11:00~18:00 休不定休 www.oziodesign.com

日本新銳皮革品牌OZIO，是由皮包製作者──永嶺康紀所創立。懷舊木製建築內，挑高的空間排列著五顏六色的皮革製品，一入店內就讓人感受到寧靜沉穩的氛圍，店的一角還可看到永嶺康紀工作中的模樣，認真的神態讓店內更添藝術氣息。架上包包的外型簡單大方，從上面的**圖案、車縫、設計，每一個環節都不馬虎**，店內的代表商品為有著動物圖案的各式包包，其中紅鶴更是此店的出發點，優雅而修長的身形，搭配黑白紅配色，讓人一看到就深受吸引。

外國人墓地

別冊P.19,A5 市電「函館どっく前」站徒步17分 函館市船見町23 0138-21-3323 自由參觀

從黑船入港、兩名培里將軍的屬下客死於此開始，函館成了日本最早開港的地方，也成了無數異鄉人的長眠之地。**在市電盡頭的外國人墓地，是看海最漂亮的地方**，俄羅斯、中國、清教徒等擁有各自的墓園，隔著大海永恆望向遙遠的故鄉，墨藍色的北國大海與遠方的駒ヶ岳構成美麗的圖畫。

蔚藍風光與墓地構築出魅力奇特的景色。

MORIE

モーリエ

別冊P.19,A5 市電「函館どっく前」站徒步17分 函館市船見町23-1 0138-22-4190 11:00~18:00(L.O.17:00) 休週一、二，1、2月，不定休 wwwe.ncv.ne.jp/~morie

這間位於外國人墓地內的小小咖啡館MORIE，儘管外觀普通，店裡卻出乎意料地溫暖舒適，還**擁有能看見美麗海景的長型窗戶，也曾經是《海猫》、《星に願いを(向星星許願)》等電影的拍攝場景**。店裡提供茶點、蛋糕，以及簡單的麵包輕食料理，可以在這裡享受不被打擾的午後時光。

高龍寺

別冊P.19,A5 市電「函館どつく前」站徒步約10分 函館市船見町21-11 0138-23-0631 6:00~21:00，參拜9:00~16:00(若遇寺廟法會則可能無法參拜) 自由參觀 20個 www.kokkasan.org

創建於1633年的**高龍寺是北海道最古老的寺廟**，現在看到的建築是在數度的火災、遷移後，於1910年重建的。抵達高龍寺時，首先映入眼簾的就是建築壯觀、雕工細膩的宏偉山門。這座山門由欅樹打造，雕刻者都是當代名工，是**東北以北最大的山門**，藝術性也備受推崇。

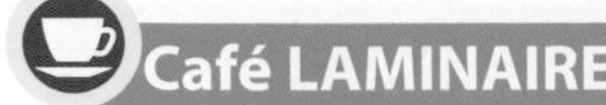

Café LAMINAIRE

別冊P.19,B6 市電「宝来町」站徒步約5分 函館市宝来町14-31 0138-27-2277 11:00~18:00 週四 珈琲ブレンド(綜合咖啡)¥500 約10個 www.clever.co.jp/laminaire

從宝来町下車往海的方向走到底，即可看到右手邊顯眼的紅色屋子和大片玻璃窗，那就是在地人也推薦的**私房海景咖啡屋**——Café LAMINAIRE。LAMINAIRE是海草的意思，呼應著咖啡店坐擁的大海景色，**簡潔的空間把焦點都留給海洋**，隨著天氣變換上演著太平洋的各種表情，晴朗時還能遠眺對岸的青森，而黃昏及夜裡的點點漁火又是另一種風情。或許是自然美景的神奇力量，店裡充滿著愜意的靜謐感，咖啡香伴隨著海潮聲，很適合享受一個人的時光。

Pain屋

別冊P.20,D5 市電「宝来町」站徒步約3分 函館市宝来町22-12 0138-22-8513 7:30~17:00 (售完為止) 週日、第2個週一 ヴァイツェンミッシュブロート(小麥裸麥混合麵包)¥185 2個

深受在地人愛戴的「Pain屋」，是得獎人氣麵包店「こなひき小屋」的姊妹店。使用北海道產小麥及在地蔬果、牛奶、雞蛋等製作的麵包，種類豐富，樣樣可口，其中**相當受歡迎的是口感紮實的德國麵包，以及充滿奶油香氣的可頌**。此外，還有以宝来町老舖「阿佐利精肉店」可樂餅所做成的三明治麵包，也值得一嚐。

高島屋珈琲 銀座通り店

おすすめ 薦

店內咖啡種類非常豐富，每一種都有獨特風味。

別冊P.20,D5　市電「宝来町」站徒步約3分　函館市宝来町22-13　0138-22-6114　12:00~17:00　休週四、不定休　咖啡¥500　P3個

高島屋珈琲本店位於北斗市，兼營咖啡烘焙坊與賣店。銀座通り店位於住宅區的巷子裡，**小小的店裡擺滿了自家烘焙的咖啡，有20幾種可選擇**，連咖啡迷們也沈醉的好豆子煮成的咖啡，大多只要500日幣，價格很實惠。店裡有個結合復古與非洲元素的吧檯，白天可以在此享用咖啡、蛋糕，晚上則提供酒飲與咖哩餐點。牆上一張文宣引人注目，原來是老闆對東北震災發起的關懷行動，邀請大家響應，並親自開著「くまカフェ号(熊咖啡號)」巡迴東北震災地，提供災民免費的美味咖啡。

元祖 小いけ

別冊P.20,D5　市電「宝来町」站徒步約1分　函館市宝来町22-4　0138-23-2034　11:00~ 15:30　休1月1~3日，不定休　カレー(咖哩飯)¥670　P4個

創業於昭和23年(1948年)的「元祖 小いけ」，**是函館人從小吃到大的印度咖哩老店**，充滿歷史痕跡的小店面守護著60多年來的傳統口味。而美味的祕訣就藏在每個細節中，濃郁的咖哩醬是先以嚴選小麥粉和奶油在炭火上慢炒兩個小時，再混合咖哩粉，並使用豬骨、雞骨和大量蔬果熬製的高湯煮成，甘甜中帶著辣味；白飯也刻意煮成與咖哩對味的偏硬口感，令人一吃上癮。

選用優質肩里肌肉做成的豬排蓋飯，也是必吃的美味。

蛸焼こがね

別冊P.20,D6　市電「宝来町」站徒步約1分　函館市宝来町22-1　0138-27-7060　14:30~21:00、週末12:00~21:00　休週四　たこ焼(章魚燒)10個¥350

營業超過40年以上的蛸焼こがね，是函館市內極具人氣的章魚燒店。做成**一口大小的章魚燒，吃得到新鮮的章魚丁**，柔軟的麵糊中還加了紅薑絲、蝦米和鰹魚片增添風味，帶有一點年糕般的彈性口感也是其特色，配上特製的醬汁和微酸的美乃滋，讓吃過的人都難以抵擋它的魅力。由於營業到很晚，許多人從函館山賞完夜景下山，都會來上一份，樸實的美味讓身心都大大滿足。

阿佐利精肉店

別冊P.20,D6 市電「宝来町」站下車即達 函館市宝来町10-11 0138-23-0421 精肉店10:00~17:00、餐廳11:00~14:00、16:00~20:30，午餐菜單僅平日提供 週三 コロッケ(可樂餅)¥85，壽喜燒午餐¥1,500起 10個

創立於明治34年(1901年)、**已有百年以上歷史**的阿佐利精肉店，不僅提供市民們優質的肉品，**每日現炸的手作可樂餅更是擁有超高人氣**，使用北海道的馬鈴薯、洋蔥和上等絞肉製成，一個只賣85日幣，一天800個的量經常在中午左右就銷售一空。此外，本店2樓還設有壽喜燒餐廳，優雅的日式用餐空間很有氣氛，以絕對新鮮的食材製成的料理也非常美味。

唐草館

別冊P.19,B6 市電「青柳町」站徒步約1分 函館市青柳町21-23 0138-24-5585 預約制，12:00~14:30(L.O.13:30)、18:00~21:30(L.O.20:00) 週一全日(遇例假日營業)、週二午餐休 午餐套餐¥3,000起 有 www.karakusakan.com

位於函館公園附近的唐草館，是間有著復古洋房外觀的法式料理餐廳。淡綠色的建築建於大正11年(1922年)，裡外皆散發著港都的歷史氛圍，餐廳自2000年營業至今，便以**懷舊氣氛和精緻餐點深受在地人的好評**。主廚對於食材特別講究，使用函館近郊的無農藥蔬菜，魚肉、貝類也嚴選在地捕獲的海鮮，做出口感細膩、天然風味的料理，充分呈現北海道四季的上質美味。此外，葡萄酒的選擇也很豐富，亦有北海道及法國產的10幾種起司可品嚐。

淡綠色建築充滿歐式的優雅風情，還沒品嚐料理就讓人為之著迷。

谷地頭溫泉

おすすめ 薦

別冊P.19,B6 市電「谷地頭」站徒步約5分 函館市谷地頭町20-7 0138-22-8371 6:00~22:00(入館至21:00) 第2個週二 大人¥430、7~12歲¥140、3~6歲¥70 101個

到谷地頭溫泉泡湯，是感受函館在地生活的最佳方式。

谷地頭溫泉位於市電終點站「谷地頭」站附近，下車後穿越寂靜的住宅區，步行約5分鐘即達。1951年由函館市水道局挖掘的谷地頭溫泉，原為市營溫泉，於2013年4月起轉為民營，目前仍維持著市營時便宜的價格和乾淨舒適的空間。百坪大的室內澡堂相當寬敞，溫泉水為棕褐色，含有豐富的鐵，是均溫為45度的高溫溫泉；**露天風呂仿照五稜郭的五角星造型，可以遠眺函館山綠意**，也十分受歡迎。雖然設備不是最新，仍以優質的溫泉、便宜的價格和乾淨寬敞的空間，深受當地居民和觀光客的喜愛。

泡湯後可以在休息區小憩，也有販賣機提供飲料和熱食。

五稜郭

ごりょうかく

Goryokaku

江戶末期建造的五角星狀城郭——五稜郭，曾是舊幕府軍與新政府軍最後交兵的舞台，隨著這歷史留名的箱館戰爭落幕，舊幕府軍戰敗、土方歲三戰死，為這裡留下了哀戚的歷史感。光陰飛逝，過去的歷史種種可在五稜郭塔內的展示處追憶，五稜郭則轉變為觀光勝地，除了有五稜郭展望台高塔讓人一探星狀碉堡的秘密之外，春天來臨時，櫻花盛開時的五稜郭更是賞花名所。

交通路線&出站資訊

電車

JR五稜郭駅◇函館本線、道南漁火鐵道

函館市電「五稜郭公園前」站◇2號系統、5號系統

巴士

◎從JR函館駅出發

★五稜郭塔・特拉皮斯女子修道院接駁巴士◇JR函館駅前【4號乘車處】搭乘5系統往函館機場的車次，平日9:15起，每1小時一班，1天6班，末班車14:15，週末及例假日8:45起，每30分鐘一班，1天12班，末班車14:45發車；約15分可抵達五稜郭塔，27分至市電「湯川温泉」站前，37分至特拉皮斯女子修道院

$ 函館駅至五稜郭塔￥240、至特拉皮斯女子修道院￥300；可使用函館巴士1日乘車券，或市電・巴士共通乘車券 ! 五稜郭塔至特拉皮斯女子修道院約22分、￥270

★函館巴士◇幾乎大部分巴士都有前往「五稜郭」，【5號乘車處】及【6號乘車處】幾乎各路線都能抵達

www.hakobus.co.jp

◎從JR五稜郭駅出發◇JR五稜郭駅前前搭乘函館巴士41、42等系統，約20分至「五稜郭」站下車徒步10分，￥240

◎從函館機場出發◇函館機場【2號乘車處】搭乘5號系統往五稜郭、函館駅方向，在「五稜郭タワー前」站下車，約30分鐘，￥300

出站便利通

◎巴士「五稜郭タワー前」站就在五稜郭塔前方，距離最近；但最多巴士停靠的站則以「五稜郭公園前」居多，徒步至五稜郭塔約4分鐘。

丸井今井 函館店

別冊P.18,C2 市電「五稜郭公園前」站徒步1分 函館市本町32-15 0138-32-1151 10:00~18:30 休1月1日 www.marui-imai.jp/hakodate/h_top

位在Share Star正對面，中間隔著路面電車的「五稜郭公園前」站，有B1地下道可以彼此串聯，兩家大商場也讓這處街角交通要道更加熱鬧，尤其**丸井今井是函館最具代表的老牌百貨公司，至今130多年歷史，想買東西，這裡肯定是在地人口袋名單**，化妝品、服飾、書店、餐飲外，B1也是集伴手禮大成必逛之處，想稍歇息的話，B1、1F跟3F都設有咖啡餐廳。

Share Star

おすすめ 薦

五陵郭公園人氣新商場。

シェスタ ハコタデイ

別冊P.18,C2 市電「五稜郭公園前」站徒步1分 函館市本町24-1 0138-31-7011 10:00~20:00、G Squar 9:30~21:30 休1月1日 www.sharestar.jp/shop

以B1到地上4層樓所構成的商場「Share Star」，就位在市電五稜郭公園前站所在的熱鬧路口上，**商場雖僅5個樓層，但集結最熱門店，2017年開幕後很快就成為話題商場**。B1原本是美食街，2021年4月由MUJI承接，以集結北海道產食材為主的主題店鋪。1~3樓是超大型店MUJI&MUJI Cafe，4F則以函館出身的樂團GLAY為主題設計成Free Space。

光1樓食品區，就大到像在逛小超市般。

小朋友圖書區裡也幫小小孩設了一處遊樂區。

MUJI

おすすめ 薦

日本三大MUJI大型店之一。

Share Star 1~3F 10:00~20:00 www.muji.com/jp/flagship/share-star-hakodate/

除了東京、大阪，MUJI位在函館這家店號稱北海道最大，**佔據了Share Star整個賣場的3/5空間。從1至3樓，加上B1樓，各類商品分門別類陳列外，商品也齊全到令人驚艷**。加上以大量綠色植物、木作空間氛圍縈繞，讓這家MUJI逛起來特別舒適。包含服飾、食品、家具、書店、Cafe、雜貨、香氛等，尤其書店區看似將書籍分散在家具、家飾空間中，讓人有種回到家般的自由氛圍。

OZIO Y.N店

Share Star 1F 0138-23-1773 10:00~20:00 www.oziodesign.com

知名皮革手作家永嶺康紀的「OZIO」分店就位在大門入口處的空間裡，這裡**除了有新作品展售也有OZIO定番的幽默動物圖案系列，小小店內也包含「Notte del viaggio」的雜貨選物商品**，各式手工皮製設計包款、皮夾、名片夾等，樣式也相當多元，喜歡皮製品的人可以買到獨特商品。

G SQUARE

Share Star 4F 0138-35-4000 9:30~21:30 g-sq.jp

可以眺望街道視野的4樓，這邊不做商業使用，反而是一處**任何人都能自由使用的開放式多功能空間**，以及可以作為各式活動的舉辦地。以函館出身的天團GLAY來命名，因此空間裡也設有一處GLAY的大型壁雕及一個報時時鐘。最大空間則都是桌椅座位區，**可以自由休憩、飲食外，也有小朋友童書區。**

整點一到，時鐘會打開並有一艘船出現，鐘響也變成GLAY的音樂。

函館麵廚房あじさい本店

別冊P.18,C1 市電「五稜郭公園前」站徒步約8分 函館市五稜郭町29-22 0138-51-8373 11:00~20:25(L.O.) 休第四個週三，遇假日順延 味彩塩拉麵￥750 P有 www.ajisai.tv

就位在五稜郭塔對街的あじさい本店，是**創業超過80年的拉麵老店**，在函館及札幌都有分店。店家招牌的鹽味拉麵有著以道南昆布為底，加入豚骨、雞肋以及天然岩鹽煮出的清澈湯頭，與特選的細麵及肥嫩的叉燒非常搭配，不僅深受在地人喜愛，也吸引許多觀光客前來品嚐。

五稜郭塔

別冊P.18,D1 「五稜郭公園前」巴士站徒步4分鐘、市電站15分 函館市五稜郭町43-9 0138-51-4785 8:00~19:00，10月21日~4月20日9:00~18:00，五稜星之夢期間9:00~19:00、1月1日6:00~19:00 大人¥900、國高中生¥680、小學生¥450 無(附近有付費停車場) www.goryokaku-tower.co.jp

五角柱形的五稜郭塔就位於公園旁，**標高107公尺的展望台可以從空中盡覽五稜郭公園優美的星狀結構，並有五陵郭相關的歷史展示**。位於展望台上、不少日本人開心合照的銅像，則是在箱館戰爭中命喪於此的新選組副長土方歲三像。塔內另外也設有咖啡店、餐廳和紀念品商店。

來展望室的透明玻璃地板試試膽量吧！

不上高處就無法一窺五陵郭星芒形狀的城郭魅力，展望室共分2層，電梯會先抵達展望室2F，然後可以步行下階梯至展望1F，這裡除了供應咖啡，也有一塊裝上玻璃地板的區域，透過玻璃可清楚看見86公尺下的街道與汽車往來，可以走在上面試試膽量喔。

MILKISSIMO 五稜郭タワー店

ミルキツシモ

五稜郭塔2F 0138-30-3370 4~10月8:00~19:00、10~3月9:00~18:00 義大利冰淇淋(任選3種口味)¥560 www.milkissimo.com

義大利冰淇淋專賣店「MILKISSIMO」，**創店起源於函館，現在也拓店至各地，是在地人熱愛的冰淇淋店**。使用函館鄰近生產的新鮮牛奶與地產蔬果為優質製作原料，讓冰淇淋口味更健康又甜美，光看冰櫃內的冰淇淋，展示的冰品美麗、顏色艷麗，不僅好吃，連點好的冰品也很重視視覺呈現，享用起來更開心。

五陵郭店的冰淇淋，上面再擺上一個巧克力五芒星，與五陵郭外型呼應。

五稜郭塔賣店

GO太くん可是北海道的人氣角色。

五稜郭塔1F

到五稜郭塔遊玩，進出時一定會經過塔內的紀念品商店。各式口味的牛奶糖、煎餅，或是狐狸等玩偶，這裡不僅蒐羅了函館、道南，甚至北海道的名產，還有多種**五稜郭塔的限定、原創商品**，官方角色「GO太くん」的文件夾、玩偶，或是以新選組、土方歲三為主角的紙膠帶、明信片、貼紙等小物也非常豐富，要尋找函館特色的話絕不能錯過。

五稜郭公園

おすすめ 薦

五稜郭不僅是函館發展的重要據點，對日本歷史發展也十分重要。

別冊P.18,D1 市電「五稜郭公園前」站徒步15分 函館市五稜郭町44 0138-31-5505 5:00~19:00，11~3月5:00~18:00 97個，1小時內¥200，超過每30分加收¥100

函館(舊稱箱館)於1855年開港通商，幕府感受到函館的重要，因此耗時8年，打造了這座歐式的五角星形城郭，以作為**當時北海道的政治和軍事中心**。1867年大政奉還後，屢敗屢戰的舊幕府勢力與**新選組撤退至北海道，以五稜郭為根據地**，在此最後一度抵抗支持天皇的新政府軍，即為箱館戰爭(1868~1869年)。最後舊幕府軍戰敗，幕末動亂正式結束，五稜郭也因此在日本近代史中占有重要地位。1914年起，五稜郭作為公園開放給一般民眾使用，尤其以**春櫻盛開**時最為迷人。

五稜星之夢

五稜星の夢イルミネーション

冬季時五稜郭公園被白雪覆蓋，登上五稜郭塔展望台，向下俯瞰，是與春櫻秋楓時截然不同的雪白情調。每年12月起還有燈彩活動，城郭周邊點綴上2,000個燈泡，夜幕低垂時燈火亮起，照亮了五稜郭的輪廓。因為日落時間的差異，看到的景色還會有偏黑、偏藍的不同。

12月1日~2月28日，日落後~20:00 五稜郭塔17:00後大人¥810、國高中生¥610、小學生¥410

©函館市觀光部

©函館市觀光部

箱館奉行所

五稜郭公園內 0138-51-2864 9:00~18:00、11~3月9:00~17:00(售票至閉館15分前) 休12月31日~1月3日、不定休 大人¥500、學生‧小孩¥250 www.hakodate-bugyosho.jp

箱館奉行所是在開港之後**幕府設於函館的政治中樞**，它位於五稜郭的正中心，**豪壯的城池就是為了保衛它而建**。隨著新政府成立，箱館奉行所遭到解體的命運，但因為它的存在是理解五稜郭歷史的重要環節，因此在歷經20年的考證後，函館召集了日本各地的傳統名匠，費時4年完成了主建築的復原工作，並在2010年7月29日正式開放。透過復原的建築，可以明白當時空間使用的狀況、進而了解箱館奉行當時的工作與生活，關於歷史背景與復原過程的介紹也相當有趣。

閃閃發光的塑像引人目光。

武田斐三郎顯彰碑

五稜郭公園內

武田斐三郎是五稜郭的設計者，據說五稜郭的設計緣起可回溯至安政2年(1855年)，當時法國軍艦君士坦丁號為了救治船員，停靠函館，斐三郎向副艦長習得大砲設計圖及星形要塞的繪圖，依此設計原則，他構思出了五角星狀的城池。因此傳說**只要摸彰顯碑上的臉，就可以變聰明**，塑像也因此被遊客們摸得閃閃發亮。

函太郎 五稜郭公園店

おすすめ 薦

平價壽司美味大滿足。

別冊P.18,D1 市電「五稜郭公園前」站步行15分鐘，或轉搭巴士在市立圖書館下車 函館市五稜郭町25-17 0138-52-5522 11:00~22:00 依盤色計價￥132~600 www.hk-r.jp/shop/g_kantaro

來到三面環海的函館海鮮大本營，當然美味海鮮一定要列入美食口袋名單。**想一次吃到最多不同海鮮的鮮甜滋味，壽司絕對是首選，在地人氣迴轉壽司店「函太郎」，每天提供超過100種的菜單選項**，尤其自由從迴轉台上取用，最適合不知該怎們點菜的外國人，當然不僅迴轉台上可以選，也可直接從菜單上選，就不用痴痴等自己最愛的海鮮出現。

每個顏色的盤子代表不同價格，清楚標示桌前，大啖美味也不傷荷包。

Chouette Cacao

別冊P.18,C2 五稜郭塔徒步約6分 函館市梁川町27-16 0138-33-5766 10:00~19:00 休週四 P有 chouette-cacao.com

距離五稜郭塔不遠的Chouette Cacao是**函館少有的巧克力專賣店**，店名「Chouette」於法文中意指貓頭鷹，因此店家LOGO就是一隻貓頭鷹。雖然是巧克力專賣店，店內也有其他種類的點心，像是瑪德蓮蛋糕、磅蛋糕、布朗尼、餅乾等甜點，不過最讓人心動的還是櫃子裡一字排開的巧克力，鳳梨、櫻桃、紅茶、杏仁、香檳等不同口味，造型、內餡各異的多種巧克力讓人難以抵擋。

六花亭 五稜郭店

おすすめ 薦

結合五陵郭的最美店內風景。

別冊P.18,D1 市電「五稜郭公園前」站徒步10分 函館市五稜郭町27-6 0138-31-6666 9:30~17:30，Cafe 11:00~16:00(L.O.15:30) P26個 www.rokkatei.co.jp

北海道必買伴手禮的「六花亭」，位在五稜郭公園旁的店舖被成排大樹圍繞幾乎看不到店面在哪。包含商品與咖啡廳的這家店，店內裝潢並無特別驚人處，但進到店內空間後，一定會被結帳櫃台後那一大片玻璃外景致所震驚。**緊鄰五稜郭的店，特別在面對公園側以無視覺干擾的大片透明玻璃帶入五稜郭公園四季景色，視覺美景如此豪奢，讓結帳都好享受。**

簡約的賣店空間，將所有專注力都留給玻璃外的美景。

自家焙煎咖啡Pibrey

薦 おすすめ

自家焙煎珈琲ピーベリー

以窗外綠意搭配早午餐，美味更上一層。

別冊P.18,D1　搭乘函館巴士在「中央図書館前」站下車徒步1分　函館市五稜郭町27-8　0138-54-0920　8:00~18:00、週日8:00~17:00(11~3月9:00~17:00)　休週一、每月第2個週二　おねぼうセット(貪睡套餐)¥880　P10個

位在五稜郭公園一角的咖啡廳ピーベリー(Pibrey)，從大片落地窗外射入滿滿綠意，**推薦早來的人可以點份比薩與午前限定的おねぼうセット(貪睡套餐，含蔬果、兩個熱麵包及飲品)**，現點現烤的香氣隨著熱氣一同散發，令人垂涎，香脆的外皮搭配鬆軟的內

Old New Café

別冊P.18,C2　市電「五稜郭公園前」站徒步約3分　函館市本町32-6　0138-55-2005　11:00~19:00　休週一　ケーキセット(蛋糕套餐)¥880起、カプチーノ(卡布奇諾)¥600　www.facebook.com/OLDNEWCAFE.Hakodate

Old New Café店主人曾遠赴義大利學習咖啡相關技術，店內的咖啡皆嚴選品質高等的咖啡豆，親自悉心焙煎、沖泡後才提供給顧客，餐飲與蛋糕也都是選用北海道產的安心食材來製作，美味之餘更是吃得放心。**點餐率最高的戚風蛋糕(シフォンケーキ)與卡布奇諾組合是本店的招牌**，看起來簡單樸素的蛋糕濕潤有口感，卡布奇諾上的可愛拉花圖案，或是小熊、或是兔子，奶泡細密柔滑，中和了咖啡的微苦，風味絕佳。

綠色屋頂既顯眼又可愛。

夏井珈琲Brucke

薦 おすすめ

營業超過25年的夏井咖啡，在當地人與觀光客間都頗為知名。

別冊P.18,C1　市電「五稜郭公園前」站徒步約20分　函館市五稜郭町22-5　0138-52-3782　11:00~21:00(L.O.20:00)　P7個　ホタテのキッシュとパスタセット(法式扇貝鹹派義大利麵套餐)¥1,188　www.natsui-brucke.com

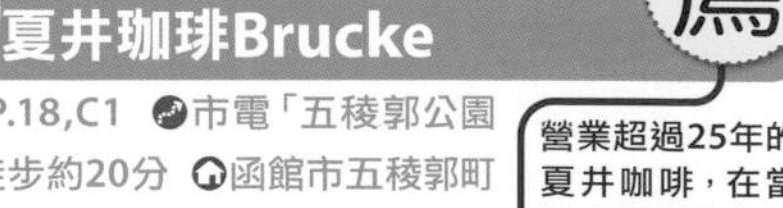

有著可愛綠色屋頂和多角形屋子的夏井珈琲，是在地人也很喜歡去的地方，不僅提供多種優質的自家烘培咖啡豆及飲品，老闆娘獨創口味的餐點也非常美味。**最受歡迎的套餐是法式鹹派搭配義大利麵**，烤得香酥的鹹派裡面有馬鈴薯、野菜、火腿和蛋，口感鬆軟綿密。套餐附有飲料和自製霜淇淋，**招牌綜合咖啡混合了八種咖啡豆**，厚實中帶著迷人炭燒香氣。另外，鱈魚子奶油義大利麵也是老闆娘的自信推薦。

湯の川溫泉

ゆのかわおんせん

Yunokawa Onsen

湯の川溫泉被喻為「函館の奥座敷」，意指函館近郊的觀光地或溫泉街，從函館市街搭乘巴士到這裡只需約15分即可到達，便利的交通，吸引許多遊客順道前來享受泡湯樂趣。濱海的湯之川溫泉街上約有20間的旅館及飯店，還有三處當地民眾常利用的公眾浴場，無論是想要高級旅館的尊寵呵護、或是與當地婆婆媽媽來個local的泡湯時光，在這裡都可以體驗得到。

交通路線＆出站資訊

電車

函館市電「湯の川溫泉」站➪2號系統、5號系統

函館市電「湯の川」站➪2號系統、5號系統

函館市電「深堀町」站➪2號系統、5號系統

巴士

從函館市區出發➪JR函館駅前【3號乘車處】搭乘函館巴士[6]、[96]號系統，約25分至「湯の川温泉」站下車即達，¥290；JR函館駅搭乘湯の川温泉ライナー，僅週末、例假日運行於溫泉主要站點與大型溫泉旅館間，20分、¥300；也可利用往五稜郭塔・特拉皮斯女子修道院接駁巴士

從函館機場出發➪【3號乘車處】搭乘函館帝產巴士「函館空港線」，約6分至「湯の川温泉」站，車資¥230

出站便利通

前往特拉皮斯女子修道院➪修道院交通不便，且遠離各大景點，從湯之川溫泉出發的話，需從市電「湯の川」站轉搭巴士15分鐘後再徒步

湯の川温泉

別冊P.18,B1 市電「湯の川温泉」站徒步1分 函館市湯川町 0138-57-8988(函館湯の川温泉旅館協同組合) hakodate-yunokawa.jp

擁有370年以上歷史的湯の川溫泉，是**昔日松前城主的私房溫泉地**，以能眺望海景、尤其是捕小管期間的浪漫海上漁火而聞名。沿著市電，湯の川溫泉一帶的溫泉街上以信仰中心湯倉神社為起點，從單純泡湯到一泊二食的高級溫泉旅館都有不少選擇。

湯倉神社

別冊P.18,B1 市電「湯の川」站徒步1分 函館市湯川町2-28-1 0138-57-8282 自由參拜 www.yukurajinja.or.jp

提到湯川溫泉就一定要知道湯倉神社，據說500年前湯川溫泉最初發現的源泉地就在此，雖不可考，但**360多年前確實記載的是松前藩第九代藩主高廣幼年時因體弱多病，來此進行湯治而治癒，湯倉神社也開始廣為人知**。這裡以兩位主神及醫藥與溫泉之神坐鎮，是在地人精神與祈求身體安康的重要神社。

函館有小管街道之稱，神社也將籤詩藏在小管造型內，想抽籤詩還得自己釣！

因治癒疾病而建社，來這裡當然要用開運小槌把壞運、疾病都打跑。

やきだんご 銀月

おすすめ 薦

超過50年滋味的美味糰子，是不可錯過的必吃點心。

別冊P.18,B1 市電「湯の川溫泉」站徒步約3分 函館市湯川町2-22-5 0138-57-6504 8:30~17:30 休不定休 串だんご(糰子串)1串￥119 P5個

抱持著想做出「每天吃的零食」而創業的銀月，從昭和41年(1966年)至今，堅持在每個營業日的**早上新鮮製作**，單純實在的美味深受在地人的喜愛。**最具人氣的焼きだんご(烤糰子)更在1985年的全國菓子博覽會中奪得大賞**，來店的客人幾乎都是10根以上在購買。只見親切的媽媽店員們熟練地在白澎澎的糰子上分別抹上大量豆沙、醬汁，一串串熱騰騰的美味便出爐了。使用100%北海道產米製作的糰子非常柔軟，各種口味皆有愛好者，推薦香濃的芝麻口味。

湯の川溫泉足湯

おすすめ 薦

等車也能泡溫泉。

別冊P.18,B1 市電「湯の川溫泉」站徒步1分 湯の川溫泉駅前方路口 9:00~21:00 免費

以湯治聞名的湯の川溫泉，各式溫泉旅館林立，市電最後兩站的湯の川溫泉駅、湯の川駅中間的範圍，也是享樂溫泉的散策範圍。走累了、搭車前，也不妨**善用位於湯の川溫泉駅前方路口的這處免費足湯，享受溫泉消除疲勞外，還可欣賞往來的市電風景。**

丸山園茶舖 湯の川店

別冊P.18,B1 市電「湯の川」站下車即達 函館市湯川町2-27-29 0138-57-3791 11:00~16:00 休週日 抹茶附和菓子￥450 www.maruyamaen.co.jp

函館雖然不產茶，卻可以買到高品質且具有當地特色的日本茶。創立於昭和12年(1937年)的丸山園，**從日本各產地嚴選最優質的茶葉，利用各種茶的特性，以函館的風土加以孕育，做出專屬於丸山園的味道**。丸山園在函館擁有2家直營店，其中位於湯倉神社對面的湯之川店，除了茶葉的販售之外，還提供了稍事休憩的空間，旅客可在店內享用現場沖泡的抹茶，配上甘甜的和菓子，感受日本傳統的茶道文化。

函館市熱帶植物園

別冊P.18,B2 市電「湯の川」站下車徒步15分；JR函館駅前【3號乘車處】搭乘函館巴士[96]號系統，約20分至「熱帶植物園前」站下車徒步即達，¥270 函館市湯川町3-1-15 0138-57-7833 9:30~18:00(11~3月至16:30) 休12月29日~1月1日 成人¥300、中小學生¥100 約120個 www.hako-eco.com

由函館市經營的函館市熱帶植物園，利用溫泉水的熱度種植約300種爭奇鬥妍的熱帶植物。館內還住了小兔子與猴子，**冬季天寒地凍中，猴子們會泡在暖哄哄的溫泉水中取暖**，看牠們一派幸福的模樣，真是可愛討喜極了。

泡湯的猴子是冬季參觀的亮點。

幸寿司

別冊P.18,A1 市電「湯の川溫泉」站下車即達 函館市湯川町1-27-2 0138-59-5437 12:00~14:30、17:00~22:30(L.O. 22:00) 休週二、12月30日~1月1日 北寄貝握壽司1貫¥300 6個 www.kozushi.com

位於湯之川溫泉地區的幸寿司，是間看似傳統，卻可以於細節處發現老闆創新功夫的壽司店。對新鮮與品質毫不妥協的老闆，**不僅每天親自到市場挑選食材，為了引出食材最好的風味，更悉心研究如何搭配合適種類的鹽**，醋飯的炊煮、器皿擺盤亦皆相當講究。墨魚握壽司不腥不臭、越嚼越香，相當適合細細品味。而本店必點的創意料理「ホタテのおこげ」，結合了西洋與和風，先將醋飯、扇貝丁混合特製白醬炒過，再烤到焦香。咬開脆脆的鍋巴表皮，鹹香鮮美的滋味立刻在口中擴散開來，十足美味。

湯元 啄木亭

別冊P.18,A1 市電「湯の川溫泉」徒步3分 函館市湯川町1-18-15 0570-026-573 一泊二食，每人約¥9,000起 200個 www.takubokutei.com

湯之川溫泉的溫泉旅館「湯元啄木亭」，整體裝潢流露出細緻高雅的和風氣氛。位於頂樓11樓的風呂「雲海」，廣大室內池有30公尺長的落地窗相伴，**戶外則有可以眺望海洋與漁火的露天溫泉**，會席料理也運用當地海鮮等食材，新鮮豐富。

望楼NOGUCHI函館

別冊P.18,A1 市電「湯の川温泉」站徒步3分 函館市湯川町1-17-22 0138-59-3556 一泊附早餐方案，每人約￥17,450起 70個 www.bourou-hakodate.com

在2010年9月以新裝開幕的望楼NOGUCHI函館，房間充滿柔和而溫暖的設計感，**也特別規劃擁有個人溫泉和適合單獨旅行者居住的空間**。頂樓的露天風呂氣氛良好，茶室和閱讀空間等公共空間也令人心情放鬆。

松月堂餅店

別冊P.18,E3 從市電「湯の川温泉」站搭電車至「深堀町」站下車即達，車程約6分，車資￥210 函館市駒場町7-9 0138-51-3284 9:00~19:00 櫻餅￥100

位於電車深堀町站旁的松月堂餅店，從昭和25年(1950年)營業至今**已有70多年的歷史**，櫃台後方一側的拉門即通往住家，充滿了傳統日式風情。乾淨清爽的店內販售著栗子饅頭、最中餅、大福等和菓子，**春天時特別推薦有著漂亮粉紅色的櫻餅**，晶瑩的糯米包著紅豆餡，櫻葉散發著櫻花的獨特香氣，是充滿季節感的愉悅滋味。

香雪園

こうせつえん

別冊P.18,G2 從JR函館駅「2號乘車處」搭乘函館巴士[82]系統約40分至「香雪園」站下，車資¥280，從「湯倉神社前」站出發車資¥210；也可從「湯川温泉電停前」站搭乘[81]系統巴士前往，車資¥210 函館市見晴町56 0138-57-7210(函館市花と緑の課 東部公園事務所) 9:00~17:00 免費 155個 www.hakodate-jts-kosya.jp/park/miharashi

香雪園又名「見晴公園(みはらしこうえん)」，園地超過4萬坪之廣，這裡原本是明治年間函館富豪岩船家興建的別邸，後來由市政府管理。庭園內建有茶室風的庭院、溪流，甚至還有紅磚的溫室，融合了西洋與和風的特色，春季時染井吉野櫻綻放，秋季則變為**函館的紅葉名所**，火紅楓葉的景色十分美麗，也是**北海道唯一的國指定文化財庭園**。

特拉皮斯女子修道院

おすすめ 薦

美麗景色讓修道院成為熱門旅遊地。

トラピスチヌ修道院

別冊P.18,H3 JR函館駅前【4號乘車處】搭乘[5]系統往 五稜郭タワー・トラピスチヌシャトルバス (五稜郭塔・特拉皮斯女子修道院接駁巴士)，在「トラピスチヌ前」站下車約37分、¥300；也可搭市電至「湯の川」站轉搭巴士前往，約15分鐘後再徒步 函館市上湯川町346 0138-57-2839 9:00~11:30、14:00~16:30 休12月30日~1月2日、不定休 P79個 www.ocso-tenshien.jp

建於1898年的特拉皮斯女子修道院由法籍修女所創立，是**日本最早的女子修道院**。修女們生活的區域並未開放參觀，但前庭和小小聖堂的氣氛都相當平和寧靜。旁設的建築有描寫修道院生活的資料館，以及**修女們手工製作的瑪德蓮蛋糕和奶油糖**等點心販售。

瀰漫法式風情的庭園建築。

罐頭與函館

函館曾經是鮭魚、鱒魚、螃蟹等遠洋漁業的發展重鎮，豐富漁獲除了直接販賣以外，也有大部分是加工製成罐頭後銷售各地，因此製罐業也在函館蓬勃發展，不過隨著產業沒落，罐頭工廠大多都已拆除，就連曾在知名樂團GLAY的MV中登場的舊北海製罐公司工廠(建於1935年)，也已於街景中消失了。

平成館 海羊亭

別冊P.18,B2 市電「湯の川溫泉」徒步3分 函館市湯川町1-3-8 0138-59-2555 一泊二食，兩人一室每人約¥7,350起 P70個 www.kaiyo-tei.com

挑高而充滿開放感的大廳由藝術品點綴，與戶外的日本庭園相映成趣。同樣位於湯之川溫泉的平成館海羊亭**擁有赤湯和白湯兩種不同溫泉**，從展望浴場和露天風旅也都能看到市街和海洋景色，房間也有和室或洋室可以選擇。

自己動手密封罐頭！

函と館

HAKO TO TATE

別冊P.18,H4 函館機場(國內線航廈2樓) 函館市高松町 511(函館空港) 0138-57-8884 8:00~19:30左右(配合最後航班時刻) 函缶¥165(小)、¥220(大) P791個，機場收費停車場 hakototate.jp

北海道新幹線開通至函館的路段後，函館機場人員為了讓造訪旅客能夠了解當地魅力，與中川政七商店合作，推出企劃商店「函と館」，**店內商品都是函館在地物產**，鹽漬章魚、特拉皮斯男子修道院生產的奶油，或是在地的咖啡、牛奶糖、羊羹等品牌，**最有趣的是限定商品「函缶」**，用銅板價買一個罐頭，再把看上的商品通通塞進去，就可以做出特別的紀念罐頭，不論是留作紀念或是當作伴手禮，都非常適合。

大沼
おおぬま
Onuma

搭乘JR前往函館的途中，應該很多人都會被一處近在鐵軌邊的清透池水所吸引，那就是道南唯一的國定公園——大沼國定公園。公園以駒ヶ岳為中心，山腳下的大沼、小沼、蓴菜沼，湛藍池水優美如畫，還入選新日本三景之一呢！公園內設施相當完善，可以划船、騎車或步行輕鬆遊覽。

交通路線&出站資訊

電車
JR大沼公園駅◇函館本線

出站便利通
◎大沼遊船◇要想輕鬆欣賞大沼及小沼各角度的美，最佳的方式就是搭乘遊覽船了。愜意地坐在遊覽船內，迎著微風飽覽眼前的山光水色，而隨著季節的更迭，這景色也會添上不同的色彩。冬天雖因湖水結冰不能搭乘遊覽船，但卻有更為有趣的冰上活動，無論是雪橇還是冰上垂釣，每個都是極為新鮮的體驗 ☎0138-67-2229 ◷大沼小沼遊覽船9:00~16:20，每40分1班；4月、11~12月不定期航行，5~10月定期航行 ⓢ遊覽船(30分)大人¥1,320、小孩¥660；手划船大學生以上2人1艘¥2,000，腳踏船(30分)2人+幼兒1人1艘¥2,000 ⓦonumakouen.com/zh-hant/
◎自行車◇遊覽大沼時可以利用規劃完善的湖畔自行車步道，而自行車在JR大沼公園駅前的フレンドリーベア等自行車出租店就可以租借，營業時間為4月~11月下旬的9:00~17:00。大沼湖畔的遊步道全長約14公里，騎自行車繞行約需60~70分 ⓦtokutoku-coupon.jp/stores/405/detail
◎大沼與小沼的散步道◇公園內有7條人行步道，其中有4條串聯大沼與小沼中的各個小島，有徒步15分的大島の路、20分的森の小径、50分的島巡りの路與25分的夕日の小沼道，可視時間選擇適合的路線
◎湖水祭◇每年7月會舉辦湖水祭，美麗煙火與水上漂浮的水燈籠為大沼帶來夏日色彩。冬天則會和函館合辦大沼函館雪與冰祭典，會場裡將有大型雪雕、冰雕和冰上溜滑梯

觀光案內所
◎大沼国際交流プラザ
⌂亀田郡七飯町大沼町85-15 ☎0138-67-3020 ◷8:30~17:30 休12月31日~1月1日 ❶停車位：15個

©函館市観光部

©函館市観光部

大沼、小沼、蓴菜沼

Ⓜ別冊P.17,A3~D3 ⓐJR大沼公園駅徒步3分可達大沼國定公園 ⌂亀田郡七飯町大沼町 ☎0138-67-3020(大沼国際交流プラザ) Ⓟ160個 ⓦonumakouen.com/zh-hant/(大沼國定公園)

大沼國定公園是以秀麗的駒ヶ岳為背景，並涵蓋大沼、小沼、蓴菜沼，為**道南唯一的國定公園**。於2012年7月登錄於拉姆薩爾公約(濕地公約)的大沼、小沼、蓴菜沼，都是因駒ヶ岳活火山爆發所形成的湖沼，其中以大沼湖最大。大沼國定公園共包含126個島嶼，島和島之間則有18座橋相連接，在大沼湖還可以搭乘遊覽船或從事釣魚、划獨木舟、騎腳踏車環湖等各種戶外活動。

於大沼旁默默守護的秀麗駒岳。
©函館市観光部

駒岳

駒ヶ岳

別冊P.17,C1 JR大沼公園駅徒步約10分 亀田郡七飯町大沼西大沼 0137-42-2181(登山諮詢：森町役場防災交通課) 6~10月9:00~15:00開放登山 onumakouen.com/feature_mt_komagatake/

這座海拔1,131公尺、有著鮮明稜角的山丘十分顯眼，其實駒岳過去也是與富士山一般的圓錐狀，1640年火山噴發後，山頂幾度崩塌，才形成了劍峰、砂原岳等陡峭山勢，變成如今秀美中帶著稜角的山體。駒岳目前仍是活火山，因此**每年只有6~10月間開放登山，登山路徑簡單，大約需要1小時**，對初學者也不算太難，若是有機會的話，不妨登上駒岳，登高俯瞰大沼風光。

Table de Rivage

別冊P.17,B4 JR大沼公園駅徒步約10分 亀田郡七飯町大沼町141 0138-67-3003 11:00~16:00，船上航程5月中~10月中12:00(30分鐘) 不定休 午間套餐￥1,600起，湖上航程：飲料￥2,350、午餐￥3,390 有 www.gengoro.jp/rivage.html

Table de Rivage是大沼地區知名的景觀餐廳，餐廳就座落在大沼湖畔的湖月橋旁，正面以紅磚砌成，室內室外的木頭屋樑讓整棟建築充滿原野趣味。店家**運用地產的當季食材**，以大沼牛、在地的あかり農場所產的豬肉，烹調成美味的法式餐點，享受美食之餘，透過木頭窗櫺就能欣賞四季變化，若是覺得光看不夠過癮，**還可以選擇湖上航程，一邊遊湖一邊用餐**，與大沼風光來一趟不同的邂逅。

©Table de Rivage

搭船近距離感受大沼之美。
©Table de Rivage

©Table de Rivage

©Table de Rivage

日本三景 vs.新日本三景

日本三景分別為宮城縣的松島、京都府的天橋立以及廣島縣的嚴島(又稱宮島)。松島、天橋立及嚴島皆位於海上，其優美的海景與綠意，讓這三處美景自江戶時代初期便廣為人知，而日本三景的起源據傳是出自於林春斎所著的《日本国事跡考》。1915年，實業之日本社舉辦了新日本三景票選活動，全國民眾投票的結果為北海道的大沼、靜岡縣的三保の松原以及大分縣的耶馬溪。其中三保の松原除了與其他兩處新日本三景一樣有著絕美景致外，當地據傳為仙女下凡的地點，且至今仍保存著仙女羽衣碎片，傳說增添了幾許神秘色彩。

沼の家

別冊P.17,B6 JR大沼公園駅徒步1分 亀田郡七飯町大沼町145 0138-67-2104 8:00~18:00(售完為止) 大沼だんご(あんと醤油、胡麻と醤油)￥650(大)、￥390(小) 10個 www.hakonavi.ne.jp/oonuma/numanoya.html

創立於1905年的這家點心老店，是所有到大沼遊玩的人都會指定前往的店家。**人手一袋的禮品「大沼糰子」**，盒內分為兩格，分別以大沼湖及小沼湖為意象，一側的口味為醬油，另一側則可選擇紅豆或芝麻，在滿滿餡料中如同湖面浮島般的糰子，和著餡料一起吃十分對味。

道東
どうとう

道東怎麼玩

道東約占北海道面積的4成左右，這一大片區域至今仍保有許多未經人工雕琢的自然風光。物產豐饒的十勝、豚丼發祥地的帶廣、寬闊的釧路濕原、高山圍繞的湛藍湖泊、流冰造訪的網走與紋別、登錄世界遺產的日本最後祕境「知床」，擁有眾多天然絕景的道東，可說是北海道遼闊自然的極致之地，在這裡，四季展現出全然不同的情緒與節奏，蝦夷鹿、丹頂鶴與北狐悠遊其間，一同舞出北海道最純淨的原始魅力。

オムサロ原生花園
紋別機場
ワッカ原生花園
サロマ湖
能取岬
能取湖
網走湖
網走市
女滿別機場
JR石北本線
層雲峽溫泉
層雲峽
小函
大函
旭岳
旭岳溫泉
大雪山
十勝岳溫泉
糠平湖
糠平溫泉
然別湖
然別湖畔溫泉
東藻琴芝櫻公園
屈斜路湖
摩周湖
阿寒湖
阿寒湖畔溫泉
雌阿寒溫泉
雌阿寒岳
阿寒富士
阿寒町
JR釧網本線
知床半島
知床岳
知床五湖
宇登呂溫泉
羅臼岳
羅臼町
中標津機場
根室海峽
根室灣
根室市
根室半島
霧多布濕原
湯沸岬
厚岸町
丹頂鶴自然公園
釧路濕原
釧路市
釧路機場
JR根室本線
道東自動車道
帶廣市
池田葡萄酒城
帶廣機場
中札內村
日高山脈
神威岳
1. 2. 3. 4. 5. 6. 7. 8.
238 239 273 240 334 335 244 243 272 274 241 391 240 44 38 392 274 241 38 336 236

❶帶廣市街

帶廣是十勝的最大都市，同時也是深入道東地區的門戶。在最熱鬧的帶廣市區可以嚐到名產豚丼、拜訪北國點心柳月或六花亭的總本店，還有越夜越熱鬧的北之屋台，以及獨一無二的輓馬比賽。

❷十勝·帶廣

寬廣的十勝平原位在北海道中央，擁有美麗無垠的青藍天空，豐沃的土地上種植有豆類、稻穀、甜菜等作物，還有興盛的酪農業，素有日本農業王國的美譽。帶廣市郊的十勝川溫泉可以泡湯，還有六花之森、真鍋庭園等美麗庭園可以賞花，這裡眾多的庭園、牧場和溫泉鄉，等著你前去感受北國遼闊大地的魅力。

3 釧路．釧路濕原

釧路濕原是日本第一個登錄拉薩姆爾公約的溼地保留地，也是日本範圍最大的濕原，是丹頂鶴等珍貴動植物的居地，市區則可欣賞美麗夕陽，還有不能錯過的特色料理爐端燒，以及和商市場裡的自製海鮮丼，新鮮美味不容錯過。

4 阿寒湖

阿寒湖與屈斜路湖、摩周湖並稱為「道東三湖」，最有名的就是住在湖底、傳說能帶來幸福的天然紀念物綠球藻了。除此之外，阿寒湖畔自古便是愛努族的居住地，可以在享受溫泉、品嘗美食之後，前去欣賞愛奴族的獨有風情。

5 摩周湖．屈斜路湖

位置相鄰近的摩周湖與屈斜路湖都擁有美麗的湖光水色，神秘的摩周湖與隨處都是溫泉的屈斜路湖各有其獨到之美，不妨將兩處湖景串聯，欣賞美景之外再泡泡溫泉，享受旅途的美好。

6 根室．納沙布岬

根室及納沙布岬對許多遊客來說頗為陌生，這裡雖然沒有熱鬧商家，卻是日本本土最東之地，許多人不遠千里而來，就是為了一睹極東之地的景色，而遼闊的海岬風光果然也沒讓大家失望。

7 網走

網走也是道東的熱門觀光地，尤其是流冰船，幾乎是每個冬季造訪遊客的終極目標，光是在沿岸就可以看到流冰，搭船出航更有機會看到大片厚實流冰，另外傳說中無法逃脫的網走監獄也是觀光重點，還有可以學習流冰知識的流冰館呢。

8 知床

知床可以說是日本最後的祕境、真正的原始自然天堂，棕熊、北狐等北國動物棲息於此，自然生態是這裡最吸引人的資源，不僅有突出的海岬，還有世界遺產之床五湖，更可以搭船出航，深入欣賞最原始的半島景色。

帶廣市街

おびひろしがい
Obihiro City

帶廣是十勝的最大都市，同時也是進入道東地區的大門口。數不盡的美食物產是帶廣最令人魂牽夢縈的想望，在最熱鬧的帶廣市區可以嚐到名產豚丼、拜訪北國點心柳月或六花亭的總本店，而位在車站附近的北之屋台，一到了晚上就會擺起關東煮、拉麵、義大利菜、串燒等各式各樣的小吃攤，燈火通明的景象越晚越是熱鬧。不僅美食匯聚，帶廣巷弄間還有許許多多可愛雜貨鋪，亦可欣賞難得一見的輓馬比賽。

交通路線＆出站資訊

電車

JR帶広駅➪根室本線

巴士

Potato Liner(ポテトライナー)➪從札幌駅前巴士總站【16號乘車處】、大通附近的中央巴士總站【6號乘車處】搭乘中央、十勝等巴士共營的「Potato Liner」，約3小時50分至帯広駅前巴士總站，1天約10班，車資￥3,840(需預約)

◎十勝巴士
☎0155-23-3489(帶廣預約、詢問)
www.tokachibus.jp

◎中央巴士
☎011-231-0600(札幌預約)
www.chuo-bus.co.jp

North Liner(ノースライナー)➪從JR旭川駅前【6號乘車處】搭乘道北、十勝等巴士共營的「North Liner」，約4小時帯広駅前，￥3,600(需預約)
☎0166-23-4161(旭川)、0155-31-8811(帶廣)

出站便利通

帯広駅バスターミナル(帯広駅巴士總站)➪市區內的景點皆徒步可達，較遠的景點可利用市區內路線巴士

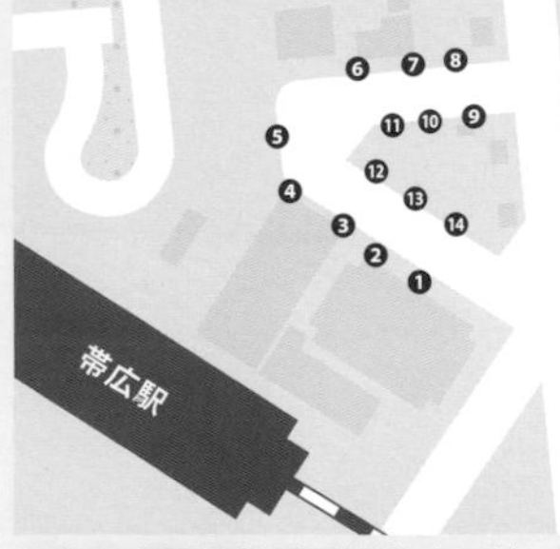

★5號乘車處➪往【旭川・富良野・美瑛】North Liner

★6號乘車處➪往【十勝川温泉】[45]十勝川温泉線、往【札幌】Potato Liner

★9號乘車處➪往【動物園】[70]大空団地線

★10號乘車處➪往【帶廣機場】機場連絡巴士(とかち帯広空港連絡バス)

★11號乘車處➪往【幸福駅・愛国駅・中札內美術村】[60]広尾線

★12號乘車處➪往【競馬場】[2]循環線・[10]幕別線・[17]帯広陸別線・[31]芽室線

甜點巡禮券(スイーツめぐり券)➪帶廣市販售的「甜點巡禮券」(有效期限為當年度的5月1日~10月31日，每年日期更新)，售價￥500。本子中有4張票券，可在參與的近20間甜點店中任選3家，免費換取該店的推薦甜食。票券可在觀光案內所及帶廣市內各大飯店購買

觀光案內所

十勝觀光情報中心(とかち観光情報センター)
帯広市西2条南12(JR帯広駅ESTA東館2F)
☎0155-22-1370
9:00~18:00
休年末年始
網址：www.tokachibare.jp

十勝觀光案內 物產中心

とかち観光案内・物産センター

別冊P.30,B4　JR帯広駅出改札口的左手側　帯広市西2条南12(JR帯広駅ESTA東館2F)　☎0155-22-7666　9:00~18:00　休年末年始　P有(帯広駅地下停車場)　obihiro-bussan.jp

十勝觀光案內・物產中心**結合觀光案內與當地物產販售，這裡隨時都有服務人員為旅客解決旅途上的問題**，免費提供的觀光手冊內容亦十分詳盡，搭乘JR來到帶廣後，推薦能先來補給一些旅遊資訊。往裡面走去便是物產區，若想要選購十勝當地的特色物產，豚丼的醬汁、新鮮蔬果、手工製品、和菓子與甜點等多樣化的選擇，一定能找到想要的商品。

蒐集旅遊資訊的第一站就是這裡。

十勝食物語

おすすめ 薦

とかち食物語

別冊P.30,B4 JR帯広駅出改札口的右手側 帯広市西2条南12 (JR帯広駅ESTA西館) 0155-23-2181 購物8:30~19:00、用餐10:00~19:45 休第3個週三(1月、12月除外，8月無休) www.esta.tv/obihiro/

帶廣的美味甜鹹食齊聚一堂，地處車站內的便捷位置也是一大優點。

位在帯広駅內的十勝食物語，集結了14間十勝地區的菓子、餐飲名店，所有店家皆使用十勝地區孕育的優質食材，品質有保障。想吃正餐，可以到麵屋開高吃拉麵、到達福吃蕎麥麵、到「豚丼Butahage(豚丼のぶたはげ)」吃豚丼；想要輕食或是甜點，集結了十勝地區特色食品的「十勝品牌村(とかちブランド村)」可買到多項名店美食，Cranberry(クランベリー)亦在此設櫃，選擇非常豐富。

Train Train Masuya

トラントランますや

とかち食物語內 0155-26-3296 9:00~18:00 休同ESTA西館 ESTA帯広停車場，收費 masuyapan.com

創業於1950年的滿壽屋，目前在十勝地區開設了7間店鋪，每一處都有自己獨特的氛圍，其中位在帯広駅內的「Train Train Masuya」，名稱中的「トラン(Train)」為法文的列車之意，可愛的店名、店面加上滿滿的人潮，很容易就會被吸引過去。**選用十勝產的翌檜鮮乳、煉乳以及北海道小麥**所烘焙的麵包，出爐時香氣誘人，每個麵包都十分膨鬆扎實，吃起來帶著自然的淡淡甜味，簡單的口味就讓人感到幸福，無怪乎小小的店面總是擠滿了人。

十勝美食音樂市集

とかちマルシェ

想一次吃遍十勝美食？那就一定要參加九月上旬、為期3天的「十勝美食音樂市集」，這是十勝當地規模最大的年度美食音樂節，吃得到各地美食。會場小攤林立，炭燒牛排、炸薯片、窯烤披薩、湯咖哩……香氣自四面八方傳來，忍不住就一攤吃過一攤。

JR帯広駅周邊

tokachimarche.com

元祖豚丼Panchou

おすすめ 薦

元祖豚丼のぱんちょう

別冊P.30,B4 JR帯広駅北口徒步3分 帯広市西1条南11-19 0155-22-1974 11:00~19:00 休週一以及每月第1、3個週二(如遇例假日則改休翌日) 豚丼(梅)¥1,300 www.butadon.com

帶廣當地美食豚丼的發源處，油亮肉片滿滿鋪在白飯上，鹹中帶甜的醬汁相當誘人。

店如其名，位於帯広駅附近的「元祖豚丼Panchou」正是**帶廣名物——豚丼(豬肉蓋飯)的創始店**。創於昭和8年(1933年)的老店，將金黃色澤、特製醬料的美味炭燒豬肉片配上新潟米、醬瓜和幾顆豌豆，單純素樸的美味令人大呼感動。店內豚丼依份量多寡分為松、竹、梅、華4種，即使是最小的松，豬肉片也是份量十足。

勝每花火大會

花火、音樂、燈光共奏的勝每花火大會，約20萬發的煙火照亮了整個夜空，壯闊的場面每年吸引近20萬人前來，並在Walkerplus網站上獲選為最想前往的北海道煙火大會第一名。

JR帯広駅北口徒步約20分；JR帯広駅北口搭乘接駁巴士至「大通南4丁目」站，約5分、￥200 十勝川河川敷特設会場(十勝大橋下流400m附近) 0155-22-7555(十勝每日新聞社事業局) 8月中旬，約19:30~21:00 ￥1,100~(依座位區定價) www.tokachi.co.jp/hanabi

©十勝觀光聯盟

Petit Plaisir

北の屋台 四番街 090-1643-8810 17:30~24:00 休週三 ラクレット(起士馬鈴薯)¥800、つぶ貝のエスカルゴ風(法式田螺)¥900

香濃的起司與馬鈴薯是這家歐風居酒屋的招牌料理，特製的電熱器將半圓形的拉可雷特起司給融化開來，香味四溢地澆在烤得熱呼呼的馬鈴薯上，配上麵包沾著起司吃，或是來杯冰涼的啤酒更是對味！還有歐風屋台才有的法式田螺，上面裹有香酥的麵包粉和香草，適合配法國麵包食用。

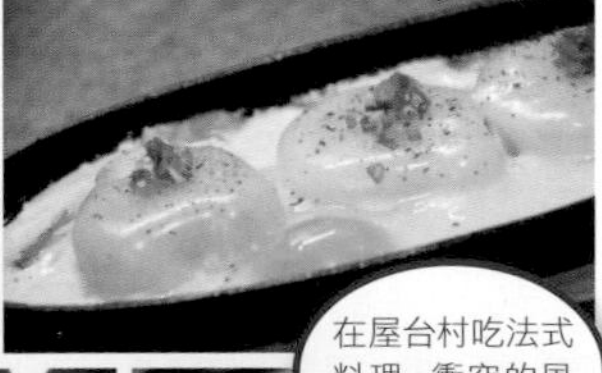

在屋台村吃法式料理，衝突的風格十分有趣。

北之屋台

北の屋台

別冊P.30,B3 JR帯広駅北口徒步約6分 帯広市西1条南10-7 0155-23-8194 17:00~24:00(依店家而異) 休依店家而異 kitanoyatai.com

北之屋台位在帶廣市區的正中央，20個不到3坪大的路邊攤，一個挨一個地緊靠巷旁，充滿**類似台灣夜市的氣氛**，夜深後更是人聲喧嘩、食物香氣飄散。這裡的小攤菜色豐富，帶廣有名的豚丼、北國拉麵、多國籍創作料理、日式小菜、烤肉串、煎餃等都找得到，十分值得夜晚來此一訪。

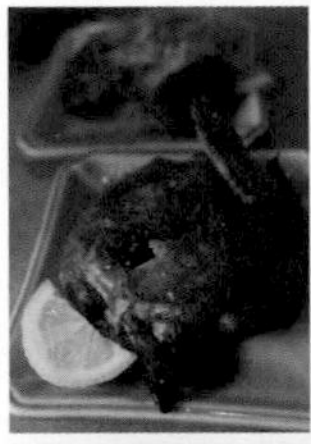

屋台村的起源

北之屋台的誕生可追溯到2001年7月，為了提振帶廣市區的觀光、推廣十勝農產，在當地人士大力奔走下催生而出，是日本第一個路邊攤集中管理的「屋台村」，夏天有露天座位、嚴冬時也可窩在溫暖屋台裡飲酒作樂，還可嚐到一年四季不同的美味食材。一推出就大獲好評的新屋台文化不久便於北海道風行，陸續在函館、小樽等觀光勝地出現，甚至成為日本各地屋台村的範本！

十勝乃長屋

別冊P.30,C3 JR帯広駅北口徒步約7分 帯広市西1条南10 0155-26-2330 約17:00~24:00(依店家而異) 休 依店家而異

除了最知名的北之屋台外，其實在它左右兩側還有當地居民時常前去光顧的兩個美食街，東側的十勝乃長屋**仿京都祇園長屋的建築風格，裡面聚集了約20間店鋪**，有天婦羅、壽司、義大利麵、炭燒、甜食等多種選擇；西側的北之Umaimon通(北のうまいもん通り)位於大樓的一樓，外觀有著濃濃的復古味。由這三個區域所連接起的美食區內，總共有約50家的店鋪，一趟下來保證能吃得盡興，還能感受到三種完全不同的氛圍。

十勝AA

とかちAA

十勝乃長屋內 0155-21-0077 17:00~24:00 休 週日、例假日 $ 手作りプリン(手作布丁)¥220

位在十勝乃長屋中間的十勝AA，**販售的是女性最愛的各式甜食**，在屋台村嚐遍各式鹹食後，推薦可以來這裡吃個甜點轉換口味，店內販售蛋糕、泡芙、布丁、麵包、霜淇淋與披薩，無論是內用或是想外帶都可以，稍事休息後便可繼續再戰下一攤！

Hotel Nikko Northland Obihiro

帶廣日航北國大飯店

別冊P.30,B5 JR帯広駅南口徒步1分 帯広市西2条南13-1 0155-24-1234 $ 附早餐方案，雙人房每人約¥4,800起 P 210個，一晚(當日14:00~翌日12:00)¥600，check out時向櫃台結算 www.jrhotels.co.jp/obihiro

從帯広駅南口徒步不到1分鐘就能到達的nikko northland obihiro，不只地理位置絕佳，提供的自助式早餐更曾從全日本難以計數的飯店中脫穎而出，於2012年獲得TripAdvisor使用者評價為美味早餐飯店的第7名。在優雅的空間中，帶廣的美味齊聚一堂，除了帶廣名物豚丼外，還可以無限取用牛奶、烤鮭魚、十勝產的馬鈴薯、北海道米「七星(ななつぼし)」等，在飯店的舒適客房內舒服地度過一晚後，豐盛的早餐更顯美味，亦開啟了美妙的一天。

北海道飯店

森のスパリゾート 北海道ホテル

別冊P.30,F4 JR帯広駅搭計程車約5分；或從帶廣機場搭乘北海道飯店直行巴士約35分，車資¥1,000 帯広市西7条南19-1 0155-21-0001 $ 附早餐方案，雙人房每人約¥6,200起 P 170個 www.hokkaidohotel.co.jp

紅磚造型的北海道飯店，四周被原始森林所包圍，提供都市中難得鬧中取靜的度假空間。用十勝產的煉瓦堆砌而成的外牆上還有著愛努族的圖紋，以及貓頭鷹和熊的雕塑，兼顧傳統與現代的設計頗受好評。房間內也充份利用木質家具和落地窗，讓窗外森林美景與室內融合。大浴場內提供的則是**百分百的十勝川溫泉**，讓人充分放鬆、感受歐風中卻不失和式情懷的度假風情。

藤丸百貨店

FUJIMARU

別冊P.30,B2 JR帯広駅徒歩約10分 帯広市西2条南8-1 0155-24-2101 10:00~19:00 不定休，請上網查詢 P500個 www.fujimaru.co.jp

創業至今約120年的帶廣地標藤丸百貨店，為**日本最東邊的百貨公司，同時也是北海道道東唯一的一間**，裡面餐飲、服飾、雜貨應有盡有，B1的食品樓層還聚集了許多菓子店、熟食店等。位處市街中心的地理位置十分便利，在遍嚐帶廣美食時，可以安排點時間進來逛逛。

Hage天 本店

はげ天

別冊P.30,C3 JR帯広駅徒歩約5分 帯広市西1条南10-5 0155-23-4478 11:00~15:00、17:30~20:30 不定休 豚丼¥1,000起 www.obihiro-hageten.com

身為豚丼的起源地，帶廣販售豚丼的專門店與相關料亭遍地開花，其中不乏風味獨具的美味老舖，Hage天正是其一。Hage天**承襲了80多年歷史的手工醬料**，全程使用安全天然的原料，完全不加化學添加物，肉片則只選用道產豬身上肉質最柔軟的部位，於豬肉片塗上醬料後，在850度的高溫網架上燒烤，肉品多汁柔嫩，與醬料、白飯搭配在一起，鹹中帶甜的滋味唇齒留香，甚是絕配。

高橋饅頭屋

陪伴帶廣人長大的甜點。

高橋まんじゅう屋

別冊P.30,F2 JR帯広駅北口徒歩15分 帯広市東1条南5-19-4 電信通り 0155-23-1421 9:00~21:00 (週日、例假日至20:00) 休週三 大判焼¥120 P7個

開幕於1954年(昭和29年)，這家深受當地人愛顧的高橋饅頭屋已營業超過一甲子，陪著帶廣人度過半世紀以上的歲月，現在早已是**市民心中的帶廣名物點心**。店內隨時烤著香噴噴的大判燒，起司及紅豆口味餡料都十分香濃飽滿，另外還有肉包、霜淇淋等各式各樣的傳統和風點心，料多實在很有媽媽的味道。

兔子的尾巴

うさぎのしっぽ

別冊P.30,C3 JR帯広駅北口徒歩約5分 帯広市西1条南10-7 恵小路(船場的2樓) 0155-29-5718 17:00~20:00 休週日、例假日

木幡美樹與丈夫一起經營的「兔子的尾巴」，可愛的店名取名自喜愛兔子的女主人，杯墊與筷架也是俏皮的兔子造型，柔化了陽剛味十足的店內氣氛，美麗女主人的親切笑容更是讓女性顧客備感溫馨，即使隻身旅行也能輕鬆進入。店裡除了提供屋台常見的關東煮與各式下酒小菜外，招牌菜色當屬雞肉串(つくね)，**簡單的雞肉串變化出10多種不同口味**，柔嫩中帶有嚼勁的口感加上不同醬汁，每一口都讓人感到新鮮驚喜。

居酒屋的「小菜」

在居酒屋用餐，常常一入座店家便直接送上「小菜(お通し)」，其實這是要付費的，且大多不可退費，價格依每間店而異，多落在¥300~500左右(每人)，是外國遊客較難理解的日本居酒屋文化，也因此常引起爭議或討論。此外，有些居酒屋還會收取座席費(お席料、テーブルチャージ)。

柳月 大通本店

別冊P.30,C2 JR帯広駅徒歩約7分 帯広市大通南8-15 0155-23-2101 8:30~19:30 三方六1條 ¥680 20個 www.ryugetsu.co.jp

柳月可是出身道東的熱門甜點品牌，不容錯過。

來自十勝的柳月，擅長的是和菓子和和洋折衷的蛋糕類點心。**以北海道白樺樹為聯想的三方六**，使用十勝小麥和北海道產的奶油、雞蛋製作出年輪蛋糕的蛋糕體，外層用黑白巧克力描繪了白樺的樹皮色彩，甜蜜不膩，也有推出限定口味。

「三方六」名稱的由來

在北海道開拓時代時，為了開墾拓荒，各地皆砍伐木材用於建材或越冬的燃料，其中柴薪的三面切口長皆為六寸，因此取名為「三方六」，而柳月知名菓子的外型便是仿造這木柴而來。

BERRY BERRY 帯広店

おすすめ 薦

別冊P.30,F3外 JR帯広駅北口徒步約12分 帯広市東3条南13-16-1 0155-67-8613 10:00~18:00 週三，每月第1、3個週四 有 www.berryberry-int.jp

有許多歐風餐具與居家雜貨可以選購，繽紛色彩可點亮家中氣氛。

位在Daiichi南方的室內裝飾及家具專賣店BERRY BERRY，店內的玻璃吊燈帶起室內的華麗感，整個空間包含牆面上，滿滿的都是**以北歐風雜貨為主的各色商品**，小小的空間內各角落的氛圍都自成一格，鄉村風的裝飾、復古懷舊的木製及金屬品、現代設計感的桌椅、可愛的手工小物等，簡單卻如此獨特。

一邊以此為範例思忖著家中擺飾，一邊選購心儀的商品，好不愉快。

Cranberry本店

クランベリー 本店

別冊P.30,B1 JR帯広駅北口徒步約13分 帯広市西2条南6-2-5 0155-22-6656 9:00~20:00 スイートポテト(烤番薯) 100g ¥216 6個 www.cranberry.jp

Cranberry自1972年創業以來已逾50年，招牌的烤番薯從當時至今依舊保存著原本的味道，以番薯皮包裹的內餡，使用最簡單直接的加工方式，保留番薯本身原有的甜味，隨著採收季節還會有微妙的口感、氣味差異，購買方式是**一條條以秤重計價，每100g為¥216**。若是不想吃份量太大的烤番薯，推薦可以在店裡吃數量有限的冰番薯，冰過的內餡入口即化，卡士達奶油的甜味與冰涼感，美妙風味更上一層。

Daiichi東店

別冊P.30,F3外 JR帯広駅北口徒步約15分 帯広市東4条南12-1 0155-23-8448 10:00~21:45 有 www.daiichi-d.co.jp

設立於1958年的Daiichi是**源於帶廣的連鎖超級市場**，目前在北海道的札幌、旭川等處也有其分店進駐，店鋪總數超過20間。這間當地民眾常來採買日常生活用品的超市，雖然販售的商品售價不一定會比市面便宜，但**時不時就會推出特價活動，加上商品齊全**，許多知名產品的季節限定口味在這裡都可找到，推薦可以來這裡逛逛，順便比較看看日本與台灣的食文化有何不同之處。

CURRY SHOP Indian 町中店

インデアン まちなか店

別冊P.30,B3 JR帯広駅北口徒步約6分 帯広市西2条南10-1-1 0155-20-1818 11:00~21:00 休1月1日 インデアン(印度咖哩)¥528 P3個 www.fujimori-kk.co.jp

不同於日本常見的甘口咖哩，這裡的咖哩嚐來香辣過癮，是當地人熱愛的美食。

有著超顯眼異國風外觀的Indian，在帶廣地區就開了10間分店，前身為藤森商店，原本是經營外食產業，自1968年Indian一號店開幕後至今，販售的印度咖哩口味深植當地民心，甚至**被譽為帶廣人的靈魂伴侶**。

這裡的咖哩依不同的口味而有不同做法，點餐時**可以選擇喜歡的辣度或加點配料，桌上的福神漬、漬物、紅生薑則可隨意取用**，讓人上癮的滋味加上便宜的售價，難怪許多當地人放棄自己煮咖哩，而是打包一鍋回家全家一起享用呢！

h66

別冊P.30,B5 JR帯広駅南口徒步約6分 帯広市西6条南13-11 0155-23-1166 10:00~18:00 休第3個週五 P6個 h66.jp

h66**店內右側空間展售設計感的室內家具**，集結了天童木工的輕盈膠合板座椅、BUNACO以青森山毛櫸所製造的木工燈飾等，職人製作的商品每樣都像藝術品般讓人讚嘆。**左手邊販售各種廚房用具、雜貨**，無論是高貴典雅的白山陶器茶具、Birds Worlds充滿趣味性的陶製鳥兒小物，或是DESIGN-MORI的和風平茶碗、中川政七商店的質感布製品，每一樣都讓人好想帶回家，一趟逛下來一定能有大大收穫。

HIROKOUJI

帯広広小路商店街

別冊P.30,B2 JR帯広駅徒步約8分 帯広市西1条南9 0155-23-5675(帯広広小路商店街振興組合) 依各店而異 P24個收費停車位 www.obihiro-hirokouji.com

為了讓帶廣中心部繁盛起來，在帶廣的象徵——HIROKOUJI聚集起多間美食、流行及文化店鋪，因位處藤丸百貨、六花亭附近，便利的地理位置很適合與鬧街上的景點安排在一起順道遊逛。雖然這裡平時聚集的人潮並不多，但裡面擁有許多魅力小店及美味店鋪，是**吃晚餐與消夜的好去處**。

MISUZU

ら～めん みすゞ

別冊P.30,B2 JR帯広駅徒步約8分 帯広市西2条南8-20 広小路内 0155-23-4706 11:00~20:30，湯頭售完即提早打烊 休不定休 こだわりみすゞ(嚴選MISUZU)¥820 misuzu01.web.fc2.com

在帶廣人氣頗盛的拉麵店MISUZU，**以慢火熬煮的豚骨湯頭色澤澄澈，且甜味與濃醇兼備**，吸起微捲的中細麵條與湯一起入口，以道產小麥粉揉製的麵條相當具有韌性與口感，與濃郁卻不過鹹的湯頭十分搭配，店內親切的服務態度更為本店大大加分。

鯛魚燒工房 本店

たいやき工房 本店

別冊P.30,F2外 JR帯広駅北口徒歩約17分 帯広市東3条南8 0155-24-2522 10:00~17:00 休12月31日~1月1日 き粒あん(鯛魚燒 紅豆粒)¥130 www.taiyakikobo.com

鯛魚燒工房賣的鯛魚燒很有特色，點**餐時可以選擇要不要保留邊緣多出的麵皮**，因為店家對其麵衣的味道非常有信心，推薦可以保留邊緣，嚐嚐餅皮本身的風味。更特別的是，不同於他處販售的濕潤鬆軟外皮，這裡的**外皮十分薄脆**，咬下的第一口會驚訝於它如同薄餅般的乾、脆口感，咀嚼之後外皮散發出的香氣非常迷人，與內餡的香甜一起融合於口中，對味又可口。

Amatí Select 帯広店

別冊P.30,A2 JR帯広駅北口徒歩約11分 帯広市西3条南8-1 0155-24-2915 10:00~19:00 休年末年始等 P13個 kkozawa.co.jp

Amatí Select的商品大多是從東京以及海外精選而來，室內盡是可愛或充滿設計感的流行雜貨、創意商品及文具用品，販售豐富的商品種類，**來這裡就可以看出最新的流行趨勢**。不僅滿室商品的鮮豔色彩讓人心花怒放，另外有放鬆身心的精油及有機香草茶，可以慢慢挑選喜歡的氣味。

十勝貝果

十勝ベーグル

別冊P.30,F5 JR帯広駅開車約15分 帯広市西4条南28-2-4 0155-20-6688 11:00~17:00(L.O.16:00) 休週二 貝果約¥185~245 P15個

十勝貝果的**貝果以大樹町白樺樹液、甜菜提煉的砂糖、十勝清水町產的酵母製作**，麵糰經細心揉捏、發酵後，再下鍋水煮及入鍋烘烤，頂級嚴選食材讓這裡的貝果風味獨具，而水煮及烘焙的過程則讓貝果口感紮實、光澤與香氣誘人，南瓜、鮪魚、抹茶、咖哩、巧克力……每個口味光看就讓人食指大動，想要一嚐其獨特的風味。

十勝Toteppo工房

おすすめ 薦

十勝トテッポ工房

陽光與綠意輝映的景色，或是夜間燈火營造的浪漫，都是蛋糕的最佳佐料。

別冊P.30,F4 JR帯広駅徒步約10分 帯広市西6条南17-3-1 0155-21-0101 10:00~18:00 不定休 蛋糕¥319~ 32個 www.toteppo-factory.com

十勝Toteppo工房位在「とてっぽ通り(toteppo dori)」上，這條延伸1,870公尺的散步道為十勝鐵路的遺址，過去擔負著十勝中心部南北向的交通銜接，亦運輸砂糖的原料——甜菜往來農場及工廠間。1977年路線廢止後，現在則成為林蔭道路與休憩散步小徑。

在低調高雅的十勝Toteppo工房全黑外觀內，是小巧雅緻的店內空間，原木地板、桌面，加上大片玻璃、窗外的寬闊庭院，若是有寬裕的時間，建議在**店內享用起司蛋糕再加上500日幣的飲料暢飲**，在飲茶、欣賞窗外美麗綠地及店內裝飾、蛋糕製作過程中，最能享受北國的悠閒午後。

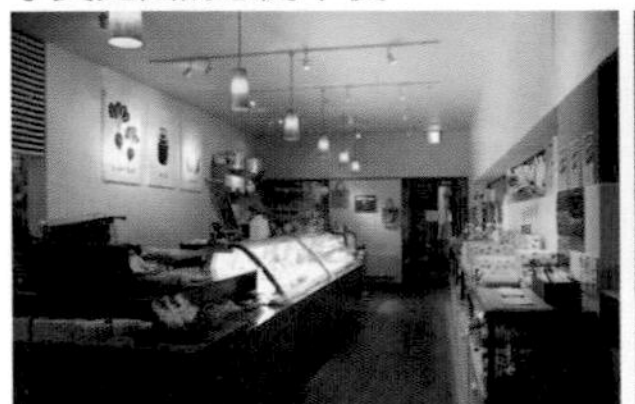

Lammy nose

別冊P.30,F1 JR帯広駅北口徒步約15分 帯広市東1条南3-1 0155-23-8833 10:00~18:00 週三 可停在店面前方的空地 www.facebook.com/Lammynose

從站前小巷搬到稍外圍的大馬路上，即使可能會多走點路才能抵達店鋪，還是大力推薦一定要前來一逛。**以大人的雜貨收藏為主旨**，店內羅列了從日本國內外蒐羅的各式商品，從生活雜貨、皮革小物、布質包包、精美飾品到服飾，不僅有自然森林風的質樸商品，逗趣小物、設計雜貨、戶外活動用具也都齊聚在這裡。

從國內外蒐集而來的設計雜貨。

獨特的賽馬活動也是當地人的休閒樂趣。

帶廣競馬場

帯広競馬場

別冊P.30,D2 JR帯広駅前巴士總站12號乘車處搭乘十勝巴士2、10、17、31號，在「競馬場」站下車，約11分、¥200 帯広市西13条南9 0155-34-0825 賽馬多於週六~一舉行 入場¥100 1,100個 www.banei-keiba.or.jp

帶廣的競馬場是**北海道目前碩果僅存的「輓馬」賽馬場**，日文稱作「ばんえい競馬」的比賽和一般賽馬相當不同，首先比賽馬匹是一般賽馬體型2倍大的北海道農耕馬，比賽的方式也不是單純競速，馬匹必須負上沉重的鐵橇與騎師，在200公尺的距離內爬過2道高高土坡，是**世界唯一的重量馬競賽**。每逢週六、週日和週一大都有比賽，購票入場後可在門口先搜集當日的「出馬表」和「成績表」，或是購買當天的賽馬報紙，推算後下注。場內少了一般賽馬的賭博氣氛，倒像是家庭休閒的郊遊一般，中場休息還不定期有免費的吃喝招待，充滿北國濃濃人情味。

別忘了拜訪榮譽市民！

競馬場裡的三匹駿馬「Rick y(リッキー)」、「Milk y(ミルキー)」以及「King(キング)」都是帶廣的榮譽市民，其中黑色駿馬Ricky不僅是首位榮譽市民，更擁有超高人氣，牠還會化身可愛吉祥物在場內走動和遊客合照，遇到的話一定要拍照紀念才不枉此行。

十勝·帶廣

とかち・おびひろ
Tokachi·Obihiro

寬廣的十勝平原位在北海道中央，擁有美麗無垠的青藍天空，豐沃的土地上種植有豆類、稻穀、甜菜等作物，還有興盛的酪農業，素有日本農業王國的美譽。帶廣市郊的十勝川溫泉可以泡湯，還有六花之森、真鍋庭園等美麗庭園可以賞花，這裡眾多的庭園、牧場和溫泉鄉，等著你前去感受北國遼闊大地的魅力。

交通路線&出站資訊

電車
JR帯広駅◇根室本線
JR池田駅◇根室本線

出站便利通
開車最方便◇大部分景點可利用市區的路線巴士前往，但因區域過於廣闊，希望遍覽十勝地區的話，還是以開車最為便利
考慮觀光巴士◇另外也可參加十勝巴士的觀光巴士套裝行程，將市郊景點一網打盡
前往十勝川溫泉——[45]十勝川溫泉線◇從JR帯広駅前巴士總站【6號乘車處】搭乘十勝巴士「[45]十勝川溫泉線」，約30分可達，第一ホテル、観月苑、ガーデンスパ十勝川温泉、十勝川温泉南、エコロジーパーク等站皆在十勝川溫泉範圍內，視下榻處選擇下車處。車資¥500，1天6~8班
前往愛国·幸福駅、中札內美術村——[60]広尾線◇JR帯広駅前巴士總站【11號乘車處】搭乘十勝巴士「[60]広尾線」，約30分至「愛国」站、約50分至「幸福」站、約1小時至「中札內美術村」站
◎十勝巴士
www.tokachibus.jp

十勝HILLS

十勝ヒルズ

別冊P.29,B5 JR帯広駅開車約20分、真鍋庭園開車約5分 中川郡幕別町日新13-5 0155-56-1111 花園：4月下旬~10月下旬9:00~17:00(9~10月至16:00)；餐廳、咖啡廳營業時間請至官網查詢 花園開放期間無休 入園費大人¥1,000、國中生¥400 180個 www.tokachi-hills.jp

位於十勝的十勝HILLS，同樣對十勝的優美大地作出了詮釋：在可愛丘陵上的生態庭園，除了有野鳥、蝦夷松鼠和昆蟲們活躍於此，還有隨著季節變化的美麗花朵，在春、夏、秋三季輪番綻放。

©北海道庭園街道

十勝HILLS另外一個主題就是十勝美食。以十勝豐富的食文化為切入點，**十勝HILLS規劃了一系列使用地產食材、同時能夠欣賞庭園自然景色的各種餐廳**，包括日式、西式、咖啡甚至烤肉等應有盡有，令人除了自然之外，也能從味覺獲得不同層次的享受與滿足。

彩凛華

每年冬天都會有許多天鵝飛到十勝川溫泉過冬，雪白的天鵝群在河邊飛舞的模樣十分美麗，白天到河邊觀賞優雅的天鵝，晚上則可來彩凛華參加雪祭。彩凛華以近700個燈泡排出優美的天鵝身形，在銀白大地中與澄澈夜空下，綻放迷濛動人的光芒，還會有音樂與燈光共譜的奇幻森林秀，若感到寒意陣陣，也可以到一旁泡泡手湯、喝杯溫暖的美味牛奶暖暖身子。

JR帯広駅前巴士總站6號乘車處搭乘十勝巴士[45]十勝川温泉線，約30分至「ガーデンスパ十勝川温泉」站下車徒步10分
音更町十勝川温泉北14 十勝が丘公園
0155-32-6633
1月下旬~2月下旬，點燈時間19:00~21:00

十勝川溫泉

別冊P.29,C5 JR 広駅前巴士總站6號乘車處搭乘十勝巴士「[45]十勝川溫泉線」，約30分至「ガーデンスパ十勝川溫泉」等站下車即達，車資¥500，1天6~8班 音更町十勝川溫泉 0155-32-6633 www.tokachigawa.net

有「美人湯」之稱的十勝川溫泉與一般礦物泉不同，是**非常特別的植物性濕原溫泉(モール泉)，還入選為北海道遺產**。遠古時代堆積在地底的植物堆積層，遇上火山湧泉產生的濕原溫泉呈現黃褐色，還含有天然的保溼成份，泡在裡面就像泡在化妝水裡一樣呢！在這裡除了能入住溫泉旅館、享受溫泉美食外，還能在臨近的十勝自然中心體驗獨木舟、熱氣球等戶外活動。

三余庵

おすすめ 薦

米其林一星認證的質感居食空間。

別冊P.29,C5 JR帯広駅前巴士總站6號乘車處搭乘十勝巴士「[45]十勝川溫泉線」，約30分至「第一ホテル」站下車徒步5分；另外，住宿證明者亦可免費搭乘「[45]十勝川溫泉線」 音更町十勝川溫泉南13 0155-32-6211 一泊二食，兩人一室每人約¥28,080起。入湯稅¥150另計 20個 www.sanyoan.com

珍惜每一位顧客的時間、空間、休閒，三余庵**以「五感的講究」為宗旨**，打造最舒適的慢活空間，以和風為基調的館內，彷彿濃縮了十勝的大自然。大廳地板用的是愛知縣產的三州瓦，牆面請來國寶級的泥水師傅，就連浴衣也有23種花色供女性挑選。餐點也相當值得期待，來自北海道的當季食材，被烹煮成和洋折衷的創作料理，現捕鮮魚和當地大豆、和牛，交織出令人齒頰留香的美味。

十勝川溫泉第一飯店 豐洲亭

十勝川温泉第一ホテル 豊洲亭

別冊P.29,C5 JR帯広駅前巴士總站6號乘車處搭乘十勝巴士「[45]十勝川溫泉線」，約30分至「第一ホテル」站下車即達；或從JR帯広駅東北口搭乘十勝溫泉區飯店巡迴巴士(提供住宿證明即可免費) 音更町十勝川溫泉南12 0155-46-2231 一泊二食，兩人一室每人約¥19,000起。入湯稅¥150另計 200個 www.daiichihotel.com

十勝川溫泉第一飯店擁有一座寬廣的庭園岩石風呂，另外還有檜木風呂等**多達十種的溫泉浴池**，可以讓人盡情地享受十勝川溫泉的柔滑泉質。晚餐料理也是採用十勝產的新鮮素材，十分值得一試。

濕原溫泉
モール温泉

十勝川的「濕原溫泉」是少見的植物性溫泉，2004年列入北海道遺產。十勝平原遠古時代曾是內海，周邊濕地草木沉積形成泥炭，在地底成為亞煤層，有機腐植質溶入湧出的鹼性單純泉，泉水呈琥珀色，對肌膚有極佳的保濕潤澤之效，又稱「美人湯」。

十勝自然中心

十勝ネイチャーセンター

別冊P.29,C5 JR帯広駅前巴士總站6號乘車處搭乘十勝巴士「[45]十勝川温泉線」，約30分至「ガーデンスパ十勝川温泉」站下車徒步4分 音更町十勝川温泉12-1-12(事務所) 0155-32-6116 9:00~18:00，體驗活動依季節更動，請上網查詢 夏季熱氣球(約5分)國中生以上¥2,300、雪上摩托車¥5,500~ 約10個 www.nature-tokachi.co.jp

十勝自然中心**四季提供不同的戶外活動體驗**，以廣闊十勝地區的好山好水為場所，可以在十勝川划獨木舟及泛舟、觀賞鮭魚迴游、近距離觀察虎頭海雕，夏天能搭乘熱氣球、騎乘越野單車、體驗農業生活，冬天則可從事各種雪上活動，像是雪上摩托車或是雪上香蕉船等，豐富多樣的體驗無論何時前來都能玩得盡興。

藉由各式各樣的戶外活動體驗十勝大地之美。

愛国・幸福駅

おすすめ 薦

別冊P.29,B6 JR帯広駅前巴士總站11號乘車處搭乘十勝巴士「[60]広尾線」，約30分至「愛国」站下車徒步約2分即達愛国駅，¥480；約50分至「幸福」站下車徒步5分即達幸福駅，¥620 帯広市愛国町、幸福町 0155-65-4169 愛國交通紀念館9:00~17:00 (12~2月只於週日開館)；幸福鐵道公園自由參觀 免費參觀 愛国駅10個、幸福駅36個 www.koufuku-eki.com

戀人追尋的幸福之地，「通往幸福」的車票是必買紀念品。

愛国駅與幸福駅同位在舊廣尾線上，從2010年開始更有人**以「從最愛的國家前往幸福」的宣傳口號，為廢除的鐵道帶來新的契機**，藉由觀光來延續新生命。

以愛国駅舊車站改成愛國交通紀念館，展示當時使用的乘車券與各式鐵道用品；而同樣保留舊有車站的幸福駅，整間車站被觀光客的名片、車票釘得滿滿的，看起來格外壯觀。漸漸地，從愛國到幸福，也就成為旅人追求幸福的必經路程了。

戀人聖地「幸福駅」。

紫竹花園

紫竹ガーデン

別冊P.29,B6 JR帯広駅開車約35分 帯広市美栄町西4線107 0155-60-2377 花園：4月22日~11月3日8:00~17:00，咖啡廳：10:00~19:00(11月~4月28日至18:00) 入場費大人¥¥1,000、小孩¥200 200個 shichikugarden.com

以「讓北海道變成花之島吧！」為志願的園藝家紫竹昭葉所創立的紫竹花園，是一處**佔地15,000坪的大型花園，共分為22個主題花園、種植約2,500種奇花異草**，也是喜愛花園者的夢幻之地。

每到5~6月，兩千萬株、20種以上的鬱金香滿滿盛開；7月，當來自北海道及世界各地的夏天草花爭相綻放時，更是滿園萬紫千紅；時至10月秋日，則有紅葉和園內花朵相映襯。園內還提供美觀又美味的賞花午餐和點心，是個可度過浪漫午后的好地方。

在花海中品味午茶，感受花之國度的浪漫。

©北海道庭園街道

還可以在溫室中喝茶，欣賞落地窗外的季節美景。

©北海道庭園街道

真鍋庭園

別冊P.29,B5 JR帯広駅前巴士總站10號乘車處搭乘十勝巴士「[2]循環線」，約15分至「西4条39丁目」站下車後徒步約5分，車資¥240，1天約13~17班 帯広市稲田町東2-6 0155-48-2120 8:00~17:30(入園至17:00)，10~11月時間縮短 休 12月~4月下旬 大人¥1,000、中小學生¥200 50個 www.manabegarden.jp

被層層樹海包圍的真鍋庭園，是**日本第一座以針葉林為主題的庭園**，景觀也和一般花園相當不同。真鍋庭園園主是以庭園造景起家，引進世界各國以針葉樹為主的珍稀樹種，同時也保留了北海道開拓以前的珍貴老樹。歷經明治、大正、昭和時代，如今園內林香馥郁，宛若歐洲皇室般的庭園造景，讓人迷醉其中。

農場野餐(itadakimasu company)

農場ピクニック(いただきます カンパニー)

別冊P.29,B5 JR帯広駅開車約10分 帯広市西12条南29-2-5 0155-29-4821 ランチツアー(午餐導覽行程)11:30~14:30 午餐導覽18歲以上¥5,600、小孩¥4,100、2歲以下免費 www.itadakimasu-company.com 請勿擅入農田，須換穿專用的工作長靴，以免對農作物造成病蟲害

在農田導覽員井田小姐的帶領下，換上專用長靴，踏上種植了菜蔬鮮果的田野大地。**依作物收成季舉行不同主題的野餐**，自5月開始，油菜花、馬鈴薯，一直到9月的玉米、長芋。試著辨認不同植物、了解農家如何種作、攀爬夢想已久的牧草圈。親手採下的玉米，簡單水煮，搭配夾肉三明治與毛豆即是一餐。咬一口玉米，多汁鮮甜的美味令人感動不已，想必這就是北海道大地的滋味。

親自下田採收最新鮮的美味，探索十勝大地的美味。

六花之森

六花の森

別冊P.29,B7 JR帯広駅開車35分 河西郡中札内村常盤西3線249-6 0155-63-1000 4月下旬~10月中旬開放10:00~16:00；Shop 10:30~16:00、Cafe 11:00~16:00 大人¥1,000、中小學生¥500。另有中札內美術村共通券大人¥1,500、中小學生¥1,000 30個 www.rokkatei.co.jp/facilities/六花の森-2/

おすすめ 薦

種滿了六花亭包裝紙上的美麗六花，還有改建自克羅埃西亞古民家的美術館。

對北海道熟悉的朋友一定對**六花亭那美麗的包裝紙**有印象，事實上，這包裝紙是北海道出身的藝術家坂本直行的水彩畫作《十勝六花》，畫中的正是北海道十勝的原生草花。從構想開始耗時10年，六花亭終於完成了位於森林深處、植滿美麗六花的夢想庭園。

庭園的正中央就是坂本直行的紀念館，裡頭藏有藝術家豐富的水彩與油畫畫作，可以窺見坂本先生以輕柔甜美的筆觸，描繪出的十勝優美自然。

花畑牧場

別冊P.29,B7 JR帯広駅開車約50分 中札内村元札内東4線311-6 0120-929-187 花畑牧場商店、咖啡10:00~16:00(咖啡L.O.15:30)，依季節而異；牧場秀週末11:00、13:00(雨天中止)，約15分，日期詳見官網 約11月初~4月中旬冬季休業，依各館而異 200個 www.hanabatakebokujo.com/

想要到牧場參觀，親手摸摸各種動物，可以到電視冠軍主持人田中義剛一手打造的「花畑牧場」。牧場裡住了可愛的牛、羊、驢、馬等，遊客可以和動物們相見歡，並參加生動有趣的「牧場秀」。另外，還可以在這裡參觀明星商品「生牛奶糖(生キャラメル)」等各種甜食的製作過程。

牧場與工廠併設，可以一次滿足購物參觀的趣味。

中札內美術村

おすすめ 薦

別冊P.29,B7 JR帯広駅開車約40分、從六花之森開車約10分；或從JR帯広駅前巴士總站11號乘車處搭乘十勝巴士「[60]広尾線」，約1小時至「中札內美術村」站下車徒步即達，車資¥930 中札内村栄東5線 0155-68-3003 10:00~15:00(4月~10月的週末及例假日、黃金週、夏季7~8月)(每年均有些微變更，請上網查詢) 11~3月，週一至五(黃金週及7、8月無休) 美術館單館門票大人¥500、兩館¥800，與六花之森共通券：單館¥1,000、全館¥1,200 100個 www.rokkatei.co.jp/facilities/index.html

占地廣闊的腹地內座落著餐廳與美術館，自然景色中洋溢著藝術氣息。

中札內美術村擁有**廣達14萬5千平方公尺的超大原始森林空間**，座落著小泉淳作美術館、相原求一朗美術館、北之大地美術館、夢想館等林中美術館，**草坪上則有戶外的雕刻和不定期的特展**。

小泉淳作以氣韻十足的水墨畫馳名日本，京都建仁寺法堂天花板上的畫作《雙龍圖》正是其代表作，館內約展出50件作品。相原求一朗則是日本第一位描繪北海道的洋畫畫家，作品《北之十名山》、《雪道》等可以看見畫家眼中的北海道風華。

林蔭與陽光下的藝術空間。

十勝千年之森

十勝千年の森

別冊P.29,A5外 JR帯広駅開車約45分 清水町羽帯南10線 0156-63-3000 約4月底~10月中的9:30~17:00(依月份而異) 大人¥1,200、中小學生¥600、幼兒免費 200個 www.tmf.jp

千年之森的代表風景，就是**Earth Garden中寬闊無邊的綠意草原**，以及草原盡頭連綿起伏的日高山脈。以landscape為主角的Earth Garden庭園，當慢慢走上草原，風景也隨著地形與角度不停改變，能深深感受到北海道大地的豪闊壯麗。而除了Earth Garden，千年之森裡還有以野花、森林等為題的4處庭園，世界各地藝術家的作品錯落其中，一同譜出自然與人的和諧互動。

Spinner's Farm Tanaka

別冊P.29,D5 JR帯広駅開車約40分，JR池田駅開車約6分、徒步20分，在池田高中正對面 中川郡池田町清見164 015-572-2848 10:00~12:30、13:30~17:00 週一、二，年末年始。詳見官網 編織教室¥1,200(約2小時)，毛線等費用另計 www12.plala.or.jp/spinner/ 羊毛體驗課程需事先預約

Spinner's Farm Tanaka是一家**專門生產羊毛的牧場**，寬廣的牧場內住了許多綿羊，在十勝大地中無憂無慮地吃草散步。遊客在牧場中可以體驗羊毛編織DIY、製作羊毛玩偶，或者到牧場參觀、餵羊吃飼料，還可以抱抱剛出生的羊寶寶喔。

Jewelry Ice

ジュエリーアイス

別冊P.29,D7外 JR帯広駅開車約40分 中川郡豊頃町大津港町 015-574-2216 1月中旬~3月月上旬之間自由參觀 www.toyokoro.jp/jewelryice MAPCODE：511 078 144*18

位在帶廣市東南方的豐頃町，因為「Jewelry Ice」這個新興景點成為許多人特地一訪的地點。Jewelry Ice其實是因為冬季十勝川河水結冰，流入海洋時，碎冰被浪花打上海灘而成，**形狀各異的碎冰散落海灘，在陽光照耀下，折射出宛如寶石一般的光芒**，美麗又特殊的景觀迅速吸引許多人的注目。

Tausyubetsu橋梁

タウシュベツ橋梁

別冊P.29,C4外 JR帯広駅開車約1小時45分，沿國道273號線即達入口 自由參觀，建議不要在晚上造訪 www.guidecentre.jp(東大雪自然導覽中心) 由於進入Tausyubetsu橋梁的林道管制一般車輛進入，從林道入口到橋樑有4公里的距離，徒步約1小時。不想走路可以在湖的對岸「展望廣場」隔約800公尺眺望，或是4~11月間可參加「東大雪自然導覽中心(ひがし大雪自然ガイドセンター)」主辦的各式橋梁導覽行程，約1.5小時大人¥4,500。冬季也可參加湖上橫渡行程可以參加

舊士幌線於1925年開通，1987年全線廢止，在這63年的運行期間為了廣大森林資源的開發與糠平湖的水壩建設而貢獻。隨著廢線，糠平湖附近留下大大小小約30處拱橋，其中水泥製、外形看來頗有羅馬風情的Tausyubetsu橋梁是最被廣為認識的一座橋。糠平湖為一處人造湖，為了發電而被開發為水壩，水位會因季節變化或發電工序出現大幅差異。

造訪Tausyubetsu橋梁時值7月滿水期，如果在秋天造訪，可以看到水位稍降，拱形橋樑與湖水映成美麗的圓弧；而冬季湖水乾涸，覆上大雪的橋樑更是美麗，湖底還能見到當初建設水壩留下的痕跡。**滿水期與涸水期的風貌完全不同**，所以Tausyubetsu橋梁也被稱為**「幻之橋」**。

Happiness Dairy

別冊P.29,D5 JR池田駅開車約7分、徒步約22分 中川郡池田町清見103-2 015-572-2001 9:30~17:30(冬季至17:00)、週末及例假日9:30~18:00(冬季至17:30) 週二(遇例假日營業) イタリアンジェラート2種盛(義大利冰淇淋Gelato 2種口味)¥400 100個 happiness-dairy.com

位於池田的清見丘上的Happiness Dairy，一進去就能看到許多人攜家帶眷地到此享用美食及休憩閒聊。店內商品**100%使用十勝生產的食材來製作**，招牌商品**義大利冰淇淋(Gelato)，約有20種口味可供選擇**，其中還有著許多北海道當地農產的特殊口味，像是藍靛果以及期間限定的肉桂、蘆筍等， 琳瑯滿目的口味以及甜而不膩的爽口風味，讓人想一吃再吃。

限定口味的冰淇淋是可遇不可求的美味。

池田葡萄酒城

池田ワイン城(池田町ブドウ・ブドウ酒研究所)

別冊P.29,D5 JR池田駅徒步約17~20分 中川郡池田町字清見83-4 015-572-2467 9:00~17:00，見學導覽每日2回11:00、14:00 年末年始；週二不開放導覽，詳見官網 免費(週一三五見學導覽免費) 100個 www.tokachi-wine.com

北海道地產葡萄酒的代表「池田葡萄酒城」，是**日本第一間以自治體經營的釀酒工場**。建物形如一座堡壘，草地上示範種植了一畦當地培育成功的地產葡萄清舞、山幸。依見學路線，參觀地下熟成室並試飲葡萄酒，最後在附設餐廳大啖葡萄酒和地產牛肉的漢堡排。出身池田町的「DREAMS COME TRUE」主唱吉田美和亦曾造訪此地，植下一方署名的葡萄園，並設立「DCTgarden IKEDA」展示收藏她的表演服，藉以回饋鄉里，相當值得一遊。

おすすめ 薦

然別湖村落

しかりべつ湖コタン

不僅可以在冰凍的湖中央感受冬日的蒼涼之美，還能夠參加多種活動。

別冊P.29,B4外 從JR帯広駅前的巴士總站4號乘車處，搭乘北海道拓殖巴士的「[51]然別湖線」約1小時40分於「然別湖畔溫泉」站下車可達，一天4班，車資約￥1,680；從JR帯広駅開車約1小時10分 河東郡鹿追町北瓜幕 然別湖畔 0156-69-8181 1月25日~3月22日開放，每年時間略異；各項設施使用時間不一，詳見官網 自由參觀。冰杯製作體驗￥1,500(附1杯紅酒)，冰屋只限合作飯店的住宿者預約使用 kotan.jp

帶廣北方的然別湖除了是景區，每年冬季更會在冰凍湖面上打造出**冰雪之村，村落的設施從露天風呂、冰屋、冰酒吧到雪上摩托車、雪鞋體驗等應有盡有**，內容相當多元。露天風呂採混浴、女湯及男湯三個時段，除了要克服被人看到裸身的害羞，在那之前還要先面對脫衣後在零下溫度中走入浴池中的刺骨寒冷，但一浸入溫暖的溫泉中，一切憂煩瞬間煙消雲散。最吸引人的則是教堂般夢幻的酒吧，先是在裡頭花上15~30分鐘慢挖鑿出冰杯，再用自己的杯子來杯調酒小酌，感受冬日的微醺。

釧路·釧路濕原

くしろ・くしろしつげん

Kushiro·Kushiro-shitsugen

綠色無垠的濕原以及蜿蜒其中的釧路川，構成一幅如夢般的天然風景。釧路濕原是日本第一個登錄拉薩姆爾公約的濕地保留地，也是日本範圍最大的濕原。這裡的原始自然，是許多珍貴動植物的居地，除了丹頂鶴外，還有各種可愛的北國動物，等著與你相遇。

交通路線&出站資訊

電車

JR釧路駅◇根室本線、釧網本線

JR釧路湿原駅◇釧網本線

JR細岡駅◇釧網本線

JR塘路駅◇釧網本線

巴士

Starlight釧路號(スターライト釧路号)

從札幌駅前巴士總站【15號乘車處】、大通附近的中央巴士札幌總站【6號乘車處】搭乘中央巴士、釧路巴士等共營的「Starlight釧路號」至「釧路駅前」站，最快約5小時可抵達、¥5,880，預約制

◎中央巴士

☎011-231-0600(札幌)、0154-25-1223(釧路)

www.chuo-bus.co.jp

出站便利通

鐵道可達地區◇JR能前往的區域在濕原的東部，如細岡、塘路等地

阿寒巴士「鶴居線・幌呂線」、「阿寒線」◇前往濕原內的釧路濕原展望台、溫根內木道、釧路市丹頂鶴自然公園、阿寒國際丹頂鶴中心等景點，可從釧路駅乘車

定期觀光巴士◇由阿寒巴士運行，依季節推出不同的路線串連釧路濕原及道東各地，例如夏季約4月底~11月初「Pirika號(ピリカ号)」、冬季1月中旬~3月初「White Pirika號(ホワイトピリカ号)」，提供繞行釧路濕原、摩周湖、阿寒湖的1日路線。從JR釧路駅前出發，有各式行程，價格¥1,500~6,000不等，預約制。詳情請見阿寒巴士網站

◎阿寒巴士

www.akanbus.co.jp

路線巴士(釧路駅前巴士站)

釧路駅往南至幣舞橋一帶為市中心鬧區，基本上徒步即可達，亦可搭車至舞弊橋再往車站逛，利用市區巴士搭到「榮町6丁目」、「十字街口」下車。

★市中心巴士交通◇可利用[3]、[12]、[31]、[55]、[60]、[61]等路線

★5號乘車處◇往魚港方向。[18]白樺線・[53]晴海線

★8號乘車處◇往其他城市、機場等高速巴士。往【旭川】Sunrise旭川釧路號(サンライズ旭川釧路号)、往【根室】特急根室號(特急ねむろ号)、往【釧路機場】釧路空港連絡バス、往【札幌】starlight釧路號、往【北見】特急釧北号

★9號乘車處◇往厚岸、新富士山。[25]厚岸・釧路線、[28]新富士新野線、[88]イオン新富士線

★12、15號乘車處◇往動物園、濕原、鶴居村、阿寒湖、知床等。往【標津・羅臼】釧羅線・釧標線、[20]鶴居線、[21]鶴野線。往【阿寒湖】[30]阿寒湖線、[70]阿寒線、[77]、[88]山花リフレ線。定期観光バス

觀光案內所

釧路市観光案内所

釧路市北大通14 JR釧路駅内

☎0154-22-8294

9:00~17:30

休12月29日~1月3日

釧路大漁DONPAKU

釧路大漁どんぱく

從2004年開始舉辦的釧路大漁DONPAKU，從其名稱的「DON(煙火的聲音)」加上「PAKU(吃東西的聲音)」，就知道這個祭典是以煙火及美食為主題。期間不但能一次享用釧路當地美味、吃到最新鮮的各式海產外，最盛大的活動就屬週六晚間的花火大會了，約8,000發的煙火在空中綻放，其中還有高達600公尺、直徑550公尺的「三尺玉」，絢爛而震撼。

釧路港、釧路川、北大通等　9月第1個週五~日

ja.kushiro-lakeakan.com/donpaku/

釧路濕原觀光旅遊攻略

賞鳥：釧路濕原一年四季都能看到鳥類出現，除了留鳥之外，候鳥們又紛紛依各自的遷移行程在不同的時間點前來。大天鵝、白尾鷲等冬季候鳥大約從11月待到3月；丹頂鶴則會從3月待到10月，並在濕原上撫育下一代；5~8月間則有燕子和杜鵑等鳥類前來避暑。到了冬天，不少丹頂鶴會集中到人工飼育中心如釧路市丹頂鶴自然公園和阿寒國際丹頂鶴中心，因此可以看到上百隻丹頂鶴群舞的美麗畫面

濕原植物：每年大約4、5月雪融之後，濕原才開始慢慢熱鬧起來。大約6~8月是濕原植物的開花期，也是最美麗的時刻。到了10月蘆葦轉黃之後，濕原又再度進入蕭瑟的冬季狀態，等待隔春的來臨

ja.kushiro-lakeakan.com/

幣舞橋

別冊P.31,B3 JR釧路駅徒步10分
釧路市北大通

幣舞橋為釧路市最重要的地標，更是**北海道的三大名橋之一**，橋的兩邊立有4座優美的「四季之像」人形雕塑，在**夕陽的映照下格外優雅**。夜晚打上燈光的幣舞橋，襯映著對岸MOO廣場的光芒，更散發出難以言喻的美感。

釧路夕陽

©釧路觀光協會

與峇里島、馬尼拉並稱為世界三大夕陽的釧路夕陽，紅橙雲彩與夕陽交舞的絕景吸引無數遊客特地前去造訪。釧路最著名的夕陽觀賞處即為幣舞橋，隨著四季更迭太陽的位置也跟著改變，等到春天及秋天即為最佳的欣賞季節，站在橋上往釧路港望去，便能看到夕陽沒入正前方的海中，尤其秋天的夕陽更是將整片天空與海面染得橘紅，美得令人屏息。

◎每月1號大致的日落時刻

1月	2月	3月	4月	5月	6月
約15:58	約16:34	約17:11	約17:48	約18:23	約18:54
7月	**8月**	**9月**	**10月**	**11月**	**12月**
約19:06	約18:44	約17:58	約17:05	約16:16	約15:49

和商市場

おすすめ 薦

別冊P.31,A1 JR釧路駅徒步約5分
釧路市黒金町13-25 0154-22-3226 8:00~17:00 休週日、不定休(詳見官網) P134個 www.washoichiba.com

來到釧路絕不可錯過當地美食「勝手丼」，可依自己的喜好選擇海鮮種類。

位於釧路駅前的和商市場，**和函館朝市、札幌的二条市場並列為北海道三大市場**。和商市場內聚集約80家店，賣的不外乎是新鮮的海鮮、土產和水果等，不過這裡更有趣的地方便是**特別的「勝手丼」文化**。首先你得先到有賣飯的店買飯，然後拿著這碗飯到各個攤販前去購買你想吃的海鮮，不論是生魚片、海膽、鮭魚任君挑選，便宜又豐盛。

來碗自製海鮮丼(勝手丼)吧！

①
買飯
製作勝手丼的第一步就是買飯，鎖定招牌上有大大「ごはん(飯)」字的店鋪就對了。依喜好選擇喜歡的大小，還可加價購買味噌湯、細絲昆布湯(とろろ昆布湯)等湯品。

②
挑選食材
拿著熱騰騰的飯，接下來就到旁邊的「勝手丼」販售處開始挑選食材。攤位上擺滿一疊疊切好的海鮮，上面也會有每盤或是每片海鮮的售價，只要指出想買的食材，老闆就會幫你夾入碗中。

③
完成
選完材料後直接跟老闆結帳，在市場內找個座位坐下，便可開始享用自己製作的美味海鮮丼了！

漁人碼頭MOO

おすすめ 薦

要想買齊釧路、道東特產，到這裡絕不會失望！

別冊P.31,A3　JR釧路駅徒步約15分　釧路市錦町2-4　0154-23-0600　1F購物10:00~19:00(7~8月9:00~19:00、12月31日~1月3日10:00~17:00)、2~3F餐廳11:00~22:00(依店家而異)　休1月1日　P76個，30分內免費，超過後須付費　moo946.com

位在幣舞橋河邊的漁人碼頭MOO，是棟大型的土特產品購物中心兼美食廣場，想要**一網打盡所有釧路及道東名產**，走一趟漁人碼頭MOO準沒錯，還可在裡面的郵局一次買齊北海道限定明信片唷。

KUSHIRO 港の屋台 Tシャツ サイズ 160・S・M・L・XL 2100円(税込)

這一道秋刀魚料理是店家的獨門美食。

魚政

漁人碼頭MOO 1F　0154-24-5114　10:00~19:00(L.O.18:00)　休1月1日　さんまんま(秋刀魚捲飯)¥800　sanmanma.com

魚政所賣的**「秋刀魚捲飯」**是釧路的最新當地美食，而且**只有在魚政才吃得到**。油脂豐富的道東產秋刀魚，經過細心去骨並浸泡店內的秘傳醬汁，裡面則包著北海道米與糯米混和的香甜米飯，飯與魚之間則夾著口味清爽的紫蘇，烤過後香氣四溢的秋刀魚捲飯一口咬下，魚的油脂、紫蘇的清甜與米飯的香氣融合為一，絕妙的滋味叫人一試難忘。

岸壁爐端

岸壁炉ばた

漁人碼頭MOO 釧路川河畔空間　約5月中旬~10月的17:00~21:00(L.O.20:30)

每到5~10月期間，天氣回暖，漁人碼頭MOO便會在戶外搭棚提供爐端燒，**先在一旁的購票處買餐券，然後再拿票券點選各式鮮食**。在溫暖的炭火旁，聽著海鮮因熱氣滋滋作響，嗅著散發出的香氣，不禁讓人食指大動，伴著徐徐微風、沁涼啤酒、旅途中的點滴回憶大快朵頤，獨具夏日風情。

在戶外座位大啖爐端燒，是釧路夏日的風物詩。

釧路Prince Hotel

別冊P.31,A2　JR釧路駅徒步10分　釧路市幸町7-1　0154-31-1111　住宿不含餐方案，雙人房每人約¥4,158起　P90個，1晚¥600　www.princehotels.co.jp/kushiro

釧路Prince Hotel是釧路最大的飯店，從高層的房間內**可一覽釧路市夜景和太平洋上點點漁火**的美景。各客房內皆掛有北海道畫家本間武男的繪畫，釧路濕原的美景盡入畫中。房間內還提供高速上網服務，提供自備筆記型電腦者使用。大廳服務台還提供觀光諮詢及代訂服務，無論是觀光或是商務都十分方便。

爐端 煉瓦

炉ばた 煉瓦

別冊P.31,A3 JR釧路駅徒步15分 釧路市錦町3-5-3 0154-32-3233 17:00~23:00(L.O.餐點22:00、飲料22:30) 雙人套餐¥3,621起(未含稅) 10個 www.renga.jp

釧路是爐端燒的發源地，「煉瓦」則是**人氣數一數二的爐端燒餐廳**。位於全日空飯店附近的煉瓦是用明治末期的倉庫改裝而成，不但可以親手體驗燒烤的樂趣，而且因為這裡是由**海產公司所直營**，所以用的海鮮新鮮美味、價格便宜，是吃爐端燒的絕佳去處。

ANA CROWNE PLAZA HOTEL釧路

別冊P.31,A3 JR釧路駅徒步約15分 釧路市錦町3-7 0120-056-658、0154-31-4111 附早餐方案，雙人房每人約¥6,102起 63個，1晚¥600 www.anacpkushiro.com

鄰近幣舞橋的ANA CROWNE PLAZA HOTEL釧路是一間高質感的飯店，整體洋溢著高格調感但卻沒有壓迫感。旅遊可以是更有格調的，入住本飯店後即會有這樣的感覺，尤其當一夜好眠後，看著**窗外的釧路川波光粼粼地隨著海水起伏，讓人心情愉悅**，再前往飯店餐廳享用美味早餐，然後開啟另一趟旅程。

鳥善

別冊P.31,B2 JR釧路駅徒步約10分 釧路市栄町2-15(サンプラザビル1F) 0154-22-8472 17:00~23:00 休不定休 ザンギ(炸雞)¥700

鳥善的老闆內間木徹也先生曾任職於炸雞(ザンギ)創始店鳥松，出來獨立經營鳥善也已超過40個年頭。鳥善為炸雞專賣店，所賣的料理只有帶骨炸雞(ザンギ 骨付き)、去骨炸雞(ザンギ 骨なし)以及炸雞腿(から揚げ もも)三種，剛炸好的炸雞沾上特製醬汁，與胡椒一起吃，香脆美味。雖趁熱吃較好吃，但是店老闆強調本店的**炸雞涼掉可是一樣美味**喔！

醬汁是炸雞的美味關鍵，大口吃肉之餘別忘了細細品味。

炸雞
ザンギ

使用大蒜、生薑與醬油醃製過的雞肉，裹上麵粉或太白粉下鍋油炸的炸雞，日本各地稱之為「唐揚げ」，北海道則稱為「ザンギ(ZANGI)」，據說其發音的起源是來自釧路的「鳥松」，這家店在1960年代將原本是中華料理的炸雞端出來時，加入了N音就變成了「ZANGI」。其特別之處在於各店會淋上自家的獨門醬汁，特殊的風味讓這美食益發香氣四溢、口味獨到。

釧路拉麵 河村

釧路ラーメン 河むら

別冊P.31,B2　JR釧路駅徒步10分　釧路市末広町5　0154-24-5334　11:00~14:30、18:00~24:00，週日例假日只到14:00　不定休　醤油ラーメン(醬油拉麵)¥700、昔風ラーメン(古早味拉麵)¥800　無，但會提供大進及末広停車場的30分免費停車券　ramen-kawamura946.ftw.jp

1989年創立的河村是**釧路拉麵的老字號**，也是最受歡迎的人氣拉麵店。秉持延續釧路拉麵的傳統風味，河村的拉麵湯頭是用柴魚片、雞骨和洋蔥所熬成，麵條則採用特別訂製的細捲麵，清爽簡單卻香濃可口，充滿道東大自然的原味感。

釧路市濕原展望台

釧路市湿原展望台

別冊P.31,C6　JR釧路駅前搭乘阿寒巴士[20]鶴居線，約40分至「湿原展望台」站，下車後徒步1分　釧路市北斗6-11　0154-56-2424　8:30~18:00(10~3月9:00~17:00)，入館至閉館前30分　年末年始　大人¥480、高中生¥250、中小學生¥120　108個

面積廣大的釧路濕原可說是大自然的生態教室，位於濕原西側的釧路市濕原展望台則扮演著濕原博物館般的角色，除了遠眺濕原風景外，並展示豐富的濕原形成相關資料和照片。**沿著展望台旁設的步道可以走進濕原內**，繞行一周約1小時。

釧路濕原就是大自然的生態教室，地形與生態都值得花上時間好好了解。

炙家

くし炉 あぶり家

別冊P.31,B2　JR釧路駅徒步10分　釧路市末広町5-6　0154-22-7777　16:30~23:30(L.O.23:00)　真ほっけ半身(真花鯽魚)¥1,100　www.aburiya946.com

炙家雖然是以海鮮燒烤為主的碳烤居酒屋，但是卻感覺不到碳烤店特有的混亂煙燻感，取而代之的是優雅的和式裝潢和桌椅，沉穩的木質桌面中央還有古意十足的地爐。店裡採用高級不揚灰的備長炭，**每天從釧路漁港新鮮直送**的鮮魚、牡蠣、帆立貝讓人食指大動！更適合配杯釧路啤酒，豪邁下肚！

釧路Marsh & River

位於釧路濕原國家公園的自然體驗中心Marsh & River提供各式自然體驗服務，其中最廣為人知、也最受歡迎的就是獨木舟體驗活動，可以沿著濕原上蜿蜒的河川，以不同的角度感受濕原之美，由塘路湖划到細岡大約是2小時。沿路上，專業導覽人員會介紹這裡的動植物生態，幸運的話還能看見低空飛過的丹頂鶴呢！

依方案不同，可至JR釧路湿原駅、遠矢駅或細岡駅免費接送，需預約　釧路町河畔4-79　0154-23-7116　8:00~19:00　不定休　獨木舟大人¥9,500、小孩¥5,500(預約制)　10個　www.946river.com　集合地點為釧路町トリトウシ88-5

おすすめ 薦

細岡展望台

別冊P.31,D5 從JR釧路湿原駅沿山坡遊步道徒步10分 釧路郡釧路町細岡 自由參觀 P60個

3,000年前形成的濕原在腳下無限延伸，讓人感受到大自然的壯闊與生命力。

細岡遊客中心上方的細岡展望台，是釧路濕原中具代表的風景地，因為它位於視野良好的山丘上，因此便有「大觀望」的美名。在這裡可以看到釧路川以蛇行之姿穿流過濕原，遠處則能望見雄阿寒岳、雌阿寒岳、阿寒富士等山脈，尤其以**夕陽西沉時最為美麗**。

温根內木道

別冊P.31,C5 JR釧路駅前15號乘車處搭乘阿寒巴士[20]鶴居線，約45分至「溫根內遊客中心(溫根内ビジターセンター)」站下車後徒步3分 阿寒郡鶴居村溫根 0154-65-2323(溫根內旅客中心) P50個

溫根內木道是以溫根內遊客中心(温根内ビジターセンター)為起點的濕原木棧道，可以從底表土質含水率低、長滿矮灌木樹林的高層濕原，一路散步到含水率高、佈滿濕原特有蘆葦和草花的低層濕原，感受濕原層次之美。**每年4月中旬到8月上旬是溫根內木道的花季**，低層濕原成為一片迷人花海。另外值得一看的還有**濕原之瞳——谷地眼**，就是在木道旁蘆葦叢中那一窪窪深達3公尺、充滿神秘感的沼澤黑洞。

Sarbo展望台 Sarurun展望台

サルボ展望台・サルルン展望台

別冊P.31,D4 JR塘路駅徒步約30分 標茶町塘路 015-485-2111 自由參觀 P10個

從塘路駅沿著國道391號向北而行，騎乘單車約20分鐘便能來到展望台的登山口，Sarbo展望台與Sarurun展望台都位在此地。攀爬約10分鐘的坡道，即可來到分別通往兩處展望台的岔口，右轉登上**Sarbo展望台**向南方眺望，**可欣賞小型湖泊及翠綠濕原將塘路湖團團包圍**的獨特風景，左轉登上**Sarurun展望台，以湖泊為主體的濕原風景就在腳下**，讓人只想舒適地倚靠在木製欄杆上，靜心品味眼前的景致。

濕原裡的動植物

除了最有名的丹頂鶴，被稱為生物寶庫的釧路濕原裡還孕育著600種以上的植物、1,130種昆蟲、38種魚類、170種鳥類和30種哺乳類，包含不少稀有物種或是冰河孑遺生物。一般常見的有可愛的北狐、蝦夷鹿、蝦夷花栗鼠等，島鴞、長尾雀等鳥類也很受喜愛。

人類的干擾對動物們影響巨大，其中像丹頂鶴，育雛期間如果被打擾的話會遺棄雛鳥；北狐和人類有共通的傳染病，吃了人類食物還有可能導致死亡，這幾年還曾因為有人在濕原步道亂丟垃圾，讓原本不會來到濕原的熊誤闖，造成步道封閉。造訪濕原時，請特別注意不要破壞、打擾濕原動物們原有的生活環境唷。

釧路市動物園

別冊P.31,B5 JR釧路駅前15號乘車處搭乘[70]阿寒本町線(山花經由)、[73]·[83]イオンリフレ線、山花リフト線約45分至「釧路市動物園」站下車徒步即達 釧路市阿寒町下仁々志別11 0154-56-2121 4月10日~10月14日9:30~16:30(入園至16:00),10月15日~4月9日10:00~15:30(入園至15:00) 大人¥580、中學生以下免費 休12~2月的週三(遇例假日營業)、12月29日~1月2日 www.city.kushiro.lg.jp/zoo

釧路市立動物園總面積廣達47.8公頃,裡面除了可欣賞到**北海道的代表動物**,像是蝦夷棕熊、蝦夷黑貂、蝦夷栗鼠、蝦夷小鼯鼠、蝦夷鹿等外,在園區內還可見到許多可愛的人氣動物,能一次將馴鹿、北極熊、草泥馬、小熊貓看個過癮。

這裡是日本最東邊的動物園。

竹老園 東家総本店

別冊P.31,A3外 JR釧路駅前5號乘車處搭乘釧路巴士[18]白樺線、[53]晴海線,約7分至「千代の浦」站下車後徒步10分 釧路市柏木町3-19 0154-41-6291 11:00~18:00 休週二 海老天ぷらそば(炸蝦蕎麥麵)¥1,350 P50個 ja-jp.facebook.com/chikurouen/

創業於明治7年(1874年)的竹老園發源自小樽,直到明治45年才在釧路開設蕎麥麵店。竹老園當初設立時,希望本店可以位在環境清幽的地方,現在依然落實這種追求,四周不僅沒有店家,店主人還很雅興地在門前設置日式庭園。

店裡的蕎麥麵種類多樣,除了基本的乾、湯兩種,更**有昭和天皇曾享用過的蕎麥麵套餐**。建議可點配有兩隻炸蝦的熱湯喬麥麵「炸蝦(海老天ぷら)」,或是有一隻炸蝦的熱湯蕎麥麵「海老天南」,軟中帶Q的麵條順著喉嚨滑入胃中,整個身體也跟著溫暖起來。

釧路市丹頂鶴自然公園

別冊P.31,A6 JR釧路駅前15號乘車處搭乘阿寒巴士[80]阿寒本町線(大樂毛經由),途經釧路空港至「鶴公園」站下車,約50分;或從阿寒湖温泉搭乘[30]阿寒線,途經丹頂の里,至「鶴公園」站下車,約70分 釧路市鶴丘112 0154-56-2219 4月10日~10月14日 9:00~18:00、10月15日~4月9日9:00~16:00 休12月31日~1月3日 大人¥480、中小學生¥110 P100個 www.kushiro-park.com/publics/index/72/

愛努人稱為「濕原之神」的丹頂鶴,因瀕臨絕種而被日本指定為國家天然紀念物。從1924年在釧路濕原發現10餘隻丹頂鶴起,**釧路濕原就成為丹頂鶴保育區,1958年,釧路市丹頂鶴自然公園以保育為目的而成立**,園內除了有丹頂鶴的資料展示外,還有20隻左右放養的丹頂鶴,在丹頂鶴育雛期間前來的話,還有機會看到丹頂鶴媽媽背著小黃丹頂鶴的可愛模樣。

還能看到丹頂鶴與海鵰爭食的場面。

阿寒國際鶴中心GRUS

おすすめ 薦

阿寒国際ツルセンター グルス

冬天在觀察中心會人工餵食,可欣賞到上百隻丹頂鶴的優美身影。

別冊P.31,A5 JR釧路駅前15號乘車處搭乘阿寒巴士[30]阿寒線,途經釧路空港、鶴公園至「丹頂の里」站下車,約60分;或從阿寒湖温泉搭乘[30]阿寒線至「丹頂の里」站下車,約40分 釧路市阿寒町上阿寒23線40 0154-66-4011 9:00~17:00;觀察中心11月1日~3月31日8:30~16:30(11~1月至16:00) 大人¥480、中小學生¥250 P40個 aiccgrus.wixsite.com/aiccgrus

丹頂鶴平常生活在釧路濕原中,但是每到冬天,整個濕原被白雪覆蓋,變得不易覓食,為了不讓這些丹頂鶴餓死,所以**每年到了冬天的1~3月,丹頂鶴觀察中心便以人工餵食的方式,補足丹頂鶴食物不足的問題**。所以只要在這個季節前來,就可以看到100~200隻的丹頂鶴!

鶴居村

つるいむら

別冊P.34,A2 JR釧路駅開車約50分，或JR釧路駅前15號乘車處搭乘阿寒巴士「[20]鶴居線」前往 阿寒郡鶴居村

釧路濕原北部的小村落「鶴居村」，**因丹頂鶴棲息而得名**。鶴居村以酪農為業，又被稱為酪農之村。夏季時，蓊綠丘陵上點綴了姿態悠閒的乳牛和綿羊，一派悠閒風情；冬季降臨，村中牧場化身銀白大地，著名鶴居十景的音羽橋、伊藤丹頂鶴保護區、鶴見台等地，常見大批丹頂鶴群聚、翩翩起舞，有如人間仙境，**鶴居村也因此入選日本最美村落(日本で最も美しい村)**。

夢工房

別冊P.34,A3 阿寒郡鶴居村字下幌呂南4線37-19·20 0154-65-2181 一泊二食，雙人房每人約¥12,960起 18個

3層樓高的落地玻璃窗，及自然光的運用，讓夢工房洋溢著悠閒與美麗。以休閒為基本概念，並鎖定情侶或年輕人為基本客層，處處洋溢著歐式的悠閒感。房內最特別的設計則是**天窗的開設**，讓你可以躺在星光下作夢，隔天一早則可在晨光的沐浴下起床。

乳製品工房 酪樂館

乳製品工房 酪楽館

別冊P.34,C2 阿寒郡鶴居村字雪裡435 0154-64-3088 9:00~17:00 休12月31日~1月5日，不定休 raku2tsurui.jp 加工體驗在每月1日8:30開放電話預約，日期請上官網查詢公告。

鶴居村位於自然生態保護區，所產牛乳質量為日本數一數二，成就了在**全日本天然起司大賽中屢次獲獎的「鶴居天然起司」**，由乳製品工房「酪樂館」出產。酪農每日早晨送來新鮮生乳，再由起司職人小山田愛以手工製作起司，銀標和金標的兩種天然起司就是她著名的得獎作品。

鶴居道產子牧場

鶴居どさんこ牧場

別冊P.34,B2 JR釧路駅前15號乘車處搭乘阿寒巴士「[20]鶴居線」，約50分至「鶴見台」站，下車後搭乘免費接駁巴士(需預約) 阿寒郡鶴居村久著呂71-1 0154-64-2931 半日騎馬路線(2小時)¥9,100，需預約；45分騎馬路線¥4,500，可當天申請 15個 dosanko-farm.com

位在釧路濕原的鶴居道產子牧場可以讓遊客**體驗騎馬入濕原的樂趣**。**建議安排二天一夜**住宿在牧場裡，前天先做簡單的騎馬訓練，第2天就可以在教練的帶領下進入濕原。濕原裡的自然生態十分豐富，春天可以摘採野菜炸天婦羅、夏天在濕原裡野餐、秋天可以採集野菇、冬天可以觀賞冰封雪原的美景。

阿寒湖

あかんこ

Akanko

阿寒湖與屈斜路湖、摩周湖並稱為「道東三湖」，最有名的就是住在湖底、傳説能帶來幸福的天然紀念物綠球藻了。除此之外，阿寒湖畔自古便是愛努族的居住地，保存有北海道最大的愛努聚落，同時也是道東著名的溫泉觀光勝地。愛努人藉由舞蹈及傳統工藝傳揚文化，溫泉街還有木雕藝術商店可供遊客欣賞並收藏他們的作品。

交通路線＆出站資訊

巴士

阿寒巴士⇨[30]阿寒線

從JR釧路駅前【15號乘車處】發車，行經釧路機場、鶴公園、丹頂の里等處，終點為「阿寒湖温泉」站，1天約3班。釧路駅前至阿寒湖溫泉約2小時、¥2,750；釧路機場至阿寒湖溫泉約1小時15分、¥2,190。時刻表請上網查詢

◎阿寒巴士

www.akanbus.co.jp

Sunrise旭川・釧路號

可從旭川駅前【8號乘車處】、層雲峽等處搭乘「Sunrise旭川・釧路號(サンライズ旭川・釧路号)」，至「阿寒湖」站下車，每日2班，全車採預約制，由阿寒巴士與道北巴士共同營運。自旭川出發約5小時，單程¥5,300、來回¥9,700；自層雲峽出發約3小時30分，單程¥4,000

綠球藻急行帶廣號

10~3月每日發車，可從JR帯廣駅とかちプラザ(Tokachi Plaza)搭乘「綠球藻急行帶廣號(まりもエクスプレス帯広号)」，全程約3小時，1日1班，需預約。單程¥2,030

abashiri-kk.com/toshikan

特急「釧北號」

由阿寒巴士與北見巴士共同營運，從北見巴士中心至「阿寒湖」站下車，約1小時10分，單程¥2,100、來回¥3,800。每日2班，全車採預約制

0570-007788 (北見營業所預約電話)

akanbus.co.jp/express/kitami.html

觀光旅遊攻略

可徒步前往⇨阿寒湖畔溫泉區店家集中，可以步行前往各觀光景點

3條主要商店街⇨阿寒湖溫泉有3處商店街，從巴士站向北走約5分可達「綠球藻之里(まりもの里)商店街」，街上不但有多間土產及飲食店，還有免費足湯、手湯。沿著主街道向西走則可抵達最熱鬧的「幸運之森商店街」，晚上可看到許多泡完湯來此遊逛的旅客。另一個商店集中處則為「阿寒湖愛努族村落」，街道兩側座落許多個性民藝小店，可到此挑選伴手禮

觀光案內所

阿寒觀光協會觀光案內所

釧路市阿寒町阿寒湖温泉2-6-20阿寒湖まりむ館內

0154-67-3200

9:00~18:00

ja.kushiro-lakeakan.com

綠球藻

まりも

説到阿寒湖，應該有不少人會聯想到圓滾滾、綠茸茸的可愛綠球藻。1897年，日本首度在阿寒湖內發現綠球藻，這是一種絲狀淡水藻類，在水中生長時，因為水流搓揉而成為天然圓球形。雖然它並不只生長在阿寒湖，但只有阿寒湖與小川原湖才有直徑30公分以上、形狀優美的綠球藻，因此被指定為國家的特別天然紀念物。

想看綠球藻的話，可以搭船到阿寒湖小島上的綠球藻展示觀察中心，透過水底攝影機觀察它們在湖底生活的樣子。每年10月8~10日還有「綠球藻祭」，9~10月之間溫泉街上幾乎每晚還會舉行火把遊行(千本タイマツ)，感謝孕育綠球藻的大自然及愛努的火神(アペカムイ)，並向神靈祈願，遊客也可以參加。

阿寒湖

おすすめ 薦

渾圓綠球藻居住的火山湖，在湖畔商店街可購物、泡溫泉並欣賞愛努文化。

別冊P.32,B1 巴士「阿寒湖温泉」站徒步8分 釧路市阿寒町阿寒湖温泉 0154-67-3200(阿寒觀光協會) 自由參觀 ja.kushiro-lakeakan.com

阿寒湖周長30公里、水深44.8公尺，是一座標高420公尺的火山湖泊。在雄阿寒岳和雌阿寒岳的俯瞰下，幾座小島將深藍的阿寒湖點綴得風光秀美，尤其是**10月中旬的紅葉季節**，火紅秋葉圍著湖邊更加好看。阿寒湖最熱鬧的地方是巴士下車處的阿寒湖溫泉街，溫泉飯店和愛努木雕藝品店都聚集在此，也可以從這裡的碼頭出發，搭乘觀光汽船遊湖。

阿寒湖的豐富活動

夏天的青山與深藍湖水，秋天的紅葉以外，冬天時因為湖面結冰，阿寒湖還會舉行「Ice Land AKAN」，冰上垂釣、雪上摩托車、香蕉船、煙火大會等冰上活動都可以一次體驗，而且結冰的湖面其實並不平整，奔馳時甚至還會上下跳動，不時會有騰空的驚險，刺激又有趣的體驗是冬天才能享受的樂趣。

1月中旬~3月底
www.koudai-akan.com/iceland.html

冰上垂釣
ワカサギ釣り

由於北海道許多湖泊都是火山湖，冬季結冰的湖其實並不多，冰上垂釣可以在阿寒湖、網走湖、大沼公園等地進行。首先要在湖上鑽一個直徑約30公分的小洞，再將魚線垂入洞中，上下震動吸引魚上鉤，遊客們也可以租借釣竿，到工作人員挖好的洞輕鬆體驗。這些6~8公分的細長小魚「ワカサギ(西太公魚)」還可以直接拿到一旁炸成天婦羅，新鮮現炸的公魚天婦羅灑上鹽巴就十分夠味，也是冬天不可錯過的美味。

大人¥1,650

阿寒湖晨間散步
阿寒湖早朝散 ツアー

冬日的阿寒從清晨就充滿活力，雖然氣溫非常低，湖面冰晶在晨光下閃耀光芒的美景依舊吸引許多人，尤其零下15度、無風的冬日早晨，湖上還有機會綻放出一朵朵霜花(Frost Flower，フロストフラワー)。這些霜花是薄冰上的水蒸氣結凍而成，模樣就像花朵一般，若是受陽光照射很快就會融化，是晨間可遇不可求的夢幻景色。

大人¥4,000
ja.kushiro-lakeakan.com/overview/1019/

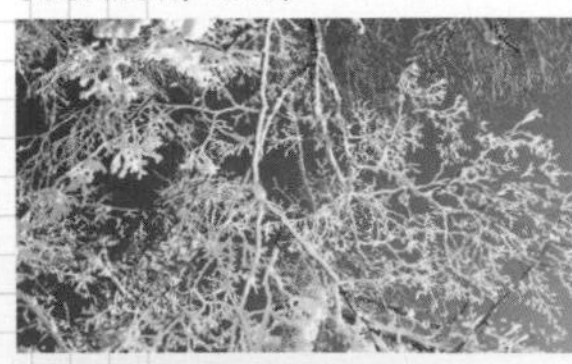

阿寒湖溫泉

別冊P.32,C1 巴士「阿寒湖溫泉」站下車即達 釧路市阿寒町阿寒湖溫泉

阿寒湖溫泉的泉質有單純泉、硫磺泉等不同，**具有改善神經痛及風濕等功效，在溫泉街上還有多處手湯及足湯可免費使用**。阿寒湖溫泉街上不僅有20多間溫泉飯店，鶴雅之翼飯店前還有條幸運之森商店街，賣紀念品的店家都集中在這條街上，附近的愛努族村落裡則有愛努木雕工藝品店，可以漫步遊賞。

新阿寒飯店

おすすめ 薦

ニュー阿寒ホテル

在溫泉裡欣賞阿寒的遼闊壯麗，是讓人大呼過癮的泡湯體驗。

別冊P.32,C2 巴士「阿寒湖溫泉」站徒步約4分；或於札幌、帶廣、十勝川溫泉搭乘飯店的免費接駁巴士(預約制)，季節運行，請事先上網確認時間。 釧路市阿寒町阿寒湖溫泉2-8-8 0154-67-3232 一泊二食，雙人房每人約￥12,000起；日歸溫泉大人¥1,300、小孩¥650 有 www.newakanhotel.co.jp

臨阿寒湖畔而建，新阿寒飯店可以從多種面向感受阿寒湖的魅力。在飯店自助餐廳品嚐美食之際，從大片落地窗就可輕鬆欣賞阿寒湖景色，更讓人嚮往的是飯店**頂樓的露天SPA「天空Garden Spa」**，占據屋頂大半空間的溫泉泳池蒸騰地冒著熱氣，彷彿無邊際一般向阿寒湖延伸，巍峨的阿寒雄山更是近在眼前，一邊泡著溫泉，還能一邊欣賞壯闊的山水美景，絕對不能錯過。

阿寒觀光汽船

おすすめ 薦

乘船欣賞湖面風光，並在Churui島上觀察綠球藻的自然生態。

別冊P.32,B1 巴士「阿寒湖溫泉」站徒步約10分可達乘船口 釧路市阿寒町阿寒湖溫泉1-5-20 0154-67-2511 5月~11月上旬，8:00~16:00，每整點一班(12:00不開航)；11月上旬~11月，9:00、11:00、13:00、15:00出發。4月15~30日不定時運行 遊湖一周大人￥2,000、小孩¥1,04(含綠球藻展示觀察中心門票) www.akankisen.com

阿寒湖是特別天然紀念物「綠球藻(まりも)」生長地的神秘之湖，搭乘遊覽船遊湖一周約1小時30分，以Hotel阿寒湖莊旁的綠球藻之里棧橋為起點，途中停留幸運之森棧橋後，即開往山水景色秀麗的滝口，接著前往Churui**島上的綠球藻展示觀察中心**，透過水底攝影裝置觀察綠球藻的自然生態，再回到綠球藻之里棧橋。

©阿寒觀光協會事務局

味心

お食事処 味心

別冊P.32,D2 巴士「阿寒湖溫泉」站徒步約4分 釧路市阿寒町阿寒湖溫泉1-3-20 0154-67-2848 11:00~13:00、18:00~22:00(L.O.21:30) 不定休 深山丼￥1,000 ajishin2848.parallel.jp/

味心所販售的料理種類豐富而多元，從鹿肉料理、拉麵、蕎麥麵，到雞翅包飯、爐端燒、海鮮丼、咖哩等都品嚐得到，食材選用當地時令物產，並大量使用阿寒湖捕獲的新鮮海產，是當地人推薦的美味餐廳。在味心提供的眾多菜色中，店家最為推薦**「深山丼」，經醬油醬汁調味的鹿肉與行者大蒜拌炒，最後加上自家特製醬汁，濃厚風味保證一試難忘**。

阿寒 鶴雅

おすすめ 薦

あかん 鶴雅

別冊P.32,B1 巴士「阿寒湖溫泉」站徒步15分；或於帶廣、網走・北見、釧路搭乘飯店的接駁巴士(預約制)，季節運行，請事先上網確認行駛時間 釧路市阿寒町阿寒湖温泉4-6-10 0154-67-4000 一泊二食，兩人一室每人約¥14,700起 150個 www.tsuruga.com

不論是入住阿寒遊久之里還是鶴雅之翼，都可以享受兩館的特色溫泉，當然要好好享受。

阿寒湖畔的鶴雅飯店**分為阿寒遊久之里(あかん遊久の里)及鶴雅之翼(鶴雅WINGS)**，兩處都十分注重泡湯氣氛與設備。遊久之里**1樓的豐雅殿浴池內有扁柏浴池、躺式浴池、洞窟浴池等，室外有緊鄰阿寒湖的庭園露天溫泉**，8樓的眺望大浴池「天之原」更有各式浴池與露天風呂，加上位處高樓，視野比豐雅殿還遼闊，若有機會在雪夜中泡在露天風呂「天女之湯」中，更是極致享受。

鶴雅之翼則在2、3樓設有大浴場，空間十分寬闊，牆上還裝飾著愛努族的故事，一邊享受冒著氣泡的絲柔浴池，一邊讀著愛努的傳說，別有趣味。

Ponsion人形館

ポンション人形館

別冊P.32,B1 巴士「阿寒湖温泉」站徒步10分 釧路市阿寒町阿寒湖温泉4-3-26 0154-67-2538 8:30~22:00 不定休

阿寒湖溫泉的幸運之森商店街上木雕藝品店非常多，但是這家店絕對特別，其「撒嬌狐狸(おねだりきつね)」**曾得過日本全國推獎觀光土產品審查會的民藝品最高獎**。只見一尾尾俏皮的小狐狸，以各種姿態堆疊在一起，無論是站立、攀爬、翻滾等動作皆可辦到，平衡感十分巧妙，就算單放在木頭蹲柱上也很可愛。

阿寒鶴雅別墅 鄙之座

あかん鶴雅別荘 鄙の座

別冊P.32,C2 巴士「阿寒湖温泉」站徒步約4分；或於網走・北見、帶廣、釧路搭乘飯店的接駁巴士(預約制)，季節運行，請事先上網確認行駛時間 釧路市阿寒町阿寒湖温泉2-8-1 0154-67-5500 一泊二食，兩人一室每人約¥34,560起 30個 www.hinanoza.com

夜宿阿寒湖，推薦樂天網站評分逼近滿分的「鄙之座」。這間高貴典雅的旅館，最適合低調奢華旅行，**1樓設有可眺望阿寒湖的景觀足湯「和氣之湯」**，可以在這裡先放鬆一下，房間寬敞地像是私人度假別墅，客廳、餐廳、臥室一應俱全，還設有專屬湯屋，不論是家族旅行還是甜蜜雙人行都很適合。

民藝蝦夷栗鼠

民芸のえぞりす

別別冊P.32,B1 巴士「阿寒湖溫泉」站徒步10分 釧路市阿寒町阿寒湖温泉4-3-22 0154-67-3209 5~10月8:30~21:30、11~4月9:30~21:30 不定休，年末年始 www.mingei-ezorisu.com

位在阿寒湖溫泉幸運之森商店街上的「民藝蝦夷栗鼠」，為一家十分**具有特色的木雕工藝品店**，有歪著頭拉小提琴的狐狸、彈手風琴的小矮人、可愛的貓頭鷹時鐘等，這些都是雕刻家西山忠男的作品。店內賣的貓頭鷹夫妻掛飾是用同一塊木頭雕成的，還可在背後免費為你刻上名字，祝福愛情圓滿。

阿寒湖愛努族村落

おすすめ 薦

舞蹈、歌謠、屋舍，愛努文化可以在這裡看到！

阿寒湖アイヌコタン

別冊P.32,A2 巴士「阿寒湖温泉」站徒步約15分 釧路市阿寒町阿寒湖温泉4-7-19 0154-67-2727 依設施而異 P50個 www.akanainu.jp

愛努族(アイヌ)為北海道原住民，血統跟日本人不同，擁有自己的神話、信仰與文化。阿寒湖畔的愛努族村落是**北海道規模最大的**，約有40戶、共200多名愛努族人在此生活。這裡可以欣賞到愛努族的傳統舞蹈、參觀他們的舊時房舍並了解愛努人的生活方式。

Ikor

イコロ

阿寒湖愛努族村落 愛努傳統舞蹈(アイヌ古式舞踊)1天1~5場，另有火祭、舞蹈劇等，詳細表演時間請查詢網頁 傳統舞蹈大人¥1,500、小學生¥700，網頁可列印10% OFF優惠券，團體可共用1張

努族村落內的劇場「Ikor」於2012年盛大開幕，傳統舞蹈、融合傳說故事與現代影音舞蹈劇及火祭表演，也都移到此劇場內舉行。其中，**被指定為國家重要無形民俗文化財、聯合國教科文組織無形文化遺產的愛努傳統舞蹈**，除了有特殊竹製口琴MUKKURI(ムックリ)的吹奏外，還有代表性的黑髮舞及鶴舞，藉由這些舞蹈不只是要傳達自己的心情，也隱含著對祖先及神明們的敬意及感謝。在欣賞表演的過程中，觀賞者也能更加瞭解阿寒的自然以及愛努族的獨特文化。

日本的原住民——愛努族

愛努人是居住在北海道及庫頁島、千島群島等遠東地區的原住民，擁有獨特血統、語言，不過明治時期開始，受到《北海道舊土人保護法》規範，北海道的愛努人被迫放棄傳統生活方式與信仰，改説日語、取日文名，這對沒有文字的愛努人造成極大衝擊。時至今日，純愛努人血統已消失，而能夠説上一口流利母語的人也十分稀少，愛努語更是被聯合國教科文組織列為瀕危語言。

2019年日本政府通過法案，承認愛努人是日本的原住民，也編列預算期望振興愛努文化。其實愛努人在北海道留下不少足跡，許多地名都源自愛努語，到訪北海道，當然也要認識一下愛努文化。

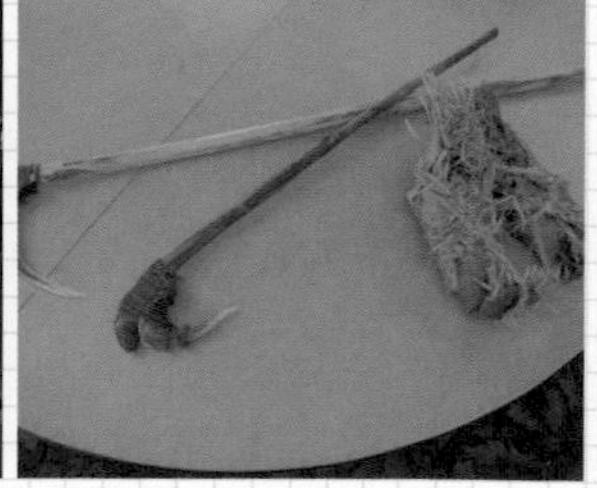

愛努小學堂

Ainu：愛努，アイヌ，意即「人」。雖是族名，因為被認為帶有歧視色彩，據説愛努人更希望被稱為「烏塔利(Utari，ウタリ)」，也就是「同胞、夥伴」，也是官方用語

Kamuy：愛努人是泛靈信仰，相信動植物、自然現象、生活道具中都有神(カムイ)存在，還可分為善神(pirka kamuy)、邪神(wen kamuy)。漢字常寫為「神威」、「神居」

Iomante火祭：Iomante是愛努傳統的送熊祭(イオマンテ)，愛努人相信棕熊是神的化身，因此會細心將抓到的小熊養到一兩歲，再以盛大儀式將神送回神界；祭典雖然已被禁止，Ikor裡還有其中的火祭演出

民藝喫茶PORONNO

民芸喫茶 ポロンノ

別冊P.32,A2 巴士「阿寒湖温泉」站徒步約13分 釧路市阿寒町阿寒湖温泉4-7-8 0154-67-2159 5~10月12:00~21:30(L.O.20:30)、11~4月12:30~21:00(需事先預約)，15:00~18:00為休息時間時間，冬季需事先預約) 休不定休 ユック丼(鹿肉蓋飯)¥1,000 www.poronno.com

這家民藝喫茶店就位在阿寒湖畔的愛努族村落入口旁，小小的店面位子不多，但卻布置得十分有味道。店裡時常流洩著愛努族的民族音樂，四周也擺飾著可愛的木雕品。店內最受歡迎的是滋味特殊的**愛努族料理**，以豆類、鹿肉等用傳統香料烹調，素材簡單卻也清爽可口。

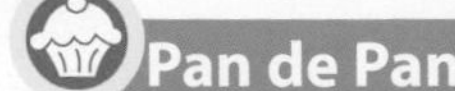

Pan de Pan

別冊P.32,C2 巴士「阿寒湖温泉」站徒步約5分 釧路市阿寒町阿寒湖温泉1-6-6 0154-67-4188 9:00~17:00(L.O. 飲料16:00) 休週三 P2個 www.akan-pandepan.com

深受當地居民喜愛的Pan de Pan麵包店，不但裝潢可愛明亮，店內賣的麵包更是讓人讚不絕口。以北海道產的小麥粉為原料，加上雄阿寒岳澄澈且帶點甜味的伏流水所製作的麵包，每一個都十分美味，其中**泡芙更是店內的人氣商品**，一口咬下香甜內餡與酥脆外皮在口中化開，冰涼順口。

遠內多湖後方是雌阿寒岳(左)及阿寒富士(右，雄阿寒岳)。

遠內多湖

おすすめ 薦

オンネトー

道東的秘境五色湖！

別冊P.2,F5 從阿寒湖温泉開車約25~30分 足寄郡足寄町茂足寄国有林 0154-67-3200(阿寒觀光協會) 自由參觀，紅葉季約10月初 P有

阿寒湖西南方約20公里處，有一汪直徑約2.5公里的湖泊，這是被稱為**「北海道三大秘湖」**之一的遠內多湖。遠內多湖是雌阿寒岳噴發後形成的堰塞湖，因為季節、天氣、角度等因素不同，湖水的顏色也隨之變化，**又有「五色湖」的美名**，而且這裡還是欣賞阿寒岳的好地方，周邊也設有步道，可以輕鬆地欣賞美景。**想看到平靜無波的湖面倒影的話，清晨是最好的時段。**

摩周湖·屈斜路湖

ましゅうこ・くっしゃろこ
Mashuko·Kussharoko

摩周湖是人跡無法靠近、宛如高山之瞳的神秘之湖；屈斜路湖則以每年飛來的大天鵝，以及只要挖個洞就會有溫泉湧出的砂湯知名。這裡的溫泉除了有沿著屈斜路湖畔、幾乎與湖相連的古丹溫泉(コタン温泉)和池之湯外，還有歷史悠久的知名溫泉地川湯溫泉，可以消除旅途的疲憊。

交通路線&出站資訊

電車

JR摩周駅◇釧網本線

JR川湯溫泉駅◇釧網本線

出站便利通

自駕最方便◇各景點間交通銜接不易，以自駕最為方便省時

前往摩周湖◇阿寒巴士「摩周線」

從JR摩周駅搭乘阿寒巴士「摩周線」至「摩周湖第1展望台」站，約25分、¥570，運行期間為4月上旬~7月中旬，1天2班。其他時間須利用「弟子屈Eco Passport」適用的摩周湖巴士

前往屈斜路湖◇阿寒巴士「屈斜路線」

從JR摩周駅徒步約10分到弟子屈巴士總站(摩周營業所)，搭乘阿寒巴士「屈斜路線」至屈斜路湖畔的「古丹分岐」、「和琴半島」等站，約需20~35分、¥720~920，1天2班

前往川湯溫泉◇阿寒巴士「美留和線」

從JR川湯溫泉駅前搭乘阿寒巴士至終點「大鵬相撲記念館前」站，約10分、¥290。或從JR摩周駅前搭乘阿寒巴士「美留和線」至終點「大鵬相撲記念館前」站，約40分、¥840，1天3班

◎阿寒巴士

www.akanbus.co.jp

弟子屈Eco Passport(弟子屈えこパスポート)

如在7月中旬~10月上旬、1月下旬~3月前往，可購買「弟子屈Eco Passport」，使用期限內可無限次搭乘期間運行的摩周湖巴士、屈斜路巴士、與定期路線巴士川湯線，2日券大人¥1,500、小孩¥500(另有3、5、7日券)。詳細路線及時刻表請上網查詢

JR摩周駅、川湯溫泉部分飯店，適用巴士上也有販售

www.eco-passport.net

觀光案內所

摩周駅觀光案內所

弟子屈町朝日1-7-26

015-482-2642

9:00~17:00，11~4月10:00~16:00

www.masyuko.or.jp/introduce/m_kankou/

川湯溫泉觀光案內所

弟子屈町川湯溫泉2-3-40

015-483-2060

9:00~17:00(依季節而異)

www.masyuko.or.jp/introduce/kawayu_kankou/

神之子池

Kaminoko ike

別冊P.31,D1　JR川湯溫泉駅開車約1小時，JR摩周駅開車約1小時20分　斜里郡清里町　0152-25-4111(きよさと観光協会)　自由參觀　免費　冬季不會進行除雪作業，需特別注意

摩周湖是一座封閉的湖泊，但春季融雪時水位依舊能夠保持不變，這是因為湖水透過地下流到周邊湧出，神之子池就是因此而生。摩周湖的愛努語為「カムイ・トー」，意為「神的湖」，**由摩周湖地下水生成**的這座湖泊也就被稱為「神之子」池。這裡水深5公尺，水溫低達8℃，或許正因低溫，倒在湖中的樹木彷彿不朽的化石般，從透藍清澈的湖水望去，更是充滿神秘之美。

隱藏在山林之中的秘境湖泊。

阿寒摩周國立公園

阿寒湖、摩周湖、屈斜路湖一帶，因為多樣的火山地形、豐富的原生生態，早在昭和9年就被指定為國立公園，雖然涵蓋摩周一帶，但當時的名稱是「阿寒國立公園」，直到2017年時才正式改名，加入「摩周」二字，並擴大範圍，將摩周破火山口外輪山一帶、以及神之子池周邊都納入範圍，也讓遊客注意到周邊更多風景。

摩周湖

おすすめ 薦

別冊P.31,D2 JR摩周駅前站搭乘阿寒巴士「摩周線」，約25分至終點「摩周湖第1展望台」站下車即達，車資¥570 弟子屈町摩周湖 自由參觀 自行車停放¥200、停車場¥500，可在第一展望台及硫磺山各停1次。停車場11月下旬~4月上旬可免費停車 摩周湖的第三展望台和裏摩周展望台冬季封閉

絕壁包圍的美麗湖泊被選為北海道遺產，高透明度讓湖面透出絕美的湛藍。

摩周湖曾在1931年測出湖水透明度為41.6公尺，在當時**創下世界排名透明度最高的紀錄**。湖周約20公里，最深處為211.4公尺，四周則被絕壁重重包圍，人類無法碰觸也無法抵達，因此只能從3個展望台，眺望在濃霧間若隱若現的深藍湖水，摩周湖也因此贏得**「神秘之湖」**的稱號。

摩周湖傳説

美麗的摩周湖讓人神往，不過摩周湖終年雲霧繚繞，5~10月的熱門觀光季中，大約只有100天有機會全天都能看見湖面，其餘日子裡則常為濃霧遮掩，因此衍生了不少傳說。據説若是情侶一起前來時，湖面被霧氣遮掩的話，兩人的關係就能長久發展，而單身者幸運看到晴朗的摩周湖，則有晚婚的可能，姑且不論真偽，這些傳聞都增添了另類趣味。

欣賞不同的摩周湖美景

欣賞摩周湖之美不只賞景，還可以參加各式導覽活動，於綠草茵茵之中騎馬散策，在秋日清晨迎接雲海，或是深夜探尋滿天星斗，踏上積雪堆成的冬季限定賞景路線，不妨安排一下，體驗摩周湖的多樣魅力。

tourism-teshikaga.co.jp

摩周湖星紀行

住宿川湯溫泉，晚上還可以報名參加摩周湖觀星號巴士。北緯43度、東經144度的摩周湖，夜晚的天空就如同超立體的天文學教室，滿天星斗彷彿就要從天而降，若碰到流星雨群，那更是華麗壯觀。

欲參加摩周湖觀星號可以向住宿的溫泉旅館報名，或是上網預約，晚餐後巴士會在飯店前等候載客。若逢天候不佳、無法看到星空的話，會在晚上6點半前通知取消。

摩周湖第一展望台

巴士會先在川湯溫泉街上的各飯店停靠，再前往摩周湖觀賞星空

5月11日~9月20:30發車、約22:00回到飯店，10月~5月10日19:30發車、約21:00回到飯店

015-483-2101

大人¥3,500、小學生¥2,500、幼兒¥500

冬季雪地健行

冬季造訪摩周湖則可以體驗雪上健行，厚厚的積雪讓平常不能行走的湖畔絕壁連成道路，趁著積雪，穿上雪地專用的冰爪，奮力爬上山丘，就能從不同角度欣賞摩周湖。漫步在樹梢之旁，從展望台以外的地方眺望這座神祕之湖。晴朗的冬日讓摩周湖從氤氳的霧氣之中露出真容，清澈的湖水隨風掀起漣漪，藍天、白雲，與深邃的摩周藍勾勒出一幅美麗的冬日風光。

12月下旬~3月

2人以上大人¥5,500起，依店家而異

弟子屈拉麵 弟子屈總本店

弟子屈ラーメン

別冊P.31,D2 JR摩周駅開車約5分 弟子屈町摩周1-1-18 015-482-5511 11:00~20:00 休1月1日 魚介しぼり醤油ラーメン(魚介絞醬油拉麵)¥880 P20個 teshikaga-ramen.com

弟子屈拉麵將「地產地銷」觀念完全落實，拉麵材料都產自於北海道，使用的摩周湖伏流水則更增添湯頭的清甜。**招牌拉麵為「魚介絞醬油」口味**，湯頭的製作十分費工，先加入多樣海鮮與蔬菜熬製，再使用濾網將食材擠得綿密細碎，封鎖住所有食材完整而豐富的鮮甜原味，用心與堅持贏得了老饕的高度評價。**另一道推薦的口味為弟子屈拉麵的起點——醬油拉麵**，湯底使用大量豬骨低溫熬煮20個小時以上，不僅保存更多的豬骨膠原蛋白，也更引出油脂的甜味。

屈斜路湖

別冊P.31,C2 JR釧路駅搭乘阿寒巴士的定期觀光巴士「Pirika號(ピリカ号)」或「White Pirica號(ホワイトピリカ号)」，會在屈斜路湖湖畔的砂湯停留20分；弟子屈Eco Passport的「屈斜路巴士」行駛路線亦有停靠「砂湯」站、「古丹(コタン)」站；或從JR摩周駅徒步10分至弟子屈巴士總站(摩周營業所)搭乘阿寒巴士「屈斜路線」，約20分至「古丹分岐」站下車後徒步約20分 弟子屈町屈斜路 自由參觀

面積79.3平方公里的屈斜路湖，是**北海道的第2大湖**。這裡除了擁有優美湖景，還有直接與湖水相鄰、用石塊圍成的露天溫泉，以及只要自己挖個洞就有溫泉流出的砂湯等。另外，也因為砂湯溫泉的關係，靠近溫泉的湖水到了冬天也不會結冰，**每年都吸引約400~500隻大天鵝飛來這裡過冬**。

屈斜路湖畔露天溫泉

砂湯

遊客可以挖開湖邊的沙子，大約挖到沙下10公分處就會湧出暖燙燙的溫泉水，只要DIY就可以自己動手挖出一池足湯，十分有趣！

別冊P.31,C1 0154-82-2191(弟子屈町役場) 自由入浴 免費 P140個

古丹溫泉(コタン溫泉)

距離屈斜路湖岸才1公尺之近，用岩石堆砌成的露天溫泉風呂與湖面同高，就好像泡在湖裡一樣。入口處附設有男女分開的更衣室，可換泳衣入池。每到10月下旬，身形優雅的大天鵝便開始聚集在湖邊，與湖光山色交織出動人美景。

別冊P.31,C2 自由入浴(週二、五8:00~16:00清掃時間不開放) 免費 P10個

池之湯(池の湯)

池之湯是屈斜路湖畔最大的露天溫泉，且部份與湖相連，因而湯溫較低，可穿泳衣入池，10~5月不開放。

別冊P.31,C2 6~9月自由入浴 免費 P10個

川湯溫泉

別冊P.31,D1 JR川湯溫泉駅搭乘阿寒巴士，約10~15分至終點「大鵬相撲記念館前」站下車即達，1天6~8班，¥290；或可從JR摩周駅、JR川湯溫泉駅搭乘阿寒巴士「美留和線」，分別約40分、8分至終點「大鵬相撲記念館前」站下車即達，1天3班，前者車資¥840、後者¥290 弟子屈町川湯溫泉 15-483-2060(川湯溫泉觀光案內所) 自由參觀

位於屈斜路湖附近的川湯溫泉，因地底的溫泉湧出河面造成蒸氣迷濛的景象，故命名為「川湯」。川湯溫泉的溫泉量十分豐沛，白色濃濁的硫磺泉具有特別的療效，**溫泉街上還有溫泉足湯**，可供人泡腳。冬天時，川面上的溫泉蒸氣遇到嚴寒的冬夜會下起「冰霰」，閃爍迷離的光景十分美麗。

suite de baraques café

スィート・ドゥ・バラック・カフェ

別冊P.31,D1 JR川湯溫泉駅徒步約2分 弟子屈町川湯駅前2-1-2(森のホール) 015-483-2906 10:00~17:00 休週二，第2、4個週一 P有

suite de baraques café**為ORCHARD GRASS的姊妹店，從車站徒步約2分便可到達**位在「森之Hall(森のホール)」內的這間咖啡廳。與充滿復古色調的餐廳ORCHARD GRASS不同，suite de baraques café店內清新明亮，視覺上十分舒暢而乾淨，聞到的則是蛋糕與麵包剛出爐時散發的陣陣香氣，店內主要販售的是年輕女性喜愛的甜食、麵包與輕食，一角還可看到烘焙過程。

姊妹店明亮可愛，現做的蛋糕、甜點更是吸引人。

隱身車站內的餐廳，洋溢著懷舊氛圍。

ORCHARD GRASS

おすすめ 薦

オーチャードグラス

車站內充滿復古情調的洋食餐廳，不僅氣氛絕佳，餐點也十分美味。

別冊P.31,D1 JR川湯溫泉駅徒步即達 弟子屈町川湯駅前1-1-18(JR川湯溫泉駅內) 015-483-3787 10:00~17:00 休週二(夏季無休) $ビーフシチュー(牛肉燉飯)¥1,800 P20個

ORCHARD GRASS**隱身在JR川湯溫泉駅內，小木屋造型的外觀十分討喜**，店內則是充滿歷史感的高挑空間，從掛於牆上的圖畫、古老的鐵道商品到歷史悠久的點唱機、柴火暖爐，全都加深了店內的懷舊。ORCHARD GRASS的料理使用道產新鮮食材製作，招牌牛肉燉飯不僅牛肉多汁軟嫩、馬鈴薯鬆軟，伴著濃郁香醇的醬汁大口大口下肚，讓人無比滿足。

Cream童話

くりーむ童話

別冊P.31,D1 JR川湯溫泉駅徒步約18分、開車約5分 弟子屈町跡佐登原野65線71-3 015-483-2008 夏季(4月下旬~9月)9:00~18:00、冬季(10月~4月中旬)9:00~17:00 休週三(冬季加休週四) $冰淇淋單球¥388、雙球¥490 P約30個 cream-dowa.com

Cream童話店內販售的，是口感介於冰淇淋與冰沙之間的義式冰淇淋，店長在從事酪農業20年後，於1992年轉職改做冰淇淋，**使用的原料為當地新鮮現擠牛奶，以及自家農場種植的蔬果**等，經北海道好山好水的滋養，每項食材都極為美味鮮甜，而這些迷人滋味都在冰淇淋中完全呈現。Cream童話共研發出約60種冰品口味，每天提供14種口味讓顧客現場購買品嚐，其中還包含櫻餅、玉米等人氣口味，濃郁的牛奶香氣搭配各種風味都毫無違和感，讓人想一嚐再嚐。

美幌峠

おすすめ 薦

超廣角視野可將美景盡收眼底，隔壁休息站的美食也不可錯過。

別冊P.31,C2外 JR摩周駅開車約40分 美幌町古梅 自由參觀 120個 冬季若天候不佳可能會封閉道路

海拔525公尺的美幌 位在屈斜路湖西側，站上展望台，湛藍的屈斜路湖、翠綠的群山與晴空藍天，於眼前一望無際地展開，是**日本少數擁有超廣闊視野的山道**，此番令人一見傾心的絕景，吸引諸多遊客特地驅車前來。展望台一旁為道路休息站，這裡的名物——熊笹霜淇淋(熊笹ソフト)與炸馬鈴薯(あげいも)具有高度人氣，推薦可以順道進入嚐鮮。

硫磺山

別冊P.31,D1 JR川湯温泉駅徒步約20分 弟子屈町川湯 自由參觀 自行車停放¥200、停車場¥500，可在第一展望台及硫磺山各停1次。11月下旬~4月上旬可免費停車

海拔512公尺的硫磺山是一座**活火山**，山如其名，山腹處常可觀看到煙霧裊裊的噴氣，並帶有濃濃的硫磺味，北海道原住民愛努族則稱它為「裸山」。從川湯溫泉街可一路沿著遊步道徒步到硫磺山山麓，全長約3公里，來到硫磺山除了參觀噴氣孔外，這裡還**可看到罕見的低海拔高山植物**，山麓的蝦夷磯杜鵑廣達100公頃，每到約6月中旬~7月上旬便綻放小巧白色花朵，美麗姿態值得一看。走累的話，可以到硫磺山停車場旁的硫磺山Rest House(硫黄山レストハウス)稍事歇息，順道嚐嚐此處販售的美味溫泉蛋及霜淇淋。

蕎麥道樂

そば道楽

別冊P.31,D1 JR川湯温泉駅開車約10分 弟子屈町川湯温泉7-5-12 015-483-2038 11:00~15:30 休週二 蕎麥沾麵(もりそば)¥650 20個

位在川湯溫泉附近的蕎麥道樂，由一對親切的老夫婦所經營，在玄關脫鞋進入店內，從店外的水車、環繞店家四周的蕎麥田，到店內溫暖的木製桌椅，處處讓人感受到淳樸的田園風情。這裡所販售的蕎麥麵**使用自家製造的蕎麥粉**，除了每日限定10份、麵條粗且香氣濃厚的「鄉村蕎麥(田舎そば)」外，推薦可點招牌「蕎麥沾麵」，麵條沾點沾醬一同入口，蕎麥香氣與醬汁的柴魚鮮鹹完美結合，彈牙麵條口感極佳，配上附贈的自家栽種當季小菜，每一口都好滿足。

The Great Bear

ザ・グレートベア

別冊P.31,D2 JR摩周駅開車約10分，從川湯溫泉街開車約25分 上郡弟子屈町弟子屈原野883 015-482-3830 7:30~14:00，18:00~20:00 午餐套餐¥1,890 有 greatbear.sakura.ne.jp/index.html 用餐預約制

The Great Bear是往摩周湖路上的一家洋食餐廳，店家選用的**食材也都是摩周一帶的地產食材**，可以吃到川湯地區的農場種植的馬鈴薯、南瓜等蔬菜，店家更以摩周產小麥自製麵包，烤過的麵包散發淡雅麥香，沾上少見的藍靛果、鵝莓果醬入口，更是美味，主餐的豬排有著香甜肉汁，與酸甜醬汁十分搭配，經過挑選的食材健康又美味，簡單烹調就是最好的滋味。

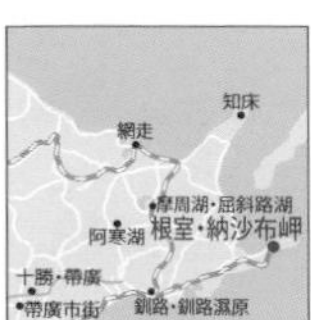

根室‧納沙布岬

ねむろ‧のさっぷみさき

Nemuro‧Nosappu-misaki

為了一探日本本土最東之地，許多人千里迢迢遠從各地前來根室及納沙布岬一遊。街道上舉目可見日文與俄文並列的招牌，領土爭議給這座城市添上淡淡的哀愁之美。市街雖無大都市的繁華與熱鬧，但幽靜又帶點寂寥的氣息，最能沉澱心靈與隔絕外界喧囂。

交通路線&出站資訊

電車

JR根室駅◇根室本線(花咲線)

出站便利通

根室交通巴士

根室駅周邊餐廳、住宿皆徒步可達，若是想到較遠一點的明治公園與金刀比羅神社，或是更遠一點的納沙布岬，可在根室駅前搭乘根室交通巴士前往。搭乘「納沙布線」可前往明治公園、納沙布岬，1天4~5班；搭乘「花咲線」可前往金刀比羅神社，1天7~9班

◎根室交通巴士

nemurokotsu.com

根室半島遊覽巴士「納沙布號(のさっぷ号)」

想將各景點一網打盡的話，也可以參加根室交通巴士的根室半島遊覽巴士「納沙布號」行程，不需預約，但只在約7~10月間行駛。因這裡的一般路線巴士票價略貴，買一日乘車券就要¥2,080(可搭乘納沙布線、花咲線等)，7~10月前往者，建議搭乘遊覽巴士會比較划算

A路線大人¥2,600、小孩¥1,300；B路線大人¥2,400、小孩¥1,200；A+B大人¥3,800、小孩¥1,900

www.nemurokotsu.com/tour/

觀光案內所

根室市觀光資訊中心(根室市観光インフォメーションセンター)

根室市光和町2-10 JR根室駅前

0153-24-3104(根室市觀光協會)

8:00~18:00、11~5月9:00~ 17:00

休 年末年始

おすすめ 薦

喫茶DORIAN

喫茶どりあん

別冊P.33,B5 JR根室駅徒步7分 根室市常盤町2-9 0153-24-3403 10:00~21:00(L.O.20:40) 休 週二(遇例假日營業) エスカロップ(Escalope)¥920 P 10個

根室豬排飯Escalope淋上精心熬製一週以上的醬汁，滋味豐富多層次，份量也很飽足。

有著洋風懷舊風格的喫茶DORIAN內，木質地板、吊燈與壁爐，營造出溫馨而閒適的氣氛，時間彷彿慢下來了一般，忙碌的行程與步調在這裡都瞬間優閒且優雅了起來。喫茶DORIAN創業至今約50年，販售的**根室鄉土料理Escalope**雖然並非起源於此，但卻是這裡將它發揚光大，白飯中加入了奶油與小塊竹筍，增添了香氣與口感，飯上則是切塊的大片炸豬排，淋上了以番茄為基底的醬汁，大口吃下，香氣盈滿口腔，十分對味。

根室的花咲蟹

除了十景以外，根室的花咲蟹也十分有名。「花咲蟹」之名就是取自主要產地根室半島的舊名花咲半島，其外殼有許多尖銳突起，肉質甘美且帶著一股嚼勁，而且這裡的螃蟹以味美價廉聞名，許多觀光客為了嚐鮮不遠千里而來，根室花咲蟹最肥美的時期為7~9月，9月上旬還會舉辦螃蟹祭呢。

根室十景

根室最著名的景觀就是所謂的「根室十景」，十景包括明治公園、納沙布岬，以及野鳥樂園風蓮湖，可欣賞北海道原生植物的春國岱，被蝦夷松樹圍繞的溫根沼，初夏到秋季多種原生花卉盛開的北海原生花園，以及落石岬、浜松海岸、長節湖、花咲灯台車石。

根室海陽亭

ねむろ海陽亭

別冊P.33,B5 JR根室駅徒歩約7分 根室市常盤町2-24 0153-22-8881 附早餐，兩人一房每人約¥6,500起 30個 www.n-kaiyoutei.co.jp

從根室駅徒步10分鐘內就可到達，**飯店還位於根室市最繁華地帶**，斜對面就是大型超市，各餐廳也聚集在這一帶。除了便捷的交通，海陽亭**更是根室市內唯一一間擁有大浴場的飯店**，經過一天的舟車勞頓，晚上泡湯就是最棒的享受，泡湯後回到寬敞的房內，舒服而滿足地入睡。這裡提供的早餐為自助式，時段則是在check in時便會向入住者確認，分批用餐的方式錯開了人潮，不但可以確保拿取餐點時不用排隊太久，也可以讓早餐時光更加優雅而愜意。

明治公園

別冊P.33,D6 JR根室駅前搭乘根室交通巴士「納沙布線」，約10分至「明治町1丁目」站，下車後徒步5分 根室市牧の内81 0153-24-3104(根室市觀光協會) 自由參觀 100個

興建於明治8年(1875年)的明治公園，當時是作為「開拓使根室畜牧場」所建設，而後牧場轉型為公園，現在更是**根室十景之一**。歷史悠久的明治公園內，地標建築就是那三座有著圓弧狀紅屋頂的可愛倉庫，分別建於1932年及1936年，園內有著大片的綠地廣場、散步路徑、噴水池以及遊樂場等，是當地居民的休憩遊樂好去處。因獨特的魅力與帶點異國情懷的景觀，也讓明治公園入選為**日本歷史公園百選之一**。

和Dining SUSHIMOTO

おすすめ 薦

和ダイニング すしもと

包間的設計讓顧客可以輕鬆用餐，還可以品嚐根室的限定滋味。

別冊P.33,B5 JR根室駅徒步12分 根室市緑町2-10 0153-24-1148 17:30~22:30(L.O.22:00) 休週日 根室さんまロール寿司(根室秋刀魚捲壽司)¥860 sushimoto-nemuro.com/

一進入「和Dining SUSHIMOTO」內，就能感受到客人們觥籌交錯的熱鬧氣氛。和風裝潢的雅緻店內，除了有小小的吧台區之外，大部分的用餐空間都區隔為包廂，讓來客能享受到最自在舒適的用餐時光。在這裡不但可以吃到根室的最新當地美食「根室秋刀魚捲壽司」，更要吃吃根室最引以為傲的新鮮海產，無論是燒烤、生魚片，或是自家的特製料理皆可大快朵頤，其中，**螃蟹及秋刀魚只限漁獲期間(約8~10月)供應**，想嚐嚐這當地最肥美的滋味可要挑對時間來唷。

根室秋刀魚捲壽司

根室さんまロール寿司

北海道各地皆大力研發最新的當地美食，根室的「根室秋刀魚捲壽司」也是其一。2008年開始販售的根室秋刀魚捲壽司，目前在根室市內的和Dining SUSHIMOTO、お食事処辰政、壽司善(すし善)等7處餐廳可享用得到。這裡的捲壽司外層是以醋、水、糖等比例調味過的棹前昆布取代海苔，裡面包裹著生秋刀魚、「七星」飯以及最裡層的蔥及白芝麻，飯和昆布中間則夾著紫蘇，豐富的滋味在口中形成絕妙的平衡，香氣十足又酸甜，還可以做成茶泡飯來享用，另有不同的風味。

金刀比羅神社

別冊P.33,D4 JR根室駅開車約7分；或從JR根室駅前搭乘根室交通巴士「花咲線」至「汐見町」站，約10分 根室市琴平町1-4 0153-23-4458 自由參觀，社務所、神輿殿、祭典資料館8:30~17:00 50個 www.nemuro-kotohira.com

建於1806年，金刀比羅神社已有超過200年的歷史。由高田屋嘉兵衛建造的神社，是為了感念辛苦開拓千島航路的海運商人，以及祈求航海平安而建，神社境內的嘉兵衛銅像則是在1986年所立。金刀比羅神社最熱鬧的就是每**年8月9~11日的「金刀比羅神社例大祭」**，根室市內會分為4個祭典區熱鬧競演，**重達1.5噸的御神輿巡行是節目高潮**，壯闊聲勢讓它**名列北海道三大祭典之一**。

©根室市觀光協會

納沙布岬

別冊P.33,D1 JR根室駅前搭乘根室交通巴士「納沙布線」，約45分至「納沙布岬」站下車即達 根室市納沙布 0153-24-3104(根室市觀光協會) 自由參觀 70個

北海道除了有日本本土最北之地的稚內之外，還有**本土最東**的納沙布岬。來到這裡，遙望寬闊大海的廣闊風景，以及一座座以和平為心願所建造而成的設施，在空曠的空間中更顯得壯觀而孤寂。此外，值得一提的是，雖然位於日本本土最東，但因為高緯度的關係，這裡並非日本境內迎接初日最早的地方，不過依舊是**北海道最早迎接初日之地**，每年元旦也會在此舉行「納沙布岬初日參拜(初日詣)」。

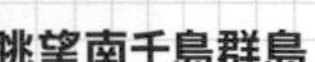

眺望南千島群島

四島之橋

從納沙布岬遠眺，即可看到與俄羅斯之間有著領土爭議的南千島群島，歸屬於俄羅斯的管轄，日本則稱之為北方四島，行政上劃歸根室振興局。在根室及納沙布岬隨處可見領土歸還的標語，這座「四島之橋(四島のかけ橋)」也是以此目的所興建，為了祈求領土歸還及和平，在納沙布岬興建了這座高達13公尺的巨大紀念碑，下方的「祈願之火」則配合北方館的開館時間點燃。

望鄉之塔(オーロラタワー)

來到這座建於昭和62年(1987年)的望鄉之塔，可以搭乘電梯到96公尺高的展望室，登高一望，納沙布岬的全景盡收眼底。

9:00~17:00(10~3月至16:00) 休 4、11月週二，12、3月週一~五，1、2月休館 大人¥500、中小學生¥300、幼兒免費

網走

あばしり

Abashiri

說到網走，腦海中浮現的關鍵字就是「監獄」和「流冰」。從1890年開始，網走就是流放犯人的化外之地，在嚴酷的環境中，犯人們還必須進行開路工作，曾是令所有人感到恐懼的「最偏遠的監獄」。現在網走刑務所依然關著犯人，而過去使用的監獄已作為觀光景點開放參觀。除了熱門的網走監獄外，每年流冰期間的破冰船更是吸引著各地觀光客紛至沓來。

交通路線＆出站資訊

電車

JR網走駅➾石北本線、釧網本線

巴士

中央巴士「Dreamint鄂霍次克號」

由札幌駅前巴士總站【15號乘車處】、大通附近的札幌巴士總站【5號乘車處】搭乘中央巴士「Dreamint鄂霍次克號(ドリーミントオホーツク号)」至「網走巴士總站(網走バスターミナル)」站，約6小時、¥6,800(預約制)

◎中央巴士

☎011-231-0600(札幌)

www.chuo-bus.co.jp

知床Airport Liner(知床エアポートライナー)

從女滿別機場搭乘網走、斜里巴士共營的「知床Airport Liner」，1站即達網走駅前，約30分、車資¥910，只於約4月下旬~10月中旬、1月下旬~3月中旬運行，詳細行駛時間請上網查詢

◎斜里巴士

www.sharibus.co.jp

出站便利通

「網走駅前」巴士站：網走巴士

★1號乘車處(車站出口左側)➾期間運行巴士：往【宇登呂・知床】知床Airport Liner(知床エアポートライナー)、往【流冰破冰船乘船處】約於1月下旬~3月期間限定班次

★2號乘車處(1號左側)➾女滿別空港線、美幌線、往常呂・サロマ湖栄浦線、往【博物館網走監獄・鄂霍次克流冰館・北方民族博物館】觀光設施周遊線(観光施設めぐり線)

★3號乘車處(2號對面)➾往【原生花園】小清水線・斜里線、つくしヶ丘団地線、お買い物バス

★4號乘車處(車站出口右側、馬路對面)➾都市間巴士下車處

「網走駅前」巴士站：網走觀光交通巴士

★乘車處(車站出口左側)：往【東藻琴】網走~東藻琴路線

觀光設施周遊線(光施設めぐり線)

網走市內的景點除了徒步外，較遠的可利用巴士前往，尤其是網走巴士的「觀光設施周遊線」，可以通往博物館網走監獄和北方民族博物館等景點。運行時間約分為4月初~1月中旬(1天約6班)與1月下旬~3月底(1天約10~17班)，依季節有不同行程，出發前請先上網確認行駛時間

◎網走巴士

www.abashiribus.com

觀光案內所

網走市觀光協會

網走市南3条東4 JR網走駅東側

☎0152-44-5849

9:00~18:00

www.abakanko.jp

流冰觀光破冰船 極光號

おすすめ 薦

流氷観光砕氷船 おーろら

別冊P.34,D4 JR網走駅徒步20分；或從JR網走駅前1號乘車處搭乘網走巴士至「流冰破冰船乘船處(流氷砕氷船のりば)」站，約10分、¥200 網走市南3条東4丁目5の1 道の駅 流氷街道 ☎0152-43-6000 約1月20日~3月底：1月9:00~15:00每2小時1班，2月9:30~15:30每90分1班，3月9:30~15:30每2小時1班，4月9:30、11:30、13:30，登船至開航前15分。詳細航程請上網站查詢 大人¥4,000、小學生¥2,000 120個 ms-aurora.com/abashiri 當日有空位的話可以現場搭乘，但最好事先以電話或網路預約

迎著冷冽的海風感受破冰的震撼，幸運的話還可看到海豹在冰上曬肚皮。

隨著氣溫越降越低，**大約1月20日左右、在所謂的「流冰初日」時，僅憑肉眼，就可在鄂霍次克海的沿岸看到海平面上的雪白冰原**；一年一度的破冰船觀光季也就此揭開序幕。搭乘流冰觀光破冰船「極光號」可以享受破冰快感，一面觀賞流冰，一面深入流冰包圍的壯闊海域，還有機會能看見可愛的小海豹呢。

おすすめ 薦

鄂霍次克流冰館

オホーツク流氷館/Okhotsk Ryu-hyo Museum

別冊P.34,B6 從JR網走駅搭乘「觀光設施周遊線(光施設めぐり線)」在「オホーツク流氷館」，或搭乘往「天都山」的巴士在「天都山」站下車即達 網走市天都山244-3 0152-43-5951 5~10月8:30~18:00、11~4月9:00~16:30、12月29日~1月5日10:00~15:00(入館至閉館前30分) 大人¥770、高中生¥660、中小學生¥550 150個 www.ryuhyokan.com

館內還販售撒上流冰鹽的冰淇淋，十分特別。

2015年8月開幕的鄂霍次克流冰館是不能錯過的景點。從燈光幽藍的樓梯緩步而下，地下室的水族箱裡展出多種海洋生物，模擬流冰形狀的牆面則映照出優游的海豹或是流冰天使，一旁還有流冰幻想劇場，**可以欣賞鄂霍次克海的珍貴影像**，最有趣的「流冰體感室」裡不但有120噸的流冰實物，藉由燈光變換還能欣賞流冰一日內的不同風情，非常有趣。

流冰的奧秘

網走流冰的成因可說是大自然的奇蹟，緯度與法國地中海沿岸及義大利北部差不多的網走，照理來說是不會有流冰這種北極才有的產物，原來，網走位於北緯44度，是鄂霍次克海冬季結冰線的最南端，而且網走一帶的河流非常多，大量淡水流入鄂霍次克海後使海水鹽份濃度降低，加上周圍被大小列島包圍，外來海水不易進入，鹽份濃度淡，就比普通海水容易結冰。

每到嚴冬，中俄邊界的黑龍江河水匯入鄂霍次克海，因所含鹽分的比例不同，會在海水表面結成薄冰，這片薄冰隨著洋流南下逐漸擴大。剛開始只是在表面結成冰沙一樣的碎冰，因為受到來自西伯利亞大陸的寒風吹襲，將冰沙往岸邊吹，密度也愈來愈高就結成了壯觀的冰原。

網走的流冰季多半是由1月中開始持續到3月末，依照每年天候狀況不同，近年受到全球暖化的影響，流冰也有縮減的態勢，暖冬時也有2月才來、3月中就結束的案例，出發前務必先確定流冰的狀況，可以參考流冰網站。

www.noah.ne.jp/ice

鄂霍次克流冰館參觀重點

零下15度的毛巾

流冰體驗室內，只見眾人不停甩著某物，原來入場前工作人員會給大家一條濕毛巾，只要甩著甩著，毛巾內的水分便會結冰，整條毛巾還可以直立起來，是感受低溫的趣味方式。

流冰天使

館內可以看到被暱稱為「流冰天使」、「冰海精靈」的海中生物，其實這是名為「裸海蝶」的軟體動物，生活在南北冰洋水深350公尺的海中，可以直接看到透明身軀內的橙色器官，外型十分夢幻。

天都山展望台

流冰館座落天都山上，登上屋頂開放的展望台，就可以一覽360度無死角的廣大全景，將網走湖、能取湖、濤沸湖、藻琴湖，以及遠方的知床連山、阿寒山一次收入眼底。

北方民族博物館

別冊P.34,A6 JR網走駅前搭乘網走巴士「觀光設施周遊線(観光施設めぐり線)」至「北方民族博物館」站下車即達 網走市字潮見309-1 天都山道立鄂霍次克公園內 0152-45-3888 9:30~16:30、7~9月9:00~17:00 週一(遇例假日則改休週二)、年末年始、不定休，2月、7~9月無休 大人¥550、高中大學生¥200、中學以下及65歲以上免費 100個 www.hoppohm.org

北方民族博物館**以北海道、加拿大、俄羅斯等在北方生活的民族為主題**，展出生活在自然條件惡劣的情況下，各民族是如何克服大自然的限制而發展出自己的文化與生活。透過觀賞這些生活在極寒地帶民族的傳統服飾、捕魚工具等文物，可以對人類適應環境的能力及生命的可能性有近一步的了解。

生存的壓力激發出北方民族特有的文化。

東藻琴芝櫻公園

おすすめ 薦

ひがしもこと芝桜公園

別冊P.2,F4 JR網走駅前搭乘網走觀光交通巴士，約50分至「東藻琴」站，下車後再轉搭計程車約10分 網走郡大空町東藻琴末広393 0152-66-3111 8:00~17:00 大人¥500、小學生¥250；遊園車大人¥300、小學生¥150 1000個 www.shibazakura.net

整座公園鋪滿燦爛花毯，景色如夢似幻。

北海道特有的芝櫻，因為花形像櫻花又平貼於地面上(芝即是日文的草地)而得名。**每年5月到6月下旬**，盛開的芝櫻宛如一大片豔粉色的花地毯，將整座芝櫻公園妝點得如夢似幻。藻琴山芝櫻公園是片占地約8公頃的起伏丘陵地，當花季來臨，深深淺淺的芝櫻覆滿公園，襯上公園中的粉色鳥居以及背後藍天，風景夢幻。

深紅的珊瑚草是楓葉之外的秋日美景。

©east Hokkaido web

能取湖

別冊P.2,F3 JR網走駅前2號乘車處搭乘網走巴士「常呂・サロマ湖栄浦線」，約20分至「珊瑚草入口(サンゴ草入口)」站下車徒步5分 網走市卯原 0152-47-2301(卯原內觀光協會) 7月中旬~10月中旬自由參觀(9月中旬為能取湖珊瑚草祭) 200個

位於俄霍次克海邊的能取湖仍有一小部分與海相通，**每年8月下旬到10月的初秋時分，湖畔的珊瑚草群落就會轉為赤紅**，成片深紅色的珊瑚草包圍湖面，十分美麗。配合珊瑚草轉紅的季節在湖畔還有「珊瑚草祭」的活動，現場除了賞花，還能吃到許多海鮮燒烤大餐，像是碳烤鄂霍次克海干貝等。

©北海道觀光振興機構

小清水原生花園

別冊P.2,F4 JR原生花園駅下車即達(約5~10月間限定的臨時車站)。或在JR網走駅前3號乘車處搭乘「小清水・斜里線」約30分至「原生花園」站；亦可在JR網走駅前1號乘車處搭乘網走巴士「知床Airport Liner(知床エアポートライナー)」約25分至「小清水原生花園」站，1天3班 斜里郡小清水町浜小清水 0152-62-2311 4月下旬~10月下旬8:30~17:30(10月為9:00~17:00) 免費參觀 100個 www.town.koshimizu.hokkaido.jp/sightseeing/

小清水原生花園位在鄂霍次克海和濤沸湖之間約8公里長的丘陵地帶，**從6月中旬到8月的夏季，開滿了近40種的各色野花**，金黃色的蝦夷萱草、薔薇色的野玫瑰、黑百合迎著海風搖擺，風情別具。

網走監獄博物館

おすすめ 薦

栩栩如生的監獄生活再現，還可吃到網走刑務所的「牢飯」。

別冊P.34,A6 JR網走駅前2號乘車處搭乘網走巴士「觀光設施周遊線(観光施設めぐり線)」至「博物館網走監獄」站；或從JR網走駅前2號乘車處搭乘網走巴士「美幌線」、「女満別空港線」約5分至「天都山入口」站，下車後徒步15分 網走市字呼人1-1 0152-45-2411 9:00~17:00依季節變動(入館至閉館前1小時) 休12月31日~1月1日 大人¥1,500、高中大學生¥1,000、中小學生¥750(網站預購票可享9折優惠) P400個 www.kangoku.jp

於明治23年(1890年)設置的網走刑務所，在1984年移建至天都山，經修復整建後成為現在的博物館，而新的網走刑務所至今還依舊關著犯人，但裡面並非重刑犯，而是刑期較短的犯人。現已規劃成博物館的網走監獄，**完整呈現當時的監獄樣貌與生活**，特殊的「五條式放射狀牢房(五翼放射　房)」設計，只需一個警衛，就可看管所有牢房，其他如澡堂、懲罰用獨居黑牢也都讓遊客身歷其境，還可以嚐嚐現在在網走刑務所供應的「監獄食」呢。

明治×昭和的兩大逃獄王

從興建以來，網走監獄就因為地處偏遠、氣候嚴寒，加上囚犯曾是開拓北海道的勞力，被視為日本最嚴酷的監獄，但偏偏這裡有兩位鼎鼎大名的逃獄犯，成為網走監獄不得不提的篇章，監獄裡還有他們的塑像呢。

西川寅吉

西川寅吉(1854~1941)是「明治的越獄王」，14歲時替叔父報仇犯下殺人案被捕，但他聽說仇家還活著便決定越獄尋仇，兩次逃跑後移送秋田監獄，沒想到又再度脫逃，返鄉途中在靜岡詐賭鬥毆，被員警追捕時不慎踩中釘有五吋長釘的木板，還硬是跑了12公里才力竭被捕，故有了「五吋釘寅吉」的外號。

寅吉被轉送至北海道樺太集治監獄後，又逃獄3次，創下6次逃獄的紀錄，不僅曾利用衣物結冰沾黏的特性爬牆逃跑，還因為分給平民偷來的富家財物成為英雄。他最後被移送釧路監獄，後來跟著遷到網走，安分度過其後的監獄生活。

白鳥由栄

白鳥由栄(1907~1979)被稱作「昭和的越獄王」，他在11年間成功越獄4次，最初是因為一起犯下強盜殺人案的同夥被捕，白鳥自己向警方自首，而被送入故鄉青森的監獄中，但因為在獄中被打、生活痛苦，憤而越獄，開啟了他「越獄王」的傳奇。

據說白鳥由栄不只能徒手扯斷鐵製手銬、一天跑上120公里，還能夠讓身體關節脫臼，因此可以鑽出各種縫隙，他在網走監獄時就曾因為不滿環境過於嚴寒，每天偷偷把味噌湯塗在手銬腳鐐的螺絲上，藉著湯裡的鹽分腐蝕螺絲，接著鑽出小窗，成功從天窗脫逃。

讓罪犯聞之喪膽的酷寒監獄

五條式放射狀牢房

此處為明治45年~昭和59年實際使用過的監獄，以中央看守所為中心向外放射的5組牢房，在監獄上方還能看到當時昭和逃獄王「白鳥由栄」正試圖逃獄的場景。另外，在網走監獄正門旁則是明治年間的逃獄王「五寸釘寅吉」的塑像。

監獄食

在監獄食堂有監獄食供民眾品嚐，供應時間為11:00~15:30(L.O.14:30)，而監獄食的飯菜正是現在網走刑務所中提供的菜色，在監獄裡吃「牢飯」，別有一番滋味。

重要文化財

網走監獄博物館裡共有8棟建築物被指定為重要文化財，包括建於明治45年(1912)的監獄管理部廳舍、建築融合日式與西式工法的教誨堂、放射狀的舍房及中央看守所，另外建於明治29年的舊網走監獄 二見岡監獄分所，更是現存最古老的木造監獄，也被列為重要文化財。

網走湖莊

別冊P.34,A6外 從JR網走駅搭乘開往「美幌」的巴士約10分，於「網走湖莊前」下車 網走市呼人78 0152-48-2245 一泊二食，雙人房每人約10,185起 100個 www.abashirikoso.com

網走湖莊從昭和23年(1948年)創立至今已經有將近70年的歷史，座落在網走湖畔的飯店十分顯眼，帶有昭和時代的老派風情，館內分為本館及別館，客房比起一般飯店要來得更加寬敞，不僅空間舒適，**從客房更可以欣賞網走湖的大片風光**，景色更是一絕，當然還有天然溫泉以及地產食材烹調的美味料理，也都是讓人難忘的美好體驗。

鮨Dining 月

鮨ダイニング 月

別冊P.34,D6 JR網走駅徒步約10分 網走市駒場北5-83-27 0152-43-3333 11:00~22:00(L.O.21:30) 一盤¥140~670 30個，免費 seiwa-dining.com/tsuki

與印象中的迴轉壽司店大相逕庭，「月」低調的外觀與沉穩的和風裝潢，營造出既摩登又高級的氛圍，在這樣的環境品嚐壽司，食物彷彿也更加美味。店內壽司**依照盤子顏色區分價位**，以當季食材為主，鮭魚、甜蝦、扇貝，或是更為高檔的松葉蟹、鮭魚卵、海膽，**各式新鮮食材都可一次品嚐**。

與花栗鼠的近距離接觸，感受可愛的萌萌魅力！

鄂霍次克花栗鼠公園

オホーツク シマリス公園

別冊P.2,F4 JR網走駅開車約20分 網走市呼人352 0152-48-2427 約5月~10月中旬10:00~16:00(入園至15:30) 休週二、三、不定休，10月中旬~4月下旬 $3歲以上¥500(附飼料) P約20個 !鄂霍次克花栗鼠公園10~4月因花栗鼠冬眠而休館

網走有座小小的花栗鼠公園，裡頭**飼養著約50隻可愛的蝦夷花栗鼠(エゾシマリス)**，花栗鼠們十分親人，只要動作輕緩或是靜靜坐著，可愛的花栗鼠就會慢慢地靠近，想更親近花栗鼠的話也可以嘗試餵食飼料，花栗鼠可能還會跑上你的膝蓋或是手上唷！

©網走觀光協會

網走鄂霍次克流冰祭

あばしりオホーツク流氷まつり

北海道冬天處處皆有著冰雪盛宴，在網走的流冰祭會場中，一座座魄力滿點的巨大雪像與雕工精細的冰雕，點上燈光後就像在童話世界般地夢幻，舞台上則會有各式的演奏及表演活動。

JR網走駅搭乘網走巴士約10分至「道の駅 流氷街道網走」，下車後徒步10分，車資大人¥200、小孩¥100 網走商港埠頭特設会場 2月中旬約10:00~20:00，為期3天

©網走市觀光課

Auberge北之暖暖

オーベルジュ北の暖暖

別冊P.34,A5 JR網走駅開車10分 網走市大曲39-17 0152-45-5963 $一泊二食，雙人房每人約¥15,570起。入湯税¥150另計 P15個 kitanodandan.com/

於2005年開幕的北之暖暖，是一個被天空、湖泊與樹木包圍、**能夠欣賞到鄂霍次克海四季美景的地方**。由於北海道的道東地方夏照時間很長，氣溫更有15度的溫差，身為世界三大海場入口的鄂霍次克海，更是擁有豐富的農產品與海鮮食材。因此北之暖暖的人們便以「好客與交談」為概念，開設了這個地方。在這裡可以呼吸到自然的新鮮空氣、品嚐鄂霍次克海豐富漁產所烹煮的料理，感受鄂霍次克無限的魅力。

知床
しれとこ
Shiretoko

在突出海中、沒有道路可以抵達的半島上，有棕熊、北狐和蝦夷鹿安然生活著，這就是日本最後的祕境、真正的原始自然天堂——知床。半島上最主要的兩個聚落是宇登呂和羅臼，如果希望再進一步深入看看知床半島，可以考慮搭乘遊覽船，從海上看看這個人跡罕至的自然遺產天堂。

交通路線&出站資訊

電車

JR知床斜里駅→釧網本線

巴士

中央巴士「Eagle Liner」

從大通附近的札幌巴士總站【5號乘車處】搭乘夜行巴士「Eagle Liner(イーグルライナー)」至JR知床斜里駅前的「斜里巴士總站(斜里バスターミナル)」站、宇登呂市區的「宇登呂溫泉巴士總站(ウトロ温泉ターミナル)」站，前者約6小時30分、¥7,350，後者約7小時15分、¥8,400，預約制

◎中央巴士

011-231-0600(預約中心)、0152-23-0766(斜里巴士總站)

www.chuo-bus.co.jp

阿寒巴士

從JR釧路駅前巴士總站【15號乘車處】搭乘開往羅臼的阿寒巴士釧路羅臼線・釧路標津線至「羅臼(羅臼営業所)」站，約3小時55分、¥4,990，1天約2~5班

◎阿寒巴士

www.akanbus.co.jp

出站便利通

宇登呂溫泉巴士總站

宇登呂市區的「宇登呂溫泉巴士總站(ウトロ温泉バスターミナル)」為此區域的交通中心，從JR知床斜里駅前的「斜里巴士總站」搭乘巴士到宇登呂後，就可以從這裡搭巴士及定期觀光巴士至區域內各景點

前往宇登呂：

★斜里巴士「知床線」→從斜里巴士總站搭乘斜里巴士「知床線」至宇登呂溫泉巴士總站，車程約1小時，車資¥1,800

★知床Airport Liner(知床エアポートライナー)→每年約6月中旬~10月中旬、1月下旬~3月中旬，還可從斜里巴士總站搭乘期間限定的「知床Airport Liner」(行駛路線為女滿別機場～網走～斜里～宇登呂)，可到宇登呂溫泉巴士總站及宇登呂的各大溫泉飯店，約50分、¥1,650，1天2班，由網走巴士、斜里巴士共營。詳細行駛時間請上網查詢

前往知床：

★斜里巴士「知床線」→從斜里巴士總站發車，途經OSHINKOSHIN瀑布、宇登呂溫泉巴士總站、岩尾別、知床自然中心及知床五湖，其中知床自然中心、岩尾別、知床五湖1天只有3班停靠。春季至夏季會加開宇登呂溫泉巴士總站～知床五湖間的班次，接駁巴士運行期間請利用知床接駁巴士，其他時間(請上網查詢)請利用一般斜里巴士，1天7班

前往羅臼：

★斜里巴士「羅臼線」→從宇登呂溫泉巴士總站乘車，這條路線只於6月中旬~10月中旬行駛，途中停靠知床自然中心、知床 、羅臼湖入口及羅臼湖，1天4班

◎斜里巴士

www.sharibus.co.jp

★知床接駁巴士(知床シャトルバス)

8月上旬到9月下旬的旺季期間，特別規劃觀光接駁巴士疏運車潮，從宇登呂溫泉巴士中心發車，約20~40分為間隔，密集地於宇登呂溫泉巴士中心、知床自然中心、知床五湖、KAMUIWAKKA溫泉瀑布間行駛，8月9~17日從宇登呂溫泉巴士中心的發車時間為8:30~16:30，其他日期的發車時間至15:50。可在宇登呂溫泉巴士總站買票，當天可不限次數搭乘，宇登呂溫泉巴士中心～KAMUIWAKKA來回大人¥1,980、小孩¥1,000，知床自然中心～KAMUIWAKKA來回大人¥1,300、小孩¥650

sharibus.co.jp/pdf/sb_2022.pdf

觀光旅遊攻略

冬季道路封閉

11月上旬至4月下旬，連接宇登呂以及羅臼町的知床橫斷道路會封閉，安排行程時請務必注意

流冰體驗

夏季是很適合遊覽知床美景的時間，但在2月中旬到4月上旬，知床斜里町有相當難得的流冰散步或流冰潛水體驗

生態觀光船

羅臼在一年四季都有生態觀光船出航，能夠觀賞到海豹、鯨魚、殺人鯨等各種生物，其中又以7月到9月遇到動物的機率最高

觀光案內所

知床羅臼觀光案內所

羅臼町本町361-1(道の駅知床・らうす1F)

9:00~17:00(11~4月10:00~16:00)

0153-87-5151

休 年末年始

www.rausu-shiretoko.com

知床斜里觀光協會

斜里町本町29-8

0152-22-2125

www.shiretoko.asia

知床五湖

おすすめ 薦

深入知床的原始自然中，欣賞美麗景觀與野生動植物。

別冊P.32,C4 JR知床斜里駅前的斜里巴士總站搭乘斜里巴士「知床線」，約1小時25分至「知床五湖」站下車即達 斜里町知床国立公園内 0152-24-3323 4月下旬~11月上旬8:00~18:00(依季節而異)；地上遊步道5月10日~7月為棕熊活動期，須預約參加遊程(1小時30分~3小時)及繳交費用，此期間也可能因熊出沒而關閉；開園~5月9日、8月1日~閉園為植被保護期，須預約參加。講習(約10分)，講習費用¥250；另外，高架木道全年皆自由參觀，開放時間約8:00~18:00 100個，1次¥500 www.goko.go.jp 熊出沒時可能關閉(通常為6~7月)；另外自2011年開始，為維護五湖的生態環境，前往知床五湖的步道時，須在入口處接受講習並繳交費用

知床五湖是知**床半島最主要的觀光景點**，半島上五個大小不一的湖泊，湛藍湖水與周遭林木組成寧靜的畫面，其中以二湖面積最大，可以看到知床連山倒映在湖面的美麗姿影。這裡常有野生動物出沒，除了可看到蝦夷鹿、蝦夷松鼠的可愛身影外，湖邊樹幹上常可見到棕熊的爪痕，若熊的目擊次數太頻繁，知床五湖就會臨時關閉禁止遊客進入。

2005年，自然遺產——知床

自然遺產的範圍包括突出的知床半島以及其周圍海域。根據UNESCO的說明，由於知床半島擁有獨特的氣候及自然環境(包括冬天流冰與洋流等的因素影響)，使得這裡海洋與陸地的生態系統產生獨特的交互體系，還有多樣瀕臨絕種的魚類、海中植物、候鳥與海洋哺乳類，均以此為棲地。

地名來自於愛努語「大地盡頭」的知床半島上，有千餘公尺的高山及高聳海岬，山崖瀑布直接瀉流入海，還擁有湖泊、原始森林、海蝕斷崖和溫泉等種種地理景觀。陸地上有北狐、棕熊和蝦夷鹿安居於此，不少珍稀候鳥也在此停留。

冬季湖上健行

一般散步行程以外，也有推出冬日的湖上健行活動。走進為白雪覆蓋的知床五湖，可以踩上結冰的湖面、濕地，欣賞冬季獨有的五湖風情，或是觀察仍在冒著氣泡的湖水，雪地裡不時還會發現動物們的足跡，與其他季節呈現出迥異的情緒，尤其是抵達斷崖時，迎著強烈北風，望向飄著雪花的鄂霍次克海，頗有一種世界盡頭的震撼感，幸運的話還可以看到流冰呢。

1月下旬~3月下旬, 1日2次, 約3小時
大人¥6,000起
www.goko.go.jp/winter/

OSHINKOSHIN瀑布

オシンコシンの滝

別冊P.32,B5　JR知床斜里駅前的斜里巴士總站搭乘斜里巴士「知床線」，約40分至「OSHINKOSHIN瀑布(オシンコシンの滝)」站下車即達　斜里町ウトロ　0152-22-2125(知床斜里町觀光協會)　自由參觀　P35個

OSHINKOSHIN瀑布在愛努語中為「從山崖上滑落的河流」之意。在鄂霍次克海旁往宇登呂的公路上，壯觀宏偉的瀑布**從80公尺高的玄武岩柱狀山壁上奔流而下**，從中間分成兩束，所以又稱為「雙美瀑布」。

KAMUIWAKKA溫泉瀑布

カムイワッカ湯の滝

別冊P.32,C4　宇登呂溫泉巴士總站搭乘知床接駁巴士，約55分至「KAMUIWAKKA溫泉瀑布(カムイワッカ湯の滝)」站，下車後徒步5分　斜里町 硫黃山山麓カムイワッカ上流　自由參觀　P20個　center.shiretoko.or.jp/sightseeing/kamuiwakka/　冬季10月上旬~5月下旬道路封閉，無法前往。從2009年開始有交通管制，非道路封閉期間皆可徒步或騎自行車進入；6~7月、8月16日~9月下旬，一般車可進入；8月6~15日、9月30~10月2日只能搭專用接駁車進入

KAMUIWAKKA溫泉瀑布是知床有名的**天然溫泉祕湯**，天然溫泉就從溪流上方湧出，將溪潭變成暖呼呼的露天溫泉池，許多觀光客就在入口處租雙防滑草鞋攀爬溪流前往，約30分鐘可達。想要泡溫泉的話要記得穿件泳衣，因為天然祕湯沒有更衣室，而且還是男女混浴的喲！

知床自然中心

知床自然センター

別冊P.32,C4　JR知床斜里駅前的斜里巴士總站搭乘斜里巴士「知床線」，約1小時10分至「知床自然中心(知床自然センター)」站下車即達　斜里町遠音別村字岩宇別531　0152-24-2114　8:00~17:30、10月21日~4月19日9:00~16:00　休12月的每週三，年末年始　免費；生態電影：大人¥600、15歲以下¥300　P182個　center.shiretoko.or.jp

知床自然中心內展示著知床半島的生態資料，如動植物的分佈情形和研究報告，裡頭定時播放的生態電影可以幫遊客快速導覽知床之美。此外，販賣部裡的越橘(こけもも)霜淇淋也是一絕。從**中心後面的遊步道走，可以參觀有「少女的眼淚」之稱的Purepe瀑布(プレペの滝)**，美麗的瀑布襯以海景，畫面十分壯觀動人。

羅臼岳

別冊P.32,C4　JR知床斜里駅前的斜里巴士總站搭乘斜里巴士「知床線」，約2小時35分至「岩尾別」站，下車後徒步1小時或搭計程車15分　羅臼町、斜里町　自由參觀，開山期間為7月的第1個週日~9月中旬　P20個

名列「日本百名山」之一的羅臼岳是知床連峰的主峰，海拔1,661公尺，從岩尾別溫泉後面的「木下小屋」開始的登山路線約7小時30分，7月上旬~8月中旬為高山植物開花的時節，景色格外秀麗。山上氣候多變，加上山路沿途棕熊頻繁出沒，若要攀登羅臼岳需準備正統登山鞋、地圖、水、乾糧、熊鈴等用具，一樣也不可少。

知床Nature Cruise

別冊P.32,C5 宇登呂溫泉巴士總站搭乘斜里巴士「羅臼線」，約50分至「羅臼(羅臼營業所)」站下車後徒步13分。羅臼線只於6月中旬~10月中旬運行 羅臼町本町27-1(道の駅知床・らうす後方) 0153-87-4001 賞鯨豚&賞鳥5~10月9:00、13:00出航(繁忙期增至4班)，約2.5小時。流冰&賞鳥1~3月上午出航，約2.5小時，13:00出航，約1小時 休天候不佳時停駛 賞鯨豚&賞鳥國中生以上¥8,800。流冰&賞鳥國中生以上1小時¥4,400、2小時半¥8,800；小學生皆半價 P20個 網站：www.e-shiretoko.com

在羅臼，一年四季都有**生態觀光船**出航。冬天，乘船破冰出航，在帶來了豐富養分的流冰上棲息著老鷹與斑海豹，還能碰見約2,000隻的白尾海鵰與虎頭海鵰到此過冬；夏天則能夠觀賞到鯨魚、虎鯨等各種生物，其中**又以7月到9月遇到動物的機率最高**。以雄大的知床連山及汪洋大海為舞台，每種生物都舞出最動人的生命樂章。

©北海道觀光振興機構

熊之湯

別冊P.32,C5 巴士「羅臼(羅臼營業所)」站搭計程車約5分 羅臼町湯の沢町国有林 0153-87-3360(知床羅臼町觀光協會) 自由使用，但早上5:00~7:00因清掃不能使用 免費 P20個

可以望見羅臼山的熊之湯露天溫泉，可說是秘湯中的秘湯，不僅有男女別的更衣處，還有**分男湯及女湯**，來此泡湯既可享受野外的開闊，也能保有安心感，對於想泡野外溫泉的人來說十分貼心。熊之湯**24小時開放**，晚上在暈黃的燈光下享受野地秘湯，氣氛十足。

必看野生動物

虎頭海鵰

在1970年被日本指定為天然紀念物的虎頭海鵰，在冬天遇到的機率幾乎是100%，在流冰上一隻隻虎頭海鵰優雅的飛舞姿態，魄力十足

1~3月

©知床Nature Cruise

©知床Nature Cruise

©知床Nature Cruise

斑海豹

剛出生的小斑海豹全身為白色，長大後便長出了有著斑點的皮毛，每年冬天到春天隨著流冰移動，並且在流冰上繁育下一代

1~3月

虎鯨

君臨海洋食物鏈頂端的虎鯨，喜歡成群行動，幸運看到的話便能見到一大群虎鯨一起游泳的壯觀場面，最容易看到的期間為5~6月，機率約為30%

4~6月

©知床Nature Cruise

水薙鳥

5~6月遇見這上萬隻水薙鳥聚集在一起的機率幾乎100%，整艘船就被包圍在這壯闊的場景中

4~7月

©知床Nature Cruise

抹香鯨

抹香鯨的潛水能力可說是鯨類中最高超的，但也因為潛水時間長，所以遇到的機率較低

7~10月

©知床Nature Cruise

白腰鼠海豚

活潑好動的白腰鼠海豚最高時速能達到55公里，白白的肚子與虎鯨有幾分相像，夏天看見的機率幾乎100%

全年

瀨石溫泉

セセキ温泉

別冊P.32,D4 從巴士「羅臼(羅臼営業所)」站搭乘阿寒巴士「知円別線」，約35分至「瀨石(セセキ)」站下車徒步10分，車資¥100。只能在約7月16日~8月31日間搭乘，1天2班 羅臼町瀬石 0153-89-2654、夏季以外0153-88-2384 7月初~9月中旬或下旬(張潮時不可入浴)，推薦在中午退潮時前來，經溫泉管理者同意後即可入浴 溫泉管理者並不收費，不過每日有專人打掃，所以入口設有小捐獻箱，請大家隨心捐獻，共同維持清潔 約10個 rausu-konbu.com/seseki/

張潮時會沒入海中的瀨石溫泉，是座建在礁石中的海邊露天溫泉，簡單天然的礁石浴池面對無盡大海，景色一流，溫泉亦隨著潮汐浮出、淹沒海面，溫泉溫度也隨著潮汐而變化，是**日本電視媒體及旅遊雜誌時常介紹的特殊祕湯**。

與海相接的露天秘湯。

©北海道観光振興機構

豐富餐點與舒適客房滿足旅人的身心。

北こぶし知床 ホテル&リゾート

Kitakobushi Shiretoko Hotel & Resort

別冊P.32,A3 宇登呂溫泉巴士總站徒步5分 斜里町ウトロ東172 0152-24-3222 一泊二食，雙人房每人約¥13,000起 120個 www.shiretoko.co.jp

這家飯店是**宇登呂溫泉區的知名度假飯店**，開業自1960年的飯店近年陸續改裝，打造出新穎的自助餐廳「波音HAON」，提供當地產的鮭魚、農場直送的蔬菜，還有扇貝、毛蟹等生鮮海產，吃得到最道地的知床滋味。不僅美食物超所值，景色更是一絕，除了從客房欣賞海景，還可以一邊享受露天風呂，一邊飽覽鄂霍次克海的壯闊全景呢。

知床觀光船 極光號

おすすめ 薦

知床観光船 おーろら

從海面遠眺沒有道路通行的自然秘境，沿途還可欣賞多座壯觀瀑布。

別冊P.32,A3 JR知床斜里駅前的斜里巴士總站搭乘「知床Airport Liner(知床エアポートライナー)」至終點「知床觀光船售票處(知床観光船のりば)」站，約45分、¥1,650 斜里町ウトロ東107 0152-24-2146 知床岬航路6月~9月每天10:00出發(5月也可能增加班次)，航程約3小時45分。Kamuiwakka瀑布航路4月下旬~10月8:15~14:30約2小時1班(4~5月末班為16:30)，航程約1小時30分 知床岬航路：大人¥6,800、小學生¥3,400。Kamuiwakka瀑布航路：大人¥3,300、小學生¥1,650 80個，1次¥400 www.ms-aurora.com/shiretoko

高山綿亙的知床半島上，除了宇登呂和羅臼之間有知床橫斷道路連結外，半島前端並沒有道路通行，若要步行進入也有時間和申請上的限制，因此多數觀光客會選擇搭乘觀光船從海上巡遊，從海上欣賞人跡罕至、真正的知床祕境。觀光船路線有較長的知床岬航路和較短的Kamuiwakka瀑布航路兩種可以選擇，**沿著海岸線可看到多座垂掛在斷崖絕壁上的瀑布群和洞窟**，幸運的話，還可以看到棕熊在海岸線上漫步覓食的景象。

ORONKO岩

オロンコ岩

別冊P.32,A3 宇登呂溫泉巴士總站徒步約5分 斜里町ウトロ東 0152-22-2125(知床斜里町觀光協會) 自由參觀，冬季約12月中旬~4月中旬因道路封鎖無法進入 96個

知床夕陽是出了名的美麗，春秋間海面與天空染上紅霞一片，冬天流冰覆蓋海面時又是另一種風情，除了可從夕陽台上觀賞外，特別推薦一處私房景點——ORONKO岩，位在知床觀光船乘船口旁的這塊大岩石上，可站在海邊的懸崖峭壁上，迎著海風欣賞華麗的知床夕陽，景色浪漫非凡。

知床第一飯店

知床第一ホテル

別冊P.32,B3 宇登呂溫泉巴士總站徒步15分，或聯絡飯店免費接送 斜里町ウトロ香川306 0152-24-2334 一泊二食，雙人房每人約￥14,000起。入湯稅￥150另計 120個 shiretoko-1.com

知床第一飯店就位在宇登呂溫泉區的高處，**從飯店內的展望大浴場可以看到美麗的知床夕陽**，一邊泡溫泉放鬆身心、一邊看夕陽緩緩地沉入鄂霍次克海，將天際染成絢爛的紫紅色，實在是至高享受。飯店晚餐採自助式，超過百種的中西日式料理中，有毛蟹、長腳蟹等海鮮可無限吃到飽，絕對物超所值！

©知床第一ホテル

Cafe & Bar GVO

ジーヴォ

別冊P.32,A4 宇登呂溫泉巴士總站徒步約10分 斜里町ウトロ西91-5 0152-24-3040 約9~3月11:00~14:30、18:00~22:00 週三、第2個週四 有 www.facebook.com/CafeBarGvo/

宇登呂溫泉區附近的GVO是一家充滿趣味的餐廳，從架上擺滿的專輯、牆上掛著的吉他，還有作為擺設的重型機車就能了解老闆的喜好。店家主打海膽餐點，蓋滿鮮豔海膽的丼飯，或是加入海膽的義大利麵、咖哩都各有魅力，原來**店主其實是採海膽為生的漁師**，將收穫的海膽做成一道道獨家美味，加上店內輕鬆舒適的氛圍，更添幾分韻味。

知床斜里睡魔祭

しれとこ斜里ねぷた

從1983年與弘前市結為友好都市開始的同年，為了紀念此盟約，以睡魔祭知名的弘前市便傳授斜里町相關的製作技巧，也成為知床斜里睡魔祭的開端。從一開始的2座燈籠到現在約20座，隨著太鼓、笛子的演奏和「ya~yado~(ヤーヤドー)」喊叫聲，魄力十足的燈籠列隊行進，浩大的聲勢也讓它成為知床最盛大的祭典，可說是知床的代表夏日風物詩。

©知床斜里町観光協会

斜里町市街(從役場前広場出發)

7月第4個週五~六，約10:30開始有物產展，睡魔約18:30開始出場

0152-23-3131(斜里町總務部企劃總務課)

道北

どうほく

道北怎麼玩

道北地區以旭川為首，旭川是北海道第二大城，也是連接札幌、道北、道東等地區的重要轉運站。旭川除了超熱門的旭山動物園以外，市區內更有豐富飲食店家，多樣程度絲毫不輸札幌，踏出旭川，深入道北的話，當然不能錯過美瑛的超廣角之路及拼布之路，富良野一帶的農場更是許多人對北海道的深刻印象，而層雲峽的壯麗美景也是一絕，另外還有最北端的稚內，更是許多人心目中的夢幻之地，若是有餘裕，還可以前往利尻、禮文兩座離島遊玩，感受道北的自然風情。

❶旭川

旭川是北海道第二大城，地處北海道中心，是南往美瑛富良野、北往稚內、東往網走的交通轉運點，也是北海道三大拉麵的發源地之一。旭山動物園冬日的企鵝散步吸引許多遊人，郊區景點之外，市區更隱藏許多美味老舖、個性商店，造訪時怎能錯過呢。

❷東川町‧旭岳

旭岳為北海道最高峰，想當然自然吸引許多登山客前來，春季還可以從山麓纜車站通往不同的攀登路線。旭岳山腳下的東川町是藝術家與咖啡聚集的小鎮，這裡擁有不輸美瑛的田園風光，再加上藝術氣息，讓人迷戀不已。

❸層雲峽

坐落在大雪山國家公園內，層雲峽以綿延壯闊的峽谷地形聞名，沿著國道39號，可以一路欣賞斷崖節理的四季獨特風情，並順道拜訪黑岳、大函等景點，還可入住黑岳腳下的層雲峽溫泉，體驗雄偉自然與溫泉的雙重享受。

❹美瑛

美瑛是許多人喜愛的北海道景點，冬日雪地中蓋著白雪的林木讓人難忘，起伏丘陵的四季色彩純淨又美麗，必訪的「拼布之路」及「超廣角之路」更是處處名景，隨意造訪，都是北國四季最美的詩篇。

❺上富良野・中富良野

7月盛夏薰衣草花兒盛開，紫色花毯鋪滿山野，這就是富良野最美的時刻。上富良野與中富良野除了町營農場以外，也有富田農場等知名景點，可以盡情欣賞大片的紫色花海。

❻富良野駅・北峰

說到富良野，就會想到浪漫的薰衣草花田，除了夏季限定的紫色夢幻外，6月中~9月初都能看見盛開的不同花草，大片花海就是北海道的印象景色，還有隱藏在森林中的森林精靈露台等景點喔。

❼稚內

稚內擁有冰河地形、美麗濕原以及北方海域的豐富海鮮，這裡也是「日本最北端」，不知有多少旅人千里迢迢而來，就是為了到最北端的宗谷岬一遊，征服日本最北之地的象徵，又在這處小小漁港遠眺，感受極北之地的蒼茫。

❽利尻島・礼文島

「花之浮島礼文」、「夢之浮島利尻」，礼文島因為擁有礼文敦盛草、礼文小櫻等約300種獨特高山花卉而得名，每年5~8月，島上野花綻放的風景讓人心折，利尻島則擁有山形優美的利尻山，隨處可見山稜秀麗的景色，還有夏季時的美味海膽也是一絕。

旭川
あさひかわ
Asahikawa

道央的旭川是北海道第二大城，地處北海道中心，是南往美瑛富良野、北往稚內、東往網走的交通轉運點，也是北海道三大拉麵的發源地之一。重要景點散落市郊，除了有名的旭山動物園外，還有三浦綾子紀念文學館、北海道傳統工藝村和有不少小店的北之嵐山，市區除了繁華的飲食街，多了不少個性小店隱藏其間，與過去印象不同，值得有興趣的人一探究竟。

交通路線＆出站資訊

電車

JR旭川駅➜函館本線、宗谷本線、石北本線、富良野線

JR神楽岡駅➜富良野線

JR南永山駅➜石北本線

巴士

高速旭川號(高速あさひかわ号)

從札幌駅前【14號乘車處】搭乘「高速旭川號」，約2小時25分至終點「旭川總站(旭川ターミナル)」站，車資￥2,300，從7:00~21:45約20~30分即有一班車

◎中央巴士

www.chuo-bus.co.jp

富良野巴士「薰衣草號(ラベンダー号)」

欲從富良野、美瑛前往者，可搭乘富良野巴士「薰衣草號」至旭川駅或旭川機場，富良野駅至旭川駅約1.5小時、車資￥900，美瑛駅至旭川駅約55分、車資￥630，1天8班

◎富良野巴士

0167-23-3131

www.furanobus.jp

出站便利通

旭川駅周邊巴士站

★6號乘車處➜往【旭山動物園】旭川電氣軌道巴士41・42・47號、往【Craft館】旭川電氣軌道巴士47號

★7號乘車處➜往【札幌】中央巴士「高速旭川號」

★8號乘車處➜往【男山酒造資料館、層雲峽】道北巴士81號

★9號乘車處➜往【旭山機場】旭川電氣軌道巴士「[77]旭川機場線(旭川空港線)」、往【旭川機場・美瑛・富良野】富良野巴士「薰衣草號」、往【東川町・旭岳】旭川電氣軌道巴士「[66]出湯號(いで湯号)」

★11號乘車處：往【三浦綾子紀念文學館】道北巴士14・39・40・41・43・45號

★14號乘車處➜往【北之嵐山】旭川電氣軌道巴士3・33號

★15號乘車處➜往【三浦綾子紀念文學館】旭川電氣軌道巴士12號

★18號乘車處➜往【男山酒造資料館】道北巴士70・71・630・667・669號、往【旭川拉麵村】道北巴士66・72・665號

★20號乘車處➜往【三浦綾子紀念文學館】旭川電氣軌道巴士80・81號

★22・23號乘車處➜往【旭川拉麵村】道北巴士73號

★27號乘車處：往【The Sun藏人、旭川市科學館】旭川電氣軌道巴士82・84

◎道北巴士

0166-23-4161

www.dohokubus.com

◎旭川電氣軌道巴士

0166-23-3355

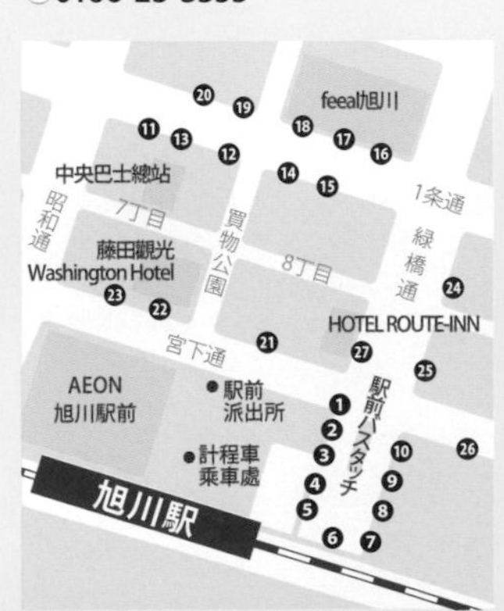

www.asahikawa-denkikidou.jp

前往旭川機場

JR旭川駅前【9號乘車處】可搭乘開往旭川機場的「[77]旭川機場線(旭川空港線)」，由旭川電氣軌道巴士營運，約40分、車資￥630，1天約8班。亦可搭乘富良野巴士「薰衣草號」前往，車資相同，1天8班

觀光旅遊攻略

旭川冬之祭➜旭川最負盛名的是2月間的旭川冬之祭。約10天期間，旭川市內大大小小的會場，以純雪堆成大型的雪雕或冰雕十分壯觀，除此之外還有各種活動和煙火大火會可以參加，因此每年都吸引75萬左右的人次特別前來

旭川木工➜旭川在工藝和木工方面也相當有名，有興趣的人可以查看看市郊的旭川家具中心或北之嵐山，也許會有意外的發現

觀光案內所

旭川觀光物產情報中心(旭川観光物産情報センター)

旭川市宮下通8-3-1 JR旭川駅東大廳

0166-26-6665

6~9月8:30~19:00、10~5月9:00~19:00

休 12月31日~1月2日

旭川嵐山遊客中心(旭川嵐山ビジターセンター)

旭川市旭岡1

0166-53-2200

4月底~10月底的週四~日10:00~16:00

休 不定休

arashiyama-visitor-center.jimdo.com

旭山動物園

おすすめ 薦

透過行動展示方式呈現出動物的自然生態，冬天限定的企鵝散步更是可愛度爆表。

別冊P.24,D2　JR旭川駅開車約27分；從JR旭川駅前6號乘車處搭乘41、47號巴士至「旭山動物園」站，約40分、車資¥450；從旭川機場搭乘直達旭山動物園的巴士約35分，車資¥560。另外，JR有販賣旭山動物園套票，其中包含JR札幌駅(另有滝川駅)來回旭川的車票、旭川駅前來回旭山動物園的巴士票以及動物園門票，可以在JR北海道的綠色窗口等處購買　旭川市東旭川町倉沼　0166-36-1104　冬季：約11月~4月上旬10:30~15:30；夏季：約4月底~10月中旬9:30~17:15、10月中~11月上旬9:30~16:30、8月10日~8月16日至21:00；入園至閉館前30分(4月底~10月中旬至16:00)　開園期間外、12月30日~1月1日　大人¥1,000、國中生以下免費，動物園護照¥1,400(從首次入園日起一年內有效)　約500個，免費　www.city.asahikawa.hokkaido.jp/asahiyamazoo/

旭山動物園絕對稱得上是旭川的「明星」。這間位於北國極寒之地的小小動物園，在園方和動物的共同努力下，不但擺脫閉園的命運，還一舉成為全國入園人次最高的「奇蹟動物園」，還有描述這個故事的電影上映呢。

這裡最令人驚喜的，就是**同時考慮動物原生生態與觀眾心情的「行動展示方式」**——北極熊館的半球形觀測站，讓觀眾感受北極熊從冰下探出頭時看到的世界；海豹館裡海豹們調皮地游過特殊設計的透明水柱；紅棕色的小貓熊沒有安分地待在家裡，倒是在人行道上方的繩索步道上，擺著圓滾滾的尾巴晃來晃去。

海豹游過透明水柱時總引起觀眾的驚呼。

北極熊玩雪的模樣是冬日必看畫面。

企鵝散步

可愛的企鵝散步是北海道冬天必看的景象之一。這項活動原來不是為了讓遊客近距離觀察企鵝，而是園方擔心企鵝們冬天會運動不足所產生的。利用國王企鵝集體移動的習性，讓牠們於積雪期間每次散步約500公尺，行走時間依牠們的心情而異，一次約30~60分。

12月中旬~3月中旬，依積雪狀況而定。期間中11:00及14:30各一場(3月只有11:00一場)

HOMES interior/gift

おすすめ 薦

販售質感絕佳的精選雜貨與愛努族的生活用品，各個商品都品味獨具。

別冊P.22,F4　JR旭川駅徒步約5分　旭川市1条通-2070-1 C棟　0166-26-5878　10:00~18:00　週三、夏季、年末年始　2個　www.homes-gift.jp

HOMES interior/gift販售以oke craft、北歐餐具、白山陶器為首的國內外精選雜貨與食器，但這裡可不是間隨隨便便的商品大雜燴，滿室的質感商品每一個都精緻高雅，還有**特色獨具的愛努生活用品**，像是有雕刻圖騰的木製砧板、捲線器、收針器等，欣賞之餘還可認識到愛奴的日常生活。二樓則為枕頭工房，超多款式的枕頭與枕套，可依自己頭型與喜好量身訂做，製作時間約需數小時，訂購後在附近逛一逛之後便可回來取貨。

平和通買物公園

別冊P.22,E4 JR旭川駅徒步約1分 旭川市平和通 依店家而異 至市區內Rakuraku Ticket(ラクラクチケット)加盟停車場停車，於指定店家消費後可享免費停車優惠 www.kaimonokouen.com

從旭川駅到8条通長約1公里的道路，稱為平和通買物公園，從1972年開始只限行人通行，是**日本最早的「行人徒步區(步行者天国)」**，因道路有地熱設施的關係，即使到大雪紛飛的冬季也完全不會積雪，一年四季都能逛得盡興。另外，這裡**冬天為國際冰雕的會場**，晶瑩透亮、精雕細琢的藝術品在燈光的照射下閃閃發亮，夏天則是旭川夏祭市民舞蹈大賽等活動的會場，迸發熱情活力。

沿路有許多雕像，邊逛街還可欣賞藝術。

山頭火 旭川本店

別冊P.22,E4 JR旭川駅徒步約5分 旭川市1条通8-348-3 0166-25-3401 11:00~21:30(L.O.21:00) 拉麵￥850起 www.santouka.co.jp

在台灣也有分店的山頭火是源於旭川的拉麵店，來到發源地，當然要到本店朝聖一番。山頭火的本店距離旭川駅並不遠，店內裝潢十分質樸，但拉麵的美妙可是讓人回味再三。**帶有湯頭香氣的麵條滑溜順口，軟嫩的叉燒肉更可說是入口即化**，再搭上豚骨白湯濃郁卻不油膩的滋味，讓人連最後一滴湯頭都不想放過，是比台灣分店更為甘醇的絕妙美味。

大雪地啤酒館

大雪地ビール館

別冊P.22,F4 JR旭川駅徒步7分 旭川市宮下通11-1604-1 0166-25-0400 11:30~22:00 休12月31日~1月1日 30個 www.ji-beer.com

在旭川駅附近名為「藏圍夢」的石造倉庫群中，最為亮眼的建築即為大雪地啤酒館。**以大雪山連峰的伏流水所製造出的當地啤酒共有5種**，其中擁有淡金色澤、口味清爽的大雪皮爾森啤酒(大雪ピルスナー)和擁有發酵果香的Keller Piruka (ケラ・ピルカ)兩款固定販賣，萌芽、黑岳和富良野大麥三款則依季節釀造販售。擁有200個座位的餐廳內也提供各種適合配啤酒的當地食材料理。

飯店大量運用木材元素，隨處都是旭川的印象。

JR INN旭川

別冊P.22,E4 與JR旭川駅相接，徒步約3分 旭川市宮下通7-2-5 0166-24-8888 單人房附早餐￥7,200起 1晚￥800，與AEON旭川駅前共用 www.jr-inn.jp/asahikawa/

飯店內裝十分年輕明亮，利用旭川盛產木材的意象，**裝潢內大量使用木材**，從櫃檯、電梯口，或是特設的休息室裡都可以看到木質裝飾，散發原野的舒適氣息。不僅裝潢宜人，**還可以現場測量頭型，挑選最適合自己的枕頭**，若是不想早早休息，也可以在飯店的休息室沖上一杯溫暖茶飲，坐在寬敞沙發上欣賞窗外的車來車往，或是愜意地翻閱書籍、與同伴閒聊，都充滿度假的悠閒氛圍。

AEON旭川駅前店

別冊P.22,E4 與JR旭川駅相接 旭川市宮下通7-2-5 0166-21-5544 9:00~21:00、餐廳11:00~22:00、FOOD COURT 9:00~21:00，依店鋪而異 900個 asahikawaekimae-aeonmall.com

2015年春天開業的AEON旭川駅前店，為當地帶來了新鮮活力。賣場擁有LOWRYS FARM的姊妹品牌「LEPSIM」在內的服裝品牌，還有由三越及丸井今井聯手開設的小型百貨「MI PLAZA」，餐飲部分則有湯咖哩連鎖店及旭川炸豬排名店「井泉」進駐，另外還有雜貨店、販售北海道物產的超市，當然也有柳月等在地甜點，**共130家店鋪**，讓旭川市除了動物園又多了一處必訪名點。

旭川站前最大的購物設施。

MAMAIKUKO

AEON旭川駅前店1F 0166-26-4014 9:00~21:00 休以AEON為準 www.mamaikuko.jp

MAMAIKUKO是一家生活風格雜貨店，店內雜貨範疇十分廣泛，從可愛的小錢包、長夾，到印著貓咪圖樣的趣味文具、色彩繽紛的紙膠帶，或是杯盤餐具、材質舒適的服飾都可找到，原來店家是**以巴黎日常生活為基礎，用媽媽的目光挑選商品**，希望顧客能夠輕鬆打造出舒適的生活型態，發掘喜愛商品之時，或許也能感受到店家的用心。

KITA KITCHEN 旭川店

キタキッチン

AEON旭川駅前店1F 0166-74-7101 9:00~21:00 www.facebook.com/kitakitchen.asahikawa/

日文中的「KITA(キタ)」意為「北」，以KITA為名的這家超市正是**蒐羅北海道物產的道產超市**。店內商品琳瑯滿目，富良野的果醬、使用北海道食材的濃湯及炊飯料等調理包，或是札幌的「侍 布丁」、洞爺湖的「Wakasaimo(わかさいも)」等地區限定人氣點心，還有產自阿寒湖或旭川近郊牧場的濃醇鮮奶，店家還**貼心標出人氣排名**，喜歡購買食料的旅人千萬不能錯過。

點心、食料、飲料，北海道的豐富物產都在這裡。

Deux cafe

別冊P.22,E3 JR旭川駅徒步約5分 旭川市2条通8(右2 サンエイビル2F) 0166-27-6200 11:00~21:00，週五、六至23:00 休週日及例假日 今日午間套餐(本日のランチ)¥1,050

平和通買物公園轉角處的Deux Café頗受歡迎，順著階梯拾級而上，二樓的店內空間十分寬敞，灑落的空間有著向陽的好氣氛，若是坐在面窗位置，不僅可以觀望路口來往的行人，初冬時節還可以欣賞窗外飄落的片片雪花，好不悠閒。店內除了咖啡、甜點以外，還有融入山葵、味噌、牛蒡等日式食材的義大利麵，多樣餐點也是**午餐時的好去處**。

Feeeal旭川

フィール旭川

別冊P.22,E3 JR旭川駅徒歩約4分 旭川市1条通8-108 0166-56-0700 10:00~19:30 P有，不同樓層消費滿額有不同的免費停車時間 www.feeeal.com

Feeeal是**旭川市內較為新潮的複合型商業設施**，加上地下樓層共10層的大樓內，主要商場集中在B1~5F。一進門就是服裝品牌UNITED ARROWS，還有ABC-MART等店鋪，當然也不可少了生活風格的雜貨、百元商店、書店，地下的美食樓層除了生鮮、惣菜，還有**每月由不同道內拉麵名店入駐的「北海道ラーメン紀行」**，以及抹茶甜點、農場直營霜淇淋、人氣咖啡店等，逛累了不妨到美食街歇息，順道補充體力。

Kasse

Feeeal旭川2F 0166-56-0884 10:00~19:30 休以Feeeal旭川為準

「kasse」一詞在瑞典語中意為「購物籃」，以此為名，**店家蒐羅了各式優質的雜貨**。店內商品的範疇非常多樣，從可愛的陶製杯盤，美式風格的圖樣玻璃杯，或是各種木製的餐盤都十分吸引人，也有居家裝潢用的盆栽擺設，或是鹿角、貓咪的牆壁掛飾，此外還有充滿和風情調的日式布簾、手帕、布包，還會隨著節日推出各種聖誕、萬聖節裝飾，可以感受到濃濃的生活情趣。

美式、和風，風格各異的雜貨齊聚。

梅光軒 旭川本店

おすすめ 薦

別冊P.22,E3 JR旭川駅徒歩約5分 旭川市2条通8丁目(買物公園ピアザビルB1) 0166-24-4575 11:00~15:30(L.O.15:00)、17:00~21:00(L.O.20:30) 休週一 醬油ラーメン(醬油拉麵)¥800 www.baikohken.com

在海外國家也有分店的拉麵名店，風味濃郁的W湯頭卻有著清爽餘韻，跟彈性十足的麵條一同入口相當滿足。

創業於1969年的梅光軒，出眾的口味不僅讓它獲得第一屆旭川拉麵大賞最優秀賞，更得到《米其林指南北海道2012特別版》的肯定，美味深深擄獲國內外老饕的心，在泰國、新加坡、香港也都設有分店，足見梅光軒的超高人氣。**結合「動物系」與「魚介系」的W湯頭**，入口濃醇、入喉卻清爽回甘的滋味，很容易就會一飲而盡。不加蛋的中細捲麵能品嚐到小麥原本的風味，與湯頭是絕佳的組合，加上入味的叉燒與脆口的筍乾，美味教人著迷。

梅光軒在許多人心中就是旭川拉麵的代名詞。

天金 本店

おすすめ 薦

創立85年老店，盡享當季鮮美食材。

別冊P.22,E3 從JR旭川站步行 7、8分鐘即達，從JR旭川站直行買物公園通，於3條本通左轉，店面位於右側，距離旭川站600公尺 北海道旭川市三條通7丁目左5 0166-22-3220 11:30-14:30、16:30-22:30 週三(時有變更) hokkaido.letsgojp.com/archives/527514/

西元2023年迎接**創業85年**、是一家深受當地居民喜愛的老店。除了**使用當季新鮮食材**且能感受到職人手藝和堅持的生魚片、壽司、天婦羅外，還能吃到北海道炸雞、奶油馬鈴薯等北海道獨有的美食料理，因此非常受觀光客喜愛。其中又以海膽製作高湯的「海膽涮涮鍋」可謂極致美味，總是有許多饕客為了此道料理，不遠千里慕名而來。

除此之外，亦提供創意洋風、和食焗烤等小朋友也能享用的料理，還有許多在古早傳統中加入創新挑戰的菜式，等你來品嚐。距離JR旭川車站步行僅約7分鐘即可抵達，巨大的招牌辨識度極高。擁有高級感的外觀，餐廳共有4層樓，1樓為吧台座位、2樓是能全家同樂的榻榻米座位、3樓及4樓為團體宴會空間，店家會依照來訪客人的用餐目的精心安排座位。

還有價格划算份量十足的午餐特餐也深受好評，只需1,500日圓起，CP值爆表。天金的料理中，會席料理「美麗會席」(3,500日圓)會依照季節不同更換菜單與擺盤，尤其令人從裡到外均能感受到季節更替，不僅滿足味蕾，連眼睛也能大飽眼福，盡享美食雙重饗宴。亦備有中文、英文菜單，讓您能輕鬆點餐。

網址

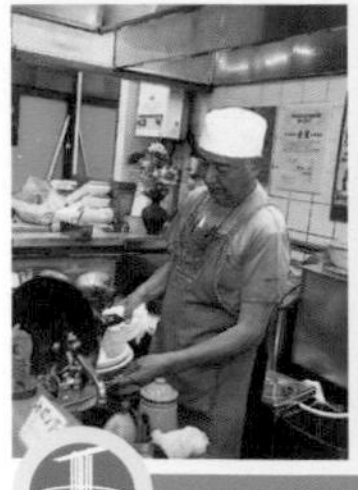

旭川拉麵 青葉 本店

提起老字號旭川拉麵，絕不能少了這一味！

旭川らぅめん青葉

別冊P.22,E3　JR旭川駅徒步6分　旭川市2条通8丁目 2条ビル名店街　0166-23-2820　9：30～14：00、15:00~19:30　休週三　正油らぅめん(醬油拉麵)¥750　www5b.biglobe.ne.jp/~aoba1948

青葉拉麵是旭川當地的老字號名店，尤其**以一款傳承75年以上、口味不變的醬油湯頭為傲**。以豬骨、雞胸骨、利尻昆布及各種蔬菜慢火燉煮的湯頭，沒有使用任何化學調味料，卻創造出油質豐富卻淡香爽口的絕妙滋味，與特別訂製的麵條也相當配搭。

Pâtisserie Salon d'or

おすすめ 薦

甜蜜的蛋糕如寶石般閃耀著動人光澤，也可嚐嚐可麗露、水果塔、鹹派或各色餅乾。

別冊P.22,E3　JR旭川駅徒步約4分　旭川市1条通7丁目 A.s.h B1　0166-26-6601　11:30~18:00　休週二　蒙布朗(パリパリモンブラン)¥410　salondor.jp

店主金美華小姐自大學時代至今，從不間斷對法式甜點的熱愛與學習，於巴黎藍帶廚藝學校東京分校畢業後即赴巴黎修習，回國後仍孜孜不倦地精進手藝，不僅到日本的料理研究家門下學習，還會不時飛到日本及世界各地，為的就是要製作出最甜美的頂級甜點。**店內每天約販售30~45種甜點與餅乾**，在餅乾與蛋糕飄香的幸福氛圍中，享用店主帶著滿滿心意製作的精緻甜點，每一口都是滿足。

不斷創新與改良的糕點，是店主對自己我的要求，也是給顧客的心意。

炸豬排井泉 2条店

おすすめ 薦

傳承90多年滋味的炸豬排，在炸得酥脆的麵衣內包覆著多汁豬肉，淋上特調醬汁更是美味。

とんかつ井泉 2条店

別冊P.22,E3　JR旭川駅出站後，徒步約7分　旭川市2条通7丁目　0120-10-6622　11:00~15:00(L.O.14:30)、17:00~21:00(L.O.20:30)　とんかつ定食(炸豬排套餐)中¥1,590、ヒレかつ定食(炸菲力豬排套餐)¥2,310　有指定停車場，消費滿¥2,000可享1小時免費　www.tonkatu-isen.com

酥脆的豬排征服了旭川人，也讓無數遊客為之傾倒。

井泉為**旭川知名的炸豬排專門店**，用餐時間總是座無虛席的店內，不但有能縱覽烹調過程的吧台區，也有和風感的小型包廂，同時擁有熱鬧活力以及隱蔽安靜的用餐空間。這裡的招牌為炸豬排套餐，但若喜歡吃瘦肉的話，推薦可以點炸菲力豬排套餐，厚切的肉排裹上薄薄的麵包粉，現炸酥脆外衣內的豬排鮮嫩多汁，淋上井泉的特製醬汁，酸甜滋味與清爽生菜調和了炸物的燥熱，美妙風味讓人大大滿足。

TREASURE

トレジャー

別冊P.22,E3　JR旭川駅徒步約6分　旭川市3条通7丁目(購物中心OKUNO 3F)　0166-24-5080　10:00~19:00　休依OKUNO而定

銀飾專賣店內滿是有型有款的各種銀飾，店主兼創作職人的入江恭弘，原本只是單純喜歡銀飾配件，因總是遍尋不著喜歡的樣式，而開設了這間店鋪，而後更自創TESORO、NOISE品牌，**全部作品以純銀手工打造，每件銀飾都是世上獨一無二**，不僅有適合男性配戴的酷炫粗獷戒指、項鍊，也有造型可愛的吊飾與感覺柔美的項鍊，喜歡銀飾的朋友絕對不能錯過。

Café Tirol

おすすめ 薦

Tirol氣氛輕鬆，品嚐咖啡之時，還能夠感受80年光陰沉澱出的厚重感。

珈琲亭ちろる

別冊P.22,E3 JR旭川駅徒步約8分 旭川市3条通8丁目左7 0166-26-7788 8:30~18:00 週日 咖啡¥600起、モーニングセット(早餐套餐)¥750 cafe-tirol.com

創立於昭和14年(1939年)的Tirol是**旭川最老的咖啡廳，曾在三浦綾子的名作《冰點》中登場**，歷經二代店主後曾短暫歇業，2011年9月由現在的店主接手。沿用紅磚牆外觀，第三代店主只稍微調整沙發、櫃台等室內擺設，保留下這塊老招牌大部分的原始樣貌，展現濃濃的歷史厚重感，自家烘培的咖啡分為淺、中、深三種烘培程度，帶有鮮明的果酸，就算冷掉也依舊美味。

豐厚的歷史讓咖啡更加美味。

三浦綾子的《冰點》

三浦綾子的長篇小說《冰點》不僅是她的處女作，也是知名度最高的作品。故事描述看似幸福的夫婦，因為女兒的死亡誘發丈夫對妻子報復，彼此互相欺瞞，讓一家人陷入痛苦之中，故事中的人性糾葛讓角色躍然紙上，因此即使已問世超過半世紀，仍舊是不朽的名著。出身旭川的作者將故事背景設在故鄉，也吸引許多人前來尋訪書中場景。

元祖 旭川拉麵 一藏 旭川本店

元祖 旭川らーめん 一蔵

別冊P.22,E3 JR旭川駅徒步約10分 旭川市3条通7丁目(山田ビル1F) 0166-24-8887 11:00~翌日4:00 不定休 正油らーめん(醬油拉麵)¥800、みそらーめん(味噌拉麵)¥850、一蔵らーめん(一藏拉麵)¥1,000 www.ichi-kura.co.jp

現在旭川當地最受歡迎的拉麵屋之一便是一藏，本店位於旭川最熱鬧的3·6街，即使身處超過1,000間飲食店林立的區域，其美味依然從激烈的競爭中脫穎而出。一藏拉麵的**湯頭選用豬大骨及大量青菜熬煮長達12個小時以上**，成就出鮮美的滋味，加上**100%使用北海道小麥所製成的麵**，口感極佳的麵條還能夠嚐到小麥純粹原味，難怪成為人氣沸騰的旭川拉麵名店。

館外的「外國樹種見本林」就是小說《冰點》的場景。

三浦綾子紀念文學館

三浦綾子記念文学館

別冊P.21,D5 從JR旭川駅前15號乘車處搭乘旭川電氣軌道巴士12號，20號乘車處搭乘巴士80·81號；或在11號乘車處搭乘道北巴士39·40·43·45·443號巴士，約15分至「神楽4条8丁目」、「神楽農協前」站下車徒步5分，¥200 旭川市神楽7-8-2-15 0166-69-2626 9:00~17:00(入館至16:30) 10~5月的週一(遇假日順延)、12月28日~1月5日 大人¥700、高中大學生¥300、中小學生¥100 30個 www.hyouten.com

以小說《冰點》躍身知名作家的三浦綾子女士出身旭川，人生中大部分的時光均在旭川孜孜不輟地創作，因此紀念館也選在旭川成立。館內明亮而充足的陽光，呼應著「陽光、愛與生命」的信念，並完整地介紹作家的人生歷程、作品原稿以及日常生活的情景，紀念館商店裡則可以找到三浦綾子的所有作品。

Gallery梅鳳堂

おすすめ 薦

能輕鬆進入的藝廊，店內創作者的手工作品琳瑯滿目，各色可愛小物更是讓人愛不釋手。

ギャラリー梅鳳堂

別冊P.22,E3 JR旭川駅徒歩約5分 旭川市3条通8丁目(買物公園) 0166-23-4082 10:00~18:00 休週二、年末年始、不定休 www.baihodo.co.jp

創立於1943年的梅鳳堂是交通極為方便的藝廊，**一樓販售以旭川為主的日本創作者工藝作品**，作工精細的陶器、布製品、繪畫……每一件都是傾注職人魂的精心之作，其中也有梅鳳堂的獨創商品，趣味性、獨創性與實用性兼具的生活用品，讓藝術融合在日常生活中。梅鳳堂的二樓為展場，不定時更換畫作、陶器等展示內容，每次來都能有不同的新鮮發現，一旁的空間則為裱框畫工房，無論是現場購買的畫作、想保存的書信或書本，都可以請店家裱框，好好地紀念收藏。

店內商品每一件都是職人手做，精巧的技藝讓人讚嘆。

L'HOTEL de KITAKURABU 本店

ロテル・ド・北倶楽部

別冊P.22,E1外 JR旭川駅徒歩約20分 旭川市上常盤1 0166-24-1725 7:30~18:00 $完熟林檎のパイ(完熟蘋果派) 5入¥755、メモリアルリング(Memorial Ring)¥1,296 P10個 www.robakashitsukasa.co.jp/kitakurabu

與旭川名店「The Sun藏人」屬同公司、不同品牌的L' HOTEL de KITAKURABU，開業於1989年，以北歐飯店為雛形，打造出漂浮著高級感的優雅空間，店內除了可買到藏生等定番銘菓外，還有許多蛋糕甜點可以選購。在眾多菓子中，店家最**推薦的便是完熟蘋果派，使用日本北限地區栽培的頂級蘋果**，蘋果香氣與微酸的滋味非常順口，另外，外表有層糖衣的香甜Memorial Ring年輪蛋糕、擠入細緻卡士達醬的Taisetsu(たいせつ)蛋糕等也大受好評。

5.7小路Furari-to

5.7小路ふらりーと

別冊P.22,E2 JR旭川駅徒歩約10分 旭川市5条通7丁目右6~7 依店家而異，大多從下午開始營業 休依店家而異 P有 furari-to.net

「5.7小路Furari-to」是位在買物公園轉角的一條小巷，大正年間是熱鬧的中央市場所在，戰後也曾作為歡樂街而興盛。如今**這條巷弄聚集了18間飲食店**，包括旭川知名的拉麵店「蜂屋」，本店就位在此處，還有以新子燒聞名的串烤店「ぎんねこ」或是充滿和風情致的料理店「旅 (HATAGO)」，都是晚餐或宵夜的熱門店家。

小巷裡還有一張地圖，不僅可以了解各家店的類型，連店主的肖像也在上面呢。

Ginneko

店面雖小，卻更能感受日式居酒屋的熱鬧氛圍。

おすすめ 薦

昭和25年(1950年)創業，不僅新子燒厲害，串烤類也是每一樣都好吃。

焼き鳥屋ぎんねこ

5・7小路ふらりーと 0166-22-4604 13:00~22:00(L.O.21:30) 休週一 $新子燒(若鶏の半身)¥1,380 P可使用5.7小路的收費停車場 www.ginneko.co.jp

Ginneko是當地名店，專賣各式燒烤肉串。掀開布簾，小小的室內坐滿了客人，氣氛熱烈輕鬆，店家**最為出名的「新子燒(新子焼き)」**其實就是烤雞，選用六週大的溫體道產雞，豪邁地一分為二，經過30分鐘細心燒烤，便可以大快朵頤了。軟嫩的雞肉有著撲鼻炭火香，加上秘傳的鹹甜醬汁更是對味，不愧是傳承超過70年的老店。

自由軒

別冊P.22,E2 JR旭川駅西口徒歩約10分 旭川市五条通8丁目左2 0166-23-8686 11:30~14:00、17:00~21:00 週日 塩やき(鹽炒豬肉)¥1,330、五郎セット(五郎套餐)¥1,180~1,730 guknak.jimdofree.com/

日劇《孤獨的美食家》2016年正月特別篇中，主人公五郎來到旭川出差，順道在自由軒享用午餐，店家因此大大出名。其實自由軒是創業於1949年的在地名店，**名物草鞋燒肉(わらじ焼肉)有著濃郁滋味，超大份量更讓人大呼滿足**，人氣第一的鹽炒豬肉則能品嚐豬肉的純粹美味，略帶厚度的肉片迸出肉汁，淋上醬汁更有一番滋味。因為五郎造訪，還推出了螃蟹天婦羅加上炸花魚的「五郎套餐」，成為朝聖必吃定食。

跟著五郎吃美食

《孤獨的美食家(孤独のグルメ)》是由久住昌之創作、谷口治郎作畫的漫畫，自1994年起連載2年，後來在週刊《SPA!》上復活，內容描繪主角井之頭五郎趁著出差時一個人到處吃吃喝喝。劇情簡單、單行本更只有2冊，能如此長紅當然不能忘了同名日劇的效應，演員松重豊演活了主角，五郎滿足的表情及內心的激昂獨白都讓料理更加美味，也誘得觀眾跟著四處嚐鮮。

SUNUSU

スヌス

店主精選各項實用與設計感兼備的好物，喜歡簡約風格的話千萬別錯過。

別冊P.22,E1 JR旭川駅徒歩約13分 旭川市7条8丁目左2 0166-27-7000 雜貨、咖啡11:00~19:00(L.O.18:30) 週三 柚子綠茶¥500 sunusu.com

外觀清爽的SUNUSU是旭川的知名店家，一樓為雜貨店，販售的商品以北歐雜貨為主，**大多是店主實際到北歐尋找、帶回的生活器具**，因此不少都是僅此有售或是數量有限的品項，簡約可愛的杯子以外，鍋碗瓢盆也不可少，還有充滿設計感的燈具、精巧的門把等小物，光是挑選的過程就讓人倍感開心。逛完雜貨可別忘了到二樓的咖啡廳，深深淺淺的木頭色澤加上簡約的燈具、杯盤，讓室內充滿溫馨氛圍，不論是獨自前來或是與三五好友悠閒度過，都非常適合。

HOTEL CRESCENT旭川

ホテル クレッセント旭川

別冊P.22,E2 JR旭川駅徒歩約7分 旭川市5条通8丁目緑橋通り 0166-27-1111 附早餐方案，兩人一室每人約¥6,000起 12個，1晚¥800 www.hotel-cr.com

©旭川市經濟觀光部觀光課

從旭川車站只需徒步7分鐘即可到達的HOTEL CRESCENT旭川，**距離3・6街、買物公園都十分接近**，便利的絕佳地點，受到出外洽公者及自助旅行者的歡迎。而高樓層住房，白天能遠眺起伏的大雪山山巒，夜晚則能俯瞰點點燈光，徹底放鬆身心。

成吉思汗 大黑屋 五丁目分店

おすすめ 薦

炭火、蔬菜、肉品與醬汁都是店家嚴選，肉質軟嫩的羊肉帶點炭香且毫無羊騷味，蔬菜則無限量供應。

別冊P.22,D3 JR旭川駅徒步約11分 旭川市4条通5丁目3・4仲通 0166-24-2424 17:00~22:00、週末及例假日16:00~22:00，7~8月16:00~23:00。(L.O.閉店前30分鐘) 不定休 生ラム成吉思汗(生羔羊成吉思汗)¥800、ハーブラム(香草羔羊)¥800 P8個 www.daikoku-jgs.com

來到北海道千萬別錯過成吉思汗，來到旭川則千萬別錯過大黒屋的成吉思汗。創業於2002年的大黑屋於2010年開設了這間分店，兩間店的成立時間都不算長，但卻都獲得極高的評價，**沒有羊騷味的新鮮肉品以自家醬料調味，還有深受女性歡迎、用岩鹽與香草醃製的香草羊肉**，每一道約為兩人份，在炭火上燒烤散發陣陣香氣，再點個北海道產蔬菜、泡菜與爽口沙拉轉換口味，搭配上啤酒更是暢快過癮。

旭川之行除了拉麵不可錯過，大黑屋也是不能不吃的絕品烤肉！

福吉咖啡 旭橋本店

おすすめ 薦

FUKUYOSHI Café

老屋改造加上美味餐飲，讓福吉咖啡成為午茶新選擇之外，也躋身文青必訪去處。

別冊P.22,E1 JR旭川駅徒步約18分，可在旭川駅巴士總站5號乘車處搭車約8分，在「常盤公園」站下車 旭川市常盤通2丁目1970-1 0166-85-6014 10:00~18:00 福吉らて(Fukuyoshi Latte)¥580、トキワ焼き¥300起 www.fukuyoshicafe.com

福吉咖啡開業不久就成為人氣店家，不僅**改造自老建築的店鋪吸引目光，餐飲更是受歡迎**。招牌「Fukuyoshi Latte」名為拿鐵，其實是抹茶、牛奶、紅豆組成的和風飲品，均勻攪拌後，喝得到現磨抹茶的香氣、美瑛紅豆恰好的甜味，再以牛乳調和，滋味溫和。Tokiwa-yaki則是以旭橋形狀為概念的點心，外皮有著可頌的口感，內裡則是紅豆、巧克力、奶油等香甜內餡，酥脆滋味搭上一杯拿鐵真是再合適不過。

抹茶拿鐵層次分明的色彩讓人高呼可愛。

拉麵蜂屋 五条創業店

ラーメンの蜂屋

別冊P.22,E2 JR旭川駅徒步約10分 旭川市5条通7丁目右6 0166-22-3343 10:30~19:50(L.O) 週四、12月31日~1月1日 しょうゆうラーメン(醬油拉麵)¥800 P6個

已有約75年歷史的老字號旭川拉麵店蜂屋，第一代**以豬骨與竹莢魚慢火燉熬的獨特高湯**，打破拉麵湯頭界中「魚介系」和「動物系」的派系之爭而闖下名號。看似重口味的招牌醬油拉麵，除了香濃不膩外，湯頭後段還有獨特的炭燒香味。麵條則選用細而緊實的小加水麵，更能吸取湯汁美味。

老屋再生 舊北島製粉所

福吉咖啡的建築是建於大正14年(1925年)的舊北島製粉所，這棟2層樓的歷史建築頗有學問，左右兩側的石牆可看到身兼防火及裝飾功能的構造，正面兩端柱子則有著類似古希臘神殿的柱式，偏偏主屋又是木造的日式建築，和洋融合的樣式十分有趣。舊北島製粉所附近一帶是老街所在地，不遠處的常盤公園則是旭川藝術文化據點，公園內不僅有上川神社、旭川美術館、中央圖書館，還有許多戶外雕刻作品，藝術氣息濃厚，最適合愜意逛逛。

旭川市科學館

旭川市科学館サイパル

別冊P.21,D4 從JR旭川駅前的「旭川電氣軌道巴士」27號巴士站牌搭「[82]南高行」或是「[84]ひじり野1の1行」的巴士，在「科學館前」站下車徒步約5分 旭川市宮前1条3-3-32 0166-31-3186 9:30~17:00(入館至16:30) 週一(遇假日順延)、年末年始、不定休 常設展大人¥410，高中生¥280，中學生以下免費。依參觀場館、單次或單日等不同而異，請事先至官網確認 www.city.asahikawa.hokkaido.jp/science/

旭川市科學館雖然只是市級的科學館，卻有不少獨到設施。**除了一天4場的天象儀展演，介紹旭川當日的星空、天文現象外，還有宇宙、地球、北國這四個常設展區**，北國區裡以影像、地圖模型重現冰河期海面變化及動物的遷移，還有零下30度的低溫實驗室，能夠觀察雪的結晶、鑽石塵的形成等實驗，最教人期待的要屬宇宙區，不僅可以體驗太空人訓練設施，穿上特殊裝置還能體驗在月球彈跳的引力，十分有趣。

©旭川市觀光課

©星野集團

OMO7旭川 by 星野集團

OMO7旭川 by 星野リゾート

別冊P.22,F2 JR旭川駅徒步約13分 旭川市6条通9丁目 050-3134-8095 1泊1室20,000日幣起(含稅/不含餐食) 67個，1晚¥1,000 omo-hotels.com/asahikawa/

星野集團2018年於交通便利的旭川市、開設的城市型精品飯店。**公共空間大量的木質調，一進飯店就感到舒適放鬆**；不同的房間分別以明亮的馬卡龍色系呈現，更配合觀光聖地「旭山動物園」，新設計了以明星動物北極白熊為主題的房間，不只是牆上掛了巨大的北極熊家族壁畫，床上、桌上、電視上都擺了可愛的白熊玩偶，一走進房裡就能感受到滿滿的療癒。

男山酒造資料館

別冊P.21,D1外 JR旭川駅開車約15分；或於JR旭川駅前12號乘車處搭乘道北巴士81號，或從JR旭川駅步行至「1条8丁目」站18號乘車搭乘70・71・630・667・669號，約20分至「永山2条6丁目」站下車徒步2分，車資¥330 旭川市永山2条7-1-33 0166-47-7080 9:00~17:00 12月31日~1月3日 免費參觀 50個 www.otokoyama.com

承繼340年「男山」招牌的男山酒造，擁有「古今第一名酒」的稱號，**在日本和國際的評鑑中也得到不少金賞評價**。在酒造資料館裡可以看到江戶時代的造酒器具、男山的歷史以及酒藏最珍貴的泉水源頭，每年冬天釀酒期間，還能看到實際釀酒的工作樣貌。當然，酒藏也有最吸引人的免費(部分收費)試飲和酒藏限定銘品，尤其每年2月新酒季節，更是吸引許多酒迷前來一品當季新酒並參觀酒藏。

旭川拉麵村

あさひかわ ラーメン村

別冊P.21,D1 搭乘石北本線至「JR南永山駅」下車徒步7分 旭川市永山11条4-119-48 0166-48-2153 11:00~20:00 依各店而異 150個 www.ramenmura.com

距離男山酒造資料館和旭川動物園不遠的旭川拉麵村，一口氣**集合了旭川當地的8家知名拉麵店**，包括青葉、山頭火、梅光軒等老字號通通入列，各家詮釋的旭川拉麵各有千秋，可以邊吃邊比較。至於哪家店最好吃呢？不妨挑選用餐時間前往，看看哪家排隊排得最長吧！

老字號名店齊聚，要吃哪一家才令人最困擾。

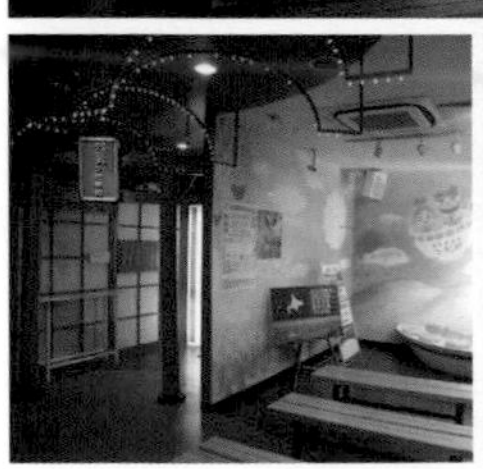

旭川拉麵的秘密

北海道三大拉麵分別是札幌味噌拉麵、函館鹽味拉麵和旭川的醬油拉麵。旭川拉麵的湯頭大多是用豚骨為基底，再加入昆布、小魚等海鮮材料，打破一般動物系和魚介系湯頭的區分，靠長時間熬出紮實鮮美的好味道。

旭川拉麵另有兩個重要特徵，一是因為地處嚴寒，這裡發明了在零下30度都不會出現浮油的特殊配方，同時，一般麵裡的油脂也算是較多的，目的是為了維持湯頭溫度。第二則是選用小加水麵，顧名思義，在製麵時加入了較少的水，不同之處在於比一般拉麵麵條更能吸收湯汁。

北之嵐山

おすすめ 薦

宛如京都嵐山的世外桃源中，散落著幾間職人工房、藝廊與咖啡廳，充滿著藝術氣息。

別冊P.22,B2 JR旭川駅開車約15分；或從JR旭川駅前14號乘車處(西武A館前)搭乘旭川電氣軌道巴士3・33號，約20分至「北邦野草園入口」站下車，車資￥220 旭川市旭岡1、2 0166-52-9387(北の嵐山観光連絡協議会事務局) 依店家而異 www.kitanoarashiyama.com

位於鬧區近郊的北之嵐山是丘陵上一處安靜的住宅區，由於近處自然美景環繞，在明治40年代起開始有陶藝家在此聚集，發展到今日，已是**各種手作工房、雜貨店、茶道庵和咖啡館錯落的區域**，擁有自成一格的閒適氣息。除了工房小店外，**附近的北邦野草園和嵐山瞭望台都是可以親近自然的地方**，相關訊息可以在嵐山遊客中心(嵐山ビジターセンター)取得。

大雪窯

別冊P.22,B2 巴士「北邦野草園入口」站徒步約4分 旭川市旭岡2-9-10 0166-51-1972 9:30~17:00 休年末年始、不定休 陶藝體驗¥2,500起/1人(需預約) 20個 taisetsugama.com

大雪窯的第一代窯主板東陶光，是最早進駐北之嵐山的藝術家之一，現在這北之**嵐山歷史最悠久的窯元**，則由二代和三代父子一同傳承創作。大雪窯的特色，在於對北海道自然的溫柔描繪，代表作品中，雪結晶和美瑛丘陵都成了杯盤上凝結的生活風景。

淳工房

別冊P.22,B2 巴士「北邦野草園入口」站徒步約4分 旭川市旭岡2-8-1 0166-53-8512 10:00~18:00 休4~11月，12~3月的週日 10個 juncobo.sakura.ne.jp

玻璃工房淳工房在北之嵐山已超過30載，最特別的就是**將旭川木工與玻璃結合的「木GLASS」**，玻璃製酒杯、花器，搭配木製基座，展現出溫潤的手作質感，有著木製小狐狸走過的霧面玻璃燈，讓人想像起北國的美麗大地。除了「木GLASS」之外，淳工房也展示其他色彩繽紛的玻璃作品，並有玻璃手作體驗(需預約)。

CRAFT BROWN BOX

別冊P.22,B2 巴士「北邦野草園入口」站徒步約6分 旭川市旭岡1-21-8 0166-50-3388 10:00~日落 休1~2月的週日 10個 brownbox.lib.net brownbox.jp/

清水模造的雙層建築充滿現代感，裡頭展示著**以旭川為中心的木工職人們的創作作品**。由於早年旭川是木材轉運的集散地，家具和木工技術隨之發展，也成為日本國內木工職人的朝聖地。BROWN CRAFT的角色是藝廊，也是傳遞創作者想法與客人心意的橋樑，裡頭的木製小物原創性高、巧思獨具，能看出不同設計者的個人風格，店貓「專務」也會在店裡巡視、和客人打招呼喔！

Tea&Cakes Chamomile

Tea&Cakesカモミール

別冊P.22,B1 巴士「北邦野草園入口」站徒步約8分 旭川市旭岡1-18 0166-54-2116 11:00~18:00 休週一、二(如遇例假日營業)、冬季1~3月

推開溪畔咖啡館Tea&Cakes Chamomile的木門，映入眼簾的是藤編及布製的可愛雜貨，以及撲鼻的手工麵包香氣。小小的店內只坐得下10人，暖黃燈光和笑容滿面的女主人，將**木質色調的空間襯托得更加溫馨而令人放鬆**。提供的餐飲為手工蛋糕、麵包、沙拉和飲品的組合，雖然簡單，但都相當美味。

獨酌 三四郎

おすすめ 薦

日劇《孤獨的美食家》也曾介紹過，在古民家懷舊風情的小店內享用各項居酒屋美食。

独酌 三四郎

別冊P.22,D3 JR旭川駅徒步約10分 旭川市2条通5丁目左7 0166-22-6751 17:00~22:00(L.O.21:30) 週日及例假日、年末年始，不定休 新子やき(新子燒)¥950

獨酌 三四郎創立於1946年，門簾裡有著挑高天井和巨大熊手(用來招喚商業繁盛的吉祥物)，建築間充滿昭和懷舊氣氛。擁有日本酒認證的美人老闆娘，擅長為料理搭配口感多樣的日本酒，店內招牌料理如《孤獨的美食家》中介紹的新子燒(炭火烤嫩雞)、燉煮內臟、海鮮拼盤和沙拉等，則全是**在地傳統的居酒屋料理，老師傅的手藝讓味道扎實而完整地美妙呈現。**

The Sun藏人 本店

おすすめ 薦

在古色古香的石造建築中，販售著細緻甜蜜的美味甜點，並大方地提供試吃。

The Sun蔵人

別冊P.21,D5 JR神楽岡駅徒步約10分；或從JR旭川駅前27號乘車處搭乘旭川電氣軌道巴士82、84號，約10分至「神楽岡8の1」站下車徒步5分，1天約20班 旭川市神楽岡8-1 0120-30-3961 8:30~18:00、週末及例假日8:00~18:00 藏生¥810 /6入 60個 www.robakashitsukasa.co.jp/index.php 在旭川駅也有分店

在旭川的神樂岡、綠丘地區有條延伸30公里的懸鈴木道，夏日茂密枝葉形成天然的綠色隧道，美麗景象為其贏得「旭川浪漫街道(ロマンチック街道)」的暱稱。街道上佇立多間**歐風建物，甜點名店**——The Sun藏人正是其中一間，石造倉庫利用約3,000個美瑛軟石重建，以現代工法保存明治時代的外觀，一樓販售各式銘菓，包裹生巧克力的藏生越嚼越香，豐穰藏則塞入滿滿紅豆餡與口感絕佳的整顆白腎豆，二樓則是可俯視全店的咖啡廳，點個本店限定的冰涼泡芙，細緻的口感與淡淡的香甜，吃完後仍感到意猶未盡。

Craft館

おすすめ 薦

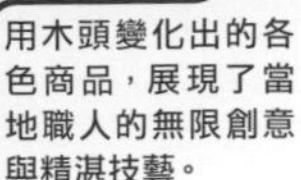

用木頭變化出的各色商品，展現了當地職人的無限創意與精湛技藝。

クラフト館

別冊P.21,E2 JR旭川駅東口的6號乘車處搭乘開往旭山動物園的旭川電氣軌道巴士，約11分至「豊岡13条5丁目」站下車往巴士行駛方向徒步即達，1天約15班 旭川市豊岡13条5-4-4，2F 0166-35-5600 10:00~18:00 週二、年末年始 15個 www.craftkan.com

旭川過去設有許多木製品工廠，為了培訓相關技術人員，當地開設了多間學校與科系，因而造就了現在旭川當地木製品職人人才濟濟、木造產業發達的盛況，也因此能在這裡**以平實的價格買到精美的木藝品**，而Craft館正是集結這些技術純熟木工藝品的賣店。Craft館內展示約2,000件作品，木製品的溫暖質感在一刀一刻的雕琢與無限創意下，變化成餐具、雜貨、飾品、兒童玩具以至五子棋，每一項創作都別具特色與韻味，送禮自用都十分合宜。

café good life

別冊P.24,D1 旭川動物園開車約5分、旭川市內開車約20分；或從JR旭川駅搭至桜岡駅，車程約25分，出站後徒步約20分 旭川市東旭川町東桜岡52-2 0166-36-7722 11:00~18:00(L.O.17:30) 週二、三 套餐¥1,300起、蛋糕組合¥1,000 60個 www.acacia-pl.com/

café good life的建築是大正時期的舊屋解體後移建改造而成，溫潤質樸中可以見到主人滿滿的創意，不論巨大樑柱上手工打造的獨木舟、裝飾圖騰或運用建築廢材做成的各種手工藝品都很有趣。店裡的**莓果果醬、手工蛋糕、現烤麵包等都是主人親手製作**，搭配精選紅茶和手磨咖啡都十分對味。咖啡店隔間是演奏廳，**除了各種形式的音樂表演，還不時有極地冒險家或山岳導遊的座談會**，和大家交流旅行與生活體驗。

東川町·旭岳

ひがしかわちょう·あさひだけ

Higashikawa·Mt. Asahidake

北海道中央的大雪山國家公園範圍遼闊，其中，西南面的旭岳為北海道的最高峰，在雪融之後的春季，可以從山麓纜車站通往不同的攀登路線，吸引眾多登山客前來拜訪。在旭岳山腳下，有處藝術家與咖啡廳聚集的小鎮——東川町，這裡有著不輸美瑛的田園風光，從燦爛的油菜花、初穗的稻田，到開滿細白小花的蕎麥，東川町四季悠閒的景色讓人迷戀不已，因此，許多藝術家都選擇在東川町落腳，尋找他們的桃花源。

道之驛東川「道草館」

道の駅ひがしかわ「道草館」

別冊P.23,C2 巴士「ひがしかわ道草館」站下車徒步即達 東川町東町1-1-15 0166-68-4777 9:00~18:00、10-3月9:00~17:00 休12月31日~1月4日 P55個 www.hokkaido-michinoeki.jp/michinoeki/2668/

位在大雪山國立公園玄關處的道草館，是**來到東川町、天人峽時必先造訪的旅遊資訊與物產中心**，館內提供詳細的手繪地圖與店家介紹小卡，還有工作人員**提供旅遊諮詢服務**，按圖索驥即可前往心儀的店家，十分便利。此外，架上擺滿的各種當地商品同樣也不容錯過，集結了東川町內的工藝家藝術品、美味麵包、新鮮蔬果與調味料，另外還有展示攝影師們所捐贈的約300台相機，其中還有已停產的珍貴相機與鏡頭。

交通路線&出站資訊

巴士

前往東川町

★旭川駅前【5號乘車處】◇搭乘旭川電氣軌道巴士「[67]東川·東神楽循環線」、[76]東神楽·東川循環線，約40分至「ひがしかわ道草館」站下車，車資¥580，1天約22班

★旭川駅前【9號乘車處】◇搭乘旭川電氣軌道巴士[66]出湯號(いで湯号)至「ひがしかわ道草館」站下車，從旭川駅車資¥750，1天4班；也可從旭川機場搭車，車資¥340

◎旭川電氣軌道巴士

0166-23-3355

www.asahikawa-denkikidou.jp

前往旭岳

★旭川電氣軌道巴士「[66]出湯號(いで湯号)」◇旭川駅前【9號乘車處】、旭川機場、巴士「ひがしかわ道草館」站搭乘巴士「出湯號」，至「旭岳温泉入口」站或「旭岳」站下車，從旭川駅出發約1小時30分，車資¥1,450；旭川機場出發約50分，車資¥1,020；巴士「ひがしかわ道草館」站出發約40分，車資¥890。1天4班

開車

前往東川町◇從旭山動物園開車約25分、JR美瑛駅開車約35分

前往天人峽◇從旭岳開車約40分、從東川町開車約55分、從JR旭川駅開車約1小時

出站便利通

◎旭岳温泉街上的主要巴士站為「旭岳温泉入口」站與「旭岳」站，西側的「旭岳温泉入口」站徒步到東側的「旭岳」站約15分鐘，旭岳萬世閣Deer Valley、湯元 湧駒莊、LA VISTA大雪山靠近西側，大雪山白樺莊約在中間位置，旭岳萬世閣Bearmonte、旭岳遊客中心(旭岳ビジターセンター)與纜車則在「旭岳」站一側

觀光案內所

旭岳遊客中心

東川町勇駒別 旭岳温泉

0166-97-2153

9:00~17:00

休12月31日~1月5日

鈴木工房

おすすめ 薦

可愛動物造型的木製工藝品，觸感滑潤，質感溫醇，讓人一看就愛上。

別冊P.23,D1 巴士「ひがしかわ道草館」站開車約10分 東川町東2号北7線 0166-82-4025 9:00~17:00、11~4月10:00~17:00 休 不定休 $製作體驗¥800起(最晚需於1週前預約) P5個 www.suzuki-kobo.com

鈴木工房以造型可愛的木製藝品為主要作品，其中最具代表的，就屬那一隻隻手感圓潤溫暖的小小動物們，以旭岳當地的鼠兔、花栗鼠、鼯鼠、黑啄木鳥、鵪鴿等野生小動物為造型，各個都用心地將所有尖角磨平，並打磨得圓滑順手，不但適合幼兒賞玩，同樣也讓大人愛不釋手。時間充裕的話，還**可以預約木工體驗**，約短短的1~1.5小時便可親手鑽磨可愛的鑰匙圈、端盤或小鬧鐘，為旅途增添美好回憶。

花一點點時間，就可以做出獨一無二的紀念品。

附設的咖啡廳與麵包坊裡，可以吃到以自然酵母、道產麵粉以及自然海鹽製作的麵包。

北之住設計社 東川SHOWROOM

おすすめ 薦

蘊藏設計巧思、機能美感與職人精湛技藝的家具值得一賞，附設咖啡廳環境優雅、餐點精緻。

北の住まい設計社 東川ショールーム

別冊P.23,D1 巴士「道草館前」站開車約25分 東川町東7号北7線 0166-82-4556 展示工房10:00~18:00；麵包店・食品館10:00~18:00，咖啡廳11:00~17:00(飲料及甜點L.O.16:30、餐點L.O.14:00) 休 週三、12月28日~1月1日 P50個 www.kitanosumaisekkeisha.com

位在「工藝街道(クラフト街道)」深處的北之住設計社，是家十分有名的家具設計公司，在東川町的展示工房裡陳列了許多以木材為主要素材的家具及雜貨，充滿大自然的馨香，**以「使用一輩子、傳承後世的道具」為創作理念**，每件家具皆由北海道職人們一刀一鑿、傾注心血精心製作而成，簡單的設計中隱含貼心的巧思，堅實耐用可以家傳三代，創造出自然愛物的環保理念。

理創夢工房

◎別冊P.23,C1 ◎巴士「道草館前」站開車約17分 ◎東川町1号北44 ◎0166-82-4386 ◎11:00~18:00 ◎不定休、年末年始 ◎陶藝體驗(盤子)¥2,000(需預約，全程約2小時，一次2人以上) ◎10個

理創夢工房為**生活陶藝品的創作工房**，陶藝家滝本宣博從東川町的田園生活點滴中獲取靈感，以「最適合北海道生活的陶藝」為創作宗旨，大多**以食器等生活用品為主**，其中融合了藍、白、粉紅顏色的色彩斑斕杯子十分獨特，在白黏土中揉入色黏土，一個個手作杯子色彩獨一無二，展現了高超的技藝。此外，這裡所有的創作皆可用於微波爐及洗碗機，既可欣賞又非常實用。

旭岳溫泉

◎別冊P.23,B3 ◎JR旭川駅前9號乘車處、旭川機場、道草館搭乘旭川電氣軌道巴士[66]出湯號，至「旭岳溫泉入口」站、「旭岳」站，車程分別約1小時30分、50分及40分 ◎東川町旭岳溫泉

位於大雪山脈西側的旭岳溫泉，和層雲峽溫泉一樣是進出大雪山的登山口。**從溫泉街就可搭乘旭岳纜車上山**，因此許多登山客都選擇留宿於此，在夏季高山花開、紅葉和滑雪的季節尤其熱鬧。溫泉街本身有10家左右的溫泉旅館，從高級的溫泉飯店到便宜舒適的青年旅館都有，可以自由選擇。

旭岳・姿見之池環形步道

旭岳・姿見之池環形步道

◎別冊P.23,C3 ◎巴士「旭岳」站下車即達大雪山旭岳纜車山麓駅，搭纜車約10分鐘到標高1,600公尺的姿見駅，出站徒步便可抵達山頂的環形步道 ◎纜車約6:30~17:30(依季節而異) ◎6月~10月20日來回國中生以上¥3,200、小孩¥1,600，10月21日~5月來回國中生以上¥2,200、小孩¥1,500 ◎150個，營業時間內停車1日1次¥500，11~5月免費 ◎asahidake.hokkaido.jp/ja/(大雪山旭岳纜車) ◎天候不佳時可能臨時停駛

旭岳標高2,291公尺，是「北海道屋脊」——大雪山山脈的主峰，附近一帶都屬於大雪山國家公園的範圍。如此美麗的高山，卻有**纜車可以直達1,600公尺之處**，讓不擅爬山者也能一窺高山之美。從纜車的姿見駅下車後，可以從這裡攻頂旭岳或是挑戰其他登山路線，一般旅客則至少會選擇在下車後繞著姿見之池環形步道步行一周，全程大約1小時。若從這裡攀登旭岳單程約需2.5~3小時，山間氣溫常有驟降的可能，因此需做足準備再行登山。

旭岳萬世閣Bearmonte

旭岳万世閣ホテルベアモンテ

◎別冊P.23,B3 ◎巴士「旭岳」站徒步約4分 ◎東川町旭岳溫泉 ◎0166-97-2325 ◎一泊二食，雙人房每人約¥8,720起，入湯稅另計 ◎80個 ◎www.bearmonte.jp

旭岳萬世閣Bearmonte位於海拔1,100公尺的大雪山國立公園內，徒步到大雪山旭岳纜車只需3分鐘，是**距離纜車最近的飯店**。館內乾淨新穎的設施給來者舒適愉悅的住宿享受，107間客房分為和式、洋式與特別室，窗外望去便是壯觀的全覽山景，十分過癮。飯店美食與溫泉也絕不能錯過，餐廳STELLA MONTE的餐點採自助式，和洋結合的料理擺滿桌面，每一道都是以道產食材精心製作的結晶；全天然的溫泉大浴場分為木浴場與石浴場，冬天於白雪紛飛中、夏日則在蟲鳴鳥叫聲中悠閒入浴，好不愜意。

層雲峽

そううんきょう

Sounkyo

北海道中央的大雪山國家公園範圍遼闊，旭岳和層雲峽都落在其範圍之內。其中層雲峽在北，以綿延壯闊的峽谷地形聞名，沿著國道39號，可以一路欣賞斷崖節理的四季獨特風情，並順道拜訪黑岳、大函等景點，夜晚則落腳於大雪山黑岳山麓下的層雲峽溫泉，品味雄偉自然風光中的頂級泡湯享受。

交通路線&出站資訊

巴士

道北巴士「層雲峽・上川線」➩從JR旭川駅前【8號乘車處】或上川駅前搭乘道北巴士「層雲峽・上川線」至終點「層雲峽」站，前者約2小時、車資￥2,140，後者約30分、車資￥890

◎道北巴士

☏0165-85-3321(層雲峽)、0166-23-4161(旭川)

www.dohokubus.com

North Liner(ノースライナー)➩從JR帯広駅北口的巴士總站【5號乘車處】搭乘道北巴士、十勝巴士等共營的「North Liner(ノースライナー)」(經三國峠)，約2小時至「層雲 」站下車即達，單程￥2,500，需預約

冬季限定「札幌→層雲峽号」➩由道東(ひがし北海道)廣域官方組織聯合推出的北海道周遊巴士，冬季限定運行(約1月下旬~3月初)，從札幌市內特定飯店出發，經旭川抵達層雲峽溫泉區的飯店，大人￥6,000，11歲以下￥4,800，需預約

easthokkaido.com/sightseeingbus/tw

觀光旅遊攻略

賞楓➩層雲峽除了擁有斷崖加上節理的獨特楓紅景觀外，層雲峽溫泉附近的黑岳也是著名的賞楓景點

祭典➩每年1月下旬至3月中旬會舉辦冰瀑祭，冰瀑形成的巨大洞穴配合燈光，十分夢幻。每年7月的最後一個週末則是層雲峽峽谷火祭，火光與祭祀舞蹈為這裡帶來神秘而充滿熱力的祭典氣息

層雲峽遊客中心

層雲峡ビジターセンター

別冊P.23,B5 位於層雲峽溫泉區內，巴士「層雲峽」站徒步約5分 上川町層雲峡 ☏0165-89-4400 8:00~17:30、11~5月9:00~17:00 休11~5月的週一(遇假日順延)、12月31日~1月5日 sounkyovc.net

位在黑岳纜車站旁的木造建築層雲峽遊客中心，**提供豐富的大雪山國立公園資訊**，內部以動畫或照片說明的方式，介紹大雪山區域裡的動植物生態、地形和推薦步道，不定時會舉辦各種自然相關的講座，另外，也提供公園範圍內最新的季節情報。

層雲峽冰瀑祭

每年1月下旬至3月下旬的層雲峽，都會在冰封的石狩川河谷裡建出巨大的冰雪城，有冰柱支撐的冰晶隧道、冰雪神社和展示冰雕作品的冰屋，也有雪上溜滑梯和甜甜圈可玩。到了夜晚，還會費心打上各色燈光，充滿夢幻色彩，每逢週六日還有約15分鐘的煙火表演。

巴士「層雲峽」站徒步5分 上川町層雲峡溫泉 特設会場 約1月下旬~3月中旬17:00~21:30 $自然保護協力金￥500 P200個 sounkyo.net/hyoubaku/

如童話世界般的巨大冰雪之城。

黑岳纜車

別冊P.23,B5 位於層雲峽溫泉區內，巴士「層雲峽」站徒步約5分 上川町層雲峽 0165-85-3031 至5合目的空中纜車約6:00~18:00，至7合目的吊椅纜車約6:30~17:30，依季節調整，詳情請查詢網站 空中纜車(ロープウェイ)來回大人¥2,400、小學生¥1,200，吊椅纜車(ペアリフト)來回大人¥800、小學生¥400 P60個 www.rinyu.co.jp/kurodake/

黑岳標高1,984公尺，**透過空中纜車和吊椅式纜車的兩段轉乘，可以從層雲峽溫泉一路抵達1,520公尺高的7合目**，由此向上至山頂大約只需1.5小時，是大雪山群峰裡最容易抵達的高山之一。黑岳山頂春夏有高山植物可以欣賞，**秋天紅葉絕景是最美的季節**，11月中旬到5月初則會成為天然的黑岳滑雪場。如果對攻頂沒興趣，搭乘纜車的過程本身就能俯瞰樹海和石狩川溪谷，景色壯觀。

纜車終點的5合目附近也有木棧步道，可以繞行賞景。

©大雪山層雲峽・黑岳ロープウェイ

層雲峽溫泉

別冊P.23,A5 JR旭川駅前3號乘車處搭乘道北巴士「層雲峡・上川線」，約2小時至終點「層雲峡」站下車即達，車資¥2,140 上川町層雲峡 0165-82-1811(層雲峽觀光協會) www.sounkyo.net

發現於1857年的層雲峽溫泉，是前往大雪山地區登山客喜愛的住宿點之一，也是區域內最具規模的溫泉地。近年來開發的大型溫泉飯店和湯元民宿等沿著溪谷或山邊而建，林林總總約有15間以上，大部分都擁有能欣賞溪谷美景或山林斷崖的露天風呂，溫泉街上也種滿美麗的花朵，相當愜意。溫泉鄉位置在層雲峽中段，**能步行前往黑岳纜車站**，再搭乘纜車前往黑岳山腹。

Hotel大雪

ホテル大雪

別冊P.23,B5 層雲峡溫泉區內 上川町層雲峡 0120-123-717、0165-85-3211 一泊二食，兩人一室每人約￥7,050起 P100個 www.hotel-taisetsu.com

©ホテル大雪

清晨是享受露天風呂的最佳時刻，可以欣賞清早濛濛的風景。

位於層雲峽溫泉高地上的Hotel大雪是**可以容納1,100人的大型溫泉飯店**，擁有3個溫泉浴場，其中2個為露天溫泉，尤其位於溪谷間的天華之湯，在清晨甚至還能看到狐狸呢！溫泉旅館的餐廳、紀念品店和娛樂等各類設施完備，另外在旅館內還設有特別樓層「雪花」和「雪螢(雪ほたる)」，可以享受更加寬敞舒適的住宿空間與細膩服務。

大雪 森之花園

大雪 森のガーデン

以地產牛乳製成的濃郁冰淇淋。

別冊P.23,A5外 JR上川駅計程車約15分，或車站旁有免費接駁巴士6~9月、每日4班次 上川町菊水841-8 大雪高原旭ヶ丘 0165-82-4655 4月下旬~10月上旬，9:00~17:00(依季節而異)。開園後的前20日左右，花園區域免費開放 休賣店及咖啡冬季休業 大人¥800、中學生以下免費。與旭川(上野農場)共通券¥1,600；與上野農場、富良野(風之庭園)共通券¥2,300 P有 www.daisetsu-asahigaoka.jp

座落在大雪高原旭丘中的「大雪 森之花園」，不僅擁有大片花園，還有適合一家大小居住的別墅旅宿。種滿700種花草的「森之花園」分為5個主題區，大雪山系的特有植物，或是展現季節色彩的四季花卉，每一處都是富含巧思的設計庭園，園內還有賣店以及咖啡，能夠品嚐到以上川町牛乳製成的義式冰淇淋，以及北國地產的精緻創作料理，最重要的是**能夠近距離欣賞大雪山連峰的姿態**，讓人沉浸在北國的大片美景之中。

層雲峽

別冊P.23,A5～B5 層雲峽溫泉街開車約5分、徒步約30分 上川町層雲峽 0165-82-1811(層雲峽觀光協會) 自由參觀 www.sounkyo.net 小函步道禁止通行

連綿不絕的廣大峽谷氣勢壯麗，四季景色更是讓人難忘。

層雲峽指的是沿著上川町到大函，大約24公里左右的綿延峽谷，也是大雪山國立公園的一部分。一路上，**石狩川奔流於峽谷深處，地形奇詭、岩壁聳立，飛瀑和絕壁交替出現**，形成壯麗的地質景觀，沿途映入眼簾的岩壁絕景地，也都擁有萬景壁、雙岩或白蛇瀑布等命名。層雲峽**最有名是在秋天楓紅時分**，翩翩紅葉和危崖絕壁的景象別有天地，而夏日高山花朵和水芭蕉盛開，冬日則有積雪斷崖和冰瀑的特殊風景，可說四季皆有可看之處。

大函

別冊P.23,B5 層雲峽溫泉街往南過新大函隧道左轉即達，開車約15分 上川町層雲峽大函 自由參觀 P20個

說到層雲峽的斷崖絕景，大函可是被喻為最美麗的景點之一。在層雲峽西北約6公里處的大函是狹谷的最終點，有著**面積寬廣、節理鮮明的巨大岩壁**，岩壁底下則是一路流經峽谷的石狩川。除了可以近距離觀看自然的鬼斧神工，這裡也備有停車場、簡單的物產中心和廁所，可以在此稍事停留。

銀河瀑布・流星瀑布

銀河の滝・流星の滝

鬼斧神工的天然美景也入選日本百大瀑布。

別冊P.23,B5 層雲峽溫泉街開車約5分 上川町層雲峽 P150個

層雲峽高大的斷崖上不時有細長的瀑布出現，其中最有名的就屬流星瀑布和銀河瀑布了。這兩座孿生瀑布可以從停車場近距離欣賞，但**最佳的觀賞位置還是停車場稍走20分的觀景台「雙瀑台」**，能從較好的角度一次欣賞到兩座瀑布。右側較為粗矮、氣勢磅礴的瀑布，就是別稱為「男瀑(男滝)」的流星瀑布，左側的銀河瀑布則為女瀑，因細膩纖長、宛如白色緞帶般的優雅姿態而著名，高度約有120公尺。這兩座瀑布沿著巨大斷面「不動岩」的左右分流而下，雖然以夏天襯上懸崖綠樹的風景著稱，冬天瀑布冰封後又是另一番情調。

秋日賞早楓，夏天前往則有高山植物可欣賞。

おすすめ 薦

銀泉台

別冊P.23,B6 層雲峽溫泉街開車約50分；7~9月可從「層雲峡」巴士站搭乘開往銀泉台的道北巴士，約1小時至「銀泉台」站下車即達，車資￥900，1天2班 上川町層雲峽 P90個 銀泉台可以前往的時間只有夏秋兩季，另外紅葉季節有交通管制，須由層雲峽溫泉或大雪LAKESIDE(大雪レイクサイト)臨時停車場等處轉搭接駁車進入，可至當地索取當年的詳細資訊

每年9月中旬開始，從銀泉台就能欣賞到全日本最早的紅葉。

銀泉台是攀登另一座大雪山峰赤岳的入口，在銀泉台標高1,507公尺的登山入口前，就能開始望見由墨綠色針葉林和鮮紅、艷黃等各色樹木交織成的秋日即景，由此攀登2,078公尺的赤岳需要正式的登山裝備，來回約需6小時，如果想要輕鬆欣賞紅葉美景，可以沿著同一段登山道路至第一花園折返，來回約1個多小時。

美瑛

びえい

Biei

說到美瑛，就想到了美麗起伏的「拼布之路」及「超廣角之路」。丘陵起伏的田園景色隨著四季變幻，晚春的新綠、夏天的白色馬鈴薯花、秋天麥穗成熟的金黃和冬天一片無止盡的銀白雪原，北國四季之詩，在此上演。

四季の情報館

別冊P.24,B6　JR美瑛駅徒步約2分　美瑛町本町1-2-14　0166-92-4378　6～9月8:30~19:00，5、10月8:30~18:00，11~4月8:30~17:00　休12月31日~1月5日　biei-hokkaido.jp

無論是想詢問觀光資訊、小憩一下，還是想採買紀念品，來到這裡一次就能滿足你多種渴望。一進入四季情報館便會被色彩明亮的商品所吸引，鮮艷的手作小物、風景明信片等，每樣商品都十分吸睛，再往裡面走則是**休憩場所和旅遊諮詢處**，還可在這裡欣賞到美瑛風景的3D影像介紹，以及小型的攝影作品展覽。拿份地圖研究路線，再向工作人員確認旅遊情報，這就開啟順利的美瑛之旅！

交通路線&出站資訊

電車

JR北美瑛駅◇富良野線
JR美瑛駅◇富良野線
JR美馬牛駅◇富良野線

巴士

富良野巴士「薰衣草號(ラベンダー号)」

「薰衣草號」從旭川駅前【9號乘車處】發車，行經旭川機場、美瑛駅、富良野駅等處，從旭川駅、旭川機場、富良野駅搭至美瑛駅下車，分別約50分、16分及44分，1天8班

◎富良野巴士

0167-23-3131

www.furanobus.jp

出站便利通

◎一般遊客搭乘的巴士不是停靠在美瑛駅前，而是在車站前迴轉道旁UNO商店南側的道路上，在阿部百貨店旁的旭川信用金庫前可搭乘開往白金溫泉的巴士；欲前往旭川者，則在對面的「ホシ山崎薬局」前搭車

◎欲徒步前往美瑛駅北方的美瑛選果等處，可利用車站旁的連絡天橋

觀光旅遊攻略

入住旅館◇在美瑛、富良野，住進民宿或是當地的特別旅館，盡情享受這裡淳樸的自然風景和悠閒的生活步調是最適合的旅行方式

交通考量◇如果開車，行程的自由度自然會提高，但即使依賴大眾交通工具，還是能找出合適的玩法。因為公共交通不太方便，民宿大多有提供車站接送服務，不少民宿也願意開車或特別設計行程給住客。另外在非旺季時，循環的定期巴士和JR車站外的自行車出租也很方便。對腳力有自信的話，也可以步行順遊景點，只是一天應該只走得完拼布之路或超廣角之路其中一條

租借單車◇美瑛丘陵坡地起伏甚大，選擇租借自行車時必須衡量體力，即使是電動腳踏車也需要注意其蓄電時間。兩條路線都騎的話大約需要8~9小時，建議選擇其中一條路線，慢騎慢逛。另外，冬天時無法騎自行車，因此只能選擇其他交通方式

❶美瑛駅、美馬牛駅附近有多家租車店，價格大約是普通自行車1小時¥200、電動腳踏車1小時¥600、MTB(登山車)1小時¥400，其中寺島商會及瀧川Cycle(滝川サイクル)可租借摩托車

實用巴士路線

★道北巴士「白金線」◇從美瑛駅搭乘道北巴士「[39]白金線」、「[42]美瑛・白金線」可前往青池及白金溫泉，至青池約20分、¥540，至白金溫泉約35分、¥650，1天4~5班

★美遊巴士(View Bus)◇美遊巴士(美遊バス)是季節限定的觀光遊覽巴士，美瑛在夏天有多條路線可供選擇，像是可遊覽三愛之丘(車窗)、拓真館、四季彩之丘、新榮之丘(車窗)的行程等。需要事先預約，最新資訊請查詢下列網址

半日遊大人¥3,000起、小學生¥1,500起

www.biei-hokkaido.jp/ja/bus_ticket/

★觀光周遊巴士「美瑛號・富良野號」(観光周遊バスびえい号・ふらの号)◇由富良野巴士營運，需事先預約，若有空位亦可當天購票。夏天行駛，從富良野出發可選擇美瑛號、富良野號，遊覽雲霄飛車之路(車窗)、Flower Land上富良野與後藤純男美術館，冬季時也可能會推出雪物語路線，詳見官網

美瑛號大人¥5,500、小孩半價(含入場費)，富良野號大人¥4,950、小孩半價

www.furanobus.jp

★觀光列車「富良野・美瑛慢車號」(富良野・美瑛ノロッコ号)◇從旭川出發，以觀光為主、行駛在薰衣草盛開的美瑛～富良野區間，尤其遇到美景時還會放慢速度，讓人悠閒賞景。停留站有美瑛、美馬牛、上富良野、ラベンダー畑、中富良野、富良野這幾站，每日4班次，僅第一班及最後一班有串連旭川，車資¥300~(依搭乘區間計價)。行駛期間6月中~8月下旬(部分日期不行駛，請上網確認)。

www.jrhokkaido.co.jp/travel/furanobiei/

拼布之路 おすすめ 薦

パッチワークの路

別冊P.26,A1～B2 美瑛町 0166-92-4378(美瑛町觀光協會)

當地農民種植的作物隨著地形起伏，大片金黃、翠綠等色彩拼成了巨幅畫作，在晨霧未散時更顯夢幻。

位於美瑛駅西北方的拼布之路是**眾多廣告的取景地**，可以JR美瑛駅為起點與終點，瀏覽亞斗夢之丘、Ken & Mery之木、Seven Star之木、親子之木、Mild Seven之丘、北西之丘展望公園的景致。此路線全長22.7公里，因為都是起伏的丘陵地，不包含吃飯時間的話慢慢步行至少需5小時，騎自行車則約需4小時。

蜿蜒路上的美瑛名景等著旅人造訪。

亞斗夢之丘

ぜるぶの丘

別冊P.26,C1 JR美瑛駅開車約6分、徒步約32分 美瑛町大三 0166-92-3160 自由參觀，花季為5~10月 120個 biei.selfip.com

沿著國道237號的丘陵上種植著美麗的花圃，夏天也有浪漫薰衣草田，這裡就是亞斗夢之丘。越過恣意綻放的花朵，遠方就是十勝岳和旭岳，視野相當遼闊。這裡除了能沿著丘陵賞花散步之外，也有騎乘越野車或冬季雪上摩托車的體驗。

Ken & Mery之木

ケンとメリーの木

別冊P.26,B1 亞斗夢之丘開車約5分、徒步約18分；JR美瑛駅騎自行車(上坡)約30分 美瑛町大久保 自由參觀(請勿踏入農地) 50個

「Ken & Mery之木」為白楊木，高聳的樹型矗立於丘陵上，搭襯四方低矮的田園而有著獨特的氣氛。1972年(昭和47年)**被日產汽車作為廣告的拍攝地**之後，有了這名稱的由來，美瑛之美也是自此開始受到注目。

Seven Star之木

セブンスターの木

別冊P.26,A1 Ken & Mery之木開車約12分、徒步約47分；親子之木騎自行車約10分 美瑛町北瑛 自由參觀(請勿踏入農地) P20個

Seven Star之木，因其圖像在1976年時**成為香煙Seven Star的外盒包裝而得名**，也是拼布之路上另一個廣告名景。在丘陵的頂端，葉片寬大的槲樹在田邊伸展枝葉，青綠樹影映照著背後碧藍如洗的晴空，展現出蓬勃的生命力。

平原上的落葉松林早已成為美瑛的代表風情之一。

Mild Seven之丘

おすすめ 薦

マイルドセブンの丘

別冊P.26,A2 親子之木開車約18分、騎自行車約50分 美瑛町字美田 自由參觀(請勿踏入農地)

Mild Seven之丘前方有著大片田野，曲線平緩的丘陵上，落葉松林沿著天際線靜靜生長，形成一幅渾然天成的絕美剪影，也成為1977年時，**Mild Seven香煙廣告的拍攝場景**。

佇立於小丘上的防風林，無論是在夏季盎然綠意或冬季無垠雪白的映襯中，都散發著悠然自適的氣氛。

親子の木

別冊P.26,B1 Seven Star之木開車約6分、騎自行車約10分、徒步約17分 美瑛町夕張 自由參觀(請勿踏入農地)

佇立在平緩丘陵上兩大一小的三棵柏木，就像爸爸媽媽的中間帶著小孩子一般，因此有了「親子之木」的名字。以四季變幻的綿延田野作為前景，相依偎的三棵樹不論冬夏都令人感到溫馨。

北西の丘展望公園

別冊P.26,B2 Mild Seven之丘開車約18分、騎自行車約30分；JR美瑛駅開車約9分、騎自行車約30分 美瑛町大久保協生 0166-92-4445 自由參觀 P30個

以雪白金字塔型展望台為代表的北西之丘展望公園面積共有5公頃，園內種植著**薰衣草、向日葵和大波斯菊**等花卉，展望台上則能俯瞰美瑛的田園丘陵以及遠方大雪山山脈的景致。

超廣角之路

おすすめ 薦

パノラマロード

別冊P.26,A4～C5 美瑛町 0166-92-4378(美瑛町觀光協會)

山丘小鎮之美，就在那起起伏伏、彎曲蔓延的豐富色彩間，一幕幕的絕美景色讓人流連忘返。

美瑛駅南面的超廣角之路一如其名，**擁有許多可以眺望美瑛起伏地景的良好地點，可以感受美瑛「山丘小鎮(丘の町)」的稜線之美**。一樣由美瑛駅為起點，可前往新榮之丘展望公園、美馬牛小學、四季彩之丘、攝影師前田真三的拓真館、千代田之丘展望台、三愛之丘再回到美瑛駅，全長23.6公里，步行約需6小時，騎乘自行車則需5小時。另外，知名的紅屋頂之丘以及聖誕樹之木也在這一帶，遊覽時不妨順道前去造訪吧！

新栄の丘展望公園

別冊P.26,B4 JR美瑛駅開車約13分、騎自行車約45分 美瑛町新栄 自由參觀 P30個

在新榮之丘展望公園，能夠欣賞超廣角之路的全景以及遠處的旭岳與十勝岳連峰。**公園四周有典型的美瑛田園景致，賞夕陽號稱日本第一**，夏天時還有薰衣草、向日葵、罌粟花等輪番綻放，廁所和商店等設施也相當完備。

美馬牛小学校

別冊P.26,B5 新榮之丘展望公園開車約11分、徒步約45分，拓真館騎自行車約20分 美瑛町美馬牛市街地 校外自由參觀

位於鄉間的迷你小學，有著形狀優美的白色鐘塔，**時常出現在以美瑛為攝影主題的知名攝影家前田真三的作品中**，而成為超廣角之路上的景點之一。尤其在薄暮時分，尖塔襯著淡金漸層的天空十分動人。

怒放的花朵為不同時節增添色彩。

四季彩の丘

おすすめ 薦

別冊P.26,B5 美馬牛小學開車約5分、徒步約15分，拓真館騎自行車約30分 美瑛町新星第三 0166-95-2758 1~4月9:10~17:00，5月·10月8:40~17:00，6~9月8:40~17:30，11~12月9:10~16:30，羊駝牧場至至閉園前30分 休 餐廳11~3月週三 $7~9月成人¥500、中小學生¥300。羊駝牧場入場費¥500、中小學生¥300 P100個 www.shikisainooka.jp

欣賞完氣勢十足的大片繽紛花海，一定要去拜訪一下毛絨絨的呆萌草泥馬。

這裡的花季約落在4月下旬~10月下旬，超廣角的燦爛花田上，**種植著薰衣草、向日葵、百合等30多種類的花卉**。不同花朵依季節綻放，延伸至地平線的五彩花毯也十分迷人。園內的賣店、餐廳、廁所都很完備， 到花開季節總有大批遊客造訪，一旁的**羊駝牧場(アルパカ牧場)也是不可錯過的景點**。

拓真館

別冊P.26,B5 四季彩之丘開車約8分、騎自行車約30分 美瑛町拓進 0166-92-3355 9:00~17:00(11月~1月．4月10:00~16:00) 週三，1月下旬~4月中旬 免費 80個 www.takushinkan.shop/ 館內禁止攝影

美瑛之所以開始廣為人知，是因為攝影師前田先生所拍攝的「山丘小鎮美瑛(丘のまち美瑛)」，攝影師的寫真美術館拓真館，也選擇開在令他流連的丘陵景色中。利用廢棄小學改建的雪白建築運用空間，讓光線明亮灑落室內，前田真三和兒子前田晃的攝影作品就在美瑛的一角，繼續訴說那一年，在鏡頭前流轉的當下感動。

三愛の丘展望公園

別冊P.26,B4 千代田之丘展望台開車約10分、徒步約35分，JR美瑛駅開車約16分、徒步約55分 美瑛町三愛 自由參觀 8個

三愛之丘展望公園望向東北方是雄壯的大雪山十勝丘連峰，天氣好時西南方可以看見美馬牛小學，以美瑛田園當作前景，風景美麗。**公園內也有散步道**，初夏時分不妨在這裡走走，尋找可愛的鈴蘭花蹤影。

千代田之丘展望台

千代田の丘見晴台

別冊P.26,C5 拓真館開車約6分、徒步約50分 美瑛町春日台4221 0166-92-1718(牧場餐廳千代田) 展望台自由參觀9:00~17:00，餐廳11:00~20:00(依季節變動) 餐廳休12月31日~1月3日 10個 fureai-sc.org/about/hill/

位在千代田牧場內的**千代田之丘，設有視野極佳的展望台**，前方可看到千代田餐廳(ファームレストラン千代田)、水澤水庫，後方則可眺望綠色屋簷的美馬牛小學，田野景色一覽無遺。鄰近的牧場餐廳千代田，選用自家養殖的美瑛牛、東川町產的米等食材，鄉村風格的美味料理深受當地居民與觀光客喜愛。

觀光禮儀！請勿踐踏私有農地

哲學之木是超廣角之路上的人氣景點，因生長在私有農地上，只能遠遠眺望，不過有些遊客為了靠近拍照而闖入，農作物遭到踐踏破壞，讓地主不堪其擾，再加上樹木年邁而變得脆弱，地主最終在2016年2月24日以重機械推倒樹木，哲學之木就此走入歷史。在超廣角之路與拼布之路上，農地遭到踐踏的事件層出不窮，為了不讓辛苦的農民遭受損失，請勿踩進私有地，讓美麗的景色能長久保存。

Hotel Lavenir

ホテル ラヴニール

別冊P.24,B5 JR美瑛駅徒步約3分 美瑛町本町1-9-21 0166-92-5555 供早餐，兩人一室每人約¥8,000起 30個 www.biei-lavenir.com

以法文的「未來」為名的這家Hotel Lavenir飯店，就位在美瑛駅的旁邊，不但**交通位置方便，也提供平價而實惠的住宿**，光線明亮的飯店餐廳還擁有舒服的室外座席。住宿附贈的早餐，是以美瑛地產食材為中心料理而成，美味可口。

洋食與cafe 純平

洋食とcafeじゅんぺい

別冊P.24,C6 JR美瑛駅徒步約12分 美瑛町本町4-4-10 0166-92-1028 11:00~15:00、17:00~19:30 週一 ジュンドッグ(JUN DOG)¥429、海老丼(炸蝦蓋飯)¥1,210起 18個 biei-junpei.com

在美瑛當地幾乎無人不知無人不曉的純平，店內的招牌料理首推炸蝦蓋飯，新鮮蝦子裹上自家製的麵包粉下鍋油炸，炸油使用豬油加植物油增添香氣，起鍋後淋上熬煮三日的特製醬汁，滋味更是絕倫。另外，菜單上的**店家自創JUN DOG，現在已成為美瑛、旭川當地的知名B級美食**，現點現做的熱呼呼飯糰，也可以外帶邊逛邊吃。

美瑛咖哩烏龍麵
美瑛カレーうどん

烏龍麵選用美瑛產的「香麥」麵粉製作，麵、肉片與時蔬、咖哩湯分別裝在不同的碗內，採沾麵的方式來品嚐，滑溜的烏龍麵沾附濃郁的咖哩，在口中咀嚼時香氣四散、麵條彈牙，絕對能滿足饕客的胃。除了沾麵之外，現在還推出了焗烤咖哩烏龍麵，光想像的就讓人食指大動。

道之驛丘之藏(道の駅丘のくら)、KOERU等5處 www.bieicurry.com

不論是建築還是料理，都洋溢著滿滿鄉村風情。

caferest樹木的好朋友

caferest木のいいなかま

別冊P.24,D7 JR美瑛駅徒步約30分、騎自行車約20分、開車約5分 美瑛町丸山2-5-21 0166-92-2008 11:30 ~15:00 (L .O.14:30)、17:00~20:30(L.O.19:30) 週一(遇假日順延) 今月の野菜カレー(本月蔬菜咖哩)¥1,200 7個

「caferest 樹木的好朋友」原木搭建的餐廳前薰衣草盛開，還有鵝群悠閒走動，店內則以拼布與主人手製的燈花做裝飾，**充滿了鄉村風情**。來北海道逐夢的主人使用當日**摘採的新鮮蔬菜，製作充滿溫情的料理**，軟綿綿的烘蛋捲幾乎入口即化，樸實美味的馬鈴薯燉肉口味也很有家的味道。

貴妃花

別冊P.26,C3 JR美瑛駅徒步20分 美瑛町みどり 0166-92-0761 10:30~17:00 週三，11~2月休週三、日 10個 kihika.sakuraweb.com/kihika/

「貴妃花」坐落在美瑛的高處，是一家手製木工藝廊，裡面的每件家具、每幅色澤柔美的木頭鑲嵌畫，都是女主人貴妃子的老公脇坂拓摩的傑作。店裡的大窗彷彿巨大無比的畫框，把美瑛的田園遠山、晨昏四季都裝進裡頭，常令客人讚嘆不已。一幅幅獨一無二、**由不同質材與顏色木材拼貼的風景鑲嵌畫**就以這樣的景色為原點，載滿了美瑛藝術家的溫柔心意。

Blanc Rouge

ブラン・ルージュ

別冊P.26,B2 JR美瑛駅騎自行車約20分、開車約5分 美瑛町大村村山 0166-92-5820 11:00~17:00，7~8月11:00~19:30(16:30~17:30準備中，夏季預約制) 休週四(黃金週、盂蘭盆節期間無休)，11~4月不定休 ビーフシチュー(牛肉燉飯)單點¥1,100、套餐¥1,450起 P 45個 biei-blanc.sakura.ne.jp/sp/index.html

位在馬鈴薯之丘旁，樹林中的木屋Blanc Rouge是間氣氛溫暖的歐風料理餐廳，使用美瑛產的馬鈴薯、蔬菜、香料植物和起司等食材，烹調出新鮮而美味的料理，十分受到歡迎。

美馬牛liberty Youth Hostel

美馬牛リバティユースホステル

別冊P.26,B5 JR美馬牛駅徒步約3分 美瑛町美馬牛南1-1-24 0166-95-2141 住宿一晚(附早餐)每人¥4,700起 P7個 www.biei.org/liberty/

位在美馬牛駅後方的白色洋房「美馬牛liberty Youth Hostel(美馬牛liberty YH)」，興建於1990年，兩層樓高的木屋，來自於愛好旅遊的屋主白石等，旅館內洋溢著音樂聲，並且**捨棄電視機**，讓心靈可以多點空間容納美瑛的氣息。來到這裡，還可以參加美馬牛liberty YH與一旁「Guide山小屋(ガイドの山小屋)」推出的各式活動，想騎腳踏車的旅客也可在此租借。

拋開現代的紛擾，體會美瑛的純粹美好。

窗外的小麥丘絕景。

bi.blé

ビブレ

別冊P.26,B1 JR北美瑛駅開車約8分 美瑛町北瑛第2 北瑛小麦の丘(舊北瑛小學) 0166-92-8100 4~10月11:00~16:00(L.O.14:30)、17:30~21:30(L.O.19:30)，11、12月11:30~15:00(L.O.14:00)、17:30~21:00(L.O.19:00) 休1~3月休業，4~10月週二，11、12月休週一~四 午餐¥3,200起，晚餐¥8,500起 P有 bi-ble.jp/restaurant

bi.blé坐落於北瑛的山丘上，館舍分為**法式餐廳與麵包工房、旅宿、美瑛料理塾**。人氣午間套餐在餐桌上排開一席自然色彩，前菜拼盤「丘之高原(丘のプラトー)」有沙拉生菜、醃漬野菜、法式燉菜，佐以肝醬和汆燙櫻鱒；生雞蛋、帕馬森起司佐美瑛特有品種的蘆筍「Les Noble」，這種蘆筍末端微帶紫色，美瑛的日夜溫差讓蘆筍嚐來格外脆嫩，再搭上腓力牛排和馬鈴薯泥，更是絕配。

bi.blé的緣起

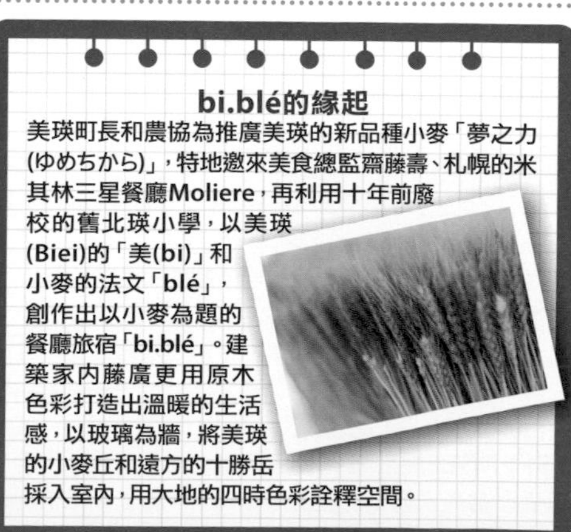

美瑛町長和農協為推廣美瑛的新品種小麥「夢之力(ゆめちから)」，特地邀來美食總監齋藤壽、札幌的米其林三星餐廳Moliere，再利用十年前廢校的舊北瑛小學，以美瑛(Biei)的「美(bi)」和小麥的法文「blé」，創作出以小麥為題的餐廳旅宿「bi.blé」。建築家內藤廣更用原木色彩打造出溫暖的生活感，以玻璃為牆，將美瑛的小麥丘和遠方的十勝岳採入室內，用大地的四時色彩詮釋空間。

Cafe de La Paix

カフェ ド ラペ

別冊P.26,D5　JR美瑛駅開車約15分；或從JR美瑛駅搭乘道北巴士「白金線」、「美瑛・白金線」至「美沢19線」站，下車後徒步8分　美瑛町美沢希望19線　0166-92-3489　10:00~18:00，晚餐為預約制　午餐約¥1,100起　休週四　10個　cafedelapaix-biei.com

白樺樹林間的小屋Cafe de la Paix有著森林才有的綠色光影，店內**提供顧客濃醇咖啡和歐陸家鄉菜**。主人花了近4年時光，親手搭蓋這間可愛的小木屋；旅法多年、擔任花藝老師的太太則負責裝飾店面與烹煮菜餚。咖啡店的位置有些難找，不過森林小屋的氣氛、溫馨服務和美食相當值得一訪。

彷彿童話故事中的小木屋。

美瑛選果 本店

おすすめ 薦

別冊P.24,A6　JR美瑛駅徒步約15分　美瑛町大町2　0166-92-4400　選果市場9:30~17:00(依季節變動)；選果工房10:00~18:00；小麥工房10:00 ~17:00(依季節變動)；ASPERGES 11:00~19:00(14:30~16:00為午茶)、(6~3月，14:30~17:00午休)　休選果工房、ASPERGES休週三，12月2日~3月　66個　bieisenka.jp

宛如當地美食的複合式樂園，推出的伴手禮、輕食、麵包與法式料理，讓所有來訪者的味蕾得到滿足。

從新鮮現採的美瑛蔬果、現做的輕食甜點，到以美瑛當季食材製作的法式餐飲，在這裡一次就可以全部滿足。美瑛選果分為4個區域，分別是美瑛市場、能外帶美味輕食的選果工房、以美瑛小麥製作麵包與脆餅(Rusk)的小麥工房，以及ASPERGES法式餐廳，其中**ASPERGES更是獲得了米其林一星的肯定**，無論是想要現嚐美瑛豐富物產的鮮甜滋味，或是想把這份感動打包回家，來這裡找就對了。

店家就位在前往白金溫泉的路途中。

步人

おすすめ 薦

別冊P.26,D5　JR美瑛駅開車約17分；或從JR美瑛駅搭乘道北巴士「白金線」、「美瑛・白金線」，約15分至「美沢24線」站下車即達　美瑛町美沢美生　0166-92-2953　10:00~18:00(L.O.16:00)　休週二和每月第2個週一，5、11月第2個週一開始連休5天，8月盂蘭盆節休3天，12月26日~1月　火腿＋香腸＋培根拼盤(附沙拉)¥820起　15個　www.hobbito.com

名稱來自托爾金筆下的哈比人，小巧可愛的建築、美食佳餚還有溫馨的家庭氣氛，跟書中哈比人的感覺如出一轍。

從1963年開幕至今已近60年歷史的步人是**純手工的肉製品店**，由店主岡田先生一家所悉心製作的香腸、培根、火腿等，完全無人工添加，憑著嚴選材料和職人手腕，自然原味好吃得令人心服口服。店內除了販賣部外也有附設餐廳，提供各種自製肉品的拼盤、手工優格和鄰近農家直送的新鮮果汁。

青池

おすすめ 薦

靜謐的景色中，那空靈的藍會隨著光影與季節不同，幻化出不同的顏色。

別冊P.25,D4 JR美瑛駅開車約25分；或搭乘道北巴士「白金線」、「美瑛・白金線」，約20分至「白金青い池入口」站下車徒步5分，¥540 美瑛町白金 0166-92-4378(美瑛町觀光協會) 自由參觀 100個

夢幻的青池並非天然生成，而是個美麗的偶然。1988年十勝岳噴發，為了防堵火山泥流流入，因而在美瑛川周邊修築數個堰堤阻擋，之後其中一個漸漸有水聚積，裡面的樹木也因而成了枯樹，形成現在所看到的景象。**倒映著雲彩的水面與池中枯木構成了一幅夢幻的景色**，隨著天氣與季節的變化，**池水的湛藍色彩還會有著微妙的變化**，而這奇妙色彩的形成原因至今還未解，也為青池更添神秘氣息。

青池・白鬚瀑布冬季點燈

美瑛白金地區的青池有著透澈的藍色，奇妙美麗的色彩讓人難忘，因而吸引無數人前來，除了一般白天的水天變幻，冬季時還有點燈活動，黑夜中點亮的燈光映照於池上，展露出與白日截然不同的神祕瑰麗，鄰近的白鬚瀑布也有點燈活動，冬日造訪時可別錯過了。

11~2月，白鬚瀑布點燈至4月底

©美瑛町観光協会提供

白鬚瀑布

白ひげの滝

別冊P.25,D4 JR美瑛駅開車約25分，或從美瑛駅搭乘往「国立大雪青年の家」的道北巴士「白金線」、「美瑛・白金線」約30分至「白金温泉」站下車徒步5分 上川郡美瑛町白金 0166-92-4378(美瑛町觀光協會) 可利用白金觀光案內所的公共停車場

位在青池上游的白鬚瀑布是**日本也頗為少見的潛流瀑布，從鐵橋BLUE RIVER這個最佳觀景點望去，山壁上有著流瀉而下的一道道水流**，原來是十勝岳連峰地下水從此處的岩層溢出，蜿蜒流入清澈的美瑛川中。冬天造訪時，黑色山壁為白雪覆蓋，不結冰的瀑布依舊流出，蒸騰的水蒸氣與樹冰、白雪構成一幅冬日美景。

©白金四季の森

白金四季之森PARK HILLS

白金四季の森ホテルパークヒルズ

別冊P.25,D4 JR美瑛駅開車約25分；或搭乘道北巴士「白金線」、「美瑛・白金線」，約30分至「白金温泉」站下車 美瑛町白金温泉 0166-94-3041 有各種不同的住宿方案，一泊二食每人約¥8,500起；入湯税每人¥150另計 120個 www.biei-hotelparkhills.com

©白金四季の森

位於山色悠靜的白金溫泉鄉，PARK HILLS不但擁有泉質極佳的露天溫泉，**冬天還可以在飯店後方的滑雪場玩雪**。房間除了日式和西式之外，也有3間小木屋可以選擇。餐飲的部分則提供以北海道食材為主的吃到飽。

H Potato Village美瑛馬鈴薯之丘

ポテトヴィレッジ 美瑛ポテトの丘

別冊P.26,B2 JR美瑛駅開車約6分，有提供往返旅館與美瑛駅的接送(需預約) 美瑛町大村村山 0166-92-3255 不含餐住宿方案，兩人一室每人約¥6,000起 20個 www.potatovillage.com

這間人氣頗旺的青年旅館位於美瑛駅不遠處，**英文流利的服務人員**可說是一大特色，省去了不少旅行的不便。美瑛馬鈴薯之丘擁有通舖以及和、洋房房型，另外也有獨立的小木屋「小馬鈴薯」可供選擇，餐點也十分美味。

旅宿簡單，但溫暖氣氛和接待都讓人大感窩心。

十勝岳

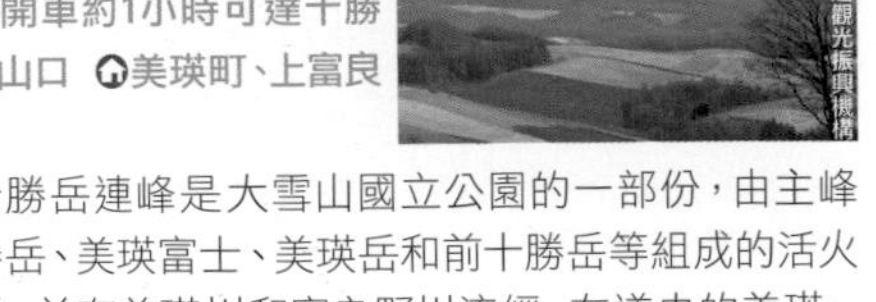

別冊P.25,D6外 JR美瑛駅開車約1小時可達十勝岳登山口 美瑛町、上富良野町

十勝岳連峰是大雪山國立公園的一部份，由主峰十勝岳、美瑛富士、美瑛岳和前十勝岳等組成的活火山群，並有美瑛川和富良野川流經，在道央的美瑛、富良野一帶旅遊，所見的雄大山群就是十勝岳連峰。

十勝岳連峰的主峰十勝岳，標高2,077公尺，屬於圓錐型的活火山，**山腰的十勝岳溫泉旅館群集，位於十勝岳的登山入口，山麓還有白金溫泉以及吹上溫泉**；9月下旬紅葉時節的十勝岳，在呈現紅色的山壁襯托下，更是美不勝收。

放慢腳步，感受美瑛大地的悠然美景。

おすすめ 薦

H Adagio緩・慢

オーベルジュ アダージョ

來自台灣的民宿品牌，可享受親切優質的服務與極上的住宿體驗。

別冊P.26,B4 JR美瑛駅開車約10分，亦可事先預約至車站接送 美瑛町みどりアダージオ 0166-92-5513、0971-56-6188(台灣客服) 平日附早餐，每人約¥6,000 有 www.theadagio.com.tw

位於美瑛的緩·慢民宿，是**台灣品牌薰衣草森林所經營的海外民宿**。對薰衣草森林而言，民宿不只是品牌的第一個海外駐點，也有著以富良野花田為鄰、回歸夢想原點的意義。住客從1天的短暫停留到20天長住都有，管家們尤其建議至少停留兩天的時間，能更深入探訪東川町等周邊景點。晚上回到民宿，你可以走出門外，看看晴朗星空的銀河，或是佔領二樓的起居間，在溫暖燈光下挑本喜愛的書閱讀，在這裡的悠閒緩慢時光是那麼地豐富而美妙。

工藝館旁是由中村夫妻經營的別墅型民宿。

繪織之丘工藝館

織の丘工芸館

別冊P.26,D1 JR美瑛駅開車約10分、騎自行車約30分 美瑛町赤羽 0166-92-2234 10:00~17:00 休 週一 5個 www.biei.com/japanese/eori

帶點紐澳風情的美麗紅磚建築，是中村先生和太太花了18年的時間親手打造的藝廊兼咖啡館。屋內的編織作品均出自中村太太之手，她運用白樺、山葡萄等當地草木作為天然染料，將美瑛的四季風光織成一幅幅色彩柔和的羊毛繪畫，充滿美瑛田園光影氤氳的淡彩之美。

上富良野·中富良野

かみふらの·なかふらの

Kamifurano·Nakafurano

薰衣草是富良野最重要的觀光資源，7月盛夏薰衣草花兒盛開，浪漫的紫色花毯遍山遍野，是富良野最美的時刻。現在全富良野地區共有10多家薰衣草觀光農園，常成為電視、電影與北海道宣傳海報的拍攝地。

交通路線&出站資訊

電車

JR上富良野駅→富良野線

JR中富良野駅→富良野線

JR西中駅→富良野線

JRラベンダー畑駅(薰衣草田站，臨時站)→富良野線

巴士

富良野巴士「薰衣草號(ラベンダー号)」→從旭川駅前【9號乘車處】、旭川機場搭乘富良野巴士「薰衣草號(ラベンダー号)」至「上富良野」、「中富良野」等站，前者出發約1小時15分~1小時30分、車資¥800，後者約35~50分、車資¥690，1天8班

◎富良野巴士

☎0167-23-3131

🌐www.furanobus.jp

出站便利通

◎夏天從臨時車站JR薰衣草田駅(ラベンダー畑駅)、JR上富良野駅可步行前往主要花田

Flower Land上富良野

フラワーランドかみふら

別冊P.27,C1 JR上富良野駅開車約10分 上富良野町西5線北27号 ☎0167-45-9480 約9:00~17:00(依季節而異)(花季6~9月) 休12月~2月 $免費入園，6~9月遊園車大人¥600、小學生¥400 P500個 www.flower-land.co.jp

以十勝岳為背景的Flower Land上富良野，擁有能眺望市區的良好視野，沿著山坡展開的廣大花田總面積達15公頃，從6月開始有魯冰花、薰衣草、罌粟、大理花、向日葵、瑪格麗特、波斯菊等花朵輪番綻放，還有**能夠體驗親手摘薰衣草**的薰衣草花田，以及押花等各種體驗。

深山峠

別冊P.26,A5 JR上富良野駅開車約10分；或從JR上富良野駅搭乘開往旭川的富良野巴士「薰衣草號」，約8分至「深山峠」站下車徒步即達 上富良野町西9線北34号 ☎0167-45-6810 $免費 P有

深山峠位於美瑛往富良野的國道237號路上，6月下旬即開始染上淡淡的紫色，到了**7月中旬至8月上旬時薰衣草和罌粟花齊綻，為最美的季節**，此時還可採摘薰衣草作紀念。而居高臨下的展望台，除可眺望整個丘陵景致，就連十勝連峰都一覽無遺。

日之出公園

日の出公園

別冊P.27,C1 JR上富良野駅徒步約15分、開車約5分 上富良野町東1線北27号 0167-39-4200 自由參觀 50個

每年到了夏天，日之出公園的山丘便會染上一片夢幻紫色，登上**山丘頂端的展望台，西側為薰衣草田，東側則為十勝岳連峰**，遼闊的視野及美麗的花海讓人深深著迷，而坐落於花海前的「愛之鐘」，更為這座山丘增添浪漫氣息。

FRONTIER FURANUI溫泉

フロンティア フラヌイ温泉

別冊P.27,C1 JR上富良野駅徒步約15~20分 上富良野町新町4-4-25 0167-45-9779 一泊二食，兩人一室每人約¥8,300起 80個 www.furanui.com

1990年開業的FRONTIER FURANUI溫泉，早已成為**當地民眾生活的一部分**，這裡的溫泉為碳酸泉源，**具有美肌、消除疲勞、放鬆身體的功效**，因此每天總是有許多當地人前來泡湯，跟著婆婆媽媽一起入浴，愉快地閒話家常、嘘寒問暖，瞬間便融入日本的日常生活之中。與日之出公園、後藤純男美術館鄰近的地理位置，也為這處純樸鄉鎮中的溫泉飯店加分不少，唯一較不方便的地方，就是房間內沒有衛浴，想要盥洗只能到房間外的公用區域去，卻也有種回到大學宿舍的奇妙感受，別有一番風情。

湯元 凌雲閣

別冊P.25,D6 JR上富良野駅開車約40分；或從JR上富良野駅搭乘上富良野町營巴士「十勝岳線」，約45分至終點「十勝岳温泉凌雲閣」站下車即達，車資¥500 上富良野町十勝岳温泉 0167-39-4111 一泊二食，兩人一室每人約¥9,180起 約20個 ryounkakuonsen.wixsite.com/ryounkaku

立處於大雪山國立公園內的凌雲閣，**位在十勝峰標高1,290公尺處，為北海道最高的溫泉旅館**，故取名為「凌雲閣」。這裡絕佳的地理環境，造就它優質享樂的泡湯空間和視野遼闊的起居環境，不僅飯店內每個房間都擁有大片展望玻璃，露天岩風呂的景色更是讓人驚艷，360度的絕景美不勝收，可欣賞到十勝岳隨著四季變化的自然美景，以及群山綠樹環繞。

幻視藝術美術館

トリックアート美術館

別冊P.26,B5 JR上富良野駅開車約10分；或從巴士「深山峠」站徒步3分 上富良野町西8線北33号 0167-45-6667 美術館·摩天輪10:00~17:00(7~8月10:00~18:00) (10月-摩天輪10:00~16:00)(入館至閉館前30分) 大人¥1,300、國高中生¥1,000、小學五年級以上¥700；摩天輪&美術館共通券大人¥1,500、國高中生¥1,200、小學五年級以上¥900 200個 tokachidake.com/art

在深山峠薰衣草園前方的幻視藝術美術館，你毋需對繪畫有涉獵，也不需具備藝術細胞，它具有神奇的魔力，可以讓大人小孩「玩」得很愉快。美術館內的作品不像一般的美術品只可遠觀，而是可以碰觸、可以拍照的2D與3D作品。展出的作品會依觀賞者角度的變化而產生奇妙的效果，而最讓旅客覺得新奇的是，自己也可以成為畫中的一角。

吹上露天之湯

吹上露天の湯

別冊P.25,D5 JR上富良野駅開車約25分；或從JR上富良野駅搭乘上富良野町營巴士「十勝岳線」，約30分至「吹上憩之廣場(吹上いこいの広場)」站下車即達 上富良野町吹上温泉 24小時開放 免費 20個 沒有更衣室，需穿著泳衣入浴

曾出現在《來自北國》劇中的吹上露天之湯，**因宮澤理惠在此入浴而成名**。完全自然開放的露天溫泉風呂，就位在十勝岳山腰，泡湯方式採男女混浴，所以女性必須要準備泳衣，且因沒有更衣間，所以泳衣要事先穿在裡面為佳。

後藤純男美術館

別冊P.27,D1 JR上富良野駅開車約5分；或從JR上富良野駅搭乘上富良野町營巴士「十勝岳線」，約6分至「美術館前」站下車徒步1分 上富良野町東4線北26号 0167-45-6181 10:00~17:00(11~3月至16:00) 休換展期間、12月29日~1月3日 大人¥1,100、小學~高中生¥550 100個 www.gotosumiomuseum.com

大師筆下的北國大地壯麗依舊。

1930年出生於千葉縣的後藤純男是**當代極富盛名的日本畫代表畫家**，擅用特殊技巧表現光影的變化與空氣律動，爛漫春櫻、靜寂的古寺雪景都成為大師的筆下風景。自由來往於世界各地作畫與教畫的他，受到北國自然之美的魅惑，將畫室和美術館設立在此。館內收藏50餘件作品，也能看見大師筆下雄大飛騰的北海大地。

Popura Farm 中富良野本店

おすすめ 薦

ポプラファーム

新鮮香甜的哈密瓜上頭，盛裝著風味濃醇的霜淇淋，光看的就讓人垂涎欲滴。

別冊P.27,C2 JR西中駅往西中小學方向徒步約5分，或從JR中富良野駅開車約5分 中富良野町東1線北18号 0167-44-2033 4~10月9:00~16:30 休11月~3月 サンタのヒゲ(聖誕老人的鬍子)依哈密瓜產地區分，小的¥800起、大的¥1,400起 有 popurafarm.com

中富良野的哈密瓜專賣店Popura Farm，在每年夏天都會推出只要看過一眼就絕對會想要吃吃看的**原創點心「聖誕老人的鬍子」**。橘色多汁的道產哈密瓜裡，裝進了香香濃濃的北海道牛奶霜淇淋，不但感覺超級北海道風，嚴選的哈密瓜也香甜多汁，美味極了。另外也有聖誕聖代等華麗的變化版唷！

北星山薰衣草園

搭纜車欣賞大片花海，別有一番風情。

北星山ラベンダー園

別冊P.27,B2 JR中富良野駅徒步約10分 中富良野町宮町1-41 0167-39-3033(中富良野觀光協會) 吊椅纜車-9:00~17:00(依季節改變) 休天候不佳時，可能停運 免費入園；吊椅纜車單次大人¥50、小孩¥30；12次券大人¥510、小孩¥300 P100個 nakafukanko.com/spot/spot-2676

北星山冬天是滑雪場，夏天則是町營薰衣草園。**搭乘單人纜車由薰衣草的上方往山頂處慢慢爬升**，薰衣草在腳下迎風搖擺，順著風可嗅到陣陣清新的薰衣草香。當纜車到達山坡頂處，視野瞬間開朗，從空中欣賞的薰衣草田在十勝岳的陪襯下展現出另一種碩大之美。除了最上方的薰衣草田外，還可見到向日葵、罌粟花、鼠尾草、秋海棠等花朵。

富田農場

おすすめ 薦

富良野人氣最高的花海，擁有繽紛華美的花卉與豐富多彩的設施，每個角落都讓人驚艷。

ファーム富田

別冊P.27,B2 JR中富良野駅徒步約25分、開車約3分；或搭乘夏季限定的「富良野·美瑛慢車號(富良野·美瑛ノロッコ号)」至JR「薰衣草田站(ラベンダー畑駅)」，下車後徒步約7分 中富良野町基線北15号 0167-39-3939 自由入場；設施營業時間依季節而異，約為8:30~17:00 免費入園 P180個 www.farm-tomita.co.jp 7~8月時賞花人潮之多超乎想像，建議可以一大早就來富田農場，此時人較少，賞花拍照都較為方便，開車者亦可確保有停車位

富田農場是**富良野名氣最響亮的花田農場**，也是最早將「富良野＝薰衣草」的印象，深植到所有人心中的幕後功臣。廣大的園區內大致分成5大花區，其中浪漫的紫色薰衣草田，以及有如華麗花毯一般的彩色花田是最具代表性的景觀。農場原創的各種乾燥花、香水和精油等商品也相當豐富，也別忘了嚐嚐這裡最有名的紫色薰衣草霜淇淋！

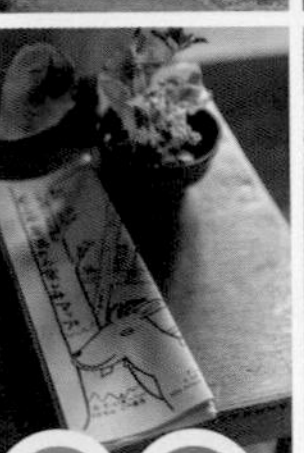

どこか農場

別冊P.27,C3 JR中富良野駅開車約15分 中富良野町東9線北13号(どこか農場) 0167-44-4277 入園摘莓果費：成人¥600，小學生入園費¥300，每100g莓果¥150、覆盆莓¥170；Farm Inn獨棟可住宿6人，1泊¥25,000起 莓果園9:00~16:00 休週四、冬季期間 P有 dococa.net

「どこか(Dokoka)農場」不僅有稻田、菜園、香草圃、溫室、自家生產的物產商店，更有2棟可包棟的農家民宿，「極楽ベリー園」莓果園，則種植各式莓果，設蜂箱養蜂取蜜，還建了雞舍和山羊圈。**6月下旬~10月上旬是各式梅果的採收期，有藍莓、覆盆莓等**，適合全家大小一同來體驗採果樂。

彩香之里 佐佐木農場

也可以參加DIY摘採一整袋的薰衣草花。

彩香の里 佐々木ファーム

別冊P.27,B2 JR中富良野駅徒步約20分 中富良野町丘町6-1 090-3773-3574 6~9月8:00~17:00 休10~5月 免費入園 P180個 www11.plala.or.jp/saikanosato/

「彩香之里 佐佐木農場」**滿滿種植著8種不同的薰衣草，佔地廣達6公頃**，放眼望去直到天際線的盡頭，皆被紫色的薰衣草所覆蓋。而且因為是丘陵地形，薰衣草隨著坡度起伏，視覺上更是震撼力滿點。爬上山坡頂處，可以眺望整個十勝岳。

富良野駅·北之峰

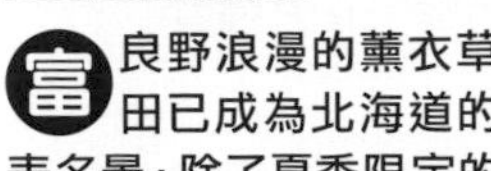

ふらのえき·きたのみね

Fuano Station · Kitanomine

富良野浪漫的薰衣草花田已成為北海道的代表名景，除了夏季限定的紫色夢幻外，從6月中~9月初都能看見各農場栽種的不同草花，另外也有森林精靈露台、《來自北國》的拍攝場景和起司工房、葡萄酒工房等景點，呈現出富良野當地的生活風貌。

交通路線&出站資訊

電車

JR富良野駅➪富良野線、根室本線

JR幾寅駅➪根室本線

巴士

富良野巴士「薰衣草號(ラベンダー号)」➪從旭川駅前【9號乘車處】發車，途經旭川機場、美瑛駅、上富良野、中富良野等站，在富良野市內可在「富良野駅前」、「基線」、「Naturwald(ナトゥールヴァルト)」、終點「新富良野王子大飯店(新富良野プリンスホテル)」等站下車；旭川駅至富良野駅約1小時42分、車資¥900，旭川駅至新富良野王子大飯店約2小時、車資¥1,050，1天8班

◎富良野巴士

☎0167-23-3131

🌐www.furanobus.jp

中央巴士「高速富良野號(高速ふらの号)」➪從札幌駅前巴士總站【16號乘車處】發車，約2小時50分至終點「富良野駅前」站，車資¥2,500，1天7班

◎中央巴士

☎011-231-0500

🌐www.chuo-bus.co.jp

「North Liner(ノースライナー)」➪從JR帯広駅前巴士總站【5號乘車處】搭乘道北、十勝等巴士共營的「North Liner」，約2小時37分至富良野駅前，¥2,400，需預約

☎0155-31-8811(帶廣)

🌐www.takubus.com (北海道拓殖巴士)

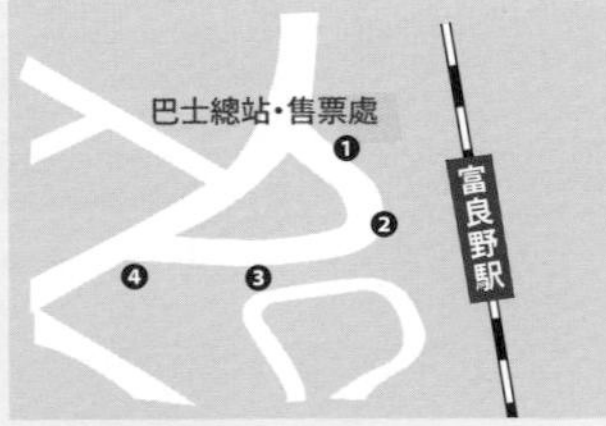

出站便利通

「富良野駅前 巴士站

★1號乘車處➪KURURU號(くるる号，冬季限定)、往旭川【薰衣草號】(ラベンダー号)、往【札幌】高速富良野號

★2號乘車處➪往【札幌】高速富良野號、往【鳥沼7号】富良野巴士「麻町線」

★3號乘車處➪往【麓鄉】富良野巴士「麓鄉線」、往【北の峰·9線】富良野巴士「御料線」、往【東山·西達布】富良野巴士「西達布線」

★4號乘車處➪往【帶廣】North Liner(ノースライナー)、往新富良野王子大飯店【薰衣草號】(ラベンダー号)

實用巴士路線

★薰衣草號&御料線➪在富良野市內移動，最方便的便是富良野巴士「薰衣草號(ラベンダー号)」，以及「御料線」路線巴士。若欲前往北峰地區，從富良野駅搭乘「御料線」，約7分可達「基線」站，1天3班

★麓鄉線➪想要前往麓鄉，來場《來自北國》場景巡禮的話，從富良野駅搭乘「麓鄉線」約40分至「麓鄉」站下車，依各景點需徒步約3~40分，1天4班。另外，亦可利用此巴士前往FURANO MARCHE，從富良野駅搭車約3分即可抵達

★富良野KURURU巴士(ふらのくるるバス)➪冬天期間限定的富良野市區周邊景點免費接駁巴士，分A、B兩條路線，A路線往起司工房、王子飯店、北之峰地區等；B路線則往富良野葡萄酒工廠。免預約即可免費搭乘

出發處➪富良野駅1號月台

🕑A路線每日11班次8:15~17:00；B路線每日8班次9:05~15:20。最新時刻表與相關資訊，請查詢富良野觀光協會官網

★觀光周遊巴士美瑛號/富良野號➪由富良野巴士營運，需事先預約，若有空位亦可當天購票。夏天行駛，有美瑛號、富良野號可選擇，多達4條不同區域的路線可選擇，皆為1日行程(6.5~8小時)詳見官網

出發地點➪富良野

💲大人(12歲以上)¥4,500~¥5,500

🌐www.furanobus.jp

觀光案內所

富良野·美瑛廣域觀光導覽中心

🏠富良野市日の出町1-30(JR富良野駅旁)

☎0167-23-3388

🕑9:00~18:00

🌐www.furanotourism.com/cn/

FURANO MARCHE

おすすめ 薦

富良野最新鮮的當季蔬果與最夯的伴手禮都聚集在此，採買完還可在咖啡廳小憩一下。

別冊P.27,C5 JR富良野駅徒步約7分 富良野市幸町13-1 0167-22-1001 10:00~19:00(依季節變動) 休11月下旬、12月31日~1月1日，其他休日每年變動，詳見官網 www.furano.ne.jp/marche P131個

©富良野市役所

FURANO MARCHE共有1&2館共17家店鋪，**以當地的食文化為主旨，打造出市民休憩場與富良野農、食魅力發信地兼併的處所**，這裡販售富良野當地物產外，也有許多美食店家，從最新鮮的農產品到伴手禮及各式甜點、麵包、餐廳，在這裡都有，而這一切食材、原料全都產自富良野。有著美味哈密瓜與馬鈴薯的富良野，其實也盛產洋蔥、南瓜、蘆筍等其他各種蔬果，美味乳製品也一應俱全，來到這裡絕對不會錯過當季的食材及美食。

cafe SABOR

©富良野市役所

FURANO MARCHE內 0167-56-9093 依FURANO MARCHE為準

SABOR內供應新鮮出爐的自家製麵包及甜點，**所有產品皆以富良野食材為原料**，種類多樣的硬式麵包Q彈、韌性十足，稍具厚度的外皮內，麵包濕潤有水分，吃起來完全不會感到口乾，帶有嚼勁的口感相當受到好評。另外，SABOR亦會販售富良野地區內甜點、麵包坊的精選商品，加上店內推陳出新的速度極快，更讓人不想錯過，若是逛累了還可以在裡面的咖啡廳點杯飲料歇歇腳。

推出新產品的頻率十分頻繁，每次來都有新發現。

©富良野市役所

©富良野市役所

店內蒐羅了各種好物，就等著顧客挖寶。

souvenir shop ARGENT

FURANO MARCHE內 0167-22-5443 依FURANO MARCHE為準

富良野物產中心ARGENT的取名過程頗為趣味，先是擷取「有好多好多好東西！(いいものいろいろあるじゃん！)」的尾音「aruzyan(あるじゃん)」，再從法語找尋發音相近的字眼，就成了現在的「argent」(意為錢，擴大解釋為有價值的東西)。店內薰衣草相關產品、工藝品、調味料、當地酒類品牌、銘菓、拉麵等一應俱全，**集結約2,000種富良野定番及個性商品**，想要採買伴手禮的話在這裡便可一網打盡。

farmers market HOGAR

FURANO MARCHE內 0167-22-3939 依FURANO MARCHE為準

由富良野農業協同組合(JA富良野)直營的HOGAR，為**富良野地產農產品及加工食品的直銷處**，富良野為日本知名的農產品產地，從米、蘆筍、玉米、馬鈴薯到洋蔥、紅蘿蔔等都齊聚於此，各新鮮食材隨季節輪番上市，店內隨時可購買最旬的美味蔬果。不僅如此，這裡還可採購富良野蔬果所製作的各種加工食品，無論是果醬、馬鈴薯洋芋片還是蔬果汁，全都能安心選購。

富川製麵所

おすすめ 薦

搭配不同湯頭推出6款麵條，濃醇鮮香的湯汁隨著彈牙麵條吸入口中，暖呼呼下肚十分滿足。

別冊P.27,C4 JR富良野駅徒步約5分 富良野市日の出町12-22 0167-23-1965 11:00~15:00、17:00~20:00(L.O.19:45)，週末例假日11:00~20:00(L.O.19:45) 休週三(7~8月僅午餐時段營業) 味噌ラーメン(味噌拉麵)¥850 P30個 www.furanotomikawa.com

富川製麵所**依不同湯頭量身打造6種不同的麵條**，每天運用富良野清水、風味濃厚的大西櫻蛋與自製小麥粉揉製新鮮麵糰，麵條完全保留小麥原有的獨特氣味與滋味，除了店家的搭配，也可依自己的喜好挑選粗麵、細直麵、平打麵、捲麵等。湯頭大量使用嚴選食材熬製一天一夜而成，濃郁湯頭中絲毫不添加化學調味料，以自然素材創造出自豪的一品料理。

來到北海道的肚臍，怎麼可以不拍張紀念照。

©北海道觀光振興機構

北海道中心標

別冊P.27,C5 JR富良野駅徒步約10~15分 富良野市若松町10-1 自由參觀 P有

東經142度23分、北緯43度20分，**這裡就是北海道的中心、北國的肚臍**。北海道中心標設在富良野小學的校園內，高4公尺、重達34噸的暗紅色紀念碑十分搶眼，周圍的花壇則種植著蝦夷紫杜鵑、東北紅豆杉等北海道代表植物。遊客們可進入學校自由參觀，但記得學生上課時間時需保持安靜，不要影響到課堂的進行。

北海肚臍祭

©富良野市役所

北海へそ祭り

每年固定在7月28、29日舉行的富良野北海肚臍祭，讓原本擠滿賞花遊客的富良野，更是從各地湧入近7萬人次的遊客。富良野市因位居北海道的正中央，而有「北海道的肚臍」的稱號，從一開始的僅10餘人參加的小小祭典，演變成現在約5,000人參與的浩蕩陣容，參加祭典的民眾會在頭上戴上超大斗笠，並且在肚子上畫上表情生動逗趣的臉像，上街遊行大跳肚皮舞，另外還有許多表演及遊行，從早到晚熱鬧非凡。

富良野市新相生通り 特設会場 7月28~29日 0167-39-2312(市役所商工觀光課) hesomatsuri.com

唯我独尊

別冊P.27,C4 JR富良野駅徒步約5分 富良野市日の出町11-8 0167-23-4784 11:00~21:00(L.O.20:30) 自家製ソーセージ付カレー(自家製香腸咖哩)¥1,280 P約10個 doxon.jp

這家超人氣的咖哩店門口常是大排長龍，以原木搭建充滿著原始氣息的店內，提供手工製作的香腸以及黑咖哩。大受歡迎的招牌咖哩飯看起來烏漆嘛黑的，這可是老闆**共花了5天時間，調和數十種蔬菜以及29種香料精燉**出來的獨門美味，濃厚口味只要吃過一次就忘不掉。

新富良野王子大飯店

新富良野プリンスホテル

別冊P.25,A7 富良野市區開車約10分；或從JR富良野駅搭乘富良野巴士「薰衣草號(ラベンダー号)」，約18分至終點「新富良野プリンスホテル」站 富良野市中御料 0167-22-1111 附早餐方案，雙人房每人約¥8,800起 390個 www.princehotels.co.jp/newfurano

位於中御料的新富良野王子大飯店，**幾乎每間房間都擁有遠山與田園的景致**，周邊有飯店經營的森林精靈露台、風之庭園等景點，還有天然溫泉紫彩之湯。另外，如熱氣球、高爾夫、滑雪等各種活動的選項也十分豐富，可以從不同玩樂角度感受富良野風情。

Soh's BAR

別冊P.25,A7 同新富良野王子大飯店，下車後步行穿過森林精靈露台約7分 富良野市中御料 0167-22-1111 19:00~24:00(L.O.) www.princehotels.co.jp/shinfurano/restaurant/shos_bar/

在新富良野王子大飯店的**森林盡頭**，竟然有一家**營業到半夜的酒吧**。這間在門口寫著「為悲哀的老煙槍開放」的雪茄酒吧，建築用石塊堆砌而成，店內一隅並設計成作家倉本聰的書房。在昏黃燈光下小酌特調雞尾酒，或著點隻雪茄吞雲吐霧一番，富良野的夜晚還很漫長呢。

日劇《溫柔時光》

2005年播出的《溫柔時光(優しい時間)》是由知名編劇倉本聰所作，故事圍繞在湧井一家，由於兒子拓郎駕車時發生車禍，使得同車的母親不幸去世，失去摯愛妻子的湧井先生與兒子斷絕關係，來到妻子的故鄉富良野開了咖啡店，兒子拓郎則在美瑛的陶窯場內學藝，兩人雖相距不遠，卻因心結而疏離。隨著咖啡店裡一則則故事推進，湧井先生撫平傷痛、解開父子的心結。劇情細膩溫暖，是療癒系日劇的佳作。

森之時計

森の時計

走入日劇中的場景，在森林環抱中啜飲咖啡，感受四季的流轉變化。

別冊P.25,A7 同新富良野王子大飯店，下車後步行穿過森林精靈露台約5分即達 富良野市中御料 0167-22-1111 12:00~20:00(L.O.餐點19:00) www.princehotels.co.jp/newfurano/restaurant/morinotokei

日劇《溫柔時光》裡，失去妻子的湧井先生回到妻子的故鄉富良野，開了森林裡**的咖啡店「森之時計」**。常客與舊識來來去去，一段段溫暖的人間故事就在咖啡香氣間緩緩展開。日劇在多年前落幕後，開放營運的「森之時計」人氣依然居高不下，尤其是可以自己手磨咖啡豆、和咖啡師攀談的吧台座席，不排隊幾乎是坐不到呢。

就算沒看過日劇，店內的溫暖人情也依舊迷人。

森林精靈露台

おすすめ 薦

ニングルテラス

別冊P.25,A7 同新富良野王子大飯店，車資¥260 富良野市中御料 0167-22-1111 12:00~20:45、7~8月10:00~20:45(依天候、季節而異) 依店家而異 www.princehotels.co.jp/shinfurano/facility/ningle_terrace_store/

據說有精靈出沒的森林中，有著木屋聚集的一方小天地，可愛木屋中販售著各色獨創商品，值得一逛。

相傳富良野的森林裡居住著身高僅15公分的森林精靈，位在新富良野王子大飯店旁樹林中的森林精靈露台，還立著「請不要喧嘩以免吵到森林精靈」的可愛招牌呢。**樹林內共有15棟用木頭搭建的小屋，裡面賣的全是富良野創作家們的手作商品**，像是貓頭鷹和迷你樂隊的木雕、以冰雪為主題的玻璃小物、鐵製狐狸開瓶器、木頭或蘑菇造型的蠟燭等，都很精緻可愛。

富良野塾の店 森の楽団

森林精靈露台內 同森林精靈露台

藝術家高木誠**利用枯木的枝葉、樹皮以及枯草等天然素材**，親手製作出一個個可愛的精靈音樂家，每個樂手表情，動作、服飾、彈奏的樂器盡皆不同，或是彈鋼琴、拉小提琴、彈吉他、打鼓、吹長笛，全都沉醉在音樂的世界裡，好似全館的精靈們正在上演大合奏，側耳傾聽，說不定還真的能聽到悠揚樂聲唷。

貓頭鷹之家

ふくろうの家

森林精靈露台內 同森林精靈露台 www.fukurou.ftw.jp

貓頭鷹之家專門販售各式各樣的貓頭鷹商品，集結了北海道藝術家的創作作品，店裡的陶製燈罩與香爐、前田嚴一的圓潤木工品、蛋形木製鈴噹、色調柔和的畫作……清一色都是貓頭鷹，**據說貓頭鷹為森林的守護者，而且在日本還是幸運的象徵**，來店內欣賞作品之餘，就順便帶個小貓頭鷹回家招招福氣吧！

森の鍛冶屋

森林精靈露台內 同森林精靈露台 www.muranokajiya.jp

森之鍛冶屋以**販售鐵藝品與皮革製品為主**，職人小舩祐己從建築學校畢業後便投入工藝的世界，鍛造、玻璃、蠟燭、木工等皆有涉獵，是個多才多藝的手作職人，因此店內除了鐵與皮革製品外，也可找到蠟燭等手工製品。每件創作都傾注了小舩先生的熱情，藉由其技術、鑄造方式與材料特性，創造出一件件獨特的商品，喜歡鐵器特殊質感與溫度的話，千萬不能錯過。

每件製品都有手做的痕跡。

FURANO NATULUX HOTEL

別冊P.27,C4 JR富良野駅徒步約2分 富良野市朝日町1-35 0167-22-1777 附早餐方案，雙人房每人約￥6,700起 www.natulux.com

位於富良野市的設計風格旅館，**房間以「石」與「木」材質混搭，配合半開放式的空間分隔**，讓人可以感受到跳脱日常的氣氛。而細心準備的寢具、使用地方食材的美味餐食、能盡情放鬆的浴場和女性岩盤浴等，各個環節都十分仔細貼心。飯店連續獲得日本樂天旅遊極高的支持票數，2015年更連續5年獲得TripAdvisor的卓越認證(Certificate of Excellence)。

餐廳離富良野駅很近，曾出現《來自北國》劇中，是主角五郎和好友清吉喝酒聊天之處。

KUMAGERA

くまげら

別冊P.27,C4 JR富良野駅徒步3分 富良野市日の出町3-22 0167-39-2345 11:30~22:30(L.O.22:00) 休週三 山ぞく鍋(山賊鍋，含鹿肉、雞、鴨等的味噌鍋)兩人份¥3,400、和牛ローストビーフ丼(和牛蓋飯)¥2,100 P40個 www.furano.ne.jp/kumagera

KUMAGERA從建築的石牆、選用的木材到料理的食材與種類，都是道道地地的「富良野產」。**最有名的料理為生和牛蓋飯**，鮮嫩的富良野生牛肉片鋪在熱騰騰的白飯上，沒吃過的人或許不敢嘗試，但生牛肉即化的綿密口感、微甘的滋味都讓人驚艷，不妨嚐試看看，此外還有鹿肉料理和起司豆腐等別處難得一見的富良野鄉土料理。

壁爐、綠藤、咖啡香、老木屋與親切主人，充滿溫暖氛圍。

胡桃鉗Lounge

くるみ割りラウンジ

別冊P.27,C5 JR富良野駅徒步約10分 富良野市末広町18-5 0167-22-3216 10:00~18:00，冬季至17:00 休週日 P3個

店主浦田太太因為喜歡芭蕾舞劇《胡桃鉗》、喜歡節慶氣氛、喜歡吃核桃，為小店取了這樣童話般的名字。吧台裡英文說得超級好、而且對富良野無所不知的浦田先生，則是富良野的觀光大使，因此胡桃鉗也被半開玩笑地稱為「富良野老師」的咖啡店。店裡**自家混豆的現煮咖啡溫潤順口**，也常能見到地方的媽媽、旅行的年輕人們在吧台上一同聊天的溫馨畫面。

Highland Furano

ハイランドふらの

別冊P.27,A3　JR富良野駅開車約10分　富良野市島の下　0167-22-5700　泡湯6:00~21:00(入場至20:30)　泡湯：大人¥600、中學生¥410、小學生¥260、小學以下免費；住宿：一泊二食方案，雙人房每人約¥8,200　約250個　highland-furano.jp

被綠色森林包圍著的Highland Furano擁有大片薰衣草花田，在微風吹拂下，整片花群就像湖水波浪般迎風搖曳，而**有「薰衣草之海」的浪漫封號**。薰衣草田上方有幢白色房舍，提供住宿以及單純泡湯，在這裡可以享受在露天溫泉裡眺望薰衣草花田的極致樂趣。

菓子司 新谷

別冊P.27,C4　JR富良野駅徒步約5分　富良野市朝日町4-7　0120-86-6411　9:00~19:00　1月1日　ふらの雪どけチーズケーキ(富良野雪溶起司蛋糕)小¥270、大¥1,540　4個　yukidoke.co.jp

前身為菓子批發商的「菓子司 新谷(SHINYA)」，於1914年正式創業，原本專賣和菓子的新谷近年來逐漸將重心轉移至洋菓子，在不斷的試行錯誤後，終於創作出**富良野雪溶起司蛋糕。以富良野雪地為意象**，4層的夾層從下至上依序為石(餅乾與起司)、土(山葡萄果醬)、雪(烤起司)以及新雪(生奶油)，側邊則為香氣逼人的肉桂派皮，一次就**能享受到5種不同的風味**。

Masa屋

おすすめ 薦

可品嚐當地美食富良野咖哩蛋包飯，宛如厚燒鬆餅的招牌大阪燒也值得一試。

まさ屋

別冊P.27,C4　JR富良野駅徒步約6分　富良野市日の出町11-15　0167-23-4464　11:30~14:30、17:00~21:30(L.O.)　週四　お好み焼き ふわふわ・ふらの玉(大阪燒 鬆軟富良野蛋)¥900、富良野オムカレー(富良野咖哩蛋包飯)¥1,080　約7個　furanomasaya.com

Masa屋的老闆谷口正也十分豪爽健談，愛媛縣出生的他從小就喜歡四處旅行，長大後以打工度假簽證在海外生活1年半，回國後在因緣際會下長住於富良野並在此落地生根。

Masa屋的招牌就是當地必吃料理——富良野咖哩蛋包飯，半熟的滑潤蛋液與飽滿的飯粒，搭配帶點辣度的濃濃咖哩，超級對味又美味。另一道招牌菜色便是富良野蛋口味的大阪燒，**像蛋糕一樣厚的大阪燒需花費近30分鐘來製作**，富良野馬鈴薯與起司的香氣、口感融合在裡頭，香濃可口值得花時間等待。

口味濃郁又不讓人生膩。

富良野咖哩蛋包飯

富良野オムカレー

咖哩與蛋包飯結合後所產生的富良野咖哩蛋包飯，從米飯、蛋、蔬菜、到肉與福神漬(一種醃菜)，全部選用富良野當地自產的新鮮食材來製作，且需符合6大指標，除講究在地食材外，還得提供價錢¥1,100以下並附上富良野牛奶，才稱得上是富良野咖哩蛋包飯。

燻煙工房Yamadori、Masa屋等9處　furano-omucurry.com

燻煙工房Yamadori

くんえん工房Yamadori

別冊P.27,C4 JR富良野駅徒步約7分 富良野市朝日町4-14 0167-39-1810 11:00~15:00(L.O.) 休週四 富良野咖哩蛋包飯¥1,100，香腸野菜湯咖哩¥855，加¥200升級套餐，附沙拉和飲料；手工香腸拼盤¥650 P4個，免費 kunenkobo-yamadori.com

看似簡單的咖哩蛋包飯，卻融合富良野地區無數農人心血結晶。

「燻煙工房Yamadori」的店長本間智在畢業後，向父母所營燒肉店「Yamadori」的常客、一位德裔美國人學習肉品加工。取得肉品生產許可後，開始經營自己的**煙燻工房和附設餐廳**，目前共研發出8種肉品，比起一般製品，本間店長的煙燻作品較為柔和，煙燻味清爽，口感柔軟，搭配粉紅色的室內裝潢，希望改變大眾對煙燻肉品的陽剛印象，還推出結合了煙燻培根的富良野咖哩蛋包飯，為蛋包飯的美味更添風味。

野良窯

別冊P.27,D5 JR富良野駅開車約5分 富良野市下五区 0167-22-8929 4~6月、10月週一、二、五9:00~14:30(週末至18:00)，7~9月每天9:00~18:00(第2、4個週六至22:00)，3、11月週末10:00~20:00。陶藝體驗(預約制)10:00、14:00、20:00，1日3回，約2小時 休4~6月、10月週三四；3、11月週一~五；12~2月 陶藝體驗¥4,180(1公斤的陶土)，郵費另計 furanocub.wixsite.com/noragama

出身札幌的陶藝家大槻恭敬，在略為遠離富良野市區的位置裡開了這家藝廊、工房、住家兼咖啡店，建築本身則是有著60多年歷史的農舍。來到這裡**可以品咖啡、玩陶土、欣賞大槻先生的陶藝作品**，並感受藝術家與富良野大地共生的純粹之美。

煙嵐自茵茵綠林中逸出。

MPGそちら

Motor Para Glider School & Club

別冊P.27,B3 JR富良野駅開車約10分，JR学田駅徒步約6分 富良野市西学田2区140-1 0167-23-6638 8:00~12:00、13:00~16:00，10月9:00~ 大人¥12,000，約1小時；保險¥500另計 P120個 課程開始前20分鐘集合

北海道唯一的動力飛行傘學校「MPGそちら」就在富良野，提供飛行傘雙載體驗飛行和飛行員證照課程。不過對遊客而言，當然是由教練陪同，一同於天際欣賞富良野的美景！於富良野的高空滑翔時，眼前的壯闊景色令人目不暇給——先在一片油菜花田上空盤旋兩圈，隨即往盆地邊緣的山丘飛去；風勢不大，卻能感覺到氣流撐起飛行傘的強勁力道；腳下是一片綿延連接遠方山脈的田野，空知川自山間流淌入廣闊大地，透迤出一派靈秀山色。

ふらの歓寒村

12月下旬到3月左右，富良野會舉辦名叫「歡寒村」的活動，在新富良野王子大飯店一帶將蓋起冰吧、冰雕、冰溜滑梯等各種設施，也可以玩雪上香蕉船和雪上泛舟，相當熱鬧。

¥300，小學以下免費

Hotel Naturwald Furano

ホテルナトゥールヴァルト

別冊P.27,A6 JR富良野駅乘車約10分 富良野市北の峰町14-46 0167-22-1211 check in 15:00~22:00，check out 11:00 2人一房一泊二食，一人¥12,960 naturwald-furano.com

Hotel Naturwald Furano從JR富良野駅出發，約10分鐘車程即可抵達，交通十分便利。**以營造「猶如旅人第二個家」的概念為出發點**，提供多樣細微又貼心的服務，希望每位入住的客人都能打從心裡感受舒適與愉悅，除了朋友、情侶出遊，飯店也很歡迎全家大小同行住宿，備有兒童遊戲區，並提供嬰兒車出借等服務，讓帶著小朋友旅行的爸媽們方便許多，而且**北之峰滑雪場就在飯店正前方**，滑雪季節前來十分方便，也是滑雪客們的絕佳住宿選擇。

以北海道嚴選食材做成的料理。

菓子工房Furano Délice

おすすめ 薦

菓子工房フラノデリス

別冊P.27,A6 JR富良野駅開車約10分；或從JR富良野駅搭乘「薰衣草號」至「Hotel Naturwald(ホテルナトゥールヴァルト)」或搭乘富良野巴士9線「御料線」至「Naturwald(ナトゥールヴァルト)」站，約9分，下車後徒步3分 富良野市下御料2156-1 0167-22-8005 商店10:00~18:00、咖啡10:00~17:00 週二 ドゥーブルプリンセット (雙層起司+布丁+飲料Set)¥1,000 30個 www.le-nord.com

食材講究的乳酪蛋糕入口即化，溢滿口腔的香氣與甜蜜滋味讓人一吃愛上。

北海道濃郁的牛乳，才能做出讓人上癮的香濃點心。

©Furano Délice

創業於2001年的Furano Délice，一開幕就大受歡迎，至今也依舊維持著高度人氣與評價。在這裡的甜點**全都是使用富良野產的新鮮牛奶及蛋來製作，麵粉、奶油也都是產自北海道**，講究的食材讓Furano Délice的蛋糕及布丁都有著濃郁的香氣以及滑順的口感，其中最受歡迎的就屬牛奶布丁和雙層起司乳酪蛋糕，一口咬下，在口中迸發的香氣以及入口即化的口感，讓嚐過的人都難忘其美妙滋味。

©Furano Délice

Kitchen cafe and Pizza麥秋

別冊P.27,B5 JR富良野駅搭乘「薰衣草號」或富良野巴士9線的「御料線」，約7分至「基線」站下車，徒步5分 富良野市北の峰町3-38 0167-22-5752 11:30~14:00(L.O.)、17:00~20:00(L.O.) 週二 自家製ベーコンピザ (自製手工披薩)薄皮¥1,300 10個 www7.plala.or.jp/ bakusyu/

位在北峰地區的麥秋，店內**最自豪的就是石窯燒烤的各式披薩，使用富良野小麥混和胚芽的餅皮，桿成直徑25公分**的視覺效果十分震撼，燒烤後外酥脆、內鬆軟，咀嚼後與上頭的混搭起司、餡料在口中散發出濃濃香氣。還想嚐嚐其他洋食的話，漢堡排、咖哩也是不錯的選擇，拌炒過的紅蘿蔔、洋蔥加入30種香料精心熬煮而成的咖哩基底，接觸到舌尖的瞬間感覺微微辛辣，但細品嚐後，甜味逐漸散發出來佔據口腔，多層次的風味讓人著迷。

厚實的漢堡排，滿足大口吃肉的慾望。

風之庭園

風のガーデン

別冊P.25,A7 JR富良野駅開車約10分；新富良野王子大飯店搭乘免費接駁車約2分 富良野市中御料 0167-22-1111 4月底～10月中旬開放，8:00～17:00(10月至16:00)，6月15日～8月31日晨間開放6:30～18:00；入園至閉園前30分鐘 入園¥800、小學生¥500 390個 www.princehotels.co.jp/shinfurano/facility/kaze_no_garden_2022/

位於富良野的森林咖啡「森之時計」附近的風之庭園，是**倉本聰先生2008年的同名日劇《風之庭園》的拍攝場景**，庭園正中央的紅頂白色小屋，是故事中主角居住的地方，室內的書桌、鋼琴等，也保留了拍攝時的原樣。環繞小屋的曲折小道上，則有**超過450種、約2萬朵的花朵在5~10月間輪番綻放**。因為日劇的關係，不大的庭園內吸引著各個年齡層的遊客前往，另外園內也販賣自製的花草茶和霜淇淋。由於風中庭園位在新富良野王子大飯店附近，可以選擇搭乘接駁車或散步抵達花園，管理者也特地規劃了專門的路線，使得乘車與步行，可以看到不一樣的自然風景。

富良野起司工房

富良野チーズ工房

別冊P.25,A7 JR富良野駅騎自行車約25分、開車約10分 富良野市中五区 0167-23-1156 9:00~17:00、11~3月9:00~16:00 休12月31日~1月3日 製作體驗：奶油或冰淇淋(約40分)¥900、起司(約60分)¥1,000、麵包(約90分)¥1,000，麵包需先預約 P120個 www.furano-cheese.jp

富良野的起司和乳製品都相當有名，而在富良野起司工房中，**遊客還可親手參與製作起司、奶油、冰淇淋或手工麵包**。體驗之外，這裡也可以參觀起司的製作過程以及乳製品相關的資料館。附設的披薩工房提供石窯現烤的起司披薩，牛奶工房裡則有各種口味的冰淇淋，像期間限定的蘆筍、南瓜和香濃的起司等都很受歡迎。

盛名不墜的「北海道庭園街道」

北海道ガーデン街道

近年綠色旅行風潮興起，也讓「北海道庭園街道」獲得更多注目。庭園街道是指旭川~富良野~十勝之間，北起旭川的大雪·森之庭園、上野農場，南至風之庭園、十勝千年之森、真鍋庭園、十勝HILLS、紫竹花園及六花之森，這一段串聯8處庭園、延伸250公里的美麗路線，每一座庭園都有美麗花園，還能享用在地料理。

www.hokkaido-garden.jp

©上野農場

Pension Lavender

別冊P.27,A6 JR富良野駅開車約10分；或從JR富良野駅搭乘「薰衣草號」至「Hotel Naturwald(ホテルナトゥールヴァルト)」或搭乘富良野巴士9線「御料線」至「Naturwald(ナトゥールヴァルト)」站，約9分，下車後徒步3分 富良野市北の峰町16-21 0167-23-1077 附早餐方案，雙人房(共用浴室)每人¥5,800起 P10個 www.lave.jp

Pension Lavender為1987年建的木造洋屋，光是外觀就讓人打從心底的喜歡上它。純白色的外觀，搭配粉紅的點綴色，配上北海道蔚藍的天空、翠綠的草原，及門前的那片薰衣草田，就像每個女孩夢中曾出現的理想屋舍般，浪漫甜蜜。鄰近滑雪場，也成為冬季熱門住宿之選！

麓鄉の森~來自北國場景

別冊P.25,C7-C8 JR富良野駅開車約30分；或從JR富良野駅3號乘車處搭乘富良野巴士「麓鄉線」，約40分至終點「麓鄉」站下車，徒步30分鐘 富良野市麓鄉1-1 0167-23-3388 4~9月9:30~17:30、10~11月至16:00(最後入場、閉館前30分鐘) 11月下旬~4月上旬 大人¥500、小學生¥300。三館共通券大人¥1,200、小學生¥600（拾って来た家/麓鄉の森/五郎の石の家）

《來自北國》(北の国から)是一部膾炙人口的超長壽日劇，從1981年到2002年連同本篇、特別篇等一共上演了22年，日本觀眾可說是跟著劇中的主人翁一起長大，而這部日劇則以富良野為拍攝場景。除了不少在地店家成了取景地，**故事中主人翁們自小居住的房屋還保留了幾處未拆**，包括麓鄉之森裡的「丸太小屋」、童話風格的「五郎石之家」、利用廢棄物和創意搭建成的「撿來的家」等，建築都很有特色。

富良野果醬園

ふらのジャム園

別冊P.25,C8 JR富良野駅開車約30分；或從JR富良野駅3號乘車處搭乘富良野巴士「麓鄉線」，約40分至終點「麓鄉」站下車徒步約40分、騎腳踏車20分，車資¥630 富良野市東麓鄉3 0167-29-2233 9:00~17:30 年始 免費參觀 200個 www.furanojam.com

在富良野果醬園，除了可從標高500公尺的展望台俯瞰花海美景及麓鄉景致外，多半的旅客都是為它的果醬而來。由於早晚溫差大，**麓鄉地區種植的果樹糖分特高**，以此地產的新鮮蔬果為材料，**加上以手工的方式長時間製作，絕對不含防腐劑和人工色素**，是最健康的手工果醬。在販賣部可買到各式各樣口味的果醬，一旁則有試吃區，可先試吃後再購買。隔壁還有可愛的麵包超人專賣店，無論男女老少都會沉浸在麵包超人的世界裡。

JAM OBASAN

日劇拍攝場景

丸太小屋

麓鄉之森裡有兩座來自北國場景中的小屋，一棟是木造的第2號家——丸太小屋，也就是圖中的木屋，另一棟是屋頂上有風車的第3號家。此外還附設浪漫的森林賣店「彩之大地館」，店內販售著北海道當地藝術家的作品，還有飲食區可供休息。

五郎石之家

五郎の石の家

童話般的石磚和橘紅色屋頂外觀十分搶眼，是五郎用田裡挖出的石塊蓋的，曾在來自北國其中的《95'秘密》劇中出現。五郎石之家旁還有個美麗的小小花田，夏天可以欣賞盛開的薰衣草。

撿來的家

拾って来た家

撿來的家是五郎為了雪子，用電話亭等廢棄建材所蓋的家，外型十分獨特，出現在來自北國最終回《2002遺言》中。內部可以參觀，旁邊的紀念品店可買到來自北國的明信片餅乾和小禮品。

稚內

わっかない
Wakkanai

就為了那一份對「日本最北端」的嚮往，不知有多少人千里迢迢來到小小的漁港稚內，遠眺大海，感受這裡獨有的蒼茫氣息。稚內擁有冰河地形、美麗濕原以及北方海域的豐富海鮮，自然與歷史、人文，共同交織成這裡的海岸風景。

交通路線＆出站資訊

電車

JR稚內駅◇宗谷本線
JR南稚內駅◇宗谷本線
JR豐富駅◇宗谷本線
JR幌延駅◇宗谷本線

巴士

特急巴士◇特急稚內號、特急玫瑰號
從札幌出發，在大通巴士中心1樓搭乘宗谷巴士與北都交通共營的「特急稚內號(特急わっかない号)」至稚內駅前巴士總站、渡輪碼頭總站(Ferry Terminal)，車程約5小時50分，單程車資￥6,200、來回￥11,300。需預約，時刻表詳見官網
◎宗谷巴士
0162-33-5515(稚內)、0162-22-3114(稚內)
www.soyabus.co.jp
◎北都交通
011-241-0241(札幌)
www.hokto.co.jp

出站便利通

◎稚內的大眾運輸系統不太發達，欲利用路線巴士者，因班次並不多，記得先上網確認班次時間。如果想遊逛郊區景點，還是以自駕或搭乘觀光計程車較為便利
◎宗谷巴士推出的6條定期觀光巴士路線，行經各大主要景點，但冬季沒有運行，行程內容與每年的運行時間詳見官網。路線巴士及觀光巴士均可在JR稚內駅前的宗谷巴士售票窗口直接購票
◎稚內市內的公共溫泉有童夢和港之湯兩處，臨近的豐富町溫泉則因為富含油質、具療效而聞名。不少旅館也都有附設溫泉浴場，尤其以能夠眺望利尻島和港口風景而有名

觀光案內所

稚內市觀光案內所
稚內市中央3-6-1(KITAcolor 1F)
0162-22-2384
10:00~18:00
休 12月31日~1月5日

佐呂別濕原中心
佐呂別濕原中心(サロベツ湿原センター)位在佐呂別濕原的入口處，館內展示著佐呂別濕原的形成、歷史以及自然生態的介紹，一旁則提供食物及休憩場所
天塩郡豊富町上サロベツ8662
0162-82-3232
11~4月10:00~16:00、5~10月9:00~17:00
休 11~4月的週一(遇假日順延)、12月29日~1月3日
P 62個
sarobetsu.or.jp/swc

日本盃全國狗雪橇稚內大會

全国犬ぞりわっかない大会

1983年上映的電影《南極物語》改編自真實故事，與南極觀測隊同行的雪橇犬兄弟太郎與次郎，在被遺留於南極後1年依然奇蹟般生存，最後被成功救出，這個悲傷又感人的事件，同時也是電影《極地長征》、木村拓哉主演日劇《南極大陸》的故事題材。
在電影中扮演這對兄弟檔的狗狗，在拍攝完畢後贈送給稚內市，為了紀念便於1984年開始舉辦狗雪橇大賽。活動時間為每年2月底，雖說是日本全國性的比賽，但會場倒是充滿著社區活動式的輕鬆氣息，不少人帶著自家愛犬來認識新朋友，也有給非雪橇犬的家犬們參加的雪橇比賽。非專業的比賽中狗兒有的往回跑、有的停住回頭看主人，氣氛顯得相當溫馨歡樂。

JR稚內駅開車約25分　稚內市声問稚內市声問 大沼特設会場　0162-23-6468　2月下旬，活動期間為2天　免費觀戰　P 200個

宗谷岬

おすすめ 薦

來到稚內一定要到這個日本最北端踩點，一邊飽覽海天一色的優美海景。

別冊P.29,B1 JR稚內駅前搭乘宗谷巴士「天北宗谷岬線」，約50分至「宗谷岬」站下車即達 稚內市宗谷岬 0162-23-6161(稚內市役所) 自由參觀 P72個

宗谷岬位於北緯45度31分，是**日本國土的最北端**，在海岬盡頭，以北極星一角為造型的「日本最北端之地碑」，是稚內最具代表的風景，可以隔著宗谷海峽看到日俄主權爭議的庫頁島(日本稱為「樺太島」)。附近為間宮林藏的銅像，他是首位從日本渡過海峽探索庫頁島的探險家，探險期間發現了間宮海峽，因而確認庫頁島為一座島嶼，是唯一在世界地圖上留名的日本人。

©稚內市政府

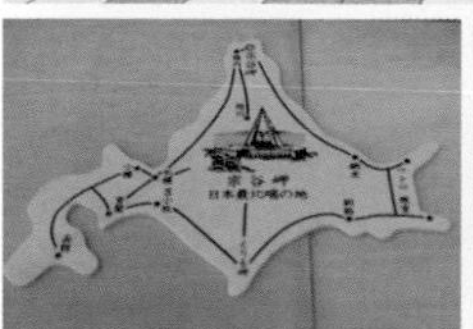

抵達日本最北端的證明

稚內是日本最北端的城鎮，到訪這日本最北端之地，除了拍照留念外，當然不能忘了買張證書來紀念這一刻，在宗谷岬附近的土產店皆可買到「日本最北端到達證明書」，一張¥100。

©稚內市政府

宗谷丘陵

別冊P.29,B1 JR稚內駅前搭乘宗谷巴士「天北宗谷岬線」，約50分至「宗谷岬」站下車徒步20分 稚內市宗谷岬 0162-23-6161(稚內市役所) 自由參觀，可通行期間為5月~10月左右

宗谷丘陵位於宗谷岬的南側，占地1萬公頃，為日本最北的丘陵地帶。宗谷丘陵有規畫良好的散步道，並擁有入選北海道遺產的冰緣地形、點綴其間悠閒吃草的宗谷牛，以及57座雪白的風力發電風車群，自然而壯闊的景致如同巨幅優美畫作展現眼前。

想更加認識北方海生物的話，就到水族館走一趟吧！

©稚內市政府

野寒布寒流水族館

ノシャップ寒流水族館

別冊P.29,A1 JR稚內駅前搭乘往野寒布(ノシャップ)的宗谷巴士，約15分至「ノシャップ」站下車徒步5分 稚內市ノシャップ2-2-17 0162-23-6278 9:00~17:00；11月、2~3月10:00~16:00(入館至閉館前20分) 休4月1日~4月28日、12 ~1月 $大人¥500、中小學生¥100 P50個 www.city.wakkanai.hokkaido.jp/suizokukan/

主題與眾不同的野寒布寒流水族館，**主要展示生長在酷寒海域中的生物**。館內有約120種、共約3,000隻的海洋生物，在360度環狀水槽中自在悠游，此外，還有可愛的企鵝、稚內有名的海豹，以及少見的奇妙魚兒「氣球魚」等，各式各樣可愛的北方海域生物都聚集在這裡。

稚內副港市場

おすすめ 薦

別具復古情調的市場，購物、觀光、用餐一次滿足。

別冊P.29,D2 JR稚內駅徒步約15分、JR南稚內駅徒步約20分 稚內市港1-6-28 0162-29-0829 副港市場約10:00~18:00、波止場横丁約11:30~21:00；依店家而異 休依店家而異 fukkoichiba.hokkaido.jp/ P248個

建築充滿懷舊氣氛的副港市場發揮了觀光市場的極致，不但**有當地海鮮名產、美味食堂、咖啡店、旅遊展示中心、稚內市樺太記念館，甚至還有復古造景與飄散昭和氣氛的屋台村「波止場横丁」等**，相當繽紛熱鬧。重新整裝後，空間清爽舒適，其中市場裡的各式海鮮食堂令人垂涎外，當地特產的利尻昆布等則很適合買來當伴手禮。

面對海港的市場，購物外也有美食餐廳。

©稚內副港市場

©稚內副港市場

©稚內副港市場

©稚內副港市場

副港市場裡的復古觀光區

拉開熱鬧市場角落的木門，卻一不小心發現自己在舊時稚內港的候船室。結合觀光與市場角色的副港市場，特別設置的復古觀光區域，重現當年的稚內一丁目商店街和曾位於庫頁島上的豐原中學，將稚內的歷史以生動的方式保留在此。稚內曾一度是繁華港都，商店街外牆上幾張黑白的老照片，正紀念著當年的稚內榮景。

©稚內副港市場

樺太紀念館

稚內副港市場2F 0162-73-6066 10:00~17:00(入館至16:40) 休11~3月每週一(遇假日順延)、12月31日~1月5日 免費參觀

雉內市往北方海域眺望，就是狹長廣闊的**庫頁島(日本稱為樺太島、俄羅斯則稱為薩哈林州)，早期曾經是日俄居民雜居共處之地**，在1905年至1945年間，也曾經以北緯50度為界，當時隸屬於日本領土，雖然曾經的居民現在再也回不去，但卻留下很多過往的資料與照片等，都展示在這裡，供民眾免費參觀。

蝦夷番屋

えぞ番屋

別冊P.29,D3 JR南稚內駅徒歩約3分 稚內市大2-12-2 0162-22-3207 17:00~22:00 休週日 三色丼¥1,800、刺身盛り合せ(壽司綜合拼盤)¥1,000起

蝦夷番屋就**像是想像中日式居酒屋的標準模樣**——充滿歷史感的暖簾和店面、木造老屋、榻榻米座位，店裡各處都是充滿故事的大小擺飾和舊海報。櫃檯裡忙著料理的大將看起來俐落帥氣，提供的餐飲則是各種日本酒、啤酒和豪邁又新鮮的在地海味，包括鱈魚火鍋、生魚片等看起來都相當美味。

稚內公園

別冊P.29,C1 JR稚內駅徒歩約25分 稚內市稚內公園 自由參觀；北方紀念館：4~5、10月9:00~17:00，6、9月9:00~21:00，7~8月8:00~21:00 休北方紀念館：4~5、10月休週一(遇假日順延)、11~3月 公園免費；北方紀念館：大人¥400、中小學生¥200，18:00後入館半價 P50個

這座位於市區西邊的巨大公園內，有許多雕刻和紀念作品。例如「冰雪之門」，是為了憑弔在庫頁島傷亡的亡靈，由北海道出身的雕刻家本鄉新所創作；一旁的「九人少女碑」，則是為了撫慰在二次大戰時於庫頁島上殉職的九名少女。高達80公尺的「開基百年紀念塔」，一、二樓是北方紀念館，**樓上的展望台可以360度眺望佐呂別原生花園、利尻島、禮文島等處**，夜景也相當美麗。

稚內港北防波堤

別冊P.29,D1 JR稚內駅徒歩約5分 稚內市開運1 自由參觀

雖是防波堤，但建於1930年代的稚內北防波堤，卻因為北方大海的巨浪、狂風，以及兼作通往乘船棧橋的連絡通道之用，而設計出姿態獨特的半弧形拱頂，全長427公尺的防波堤下方通道，由70根巨大圓柱羅列支撐，造型優美。**2001年北防波堤入選為北海道遺產**，也成為不少電影或連續劇的拍攝場景。

Hotel Meguma

ホテル めぐま

別冊P.29,D3外 JR南稚內駅開車約10分，或可向旅館洽詢至車站的接送事宜 稚內市声問2-13-14 0162-26-2290 一泊二食，雙人房每人約¥15,500起 www.meguma.jp P40個 露天溫泉僅夏季開放

2008年重新整修開幕的Meguma是體現和洋並蓄的居住空間，進門就能見到舒適開闊的大廳、溫暖壁爐、各種細心裝飾的小物和大片落地窗，總計62間的西式與日式客房仍留有日式美感，一泊二食的夕食料理也是細心烹調的豪華海鮮。另外，Meguma也是**在稚內唯一一處擁有3種不同泉質的溫泉旅館**。

稚內大沼

別冊P.29,B1 JR稚內駅前搭乘開往声問的宗谷巴士，「天北宗谷岬線」約25分至「声問」站下車徒步約20分 稚內市声問 0162-26-2965 自由參觀；大沼野鳥觀察館：9:00~17:00 大沼野鳥観察館：3月1~24日、11月26日~1月28日 免費 稚內大沼 72個

稚內大沼是北海道內**有越冬天鵝停留的湖泊之一，每年的3月底至5月底和10月初至11月底，能看到成群的天鵝**，旺季時一天就有5,000隻左右，相當壯觀。在這裡一年四季能觀察到100種以上的鳥類，在大沼旁的野鳥觀察館(大沼バードハウス)就能賞鳥，還能在此借用免費望遠鏡。

北市場

別冊P.29,D1 JR稚內駅徒步約2分 稚內市開運2-1-5 0162-24-5430(夢食館) 1F市場8:00~17:00、冬季9:00~15:00，2F餐廳11:00~15:00、17:00~21:00 20個

若說副港市場是結合觀光功能、各類店家聚集的觀光市場，北市場就是更加**正統的海鮮市場**，走進市場內就能看見毛蟹、帝王蟹和各種處理過的季節鮮魚一字排開，也有販售當季農產品和各種海鮮乾貨，**二樓則是可以用餐的夢食館及夢廣場**。

海鮮爐端 鱗亭

海鮮炉端 うろこ亭

別冊P.29,D2 JR稚內駅徒步約10分 稚內市中央5-6-8 0120-211-911 直銷處、見學9:00~17:00、用餐10:30~21:00(L.O.) 週日、12月31日~1月6日 うろこ市丼(鱗市蓋飯)¥1,980、宗谷牛ハンバーグ定食(宗谷牛漢堡排套餐)¥1,000 30個 sakanaya.uroco1.com

本身經營水產，甚至擁有自己的工廠，因此海鮮店鋪和餐廳合併經營的鱗亭，大方地提供最新鮮的海產。除了定食、海鮮丼和火鍋外，也可以試試**招牌的爐端燒，將帝王蟹、毛蟹、干貝和宗谷黑牛用炭火現烤現吃**，最能品嚐食材的鮮美原味。另外，這裡也可以參觀海產冷凍庫，體驗一下零下30度的滋味。

Hotel御園

別冊P.29,D3 JR南稚內駅徒步約5分 稚內市大2-7-15 0162-23-3793 附早餐方案，雙人房每人約¥6,500起 15個 www.h-misono.com

充滿和風家庭氣氛的Hotel御園，待客溫暖，布置細節流露出別緻巧思。從進入飯店大門、換上室內拖鞋開始，就能開始感受到這裡如家般放鬆的感覺。34間客房日式、西式兼備，室內的溫泉浴場則是對神經痛和皮膚炎有療效的稚內溫泉。

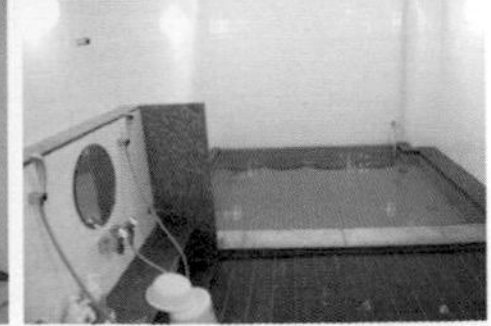

利尻禮文佐呂別國立公園

おすすめ 薦

利尻礼文サロベツ国立公園

豐富壯闊的自然地形與原生花海，交織成大自然的饗宴。

別冊P.29,B2 往佐呂別原生花園：離JR豐富駅7km，站前租單車或預約共乘巴士前往(單程¥300)。往萍蓬草之家(こうほねの家)：JR稚內駅開車約45分(道811號與106號交叉口北方)。往利尻島、禮文島：稚內渡輪碼頭(Ferry Terminal)搭船，無論往哪個島大約各110分鐘 橫跨稚內市、天塩郡豊富町等1市5町 自由參觀；佐呂別原生花園遊客中心、萍蓬草之家4月下旬~11月左右9:00~17:00 免費 萍蓬草之家30個 www.env.go.jp/park/rishiri

範圍廣達2萬4千公頃以上的利尻禮文佐呂別國立公園，包含佐呂別原野(泥炭土濕原&賞鳥)、利尻島(利尻火山錐)及禮文島(海蝕崖地形&植物)都包含在內。佐呂別原野為佔地約2萬公頃的廣大濕原，大部分都是保護區，**僅佐呂別原生花園開放進入**。

原生花園以木屋的遊客中心為起點，設有約30分腳程的散步道，可以感受北國大地與天空的遼闊，**6月到9月間各式花卉競相綻放，其中以6~7月間的蝦夷萱草最為壯觀**。萍蓬草之家則位在稚內的西海岸線上，是國立公園唯一的瞭望兼休憩設施外，還能眺望海上利尻山的絕美山形，夕陽西下時更是美麗。

幌延馴鹿觀光牧場

おすすめ 薦

ほろのベトナカイ観光牧場

宛如走入童話故事般，雪地中可愛馴鹿、6~7月盛開的藍色罌粟花也夢幻不已。

別冊P.29,B3 JR幌延駅開車約10分 天塩郡幌延町北進398 0163-25-2050 9:00~17:00，餐廳11:00~16:00 休週一、12月31日~1月5日 入場免費；馴鹿飼料¥200，冬季馴鹿雪橇(10:00~16:00)大人¥510、小學生¥200 tonakai-farm.com 40個

可跟馴鹿的近距離接觸！

在稚內和旭川之間的小鎮幌延町的市郊，一間帶著些許歐風的木屋後院竟有著廣大的牧場——幌延馴鹿觀光牧場。馴鹿們就坐在牧草地裡，被四周的冰雪圍繞，一臉安詳。

馴鹿拉麵。

從30多年前10隻馴鹿開始，幌延町已有規模相當大的馴鹿牧場。觀光牧場以觀光為目的，約有65隻毛色淺白、有著漂亮角蹄的馴鹿在此待客。**牧場本身入園免費，可以自由購買飼料餵食，也有馴鹿雪橇的乘坐體驗**。

入口的木屋裡附設馴鹿餐廳和小店，提供馴鹿拉麵等少見的鹿肉料理。幸好，肉用馴鹿和牧場的鹿群是分開的，觀光用馴鹿們可以安享天年。

深入順遊，挖掘道北景點！

道北地區幅員廣大，可以分為上川、留萌、宗谷等區域，旅客最常遊玩的要屬旭川、美瑛、富良野所在的上川郡，接著較為人所知的就是稚內所在的宗谷郡了，其實除了這些地方，道北還有非常多城鎮與景點，朝「日本最北端」邁進之餘，也別忘了欣賞沿路風景。

滝川天空公園
たきかわスカイパーク

滝川天空公園是其實是個飛行體驗場所，由當地的飛行運動協會營運，可以來一趟滑翔機體驗，由專業飛行員操縱，體驗在空中滑翔的趣味，尤其這一帶大多是平坦的田地，可以在滑翔機平穩的航程中，好好欣賞開闊的大片風景。

別冊P.3,D4　滝川IC開車約15分；從JR滝川駅徒步約20分，搭乘計程車約6分可達　滝川市中島町139-4　0125-24-3255　4~11月9:00~17:00；12~3月9:00~16:00(僅週末、例假日)　休12~3月週一~五　グライダー(滑翔機)大人¥8,000、高中以下¥4,500　www.takikawaskypark.jp/　P有　179 153 301*35

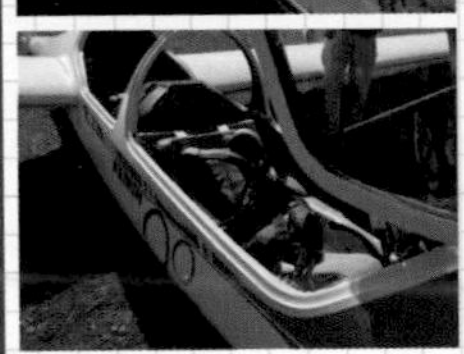

黃金岬

位在留萌市(るもい)的黃金岬其實是個海濱公園，以夕陽聞名，公園周邊可以看到海上立著櫛理清晰的柱狀岩石，浪花打在岩柱上的畫面充滿壯闊之感，日落時分更能夠看到日本海被染成金黃的風景，不僅被選為日本夕陽百選，還被譽為「日本一の落陽」。

別冊P.3,D4　從JR滝川駅開車約10分　留萌市大町2丁目　0164-43-6817(留萌観光協会)　自由參觀，4月下旬~10月中旬會有賣店與食堂　P北側20個、南側40個　416 391 333*30

トロッコ王国美深

北海道的許多廢棄舊鐵道都作為歷史與文化的景點保留下來，幾處廢線更轉型成了休閒景點，「トロッコ王国美深」就是利用舊國鐵美幸線而打造的園區。這裡的軌道全長5公里，是日本最長的小火車體驗軌道；說是小火車，其實更貼近礦車，車上有剎車與油門，有汽車駕照的話就可以自己駕駛，在遊樂之間感受舊鐵道文化和風景。

別冊P.3,D3　從JR美深駅開車約35分　中川郡美深町仁宇布215-3　4月下旬~10月下旬8:30~16:00(每整點出發)　016-562-1065　乘車體驗大人2人以上¥1,500/人(單人¥1,800)、中學生¥1,200、小學生¥700、幼兒免費　torokkobihuka.com　P30個　832 758 385*02

利尻島·礼文島

りしりとう·れぶんとう
Rishirito·Rebunto

抵達「日本最北端」的稚內後，不妨再搭上渡輪，航至日本最北端的兩座離島——利尻島、礼文島，小小的島嶼上擁有豐富的高山花卉、多樣的特有種野鳥棲息，當然還有蔚藍海景以及美味海鮮，而且只要40分鐘就可串聯兩座小島，日本極北小島的風土、美食與人文，就在北方的跳島小旅行中等待邂逅。

交通路線&出站資訊

Heartland渡輪(ハートランドフェリー)

稚內港➡前往利尻及礼文兩座島嶼，需從稚內港搭乘Heartland渡輪
從JR稚內駅徒步15分，或搭乘計程車約4分即可抵達
稚內市開運2-7-1
0162-23-3780
稚內~利尻(鴛泊港)➡船程約1小時40分，依季節一天約3班來回，船資￥2,770起(依艙等而異)
稚內~礼文(香深港)➡船程約1小時55分，依季節一天約3班來回，船資￥3,070起
利尻(鴛泊)~礼文(香深)➡船程約40分，依季節一天約2班來回，船資￥1,030起
利尻(沓形)~礼文(香深)➡夏季(約6~9月)限定航線，每天1班來回，沓形港15:30出發、香深港12:50出發
heartlandferry.jp
各航線時間依季節而異，詳見官網

飛機

新千歲機場~利尻機場
全日空(ANA)於每年6~9月運行新千歲~利尻的航班，一天1班，航程約50分
www.ana.co.jp/zh/tw
丘珠機場~利尻機場
日本航空(JAL)全年運行札幌丘珠機場(OKD)~利尻機場之間的航班，一天1~2航班，航程約50分
www.tw.jal.co.jp/twl/zhtw

島上交通

路線巴士
★利尻島➡利尻島上的路線巴士循環運行，分為順時針的A路線與逆時針的B路線，行經沓形~鴛泊フェリーターミナル~姫沼口~鬼脇~仙法志等地，由宗谷巴士營運
soyabus.co.jp/routebus/rishiri
★礼文島➡同樣由宗谷巴士營運，以香深港為起點，分為開往スコトン·元地·知床的3條路線。元旦運休
soyabus.co.jp/routebus/rebun
定期觀光巴士
★利尻A路線➡秀峰利尻富士めぐり(秀峰利尻富士巡遊)
從鴛泊港出發，巡遊姬沼、野塚展望台(車窗)、オタトマリ沼、仙法志御崎公園，再開往利尻空港(可下車)，最後回到鴛泊港，路線及時間因季節而異，車程約3小時10分
在鴛泊港上車
5~6月7:55出發，6~9月8:20出發
大人¥3,300、小孩1,900
★利尻B路線➡大自然利尻めぐり(利尻大自然巡禮)
繞行島上主要景點，沓形港~神居海岸公園~※利尻町立博物館(6/1~7/31限定)~仙法志御崎公園~オタトマリ沼~※利尻町郷土資料館(8/1~9/30限定)~鴛泊港。時間因季節而異，車程約3小時15分
6~9月12:30出發
大人¥3,300、小孩1,900
★礼文A路線➡夢の浮島礼文めぐり(巡遊夢幻島嶼礼文島)
香深港~西上泊·スカイ岬~スコトン岬~桃台猫台~※香深港(6/1~9/30可中途下車)~北のカナリアパーク~香深港。較深入島上景點，路線依季節略有不同，車程3小時50分
5~9月8:40出發
大人¥3,400、小孩1,800
★礼文B路線➡礼文スポットめぐり(礼文景點巡禮)
從香深港出發~西上泊·スカイ岬~スコトン岬~香深港，車程約2小時25分
6~9月14:15出發
大人¥3,200、小孩¥1,700

觀光旅遊攻略

接駁巴士➡6~8月礼文島上會有連接港口與主要觀光地的接駁巴士
租車自駕➡可考慮在島上租車自駕，行動較為方便。租車公司大多位在港口旁，相關資訊詳見觀光協會網站
當地導覽➡想更了解島上生態，不妨參加當地導覽行程，從1小時的輕鬆散步到4小時以上的山林健行，或為時2天的登山縱走、8~10月限定的星空行程都有。需事先預約，建議至官方旅遊網站上挑選
rishiri-plus.jp/shima-meguri/#guide
行程參考➡島上交通較不方便，景點距離也較遠，建議安排2天一夜行程時間較為充裕，可參考利尻、礼文的觀光資訊網
www.north-hokkaido.com/

觀光案內所

利尻島富士町観光協会(案内所)
利尻富士町鴛泊港町235(鴛泊港內)
0163-82-2201
4月15日~10月8:00~18:00
rishiri-plus.jp
礼文島観光案内所
礼文町香深(香深港內)
0163-86-2655
4月中旬~10月中旬
www.rebun-island.jp

利尻島

山形優美的利尻山直接從海平面升起，形成了這座火山島嶼，從海拔0公尺開始的登山路線擁有獨特的北國高山風景，是登山者的夢想之地，如果不想攀登利尻山約9小時的路程，也可以在環島道路上沿途欣賞原生沼澤、高山植物與展望台的壯闊風景，感受這裡的島嶼情調。島上也有溫泉，另外夏季限定的利尻海膽和相當知名的利尻昆布，也是他處沒有的美味。

白色戀人之丘

おすすめ 薦

白い恋人の丘(沼浦展望台)

別冊P.28,F4 從鴛泊港開車約35分 利尻富士町鬼脇沼浦 5~10月 休11~4月不開放 P有 714 110 665*47

不僅有經典的白色戀人風景，轉向面海一側，還能隔著日本海眺望北海道本土！

利尻山(りしりざん)標高1,721公尺，被稱為「利尻富士」，要欣賞利尻山的風景，白色戀人之丘就是最佳賞景點，從展望台可以看到秀麗山形、尖聳山峰，還有大片沼澤水景、林木圍繞，能夠將利尻山、オタトマリ沼盡收眼底。有趣的是其實這裡正式名稱是「沼浦展望台」，因為**知名伴手禮「白色戀人」包裝上的景致，就是從這裡望出去的利尻山風景**，才有了這個名稱。

停車場設立了餐廳、土產店等，可以在這裡小憩一番。

Otatomari沼

オタトマリ沼

別冊P.28,E4 從鴛泊港開車約25分；搭乘開往「鬼脇」的宗谷巴士約35分在「沼浦」站下車徒步 利尻富士町鬼脇沼浦 5~10月 休11~4月不開放 P有 714 109 833*67

Otatomari沼就位在白色戀人之丘前，地處利尻島東南方，這座**沼澤直徑廣達1公里**，沼澤旁就是島上最大的濕原「沼浦濕原」，周圍還有日本最北的赤蝦夷松(赤蝦夷松)原生林，**濕原植物、高山植物群生於此，生態豐富**，晴朗無風時湖面上倒映的利尻山身影更是亮點，也因此吸引遊客前來一訪。

磯焼亭

Isoyakitei

別冊P.28,E1 從鴛泊港徒步約1分 利尻郡富士町鴛泊字港町200 0163-82-2561 4~10月上旬10:00~19:00、10月下旬~3月10:00~17:00 休不定休 利尻らーめん(利尻拉麵)¥1,450 714 552 653*68

季節對的話還吃得到地產海膽。

在利尻島鴛泊港口旁，一間小小的食堂「磯焼亭」**榮獲米其林指南的推薦**，其中一道利尻拉麵，用昆布高湯加上雞骨、豚骨、再以獨家比例調和塩與醬油風味的湯頭，配上滿滿的海鮮，**畫龍點睛的是麵上的乾燥昆布絲**，吸滿高湯與細麵一同夾入口中，充滿潮香的風味讓人一吃上癮。

沓形岬公園

Katsugatamisaki Park

別冊P.28,C2 從鴛泊港開車約24分；從沓形港徒步約5分可達 利尻町沓形字富士見町 自由參觀 休11~4月不開放 P約10個 714 361 032*33

沓形岬公園是利尻島的知名景點，鄰近島嶼西側的沓形港，奇形怪狀的岩石錯落於此，一旁就是廣闊的海景，甚至還能從這裡**眺望礼文島的身影**，依時序綻放的黑百合、蝦夷萱草等海濱植物也是看點，不過**沓形岬最美的時候還是日落時分**，夕陽將海天染成橘紅，美麗景色讓人讚嘆。

麗峰湧水

れいほうゆうすい

別冊P.28,D4 從鴛泊港開車約30分 利尻町仙法志神磯 自由參觀 P有 714 128 704*38

位在利尻島西岸108號道路旁，麗峰湧水是**源於利尻山的純淨水源**，山上的雨水與融雪滲入地面，經過多年之後從此地湧出，這裡的湧水不僅乾淨，溫度更十分沁涼，不少人都會帶著罐子特地前來裝水，要是開車路過不妨下車，喝喝看源於利尻的純淨湧水。

神居海岸公園

神居海岸パーク

別冊P.28,C3 從鴛泊港開車約27分 利尻町沓形神居149-2 0163-84-3622 6~9月10:00~16:30(入園至16:00) 休10~5月 $利尻昆布體驗¥1,500 P15個 rishiri-kamui.com/ 714 272 315*08

海膽、昆布加上香草冰淇淋，是利尻島獨有奇妙組合！

昆布是利尻島的名物，想深入**了解當地昆布產業**，不妨來到神居海岸公園，動手做出昆布產品，開放期間每天有6場體驗，除了學習相關知識、體驗，也別忘了到併設的賣店逛逛，玉子燒、炸雞等小點心以外，還可以自製海膽壽司，甚至**還有放上海膽與昆布的冰淇淋**呢！傍晚時更可以欣賞美麗夕陽，迎著潮風，在潮汐聲中迎接小島的寧靜仲夜。

循環路線巴士的搭乘範例

從鴛泊港利用循環路線巴士出發時，順時針的A路線會直達較多站點，但也可利用B路線轉乘抵達。以前往「神居海岸公園」為例，搭B路線先在「沓形」站下車，候車約1小時，再搭下一班B路線巴士至「第一神居」站下車、徒步5分即達。相較之下B路線車程較短、車資較低，唯一的問題是轉車時間需35分~1小時45分不等，時間充裕的話可以從巴士站徒步10~15分鐘到港口周邊，這裡有餐廳、超商、溫泉、沓形岬公園，先逛逛再返回搭車。

姬沼

別冊P.28,E1 從鴛泊港開車約27分 利尻富士町鴛泊湾内 090-6994-2255 5~10月自由參觀 休11~4月 P有 714 494 867*61

被一片原生林包圍的姬沼，**天氣好時，清澈的湖面上倒映著利尻山**，山清水色景色絕美。姬沼位在島嶼東北方，因為有許多當地特有的野鳥棲息於此，被譽為野鳥寶庫，姬沼周圍設有一條自然觀察步道，繞行一周約20分鐘，沿途可邊欣賞湖光山色，邊漫步於自然氛圍中，途中更有一處清冽的天然湧泉，水質純淨芳甜。

礼文島

在利尻島的對岸，以花聞名的礼文島也是美不勝收。每年6月下旬至7月之間，上百種稀少而美麗的高山花卉盛開於此，為礼文島贏得「花之浮島」的美名，並成為日本祕境百選之一，更吸引《北方的金絲雀》劇組前來拍戲，並留下拍攝場景成為熱門觀光景點。礼文島地勢比利尻島平緩許多，還有許多規劃良好的散步道，可以沿途欣賞美麗植物和不時出現的澄澈海景。

澄海岬

おすすめ 薦

礼文Blue的最佳代表景點！

スカイ岬Sukai Misaki

別冊P.28,A2 從香深港開車約50分；從香深港搭乘巴士約1小時11分於「西上泊」站下車，徒步5分可達 礼文町大字船泊村 自由參觀 有 854 584 150*45

到礼文島遊玩，若是要選擇一個必訪景點，那當然便是澄海岬的壯麗景色。**澄海岬擁有島上透明度最高的海景**，碧藍海水下是清晰可見的礁岩，三面被斷崖環繞，夏天時綠草與鮮黃花卉遍地，襯托得這片風景更為脫俗，彷彿南國般的風景，是遊客與當地人都認同的島上最美海岬。

海鮮処かふか

別冊P.28,B4 從香深港徒步約6分 礼文町香深トンナイ558-1 0163-86-1228 11:00~14:00、17:00~21:00、冬季17:00~21:00 夏-週二、冬-週日與例假日、年末年始 うに丼(海膽丼)¥4,300、海鮮丼¥3,800 www.kafuka.or.jp/ 854 171 874*50

若想品嚐美味海膽，就不能錯過礼文島香深港附近的「海鮮処かふか」，**由香深漁業協同組合直營**的店舖，**用最實惠的價格提供招牌料理海膽丼**，滿滿海膽鋪在熱騰騰白飯上，散發出微微香甜氣息，十分誘人；而海鮮丼上則有滿滿數十種時令海鮮，不用淋醬油最能吃出原味。

附近賣店「島の人 礼文島本店」，售有昆布口味霜淇淋。

須古頓岬

スコトン岬

別冊P.28,A1 從香深港開車約36分；從香深港搭乘開往「スコトン」的巴士約1小時於終點站「スコトン」下車，徒步10分可達 礼文町香深トンナイ558-1 0163-86-1745 自由參觀 有 854 761 346*75

須古頓岬位在**礼文島的最北端**，海岬突出於海面上，因此從這裡可以看到**超過300°的廣闊海景**，海岬前方還有一座立著燈塔的無人小島「海馬島(トド島)」，為大海的藍點綴了一抹綠意，天氣晴朗時甚至還能夠看到俄羅斯的庫頁島，無遮擋的海景讓人讚嘆。

挖海膽體驗中心

うにむき体験センター

別冊P.28,B3 從香深港開車約10分；從香深港搭乘開往「スコトン」的巴士約15分於「キトウス」站下車，徒步1分 礼文町香深村字キトウス 0163-87-2506 4~9月9:00~16:00 週末(遇例假日不休)、不定休、冬季 ￥800/個 有 funadomari.jp/hpgen/HPB/entries/2.html 854 442 407*33

若想更加**了解海膽從產地到餐桌的過程**，可以到香深的挖海膽體驗中心，跟著老師**親自挖出黃澄澄的海膽肉**，使用專用道具輕鬆打開海膽，把海膽挖出以後，再用海水清洗，就可以享用現挖鮮吃的美味，當然也會學習如何分辨海膽的公母，簡單的體驗好吃又好玩。

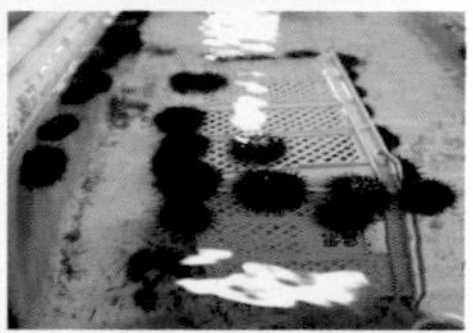

別忘了挑掉內臟及殘留的昆布。

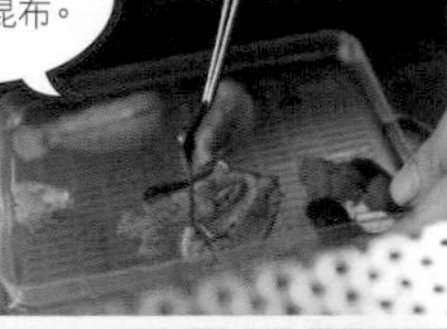

利尻島近在眼前。

Kitano Canary Park

北のカナリアパーク

別冊P.28,B4 從香深港開車約5分 礼文町香深村字フンベネフ621 0163-86-1001(礼文島観光協会) 5~10月9:00~17:00 11~4月 免費 有 854 110 013*61

2012年的電影《北方的金絲雀》(北のカナリアたち)描述在北海道離島小學裡發生的故事，**電影的主場景**就是眼前這座小小的校舍，為了電影而搭建的「麗端小学校岬分校」，現在成為免費景點，踏入其中，不免讓人驚嘆場景設置的精細，桌椅、書籍、洗手台等等，彷彿真的是一座學校。參觀以外，職員室還會有免費的貝殼彩繪活動可以參加。

金田岬

金田ノ岬

別冊P.28,B1 從香深港開車約30分；從香深港搭乘開往「スコトン」的巴士約40分於「空港下」站下車，徒步11分可達 礼文町船泊村 自由參觀 有 854 739 882*01(停車場)

若還有時間，千萬不要錯過小島北邊的金田岬。金田岬位在須古頓岬的對面，這裡雖然沒有其他地方那樣壯麗的海岬風景，晴朗時一樣可以欣賞湛藍海景、遠眺須古頓岬的輪廓，不過最吸引人的一點，就是還**能見到圓滾滾的野生海豹躺在岩石上曬太陽的模樣**，有趣的風景成為最大亮點。

北海道基本情報

北海道位於日本列島的最北方，總面積相當於2.5個台灣大，壯闊的自然景致與鮮明的四季，成為這裡吸引觀光客一遊再遊的誘因，再加上各季熱鬧繽紛的活動、豐富農牧漁產及各式美食，探索不盡的北國魅力深深地打動遊客的心。

日本概要

◎國名日本

◎正式國名日本國

◎首都東京　**◎語言**日語

◎宗教以信神道教者佔最多數，其次為佛教、基督教、天主教等。

◎地理環境

位於東北亞的島國，由四大島：北海道、本州、四國、九州及許多小島組成，西濱日本海、朝鮮海峽、中國東海，東臨太平洋，主島多陡峭山脈和火山，本州是最大主島，沿海為狹窄平原。

時差

日本比台灣快一個時區，也就是台北時間加一小時。

氣候

◎春天(4、5月)

殘雪到4、5月都還看得見，因此感覺上春天只有短短不到1個月。4月溫差大，需注意防寒，5月開始回溫，道內的櫻花會爭相綻放。

◎夏天(6、7、8月)

6月開始有草花盛開，最熱的季節在7~8月之間來臨，天氣熱的時候甚至會超過30度，需注意防曬。大部分的時候早晚仍然氣溫微涼，帶件薄外套比較保險。道東則一直維持微涼的天氣。

◎秋天(9、10、11月)

9月之後天氣驟然轉涼，北海道短暫的秋天來臨。大概10月中旬就開始覺得寒冷，初雪一般降於11月初。北海道山區9月下旬即開始進入秋天紅葉季節，平地的紅葉則要到約10月下旬才會轉紅。

◎冬天(12、1、2、3月)

約從12月開始積雪，在1、2月時雪最多，3月中旬開始慢慢融雪。雖然天氣寒冷，但由於室內都有暖氣，建議採洋蔥式穿衣法，大外套裡盡量不要穿得太厚。另外，防風衣物也請備齊，並準備防滑防水的鞋子，以免在結冰的馬路上滑倒。北海道冬天天氣乾冷，記得保濕；雪地中則注意防曬。

習慣

日本的一般商店街和百貨公司，除了特賣期間，通常都從早上11點左右營業到晚間7點～8點間。行人行走的方向是靠左行走，車輛行駛的方向也跟台灣相反。

貨幣及匯率匯率

◎匯率

台幣1元約兌換日幣4.5圓(2022年10月)

◎通貨

日幣(￥、円)。紙鈔有1萬圓、5千圓、2千圓及1千圓，硬幣則有500圓、100圓、50圓、10圓、5圓及1圓。

兌換

出發前記得在國內先兌換好日幣，雖然各大百貨公司及店家、餐廳等都可使用信用卡，但是像購買電車票、吃拉麵、買路邊攤、住民宿等，都還是會用到現金。國內各家有提供外匯服務的銀行都有日幣兌換的服務，桃園國際機場內也有多家銀行櫃台可快速兌換外幣。

郵政

郵筒分紅、綠兩色，紅色寄當地郵件，綠色寄外國郵件(有些地區只有一個紅色郵筒兼收)。市區主要郵局開放時間，週一~五為9:00~19:00，週六為9:00~17:00。

航空明信片郵資日幣70圓，航空郵件郵資日幣90圓(限10公克以下，寄往亞洲國家，不包括澳洲、紐西蘭，10公克以上，每10公克加日幣60圓)。

小費

在日本當地消費，無論是用餐、搭乘計程車還是住宿，都不用特別額外給小費，服務費已內含在標價中。

購物

日本的大折扣季是在1月和7月，每次約進行1個半月的時間，跟台灣一樣折扣會愈打愈低，但貨色會愈來愈不齊全。1月因適逢過年，各家百貨公司和商店都會推出超值的福袋。

信用卡掛失

VISA信用卡國際服務中心：

00531-44-0022

Master信用卡國際服務中心：

00531-11-3886

JCB日本掛失專線：

0120-794-082

美國運通日本掛失專線：

03-3586-4757

簽證及護照效期規定

2005年8月5日通過台灣觀光客永久免簽證措施，即日起只要是90日內短期赴日者，即可享有免簽證優惠。

◎免簽證實施注意事項

對象：持有效台灣護照者(僅限護照上記載有身分證字號者)。

赴日目的：以觀光、商務、探親等短期停留目的赴日(如以工作之目的赴日者則不符合免簽證規定)。

停留期間：不超過90日期間。

出發入境地點：無特別規定。

電話

投幣話機可使用10圓、100圓。能打國際電話的公用電話越來越少，請特別注意。

打國際電話先撥001(日本電信公司，此為KDDI)-010-國碼(台灣是886)-打區域號碼(去0)-電話號碼。

手機通訊

台灣行動電話和日本系統不同，前往日本可在台灣國內的機場或日本機場租用手機，或是使用國內有提供原機原號但另做設定的日本漫遊服務手機系統。另外目前各家使用CDMA系統的4G、5G手機已可漫遊日本地區，不需另外申請。

◎打回台灣的市內電話

001(日本電信公司，此為KDDI)-010-886(台灣國碼)-2(區域號碼)-＊＊＊＊-＊＊＊＊(受話號碼)

◎打回台灣的行動電話

001(日本電信公司，此為KDDI)-010-886(台灣國碼)- ＊＊＊-＊＊＊-＊＊＊
日本國際碼-台灣國碼-受話行動電話號碼

◎使用4G、5G行動電話原機原號漫遊打回台灣市區電話

+(使用手機上的按鍵)886(台灣國碼)-2(區域號碼)-＊＊＊＊-＊＊＊＊(受話號碼) (詳細請洽各家行動電話通訊商)

◎行動電話原機原號漫遊打回台灣行 動電話

+(使用手機上的按鍵)886(台灣國碼)-(去0)＊＊＊-＊＊＊-＊＊＊

電源

電壓100伏特，插頭為雙平腳插座。

旅遊資訊

◎台北駐日經濟文化代表處

週一～週五09:00~12:00、13:00~17:00

札幌分處

遭遇到任何問題與麻煩，如護照遺失、人身安全等，皆可與代表處連絡。

札幌地下鐵南北線さっぽろ駅3號出口徒步1分　北海道札幌市中央区北4条西4-1(伊藤大樓5F)　011-222-2930、080-1460-2568(急難救助專線)　週一~週五09:00~17:30　日本國定假日、10月10日、農曆春節　www.taiwanembassy.org/JP/OKD/mp.asp?mp=691

當地旅遊資訊

◎新千歲機場 旅客服務處

國際線2F大廳

搭配航班時間　0123-23-0111

◎函館機場 旅客服務處

函館機場國內線1F大廳、國際線1樓大廳　8:00~19:30，依航班時間而異　0138-57-8881

◎旭川機場 旅客服務處

旭川機場1F大廳　8:45~最末班班機抵達　0166-83-3716

◎札幌市電話服務中心

針對札幌市的設施活動等提供諮詢，可以日語、英語、中文、韓語服務。

8:00~21:00　011-222-4894

北海道旅遊實用網站

◎HOKKAIDO LOVE

tw.visit-hokkaido.jp

◎札幌觀光協會

www.sapporo.travel

◎小樽觀光協會

otaru.gr.jp

◎函館市觀光資訊網

www.hakodate.travel/cht

◎旭川觀光協議會

www.atca.jp

◎帶廣觀光協議會

obikan.jp

◎富良野觀光協會

www.furanotourism.com/sp/cn

◎美瑛町觀光協會

www.biei-hokkaido.jp/zh_TW

◎Explorer The Wonderland. Eastern Hokkaido

ja.visit-eastern-hokkaido.jp

◎ひがし北海道 冬のあたらしい魅力

www.doto2022.com/

金融卡

金融卡就是ATM提款卡，其實它不只可以提款、查詢餘額、轉帳，還可以繳費、繳稅，更厲害的是還能購物，帶著金融卡到日本，還能享有提款和購物的多重好康。

◎提款五大好處

1.匯率最透明

匯率皆以交易前一營業日臺灣銀行14:30牌告現金賣出匯率，安心透明不吃虧。

2.手續費優惠

使用金融卡提領日圓現鈔，相較於國際信用卡的手續費節省近一半。

3.安全又好記

使用與國內ATM提款相同的6～12位晶片密碼。

4.中文好親切

ATM操作介面提供中文服務。

5.不必換卡

平常在國內使用的金融卡，就可以直接帶出國，不必重新申請換卡，在日本許多便利超商和合作銀行即可提領日圓現鈔。

(可使用之ATM設置地點請見www.fisc.com.tw/TC/International/Japan)

◎購物三大好處

1.免1.5%國外交易手續費

購物免收1.5%跨國交易手續費。

2.再享2%現金回饋

免登錄！購物享交易金額2%現金回饋，次月直接回饋至帳戶。

(活動期間至2022年12月31日)

3.特約商店專屬好禮

金融卡與日本多家商店合作，購物滿額還能獲得專屬精緻好禮。

(優惠活動詳情請見www.fisc.com.tw/TC/International/Japan)

重要提醒：

出國前，請先洽詢發卡銀行開啟跨國提款及消費扣款功能！

國定假日

12月29日~1月3日	新年假期
1月第二個週一	成人之日
2月11日	建國紀念日
3月20日或21日	春分之日
4月29日	昭和之日
5月3日	憲法紀念日
5月4日	綠之日
5月5日	兒童之日
7月第三個週一	海洋之日
8月11日	山之日
9月第三個週一	敬老之日
9月22日或23日	秋分之日
10月第二個週一	體育之日
11月3日	文化之日
11月23日	勤勞感謝日
12月23日	天皇誕辰

日本入境手續

所有入境日本的外國人都需填寫入出境表格和行李申報單，如果自由行觀光客在出發前沒有拿到旅行社所發送的表格，請在飛機航班上主動向機組人員詢問索取，並盡可能在飛機上填寫完成，每一個空格都需填寫，以免耽誤出關時間。

入境審查手續

自2007年11月20日開始，為了預防恐怖事件發生，所有入境日本的外國旅客都必須經過按指紋與臉部照相過程才可入境。

↓

❶ 抵達後請準備好已經填寫完成的入境表格，於外國人的櫃檯依指示排隊。

↓

❷ 向櫃檯入境審查官提交護照、填寫好之入境表格。

↓

❸ 在海關人員的引導指示下讀取指紋。
請將兩隻手的食指放上指紋機，等候電腦讀取指紋資訊。

↓

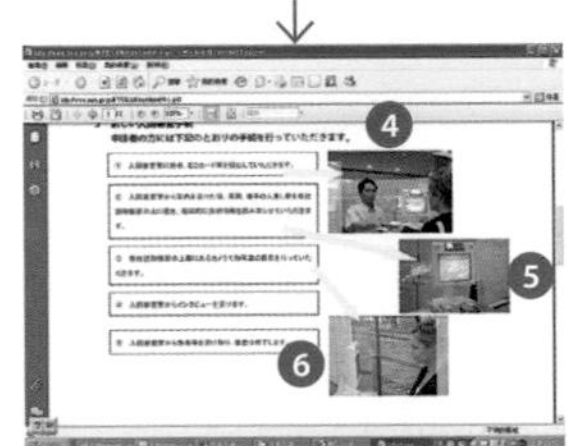

請參照 www.moj.go.jp/content/000001945.pdf

↓

❹ 準備臉部拍照，請將臉部正對著指紋機上的攝影鏡頭。

↓

❺ 接受入境審查官的詢問。

↓

❻ 入境審查官審核認可之後，
會在護照上貼上日本上陸許可，並釘上出國表格。
(此張表格於日本出境時審查官會取回)

↓

❼ 等候入境審查官歸還護照，完成入境手續。

不需接受按指紋與臉部照相手續的人

1.特別永住者。
2.未滿16歲者。
3.進行外交或政府公務活動之人員。
4.受到日本國家行政首長邀請之人員。
5.符合日本法務省規定之人員。

隨指標抵達證照檢查處後，請在標示為「外國人入境」的窗口前依序排隊，並準備：1.護照2.填寫好的出入境表格3.機票存根，在輪到你時交給窗口的入境審查官。檢查完資料後，審查官貼上入境許可，並請你在指紋登記系統留下紀錄，完成入國手續。

填寫入國紀錄

❶ 姓(填寫護照上的英文姓氏)
❷ 名(填寫護照上的英文名字)
❸ 出生日期(依序為日期、月份、西元年)
❹ 現居國家名
❺ 現居都市名
❻ 入境目的(勾選第一個選項「觀光」，若非觀光需持有簽證)
❼ 搭乘班機編號
❽ 預定停留期間
❾ 在日本的聯絡處(填入飯店名稱、電話號碼即可)
❿ 在日本有無被強制遣返和拒絕入境的經歷(勾選右方格：沒有)
⓫ 有無被判決有罪的紀錄(不限於日本) (勾選右方格：沒有)
⓬ 持有違禁藥物、槍砲、刀劍類、火藥類(勾選右方格：沒有)
⓭ 簽名

備註：新式入國記錄背面問題即為❿~⓬

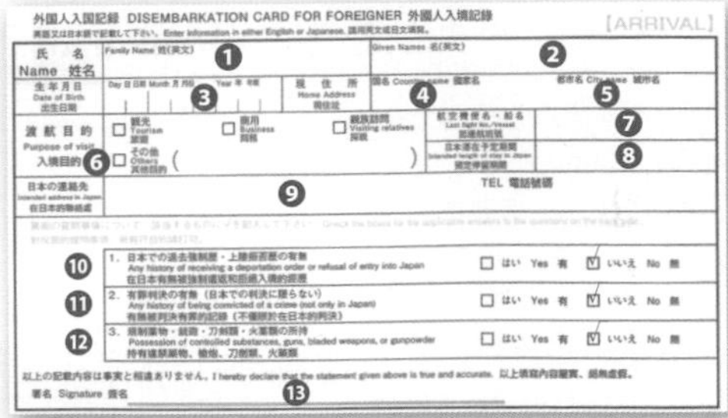

外国人入国記録 DISEMBARKATION CARD FOR FOREIGNER 外國人入境記錄 【ARRIVAL】

氏名 Name 姓名	Family Name 姓(英文) ❶	Given Names 名(英文) ❷
生年月日 Date of Birth 出生日期	Day 日 Month 月 Year 年 ❸ / 現住所 Home Address 現住址	国名 Country name 國家名 ❹ / 都市名 City name 城市名 ❺
渡航目的 Purpose of visit 入境目的 ❻	□ 観光 Tourism 觀光 □ 商用 Business 商務 □ 親族訪問 Visiting relatives 探親 □ その他 Others 其他目的 ( )	航空機便名・船名 Last flight No./Vessel 搭乘航班號 ❼ / 日本滞在予定期間 Intended length of stay in Japan 預定停留期間 ❽
日本の連絡先 Intended address in Japan 在日本的聯絡處	❾	TEL 電話號碼

❿	1. 日本での過去強制歴・上陸拒否歴の有無 Any history of receiving a deportation order or refusal of entry into Japan 在日本有無被強制遣返和拒絕入境的經歷	□ はい Yes 有 ☑ いいえ No 無
⓫	2. 有罪判決の有無（日本での判決に限らない） Any history of being convicted of a crime (not only in Japan) 有無被判決有罪的記錄（不僅限於在日本的判決）	□ はい Yes 有 ☑ いいえ No 無
⓬	3. 規制薬物・銃砲・刀剣類・火薬類の所持 Possession of controlled substances, guns, bladed weapons, or gunpowder 持有違禁藥物、槍砲、刀劍類、火藥類	□ はい Yes 有 ☑ いいえ No 無

以上の記載内容は事実と相違ありません。I hereby declare that the statement given above is true and accurate. 以上填寫內容屬實，絕無虛假。

署名 Signature 簽名 ⓭

在行李旋轉台上找到行李後，還必須通過最後一關行李檢查，才能正式進入日本。如果有需要特別申報的物品的話，必須走紅色通道，如果沒有的話可由綠色通道通關。在這裡請準備：

①行李申報單

②護照

以上物件備齊交給海關人員查驗。

(A面)

税関様式C第5360号

携帯品・別送品　申告書

下記及び裏面の事項について記入し、税関職員へ提出してください。

❶搭乗機（船舶）名・出発地　BR2198　（出発地 ❷Taipei ）

入国日 ❸ 2 0 1 4 年 1 0 月 2 1 日

フリガナ

氏名 ❹Wang Da Ming

住所（滞在先）❺ 〒　－　tel 0 3 3(3 4 4)1 1 1 1

職業 ❻Student

❼生年月日 1 9 8 0 年 0 1 月 0 1 日

❽旅券番号 1 2 3 4 5 6 7 8 9

❾同伴家族　２０歳以上　名　6歳以上２０歳未満　名　6歳未満　名

※ 以下の質問について、該当する□に"✓"でチェックしてください。

1．下記に掲げるものを持っていますか？　はい　いいえ

❿① 日本への持込が禁止又は制限されている物（B面を参照）　□　☑

⓫② 免税範囲（B面を参照）を超える購入品・お土産品・贈答品など　□　☑

⓬③ 商業貨物・商品サンプル　□　☑

⓭④ 他人から預かった荷物　□　☑

＊上記のいずれかで「はい」を選択した方は、B面に入国時に携帯して持込むものを記入願います。

⓮2．100万円相当額を超える現金又は有価証券などを持っていますか？　はい □　いいえ ☑

＊「はい」を選択した方は、別途「支払手段等の携帯輸入届出書」の提出が必要です。

⓯3．別送品　入国の際に携帯せず、郵送などの方法により別に送った荷物（引越荷物を含む。）がありますか？

□ はい　（　個）　☑ いいえ

＊「はい」を選択した方は、入国時に携帯して持込むものをB面に記載したこの申告書を2部、税関に提出して、税関の確認を受けてください。
税関で確認を受けた申告書は、別送品を通関する際に免税範囲の確認に必要となりますので大切に保管してください。

《注意事項》

海外で購入されたもの、預かってきたものなど、本邦に持込む携帯品については、税関に申告し、必要な検査を受ける必要があります。税関検査にご協力ください。

また、申告漏れ、偽りの申告などの不正な行為がありますと、処罰されることがありますので注意してください。

ご協力ありがとうございました。

(B面)

A面より、記入してください。《申告は正確に!》
（ご不明な点がございましたら税関職員へお尋ねください。）

※ 入国時に携帯して持ち込むものについて、下記の表に記入してください。

（注）個人的使用に供する購入品等に限り、1品目毎の海外市価の合計額が1万円以下のものは記入不要です。
また、別送した荷物の詳細についても記入不要です。

酒類			本	＊税関記入欄
たばこ	紙巻		本	
	葉巻		本	
	その他		ｸﾞﾗﾑ	
香水			ｵﾝｽ	
その他の品名	数量	価格		
＊税関記入欄　円				

⓰日本への持込が禁止されているもの

① 麻薬、向精神薬、大麻、あへん、覚せい剤、MDMAなど
② けん銃等の銃砲、これらの銃砲弾やけん銃部品
③ ﾀﾞｲﾅﾏｲﾄなどの爆発物や火薬、化学兵器の原材料
④ 紙幣、貨幣、有価証券、ｸﾚｼﾞｯﾄｶｰﾄﾞなどの偽造品
⑤ わいせつ雑誌、わいせつDVD、児童ポルノなど
⑥ 偽ブランド品、海賊版などの知的財産侵害物品

⓱日本への持込が制限されているもの

① 猟銃、空気銃及び日本刀などの刀剣類
② ワシントン条約により輸入が制限されている動植物及びその製品（ﾜﾆ・ﾍﾋﾞ・ﾘｸｶﾞﾒ・象牙・じゃ香・ｻﾎﾞﾃﾝなど）
③ 事前に検疫確認が必要な生きた動植物、肉製品（ｿｰｾｰｼﾞ・ｼﾞｬｰｷｰ類を含む。）、野菜、果物、米など
＊事前に動植物検疫カウンターでの確認が必要です。

⓲免税範囲

・酒類3本（760ml／本）
・外国製紙巻たばこ200本
＊20歳未満の方は酒類とたばこの免税範囲はありません。
・香水2ｵﾝｽ（1ｵﾝｽは約28ml）
・海外市価の合計額が２０万円の範囲に納まる品物（入国者の個人的使用に供するものに限る。）
＊6歳未満のお子様は、おもちゃなど子供本人が使用するもの以外は免税になりません。
＊海外市価とは、外国における通常の小売価格（購入価格）です。

填寫行李申報單

❶搭乘航班編號
❷出發地點
❸入境日期
❹姓名(註：填寫護照上英文姓名)
❺日本的聯絡處(請填寫入住之飯店名稱、電話)
❻職業
❼出生年月日(註：填寫西元年號)
❽護照號碼
❾同行家屬(請勾選)
❿是否攜帶以下申請單B面之禁止入境物品？(填寫右方格：沒有)
⓫是否攜帶超過B面免稅範圍的商品、土產或禮品？(填寫右方格：沒有)
⓬是否攜帶商業貨物、樣品？(填寫右方格：沒有)
⓭是否攜帶別人寄放物品？(填寫右方格：沒有)
⓮是否攜帶超過折合100萬日幣的現金或有價證券？(填寫右方格：沒有)
⓯除隨身行李之外是否有郵寄送達日本的物品？(填寫右方格：沒有)

註：以上10-15項如果填寫「是」則必須在B面的清單正確填寫物品名稱與數量。

⓰日本禁止入境物品
(1)麻藥、類精神藥、大麻、鴉片、興奮劑、搖頭丸等各級法定毒品。
(2)手槍等槍枝與槍枝的彈藥及零件。
(3)炸藥等爆炸物品、火藥、化學武器的原料。
(4)紙幣、貨幣、有價證券及信用卡等的偽造物品。
(5)色情書報雜誌、光碟及兒童色情物品。
(6)仿冒名牌商品、盜版等損害智慧財產權 的物品。

⓱日本限制入境物品
(1)獵槍、空氣槍及日本刀等刀劍類。
(2)根據華盛頓公約限制進口的動植物及其製品(鱷魚、蛇、龜、象牙、麝香及仙人掌等)
(3)需事前檢疫的動植物、肉產品(包括香腸、牛肉乾、豬肉乾等)、蔬菜、水果及稻米。

⓲入境日本免稅範圍
· 酒類3瓶(1瓶760ml)
· 外國香菸400支
· 香水2盎司(1盎司約28ml)
· 境外市價總額不超過20萬日幣的物品
(只限入境者的自用品)

退稅手續

在日本購物後要怎麼退稅？日本從2014年4月起將原本5%的消費費調漲至8%後，陸續施行了一系列退稅制度修改，伴隨著對外國人的免稅新政策施行，原本只有電器、服飾能夠退稅，如今連食品、藥妝也列入免費範圍，2018年7月起更是將一般品及消耗品合併計算，退稅制度更為優惠。2022年再將退稅紙本電子化，無紙環保更輕鬆。想搞懂新的退稅機制，只要把握以下幾個原則就沒有錯：

➔退稅門檻降低

以前的退稅制度將商品分為兩大類，其一為百貨服飾、家電用品等「一般品」，另一種則為食品、飲料、化妝品、藥品、菸酒等「消耗品」，退稅標準為：同一天在同一間店、購買同一種類商品達日幣5000以上方可享受退稅。2018年7月以後再次降低門檻，不分一般品、消耗品，只要同一天在同一間店裡消費達日幣5000以上、50萬以下，就可以享受退稅。

➔不可在日本境內拆封

在日本使用(食用)。為防止退稅過後的物品在日本被打開，購物退稅後物品會裝入專用袋或箱子中，直到出境後才能打開。若是在日本就打開，出境時會被追加回稅金，需特別注意。（原舊制的家電、服飾等「一般品」不在此限）

➔液體要放託運

原則上所有免稅商品都需要在出境時帶在身邊讓海關檢查，但如果買了酒、飲料等液態食品，或是化妝水、乳

液等保養品不能帶入機艙，必需要放入託運行李中時，可在結帳退稅時請店員分開包裝，但切記裝入行李箱時一樣不可打開包裝袋或箱子，以免稅金被追討。

➔認明退稅標章

舊制的百貨、電器等在各大商場、百貨可於退稅櫃台辦理；而新制則是在付款時便出示護照辦理。可以退稅的店家會張貼退稅標章，若不確定可

口頭詢問是否有退稅服務。

有關新稅制詳細規定可洽官網：

tax-freeshop.jnto.go.jp/eng/index.php

➔沒有紙本退稅單

購物時直接刷護照條碼，將紀錄傳輸到電子海關系統無紙E化！

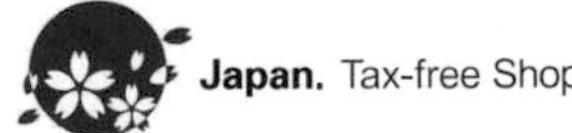

➔退稅流程

❶ 選購商品 ➔

❷ 同一日同間商店購買a)消耗品 + b)一般品達¥5000以上 ➔

❸ 結帳時表示欲享免稅，並出示護照。短期停留的觀光客才享有退稅資格。有的百貨、商店有專門退稅櫃台，可結帳後再到退稅櫃台辦理。

❹ 結帳時，由店員刷護照條碼紀錄，免稅單不再印出，而是雲端電子化。 ➔

❺ 回國出境過海關時，日本海關只需刷你的護照條碼，便能知道你有無免稅品消費紀錄。 ➔

❻ 一般品可以拆箱使用，而消耗品則不可拆封(由專用袋／箱裝著)，原則上應於出境時隨身攜帶以利海關檢查，若有液體則需託運。

日本行動上網

近年台灣赴日旅遊的旅客年年超過百萬人，日本榮登台灣海外旅遊最受歡迎的城市。在旅程中，依賴「超完美旅伴」智慧型手機的人數也逐年攀升，然而若無網路搭配，智慧型手機等於廢了一半，使用Google Map、交通App、社群App、甚至是臨時查詢店家資訊時都需要網路連線，以下將介紹幾種旅日的上網方式，讓旅人在漫遊日本時能更加順暢。

➔FREE Wi-Fi PASSPORT

在日本全國約有40萬個熱點，在速食店、咖啡廳、各大車站、飯店等皆可使用。抵達日本後，手動將電信公司切換到SoftBank，撥打*8181 (中文語音)即可獲得一組密碼。打開wifi找到「.FREE_Wi-Fi_PASSPORT」，輸入帳號即冠上國碼的手機號碼與剛才得到的密碼，即可開始免費使用14天，14天期限過了後，再重覆上述動作即可再次使用。

➔Japan Connectd-free Wi-Fi

◎網址：www.ntt-bp.net/jcfw/tw.html

此APP提供中、英、日、韓四種版本，只要出國前先下載好並註冊，抵達日本後就能利用它搜尋所在地附近的Wifi熱點；而且只要註冊一組帳號密碼，就能快速連上Wifi，且不限使用一家，機場、鐵路、便利商店、星巴客等免費Wifi服務都能連上。

➔STUDIO A x Docomo 日本上網卡

◎網址：www.studioa.com.tw

由STUDIO A與日本NTT docomo合作推出的上網網卡，在日本全國皆可使用。標榜LTE訊號4G每日不限速，可使用8天，每張卡售價台幣699。正常情況下插卡設定即可使用，免去開卡的繁複手續，更不用註冊，只是提供的卡片為nano卡，若手機的卡非nano，則需要另備轉卡糟才可使用。

➔游客邦日本輕旅機

◎網址：www.unitetraveler.com

◎電話：03-399-2378

游客邦推出專屬日本的wifi輕旅機，打出4G不限流量，可供2~3人同時使用，覆蓋率含日本全區，如是在都會區使用更是暢行無阻；除了日本機，同時也推出韓國樂遊機、Wi-Fun全球機，並於松山、桃園機場都可作取件服務。

➔TRAVEL JAPAN Wi-Fi APP

◎網址：https://japanfreewifi.com/zh-hant

此APP不需登入，就會自動連結到服務的WIFI熱點，全日本有超過20萬個免費熱點，機場、咖啡、唐吉軻德、松本清等店家都可連上網，APP內還會有折價券、優惠訊息等，頗為實用。

➔Wi-Ho!全世界行動分享器

◎網址：www.telecomsquare.tw/

◎電話：02-2545-7777 (特樂通公司)

日本機型最齊全，涵蓋範圍&收訊最優，最多可同時14人分享上網。別家有的優點Wi-Ho全都有，除了可寄送機器外，桃園機場皆可取機&還機。

日文速成班

總之，先說這句

不好意思
すみません。
su-mi-ma-sen.

❗不管問什麼，向人搭話時都先說這句比較禮貌。

我不會日文
日本語わかりません。
ni-hon-go wa-ka-ri-ma-sen.

我是台灣人
私は台湾人です。
wa-ta-shi wa Taiwan-jin de-su.

生活日文

早安
おはようございます。
o-ha-yo go-za-i-ma-su.

你好
こんにちは。
kon-ni-chi-wa.

晚安(晚上時與你好同樣意思)
こんばんは。
kon-ban-wa.

晚安(臨睡前)
おやすみなさい。
o-ya-su-mi na-sai.

再見
さよなら。
sa-yo-na-ra.

你好嗎？
お元気ですか。
o-gen-ki de-su-ka.

謝謝
ありがとうございます。
a-ri-ga-tou go-zai-ma-su.

對不起
ごめんなさい。
go-men na-sai.

是 / 好
はい。
hai.

不是
いいえ。
ii-e.

我知道了
わかりました。
wa-ka-ri-ma-shi-ta.

我不知道
わかりません。
wa-ka-ri-ma-sen.

身體不舒服
気分が悪い。
ki-bun ga wa-ru-i.

好像感冒了
風邪引いたみたい。
ka-ze hii-ta mi-tai.

肚子痛
お腹が痛いです。
o-na-ka ga i-tai de-su.

這裡痛
ここが痛いです。
ko-ko ga i-tai de-su.

衛星導航
カーナビ(car navigator)
ka-na-bi

車禍
交通事故
ko-tsu-ji-ko

92無鉛汽油
レギュラー(regular)
re-gyu-ra

98無鉛汽油
ハイオク
hai-o-ku

柴油
軽油(diesel)
ke-yu

加滿
満タン(まんたん)
man-tan

數字

0	1	2	3	4	5	6	7
れい / ゼロ	**いち**	**に**	**さん**	**よん / し**	**ご**	**ろく**	**なな / しち**
rei / ze-ro	i-chi	ni	san	yon / shi	go	ro-ku	nana / shi-chi
8	9	10	11	20	百	千	萬
はち	**きゅう / く**	**じゅう**	**じゅういち**	**にじゅう**	**ひゃく**	**せん**	**万(まん)**
ha-chi	kyu / ku	jyu	jyu-i-chi	ni-jyu	hya-ku	sen	man

想問路嗎？

我想要去～。
～に行きたいです。
～ni i-ki-tai de-su.

去～的月台乘車處是幾號？
～行きはどのホーム [乗り場]ですか？
～yu-ki wa do-no ho-mu [no-ri-ba] de-su-ka?

直接這麼說！

搭什麼線比較好？
何線でいいですか？
na-ni-sen de ii de-su ka.

請問在哪裡轉車？
どこで乗り換えますか？
do-ko de no-ri-ka-e ma-su-ka.

那一個出口比較近？
何番出口の方が近いですか？
nan-ban de-gu-chi no ho ga chi-kai de-su-ka.

過不了改札口
改札口を通れませんでした。
kai-sa-tsu-guchi wo too-re-ma-sen de-shi-ta.

車票不見了
切符をなくしてしまいました。
kippu wo na-ku-shi-te shi-mai-ma-shi-ta.

東西忘了拿
荷物を忘れてしまいました。
ni-mo-tsu wo wa-su-re-te si-mai-ma-shi-ta.

想退票
払い戻ししたいんです。
ha-rai mo-do-shi shi-tain de-su.

搭錯車
乗り間違えました。
no-ri ma-chi-ga-e-ma-shi-ta.

坐過站
乗り過ごしました。
no-ri su-go-shi-ma-shi-ta.

請寫下來
書いてください。
kai-te ku-da-sai.

想找車站裡的設施嗎？

最近的～在哪裡。
一番近い～はどこですか。
ichi-ban chi-kai～wa do-ko de-su-ka.

車站內設施

觀光案内所
かんこうあんないしょ
kan-ko-an-nai-syo

廁所
トイレ
to-i-re

電梯
エレベーター (elevator)
e-re-be-ta

電扶梯
エスカレーター (escalator)
e-su-ka-re-ta

投幣置物櫃
コインロッカー (coin locker)
ko-in-rokka

出入口
でいりぐち
de-i-ri-gu-chi

駅員室
えきいんしつ
e-ki-in shi-tsu

精算機
せいさんき
sei-san-ki

公共電話
こうしゅうでんわ
ko-syu-den-wa

購物日文

想要買嗎？

請給我這個
これを下さい。
ko-re wo ku-da-sai.

請給我看這一個
これを見せて下さい。
ko-re wo mi-se-te ku-da-sai.

❗これ(ko-re)，是「這個」的意思，買東西只要指著物品說これ，店員就會明白你要哪一個了。

直接這麼說！

多少錢？
いくらですか。
i-ku-ra de-su-ka.

可以試穿嗎？
試着してもいいですか。
si-chya-ku si-te-mo ii de-su-ka.

請修改尺寸
丈を直して下さい。
jyo wo na-o-si-te ku-da-sai.

不用了
いいんです。
iin de-su.

只是看看而已
見るだけです。
mi-ru da-ke de-su.

(尺寸)有更大(更小)的嗎？
もっと大きいの [小さいの] はありませんか。
motto oo-kii no [chii-sai no] wa a-ri-ma-sen-ka.

請問有其他顏色嗎？
他の色はありませんか。
ho-ka no i-ro wa a-ri-ma-sen-ka.

保存期限有多久？
賞味期限はいつまでですか。
syo-mi-ki-gen wa i-tsu ma-de de-su-ka.

作者墨刻編輯部
攝影墨刻編輯部
特約編輯周麗淑
美術設計羅婕云・駱如蘭（特約）・洪玉玲（特約）
呂昀禾（特約）・詹淑娟（特約）・許靜萍（特約）
封面設計羅婕云
地圖繪製墨刻編輯部・nina（特約）

出版公司
墨刻出版股份有限公司
地址：台北市104民生東路二段141號9樓
電話：886-2-2500-7008／傳真：886-2-2500-7796
E-mail：mook_service@hmg.com.tw
發行公司
英屬蓋曼群島商家庭傳媒股份有限公司城邦分公司
城邦讀書花園：www.cite.com.tw
劃撥：19863813／戶名：書虫股份有限公司
香港發行城邦（香港）出版集團有限公司
地址：香港灣仔駱克道193號東超商業中心1樓
電話：852-2508-6231／傳真：852-2578-9337
城邦（馬新）出版集團 Cite (M) Sdn Bhd
地址：41, Jalan Radin Anum, Bandar Baru Sri Petaling,
57000 Kuala Lumpur, Malaysia.
電話：(603)90563833／傳真：(603)90576622／
E-mail：services@cite.my
製版・印刷凱林彩印股份有限公司
ISBN978-986-289-762-1・978-986-289-783-6（EPUB）
城邦書號KS2060 **初版**2022年10月 **初版8刷**2023年6月
定價460元
MOOK官網www2.mook.com.tw/wp/
Facebook粉絲團
MOOK墨刻出版 www.facebook.com/travelmook

執行長何飛鵬
PCH集團生活旅遊事業總經理暨墨刻出版社長李淑霞

總編輯汪雨菁
資深主編呂宛霖
採訪編輯趙思語・吳佳臻
叢書編輯唐德容
資深美術設計主任羅婕云
資深美術設計李英娟
影音企劃執行邱茗晨

業務經理詹顏嘉
業務副理劉玫玟
業務專員程麒
行銷企畫經理呂妙君
行政專員許立心・呂瑜珊

印務部經理王竟為

wagamama no.060
北海道攻略 完全制霸 2023~2024

國家圖書館出版品預行編目資料

北海道攻略完全制霸. 2023~2024/墨刻編輯部著. -- 初版. -- 臺北市：墨刻出版股份有限公司出版：英屬蓋曼群島商家庭傳媒股份有限公司城邦分公司發行, 2022.10
368面；14.8×21公分. --
(wagamama ; 60)
ISBN 978-986-289-762-1(平裝)

1.CST: 旅遊 2.CST: 日本北海道

731.7909 111015125